NERUDA
la biografía literaria

Seix Barral Biblioteca Breve

Hernán Loyola
NERUDA
la biografía literaria

I
LA FORMACIÓN DE UN POETA
(1904-1932)

2006

© Hernán Loyola
Inscripción nº 155.875
Derechos exclusivos de edición en castellano
reservados para todo el mundo:
© Editorial Planeta Chilena S.A.
Av. 11 de Septiembre 2353, piso 16º, Providencia
Santiago (Chile)
© Grupo Editorial Planeta

ISBN 956-247-404-6

Diseño de cubierta: Ilúvatar
Diagramación: Antonio Leiva

Primera edición: julio 2006

Impreso en Chile por:
Quebecor World Chile S. A.

Ninguna parte de esta publicación,
incluido el diseño de la cubierta,
puede ser reproducida, almacenada o
transmitida en manera alguna ni por ningún medio,
ya sea eléctrico, químico, mecánico,
óptico, de grabación o de fotocopia,
sin permiso previo del editor.

> Si ustedes me preguntan qué es mi poesía
> debo decirles: no sé. Pero si le preguntan
> a mi poesía, ella les dirá quién soy yo.
>
> *Pablo Neruda, 1943*

> Yo soy yo y mi circunstancia,
> y si no la salvo a ella no me salvo yo.
>
> *Ortega y Gasset,* Meditaciones del Quijote, *1914*

> Cuando rehuí primero por vocación y luego por decisión toda posición de maestro literario, toda ambigüedad de exterior que me hubiera dejado en trance perpetuo de exteriorizar, y no de construir, comprendí de una manera vaga que mi trabajo debía producirse en forma tan orgánica y total que mi poesía fuera como mi propia respiración, producto acompasado de mi existencia, resultado de mi crecimiento natural.
>
> *Pablo Neruda, 1962*

> Sería maravilloso leer un poema
> aislado de la fecha y de las circunstancias
> bajo las cuales se escribió, pero
> es imposible. ¿Qué queremos?
> ¿Mármol, un canon inamovible, belleza?
> Yo no soy Mallarmé.
>
> *Czeslaw Milosz*

en memoria

*de mis padres
Humberto y Mercedes*

*de mi buen padrastro
Eliseo*

*de mi profesor
Juan Uribe Echevarría
que me incitó a
ocuparme de Neruda*

*de Robert Pring-Mill
inolvidable compañero*

*y del presidente Salvador Allende
cuya heroica muerte en La Moneda (1973)
llenó de admiración al mundo y con ello
hizo posible que un soldado cualquiera
de un ejército en derrota y obligado al exilio
fuera acogido con honor
rehiciera su vida académica
y reencontrara en Italia
la dignidad y las condiciones materiales
para escribir este libro*

*que dedico a mis hijos
Martín y Eli Mercedes en Santiago
David en Budapest
y Matías en Sàssari*

PREMISA

1

En junio 1924 un provinciano de 19 años publica en Santiago de Chile un magro volumen de insólito formato bajo el título *Veinte poemas de amor y una canción desesperada*, destinado a ser el *best seller* absoluto del siglo XX —a nivel mundial— en el género lírico. Un decenio más tarde, en Madrid 1935, el mismo autor sacude al mundo literario hispánico con una obra maestra, *Residencia en la tierra*, y quince años más adelante con otra en México: *Canto general*. A los 67 años, y siendo embajador de Chile en París, el provinciano de 1924 obtiene el Premio Nobel de Literatura 1971. Muere durante el funesto septiembre chileno de 1973, doce días después de su amigo el presidente Salvador Allende. Dejó unos 45 libros y los 5 volúmenes de sus obras completas suman alrededor de 6.000 páginas.

Para afrontar esa doble trayectoria —vida y producción— el presente libro quiere ser no una sino dos biografías entrelazadas: por un lado la del ciudadano chileno Pablo Neruda (1904-1973), por otro la de su obra, vale decir, la de su personaje protagonista llamado también Pablo Neruda. Ambas biografías se apoyan recíprocamente, lo que no es tan normal como podría creerse: en este caso adquiere un perfil extremo y caracterizador. Ello justifica el subtítulo de mi trabajo, *La biografía literaria*, fórmula que bien leída no significa nada, pero que me sirve precisamente para sugerir esta dualidad.

2

No deja de ser sorprendente que un muchacho de 20 años se niegue a cabalgar la ola del triunfo precoz y que no lo roce siquiera la idea de escribir otros veinte o cuarenta *poemas de amor*. Ya entonces, en 1924, le interesa más ser fiel a su «crecimiento natural» que a programas o a manifiestos poéticos preconcebidos. Lo será toda su vida. No quiere ser maestro ni fundar escuela, ni limitarse a exteriorizar sus sentimientos o puntos de vista. Lo que quiere es construir una obra, como un artesano que se obstina en producir un objeto bien hecho y de alta significación.

Pero el riesgo es muy grande para quien no concibe otro material de construcción que su propia vida. El infierno artístico está saturado de tentativas narcisistas sin talento. ¿Cómo logra Neruda superar ese riesgo y construir una obra que hasta hoy sigue viva y admirada en todo el mundo?

El secreto reside en que *lo personal* para Neruda no es sólo su subjetividad, su Yo íntimo, sino también, de modo constante e inextricable, su Circunstancia, el mundo. En otras palabras: la poesía de Neruda es el 'relato' dialéctico, y más o menos cifrado, de cómo el *Ser Naturaleza* y el *Ser Cultura* de un individuo trataron tenazmente de encontrarse, y de superar eventuales conflictos entre sí, para realizar y conferir sentido válido a una tarea conjunta (una misión *profética*) en el espacio-tiempo que les tocó.

Tan ambiciosa convergencia se configura como una pertinaz tentativa de *autorretrato* (tantas veces recomenzado) y al mismo tiempo como imagen o *inventario* de la correspondiente circunstancia. Neruda no hace otra cosa que escribir su propia existencia, por lo cual su Texto resulta desfachatadamente *egocéntrico,* pero al hacerlo en profundidad y con arte logra que ese Texto sea al mismo tiempo una válida imagen del Hombre que él encarna, una representación del Otro contemporáneo, o del Nosotros, y que por ello sea decididamente *alocéntrico.* De ahí su universalidad.

3

Los muchos Nerudas que jalonan su trayectoria poética son de veras el «resultado de [su] crecimiento natural» y por lo mismo, como en la mayoría de los seres humanos, el despliegue paradójico de las metamorfosis de una tenaz identidad de fondo.

Me complace asimilar esa trayectoria a la de don Quijote, según el esquema cervantino de las 'salidas' del Ingenioso Hidalgo —y después Caballero—. Hasta 1920 se extienden los años de incubación de la 'locura' o manía poética: período preliminar de experiencias de formación (incluyendo iniciaciones estéticas, sensuales, intelectuales y afectivas, el conflicto con el padre, el autobautismo) y de lecturas que los *Cuadernos de Neftalí Reyes* registran y las *Memorias* evocan.

Primera salida al mundo (1921-1923): una partida falsa o equivocada —como la de don Quijote (sin Sancho) en los capítulos iniciales de la novela—: una tentativa muy breve, cuya objetivación la leemos en *Crepusculario* y cuyo desastroso repliegue (equivalente al apaleo y al retorno del Hidalgo a casa) lo documentan la reacción de Pablo a la respuesta de Sabat Ercasty y el frustrante aborto de la publicación de *El hondero entusiasta.*

Período de convalecencia en el sistema Noche-Sur (1924-1926): intervalo de reinstalación en un acogedor espacio de refugio y de recuperación de fuerzas, en un ámbito protegido y familiar de donde emergerán los *Veinte poemas de amor* en 1924, *Tentativa del hombre infinito* y *Anillos* en 1926, pero también *El habitante y su esperanza* que narra el renacer de la insatisfacción del deseo de acción, o sea el preludio o tránsito hacia una nueva salida en busca de la Aventura. Este período equivale a los capítulos (I, 5-7) relativos al retorno y convalecencia de don Quijote, a las conversaciones entre el cura y el barbero, al correspondiente escrutinio de la biblioteca. Esos personajes (el cura, el barbero, el ama, la sobrina, y después el bachiller Sansón Carrasco), «tan adversos a las novelerías literarias que hacen una quema inquisitorial de su biblioteca, con el pretexto de curar a Alonso Quijano de su locura recurren a la ficción: urden y protagonizan representaciones para devolver al Caballero de la Triste Figura a la cordura y al mundo real. Pero, en verdad, consiguen lo contrario: que la ficción comience a devorar la realidad» (Vargas Llosa 2004, xvi). Un rol similar es el que juega don José del Carmen Reyes respecto a la 'locura' poética de su hijo, escenificando esfuerzos disuasivos —llevar a Neftalí al bosque en su tren lastrero, y al océano, y enviarlo a la universidad después— que también consiguen el efecto contrario al perseguido. En este período adquieren su primera configuración los personajes equivalentes a Dulcinea (la Amada de los *Veinte poemas)* y a Sancho (en particular Rubén Azócar, Tomás Lago y Romeo Murga, aunque éste tenía más estampa quijotesca que Pablo, pero también Rojas Giménez, el 'Ratón Agudo' y otros compañeros de bohemia).

Segunda salida al mundo (1926-1956): abandono del espacio protegido de los Sueños *(Cantalao)* y retorno al espacio del Riesgo y de la Acción, vale decir a la Realidad del Mundo (como en *Crepusculario,* pero con ánimo y conciencia diversos, y desde una nueva perspectiva). La fase inicial de esta segunda salida —con Santiago y el Oriente del exilio como escenarios, y con Álvaro Hinojosa en el rol de Sancho— se proyecta a la escritura de la primera *Residencia en la tierra* [1925-1932], publicada en 1933. El desarrollo de esta fase formativa ocupa buena parte del presente volumen. En el próximo me propongo examinar la fase *militante* de esta *segunda salida al mundo* (1934-1956: en España, en América, en la Europa del nuevo exilio, en Chile otra vez) y sucesivamente la *tercera y última salida* (1956-1973).

En una reciente biografía de Shakespeare leo esta advertencia: «... aquel artista fue extraordinariamente abierto al mundo, y logró encontrar el modo de hacer entrar ese mundo en sus obras. Para comprender cómo logró hacerlo con tanta eficacia es fundamental prestar mucha atención a su destreza verbal, a su control de la retórica, a su insólito ventrilocuismo, a su poderosa obsesión por la lengua. Para comprender quién fue Shakespeare es fundamental seguir sus rastros verbales en la vida que vivió y en el mundo al que era tan abierto. Y para comprender cómo Shakespeare usó imaginación para transformar en arte su propia vida, es indispensable que también nosotros usemos imaginación, la nuestra» (Greenblatt 2005, xiv). La recomendación vale igualmente, casi a la letra, respecto a Neruda.

4

La biografía que propongo no será una hagiografía. Declaración superflua en cualquier lugar del mundo, salvo en Chile donde denunciar o ventilar presuntos delitos morales de Neruda (interesan menos sus delitos literarios, quizás por qué) sigue siendo un curioso deporte nacional que no se practica con igual entusiasmo respecto a ningún otro escritor chileno. Nadie piensa en montar prontuarios éticos ni políticos a Vicente Huidobro, a Pablo de Rokha, a Gonzalo Rojas o a Nicanor Parra. A Neruda sí (y también a Gabriela Mistral, aunque en modo menos ruidoso o más sibilino).

Tuve el privilegio de conocer y frecuentar a Neruda desde 1952 y de haber sostenido con él una leal amistad hasta su muerte. Y más allá, pues fui una de las ocho personas que con Matilde velamos al poeta durante la noche del 24 al 25 de septiembre 1973 en La Chascona saqueada y ultrajada. Marché por la Avenida La Paz con el cortejo fúnebre flanqueado por las metralletas hostiles del régimen y fui testigo de la ceremonia popular, espontánea y maravillosa, con que sepultamos al poeta en el Cementerio General de Santiago.

A Neruda le conocí sus debilidades y defectos reales, que por cierto los tenía como cualquier mortal (y no se esforzaba mucho en ocultarlos). Pero me sigue pareciendo harto más interesante reclamar atención hacia aspectos que admiré en su conducta y que de modo decisivo están presentes en el desarrollo y elaboración de su obra literaria (según espero mostrar al lector del presente libro). En particular su dignidad personal, su honestidad, vale decir una forma de respeto a sí mismo que siempre le impidió hacer trampas al proponer su propia imagen (las argucias y las astucias, que sabía manejar muy bien cuando quería, eran armas que utilizaba sólo para responder al ataque de sus enemigos). Neruda no fue un santo, ni mucho menos, pero fue un hombre íntegro. Neruda no mentía (ni se mentía) en cosas importantes.

En la base de esta 'biografía literaria' hay entonces una larga y muy sincera admiración hacia su doble protagonista (el ciudadano y el personaje). Pero mi adhesión no fue ni es ciega. Simplemente tuve la oportunidad de verificar, como amigo y como lector, que Tomás Lago no se engañaba cuando escribió de su compadre Pablo: «Nunca ha hecho distinciones en la manera de comportarse: es íntegro siempre, actúa como piensa, siente como escribe...» (Lago 1945). Confío en que de alguna manera las páginas que siguen lo confirmarán.

Advertencias

— Las menciones de autores y páginas remiten a la **bibliografía** que va al cierre del volumen.

— En el presente histórico de este volumen, al protagonista lo nombro habitualmente **Pablo** para subrayar su condición juvenil.

— Para los topónimos (nombres de ciudades y lugares) uso preferentemente la transcripción de la época.

Agradecimientos

A la Fundación Pablo Neruda, y en particular a su director ejecutivo, Fernando Sáez, por el apoyo a mi trabajo.

A Enrique Robertson (Bielefeld) por el diálogo permanente.

A Lily Robres, a David Loyola, a Nurieldín Hermosilla, a Alejandro Cotera, a Leonardo Daneri Jones y a Mario Valdovinos por la lectura y comentario de los originales.

A Nurieldín Hermosilla y a César Soto Gómez por el acceso indispensable a sus muy valiosas colecciones nerudianas.

A Michael Ondaatje (en Toronto), a Manel Fonseka y Senake Bandaranayake (en Colombo) por ayudarme a comprender la complejidad histórica, social y cultural de Sri Lanka.

A Inés Figueroa Tagle, a Juanita Azócar Mason, a Aída Figueroa y a Inés Valenzuela por tantas conversaciones en torno a Neruda.

A Inés María Cardone, a Jaime González Colville, a Sergio Macías, a Edmundo Olivares, a Abraham Quezada Vergara, a Bernardo Reyes y a David Schidlowsky por sus investigaciones de archivo, a las que mucho deben mis páginas.

A Cristián Barros, a Poli Délano, a Jorge Edwards, a Cedomil Goic, a Pedro Pablo Guerrero, a José Hosiasson, a Manuel Jofré, a Beatriz Kase, a Patricio Lizama, a Claudio Rojas Parra (en Londres), a José Miguel Varas y a Santiago Vivanco (en Logroño) por indicaciones bibliográficas y ayudas de variado tipo.

A Adriana Valenzuela, Carolina Briones y Darío Oses, de la Fundación Pablo Neruda; a Gladys Sanhueza, de la Colección Neruda de la Universidad de Chile; a Myriam Duchens.

Y naturalmente a Carlos Orellana, el primero que creyó en esta biografía.

— *Hernán Loyola Guerra*
mayo 2006

I
LA FRONTERA
1904-1920

> Así, pues, yo soy un poeta natural
> de la guerra y de las ciudades, de
> las máquinas y de las habitaciones,
> del amor, del vino, de la muerte y
> de la libertad. Pero soy también un
> poeta natural de aquellos bosques
> sombríos, que recuerdo ahora con
> empapada fuerza. Yo he comenzado
> a escribir por un impulso vegetal y
> mi primer contacto con lo grandioso
> de la existencia han sido mis sueños
> con el musgo, mis largos desvelos
> sobre el humus.
>
> — *de "Viaje por las costas
> del mundo", 1942,
> en* OC, *IV, 506*

EL PADRE (I)

> *De un paisaje de áureas regiones*
> *yo escogí*
> *para darle querida mamá*
> *esta humilde postal.* Neftalí.
>
> [*OC*, IV, 49]

Neftalí Reyes no cumple aún once años cuando escribe estas líneas sobre una postal de saludo a doña Trinidad Candia Marverde, su madrastra, fechándola en Temuco el 30.06.1915. Muchos años después (1962) Pablo Neruda había de recordar que sus «primeras palabras semirrimadas, pero extrañas a mí, diferentes del lenguaje diario», apenas escritas, las llevó muy emocionado a sus padres que en ese momento conversaban en el comedor. Les alargó el papel con las líneas. «Mi padre, distraídamente, lo tomó en sus manos, distraídamente lo leyó, distraídamente me lo devolvió, diciéndome: —De dónde lo copiaste?».

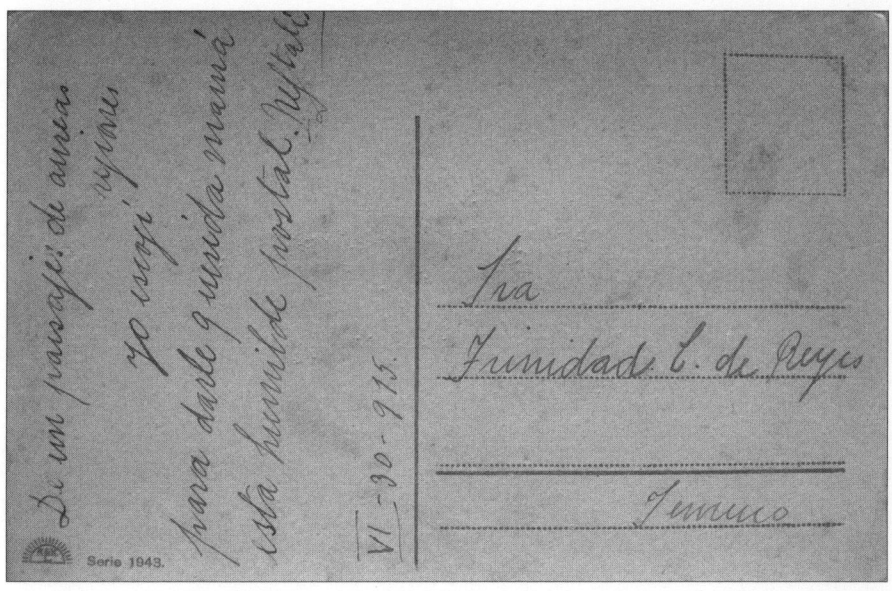

Los primerísimos versos: el saludo a la Mamadre. Temuco 1915. Colección Nurieldín Hermosilla.

Quedamos sin saber qué dijo doña Trinidad. Aunque muy probablemente sus primeros versos son los de esa postal, y a ella dedicados, Neruda sólo ve a su padre al recordar el nacimiento de su poesía. Porque en 1962 —año de revisiones autobiográficas— el poeta sabe muy bien que su escritura creció nutriéndose del conflicto con su padre. Conflicto a varios niveles entre el feroz autoritarismo de don José del Carmen y la voluntad autoafirmativa de su hijo que precozmente decide ser poeta (notar el rotundo *Neftalí* subrayado en la postal, sosteniendo y cerrando la rima de las cuatro líneas además de firmarlas). No menos temprana se alza la oposición del padre. Pero a través del forcejeo contra ese rechazo Neruda buscará no sólo realizar su vocación sino también, y en medida muy importante, demostrarle a don José del Carmen que la poesía era el verdadero camino para la realización de sus expectativas paternas. Hasta 1938 el hijo se empeña tenazmente en esta ambigua batalla de amor-rencor. En vano, porque ese año don José del Carmen muere sin haberse percatado de que su hijo está iniciando, justamente entonces, el camino hacia el reconocimiento mundial de su talento literario.

José del Carmen Reyes Morales había sufrido otra forma de autoritarismo paterno, de tipo religioso y patriarcal, contra el cual se rebeló asumiendo gradualmente una posición laica y pragmática, característica del progresismo decimonónico. Como su hijo Neftalí, tampoco José del Carmen conoció a su madre, Natalia Morales, que murió del parto en 1871. Escenario del drama —muerte y nacimiento— fue el fundo Belén, propiedad de su padre, José Ángel Reyes Hermosilla. Apenas algo más de cien hectáreas de tierras cultivables —extensión modesta según los parámetros del latifundio chileno— contiguas a Parral, por entonces sólo un poblado en la región central de Chile. Allí crece José del Carmen. Su padre es hombre propenso a manías de tipo religioso, convencido de poder consultar directamente "la palabra de Dios".

Don José Ángel contrae segundas nupcias en 1885 con Encarnación Parada. Tendrán trece hijos, varios de ellos bautizados con nombres del Antiguo Testamento (Abdías, Amós, Oseas, Joel...). El menor hereda el nombre del padre. De esos trece quizás no todos son realmente hijos de doña Encarnación porque don José Ángel ejercita su vocación bíblica, con igual energía, en dos direcciones visibles: por un lado el arcaizante autoritarismo ético-religioso con que procura educar a sus hijos, por otro la patriarcal concupiscencia que bien conocen las mujeres del fundo Belén y del pueblo mismo de Parral. (De la reciedumbre física de don José Ángel dará ulterior testimonio el hecho de haber muerto en 1939, un año después de su primogénito José del Carmen.)

En 1890 el Presidente Balmaceda inaugura el dique número 1 del puerto de Talcahuano, a unos doscientos kilómetros al sur de Parral. En su construcción (de gran interés para el progreso de la zona austral) participa el joven obrero José del Carmen Reyes. Ese trabajo le ha dado la oportunidad de escapar a la presión bíblica de su padre, que lo había dejado partir de malas ganas y no sin antes advertirle que «en los puertos hay mucho pecado, hijo». No eran infundados sus temores. Sin vocación ni aptitudes para el trabajo agrícola a que lo destinaba su padre, aislado en el campo y sometido al tiempo circular de las estaciones, José del Carmen había cambiado bruscamente de mundo y de tiempo al trasladarse a Talcahuano. Pero sobre todo había ampliado su horizonte de contactos humanos.

Desde la comunidad familiar y patriarcal del campesino al trabajo fragmentado del obrero —cuya fría organización productiva es lo único que lo vincula a esos otros hombres para él extraños, desconocidos—, nuevos modos de comprender el mundo y de relacionarse con los demás se abren paso en la conciencia del joven parralino. La modernización del territorio, y los conflictos sociales a ella conexos, lo sacan del bucólico y aburrido tiempo cíclico del fundo Belén y lo ponen en contacto inicial con la sociedad urbana, con el modesto dinamismo internacional del puerto, y más en general con el tiempo histórico de la embrionaria expansión capitalista por entonces en curso en el sur de Chile. Esa experiencia, aunque discontinua, lo distancia rápidamente de la perspectiva paterna, religiosa y patriarcal, y decide en cambio el desarrollo de una visión laica y racional de la vida. No sin fuertes contradicciones, como se verá.

CHARLES SUMNER MASON

> Don Carlos Mason, norteamericano de blanca melena, parecido a Emerson, era el patriarca de esta familia. Sus hijos Mason eran profundamente criollos. Don Carlos Mason tenía código y biblia. No era un imperialista, sino un fundador original.
>
> [*CHV*, en *OC*, V, 403-404]

Si Charles S. Mason no hubiera porfiado hasta instalarse con su familia en Temuco, quizás habría nacido igualmente Neftalí Reyes, pero de seguro no habría podido nacer Pablo Neruda. Al trasladarse desde Parral a la Frontera, el pionero norteamericano atraerá hacia el mismo destino geográfico, en años sucesivos, al padre del poeta y también al padre de su primo Rudecindo Ortega Masson (así, con dos eses). Charles Mason habría nacido en Chicago hacia 1830 (hay un documento de 1885 en que declaró 55 años de edad). Faltan noticias seguras sobre su vida antes de llegar a Parral. Se presume que estudió leyes en la universidad y que siendo todavía joven emigró a Perú (según la leyenda, sus actividades políticas radicales habrían puesto en peligro su libertad en Estados Unidos). Desde Perú se desplazó hacia Chile, a comienzos de los años '60. Al parecer se detuvo un breve tiempo en Antofagasta para establecerse después en Parral con una mujer peruana, Loreto Saldaña, con la cual tuvo al menos un hijo, Gavino Antonio, fallecido a los cinco años de edad.

Por escritura extendida en Parral el 16.04.1875 Carlos Mason, «mayor de edad, de esta vecindad», reconoce judicialmente cinco documentos que le tenía firmados a Ruperto Pinochet Solar entre 1871 y 1873. En esa escritura declara también que el 15 de noviembre de 1869 ha constituido con el mismo Pinochet Solar «una sociedad de crianza de animales vacunos». Y que más adelante ha subarrendado su fundo Rosal. Todo ello permite suponer que Mason llegó a Parral varios años antes de 1869, probablemente hacia 1865, puesto que el reconocimiento público de su solvencia para integrar una sociedad y firmar contratos le debe haber llevado algún tiempo.

Ese 1875 trae a Mason algunos problemas, pues el 4 de mayo rectifica por escritura pública lo que había reconocido en la del 16 de abril, alegando «que al hacer esta declaración lo hizo sólo en virtud de las supersticiones [*sic*] dolosas de que se valió el señor Pinochet Solar» y que —sin negar las deudas personales— la corrige en parte para no dañar a terceros. Esas y otras escrituras manifiestan en Mason un hombre de bien en los negocios y en sus relaciones de amistad, al punto que algunos vecinos —entre ellos Juan Ramón Candia, José Ángel Reyes Hermosilla y Natalio Morales— lo designan su representante legal en ciertos litigios. En julio de 1875 el mismo Mason a su vez otorga poder a don Juan Cohen, procurador de Cauquenes, para que lo represente en un juicio por el dominio de dos cuadras de terreno en las cercanías del río Tutubén. En el sucesivo 1876 el periódico *La Unión* de Parral da cuenta de la participación de don Carlos Mason en la empresa minera La Descubridora, ubicada en la zona cordillerana, en sociedad con Ignacio Urrutia, Enrique St. Clair y Natalio Morales (este último, padre de la abuela paterna de Neruda, Natalia Morales, fallecida en 1871 al dar a luz a José del Carmen Reyes).

Todos estos datos (que debo en su mayor parte a González Colville) sugieren que diez años después de su arribo Charles Mason ha conquistado en Parral una situación social y económica de buen nivel, ulteriormente potenciada cuando don Juan Ramón Candia, mediante escritura pública del 04.01.1877, le otorga poder general amplísimo (en verdad, omnicomprensivo) «para que lo represente en todos los negocios judiciales que conciernan al otorgante, de cualquier naturaleza que sean [...]; para entablar las acciones que favorezcan los derechos del compareciente y para que produzca las excepciones y justificativos que conduzcan al mismo resultado [...]; para que... presente escritos, documentos y toda clase de comprobantes, solicite absolución de posiciones juramentadas, tache y abone testigos; para que rinda cuentas o las exija de quien corresponda, perciba lo que se adeudare al comitente y dé los resguardos y cancelaciones que se le exijan; para que acepte a beneficio de inventario, y no de otra suerte, las herencias que por testamento o abintestato se difiriesen al compareciente», etcétera.

Un tan amplio poder general supone no sólo una absoluta confianza en el comportamiento de Mason, sino además una situación particular. En efecto, sintiéndose anciano y enfermo, el patriarca de la familia Candia Marverde, poseedora de tierras y casas y otros bienes considerables, por esta vía legal traspasa el comando de sus asuntos al extranjero que pocos años antes ha desposado a su hija Micaela. Para dar su consentimiento a ese matrimonio don Juan Ramón (en acuerdo con su mujer Nazaria Marverde) había establecido con Mason un pacto no escrito: la futura cesión del patriarcado (con sus implicaciones económicas) a cambio de protección y seguridad para su familia (en particular para Trinidad, la hija menor) a través de la boda con Micaela Candia Marverde. Exigencia previa del patriarca fue obviamente el total ajuste y regulación del ligamen, ya disuelto por lo demás, entre Mason y su amante peruana.

Carlos y Micaela contraen matrimonio en la parroquia San José de Parral el 18.11.1874. El novio declara llamarse Carlos [Charles] Sumner Mason, natural de Estados Unidos, hijo de Charles Mason y de Temperance Reinicke. Por razones prácticas declara también ser de religión católica. La novia declara llamarse Micaela Candia Marverde, nacida en Parral (en verdad todos los documentos de época en que aparece el apellido materno de Micaela y Trinidad lo escriben *Malverde,* rara forma que tal vez en origen era Valverde, según me insinuó Neruda mismo, cuyo *Marverde* prefiero usar en este libro). Al momento del matrimonio Carlos tiene 44 años y Micaela 21. Sus hijos Ramón María, Jorge, Ana María, Telésfora, Glasfira y Carlos Enrique, todos nacerán en Parral entre 1876 y 1887.

Consta además que el 5 septiembre 1884 le fue otorgada a Charles Mason la nacionalidad chilena. [Archivo González Colville.]

Pero la vocación profunda del *gringo* no es la del terrateniente sino la del pionero. Su obsesión —muy propia de un norteamericano del siglo XIX— es la de devenir colono en la Frontera. Su instinto aventurero y a la vez pragmático le advierte de inmediato las promesas comerciales que se abren con la extensión de la línea ferroviaria desde Angol al sur. Hacia 1889, apenas logra arreglar sus asuntos pendientes en Parral, parte con Micaela e hijos, y con Trinidad, hacia su destino de colono en Temuco. Que por entonces era sólo algo más que un campamento con seis años de existencia.

Carlos Mason pasará el resto de su vida en Temuco, donde muere en 1914.

EL PADRE (II)

> Mi padre murió en Temuco, porque era un hombre de otros climas. Allí está enterrado en uno de los cementerios más lluviosos del mundo. Fue mal agricultor, mediocre obrero del dique de Talcahuano, pero buen ferroviario. Mi padre fue ferroviario de corazón.
>
> [*OC*, IV, 915]

Es probable que, navegando desde Antofagasta (o desde algún puerto peruano), Charles Sumner Mason haya entrado al sur por el puerto de Talcahuano, donde se habría instalado por un tiempo en la pensión de la familia Tolrá. Y es también probable que desde allí se le abrieran posibilidades de trabajo en Parral a través de amigos que conoció en la misma pensión. Ahora bien, entre los agricultores de su nueva zona de actividades, uno de los primeros con que establece contacto es don José Ángel Reyes Hermosilla del fundo Belén, que en 1871, a poco de la llegada de su nuevo amigo norteamericano, queda viudo y con un hijo. Mason tiene entonces ocasiones de seguir y observar el crecimiento del niño José del Carmen. Y de verificar más de una vez ese autoritarismo rígido y moralista, y de hecho hipócrita, que don José Ángel impone a su hijo y que Mason, sea por su formación anglosajona y liberal, o por su eventual pragmatismo de raíz protestante (*tenía código y biblia*), sin duda detesta íntimamente.

[Recuérdese que al contraer matrimonio en 1874 Charles había declarado ser de religión católica, pero por razones prácticas. En efecto, cuando en 2003 solicité su ayuda para mis investigaciones, el obispo vicario de Temuco me advirtió con gentileza que en los archivos parroquiales era difícil encontrar documentos relativos a la familia Mason, porque sus primeros miembros varones fueron de reconocida tradición anticlerical en la ciudad, en particular Jorge y Orlando Mason Candia, aparte el patriarca. Probablemente fueron masones algunos de ellos.]

Volviendo a nuestra historia, presumo que es Carlos Mason quien induce al todavía adolescente José del Carmen a trasladarse a Talcahuano, a fines de los años ochenta, para trabajar como obrero en la construcción del nuevo dique que el gobierno del Presidente Balmaceda promueve. Sólo él puede haber convencido a don José Ángel de las ventajas que el proyecto ofrece a su hijo, visiblemente no apto al destino agrícola (*fue mal agricultor*). Al parecer Carlos Mason le ha cobrado afecto al muchacho, en quien ve cualidades que arriesgan marchitarse a la sombra de don José Ángel en Parral. Y no me extrañaría que personalmente haya acompañado a José del Carmen hasta Talcahuano y que lo haya introducido en la pensión Tolrá. Desde Temuco seguirá, muy atento, la evolución de la trayectoria de su joven amigo.

Porque es por ese mismo tiempo (¿1889?) que el norteamericano comienza a hacer realidad su propio proyecto de pionero trasladándose con Micaela e hijos, y con Trinidad, a la Frontera. Sumando sus recursos a los de su mujer, Mason compra algunas propiedades cerca de la flamante estación de ferrocarriles en la ciudad recién fundada. En particular, la entera manzana limitada por las calles Matta, Aníbal Pinto, Lautaro y Manuel Rodríguez (me baso en el rol de avalúos de Temuco, año 1916). Entre otras actividades, instala una pensión o posada para viajeros, que el acelerado crecimiento de Temuco hace muy necesaria. A esa pensión comienza a llegar de cuando en cuando José del Carmen, que sigue su vida pendular entre Talcahuano y el fundo Belén, o sea entre su precaria libertad y el bíblico autoritarismo de don José Ángel.

Durante esas visitas Carlos Mason empieza a infiltrarle la idea de trasladarse a Temuco. Como un afectuoso tío o hermano mayor, el pionero norteamericano ha concluido que ni el fundo Belén ni el dique de Talcahuano pueden ofrecer un destino válido a José del Carmen, que por entonces tiene poco más de veinte años. Pero un imprevisto incidente retardará varios años la realización del proyecto. La exuberancia juvenil y alguna ocasión favorable hacen posible una noche de pasión amorosa entre José del Carmen y Trinidad, con consecuencias que pocos meses después el vientre de la joven no logra ocultar. Mason convoca a su amigo, quien viaja rápidamente desde Parral —guardándose muy bien de informar a su padre de la novedad— para encarar la situación.

Las deliberaciones en casa de los Mason determinan una doble decisión práctica: rechazar la hipótesis del matrimonio reparador y alejar de Temuco a Trinidad durante el período del parto. Es así que en Coipúe, villorrio no lejano sobre el río Toltén, al despuntar la primavera de 1895 nace Rodolfo Reyes Candia. Transcurridos los días indispensables al parto, Trinidad debe regresar a la casa de los Mason en Temuco, pero su hijo queda en Coipúe al cuidado de doña Ester, la partera, quien se encargará de amamantar al recién nacido y de criarlo hasta sus catorce o quince años de edad. Durante más de dos lustros a Trinidad le es vedado viajar a Coipúe a ver a su hijo mientras José del Carmen, siempre oscilando entre Parral y Talcahuano antes de instalarse en Temuco, tampoco manifiesta ningún interés en visitar a su indeseado primogénito fantasma. La total ausencia de sus padres, paradójicamente, favorece una infancia feliz para Rodolfo. Ha de llegar el tiempo en que el bebé abandonado en 1895 llorará con amarga nostalgia los amorosos cuidados de doña Ester y sus juegos de niño descalzo pero dichoso en Coipúe, incluyendo los chapuzones del verano en el río Toltén.

Entretanto José del Carmen ha comenzado a cortejar en Parral a Rosa Neftalí Basoalto Opazo, que ejerce como maestra en una escuela rural. Según la partida de bautismo (hay copia en archivo González Colville), Rosa Neftalí había nacido el 15.04.1874 en Parral, hija de Buenaventura y de María Tomasa. Su traslado desde el campo a una escuela de la ciudad en 1899 —por razones de salud— favorece la relación con el cortejador. A pesar de la incierta situación económica de José del Carmen y de la precaria salud de Rosa Neftalí, los enamorados terminan por contraer matrimonio el 4 de octubre de 1903. El novio declara treinta y dos años, la novia treinta. [A ella Bernardo Reyes (1996: 36-37) le atribuye 38 años: habría sido por lo tanto seis años mayor que el novio. Pero, consultado telefónicamente, Reyes declaró no recordar la fuente documental de ese dato, por lo cual me atengo a la edad certificada.] Los recién casados instalan su habitación en la calle San Diego, entre Unión y Urrutia, Parral. Todo parece indicar que José del Carmen se casó muy, pero muy enamorado de Rosa Neftalí, tal vez porque ella supo llenar los oscuros vacíos determinados por la madre nunca vista. Lo cierto es que en Parral, pasados los meses de rigor, el 12-julio-1904 nace Ricardo Eliecer Neftalí Reyes Basoalto.

Neftalí llega al mundo circundado por la muerte. Griselda Basoalto Opazo, hermana mayor de su madre, muere a los 33 años el 6 agosto, o sea pocas semanas después del nacimiento de su sobrino. «El velorio de su tía fue quizás el primer evento social en que Neftalí participó» (González Colville). Según el certificado de defunción Griselda muere de pulmonía, término que solía ser un eufemismo de tuberculosis. Poco después llega el turno de la madre. El parto ha consumido todas las precarias energías acumuladas por Rosa Neftalí para sacar adelante su gravidez. El nacimiento del hijo la deja de nuevo a merced de la enfermedad que antes había logrado tener a raya y que ahora no le da tregua: muere el 14 de septiembre, a los 31 años, y de infarto según el certificado (y no de tuberculosis, como se ha afirmado más de una vez: enfermedad improbable en una parturienta).

«Cuando nací mi madre se moría / con una santidad de ánima en pena. /.../ Ella murió. Y nací. Por eso llevo / un invisible río entre las venas /.../ Esta luna amarilla de mi vida / me hace ser un retoño de la muerte.» Así escribe el hijo de 16 años en su poema "Luna" (*OC*, IV, 205-206), asignando al astro un anómalo rol simbólico. El triángulo *muerte-luna-nacimiento* configura un momento importante en la formación del imaginario poético de Neruda. Ello se proyectará más tarde, por ejemplo, al simbolismo negativo de la luna en "El Sur del océano" y en otros textos de *Residencia en la tierra*.

Abrumado por la pérdida de su mujer, José del Carmen decide alejarse del país y atraviesa la cordillera para buscar trabajo en Argentina, dejando a su hijo recién nacido a cargo de doña Encarnación Parada, quien ya le había buscado y encontrado un ama de leche. María Luisa Leiva se llama la joven campesina del fundo El Palacio que transmite a Neftalí las energías que le permiten sobrevivir. Pocos meses después, en marzo de 1905, José del Carmen vuelve a Chile reanudando sus trabajos en el dique de Talcahuano y sus esporádicos viajes a Temuco. En Talcahuano se hace más estrecha su amistad con Aurelia Tolrá, una de las hermanas propietarias de la pensión. Tal vez ella lo insta a normalizar la situación de sus hijos.

Han pasado dos años desde la muerte de Rosa Neftalí cuando José del Carmen decide establecerse en Temuco, aceptando la oportunidad del trabajo ferroviario que su amistad con Carlos Mason le ofrece. Pero aceptando también el implícito deber de constituir una familia con Trinidad. Será el precio de su estabilidad. Trinidad es más de 10 años mayor. No he logrado encontrar documentos en que conste su edad. Pero sabemos que su hermana Micaela nace en 1853, por lo cual presumo que Trinidad —bastante más joven— nace entre 1860 y 1865. Al momento de contraer matrimonio tiene entonces más de 40 años, unos 45 quizás, mientras José del Carmen anda en los 35. Para el flamante ferroviario la decisión surge de su razón pragmática, no ciertamente de la pasión. Consciente de que su segundo matrimonio no nace fundado sobre el amor, quiere entonces consolidarlo trayendo al nuevo hogar al hijo de su amada Rosa Neftalí.

¿Cuándo se concreta esta segunda decisión de José del Carmen? La muy conocida foto de Neftalí a los dos años de edad —de pie, con delantal, la mano izquierda sobre una silla— ha sido publicada recientemente (en Reyes 2003: 19) con una novedad: por primera vez la reproducción trae al pie el nombre del laboratorio fotográfico: *Fotografía Central – (única de 1.a clase) – José Catalá y Cía. – Temuco*. Si fuese auténtico bajo esta forma (Bernardo Reyes me ha negado la visión directa del original, de ahí mi reserva), este documento confirmaría que Neftalí ya reside en Temuco en la segunda mitad de 1906. Parecen apoyar tal tesis estas líneas de "Infancia y poesía" (1954): «Pero lo peor eran los incendios. En el año 1906 ó 1907, no recuerdo bien, fue el gran incendio de Temuco. Las casas ardían como cajitas de fósforos. Se quemaron veintidós manzanas.» Y más abajo: «Tal vez el recuerdo más remoto de mi propia persona es verme sentado sobre unas mantas frente a nuestra casa que ardía por segunda o tercera vez» (*OC*, IV, 920). Aunque en verdad no queda claro si este recuerdo primordial se refiere o no al *gran incendio de Temuco* mencionado más arriba, que ocurre exactamente el 18 enero 1908 (según Rubilar Solís, 79), creo que Neruda apela a una memoria anterior a sus seis años.

Por otro lado las investigaciones de González Colville incluyen el hallazgo (en el archivo de la familia de Mariano Latorre) de una desconocida foto tomada en Parral en 1908, con un probable Neftalí de 3-4 años junto a otros niños, a doña Encarnación, a su tía Beatriz Basoalto, a su abuelo José Ángel, a su padre y a su tío José Ángel de 7 años. Esta foto —publicada por primera vez en el diario *El Centro* de Talca (ver González Colville 2004)— parece confirmar en cambio el recuerdo del mismo tío José Ángel, el último de los Reyes Parada (nació en 1900), en 1967: «El padre de Pablo era el único Reyes Morales de la familia. Los demás somos todos Reyes Parada. Cuando murió la mamá del niño —dice refiriéndose a Neruda— lo trajimos a mi casa. Mi madre [doña Encarnación] lo crió. Vivíamos en calle Libertad. Como le digo, yo jugué con él hasta los seis años. Pasaba días con el abuelo paterno en un lugar próximo a Parral que recuerda a Cristo: [el fundo] Belén» (Teitelboim, 18).

Juzgo más probable que Neftalí llega a Temuco durante el año 1906, pero sin excluir que de vez en cuando, al menos hasta 1910, José del Carmen viaja a Parral con su hijo para que éste no pierda sus contactos familiares de origen, y también como pretexto para ciertas visitas a que me referiré enseguida. José del Carmen tiene prisa en traer a Neftalí a Temuco, para justificar ante sí mismo su matrimonio con Trinidad. Es el primer paso hacia la futura reunión de sus hijos. Porque de este modo el autoritarismo abstracto aprendido de su padre —pero en variante laica y 'racional'— pone en marcha inconsciente, y teórica al comienzo, un compulsivo proyecto integrador de la familia. Sólo que, cuando algún tiempo después ese proyecto será actuado, no tendrá cuenta de la real situación afectiva de sus hijos. Ni de Trinidad. Así sucederá con Rodolfo, quien más tarde será traído de muy mala gana desde su agreste paraíso natural en Coipúe hasta la febril actividad pionera de Temuco. Con escasa sensibilidad y menos intuición José del Carmen arrancará a Rodolfo de los brazos amorosos de doña Ester para entregarlo a los de quien era, sí, su madre verdadera, sólo que psicológicamente distante por los muchos años de mutilación afectiva que le habían sido impuestos.

LA MAMADRE

> *Oh dulce mamadre*
> *—nunca pude*
> *decir madrastra—*
>
> [OC, II, 1144]

No había sido para Trinidad la única mutilación de ese tipo. En 1890, recién instalado en Temuco, y ya apremiado por el rápido crecimiento de sus actividades, Carlos Mason invita a trabajar con él a su amigo Rudecindo Ortega Pacheco, quien aparece firmando varios documentos notariales junto al norteamericano en Parral. Con Ortega Pacheco llega también su mujer, María Lagos: al parecer conviven desde siempre sin papeles de por medio, pues consta que contraen matrimonio religioso en Temuco el 18.12.1892 (página 35 del Libro 1 de matrimonios, parroquia del Sagrario). Y con ellos llega también el hijo Rudecindo Ortega Lagos de 20 años (nacido en Parral en 1869, muere en Temuco 1912 a los 43 años de edad, dos años antes que Carlos Mason): un muchacho cuyo carácter e inteligencia el norteamericano ya había tenido ocasión de apreciar.

La comunidad de afanes laborales y una cierta cercanía en edad favorecen el acercamiento y amistad entre el muy joven Rudecindo y la todavía joven Trinidad (que anda por sus treinta años). De la frecuentación se pasa gradualmente a la intimidad, y así, deslizándose los días, alguna ocasión favorable y las premuras juveniles determinan en 1891 el nacimiento de una criatura que —para arreglar el entuerto— viene asumido como propio hijo por Carlos y Micaela. De este modo Orlando Mason crecerá convencido de ser uno más entre los Mason Candia, hermano por lo tanto de Jorge, Telésfora, Ramón, Ana María, Glasfira y Carlos (hijo), que por entonces son todavía adolescentes. [Notar que, si bien no siempre fiables, las primeras noticias sobre éste y sobre otros 'misterios' o secretos del clan Mason-Reyes-Candia, aparecieron en Reyes 1996].

No obstante lo sucedido, Rudecindo (el padre) sigue siendo para Carlos Mason su hombre de confianza con cada vez mayores responsabilidades. Su curioso y tardío matrimonio con María Lagos en 1892 (¿por qué dos parralinos se casan en Temuco con más de veinte años de convivencia a cuestas?) se explicaría no tanto por la necesidad de legalizar la situación de la pareja misma como por la exigencia de regularizar la del hijo Rudecindo, quien por entonces enamora a Telésfora, una de las hijas de Carlos Mason. Es muy probable que su secreto amorío con Trinidad haya sido un desahogo frente al tabú de una relación sexual con la hija predilecta del patrón. Pocos años después Rudecindo y Telésfora se casan finalmente. De este enlace nace en 1899 Rudecindo Ortega Masson, que con el tiempo devendrá (además de amigo de Pablo Neruda) importante personaje público en Chile: profesor universitario, ministro de Educación durante el gobierno de Aguirre Cerda y luego parlamentario del Partido Radical por varios períodos (vota contra la Ley de Defensa de la Democracia que en 1947 su correligionario, el Presidente González Videla, propugna en clave anticomunista).

Orlando no ha sido alejado como lo será en 1895 Rodolfo Reyes (en cuanto fruto de una 'recaída'), pero también respecto al primer hijo le será siempre vedado a Trinidad, bajo formas diversas, vivir y manifestar plenamente su maternidad. En ambos casos tuvo que sofocar durante muchos años los gestos y sentimientos que la hubieran denunciado. Esa larga interiorización del tabú podría explicar por qué Trinidad, la madre verdadera, no sabrá o no podrá compensar la atroz pérdida afectiva que su hijo Rodolfo sufre al ser separado de doña Ester por voluntad del padre. Y por qué, en cambio, pudo y supo ser para Neftalí la madre verdadera que el muchacho no conoció. Al futuro poeta pudo entregar, en efecto, la parte más libre de su ser, aquella zona de su condición femenina que no había sido traumatizada por las prohibiciones.

Trinidad sabe que su matrimonio no es resultante del amor y que —por sus 'caídas'— José del Carmen la trata incluso «con cierta dosis de desprecio» (Reyes 1996: 83). Sabe también que Neftalí es el hijo del amor que a ella la vida le ha negado. Es muy probable además que, al traer a Neftalí, inconscientemente José del Carmen busca hacerse restituir por Trinidad el íntimo precio pagado al casarse con ella a cambio de un trabajo y de una situación estables en una tierra que no es la suya («Mi padre murió en Temuco, *porque era un hombre de otros climas*»: *OC*, IV, 915). También por eso, tal vez, durante los primeros años no piensa en hacer venir desde Coipúe a Rodolfo, único hijo de la pareja, nacido más de 10 años antes del matrimonio. Decisión que de hecho favorece a ambos hijos. A Rodolfo porque por algunos años todavía podrá seguir recibiendo el amor de doña Ester. A Neftalí porque durante sus primeros años en Temuco goza la exclusividad de la atención y del creciente cariño de la *mamadre*. Trinidad, en efecto, no vive como una humillación ni como un discrimen más el desafío de tener que criar a un hijo ajeno. Al contrario, lo asume como suyo sin reservas, como si lo hubiera estado esperando para dar a él todo el amor y los cuidados que no ha podido dar a sus propios hijos carnales.

Pero las pruebas no han terminado para Trinidad con el arribo de Neftalí. Su marido ha logrado el trabajo fijo que Carlos Mason le facilitó con sus contactos:

deviene conductor (o sea, el jefe responsable) de un tren lastrero. Se trata de un tren de sostenimiento o mantención que por los ramales de la zona se interna en la selva sureña buscando material. ¿Qué material? Piedra menuda. En aquella región de grandes vendavales, hay que reforzar continuamente con piedrecillas el espacio entre los durmientes, para que las aguas no se lleven los rieles. El conductor y su cuadrilla se embarcan en el tren lastrero hasta alcanzar, atravesando los bosques, las canteras donde los peones pican la piedra y llenan los capachos de lastre menudo que después vuelcan sobre los vagones planos y descubiertos.

Las actividades ferroviarias de José del Carmen determinan ausencias de varios días que pronto dejan de sorprender a Trinidad, pero además el conductor Reyes suele regresar a Parral (a veces en compañía del pequeño Neftalí) para reencontrar a su padre y hermanos en el fundo Belén, pero sobre todo para visitar la tumba de su inolvidable Rosa Neftalí. Otros alejamientos tienen motivo y destino que por un tiempo Trinidad ignorará. Sólo tras su matrimonio en Temuco ha comprendido José del Carmen la verdadera naturaleza e intensidad de su relación con Aurelia Tolrá en Talcahuano. Y por su parte también ella se arrepiente de haber aconsejado a su amigo sin tener cuenta de sus propios sentimientos.

Así, los nuevos viajes de José del Carmen a Talcahuano (directamente desde Temuco o regresando desde Parral) no son como antes por motivos de trabajo sino de pasión. Hasta que Aurelia queda encinta y tiene que alejarse de su familia. La criatura nace en San Rosendo el 2 agosto 1907. Es una niña: Laura. En San Rosendo —importante encrucijada ferroviaria— Aurelia se instala a vivir con su hija y a esperar las visitas de su amante. Con las ayudas económicas de su familia y de José del Carmen establece allí una pensión, como la que su madre y hermanas administran en Talcahuano.

Esta situación no dura mucho. Aurelia termina por encontrar quien le ofrece mayor seguridad afectiva y económica (Gregorio Aguayo, que devendrá su marido) mientras José del Carmen, cansado de tanto vaivén y quizás apremiado por escrúpulos bíblicos de signo paterno, retorna al compulsivo proyecto integrador que debería conferir significado a su segundo matrimonio. Los amantes deciden así, en acuerdo con Trinidad, el traslado de Laurita a Temuco bajo una nueva identidad legal: Laura Reyes Candia, hija de José del Carmen y de Trinidad.

Neftalí, que ya vive en Temuco desde sus dos años de edad, tiene nueve o diez cuando viaja con su padre hasta San Rosendo para el traslado de Laurita. Llegan de madrugada, con frío y lluvia. Para entibiar al soñoliento y debilucho Neftalí lo ponen en la cama donde hay una niña de ojos asustados. El padre le comunica que esa niña es su hermanita. Antes de volver a dormir, los dos niños logran intercambiar las primeras sonrisas y miradas con esa simpatía, afecto y complicidad que siempre habrá después entre ellos.

Venir separada de su madre es para Laurita una experiencia no menos atroz que la vivida por Rodolfo cuando, durante ese mismo período, lo alejan de doña Ester y de Coipúe para traerlo a Temuco. El padre quiere de este modo completar su proyecto unificador —presumiblemente con buena y racional intención— al precio de laceraciones emotivas que Rodolfo y Laura nunca lograrán superar. [La única vez que Pablo intenta conversar con su hermana sobre Aurelia Tolrá, en

Isla Negra durante la década de los sesenta, Laura se niega airadamente y huye a refugiarse en su habitación, llorando a mares.] Además José del Carmen se encarga de acrecentar esos traumas con su comportamiento cada vez más autoritario, basado en la tiránica, intransigente necesidad psicológica de hacer respetar sus "principios". Así, más tarde impedirá que Rodolfo —dotado de óptima voz y de notables aptitudes y vocación para el canto lírico— se traslade a Santiago con la beca que había ganado en el liceo para estudiar en el Conservatorio. Mientras él pueda evitarlo, ninguno de sus hijos devendrá artista... o poeta.

Trinidad acepta una vez más la nueva tarea que su marido le impone. Así como no sabrá o no podrá ayudar a su propio hijo Rodolfo, tampoco puede hacer mucho por la niña. En efecto, Laurita nunca olvidó a Aurelia Tolrá, a quien verá (y atenderá premurosa) años más tarde en reuniones familiares donde se evita cuidadosamente explicitar qué hace en Temuco esa señora de San Rosendo o Talcahuano, extraña al clan. Pero Laurita encuentra en la casa de su padre en Temuco un consuelo que Rodolfo no tuvo (por ser mayor): la fraterna complicidad con Neftalí.

Si el proyecto unificador de José del Carmen se cumple con resultados más bien tristes para Rodolfo y Laura, para Neftalí resulta en cambio afortunado, a pesar —y como veremos, incluso a causa— del autoritarismo de José del Carmen. El hijo de Rosa Neftalí es el único de los tres hermanos que encuentra en Trinidad lo que más necesita: la madre que lo proteja del miedo. No por casualidad la asocia a ello el primer texto publicado (1924) en que Neruda la menciona: «Ah, pavoroso invierno de las crecidas, cuando la madre y yo temblábamos en el viento frenético» (*OC*, I, 243-244). Y también, cuarenta años más tarde, el íncipit del célebre poema que Neruda le dedica en *Memorial de Isla Negra*: «La mamadre viene por ahí, / con zuecos de madera. Anoche / sopló el viento del polo, se rompieron / los tejados, se cayeron / los muros y los puentes, / aulló la noche entera con sus pumas, / y ahora, en la mañana / de sol helado, llega / mi mamadre, doña / Trinidad Marverde, / dulce como la tímida frescura / del sol en las regiones tempestuosas» (*OC*, II, 1144).

"LLEGÓ LA POESÍA A BUSCARME": LA PALABRA Y LA RETÓRICA

Y fue a esa edad... Llegó la poesía
a buscarme. No sé, no sé de dónde
salió, de invierno o río.
No sé cómo ni cuándo,
no, no eran voces, no eran
palabras, ni silencio,
pero desde una calle me llamaba,
desde las ramas de la noche,
de pronto entre los otros,
entre fuegos violentos
o regresando solo,
allí estaba sin rostro
y me tocaba.

["La poesía", *MIN*-2, en *OC*, II, 1155]

Volvamos a la postal del 30.06.1915: «**De un paisaje de áureas regiones / yo escogí / para darle querida mamá / esta humilde postal. *Neftalí*»**. Para que al borde de sus once años pueda escribirle estas líneas rimadas a doña Trinidad hay que suponer en Neftalí un mínimo de previa curiosidad y de atención hacia sus lecturas de poesía y alguna ejercitación con papel y lápiz. Está cursando el quinto año de la escuela elemental y desde el primero ha tenido que memorizar poesías y hasta recitarlas ante sus compañeros de clase, según costumbre de la época. El tradicional *Silabario Matte*, de uso obligado en Chile desde 1902, traía ya algunos poemas de intención edificante que, más allá de si le gustaron o no, hicieron saber a Neftalí que existía un código de escritura diverso del normal. Y eso, el código, le interesó más que los temas mismos, impregnados de la ética del trabajo y de la honradez (entendida como culto de la propiedad privada) característica de la pedagogía de raíz emersoniana. «¡Qué linda en la rama / la fruta se ve! / Si lanzo una piedra / tendrá que caer. / No es mío este huerto, / no es mío, lo sé, / mas yo de esa fruta / quisiera comer. / ...». Estos versitos de J. A. Márquez, más algunas fábulas de Samaniego y un epigrama de Calderón de la Barca («Cuentan de un sabio que un día / tan pobre y mísero estaba / ...»), venían en el *Silabario Matte* y seguramente fueron de los primeros que Neftalí leyó en voz alta y memorizó. No dejaron huellas. Pero sí el gusto de las palabras... y de la retórica capaz de disponerlas según los misteriosos y fascinantes códigos de la poesía.

El verso inicial del saludo a la madrastra «implica una sensibilidad cromática modernista, en boga en ese momento» (Jofré 2004b: 54). Muy atrás quedaron los versos del *Silabario Matte*. El 30.06.1915 aún vive —le quedan siete meses— Rubén Darío, vate máximo e indiscutido de la lengua castellana en Chile, cuyos poemas "A Margarita Debayle", "Canción de otoño en primavera", "Los motivos del lobo", "Marcha triunfal", "Sonatina" y algunos otros son material obligado y venerado en la escuela. En particular lo es el enfático "Caupolicán" de *Azul* por su exaltación del patriotismo chileno, y se podría jurar que el pequeño Neftalí ya ha 'registrado' que es uno de los tres *sonetos áureos* del libro, como también aquello del «vino negro que la sangre enciende / y pone el corazón con alegría, / y hace escribir a los poetas locos / *sonetos áureos* y flamantes silvas» ("Invernal").

Por lo cual no es extraño ese «paisaje de *áureas* regiones», con referencia más bien retórica al grabado o foto del reverso: un muy cuidado espacio rural, probablemente europeo, poco afín a la hirsuta selva austral que el niño ya conoce de cerca. Por el momento lo que cuenta es la palabra misma, su prestigio sonoro. Jofré hace notar que el *paisaje* «no es algo que se dé en la naturaleza, sino que es una construcción semiótica humana que le da sentido a un recorte, a un escorzo del mundo natural» (*ibíd.*, 56), pero la palabra sugiere desde el comienzo mismo de la escritura de Neruda una orientación que será decisiva y constante.

De un paisaje de áureas regiones...: «expresión que usualmente no va en posición inicial en español. La expresión completa alude [con el término *regiones*] a un *espacio*, a una dimensión positivamente caracterizada, tanto por la noción de *paisaje* como por la adjetivación empleada. Se diseña así un marco amplio donde se posicionará posteriormente el sujeto y donde acontecerán los eventos. / La escritura posterior del joven poeta seguirá desarrollando esta percepción acerca del entorno y se cumplirá como un conjunto de aproximaciones (líricas, culturales, geográficas, históricas, filosóficas) al espacio» (*ibíd.*, 58). Es notable que la primera línea que conocemos de la escritura de Neruda haya anunciado la propensión topográfica, espacial, que la marcará.

Pero, a mi entender, más notable aún es el instinto retórico que supone este comienzo, por un lado índice de la conciencia que tenía Neftalí de estar construyendo un discurso diferente, especial (¿por qué, si no, este arranque anómalo, inusual?); por otro, precoz anticipación de un módulo sintáctico que reaparecerá, potenciado por cierto, en algunos textos de *Residencia en la tierra*: «De miradas polvorientas caídas al suelo / o de hojas sin sonido o sepultándose», así comienza "Alianza (sonata)" de 1926; «De haber estado herido y abandonado, o haber escogido las arañas, el luto y la sotana», es un fragmento de "El deshabitado", 1930.

Lo que tienen en común estos módulos es que su eficacia poética depende de un desajuste gramatical. En los dos residenciarios la deliberada omisión de un referente (¿con qué se conecta lo introducido por la preposición *De* inicial?) torna difícil comprenderlos: «la expresión es enigmática por simple escamoteo de un elemento esencial» (Alonso, 124; en el curso de este volumen volveré sobre ambos casos). El desajuste en el módulo del pequeño Neftalí es en cambio producto de una ingenua incoherencia, una especie de anacoluto involuntario que se evidencia cuando tratamos de aplicar al texto una lógica sintáctica, un orden gramaticalmente estructurado: 'Querida mamá, yo escogí esta humilde postal de [¿con?] un paisaje de áureas regiones para darle [¿qué cosa?: la postal misma]'. Por lo cual me parece más interesante, y más verdadero, leer o reordenar así el desajuste: '*De* [lo que] *un paisaje de áureas regiones* [puso a mi disposición], *yo escogí* [tomé, cogí] *para darle querida mamá* [para darla a usted] *esta humilde postal* [o sea, estas líneas; o sea, un poema]'. En otros términos: del entorno territorial, de la circunstancia espacial, Neftalí *escogió una postal* = 'extrajo (elaboró) un texto para su mamá', con sinécdoque: '*postal* (el objeto) por *poema* (lo escrito sobre la postal)'. Del mundo proviene su escritura. Embrionaria formulación de una poética que (cambiando el destinatario) Neruda intentará llevar a cumplimiento durante toda su vida.

... yo escogí... «El sujeto se realiza en la acción. Sujeto y verbo son una sola entidad que ocupa la posición central en el discurso... La aliteración de la consonante velar vincula, fonemáticamente, al paisa*j*e de las re*g*iones con el esco*g*er» (*ibíd.*, 59). La temprana centralidad retórica de este *yo* de 1915 anuncia, no menos precozmente, el *egocentrismo* estructurante de la enunciación que devendrá característico de la escritura de Neftalí y de Pablo Neruda.

Intentaré mostrar en este libro cómo el extremo y constante ejercicio de esa perspectiva egocéntrica será el factor decisivo que consentirá al poeta elaborar, en correspondiente profundidad y en dialéctica cuanto vivaz contradicción, el *alocentrismo* mundialmente célebre de su discurso (y de su vida). Es la centralidad del Yo lo que consentirá a Neruda, paradójicamente, la verbalización de su irrenunciable interés, de su voraz apetito, de su pasión desenfrenada, en suma, de su amor sin límites hacia nuestro planeta, hacia nuestro hábitat, hacia los seres y objetos que lo pueblan, que lo poblaron y que lo seguirán poblando. Hacia lo Otro. El egocentrismo del pronombre *yo* y el alocentrismo (centralidad de lo Otro) del sintagma *áureas regiones* proclaman, ya en estas líneas primordiales del pequeño Neftalí, la dialéctica basilar que gobernará el discurso literario (y existencial) de Pablo Neruda.

... *paisaje... postal...* Ambos términos aluden a la elaboración cultural, a la dimensión comunicativa del mensaje. *Paisaje*: «una construcción semiótica humana», como ya señaló Jofré (56), la imagen mental de un segmento del mundo natural, a cuya ontología apunta en cambio *regiones*. El texto resultante se nombra a sí mismo, mediante una sinécdoque, con el término *postal*.

... *escogí... darle...* Cuando Neftalí sitúa al centro de su saludo (y asignándole un entero verso separado) la fórmula verbal *yo escogí*, está prefigurando una operación que devendrá constante y característica en la futura poesía de Neruda: la autorrepresentación del Sujeto en su taller, sorprendido en el ejercicio mismo del construir un poema, del escribir versos, como en el célebre íncipit «Puedo escribir los versos más tristes esta noche. / Escribir, por ejemplo: 'La noche está estrellada / y tiritan, azules, los astros, a lo lejos'» (*VPA*, poema 20), o en el entero poema que comienza «admitiendo el cielo profundamente mirando el cielo / estoy pensando / con inseguridad sentado en ese borde /.../ querías cantar sentado en tu habitación ese día /.../ se me durmió una pierna en esa posición...» (*THI*, poema 11), para no hablar del insólito inicio de "Ritual de mis piernas" (*RST*). Y sin embargo este central *yo escogí* no supone autocomplacencia narcisista sino poner el acento sobre el gesto, sobre la acción. Egocentrismo transitivo, por lo tanto: acción volcada hacia afuera, hacia el Otro, marcada por el verbo *dar(le)*.

... *querida mamá...* En cuanto destinataria interna de la postal-texto (y no sólo de la postal-objeto), doña Trinidad prefigura también a uno de los destinatarios ideales de la poesía de Neruda: la gente sencilla, el pueblo. Veremos cómo esto se manifestará en su escritura con mucha anterioridad a la toma de posición política del poeta. Para Neftalí (y después para Pablo) doña Trinidad fue una madre de verdad: aquel «nunca pude decir madrastra» no era una 'frase'. Mi convicción personal es que el trauma de la madre ausente (Rosa Neftalí) no tuvo en realidad, ni en la vida ni en la obra de Neruda, el peso decisivo que le atribuyen Rodríguez Monegal y Rubilar Solís, entre otros. Y ello debido —principalmente— al silencioso amor y a los cuidados que recibió de doña Trinidad.

Por eso en su escritura la *mamadre* jugará además un rol muy importante (aunque también 'silencioso', poco visible): ella fue la máxima figura-símbolo de la sencillez y de la bondad populares. Tendremos ocasión de verificar cómo, gracias a ella, estas nociones fueron para Neruda valores reales, profundamente vividos y arraigados en su experiencia, los que, si bien no fueron tematizados de verdad sino tardíamente, alcanzaron proyección indirecta ya en algunos textos tempranos (incluyendo por ejemplo, según veremos, el poema "Caballo de los sueños" de *Residencia en la tierra*).

Neftalí: rotundo y subrayado, el nombre del niño sostiene y cierra la rima única del texto. No sólo lo firma. Imposible formular en modo más claro una voluntad autoafirmativa y un proyecto de acción conexo a la escritura poética. En el recuerdo de Neruda, el padre dio a la postal una mirada distraída: «De dónde lo copiaste?» En realidad don José del Carmen quedó preocupado porque ya había notado que la afición de su hijo a la lectura se estaba transformando, de modo alarmante, en propensión a escribir. A escribir poesía, para colmos.

LAURA REYES CANDIA

> *Hoy, que es el cumpleaños de mi hermana, no tengo*
> *nada que darle, nada. No tengo nada, hermana.*
> *Todo lo que poseo siempre lo llevo lejos.*
> *A veces hasta mi alma me parece lejana.*
>
> [de *CRP*, 1923, en *OC*, I, 138]

[Sara Vial - 1]

«Laurita Reyes se venía a pasar unos días, o meses, a nuestra casa de Viña del Mar.

—Cuénteme de cuando ustedes eran chicos —le decía yo. [...]

—... Pero con el que me entendía mejor era con Pablo. Pasaba enfermo, era muy delicado. Se lo llevaba en cama, pensando. En Temuco llueve mucho. La lluvia lo ponía triste y no quería estar solo.

—Ven a sentarte aquí —me pedía.

Yo me sentaba a los pies de la cama.

—Pero no estés tan callada, cuéntame algo.

Yo no era conversadora y no sabía cómo entretenerlo.

—¿Por qué no dejas de escribir versos para que mi papá no te rete? —se me ocurría decirle.

—¡Pídeme que deje de comer, pero no me pidas que no escriba versos! —gritaba—. ¿Cómo puedes decirme semejante cosa? [...]

Se ponía decaído y me daba pena verlo así. Me iba a la ventana.

—¿Qué haces ahora?

—Nada, miro por la ventana.

—Dime qué pasa en la calle.

—La calle está pelada, ni un alma.

—Mira bien, alguien tendrá que pasar por la vereda. ¿Por qué vivimos en un pueblo tan triste? Mira de nuevo.

—¡Ahí va un perro! —le decía yo, feliz.

Me preguntaba cómo era el perro. Yo le decía que era como todos los perros. Se enojaba:

—No es verdad, los perros son distintos unos de otros. Descríbeme el perro.

—Es café con manchas —comentaba yo—, o plomo, sin manchas; ya no me acuerdo.

—¿Es perro fino?

—No, es quiltro pobre.
—¿Y qué hace ahora?
—Nada, paró la pata. Olió el pasto y se fue. Ahora se devolvió y paró la pata de nuevo.

Pablo se echaba atrás en la almohada y reía hasta que le salían las lágrimas.
—Qué cómica eres, ¿ves como eres cómica?

Y seguía riendo, como si le hicieran cosquillas. Cuando se le pasaba la risa, se quedaba con cara de murria, de nuevo enroscado en la cama y tapado hasta arriba, pues era muy friolento. Cuando grandes, yo le recordaba que dormía con bufanda y calcetas de lana, que le tejía la mamá...

Una vez me encontró llorando, pues yo había roto un florero fino.
—No llores, yo me echaré la culpa. Pero no vayas a decir nada cuando me castiguen.

Así fue, recibió el castigo por mí y por esas cosas yo aprendí a admirarlo y respetarlo más. Pero en cambio le tenía mucho miedo al agua.

La primera vez que vimos el mar, muy chicos, en Puerto Saavedra, no se atrevía a mojarse los pies. Tuve que pasarlo *al apa*. Era corto de genio. Le gustaban mis amigas, pero no se atrevía a nada. Las miraba de lejos y les escribía versos. Otras veces apenas las miraba, pasaba haciéndose el interesante, silbando, se iba a su pieza y se encerraba. Pero cuando se iban, me hacía miles de preguntas:
—¿Crees que soy bajo para mi edad? ¿Soy muy feo? ¿Soy muy flaco? Mírame bien.

Yo lo miraba.
—Eres pasable.

Era muy cómico, desde chico.

Laura y Neftalí. Temuco, h. 1919. Archivo del Escritor. Biblioteca Nacional, Santiago.

—¿Crees que cuando crezca seré un poeta narigón? ¿Querrán las mujeres a un poeta narigón?

Tenía fama de callado, pero conmigo era cotorro. Tímido, pero pretensioso. Se miraba al espejo. Se creía feo y que tenía las piernas muy flacas.

—Soy muy pálido. ¿Verdad, Laura, que parezco tuberculoso?»

— *Vial, 235-236*

[Volodia Teitelboim]

«Laurita era una mujer simple y complicada, con gran sentido de clan. Se especializaba en mantener vigentes los lazos con parientes cercanos o remotos. Esmerada guardadora de los papeles de su hermano desde los años de liceo, salvó muchos textos del primer Neruda, manteniéndolos bajo protección infranqueable [sólo que al morir los legó, infelizmente, a su sobrino Rafael Aguayo Quezada, quien los vendió —y mal, según mis noticias— a un tercero que los puso a remate en 1982 a través de Sotheby's, en Londres, y ahora nadie sabe dónde están.—H.L.]. Hablaba de manera cortante y directa. Una persona le gustaba o le disgustaba. Pensaba que Pablo había heredado algo de su abuelo paterno, aficionado no a escribir versos, sino a decirlos. Sin embargo, estaba convencida de que algo sacó de su padre: la inclinación por tener muchos amigos. Laura Reyes recuerda que en la cocina la tetera hervía toda la mañana para que desayunaran los ferroviarios que llegaban a cualquiera hora. [...]

En materia de hombre, siempre vi a Laurita sola. "Es viuda", me explicaba Pablo. Se casó con un pariente, Ramón Candia Quevedo, agricultor en Parral. Un ataque al corazón se lo llevó en 1941. Alcanzaron a estar casados menos de dos años. Su único hijo murió al nacer. "Se ve que hemos tenido escasa descendencia", susurró el poeta. En 1938, Laurita se vino a Santiago. Fue inspectora de la Técnica Femenina nº 2, donde trabajó veinticuatro años. Cuando se jubiló hizo un viaje a Europa y permaneció durante un semestre en casa de Neruda, en París, cuando él era embajador. [...]

Laurita tenía viva la remembranza de la infancia: "A Pablo, de niño, cuando estaba enfermo en cama, le gustaba que me asomara a la ventana. Me pedía que le dijera todo lo que pasaba en la calle, sin saltarme nada, ni lo más insignificante. Y yo le decía, por ejemplo: 'Allí viene una indiecita que vende ponchos, al otro lado hay cuatro chiquillos jugando.' Me cansaba, pero él era incansable en esto de lo que pasaba fuera y yo tenía que volver a hacer de vigía y contarle y contarle." No es un testimonio desdeñable. Él necesitaba nutrirse de historias y saber todo lo que acontecía. Como hormiga, almacenaba para el invierno.

Un Neruda que no tenía nada de empalagoso trató siempre con mucha delicadeza a Laurita. Tal vez nunca he visto a dos hermanos con intereses tan distintos. Pero ella siempre respetó las cosas de su hermano. A veces no podía reprimir un murmullo crítico ante la elección de ciertas amistades: "Ese hombre no me gusta", cuchicheaba entre dientes, sin explicar por qué. En el fondo, se sentía obligada a velar por su hermano de alguna manera, como lo hizo la madre. Pero debía cumplir ese deber sin que él lo notara y sin olvidar la autoridad imperial reivindicada por esposas oficiales en materia de supervigilar los errores o locuras del poeta. [...]

Cuando él se va a estudiar a Santiago, ella oficiará como los ojos de Argos del poeta que miran todo lo que sucede en Temuco, para comunicarlo al ausente. Manteniendo un código de señales secretas, él pregunta por personas usando una sola inicial. La apremia para que Laurita le cuente todo, porque es la que está asomada a la ventana de Temuco.»

— *Teitelboim, 133-134*

[Laura Arrué]

«La conocía desde los tiempos [1924-1927] en que Pablo, su hermano el vate, me hablaba de ella con gran ternura. Laurita vivía todavía en Temuco [...]. Durante el gobierno de don Pedro Aguirre Cerda, Laurita Reyes ingresó a la administración pública con el cargo de inspectora en la Escuela Técnica n° 2, de calle Matucana. Allí se desempeñó hasta cumplir el tiempo para acogerse a jubilación en 1971. Toda su vida en la capital fue pensionista en la casa de su colega, Emita Duarte, en Santo Domingo 4037. [...]

Su deseo [próxima a cumplir 70 años] era vivir en alguna de esas casas de monjas que reciben como pensionistas a señoras solas. Con este fin nos íbamos a reunir el día miércoles 27 de abril de 1977, a las 10 de la mañana, en la Plaza de Armas, para, desde allí, dirigirnos a la calle Domingo Faustino Sarmiento a casa de unas monjitas. Mi sobrina Eneida Rivera, vecina de ellas, nos había dado este dato y hablado ya de nosotras con la madre superiora.

La víspera de ese día, Diego Muñoz daba una conferencia dedicada al Arcipreste de Hita en la Casa del Escritor. Laurita me dijo: "Tenemos que ir, es el último antiguo amigo de Pablo que queda." Fuimos. La conferencia fue interesante: un tanto larga. Me decía Laurita: "Tengo frío." Le tomé las manos, las tenía heladas. Un joven amigo la había traído en su coche y la llevaría de regreso. Yo le insinué que se fuera. Me contestó: "No, hasta que termine Diego no me retiraré."

Esa noche, a las 11, sonó el teléfono, a través del cual recibí la dolorosa noticia. De la misma manera, anteriormente, la voz de Laurita nos avisó de la partida sin retorno de Pablo. Lo recordé en ese momento. Quedó interrumpida para siempre nuestra cita en la Plaza de Armas.»

— *Arrué, 90*

[Sara Vial - 2]

«—Yo conservo muchas cartas [de Pablo], escritas algunas a mi padre, a sus hermanos.

—¿Qué piensa hacer con ellas, Laurita?

—Las heredará un sobrino, profesor. Pariente de mi marido [en realidad, pariente de Gregorio Aguayo, quien había esposado a su madre natural, Aurelia Tolrá, cuando ella rompió su relación con José del Carmen Reyes]. Él sabrá cuidarlas como el oro. Es profesor de Castellano, en Temuco. También le dejaré todos mis archivos cuando me muera, y los *cuadernos* de colegio que usted conoce, llenos de versos de Pablo, cuando era chico. Se pasaba horas copiando versos que le gustaban, de otros poetas, además de los suyos. Tenía una letra muy bonita para su edad.

¡El sobrino! Una vez estuvo en mi casa. Venía por un encargo de Laurita, a buscar unos sobres de recortes, de mi colección nerudiana. Ella me los pedía con insistencia, me rogaba que le recortara de los diarios y revistas cuanto se publicaba de Neruda. Todo eso fue a parar a manos del sobrino Rafael Aguayo.

En sus cartas *la Laurita*, como le decíamos sus amigos, solía [incluir] su nombre. Ay. Se trata del joven profesor que poco después de la muerte de su tía política, y heredero de todos sus tesoros, los entregó a cambio de una colección de libros de Encina y otros historiadores.

Al menos, ella no supo lo sucedido. Ignoró —¿lo ignoró en verdad?— el éxodo de esas cartas íntimas, familiares y esos entrañables cuadernos de infancia, rumbo a Londres, donde fueron a parar, en subasta pública, a las manos de coleccionistas extranjeros. No sabemos cuántas cosas ignoran los muertos, desde que los suponemos siempre menos informados que los vivos.»

— *Vial, 238*

LA CASA DE TABLAS Y EL PATIO DEL PATRIARCA

> Ah, pavoroso invierno de las crecidas, cuando la
> madre y yo temblábamos en el viento frenético.
> Lluvia caída de todas partes, oh triste prodigadora
> inagotable. Aullaban, lloraban los trenes perdidos
> en el bosque. Crujía la casa de tablas acorralada
> por la noche. El viento a caballazos saltaba las
> ventanas, tumbaba los cercos; desesperado,
> violento, desertaba hacia el mar.
>
> [*OC*, I, 243-244]

Neftalí es un niño tímido, débil y enfermizo, y además muy consciente de su precariedad física. Durante los primeros años de su vida en Temuco, el niño vive la casa familiar ante todo como el refugio contra un mundo exterior que percibe amenazante. Los inviernos del sur llegan cada año con los personajes tremendos —lluvia, truenos, furiosos vendavales— que poblaron la infancia de Neftalí. Pero el *afuera* hostil incluye también a Temuco, la ciudad pionera con casas de madera —el material más abundante en la zona— que arden de cuando en cuando. Neftalí no olvidará los incendios que vio, ni tampoco esas grandes insignias publicitarias con que los negocios se hacen reconocibles a los indios analfabetos, pero que el niño percibe inicialmente como figuras terroríficas: el descomunal serrucho, la olla gigantesca, el ciclópeo candado, la enorme cuchara, aquella bota colosal. Temuco es también —a medida que el muchacho crece— el frío del liceo, los combates con bellotas y aquel sombrero verde que sus compañeros le arrebatan y que desaparece volando como un loro en medio del griterío.

Para Neftalí existe un espacio intermedio entre la ciudad y la propia casa: el espacio de la familia ampliada, cuyo patriarca es don Carlos S. Mason. Se recuerde que al llegar a Temuco el pionero norteamericano adquiere una entera manzana cerca de la estación, cuyos límites son las calles Lautaro, Manuel Rodríguez, Matta y Aníbal Pinto, y que va dividiendo a medida que los recursos le permiten edificar una vivienda tras otra. Con los años algunas de esas viviendas las traspasa a los parientes más cercanos, como el concuñado José del Carmen y el yerno Rudecindo Ortega Lagos, y otras son arrendadas o vendidas. En 1916, dos años después de la muerte del patriarca, el rol de avalúos de Temuco asigna tres propiedades de esa manzana a la sucesión Carlos Mason, o sea a la viuda Micaela Candia y a sus hijos; dos

Neftalí a los siete años. Temuco 1911.
Fundación Pablo Neruda.

más grandes a la sucesión Rudecindo Ortega, o sea a Telésfora Mason Candia, la hija regalona de don Carlos y viuda de Rudecindo que había fallecido en 1912 a los 43 años de edad; y otras dos más pequeñas a Trinidad Candia, una de las cuales es sin duda la casa de tablas en que creció Neftalí. Otros parientes llegan a vivir allí, entre ellos el tío Abdías Reyes Parada, que se traslada a Temuco desde Parral y contrae matrimonio con Glasfira, también hija del patriarca como Telésfora. Precisamente doña Glasfira, entrevistada por Margarita Aguirre en 1962, evoca una significativa escena de esa vida interfamiliar:

> —Pablo fue siempre un niño raro. Rarezas del talento, quizás. Una noche, en casa de mi tía [Trinidad], había un corro de amigas íntimas que Pablo observaba con sus ojos enormes. Jugábamos a las adivinanzas. «Y tú, ¿por qué no dices nada?», le preguntaron. Entonces Pablo, con voz lenta, mirando hacia el patio, dijo: «Tiene lana y no es oveja. Tiene garra y no agarra.» Nadie adivinaba. Pablo se pone de pie y señala: «Ese cuero que está allí.» Era el cuero de la oveja recién muerta para comer. Ninguna de nosotras lo había visto, aunque lo estuviéramos mirando colgado de la parra. Pero él, sí. Porque él es un poeta.
> Y la viejita, con su voz gastada y sabia de mujer de pueblo, continuó:
> —Eso es un poeta: el que ve lo que nadie ve.
>
> — *Aguirre 2003: 14-15*

El máximo interés de esta anécdota reside —aparte retratar a un niño singularmente dotado— en individuar el *objeto* mismo que estimula su capacidad de ver lo que nadie ve. Ese objeto es el cuero de una oveja apenas sacrificada. Lo que Neftalí *ve* es la simultaneidad o yuxtaposición de los signos de la vida y de la muerte en ese resto aún caliente del animal. Algo similar a lo que Neruda *ve* en aquella particularísima experiencia enfocada al recordar su infantil extravío en el bosque chileno: «*Un tronco podrido: qué tesoro!*» (*OC*, V, 399). No cualquier precoz poeta habría visto —y además con entusiasmo— lo que hay detrás de la biodegradación natural de un fragmento de árbol, o más allá del cuero de la oveja muerta. Esta específica capacidad de ver es uno de los factores que otorga a Neftalí la temprana seguridad acerca de su vocación poética.

«Es difícil dar una idea de una casa como la mía, casa típica de la Frontera, hace cuarenta años —recuerda Neruda en 1954 (*OC*, IV, 916-917)—. En primer lugar, las casas familiares se intercomunicaban. Por el fondo de los patios, los Reyes y los Ortega, los Candia y los Mason se intercambiaban herramientas o libros, tortas de cumpleaños, ungüentos para fricciones, paraguas, mesas y sillas. [...] Las casas nuestras tenían, pues, algo de campamento. O de empresas descubridoras. Al entrar se veían barricas, aperos, monturas, y objetos indescriptibles. Quedaban siempre habitaciones sin terminar, escaleras inconclusas. Se hablaba toda la vida de continuar la construcción.» Los festejos importantes se celebran en la casa de don Carlos Mason, la que tiene el salón, el comedor y el patio más grandes. «En toda comida de onomástico había pavos con apio, corderos asados al palo y leche nevada de postre. Hace ya muchos años que no pruebo la leche nevada. El patriarca de pelo blanco se sentaba en la cabecera de la mesa interminable, con su esposa, doña Micaela Candia. Detrás de él había una inmensa bandera chilena, a la que se le había adherido con un alfiler una minúscula banderita norteamericana. Ésa era también la proporción de la sangre.» El espacio inolvidable de aquella casa del patriarca es entonces el patio de los festejos que se celebran durante el verano —o cuando el buen tiempo lo permite— a la sombra de un árbol gigantesco. Ese patio será evocado por Neruda en 1938, año en que mueren tanto don José del Carmen como doña Trinidad, a través de un importantísimo texto:

> Entonces, mientras el tren nocturno toca violentamente estaciones madereras o carboníferas como si en medio del mar de la noche se sacudiera contra los arrecifes, me siento disminuido y escolar, niño en el frío de la zona sur, con el colegio en los deslindes del pueblo, y contra el corazón los grandes, húmedos boscajes del Sur del mundo. Entro en un patio, voy vestido de negro, tengo corbata de poeta, mis tíos están allí todos reunidos, son todos inmensos, debajo del árbol guitarras y cuchillos, cantos que rápidamente entrecorta el áspero vino. Y entonces abren la garganta de un cordero palpitante, y una copa abrasadora de sangre me llevan a la boca, entre disparos y cantos, y me siento agonizar como el cordero, y, pálido, indeciso, perdido en medio de la desierta infancia, levanto y bebo la copa de sangre.
>
> — *"La copa de sangre"* en *OC, IV, 417-418*

La mencionada conferencia de 1954, "Infancia y poesía", incluirá una versión ligera, anecdótica y rabelaisiana del mismo recuerdo (dualidad de escritura que no fue rara en Neruda). Este pasaje no será recogido en las memorias:

> A veces me llamaban mis tíos para el gran rito del cordero asado. [...] Corría mucho vino bajo los sauces y las guitarras sonaban a veces una semana. La ensalada de porotos verdes se hacía en las bateas de lavar. De mañana se oía el terrible lamento de los chanchos sacrificados. Para mí lo más pavoroso era la preparación del ñachi. Cortaban el cuello del cordero y la sangre caía en una palangana que contenía fuertes aliños. Mis tíos me pedían que bebiera la sangre.

> Yo iba vestido de poeta, de riguroso luto, luto por nadie, por la lluvia, por el dolor universal. Y allí los bárbaros levantaban la copa de sangre.
> Yo me sobrepuse y bebí con ellos. Hay que aprender a ser hombres.
>
> — *OC, IV, 922*

«Hay que aprender a ser hombres.» Es la lección que don José del Carmen trata de inculcar a Neftalí, considerándola incompatible con su vocación literaria. Los textos citados muestran que para Pablo esa incompatibilidad no existe, es sólo aparente. Pero el padre no comprende el conflicto del hijo y lo enfrenta con la dureza y el autoritarismo que le son característicos, e incluso con violencia. Lo primero que Neftalí se ve obligado a aprender es entonces la superación del miedo que su padre le inspira. Don José del Carmen, a menudo lejos de casa por motivos de trabajo o de desafecto, forma parte del *afuera* hostil.

Por ello la casa de tablas es para Neftalí, desde temprano, el *adentro* protector: un espacio de signo materno gobernado por doña Trinidad. No sólo de los temporales de invierno: hasta donde puede ella lo protege también del padre barbirrojo y brusco que regresa a casa. Neruda recordará —en "El padre" de 1962 y en otros lugares— cómo la *mamadre* y él reconocían el pito del tren lastrero perforando la lluvia, y cómo un rato después el viento en ráfagas entraba en la casa con el ferroviario, y de ahí en adelante todo era sacudón de puertas, fuertes pisadas y recriminaciones en alta voz, órdenes y amenazas. El niño crece en el temor a esa figura de duros gestos y expresión airada. Y sin embargo tan irascible autoritarismo confiere, involuntariamente, un signo de veras paterno al tren lastrero que habrá de conducir a Neftalí al bosque y a la poesía.

Sí, a la poesía, a pesar de que el gran objetivo de don José del Carmen es justamente el de contrastar la alarmante propensión de su hijo hacia la literatura. Se opone a ella desde que la advierte, con palabras y seguramente con rudezas: bastante tenía con que Neftalí fuera una criatura débil y enclenque, no faltaba más que pretendiera también ser poeta. Ningún artista en casa.

Una tan disfuncional relación con su padre, al empujar al tímido Neftalí hacia el campo de influencia de la madre, pudo haber dañado gravemente el desarrollo de su identidad psíquica y sexual. Pero algo ha entrado en la estructura emocional de Neftalí que lo defiende desde temprano: el universo imaginario suscitado por los libros, las lecturas de todo tipo (novelas, cuentos, poesía) que le permiten entrever vías de identificación alternativas a la del inaceptable modelo paterno (ver más adelante, al final de esta sección, el apartado *La vida y los libros*). A lo largo de su vida, más de una vez Neruda dijo y escribió: *la poesía me defiende*. Ello fue particularmente válido durante su batalla de niño contra el padre.

En cierto modo es también afortunado para el niño que doña Trinidad no pueda guiarlo ni configurarlo a modo suyo en este terreno, dada su carencia de formación cultural. Los cuidados de la afectuosa madrastra son en cambio decisivos para el fortalecimiento de las defensas orgánicas del enfermizo Neftalí (que gracias a ello saldrán victoriosas, por ejemplo, de algunas duras pruebas vividas durante los viajes por diversas regiones de Oriente entre 1927 y 1932) y para compensar sus miedos a las furias del padre y de la naturaleza.

Paradójicamente, es el propio don José del Carmen quien fortalece las defensas culturales y emocionales de Neftalí contra la prepotencia del progenitor mismo. Obedeciendo (de modo compulsivo) a sus principios de laico y pragmático racionalismo, el rudo ferroviario ha decidido educar espartanamente al muchacho y, entre otras medidas, comienza de pronto a hacerlo madrugar para que suba al tren lastrero, tiritando de sueño y frío, y lo acompañe en sus incursiones de trabajo. El tren deja la ferrovía longitudinal y por los ramales se adentra en los bosques próximos a Boroa o a Pitrufquén. Pero a veces sigue derecho hacia el sur. Hay un manuscrito del soneto "Esta iglesia no tiene..." (1920) fechado junto al lago Llanquihue, distante de Temuco varios cientos de kilómetros. Sobre la ribera del lago se alza Puerto Varas, pequeña y hermosa ciudad que Pablo mencionará muchos años más tarde al evocar a su padre con el tren lastrero:

> *Aunque murió hace tantos años*
> *por allí debe andar mi padre*
> *con el poncho lleno de gotas*
> *y la barba color de cuero.*
>
> *La barba color de cebada*
> *que recorría los ramales,*
> *el corazón del aguacero,*
> *y que alguien se mida conmigo*
> *a tener padre tan errante,*
> *a tener padre tan llovido:*
> *su tren iba desesperado*
> *entre las piedras de Carahue,*
> *por los rieles de Collipulli,*
> *en las lluvias de Puerto Varas.*

[de "Carta para que me manden madera", *ETV,* en *OC,* II, 705]

La ironía de los hechos hace de don José del Carmen, precisamente a través de éste y de otros esfuerzos disuasivos, el primero y el más importante promotor del destino de su hijo. Para comenzar, lo ha traído muy niño desde Parral a Temuco. La Frontera: ¿podemos siquiera imaginar al poeta Pablo Neruda creciendo en otro mundo? Y después el padre lo sube a su tren lastrero. «Debiendo excavar el lastre de las canteras, ese tren de mi padre permanecía en cualquier rincón selvático, por semanas completas. El tren era novelesco. Primero, la gran locomotora antigua, luego los innumerables carros planos en los que la pala excavadora depositaba las pequeñas montañas de la entraña terrestre, después los carros de los peones, por lo general rudos gañanes de vida desordenada, y luego el vagón en que vivían sobre ruedas mi padre y el telegrafista. Todo esto en medio de faroles de vidrios verdes y rojos, de banderas de señales y mantas de tempestad, de olor a aceite, a hierros oxidados, y con mi padre, pequeño soberano de barba rubia y ojos azules, dominando como un capitán de barco la tripulación y la travesía. / Viajé muchas veces por los ramales en esta casita de mi padre que se detenía junto a la selva primaveral, selva virgen que me reservaba los más espléndidos tesoros, inmensos helechos, escarabajos deslumbrantes, curiosos huevos de aves silvestres» (*VDP,* 1962, en *OC,* IV, 1279-1280).

Jamás supo el rudo ferroviario que fue su propia locomotora la que condujo al niño Neftalí hacia el núcleo fundante de su imaginario poético. Vale decir, hacia la selva austral.

LA SELVA AUSTRAL (I): TESTIMONIOS

> Una gruesa capa de humus de más de un metro de espesor cubre todos los bosques de mi territorio natal. En aquella región fría y lluviosa, las hojas de los viejos árboles han ido cayendo en un inmemorial otoño. Los árboles también, los viejos troncos del pellín, del luma, del ciprés, del *Drymis Winterei*, los gigantes de la altura caen sobre la humedad de la vieja tierra silenciosa de donde brota la única voz vegetal de la selva, la oración de las enredaderas inmensas y mojadas, los tentáculos del helecho boreal.
>
> [Neruda, *Viaje por las costas del mundo,* 1942, en *OC,* IV, 506]

Amado Pissis (1875)

«Los árboles que forman las selvas de Chile, pertenecen a un número bastante grande de familias diferentes, comprendiendo 69 especies que se sustituyen unas a otras según las diversas latitudes. Cerca de la extremidad austral el *fagus antartica*, el *fagus betuloides*, el *drymis winterei*, algunas proteáceas y coníferas forman la esencia de los bosques: el número de las especies aumenta más y más a medida que se avanza hacia el norte, siendo en las provincias de Valdivia y de Llanquihue donde los bosques llegan a su mayor esplendor y los vegetales a su mayor desarrollo, favorecidos por una temperatura suave y por continuas lluvias; los árboles, apretados allí, unos con otros, se elevan verticalmente y extienden sus ramas a una grande altura, hasta donde pueden recibir la luz necesaria para su desarrollo.

Debajo de este vasto techo de hojas, donde nunca penetran los rayos del sol, reina una temperatura igual y una humedad constante; allí es también donde crecen las plantas más delicadas, plantas que no podrían resistir a la acción directa del sol. En este suelo, enteramente formado de despojos vegetales, se extienden los musgos, los licopodos, los hepáticos, y el *sarmienta repens* enlaza con sus tallos carnosos los árboles caídos de vejez sobre los cuales ostenta sus brillantes flores escarlatas. Desde en medio de estos mismos árboles derribados, salen aún los helechos más hermosos, el *alsophila pruinata*, especie arborescente cuyas hojas llegan a veces a tener tres metros de largo. Algunas plantas, más ansiosas de luz, atan sus tallos sueltos al tronco de los grandes árboles y se extienden por sus ramas desde las cuales dejan caer sus hermosas flores de color de púrpura: tal es el *copihue* o *lapageria*.

En fin, en los bordes de los espacios claros de los bosques, una bambusácea trepadora ocupa todo el espacio libre y forma un matorral impenetrable como si estuviese destinada a preservar al bosque de los ataques de los vientos y animales.»

— Amado Pissis, Geografía física de la República de Chile *(1875): cito por OC, IV, 506-507, donde Neruda comenta: «Esta cita amarillenta de la [obra de Pissis,] Caballero de la Legión de Honor, miembro de la Universidad y Jefe de la Comisión Topográfica, extraída de la que creo su única edición, la de 1875, no es verdad que tiene algo de ternura, algo más adivinatorio de nuestro paisaje austral que muchas descripciones literarias? Parece a ratos un fragmento del gran poeta Juvencio Valle, que ha dado a nuestra geografía vegetal una nueva dimensión mitológica y radiante» [1942].*

Gustave Verniory (agosto 1889, al norte de Temuco)

«Al día siguiente el tiempo se ha puesto bueno. A las seis estamos a caballo; a las ocho llegábamos a una selva virgen que va a ser atravesada por la línea [del ferrocarril]. No pudiendo seguir el trazado obstaculizado por troncos de árboles, visitamos los diversos talleres pasando por los senderos que los obreros han abierto en la espesura del bosque.

Es la primera vez que yo penetro en una selva enteramente virgen. ¡Qué esplendor! Más inteligentes que los árboles de nuestro país [Bélgica], éstos tienen la buena costumbre de conservar sus hojas en el invierno. Pero lo que debe ser una selva virgen en verano me cuesta todavía imaginarlo. De lejos parece una masa compacta de un verde oscuro: no hay la menor transición entre la pampa y la selva: uno se choca literalmente contra este bloque de verdura. La entrada del sendero, abierto hace quince días solamente, parece como un hoyo negro sobre el fondo verde. Apenas penetramos nos encontramos en una oscuridad a la cual no nos acostumbramos sino al cabo de algunos minutos. Como nosotros somos los primeros que entramos a caballo, los mozos van adelante, quitando a machetazos los obstáculos que molestarían demasiado nuestra marcha. Avanzamos lentamente, pues los caballos se atascan con los bambúes y las lianas que recubren el sendero.

Me pregunto si estoy soñando, si soy verdaderamente yo mismo quien se encuentra ante esta fabulosa vegetación. Jamás me imaginé estos árboles desconocidos, estas plantas trepadoras originarias del país cubiertas de flores deslumbrantes de color rojo, llamadas *copihues* y que sólo florecen en invierno; estos troncos muertos, mantenidos en pie por un entrelazamiento de lianas que los amarran a los otros árboles. Estas masas compactas de quilas, especie de bambúes muy altos, que se enredan unas con otras.

Resulta un espectáculo verdaderamente feérico. Toda esta verdura forma arcadas sobre nuestras cabezas. Nuestras voces resuenan allí como bajo una bóveda. Nos ponemos a cantar: las voces cobran una sonoridad asombrosa. Para demostrarnos que no somos los únicos desafinados, millares de loros [choroyes] nos responden con una algarabía ensordecedora. Es lástima que falten los monos.

Basta de lirismo. Volveremos a hablar de los bosques vírgenes en verano, cuando vaya a acampar al otro lado del río Cautín, esto es, más allá del último límite de la región ocupada por los blancos.»

— *Verniory, 113-114*

Juvencio Valle (1951)

> Sueños de oro me queman. Más que un leño
> arden mis estancias secretas: aquí florecen
> como una selva hirviente mis maderas;
> irrumpen por mis cuatro costados las raíces,
> la tibia mano del sol me condecora
> o me atraviesa como a un cristal alegre.

— de El hijo del guardabosques, *1951*

Pablo Neruda (1973)

«... Bajo los volcanes, junto a los ventisqueros, entre los grandes lagos, el fragante, el silencioso, el enmarañado bosque chileno... Se hunden los pies en el follaje muerto, crepitó una rama quebradiza, los gigantescos raulíes levantan su encrespada estatura, un pájaro de la selva fría cruza, aletea, se detiene entre los sombríos ramajes. Y luego desde su escondite suena como un oboe... Me entra por las narices hasta el alma el aroma salvaje del laurel, el aroma oscuro del boldo... El ciprés de las Guaitecas intercepta mi paso... Es un mundo vertical: una nación de pájaros, una muchedumbre de hojas... Tropiezo en una piedra, escarbo la cavidad descubierta, una inmensa araña de cabellera roja me mira con ojos fijos, inmóvil, grande como un cangrejo... Un cárabo dorado me lanza su emanación mefítica, mientras desaparece como un relámpago su radiante arco iris... Al pasar cruzo un bosque de helechos mucho más alto que mi persona [...] Un tronco podrido: qué tesoro!... Hongos negros y azules le han dado orejas, rojas plantas parásitas lo han colmado de rubíes, otras plantas perezosas le han prestado sus barbas, brota, veloz, una culebra desde sus entrañas podridas, como una emanación, como que al tronco muerto se le escapara el alma... Más lejos cada árbol se separó de sus semejantes... Se yerguen sobre la alfombra de la selva secreta, y cada uno de sus follajes, lineal, encrespado, ramoso, lanceolado, tiene un estilo diferente, como cortado por una tijera de movimientos infinitos... [...] A mi lado me saludan con sus cabecitas amarillas las infinitas calceolarias... En la altura, como gotas arteriales de la selva mágica se cimbran los copihues rojos (*Lapageria rosea*)... El copihue rojo es la flor de la sangre, el copihue blanco es la flor de la nieve... En un temblor de hojas atravesó el silencio la velocidad de un zorro, pero el silencio es la ley de estos follajes. [...]

Quien no conoce el bosque chileno, no conoce este planeta.

De aquellas tierras, de aquel barro, de aquel silencio, he salido yo a andar, a cantar por el mundo.

— CHV, *"El bosque chileno"*, en OC, V, 399-400

LA SELVA AUSTRAL (II): EL NIÑO PERDIDO

> La naturaleza allí me daba una especie de
> embriaguez. Yo tendría unos diez años, pero era
> ya poeta. No escribía versos, pero me atraían los

> pájaros, los escarabajos, los huevos de perdiz. Era
> milagroso encontrarlos en las quebradas,
> empavonados, oscuros y relucientes, con un color
> parecido al del cañón de una escopeta. Me
> asombraba la perfección de los insectos.
>
> [de "Infancia y poesía", 1954, en *OC*, IV, 915]

El bosque se revela lleno de atracciones para Neftalí. Cuando el tren lastrero se detiene junto a las canteras, el niño vaga entre los árboles mientras los peones pican piedra. Aquellas exploraciones pronto despiertan la curiosidad de estos hombres rudos y gigantescos que vienen de aldeas perdidas, de suburbios miserables o de varios años de cárcel. Los sorprende el interés del niño por los escarabajos, por los huevos de perdiz y por las arañas peludas. Y comienzan a ayudarlo en su búsqueda de tan anómalos tesoros. Al menor descuido de don José del Carmen dejan la cantera y entran en la selva para volver con las alimañas que fascinan a Neftalí, como ese enorme coleóptero que en Chile llaman *la madre de la culebra*, un titán acorazado. Muchos años después Neruda había de recordar en particular a Monge, el palanquero de gran cicatriz en la cara —la marca del delincuente— que puso en sus manos el deslumbrante coleóptero del coigüe y de la luma, y que más tarde murió al caer por descuido (o por borracho) en un barranco desde uno de los vagones planos. Neftalí lloró una semana la muerte de su amigo.

Otro poema del *Memorial de Isla Negra* ("La tierra austral", y más tarde el 'medallón' inicial de *Confieso que he vivido* ("El bosque chileno", citado *supra*), evocarán al pequeño Neftalí que, habiéndose alejado del tren lastrero, se encuentra de pronto solo y perdido en medio de la densa foresta, indeciso entre el pavor y la curiosidad, hundiendo los pies en el humus, descubriendo un mundo confuso de formas, colores y perfumes: la majestad de los árboles, el tacto y espesor de la madera, el pulular de los insectos, la multiplicidad de alas y hojas y flores. Así comienza el poema de *Memorial* escrito en 1962:

> *La gran frontera. Desde*
> *el Bío-Bío*
> *hasta Reloncaví, pasando*
> *por Renaico, Selva Oscura,*
> *Pillanlelbún, Lautaro,*
> *y más allá los huevos de perdices,*
> *los densos musgos de la selva,*
> *las hojas en el humus,*
> *transparentes*
> *—sólo delgados nervios—,*
> *las arañas*
> *de cabellera parda,*
> *una culebra*
> *como un escalofrío*
> *cruza el estero oscuro,*
> *brilla*
> *y desaparece,*
> *los hallazgos*
> *del bosque,*
> *el extravío*

> *bajo*
> *la bóveda, la nave,*
> *la tiniebla del bosque,*
> *sin rumbo,*
> *pequeñísimo, cargado de alimañas,*
> *de frutos, de plumajes,*
> *voy perdido*
> *en la más oscura*
> *entraña de lo verde [...].*
>
> *Estoy solo*
> *en las selvas natales,*
> *en la profunda*
> *y negra Araucanía [...].*
> *Suena y se calla el bosque:*
> *se calla cuando escucho,*
> *suena cuando me duermo,*
> *entierro*
> *los fatigados pies*
> *en el detritus*
> *de viejas flores, en las defunciones*
> *de aves, hojas y frutos [...]*

[de "La tierra austral", *MIN*, en *OC*, II, 1149-1150]

El extravío en el bosque de la Frontera es para Neftalí una doble iniciación. Estética y sensorial por un lado: una escuela de formas y texturas que por ahora se manifiesta en el hallazgo y atesoramiento de insectos y huevecillos, de hojas, pedazos de madera, piedras de arroyo: «pequeñísimo, cargado de alimañas, / de frutos, de plumajes, / voy perdido / en la más oscura / entraña de lo verde». Es, por otro lado, la decisiva iniciación telúrica, la lección de la materia. El bosque chileno introduce a Neftalí en el misterio de la interdependencia *vida/muerte* que más tarde estará siempre en su mejor poesía. Notar el insistente énfasis sobre este aspecto: «*Un tronco podrido: qué tesoro!*» No es un detalle casual. Lo vemos subrayado también en *Canto general*: «Mi infancia son zapatos mojados, *troncos rotos / caídos en la selva, devorados por lianas / y escarabajos...*» (*OC*, I, 897). Al recordar su entusiasmo de niño frente a la biodegradación, Neruda nos visualiza el origen de una precoz intuición: la dialéctica *vida/muerte* como condición y dinámica de la Vida. Al esfuerzo por alcanzar la plena formulación poética de esa intuición infantil Neruda dedicará —con significativa insistencia— textos tan importantes como "Galope muerto" (1926), "Entrada a la madera" (1935) y "Alturas de Macchu Picchu" (1946):

> *y el perfume de las ciruelas que rodando a tierra*
> *se pudren en el tiempo, infinitamente verdes.*
>
> [*OC*, I, 257]

> *y siento morir hojas hacia adentro,*
> *incorporando materiales verdes*
> *a tu inmovilidad desamparada.*
>
> [*OC*, I, 325]

> *y, mientras en la altura del ciruelo, el rocío*
> *desde mil años deja su carta transparente*
> *sobre la misma rama que lo espera...*
>
> [*OC,* I, 435]

En afinidad con la casa de tablas, la selva austral es para Neftalí un espacio de signo femenino, materno, a cuya oscura profundidad llega por vía del tren lastrero. Pero en modo alguno lo vive como el remanso lírico de la tradición romántica. Neftalí no lee el bosque como idilio sino como energía. Como laboratorio de vida, como hervidero de formas, colores, dinamismos. Ni refugio consolador ni oasis de evasión: el bosque es para el niño de entonces ante todo un espacio de nutrición, de absorción activa, de íntimo crecimiento y desarrollo. Una lección imborrable sobre la Vida surgiendo del conflicto entre fuerzas y pulsiones en lucha: agitación y reposo, proliferación y defunciones. Por lo demás, toda la milenaria tradición universal ha situado siempre a la foresta en vecindad simbólica con la sabiduría, con el conocimiento.

Aquel temprano extravío en la selva contribuye decisivamente, desde el comienzo, a orientar la sensibilidad poética de Neftalí en dirección terrenal y a perfilar su escritura egocéntrica en conexión inescindible con la circunstancia concreta y material del Yo enunciador y a la vez protagonista. Y con la acción transformadora, con el trabajo de la naturaleza. Es por esta razón que la obra literaria del poeta Neruda —como la paralela vida del ciudadano Neruda— devendrá un universo tan densamente poblado con toda clase de seres y elementos terrestres. Por eso será la suya una poesía tan atenta a la dinámica de esa población, a sus transformaciones sociales, tecnológicas y culturales: a la Historia. Por eso, en suma, será tan *alocéntrica* en su egocentrismo.

LA SELVA AUSTRAL (III): LA BÓVEDA SAGRADA

> Les forêts ont été les premiers temples de la
> Divinité, et les hommes ont pris dans les forêts la
> première idée de l'architecture.
>
> [Chateaubriand, *Le Génie du Christianisme,* III, I, 8]

El miedo del niño extraviado lo inicia en otro aspecto de la simbología milenaria de la selva: su misterio, su dimensión sacra y secreta, el temor reverencial que inspira. Los árboles del bosque austral determinan que Neftalí desde temprano reconozca en la *madera* la materia viva por excelencia, la materia primordial, el símbolo sagrado de la Vida orgánica. Y que comience a advertir en los árboles mismos la comunicación entre los niveles del cosmos: la profundidad de las raíces, la emersión del tronco a la superficie terrestre, la altura de las copas. Al evocar aquella experiencia de su niñez Neruda mismo asocia el bosque a un templo o santuario, a un espacio sacro: «el extravío / bajo / la bóveda, la nave, / la tiniebla del bosque».

Ya ha intentado aquella misma asociación en su primer libro, con lenguaje ritual aprendido de poetas de otras tierras. Neftalí no inaugura aún su propio idioma. La dependencia cultural (vaga conciencia de inferioridad y subdesarrollo que la escuela nutre) determina inseguridades y bloqueos. Es notable que Neftalí no haya intentado una decidida visión poética del bosque antes de 1920. Veo en ello un signo de la íntima sinceridad del muchacho. Al no encontrar en sus lecturas de poetas europeos o americanos el modelo para la representación de su intensa experiencia junto al tren lastrero, prefiere callar.

Y calla hasta comienzos de 1920, cuando el primer contacto con el océano austral y la visión de algún modesto templo *de madera* en la ribera del lago Llanquihue (o quizás una austera iglesia evangélica luterana o la capilla construida por Mellwig en Puerto Varas) le sugieren una vía más satisfactoria para aludir al bosque en términos de poesía "alta". Es su selva de la Frontera lo que Neftalí cifradamente transfigura —con el lenguaje poético ritual de entonces— en el soneto que comienza:

> *Esta iglesia no tiene lampadarios votivos,*
> *no tiene candelabros ni ceras amarillas,*
> *no necesita el alma de vitrales ojivos*
> *para besar las hostias y rezar de rodillas.*
>
> *El sermón sin inciensos es como una semilla*
> *de carne y luz que cae temblando al surco vivo:*
> *el Padre Nuestro, rezo de la vida sencilla,*
> *tiene un sabor de pan frutal y primitivo...*

[incluido después en *Crepusculario*, 1923, y en *OC*, I, 111]

El soneto elude nombrar el referente de la metáfora *esta iglesia* (una elusión más radical aún, pero de igual origen, marcará en 1926 la escritura de "Galope muerto"). A inicios de 1920 Neftalí es todavía un liceano de 15 años que escribe poesías inspiradas más por modelos literarios que por la vida cotidiana. Sin embargo aquel soneto —su primera tentativa de formular en términos laicos la sacralidad de la naturaleza (sin nombrarla)— surge de la asociación entre dos experiencias personales: el bosque chileno (naturaleza) y los templos de madera en Llanquihue (cultura), inaugurando con ello una nueva fase en la escritura de Neftalí (si bien su lenguaje restará todavía por pocos años más en el ámbito de la modernidad poética ritual de fines del siglo XIX, vigente hasta los dos primeros decenios del siglo XX pero en franco declive frente a la irrupción de las vanguardias).

Recientes lecturas de autores rusos y nórdicos, muy en boga por entonces, desbloquean esta nueva perspectiva a Neftalí permitiéndole entre otras cosas releer bajo una luz diferente, y más fecunda, textos que ya conoce. Cabe suponer por ejemplo que nuestro adolescente —buen estudiante de francés— no ignora el pasaje de Chateaubriand sobre las iglesias góticas: «Les forêts ont été les premiers temples de la Divinité, et les hommes ont pris dans les forêts la première idée de l'architecture» (*Le génie du Christianisme*, III, I, 8). Ahora bien, en su soneto de 1920 Neftalí retoma la comparación de Chateaubriand pero en dirección opuesta. La sacralidad del templo innominado no se manifiesta en objetos o ritos litúrgicos sino en su fecundidad, en su generosa provisión de materiales de nutrición y sustento para los seres humanos. Se trata de un templo donde «el sermón sin inciensos es como una semilla / de carne y luz que cae temblando al surco vivo», y donde al rezar el Padre Nuestro «se desestima la superestructura dogmática y teológica de la primera parte, eligiéndose sólo el ruego del hombre por sus necesidades elementales. ¡No el cielo, sino el pan!» (Concha 1965).

La elaboración característicamente neurudiana de la selva austral, y del sur de la infancia en general, tardará algunos años todavía en manifestarse. Para ello serán necesarios los veranos y los amores de Bajo Imperial. Es decir, el océano austral. Por ahora, a comienzos de 1920, el bosque del sur es para Neftalí todavía una matriz de silencio, el preludio a la palabra. El silencio ceremonial y profundo de la foresta está por dar a luz el canto aún balbuciente del poeta. Este aspecto materno del bosque —matriz de silencio— es el que Neruda certificará poco antes de morir: «De aquellas tierras, de aquel barro, *de aquel silencio*, he salido yo a andar, a cantar por el mundo.»

TEMUCO DE LA FRONTERA (I): LOS ORÍGENES

Del hacha y de la lluvia fue creciendo
la ciudad maderera
recién cortada como
nueva estrella con gotas de resina,
y el serrucho y la sierra
se amaban noche y día
cantando,
trabajando...

[*OC,* II, 1143-1144]

¿Por qué la Frontera?

En 1552, río abajo del Cautín, el conquistador español Pedro de Valdivia funda la Ciudad Imperial (en homenaje a Carlos V) donde hoy está Carahue (55 km al oeste de Temuco). Durante medio siglo será una de las más prósperas e importantes, con Valdivia y Osorno, entre las ocho ciudades que el conquistador consigue fundar en el territorio que se extiende al sur del río Bío-Bío hasta el seno de Reloncaví. Durante ese medio siglo los indios mapuches se cohesionan, perfeccionan nuevas tácticas guerreras y comienzan a ejercer cada vez mayor presión sobre las ciudades fundadas por Valdivia, hasta que la sublevación general de 1599-1600, comandada por el toqui Pelantaro, arrasará con casas, bodegas y molinos de La Imperial y demás ciudades, reduciéndolas a ruinas humeantes y expulsando a los sobrevivientes hispánicos (con sus servidores nativos) hasta la ribera norte del Bío-Bío.

Tras varias tentativas infructuosas de reconquistar este "Flandes indiano" (que los soldados españoles temen cuanto los alemanes el frente ruso después de Stalingrado), la administración imperial renuncia. Dos siglos y medio durará el pleno dominio mapuche sobre aquel territorio que rompe la continuidad geográfica de la colonia y, desde 1818, de la república chilena independiente (más al sur resta la ciudad de Castro, en la isla de Chiloé), y que por ello es conocido desde entonces como la Frontera. Al inicio de la República, la Constitución de 1822 señala como límite sur del país el cabo de Hornos. Pero la verdad es que al sur de Concepción sólo hay población no indígena en Valdivia, Osorno y Castro. El resto de ese territorio sigue bajo control mapuche.

El cruento proceso de reincorporación viene activado con lentitud durante la segunda mitad del siglo XIX, después que en 1861 el aventurero francés Antoine de Tounens, ex abogado de Périgueux, habiendo logrado persuadir a diversos caciques de las ventajas de su proyecto, se hace proclamar Rey de la Araucanía bajo el nombre de Orélie-Antoine I, designa ministros indígenas y envía a París embajadores *verdaderamente extraordinarios* con credenciales ante el gobierno de Napoleón III. Esta tentativa de poner al nuevo reino bajo protectorado francés alarma al gobierno chileno e impulsa un plan de reconquista militar al mando del coronel Cornelio Saavedra.

En 1862 la línea fronteriza norte viene desplazada desde el Bío-Bío hacia el sur hasta el río Malleco, con la refundación de Angol de los Confines a poca distancia de la antigua ciudad destruida en 1600. Las tropas del coronel Saavedra, tras duros combates con los mapuches, logran establecer los fuertes de Cancura, Collenco y otros para proteger la línea del Malleco. Poco a poco se van instalando los pioneros en esta zona protegida del Far West chileno, ahora conocida como la Frontera. Por el otro extremo, la línea fronteriza sur se desplaza en 1865 hacia el norte, como natural expansión de la ciudad de Valdivia hasta el río Toltén. De este modo el dominio mapuche (la Frontera) queda limitado al territorio que se extiende entre los ríos Malleco y Toltén.

El proceso se ve interrumpido por la Guerra del Pacífico (1879-1883) en la que Chile combate contra Perú y Bolivia. A comienzos de 1881 una sublevación general de las tribus araucanas genera gran alarma en todo el sur. Ese mismo año la toma de Lima deja disponibles algunas tropas, con las cuales una división, bajo el mando superior del ministro Manuel Recabarren, parte desde Angol y, tras afirmar de pasada los fuertes de Quino, Quillén, Lautaro y Pillanlelbún, a fines de febrero llega al lugar llamado Temuco. Allí se establece un campamento militar, bajo cuya protección surge y crece la ciudad.

Gustave Verniory / agosto 1895

«La ciudad de Temuco, cabecera de la provincia de Cautín, aunque fundada hace 14 años [en 1881], cuenta ya con más de 15.000 habitantes, y su población crece día a día. Parece estar llamada a ser una de las grandes ciudades de Chile.

Ocupa un inmenso valle, cerrado por el río Cautín por una parte, y por la otra por un cordón semicircular de las montañas de Ñielol, cubiertas de una exuberante vegetación.

Estas calles de avenidas rectas y de varios kilómetros de largo, son cortadas de norte a sur y en ángulo recto de este a oeste. Son en su mayoría de macadam, no tienen desniveles, como en el caso de Lautaro, que en invierno se transforman en barriales.

Si todavía no existen tiendas de lujo, hay muchas casas comerciales donde se puede encontrar todo lo que se desea. Las calles tienen cierta animación, transitan numerosos indios del interior que traen sus productos (animales, lana, pieles) y que hacen sus compras. También hay bodegas que disponen de grandes capitales para la compra de trigo y corteza de lingue.

La industria se ha instalado en la periferia. Hay molinos de trigo, curtiembres, cervecerías, destilerías, una fábrica de agua gaseosa. Cerca de la estación está la importante usina de elaboración de maderas, fundada por los dos hermanos de la Mahotière y su socio St. Anne, quien dirige la explotación.

Las casas son todas de madera, y las hay muy hermosas. Existen varios hoteles confortables. Temuco tiene una sucursal del Banco Nacional, un hospital, un liceo, farmacias y una oficina de Correo y Telégrafo que no se parece en nada a su triste pariente de Lautaro. Cosa rara en un país católico, no se encuentra todavía una iglesia.»

— *Verniory, 395-396*

Jaime Concha / progreso y reducción

«Temuco pertenece, a fines del siglo XIX y a comienzos del XX, a una de las zonas más progresistas del país. Entre un norte económicamente desnacionalizado por la entrega del salitre al capital inglés y el extremo austral enajenado a la soberanía chilena durante el gobierno de Santa María, Temuco se yergue en medio de una región donde la energía nacional se concentra con mayor tenacidad. Se trata, en realidad, del proceso general que incorporó a la vida unitaria del país todo el sur de Chile, desde el Bío-Bío hasta la provincia de Llanquihue.

Este proceso comienza a mediados del siglo [XIX] con la colonización alemana de Valdivia y las provincias vecinas..., sigue en 1868 con las leyes dictadas para inmovilizar a los araucanos en 'reducciones', continúa con las cruentas campañas militares dirigidas por Cornelio Saavedra y Gregorio Urrutia, culmina en 1881 con la fundación de Temuco y en 1887 con la creación de las nuevas provincias de Malleco y Cautín... El brutal despojo a que se sometió a los indígenas, con la ocupación militar primero y con diversos arbitrios legislativos más tarde; la entrega de tierras a colonos nacionales, provenientes en su mayoría de las tropas que regresaban del Perú, y a inmigrantes extranjeros que se establecen en la región desde septiembre de 1883; la expropiación de tierras que sufrieron los primeros colonos de parte de los intereses latifundistas: tales parecen ser las fases más salientes de este importante y complejísimo acontecimiento. El imperio de la violencia confiere a este período, como muchas veces se ha repetido, una fisonomía de criollo Far West. En efecto, la violencia bélica contra los indios —violencia legalizada— da paso muy luego a la violencia ilegal del cuatrerismo...

Se hace fácil, de este modo, advertir el ingente fenómeno de marginación que resulta del progreso económico nacional en la región de la Frontera. Aunque chileno, ese progreso va contra Chile. Expulsa a los indios a las 'reducciones', reduce a los colonos a la ilegalidad, empuja a sus propios habitantes hacia afuera. La reducción de la Araucanía es una reducción de Chile, de sus fuerzas humanas y sociales. He aquí los necesarios productos de este avance: segregación racial, destierro colectivo, criminalidad... Es éste el fondo amargo que conlleva inevitablemente toda manifestación capitalista.

Pues, efectivamente, el contexto amplio en que se enmarcan todos estos hechos es la entrada y desarrollo del capitalismo agrícola en el sur de Chile... La Guerra del Pacífico había creado las condiciones de mercado interno aptas para justificar los intentos de apropiación de las tierras sureñas y los esfuerzos consecuentes para intensificar la producción agropecuaria. La introducción de la maquinaria agrícola pone el fundamento tecnológico que faltaba, confiriendo al latifundio austral una fisonomía que contrasta con el panorama de retraso ofrecido por el resto del territorio agrario nacional...»

— *Concha 1972: 40-43*

José Santos González Vera / Temuco 1920

«Temuco es una ciudad lluviosa, rodeada de verde, y donde no hay verde se ven filones de arcilla bermeja. La humedad tiene allí su domicilio. Las casas eran de madera y, al principio, costábame conciliar el sueño, porque el viento las mece y penetra por las junturas, haciendo crujir el papel. A pesar del barro y la lluvia, hay intensa vida. Entran y salen de los hoteles individuos que desean comprar lo que sea y hombres que pretenden venderlo todo. [...]

En Temuco se mezclan mapuches y criollos. Del alba a la noche están afluyendo indios de los alrededores. Se les ve en todas las calles, abundan en la puerta del juzgado y no escasean dentro de la cárcel. Traen al mercado sus cerdos, sus choapinos y alguna cosecha. Vestidos con traje corriente, difieren poco del criollo. [...]

Hay indios de ojos azules. La mezcla se efectúa con peones vagabundos, terratenientes incontenibles y extranjeros amantes del folclore.»

— *González Vera 1973: 286-288*

TEMUCO DE LA FRONTERA (II): BOSQUES Y BODEGAS

TEMUCO (*agua de temu*). 227.181 habitantes, altitud 107 m. Capital de la IX Región de la Araucanía, es una hermosa y pujante ciudad que concentra la mayoría de las actividades administrativas, industriales y comerciales de la región. Está ubicada frente a la "isla" de tierra comprendida entre los ríos Cautín y Toltén, que fue el corazón palpitante, aguerrido y más poblado del pueblo mapuche.

[guía TURISTEL 2004 - Sur]

Tal vez Neftalí no habría percibido el bosque como energía vital —sino probablemente como romántico refugio— si hubiera crecido más al norte o más al sur de la Frontera, por ejemplo en la región de Cauquenes o en la isla de Chiloé. Porque una singular energía colectiva es también el signo dominante alrededor de ese niño tan atento a los detalles. Neftalí crece, en efecto, en el seno de una comunidad humana caracterizada por una gran vitalidad demográfica y económica que por entonces desarrolla un duro proceso de transformación del medio natural a través del trabajo social. Cuando por primera vez el conductor Reyes hace subir a su hijo Neftalí al tren lastrero de madrugada, Temuco es una ciudad con apenas treinta años de existencia (había sido fundada el 24 febrero 1881) y todavía con aire de campamento.

Temuco es el centro de ese Far West chileno y, por lo tanto, de la febril actividad social y económica, más tarde empobrecida, en que se desarrolló la infancia de Neftalí. También las formas y energías del progreso —no sólo las del bosque— alimentan su sensibilidad y su fantasía. No escapan a su atención las herramientas ni las máquinas asociadas al trabajo agrícola y maderero, ni los vehículos que lo ayudan a conocer el territorio, a comenzar por el tren lastrero que lo lleva al bosque, y luego el vaporcito a ruedas que por el río Imperial lo llevará hasta su *primer mar* desde el puerto fluvial de Carahue. Puentes y locomotoras, hachas y sierras, el locomóvil y la máquina trilladora de don Horacio Pacheco, martillos y serruchos: los instrumentos del trabajo colectivo aportan a la imaginación del niño los sonidos, el brillo, la dureza y la tenacidad del metal, complementando la experiencia del cosmos forestal. Al crecer en esa atmósfera de fundación, rodeado de afanes productivos y de actividades transformadoras, el ojo de Neftalí percibe y registra para siempre formas, elementos y ritmos del trabajo social que refuerzan desde otro ángulo la iniciación estética del bosque y, sobre todo, la orientación hacia la dinámica sensorial, concreta y material del mundo. En *Canto general* evocará así aquel tiempo:

> *Mi infancia recorrió las estaciones: entre*
> *los rieles, los castillos de madera reciente,*
> *la casa sin ciudad, apenas protegida*
> *por reses y manzanos de perfume indecible*
> *fui yo, delgado niño cuya pálida forma*
> *se impregnaba de bosques vacíos y bodegas.*
>
> [*OC*, I, 808]

Bosques y bodegas: la naturaleza y la civilización. La *madera* es desde entonces el puente simbólico entre ambas esferas de la experiencia. Por un lado los árboles de la selva austral con su cortejo de alimañas y pájaros, el bosque como escenografía de la gloria y caducidad de la materia viva por excelencia; por otro lado los 'castillos' de tablas en las estaciones, junto a la ferrovía, esas tablas que serán casas, bodegas, toneles, carretas, muebles, incluso templos. «Pero los aserraderos cantaban», recordará Neruda al cumplir 50 años. La edificación de la joven ciudad al precio del derrumbe de los gigantescos raulíes y coigües: «del hacha y de la lluvia fue creciendo / la ciudad maderera».

Nacida casi a fines del siglo XIX, Temuco va creciendo sin la herencia colonial de las ciudades fundadas por los españoles. Ciudad sin pasado, para bien y para mal. El mismo Neruda advierte la importancia de tal ausencia en su formación poética: «no es lo mismo haber nacido en una casa de adobes que en una casa de madera recién salida del bosque. *En estas casas no había nacido nadie antes. Los cementerios eran frescos*». En ese ambiente de trabajo y de actividad fundacional el niño crece más allá de toda religión.

De modo natural, ajeno al ateísmo y al anticlericalismo que entonces eran banderas radicales de moda, la espiritualidad de Neftalí se orienta desde temprano hacia lo concreto y tangible, rechazando instintivamente las soluciones místico-religiosas: «aquí no había poesía escrita ni religión. Mi madre me llevaba de la mano para que la acompañara a la iglesia. La iglesia del Corazón de María tenía unas lilas plantadas en el patio y para la novena todo estaba impregnado de ese aroma profundo. [...] Yo tenía doce años y era casi el único varón en el templo. Mi madre me enseñó a que yo hiciera lo que yo quisiera adentro de la iglesia. [...] Nunca aprendí a persignarme, nunca llamó la atención en la iglesia de Temuco que un chico irreverente estuviera de pie en medio de los fieles. Tal vez ha sido esto lo que me ha hecho entrar siempre con respeto en todas las iglesias. [...] La gente era muy descreída en aquella ciudad. Mi padre, mis tíos, los innumerables cuñados y compadres de la mesa grande del comedor tampoco se santiguaban. Se contaban cuentos de cómo el huaso Ríos, el que pasó el puente del Malleco a caballo, había laceado a un San José. Había muchos martillos, serruchos y gente trabajando la madera y segando los primeros trigos. Según parece, a los pioneros no les hace mucha falta Dios» (*OC*, IV, 921-922).

No les hace mucha falta Dios, pero tampoco la poesía («aquí no había poesía escrita»). Y este desajuste es duro para Neftalí. Esos tíos, cuñados y compadres —los bárbaros centauros de su primera edad, los pioneros— le son tan próximos como la selva y la lluvia, pero al mismo tiempo muy ajenos en el terreno de la vocación poética. Hay alguien entre sus parientes, sin embargo, que sostiene a Neftalí en medio de la soledad. Es su 'tío' Orlando Mason, el hijo secreto de doña Trinidad, que a muy joven edad funda en 1915 el diario *La Mañana*. Al parecer, uno de esos excéntricos que siempre admiró Neruda. Juvencio Valle recuerda haberlo visto por las calles de Temuco vestido en modo extraño, con capa como un personaje de ópera. Su amigo Neftalí le aclaró todo con una sola palabra: «Es un poeta».

Neruda lo evocará en 1954 como un hombre romántico que tuvo mucha influencia sobre él. En su diario *La Mañana* se publican los primeros escritos de Neftalí, y en sus talleres el futuro poeta toma contacto inicial con el mundo de la imprenta, con tipógrafos y cajistas, con el olor de la tinta fresca sobre el papel. Orlando Mason es el primer modelo de artista y poeta que Neftalí conoce y admira, más por su personalidad que por sus versos mismos. Personalidad múltiple y activa, incluyendo el coraje visionario del luchador social, muy raro en esos parajes.

> Orlando Mason protestaba por todo. Era hermoso ver ese diario entre gente tan bárbara y violenta defendiendo a los justos contra los crueles, a los débiles contra los prepotentes. El último incendio que vi en Temuco fue el del diario de Orlando Mason. Se lo incendiaron de noche. El incendio en la Frontera era un arma nocturna.

Orlando Mason escribía y publicó el primer libro de poesía impreso entre el río Bío-Bío y el estrecho de Magallanes. El volumen se titula *Flores de Arauco*. Leí aquellos versos con gran emoción. Orlando Mason recitaba sus monólogos o melopeas en el teatro. "El artista" y "El mendigo" eran los de más éxito. Para "El mendigo", en mi casa, mi madre y mis tías le deshilachaban la ropa.

Era un hombre alegre, lleno de batallas.

— *OC, IV, 923-924*

La primera publicación de Neftalí es la prosa "Entusiasmo y perseverancia", en *La Mañana* del 18.07.1917, a los pocos días de haber cumplido trece años (ver *OC*, IV, 49). Otros textos serán publicados en ese diario con intermitencias: "Los minutos sencillos" el 26.09.1919, la nota "La exposición Oyarce" el 30.09.1919, "Comunión ideal" el 07.10.1919, "Primavera en la noche" el 25.10.1919 (*ibíd.*, 215-216, 245, 78, 104 respectivamente). La ausencia de textos durante 1918 y primera mitad de 1919 podría obedecer al temor de Neftalí a que sus poemas en el diario local inevitablemente provocaran las iras de su padre, por lo cual prefería publicarlos en el magazine *Corre-Vuela* de Santiago, muy difundido además a escala nacional. En los primeros meses de 1920 ensaya por primera vez (*La Mañana* del 12 y del 27 de abril) un módulo textual que más tarde utilizará en *Claridad*: series de cinco notas o comentarios en prosa bajo el título común *Las semanas*, a modo de sección regular del periódico (recogidas en *OC*, IV, 247-252).

Ese mismo año *La Mañana* publica la "Salutación a la Reina" (23.11.1920) con que Neftalí conquista el corazón de Teresa Vásquez, además de cierta notoriedad local que determina una crisis de furor en don José del Carmen y su irrupción violenta en la pieza de su hijo. «Un puntapié feroz quebró las repisas donde se almacenaban libros y escritos, las ropas saltaron por los aires y por la ventana empezaron a salir disparados todos aquellos cuadernos que tuvieran la sospecha de tener algo que ver con la poesía. Luego en el patio, ante la mirada atónita de todos, el montón de papeles y algunos libros fueron encendidos en una hoguera que dejó temblando al aprendiz de poeta» (Reyes 1996: 103). Neftalí queda muy deprimido por el incidente, pero lo alivia saber que su hermana Laura ha salvado los cuadernos en que está recogiendo sus poemas. Hasta el 10.09.1923 ("Poema de la ausente") no aparecerán en *La Mañana* otros textos de Neruda. Orlando Mason y Laura por un lado, su padre y sus tíos (los «bárbaros centauros») por otro, encarnan para Neftalí los polos de su conflicto con el mundo.

No habrá olvidado esa contradicción al recibir el Nobel en 1971: «Yo vengo de una oscura provincia, de un país separado de todos los otros por la tajante geografía. *Fui el más abandonado de los poetas* y mi poesía fue regional, dolorosa y lluviosa. Pero tuve siempre confianza en el hombre. No perdí jamás la esperanza. Por eso tal vez he llegado hasta aquí con mi poesía, y también con mi bandera» (*OC*, V. 341, con énfasis mío).

1918: "NOCTURNO" Y OTROS POEMAS DEL LICEANO NEFTALÍ

Silencio de la noche, doloroso silencio
nocturno... ¿Por qué el alma tiembla de tal manera?

> *Oigo el zumbido de mi sangre,*
> *dentro mi cráneo pasa una suave tormenta.*
> *¡Insomnio! No poder dormir y, sin embargo,*
> *soñar. Ser la auto-pieza*
> *de disección espiritual, ¡el auto-Hamlet!*
> *Diluir mi tristeza*
> *en un vino de noche,*
> *en el maravilloso cristal de las tinieblas...*
>
> [Rubén Darío, "Nocturno", de *El canto errante*, 1907]

> *Saluda al sol, araña, no seas rencorosa.*
> *Da tus gracias a Dios, oh sapo, pues que eres.*
> *El peludo cangrejo tiene espinas de rosa*
> *y los moluscos reminiscencias de mujeres.*
>
> [Rubén Darío, "Filosofía", de *Cantos de vida y esperanza*, 1905]

Retornemos al 18.07.1917. Algunos días después de su 13° cumpleaños, Neftalí vive una emoción extraordinaria. El diario *La Mañana* de Temuco ha publicado hoy su prosa "Entusiasmo y perseverancia". Nada de memorable, una breve prosa convencional con los lugares comunes de la modernidad de fines del siglo XIX: «Cuántas veces, víctimas del poco entusiasmo y perseverancia caen por tierra ideas y obras de provecho, que al ponerse en práctica aportarían bienes en abundancia a los países que las adoptaran!... Ejemplos como el que nos dio Colón, Marconi y tantos otros, no deben echarse en saco roto, pues ellos conducen a la vida más honrosa y sin ellos es casi imposible vivir!» (*OC*, IV, 49-50). Los artículos editoriales sobre temas de interés general no son el fuerte de Neftalí, que en esa área no ha trabajado todavía su propio estilo, pero éste es su primer texto impreso. Inolvidable, por lo tanto. Su primer poema conocido (aparte la postal de 1915 a la *mamadre*) tendrá fecha del año siguiente, el 18.04.1918:

> *Es de noche: medito triste y solo*
> *a la luz de una vela titilante*
> *y pienso en la alegría y en el dolo,*
> *en la vejez cansada*
> *y en juventud gallarda y arrogante.*
>
> *Pienso en el mar, quizás porque en mi oído*
> *siento el tropel bravío de las olas:*
> *estoy muy lejos de ese mar temido*
> *del pescador que lucha por su vida*
> *y de su madre que lo espera sola.*
> *No sólo pienso en eso, pienso en todo:*
> *en el pequeño insecto que camina*
> *en la charca de lodo*
> *y en el arroyo que serpenteando*
> *deja correr sus aguas cristalinas...*

Se llama "Nocturno" y es el más antiguo de los poemas copiados en los *Cuadernos de Neftalí Reyes* (en *OC*, IV, 53-54). A diferencia del introspectivo "Nocturno" dariano del epígrafe, atento sólo a la autodisección íntima, en éste de Neftalí vemos al Sujeto en acción, vuelto hacia afuera, hacia lo externo, hacia el mundo.

Nótese que tal acción consiste sólo en *pensar* el mundo, lo cual supone precoz conciencia de límites y voluntad de rigor expresivo, de honesta precisión. Al comienzo y al final del poema, el marco nocturno de tal acción es de tristeza y soledad («medito triste y solo»), y el texto no deja de señalar la afín circunstancia: «a la luz de una vela titilante», pero la acción misma no tiende a enfrentar la tristeza y la soledad por vía introspectiva. Se ocupa en cambio de elementos de la realidad exterior al Sujeto, enormes como el mar o pequeños como un insecto o un arroyuelo («estoy muy lejos de ese mar temido», precisa un muchacho que en 1918, a los trece años de su edad, aún no conoce personalmente el océano).

Desde octubre 1918 algunos poemas de Neftalí van apareciendo de modo intermitente en la revista *Corre-Vuela* de Santiago. Sorprende la seguridad casi infalible de este muchacho de 14 años en el manejo de un cada vez más vario y complejo instrumental métrico. Cuando aún andaba en los trece, su "Nocturno" había ensayado una notable pero vacilante silva en quintetos irregulares de versos endecasílabos y heptasílabos (cfr. Rovira 2004). Auténtico virtuosismo adolescente exhibe en cambio "Mis ojos", el primer poema publicado en *Corre-Vuela* (n° 566 del 30.10.1918), constituido por tres cuartetos de tipo sáfico con una original combinación: en lugar de los canónicos tres endecasílabos y el pentasílabo adónico, Neftalí usa tres alejandrinos y un eneasílabo agudo: «Quisiera que mis ojos fueran duros y fríos / y que hirieran muy hondo dentro del corazón, / que no expresaran nada de mis sueños vacíos, / ni de esperanza, ni ilusión» (*OC*, IV, 55).

El tempranísimo poema anuncia entonces dos prácticas importantes de la métrica nerudiana: (1) la estrofa sáfico-adónica, que alcanzará momentos gloriosos en "Ángela Adónica" y en "Alberto Rojas Giménez viene volando" de *Residencia en la tierra*; (2) el eneasílabo, el verso nerudiano por excelencia: ningún otro será usado por nuestro poeta con tanta constancia y sistematicidad, desde sus 14 años hasta los 69 que tenía al morir (cfr. Loyola 1993). Verso nada fácil, el *eneasílabo* es de uso antiguo pero no frecuente en la versificación castellana. Desde el siglo XII pasa por altibajos de prestigio, habiendo sido marginado al área de la poesía popular durante el cultísimo siglo XVI, para renacer con los románticos (Rosalía, Espronceda, Zorrilla, y nuestros Bello y Heredia). Pero son los poetas del modernismo hispanoamericano (Nervo, Chocano, Lugones, Gabriela) quienes revitalizan la tradición del eneasílabo, en particular Darío:

Juventud, divino tesoro,
¡ya te vas para no volver!
Cuando quiero llorar, no lloro,
y a veces lloro sin querer.

A lo largo del siglo XX Neruda es el gran continuador de esta tarea que hereda de Rubén y que, como vemos, Neftalí comienza a cumplir muy temprano. Otro verso que maneja con precoz maestría (también herencia de Darío) es el *alejandrino*, cuyas diversas acentuaciones, dentro de las 14 sílabas, aprenderá a distribuir con la práctica. Compárese el cuarteto dariano que acabo de citar en el epígrafe ("Saluda al sol, araña...") con esta evidente variación de Neftalí, publicada en *Corre-Vuela* 574 del 25.12.1918 (y en *OC*, IV, 58):

> *No te ocultes, araña, deja a la luz del día*
> *penetrar en tu cueva, no te ocultes, araña.*
> *En esas claridades entrará la alegría,*
> *las cosas son alegres cuando la luz las baña.*
>
> [de "No te ocultes, araña", *Los Cuadernos de Neftalí Reyes*, en *OC*, IV, 58]

Verificamos así que al menos hasta la Navidad de 1918 Neftalí ha intentado oponer resistencia a la tristeza y a la visión degradada de sí mismo, introduciendo en sus versos imágenes de anhelos y esperanzas. Pero la insatisfacción y la sensación de sentirse inadecuado son dominantes. Las recordará en su conferencia "Infancia y poesía", leída en el Salón de Honor de la Universidad de Chile, enero 1954, próximo a cumplir 50 años:

«Los muchachos en el liceo no conocían ni respetaban mi condición de poeta. La Frontera tenía ese sello maravilloso de Far West sin prejuicios. Mis compañeros se llamaban Schnakes, Schelers, Hausers, Smiths, Taitos, Seranis. Éramos iguales entre los Aracenas y los Ramírez y los Reyes... No había apellidos vascos. Había sefarditas: Albalas, Francos. Había irlandeses: McGuintys. Polacos: Yanichewskys. Brillaban con luz oscura los apellidos araucanos, olorosos a madera y agua, Melivilus, Catrileos. / Combatíamos, a veces, en el gran galpón cerrado, con bellotas de encina. Nadie que no lo haya recibido sabe lo que duele un bellotazo. Antes de llegar al liceo nos llenábamos los bolsillos de armamentos. Yo tenía escasa capacidad, ninguna fuerza y poca astucia. Siempre llevaba la peor parte. Mientras me entretenía observando la maravillosa bellota, verde y pulida,

Temuco 1920. Neftalí cursa su último año de liceo. Fundación Pablo Neruda.

con su caperuza rugosa y gris, mientras trataba torpemente de fabricarme con ella una de esas pipas que luego me arrebataban, ya me había caído un diluvio de bellotazos en la cabeza» (*OC*, IV, 918-919; también en *CHV*). En el otoño chileno de 1918, Neftalí había dejado una huella contemporánea de esa inadecuación en un *soneto* alejandrino muy bien estructurado (para sus 13 años) y cuyos dos cuartetos iniciales eran:

> *Vaya! Por qué estoy triste? Será la tarde fría,*
> *invernal y callada, que me hace estar más triste?*
> *Esta tarde callada, con la melancolía,*
> *con que a todos los seres y las cosas reviste.*
>
> *He andado con chiquillos alegres todo el día,*
> *compañeros que saben nada más que reír,*
> *a veces me contagia su perenne alegría,*
> *pero ahora me ha hecho nada más que aburrir.*
>
> [de "De mis horas", *Los Cuadernos de Neftalí Reyes*, en *OC*, IV, 55-56]

Ecos del 'realismo poético', posmodernista y tardío deudor del naturalismo, por entonces en boga en la poesía chilena (Ernesto A. Guzmán, Magallanes Moure, Mondaca, Daniel de la Vega, Max Jara, Guzmán Cruchaga, Hübner Bezanilla...), que armonizan bien con la temprana tendencia de Neftalí a elaborar su poesía con materiales de su circunstancia inmediata. Sin embargo hubo experiencias muy vívidas que el muchacho calló, que no pudo o no osó transcribir entonces aunque lo merecían, como ésta que evocará con significativa coloración en la misma conferencia recién citada:

«Cuando estaba en el segundo año [o sea, en 1918] se me ocurrió llevar un sombrero impermeable de color verde vivo. Este sombrero pertenecía a mi padre, como su manta de Castilla, sus faroles de señales verdes y rojos, que estaban cargados de fascinación para mí y apenas podía los sacaba al colegio para pavonearme con ellos... Esta vez llovía implacablemente y nada más formidable que el sombrero de hule verde que parecía un loro. Apenas llegué al galpón en que corrían como locos trescientos forajidos, mi sombrero voló como un loro. Yo lo perseguía y cuando ya lo iba a cazar volaba de nuevo entre los aullidos más ensordecedores que escuché jamás... Nunca lo volví a ver.»

Notar cómo esta narración se carga de aquella particular intensidad, característica de los escritos de Neruda cada vez que ellos incluían de algún modo a su padre.

1919: NOSOTROS "LOS BUENOS"

> *Nos quedamos, los buenos, pobrecitos nosotros*
> *que nos quedamos solos. La tristeza nos viste.*
> ....
> *Y se han ido los otros, eternamente humanos,*
> *y nos quedamos solos: pobrecitos los buenos!*
>
> [de "Los buenos", *Los Cuadernos de Neftalí Reyes*, en *OC*, IV, 61-62]

Estos versos los escribe el liceano en abril de 1919 y se publican en el número 594 de la revista *Corre-Vuela* (Santiago, 14.05.1919). Antes de 1920 Neftalí, abrumado por un sentimiento de precariedad y exclusión, no logra proponer una imagen afirmativa de sí mismo: «yo soy un árbol viejo», «chiquillo bueno y resignado», «chiquillo olvidado», «nosotros, nada, nada», «pobrecitos nosotros... pobrecitos los buenos!», son sus fórmulas habituales. Ya en los poemas de 1918 los motivos abstractos (incertidumbre, esperanza, olvido, desolación) o simbólicos (las zarzas del camino) alternan con imágenes tomadas de la experiencia concreta de Neftalí, en línea con el realismo poético todavía vigente entonces («este mi pueblecito silencioso y dormido», la araña en su «oscuro rincón», el árbol viejo).

Esos oscuros o marginados seres naturales (la araña o el árbol viejo) son vehículos para la *autorrepresentación degradada* del adolescente mismo, cada vez más consciente de su conflictiva relación con los demás y con el mundo. En 1919 Neftalí adopta con igual fin —no será la última vez— la figura ideal del *viajero*, tomada de la tradición literaria. En mayo de ese año registramos un texto de gran interés: "De mi vida de estudiante", el primero de una serie de cuatro sonetos donde —bajo ese título común— Neftalí asume su única identidad externa o pública, activa y verificable: la del *estudiante*. Esas tentativas, sin embargo, no logran todavía liberar al poeta-liceano de su cárcel de exclusión y desconsuelo.

Pero al mismo tiempo tal autodisminución manifiesta —invertida— su voluntad de ser. Neftalí no intenta mentir ni mentirse. Simplemente trabaja sus textos con la imagen degradada que de sí percibe. Así hará también más tarde en *Residencia*, pero entonces estará en condiciones de oponer a la autorrepresentación degradada una voluntad 'profética' tendencialmente compensadora. El liceano Neftalí no dispone de tal arma, por lo cual no visualiza otra alternativa que la resignación. Lo notable es que no intenta transacciones. El material de sus versos es la degradación, la minusvalía, porque ésa es su íntima experiencia, y de ella están hechos los poemas que envía a *Corre-Vuela*. Poemas de imaginería precozmente funeraria (la muerte: único horizonte posible para un muchacho sin potencia ni agresividad) como el que Neftalí escribe en ocasión de su 15° cumpleaños y que publica *Selva Austral* (número 8, 1919) en Temuco:

> *En las horas que pasan estos quince años míos*
> *se encorvan como en una resurrección de estío*
> *y me siguen matando con la eterna inquietud*
> *de saberme imposible con todos mis dolores...*
> *(Quince años dolorosos que después serán flores*
> *para las cuatro tablas de mi negro ataúd.)*
> *Yo no sé si se fueron todas mis horas buenas,*
> *ni sé la enferma hondura de mis remotas penas.*
> *Yo no sé si huyó lejos aquel pájaro azul!*

(de "Estos quince años míos", *Los Cuadernos de Neftalí Reyes,* en *OC,* IV, 88)

He aquí a nuestro Neftalí luchando contra su padre sin más armas que su debilidad. Haciendo ya de las dificultades mismas del propio vivir —o sea, del propio crear— el material de su poesía, como escribirá años después (carta a

Héctor Eandi, en *OC*, V, 938). Nada puede oponer al autoritarismo de don José del Carmen —negador del poeta que advierte en su hijo— sino la ostentación de sus carencias y de su estatuto de degradación (como adolescente y como artista). El referente implícito son Darío y los modernistas de espíritu aristocrático, denunciadores de la mediocridad e ignorancia de la nueva burguesía finisecular, enriquecida a la sombra del neocolonialismo económico (baste recordar "El rey burgués" de *Azul*). Sin embargo Neftalí no se refugia en la grandeza del artista ignorado. Su patético cuanto ingenuo recurso a lo fúnebre («... flores / para las cuatro tablas de mi negro ataúd») es sólo la extrema tentativa de conferir sentido a un quehacer poético insatisfactorio. Pero irrenunciable.

El 27 de julio de 1919 escribe Neftalí el poema "Comunión ideal" (*OC*, IV, 78-80), que en septiembre enviará al concurso de los Juegos Florales del Maule con sede en Cauquenes, organizado por la revista *Asteroides* que dirigía Guillermo Rojas Carrasco. El texto mismo y el pseudónimo *Kundalini* (usado sólo en esta ocasión) indicarían una tentativa de rescate a través de espiritualismos orientales entonces de moda. Digamos de paso que en aquel concurso el poema obtiene sólo el tercer lugar. El poema triunfador, de tema campesino y patriótico, es "La sombra del Quilantral" de Abel González (pseudónimo: Juan del Monte), nacido en Curepto y por entonces juez letrado en Molina. El segundo premio es para el poema "¿En dónde?", presentado por Aída Moreno Lagos (pseudónimo: Numa Nuemanu), poetisa de 25 años y amiga de Gabriela Mistral. Aparte el tercer lugar de "Comunión ideal", Neftalí obtiene también una 'mención honrosa' para su tríptico de sonetos "Las emociones eternas" (*OC*, IV, 83-84). El jurado: Domingo Melfi Demarco, Aníbal Jara Letelier y Alberto Méndez Bravo.

Neruda en Asteroides, 1919, primera publicación de su imagen. Archivo Universidad de Chile.

Carezco de noticias sobre el posterior desarrollo literario de los dos primeros vencedores. *Asteroides* publica un opúsculo separado (diciembre 1919) con textos y fotos de los tres poetas premiados. Es la primera publicación de una foto de Neruda, entonces de 15 años. Un aspecto curioso de esta historia es que si Neftalí hubiera resultado ganador del concurso, la corona de laurel le habría sido puesta por la señorita Marina Pinochet Campos, 17 años, prima del futuro dictador, en cuanto ella fue la Reina de los Juegos Florales del Maule 1919.

De todos estos detalles del concurso, la fuente es González Colville (2004). Agrego de mi cosecha un dato adicional. Neftalí supo o creyó —y nunca olvidó— que el profesor Guillermo Rojas Carrasco, fundador y director de la revista organizadora del certamen, *Asteroides*, habría influido sobre los miembros del jurado para que negaran el primer premio a su "Comunión ideal" en favor del poema del juez letrado, mientras los jurados confirmaban el segundo lugar para la señorita Moreno. Neruda se vengará años más tarde del desaire inmortalizando a Rojas Carrasco como personaje ficticio, despectivamente mencionado en *El habitante y su esperanza*, IV: «El calabozo tiene una ventanuca, muy arriba, muy triste, con sus delgados fierros, con su parte de alto cielo. Dos o tres presos son: Diego Cóper, también cuatrero, hombre altanero, de aire orgulloso, y *Rojas Carrasco, tipo gordo, sucio, antipático,* que no sé qué líos tiene con la policía rural» (*OC*, I, 221). Notar cómo la ficción subraya que Rojas Carrasco no está en la cárcel por ser *cuatrero* como el narrador, Florencio Rivas y Cóper, sino por «no sé qué líos... con la policía rural». Vale decir: no es de los nuestros. Esta distinción de categorías simbólicas era obviamente intencional.

El 3 de agosto, un soneto dedicado a "La muerte" como salvación: «Negrura luminosa que vendrás algún día / a cortar las raigambres de nuestra soledad / para comunicarnos con la inmensa armonía / que presentimos desde nuestra eterna maldad /.../ tú tendrás que venir aladamente, y luego, / a darnos con tus labios aquel beso de fuego / que vagamente entonces se trocará en quietud...» (*OC*, IV, 84). Este soneto —el tercero del tríptico "Las emociones eternas", ese que en octubre logra atrapar su buena 'mención honrosa' en el concurso de Cauquenes— hay que leerlo como índice de los esfuerzos que realizaba Neftalí para sostener su escritura. Bloqueado todo horizonte activo y positivo para su poesía, sus versos repliegan en dirección opuesta. Por última vez. Nunca más la muerte vendrá invocada como salvación en la obra de Neruda.

¿Por qué el bloqueo? La selva austral —según vimos— ha armado a Neftalí de un conocimiento, de un saber fundamental pero inmóvil. Es algo que el muchacho reconoce como suyo, una ciencia entrañable que sin embargo no logra traducir a sus versos. Los modelos literarios que conoce no le son útiles en esta inexplicable dificultad. Porque no es el bosque en sí mismo lo que dentro de él pugna por subir al verbo poético —para eso le sobran modelos (románticos, realistas, simbolistas o modernistas) de lírica forestal—, sino aquella específica sensibilidad y aquella particular percepción de lo real que la experiencia del bosque chileno ha desencadenado o puesto en movimiento. Tan oscura impotencia expresiva Neftalí la vive como bloqueo, como barrera a sus tempranos anhelos de producir una poesía eficaz, activamente vinculada al mundo. Pero incapaz de renunciar, hace de su condición degradada e impotente la materia misma de su escritura. Con resignación y dolor, pero sin victimismo. Lo más notable de esta fase inicial es la honestidad de un poeta adolescente que no se permite transar con autorrepresentaciones consoladoras.

VERANO DE 1920: POR EL RÍO HACIA EL OCÉANO

> No hay nada más invasivo para un corazón de quince años que una navegación por un río ancho y desconocido, entre riberas montañosas, en el camino del misterioso mar.
>
> [*OC*, V, 410]

> La mayor densidad de la población mapuche
> existe en torno a Temuco. Las calles de esa
> ciudad están llenas de mujeres ataviadas con
> chamales, de hombres de rostro broncíneo
> y ojos pequeños de su raza, evidente a pesar
> del mestizaje. A la puerta del Hotel de
> la Frontera, las indias ofrecen sus tejidos y
> alfombras y los muchachos venden ramos
> de copihues. Nueva Imperial es esencialmente
> un pueblo mapuche. Pero hay indios que viven
> en la montaña y se dedican a la madera [...] y los
> que viven en la costa, que además de agricultores
> se dedican a la pesca y al cochayuyo seco.
> Son estos últimos, los de la costa de Arauco
> y Cautín, los más pobres y abandonados.
> Las reducciones en torno al lago Budi,
> las de Puerto Saavedra, de la cordillera
> de Nahuelbuta, las de Carahue y Tranapuente
> son dignas de conocerse. Existe un sitio de la
> costa, al norte del río Imperial, llamado Loberías.
> Una ensenada con playa y vega, y en el mar,
> una roca inmensa cubierta con la masa viviente
> de los lobos marinos, cuyos rugidos, mezclados
> con los del mar que salta en las rocas, se oyen
> desde la playa.
>
> [de José Donoso, "Los dos mundos mapuches", 1963, en Donoso 2004: 299]

Febrero de 1920: la plenitud del verano y el primer viaje al mar. No sólo el invierno terrible, «el verano también llegaba a esas regiones, amarillo y abrasador. Estábamos rodeados de montañas vírgenes, pero yo quería conocer el mar» (*OC*, V, 408). Don José del Carmen, sabedor de este deseo de su hijo, sin duda piensa que el enérgico océano del Sur es otra ocasión útil para que Neftalí se haga hombre... y no poeta. Con su habitual voluntariedad consigue que uno de sus compadres (de mesa y vino) le preste una casa en Puerto Saavedra. (Por entonces Neftalí ya registra y aprende de su padre la sociabilidad, el talento para rodearse de amigos o 'compadres' que a menudo almuerzan en casa.) A su primer viaje al mar dedica Neruda algunas de las mejores páginas de sus memorias. Léase por ejemplo el vivaz relato de los preparativos:

> Mi padre, el conductor, en plenas tinieblas, a las cuatro de la noche (nunca he sabido por qué se dice las cuatro de la mañana) despertaba a toda la casa con su pito de conductor. Desde ese minuto no había paz, ni tampoco había luz, y entre velas cuyas llamitas se doblegaban por causa de las rachas que se colaban por todas partes, mi madre, mis hermanos Laura y Rodolfo y la cocinera corrían de un lado a otro enrollando grandes colchones que se transformaban en pelotas inmensas envueltas en telas de yute que eran apresuradamente cosidas por las mujeres. Había que embarcar las camas en el tren. Estaban calientes todavía los colchones cuando partían a la estación cercana. Enclenque y feble por naturaleza, sobresaltado en mitad del sueño, yo sentía náuseas y escalofríos. Mientras tanto los trajines seguían, sin terminar nunca, en la casa. No había cosa que no se llevaran para ese mes de vacaciones de pobres.
>
> — *OC, V, 408-409*

Puerto Saavedra (antes Bajo Imperial) dista de Temuco unos 80 kilómetros hacia el oeste. El viaje dura casi una entera jornada solar y se cumple en dos etapas. La primera, de 55 km, en tren hasta el puerto fluvial de Carahue sobre el río Imperial. La locomotora cruza bosques vírgenes, atraviesa extensos campos sin cultivar y se detiene en aisladas pero floridas estaciones (Labranza, Boroa) antes de llegar a Nueva Imperial. Esta aldea, que en 1920 cuenta pocos años de existencia, ha sido erigida a unos 20 km —remontando el río— de la vieja Imperial originaria. Los mapuches, descendientes de los invencibles guerreros de aquel territorio, esperan en la estación para vender a los viajeros sus gallinas, huevos, corderos y tejidos. «Mi padre —evoca Neruda— siempre compraba algo con interminable regateo. Era de ver su pequeña barba rubia levantando una gallina frente a una araucana impenetrable que no bajaba en medio centavo el precio de su mercadería» (*ibíd.*, 409).

Todavía otros 20 kilómetros —que incluyen la minúscula estación de Ranquilco— y el tren llega a Carahue. Bajo este nombre y condición de modesta aldea ha resurgido de sus cenizas (también recientemente) la ciudad-fuerte La Imperial fundada en 1552 por Pedro de Valdivia y que fue el más importante y floreciente enclave de los conquistadores en esa región de guerra permanente, donde los españoles batallaron durante tres siglos contra los indios araucanos, o mapuches, sin lograr nunca someterlos. Imperial era la capital militar de aquel "Flandes indiano". Allí el poeta y soldado Alonso de Ercilla —después autor de *La Araucana*— estuvo a punto de ser ejecutado en 1558 por orden del joven gobernador García Hurtado de Mendoza, en cuya presencia don Alonso había extraído la espada para batirse con Juan de Pineda. La Imperial viene asaltada y destruida por los araucanos el año 1600. Resta abandonada y olvidada hasta finales del siglo XIX, cuando resurge modestamente con nuevo nombre: Carahue, portezuelo fluvial de una cierta importancia como punto de conexión con Bajo Imperial y con toda la zona costera. O sea, como punto de embarque hacia el océano. No hay otro camino que el río.

Así, el tren con Neftalí llega finalmente a Carahue alborotando la estación con las nubes de humo y con el estruendo y las campanadas de la locomotora. «Bajar los bultos innumerables, ordenar la pequeña familia y dirigirnos en carreta tirada por bueyes hasta el vapor que bajaría por el río Imperial, era toda una función dirigida por los ojos azules y el pito ferroviario de mi padre. Bultos y nosotros nos metíamos en el barquito que nos llevaba al mar» (*ibíd.*, 410). El embarcadero es una prolongación de la bodega de los Holzapfel, inmigrantes que han desarrollado el transporte y distribución de la madera y de los productos agrícolas de la zona.

La segunda etapa, entonces, se cumple en uno de los vaporcitos (cuyas «ruedas movían con sus paletas la corriente fluvial») que transportan pasajeros y carga hasta (y desde) el mar. Los barquitos son dos: el *Cautín* y el *Saturno*, más el *Naguilán* que baja sólo hasta Tranapuente para embarcar la madera de los aserraderos de Trovolhue. Entre Carahue y Bajo Imperial —que después se llamó Puerto Saavedra— no existe la ferrovía ni nada que pueda llamarse carretera: sólo la selva y la montaña. Neftalí elige un asiento cercano a la proa, desentendiéndose del resto de los pasajeros y del rechinar de las máquinas para vivir con avidez la experiencia de aquel viaje iniciático. En sus memorias Neruda dedica a esta segunda parte del viaje no más de estas pocas líneas escritas en 1972: «Algún acordeón lanzaba su lamento romántico, su incitación al amor. No hay nada más invasivo para un corazón de quince años que una navegación por un río ancho y desconocido, entre riberas montañosas, en el camino del misterioso mar» (*ibíd*., 410). Pero diez años antes le ha destinado en cambio un importante poema: "El primer mar" de *Memorial de Isla Negra*, I, que contiene las premisas de la afirmación apenas citada:

> *Delgado niño o pájaro,*
> *solitario escolar o pez sombrío,*
> *iba solo en la proa,*
> *desligado*
> *de la felicidad, mientras*
> *el mundo*
> *de la pequeña nave*
> *me ignoraba*
> *y desataba el hilo*
> *de los acordeones,*
> *comían y cantaban*
> *transeúntes*
> *del agua y del verano,*
> *yo, en la proa, pequeño*
> *inhumano,*
> *perdido,*
> *aún sin razón ni canto,*
> *ni alegría,*
> *atado al movimiento de las aguas*
> *que iban entre los montes apartando*
> *para mí solo aquellas soledades,*
> *para mí solo aquel camino puro,*
> *para mí solo el universo.*
>
> [*OC*, II, 1148]

Desde su confusión adolescente, desde la insatisfacción de quien no sabe aún qué hacer con sus potencias, de quien *aún no es,* Neftalí avanza (en la proa, expectante) hacia la revelación del destino personal. A través de la insistencia anafórica —*para mí solo*— Neruda evoca justamente en aquel viaje fluvial el camino hacia el reconocimiento de su propia individualidad creadora, vale decir, de la *acción* que le está destinada. Porque lo extraordinario de este poema es que más adelante visualiza el tránsito simbólico que está viviendo Neftalí con ese viaje —tránsito desde el bosque al océano— como *el desbloqueo de una limitación*. La selva austral (de signo femenino, materno) ha nutrido a Neftalí, lo ha armado de un conocimiento fundamental pero inmóvil. ¿Qué hacer con esa acumulación de ciencia y de potencia? Aquel primer viaje al mar es vivido por Neftalí como un proceso de complementación. La inmovilidad cognoscitiva del bosque viene desbloqueada (y fecundada) al entrar en contacto con la naturaleza desencadenante, dinámica y activa del océano costero (de signo masculino, paterno). La evocación alcanza una claridad y una precisión insuperables en estos versos:

> *y cuando el mar de entonces*
> *se desplomó como una torre herida,*
> *se incorporó encrespado de su furia,*
> *salí de las raíces,*
> *se me agrandó la patria,*
> *se rompió la unidad de la madera:*
> *la cárcel de los bosques*
> *abrió una puerta verde*
> *por donde entró la ola con su trueno*
> *y se extendió mi vida*
> *con un golpe de mar, en el espacio.*
>
> [*OC*, II, 1149]

Su primer viaje al mar consiente a Neftalí abandonar la inmóvil protección del claustro materno (la selva austral) para asumir los riesgos del propio yo individual, independiente. En otras palabras, para transformar el conocimiento en *acción*, en poesía eficaz. Por eso 1920 es para Neftalí el año del salto hacia adelante, como ya vimos con el soneto "Esta iglesia no tiene...". Y como veremos con otros textos y sobre todo con la invención misma del nombre *Pablo Neruda*. **El impacto del océano fue en cierto modo un rito de pubertad. En adelante, hasta su muerte, Neftalí ya no tendrá dudas sobre el quehacer que le correspondía en la vida. Todo podrá vacilar, menos su vocación de poeta.** El carácter ritual de la experiencia viene ulteriormente insinuado (esta vez con afectuosa ironía) por Neruda mismo cuando sus memorias evocan la primera inmersión de Neftalí en las muy frías aguas del océano austral:

> Lo que me asustaba era el momento apocalíptico en que mi padre nos ordenaba el baño de mar de cada día. Lejos de las olas gigantes, el agua nos salpicaba a mi hermana Laura y a mí con sus latigazos de frío. Y creíamos temblando que el dedo de una ola nos arrastraría hacia las montañas del mar. Cuando ya con los dientes castañeteando y las costillas amoratadas nos disponíamos, mi hermana y yo, tomados de la mano, a morir, sonaba el pito ferroviario y mi padre nos ordenaba salir del martirio.
>
> — *OC*, V, 411-412

El padre: ahí lo tenemos otra vez. Para Neruda fue siempre muy difícil introducir en sus textos la figura de don José del Carmen. Deliberadamente he citado casi todas las alusiones al padre incluidas en las páginas (escritas en 1972) que sus memorias dedican al primer viaje al mar. Alusiones que contienen una interesante novedad. Próximo a los 70 años que no alcanzará a cumplir, Neruda evoca en esas páginas, por primera vez con detalle, los gestos caracteriales y algunas manías de su padre que seguramente lo exasperaban pero que nunca antes osó relatar abiertamente. La afectuosa ironía del ya anciano y enfermo Neruda nos deja incluso, sin pretenderlo, la imagen de don José del Carmen en trance de reconfirmar simbólicamente una vez más —y a pesar suyo— el destino poético de su hijo. En esta ocasión, al imponerle el duro baño ritual, vale decir, la ablución preparatoria a las pruebas iniciáticas que aguardan a Neftalí a lo largo de 1920.

EL PATIO DE LAS AMAPOLAS

> Aquel puerto era la fragancia láctea y ponzoñosa de un millón de amapolas que me esperaban en el jardín secreto. El jardín de los Pacheco. Los pescadores Pacheco, el bote abandonado... Allí se descargaban las grandes tempestades del Pacífico Sur y por mucho tiempo la gente del lugar vivió de los naufragios. Al fondo del huerto, entre la inmensa multitud de las amapolas, yacía el bote salvavidas de algún barco náufrago. Extendido sobre la bancada del bote, mirando hacia arriba un cielo endurecido por un viento gélido, muchas veces perdí conciencia de mí mismo: inmóvil, en el centro de una espiral azul y bajo el peso de la verdad desnuda del espacio, mi razón se debatía mientras a mi alrededor se agitaban las olas del mar.
>
> [*OC*, IV, 1052-1053]

La casa de verano en que se ha instalado la familia tiene espacio suficiente para contener también a la numerosa familia del propietario, don Horacio Pacheco, que incluye a la rubia Laura Pacheco del poema "Mancha en tierras de color" de *Crepusculario* (*OC*, I, 146). Don Horacio, robusto y activísimo agricultor, durante ese mes de febrero se deja ver poco, ocupado en recorrer la región con su locomóvil y su trilladora. El locomóvil (como el que reposa en el jardín de la casa de Isla Negra) es una máquina a vapor, productora de energía, que don Horacio arrienda a los agricultores de la zona para sus trillas. Pero aquel primer año en Bajo Imperial el deslumbrado Neftalí se dedica sólo a reconocer y a explorar la casa de los Pacheco y a recorrer la playa algo distante, aproximándose con temor y reverencia al furor inagotable de las olas.

Dentro de la extensa propiedad de don Horacio hay una especie de enorme jardín en desorden, circundado por altos y frondosos árboles, en cuyo centro resiste una glorieta de maderos blancos deteriorados por la lluvia. En un ángulo de aquel extraño jardín hay un no menos extraño objeto que fascina de inmediato a Neftalí y que devendrá muy importante para el desarrollo de su escritura. Se trata de un grande y auténtico *bote salvavidas* —resto quizás de aquel enorme buque de carga, el *Flandes*, varado desde comienzos del siglo XX un poco al sur de Puerto Saavedra por haber confundido el desagüe del lago Budi con la desembocadura del río Imperial (que tal vez pretendía remontar hasta Carahue). En tiempos también lejanos alguien hizo transportar el bote hasta ese patio o jardín tierra adentro, distante de la playa, y allí quedó encallado entre las amapolas.

> Porque lo extraño de aquel jardín salvaje era que por designio o por descuido había solamente amapolas. Las otras plantas se habían retirado del sombrío recinto. Las había grandes y blancas como palomas, escarlatas como gotas de sangre, moradas y negras, como viudas olvidadas. Yo nunca había visto tanta inmensidad de amapolas y nunca más las he vuelto a ver. Aunque las miraba con mucho respeto, con cierto supersticioso temor que sólo ellas infunden entre todas las flores, no dejaba de cortar de cuando en cuando alguna cuyo tallo que-

brado dejaba una leche áspera en mis manos y una ráfaga de perfume inhumano. Luego acariciaba y guardaba en un libro los pétalos de seda suntuosos. Eran para mí las alas de grandes mariposas que no sabían volar.

— *OC, V, 411*

Niño aún, vestido de negro, irrumpí en pleno verano en un patio donde todas las amapolas del mundo crecían en condición salvaje. Antes apenas había visto alguna —sangre o rubí— entre los cereales. Aquí por millares balanceaban sus largos tallos como delgadas serpientes erectas. Las había blancas, nupciales y marinas, como anémonas del mar que las reclamaba con bramidos de toro negro. Algunas agregaban a sus corolas un borde purpúreo como traza de herida. Otras eran violetas, amarillas, coralinas o cobrizas, y hasta las había de un color nunca visto, las amapolas negras, inquietantes como apariciones...

— *OC, IV, 1052*

Neftalí se apropia inmediatamente de aquel jardín —o patio de las amapolas, como lo llamará también— y del bote salvavidas. Sin esfuerzo, porque a nadie más interesa aquel espacio olvidado. En los años sucesivos, las amapolas y el bote esperarán al poeta estudiante que torna desde la capital cada verano (y en otras estaciones del año, incluso en invierno) a la casa de los Pacheco y a sus citas —desde ahora indispensables— con el océano del Sur. En ese espacio marino nacerá, pocos veranos más adelante, la gran poesía que Neftalí ya ambiciona en el verano de 1920.

"LA CHAIR EST TRISTE, HÉLAS!": EL DESBLOQUEO

Leurs yeux, d'où la divine étincelle est partie,
Comme s'ils regardaient au loin, restent levés
Au ciel...
Je dis : Que cherchent-ils au Ciel, tous ces aveugles ?
[Baudelaire, *Les Fleurs du Mal*, "Les Aveugles"]

La chair est triste, hélas! et j'ai lu tous les livres.
[Mallarmé, "Brise Marine", 1866]

Pobre, pobre mi vida envenenada y mala!
Cuando tuve trece años leía a Juan Lorrain
y después he estrujado la emoción de mis alas
untando mis dolores con versos de Verlaine.
[de "La chair est triste, hélas !", 1920, *Los cuadernos de Neftalí Reyes*, en *OC*, IV, 164]

El primer momento de desbloqueo viene entonces del mar a comienzos de 1920. No del mar como metáfora sino del concreto océano de Bajo Imperial o Puerto Saavedra. En adelante tendremos que habituarnos a la singular y extraordinaria capacidad de Neftalí para metabolizar en términos simbólicos personales (o sea para 'digerir' y hacer íntimamente suya) la experiencia biográfica. Cabe suponer, en este caso, que la fantasía del muchacho pone inmediatamente al mar en relación de paridad y complementación con la selva. Porque sin duda la vi-

*Neftalí a los 15 años. Temuco 1920.
Fundación Pablo Neruda.*

sión del tenaz asalto del oleaje contra las rocas de la costa sugiere al muchacho el modelo de *acción* que necesita y que el bosque inmóvil no le podía sugerir. Un modelo de acción, o sea un modelo de agresividad compatible con (o necesaria a) la grandeza, la eficacia, la bondad suprema de la naturaleza.

Neftalí percibe al océano como el modelo masculino (paterno) que le falta, complementario a la dimensión femenina (materna) de la selva austral. Imagen de un dinamismo tenaz e inextinguible, perpetuo, el mar será para Neruda, en adelante, la representación de la eternidad sobre esta tierra. Correlativamente, es la experiencia del océano la que introduce en la escritura de Neftalí la dimensión del tiempo. (Sugiero leer al respecto la prosa de 1925 "Imperial del Sur", de *Anillos*, incluida en *OC*, I, 240-241. Volveré sobre ella más adelante.)

"No me siento cambiar", reza el título de un temprano poema de 1920, y no obstante se advierten en él indicios de que algo se está modificando en la trayectoria de Neftalí. Otros títulos incluyen por ejemplo una "pequeña alegría" o un "cantar generoso". Y un poema escrito en mayo, "Pantheos", hasta muestra un empaque novedoso en la figura del enunciador, un tono de cierta superioridad oracular que preludia la futura propensión 'profética' de Neruda: «Si quieres no nos digas de qué racimo somos, / no nos digas el cuándo, no nos digas el cómo, / pero dinos adónde nos llevará la muerte!» El mismo mayo registra esta inesperada actitud de Neftalí: «tengo dos puertas claras: / las puertas claras de mi corazón, / abiertas a los vientos / y a la luz y al amor» ("Las puertas"). Pero el más visible signo de cambio lo da el soneto alejandrino escrito el día del 16° cumpleaños, irónico y casi desfachatado por comparación con el desolado "Estos quince años míos" del año anterior. El soneto trae por título "Sensación autobiográfica":

> *Hace dieciséis años que nací en un polvoso*
> *pueblo blanco y lejano que no conozco aún,*
> *y como esto es un poco vulgar y candoroso,*
> *hermano errante, vamos hacia mi juventud.*
>
> *Eres muy pocas cosas en la vida. La vida*
> *no me ha entregado todo lo que yo le entregué*
> *y ecuacional y altivo me río de la herida:*
> *el dolor es a mi alma como dos es a tres!*
>
> *Nada más. Ah! me acuerdo que teniendo diez años*
> *dibujé mi camino contra todos los daños*
> *que en el largo sendero me pudieran vencer:*

> *haber amado a una mujer y haber escrito*
> *un libro. No he vencido, porque está manuscrito*
> *el libro y no amé a una, sino que a cinco o seis...*
> ["Sensación autobiográfica", *Los Cuadernos de Neftalí Reyes*, en *OC*, IV, 158]

¡Cuántas novedades, Neftalí! El mismo día de su 16° cumpleaños escribe otro soneto, "Las manos de los ciegos", también alejandrino, revelador de una nueva orientación de solidaridad y compasión hacia los sufrimientos ajenos: «Dame tus manos, ciego. Las manos de los ciegos / son como las raíces de estos hombres inertes /.../ Los ciegos tienen toda su alma en estas manos / ásperas de rozarse con los miembros humanos, / traspasadas de duelo, temblorosas de amor. / ...» (*OC*, IV, 159). El modelo es muy probablemente el soneto "Les Aveugles" de Baudelaire, que se interroga inquieto sobre los ojos muertos de los ciegos, esos «globes ténébreux», mientras el soneto de Neftalí solicita para sí el poder de sus manos vivas. Banderas simultáneas de egocentrismo y alocentrismo, que la poesía futura y madura del poeta tenderá a fundir. Por entonces Neftalí cursa el último año de liceo y sus versos ahora reflejan explícitamente las discrepancias con su padre acerca de su destino:

> *El Liceo, el Liceo! Toda mi pobre vida*
> *en una jaula triste... Mi juventud perdida!*
> *Pero no importa, vamos, pues mañana o pasado*
> *seré burgués lo mismo que cualquier abogado,*
> *que cualquier doctorcito que usa lentes y lleva*
> *cerrados los caminos hacia la luna nueva...*
> *Qué diablos, y en la vida como en una revista*
> *un poeta se tiene que graduar de dentista!*
> [de "El Liceo", *Los Cuadernos de Neftalí Reyes*, en *OC*, IV, 161]

Se conserva una postal que Neftalí escribe a don José del Carmen como saludo de onomástico el 16 julio 1920, pocos días después del propio cumpleaños. Su texto demasiado escueto y formal, y francamente obvio por no decir tautológico, es un claro índice de la tensión existente: «Papá: Esta tarjeta con el más sincero saludo de su hijo *Neftalí*.» Impresa en Inglaterra, la postal trae el retrato de un rudo y robusto anciano, tal vez un obrero o campesino, se diría una tosca figura de novela de Dickens, o un minero de Zola con algunas copas de más. Al pie: «Life in our Village / The Oldest Inhabitant / After the black & white drawing by Gunning King» (reproducción en Reyes 2003: 98). El mensaje gráfico al padre es deliberadamente ambiguo, en cuanto el aspecto fuerte y duro del anciano más puede inspirar temor, e incluso repulsión, que respeto en un adolescente de 16 años. De todos modos, ni el texto ni la figura suponen un mensaje cariñoso. Tras la formalidad del «sincero saludo», un frío rencor.

Pero en medio de la desolación el soneto "La chair est triste, hélas!", escrito algunos días después, reconoce (con melancólica madurez prestada por Mallarmé) la amistad consoladora de los libros. El poema vale sobre todo como documento testimonial de las lecturas de Neftalí. Al cuarteto inicial, recién citado en el epígrafe, siguen estos versos que completan los 14 alejandrinos del soneto:

> *En mi senda bien triste fueron libros amigos*
> *los que me dieron agua, los que me dieron pan.*
> *(Amé las rubias vírgenes que amó Felipe Trigo*
> *y amé el decadentismo feudal de Valle-Inclán.)*
>
> *Y luego Schopenhauer se llevó mi alegría.*
> *La carne se me antoja más triste cada día*
> *y más triste mi vida se llena de porqués.*
>
> *Y pienso lentamente, casi sin amargura,*
> *que en libros y mujeres se fueron mis dulzuras*
> *como en aquel doliente verso de Mallarmé!*

["La chair est triste, hélas!", *Los Cuadernos de Neftalí Reyes,* en *OC,* IV, 164-165]

Vale la pena retener los nombres de esos escritores amigos: Lorrain, Verlaine, Felipe Trigo, Valle-Inclán, Mallarmé mismo y, sorpresivamente, Schopenhauer. El *Cuaderno* de Neftalí, algunas páginas más adelante, mencionará a otro amigo: «El buen loco de Nietzsche...» ("La busca", en *OC,* IV, 168), y después a Ronsard ("El nuevo soneto a Helena", en *OC,* IV, 184). Faltan Jules Verne, Salgari, Vargas Vila, Strindberg, Gorki, Diderot, evocados en "Infancia y poesía" de 1954, y otros que veremos al final de esta sección (apartado *La vida y los libros,* IV). Evidentemente, Neftalí saca buen provecho de las incitaciones literarias de su 'tío' Orlando Mason y de Ernesto Torrealba, su profesor de francés en el liceo de Temuco (ver también Teitelboim, 37 y 41).

Aparte esos amigos de papel, en el liceo Neftalí se hace de amigos de carne y hueso que lo acompañarán a lo largo de los años. Algunos serán también escritores como él. Varios lo sobrevivirán, entre ellos Diego Muñoz y Juvencio Valle, otros morirán en el camino como Gerardo Seguel. De su padre heredó Neftalí el sentido de la amistad compartida en torno a una mesa con algo de comer y beber. Se sabe que para don José del Carmen era normal la presencia de uno o más amigos a la hora de almuerzo, y que cuando por olvido suyo faltaban comensales solía pararse en la puerta de casa e invitaba al primer amigo o conocido a su alcance entre quienes pasaban por la calle. Para su hijo será también anómala la ausencia de algún amigo, o de varios, ya fuera en los locales que frecuentaba en juventud o en el comedor de Isla Negra.

CHILE 1920 (I): CLASE OBRERA Y CLASE MEDIA

> *Canto a la Pampa, la tierra triste,*
> *réproba tierra de maldición,*
> *que de verdores jamás se viste,*
> *ni en lo más bello de la estación.*
> ....
> *Vamos al puerto —dijeron—, vamos,*
> *con un resuelto y noble ademán,*
> *para pedirles a nuestros amos*
> *otro pedazo, no más, de pan.*
>
> *Y en la misérrima caravana,*
> *al par que el hombre, marchar se ven*

> *la amante esposa, la madre anciana*
> *y el inocente niño también.*
>
> *Benditas víctimas que bajaron*
> *desde la Pampa, llenas de fe,*
> *y a su llegada lo que escucharon*
> *voz de metralla tan sólo fue.*
>
> *Baldón eterno para las fieras*
> *masacradoras sin compasión,*
> *queden manchadas con sangre obrera*
> *como un estigma de maldición.*
>
> [Francisco Pezoa, "Canto a la Pampa", aprox. 1909, fragmento]

En el terreno individual, lo primero es el contacto con el océano del Sur. A escala nacional, la elección presidencial de 1920 está generando en Chile un clima que favorece e intensifica la recepción colectiva del acontecer internacional. La revolución rusa de 1917, el fin y las secuelas de la Gran Guerra europea en 1918, la rebelión universitaria de Córdoba (Argentina) durante ese mismo año, y también el desarrollo de la revolución mexicana, desencadenan un enorme y múltiple oleaje que llega tardíamente pero con mucha fuerza al territorio chileno.

El terreno viene preparándose desde las últimas décadas del siglo XIX. La guerra contra Perú y Bolivia (1879-1883) y la guerra civil de 1891 son en realidad victorias del capital extranjero que gracias a ellas, y en rápida sucesión, se apodera de las riquezas mineras (salitre y cobre en particular) del norte de Chile y, a través del poder económico conquistado (o comprado), influye sobre el deplorable desarrollo del parlamentarismo. Este proceso incuba los factores caracterizantes de la fase histórica que vive Chile en 1920.

En primer lugar, el avance de la nueva clase obrera que durante esas décadas ha adquirido un nivel de organización y de combate desconocido en otros países del continente. A partir del mismo 1900, en Iquique y en otras ciudades del país las organizaciones mutualistas y los sindicatos se unen para formar las "mancomunales". Unas 200 huelgas entre 1902 y 1908 —casi la mitad victoriosas— demuestran un fuerte crecimiento sindical, no obstante el fracaso de la huelga general de mayo-junio de 1907 en Santiago y Valparaíso. Los gobiernos parlamentarios se declaran al margen de los conflictos del trabajo, pero de hecho intervienen regularmente y con feroz brutalidad contra los trabajadores. Un centenar de muertos causa en Valparaíso, mayo 1903, la represión del Ejército y de la Marina contra los estibadores de la Pacific Steam Navigation Company en huelga. Doscientas víctimas provoca en Santiago, octubre 1905, la acción punitiva de 300 "guardias blancos" de la clase alta, armados por el gobierno (porque el Ejército se encuentra distante por maniobras), contra miles de ciudadanos cuya protesta por el alza del precio de la carne degenera en saqueos e incendios. Muchos muertos cuesta también la huelga ferroviaria de Antofagasta, en febrero 1906.

Nada comparable, sin embargo, a los varios centenares de víctimas indefensas (obreros del salitre con sus mujeres y niños) que caen en la escuela Santa María de Iquique bajo el fuego de ametralladoras ordenado por el general Silva Renard (diciembre 1907). Ni comparable tampoco, por ferocidad, a los 30 obreros que mueren carbonizados en el local de la Federación Obrera de Magallanes (Punta Arenas), asediado e incendiado por policías, "guardias blancos" y tropas de marinería y del Ejército al mando del general José María Barceló. Esto último ocurre en junio de 1920, a pocos días del asalto al local de la Federación de Estudiantes en Santiago.

Tan trágico historial supone un fuerte enraizamiento nacional y una notable capacidad de organización en el movimiento obrero chileno ya antes de 1917. Galvanizados por la revolución rusa, los sindicatos viven un salto de crecimiento en número de miembros y en actividad combativa (hubo más de 130 huelgas entre 1917 y 1920). En 1919 se crea la sección chilena de la IWW (*Industrial Workers of the World*) dominada por los anarquistas. Ese mismo año las mancomunales y los sindicatos mineros del norte, bajo la guía de Luis Emilio Recabarren y su Partido Obrero Socialista, asumen de hecho el control de la FOCH (Federación Obrera de Chile). La aguda recesión causada por el fin de la Primera Guerra Mundial determina un aumento de la desocupación y una penuria alimenticia tan generalizada que hasta *El Mercurio* denuncia cómo los porotos se han vuelto «casi un artículo de lujo». En noviembre de 1918 la Asamblea Obrera de Alimentación Nacional consigue realizar en Santiago y en otras ciudades enormes manifestaciones de protesta. El gobierno responde con medidas represivas que culminan, en febrero de 1919, con el estado de sitio por dos meses en Santiago y Valparaíso. La movilización popular no cede, sin embargo. «Desde ese momento, el movimiento obrero sería un actor permanente en la escena chilena» (Collier & Sater, 181).

Segundo factor clave del 1920 chileno: el ascenso de la clase media al poder político. «Desde la muerte de Balmaceda [1891] hasta la investidura de Alessandri se da una gradual pero segura instalación en las esferas directivas del país de elementos que no pertenecen a la aristocracia terrateniente ni a la oligarquía financiera o industrial, por un lado, ni tampoco, por otro, a las masas trabajadoras del campo y de la ciudad. [...] El parlamentarismo, al igual que las reformas laicas de fines de siglo, la incorporación de las provincias a la vida económica y el desarrollo de la educación media y superior, son hechos que colaboran, como causas y efectos a la vez, al establecimiento de [esta] formación social» (Concha 1972: 142-143).

La génesis del fenómeno tiene que ver en parte con la penetración del capital extranjero en la minería del norte, donde las específicas condiciones de trabajo hacen indispensable un estrato humano de relleno, un nivel de empleados y dependientes que relativice (capa de unión y de separación a la vez) los antagonismos entre propietarios y trabajadores. Sobre todo en la minería del cobre, con la introducción de capitales y tecnología norteamericanos. Entre 1904 y 1915 las minas de El Teniente y de Chuquicamata transitan desde William Braden a los Guggenheim y de éstos a la Kennecott Copper Company, mientras la Anaconda Copper Company se adueña de Potrerillos en 1916. «El propietario es extranjero y vive separado de los campamentos y del mismo país. La clase media, entonces, se genera como mercancía de circulación, aprendiendo a ser bilingüe en su habla y en su alma» (*ibíd.*, 144). Pero la génesis de la clase media chilena deriva también, sobre todo en las ciudades, del crecimiento demográfico y de la activación de nuevos territorios, así como de la modernización tecnológica de los servicios públicos (correos, telégrafo, ferrocarriles, electricidad, teléfonos). Obviamente, al interior del nuevo estamento las jerarquías tienen como parámetro vertical los niveles de educación. Y en particular, la Universidad.

CHILE 1920 (II): ALESSANDRI Y RECABARREN

> *Va en brazos de la Alianza*
> *cielito lindo*
> *el gran Arturo*
> *y es natural con esto*
> *cielito lindo*
> *triunfo seguro.*
> *Sí ay ay ay*
> *Barros Borgoño*
> *aguárdate que Alessandri*
> *cielito lindo*
> *te baje el moño.*
>
> [del "Cielito lindo" alessandrista, 1920]

> Usted me preguntará si no hubo nadie en Chile que resistiera [a] esa inmensa marea de frenesí y demagogia que fue el alessandrismo. Sí, mi amigo, hubo gentes que se quedaron al margen. Nosotros, desde luego, los estudiantes y obreros anarquistas, aunque es verdad que la gran masa universitaria no escapó a la presión del alud. Y los comunistas, que por cierto no se llamaban así todavía, los federados, Recabarren... Y ese grupo, el Partido Obrero Socialista, y la gente de la Federación Obrera, que eran casi lo mismo, proclamaron a un candidato de sus propias filas a la Presidencia de la República, que no fue otro que Recabarren. Una candidatura que en este momento nos parece insólita, absurda, ajena a la realidad; entonces fue mucho más que todo eso, porque la verdad es que poquísima gente se enteró siquiera de que existía, la prensa no la mencionaba, la historia misma ha hecho caso omiso de ella.
>
> [Luis Enrique Délano, *El año 20,* 1973: 20-21]

Durante los 16 años vividos hasta entonces por Neftalí, los personajes públicos que mejor encarnan el ascenso de estos dos estratos sociales son, respectivamente, Luis Emilio Recabarren y Arturo Alessandri Palma. Ambos son candidatos a la Presidencia de la República en las elecciones de 1920, ambos contrapuestos a la candidatura oficial y conservadora de Luis Barros Borgoño. Alessandri obtiene una victoria de piernas cortas, rápidamente vaciada de las esperanzas que había suscitado en los sectores populares. La escasa votación de Recabarren, en cambio, es una semilla que rendirá frutos importantes a medio y a largo plazo durante el resto del siglo XX. Pero aquel año Alessandri logra atraer hacia su candidatura las confusas ilusiones de la clase media y de la clase obrera, por lo demás contradictorias entre sí.

> No se puede negar que lo llenó todo y que en un momento dado nadie hablaba sino de Alessandri: los diarios, los políticos, los estudiantes, los obreros, los albergados, donde uno fuera. La candidatura del León hacía temblar a los senadores, a los ministros, al Presidente, los curas, los pacos, las buenas familias, las beatas, los conservadores, y yo creo que llegó un momento en que hasta los propios liberales pensaron que se habían equivocado con él, que habían hecho un mal negocio al levantar su figura y convertir a Alessandri en el abanderado de la Alianza Liberal, puesto que el hombre, indudablemente sobrepasando los límites ideológicos y desdeñando la conducta timorata de ese partido, provocó una conmoción que fue más allá de todo lo imaginado. Nunca se había visto y me parece difícil que vuelva a verse un fervor igual, un entusiasmo semejante de las masas populares por un político ajeno a sus filas y a su clase. Alessandri les decía lo que se le venía a la cabeza, les prometía este mundo y el otro, las cosas más inverosímiles, en sus discursos de la Alameda, desde los balcones de su casa, que se convirtió en la Gruta de Lourdes de las masas soliviantadas, hasta el extremo de que lo que más temían los pacos era que los mandaran a custodiar esos mítines nocturnos. Los llamaba chusma, con todas sus letras. "Mi querida chusma", les decía de la manera más desenvuelta.
>
> — *Délano 1973: 15-16*

La campaña de Alessandri para un cargo de senador en 1917, sorprendentemente dinámica y violenta (el candidato mismo solía llevar consigo una Smith & Wesson), le había granjeado el entusiasmo popular y un apodo para toda la vida: el León de Tarapacá. Precedido por esta fama, en 1920 no tiene empacho en autoproclamarse la gran amenaza «para los espíritus reaccionarios, para los que resistan a toda reforma justa y necesaria». La Unión Nacional reacciona alarmadísima con una inserción en la prensa titulada *Aníbal ad Portas*, que absurdamente acusa a Alessandri de «avanzadas tendencias comunistas». El espejismo demagógico engaña no sólo al pueblo: genera también reacciones de pánico en las clases dominantes, que instan al gobierno a maniobras insensatas como la famosa "guerra de don Ladislao", con alusión al ministro Ladislao Errázuriz que pretenderá oponerse al triunfo de Alessandri (y de paso paliar la crisis económica) movilizando tropas hacia la frontera con Perú.

La Federación de Estudiantes de Chile (FECH), que en los últimos años se ha radicalizado muchísimo (incluso había apoyado a los sindicatos el día de la huelga general de septiembre 1919 en Santiago), se pone resueltamente a la cabeza del movimiento de oposición a tales preparativos bélicos. El 18 de julio una abigarrada multitud de "guardias blancos", jóvenes de clase alta y grupos derechistas desfila por el centro de Santiago gritando "¡a Lima, a Lima!". Al pasar frente a la sede de la FECH, los manifestantes atacan a los dirigentes Juan Gandulfo y Santiago Labarca.

Tres días después, el 21 de julio, el frenesí 'patriótico' alcanza su punto máximo. Aquel día 183 oficiales reservistas y 53 de planta parten a la zona fronteriza con Perú. Después de un aparatoso ceremonial de despedida a los militares en la Estación Mapocho, una multitud enardecida se agrupa frente a La Moneda, desde cuyos balcones el senador Enrique Zañartu Prieto hace alarde de su mejor retórica patriotera, provocando lágrimas de emoción, pañuelos al aire y vítores al gobierno. Estimulado por su propia verba y por la histérica reacción de su público, el senador recorre un *crescendo* de exaltación que culminará incitando a los caballeros y sobre todo a los jóvenes allí reunidos a marchar al ataque de la Federación de Estudiantes, cuya sede, entonces ubicada en Ahumada 73, es el antro mayor del antipatriotismo y de la traición.

Azuzados por Zañartu, los jóvenes de buenas (y menos buenas) familias llegan frente al local de la FECH hacia las 13:30 horas. Es la segunda incursión punitiva. La primera, intentada la noche anterior, había sido rechazada a punta de tacazos por los estudiantes que jugaban al billar en el club. Esta vez los asaltantes vienen con el refuerzo de decenas de 'mercenarios' reclutados entre cesantes y gente *lumpen*. Pero son repelidos igualmente por los estudiantes en estado de alerta. Pedro Gandulfo hace unos disparos al aire con la Smith & Wesson que algún precavido trajo y los asaltantes retroceden. Un nuevo intento de penetrar al local por el balcón de una casa vecina determina el cuerpo a cuerpo, con lucimiento de Rigoberto Soto Rengifo, Arturo Zúñiga Latorre y otros estudiantes duchos en la distribución de bofetadas que logran tener a raya a los jóvenes de la 'canalla dorada', según la terminología que usa Alessandri (antes de su victoria).

En el fragor del combate irrumpe un numeroso grupo de agentes de policía que, con pretexto de defender a los estudiantes, los hacen salir a la calle y les ordenan alejarse. Despejado el campo, se retiran ellos mismos no sin antes incitar a los asaltantes a completar el trabajo con tranquilidad.

> Entonces, mi amigo, comenzó el saqueo. El piano fue roto a fierrazos; saltaron sus cuerdas, se derrumbó el instrumento que había animado nuestras veladas, y cada uno de los valientes niños-bien cogió una tecla y se la colocó en el ojal de la solapa, como una extraña flor de marfil. Era el botín de guerra, o mejor, el certificado de que había participado en el heroico asedio, y con tales condecoraciones pasearon luego su euforia por las calles del centro. Los muebles fueron destrozados escrupulosamente, sus tapices y los paños de los billares, tajeados a cortapluma, los cuadros destruidos y los libros arrojados a la calle. La gente que se había agrupado en Ahumada, atraída por el griterío y el desorden, vio con asombro salir volando por las ventanas libros y más libros, que algunos de los asaltantes iban apiñando en un montón que pronto adoptó la forma de una pirámide. Entonces les prendieron fuego. Ardió la biblioteca de la Federación en medio de la calzada y el humo se elevó por sobre los techos de Ahumada, gris, con resplandores rojizos, hasta el extremo de que los bomberos creyeron que se había declarado un incendio y empezaron a hacer sonar lúgubremente la paila con que en aquel tiempo se llamaba a la acción a los voluntarios. ¡Y que no se venga a decir que fueron los nazis los que inauguraron las quemazones contemporáneas de libros!
>
> — *Délano 1973: 72-73*

A estos desmanes sigue un clima de represión policial cuya principal víctima es el poeta José Domingo Gómez Rojas. El ministro Astorquiza decreta órdenes de prisión contra los dirigentes universitarios subversivos: Juan Gandulfo, Pedro León Ugalde, Santiago Labarca, Alfredo Demaría, Daniel Schweitzer, Juan

Chiorrini, González Vera encabezan la lista. La mayoría reaccionaria del Congreso Nacional, convocado por exigencia del gobierno, vota velozmente la derogación del estatuto legal de la FECH, impugnado por el siempre activo senador Zañartu Prieto. El diario *La Nación* de Santiago, en su edición del domingo 25 de julio, publica simultáneamente estas dos novedades: la cancelación de la personalidad jurídica de la FECH y la proclamación de Arturo Alessandri Palma, el León de Tarapacá, como Presidente de la República de Chile al haber obtenido los votos de 179 electores contra los 174 que apoyaron a Barros Borgoño (datos de Ariste Rojas, en Murga, 241). Dos meses más tarde, el 1° de octubre, hay un paro general de 12 horas para asistir todos al funeral del poeta José Domingo Gómez Rojas, fallecido en la Casa de Orates a causa de las torturas y golpes recibidos en prisión. Más de setenta mil personas, obreros y estudiantes en su mayoría, desfilan aquel día marcando el cortejo fúnebre con sus banderas rojas.

TEMUCO 1920: "MAESTRANZAS DE NOCHE"

> *Ser un árbol con alas. En la tierra potente*
> *desnudar las raíces y entregarlas al suelo*
> *y cuando sea mucho más amplio nuestro ambiente*
> *con las alas abiertas entregarnos al vuelo.*

["Norma de rebeldía", 1920, *Los Cuadernos de Neftalí Reyes*, en *OC*, IV, 168]

> *Cada máquina tiene una pupila abierta*
> *para mirarme a mí.*
> *En las paredes cuelgan las interrogaciones,*
> *florece en las bigornias el alma de los bronces*
> *y hay un temblor de pasos en los cuartos desiertos.*
> *Y entre la noche negra —desesperadas— corren*
> *y sollozan las almas de los obreros muertos.*

[de "Maestranzas de noche", 1920, *CRP*, en *OC*, I, 127-128]

Algunos dirigentes de la FECH, amenazados de arresto, se esconden o dejan Santiago. En primer lugar Juan Gandulfo, que todavía en noviembre resta oculto en algún rincón provinciano "esperando la desaparición del terror blanco", según informa *Claridad* 8 del 27.11.1920. Otro fugitivo es el escritor José Santos González Vera, como Gandulfo de reconocida filiación anarquista, que llega a Temuco pocos días después del asalto a la Federación. Debe tomar contacto con el agente y corresponsal de *Juventud* —la revista de la FECH fundada en 1918— que es un adolescente de nombre Neftalí Reyes:

> ... fui a esperarlo a la puerta del liceo, donde cursaba su sexto año. Era un muchachito delgadísimo, de color pálido terroso, muy narigón. Sus ojos eran dos puntitos oscuros y su rostro una espada. Bajo su brazo oprimía *La sociedad moribunda y la anarquía*, de Jean Grave.
> A pesar de su feblez había en su carácter algo firme y decidido. Era más bien silencioso y su sonrisa, dolorosa y cordial.
> Había obtenido un premio literario y presidía a los estudiantes temuquenses.
>
> — *González Vera 1964: 230*

Retengamos estos datos: en julio 1920 el tímido Neftalí es presidente del centro estudiantil en su liceo y se interesa por lecturas anarquistas. Además ha fundado el Ateneo Literario de Temuco, que si bien no pasa de ser una especie de club secreto y confidencial de pocos iniciados, es de todos modos un índice de activismo. Ya antes de trasladarse a Santiago ha establecido contacto con la FECH y con los redactores de *Juventud* (y hacia fines del año también con los de *Claridad*, cuyo primer número apareció el 12.10.1920), en su mayoría adeptos de Bakunin, Kropotkin, Grave y Malatesta. «A medida que termina la segunda década del siglo, se intensifica la alianza entre los círculos anarquistas y algunos sectores de estudiantes universitarios. La Universidad sólo puede forjar esta alianza a espaldas de la sociedad: por eso los contactos se realizan en la noche, especialmente en las escuelas nocturnas y en la Universidad Popular José Victorino Lastarria. La Universidad de Chile comienza a teñirse de anarquismo» (Concha 1972: 176). En el desamparo intelectual de la provincia, el liceano Neftalí Reyes ha comenzado por cuenta propia a vivir y a compartir las inquietudes de los jóvenes universitarios de Santiago. Es sólo uno de los efectos desencadenantes —y activadores— del encuentro de febrero con el océano del Sur.

En su calidad de presidente del Ateneo Literario de Temuco, Neftalí se atreve a solicitar un encuentro con Gabriela Mistral, flamante directora del Liceo de Niñas en 1920, para ofrecerle el título de Miembro Honorario del dicho Ateneo y, de paso, para someter al juicio de la gran poetisa algunas composiciones suyas (que merecen no sólo la aprobación de Gabriela sino la predicción de un válido destino de poeta para el joven autor). Ella confirma al muchacho en sus nuevos intereses al aconsejarle (y prestarle) libros de narradores rusos y nórdicos entonces en boga —Tolstói, Chéjov, Dostoievski, Gorki, Hamsun, Lagerlöf— y también de escritores posnaturalistas. Esta relación dura hasta que Pablo deja Temuco, según testimoniará en febrero 1921 el inicio de una carta de Gabriela a *Claridad*: "He leído, gracias a una atención de Neftalí Reyes y sólo hoy día, tres artículos de *Claridad* que giran en torno del nombre de una poetisa nueva [María Villagrán] y el mío" (*Claridad* 13 del 14.02.1921).

Todas estas experiencias podrían explicar la escritura del poema "Maestranzas de noche" (en noviembre 1920) y de otros textos que en ese mismo período manifiestan la aparición del nuevo interés de Neftalí hacia personajes y situaciones de la problemática social circundante. Un lenguaje de solidaridad y compasión —desde una perspectiva intelectual todavía 'aristocrática'— emerge en el tríptico de sonetos "Elogio de las manos" ("Manos de campesino", "Manos de ciego" y "Manos de tísico) como en "La maestrita aquella...", "Campesina", "Día miércoles", "La angustia", "Las palabras del ciego" o "Las sirvientes" (todos estos poemas en *Los cuadernos de Neftalí Reyes*: OC, IV). Procedimientos característicos de la madurez nerudiana son embrionariamente anunciados por la elaboración de "Maestranzas de noche", poema cuyo origen fue probablemente una experiencia nocturna de Neftalí, que se encontró solo en el galpón de reparaciones de las locomotoras y vagones de la estación de Temuco, cercano a su casa.

> En realidad el poema es un sobreviviente nocturno de *Crepusculario* [...], en cuanto rompe esa ley crepuscular a que pretendía el poeta sujetar su colección.

Documento fidedigno de una conciencia adolescente, el poema lo es tanto por sus méritos, por los descubrimientos personales que contiene, como por sus limitaciones, por el tributo necesario que paga a la vena sentimental. Pues esta compasión por los sufrientes, esta identificación con *los de abajo*, ese idealismo lacrimoso que se agota en la vibración complaciente de uno mismo es el gaje imprescindible de una apertura emotiva a lo social. La puerta ancha es aquí la del sentimiento que, sin abrirse un centímetro, nos permite comunicarnos con el mundo de los demás. Pero en esta vía regia de todo estudiante pequeño-burgués el poeta detectará un contradictorio sentido.

Por de pronto, todo el cuadro poético es una expresiva mezcla de ausencia y de presencia. Allí están, sin duda, esas máquinas transidas de dolor (o, más bien, de trabajo-dolor); pero allí no hay nadie: todo lo que hay son *cuartos desiertos* [...]. Y, sin embargo, se los siente invadidos de una oscura presencia, de una masa anónima que no está en ninguna parte, porque todo lo traspasa, ubicua en su ausencia total. Justamente, como ese *fierro que duerme*, pero también *gime*; sí, como algo inconsciente y ciego, como una *muda* materia que *grita*.

— Concha 1972: 102-103

El clima sobrecogedor de soledad, muerte y misterio que gobierna este poema adolescente reaparecerá muchos años después en otro poema maduro, vinculado al anterior por el común contexto ferroviario: "Sueños de trenes" de *Estravagario*, 1958 (*OC*, II, 693-694).

¿POR QUÉ "PABLO NERUDA"? (I)

y yo me llamo Pablo,
soy el mismo hasta ahora,
tengo amor, tengo dudas,
tengo deudas

[*OC*, II, 1086]

Yo, el anterior, el hijo de Rosa y de José
soy. Mi nombre es Pablo por Arte de Palabra
y debo establecer mis sinrazones

[*OC*, III, 356]

Laura Reyes conservó hasta su muerte (1977) tres cuadernos manuscritos por su hermano (y por ella misma unas pocas páginas) con poemas de 1918-1920. Infelizmente, el heredero de ese precioso legado (Rafael Aguayo Quezada) se deshizo de él vendiéndolo a un tercero a ruin precio, permitiendo así que en 1982 fuera puesto a remate por Sotheby's en Londres, y, con ello, que se desconozca su actual paradero (detalles al respecto en *OC*, IV, pp. 42, 51-211, 1216-1232). Ahora bien, doy fe (porque la vi con mis ojos) de que la contratapa interior del primer cuaderno trae el timbre NEFTALÍ REYES, bajo el cual nuestro joven poeta escribió, de propia mano y con lápiz azul: *Pablo Neruda – desde octubre de 1920*. Es el certificado de invención de un *nombre*, sólo en apariencia de un pseudónimo. (Valga al respecto mi testimonio personal, dada la actual inaccesibilidad del documento mismo.)

No hay trazas de que alguien haya preguntado al poeta, antes de Egon Erwin Kisch en Madrid 1936, por qué se autobautizó *Pablo Neruda*. Kisch era un escritor y periodista checo, de ahí su curiosidad de saber cuándo, cómo y por qué el poeta chileno había adoptado un apellido característico y de cierto relieve en su país, sobre todo por mérito del escritor Jan Neruda (1834-1891). En *Confieso que he vivido* leemos a propósito de la insistencia de Kisch:

> La respuesta era demasiado simple y tan falta de maravilla que me la callaba cuidadosamente. Cuando yo tenía 14 años de edad, mi padre perseguía denodadamente mi actividad literaria. No estaba de acuerdo con tener un hijo poeta. Para encubrir la publicación de mis primeros versos me busqué un apellido que lo despistara totalmente. Encontré *en una revista* ese nombre checo, sin saber siquiera que se trataba de un gran escritor, venerado por todo un pueblo, autor de muy hermosas baladas y romances y con monumento erigido en el barrio Malá Strana de Praga.
>
> — *OC, V, 571, con énfasis mío*

Notemos que Neruda recordó siempre haber encontrado ese nombre checo *en una revista*. Nunca logró ser más preciso. En 1969, cuando Clarice Lispector le pregunta si el nombre Neruda «fue casual o fue inspirado por Jan Neruda» el poeta se limita a responder: «Nadie consiguió hasta ahora averiguarlo» (*OC*, V, 1103). En 1970, frente una pregunta similar de Rita Guibert: «Ya no me acuerdo de qué se trata. [...] No me parece haber conocido el nombre del poeta checo. Eso sí que por aquellos años leí un pequeño cuento de él. [...] Es posible que haya salido de ahí mi nuevo nombre. Como le digo, el hecho está tan alejado en mi memoria que no lo recuerdo» (*OC*, V, 1114). Y en 1971, respondiendo a la revista *Marcha* de Montevideo: «La verdad es que la verdad no existe, en lo que respecta a esta historia. Un día en que yo temía que mi padre descubriera la verdad —lo que hubiera sido una catástrofe— hojeé una revista donde había un cuento firmado Jan Neruda. Entonces tomé Neruda y elegí como nombre de pila Pablo. Creí que sería por algunos meses solamente» (*OC*, V, 1194).

Es evidente que la pregunta pone siempre en dificultad a Neruda. Porque no recuerda. Pero esto es precisamente lo extraño. ¿Cómo es posible tal olvido en un poeta tan egocéntrico, tan atento a las minucias que le conciernen, y dotado de tan buena memoria para recordar los detalles de elaboración de sus poemas y libros? ¿Por qué no recuerda el origen de su autobautismo? ¿Cuál era o qué narraba aquel "pequeño cuento" de Jan Neruda? Ni una alusión. Más de algo no cuadra en las respuestas del poeta chileno, que no coinciden a veces entre sí y denuncian su inseguridad al respecto. ¿Y si Kisch al referirse a Jan Neruda *sugirió* a Pablo —sin querer— la respuesta a su propia pregunta? Nunca sabremos si antes de Kisch nuestro Neruda tenía o no *otra* respuesta. Lo cierto es que sus declaraciones a este propósito (basta leer las arriba citadas) me parecen siempre vagas y extrañamente imprecisas, carentes de convicción.

No sólo a mí. En el número 187 de la revista chilena *Hoy* (18.02.1981) el poeta Miguel Arteche introduce una interesante hipótesis alternativa. Neftalí no habría tomado el apellido Neruda de un cuento del escritor checo sino de una famosa novela de Sir Arthur Conan Doyle, *Study in Scarlet*, la primera de la serie de Sherlock Holmes, ya publicada en Chile bajo el título *Un crimen extraño* (Santiago, Litografía Universo, 1908). En el capítulo IV el célebre inquilino de Baker Street 221 B, dirigiéndose al doctor Watson, alude dos veces a un cierto músico: «Tenemos que darnos prisa porque esta tarde no quiero perderme el concierto de Norman Neruda», y más adelante: «Y ahora... primero el almuerzo y después el concierto de Norman Neruda.» La hipótesis de Arteche parece atendible, considerando la temprana y nunca desmentida inclinación de Pablo Neruda hacia los relatos de misterio y policiales (por ejemplo Fantômas en juventud, Raymond Chandler y James Hadley Chase en madurez), salvo por un aspecto: en el recuerdo del poeta, si bien vago, hay siempre una *revista*, nunca un libro. Y un libro es menos olvidable que una revista. Aparte que no aclara la elección del nombre *Pablo*. El enigma subsiste.

¿POR QUÉ "PABLO NERUDA"? (II)

> Yo recuerdo aquel día
> en que perdí mis tres primeros nombres
> y las palabras que pertenecían
> a quién? a mí? o a los antepasados?
> Lo cierto es que no quise cuenta ajena
> y creí inaugurarme:
> darme apellido, nombrarme a mí mismo
> y crecer en mi propia levadura.
>
> [de "No sé cómo me llamo", 1971, en *GIF* y en *OC*, III, 676]

Pero de esta hipótesis de Arteche parte la investigación que a mi juicio resolverá el enigma. En marzo de 1999 el médico chileno Enrique Robertson —que en los años '50 fue alumno mío en el liceo de Temuco y que actualmente (2005) vive en Bielefeld, Alemania— revela en la Universidad de Alicante haber encontrado la verdadera *revista* que en octubre de 1920 inspira a Neftalí la invención de su nuevo nombre. Robertson había comenzado por indagar sobre Norman Neruda, que en verdad fue —pese al nombre engañoso— la más extraordinaria y famosa violinista europea del siglo XIX. Su nombre originario: Wilhelmine Neruda (Brünn, Austria 1839 - Berlín 1911). Intérprete precoz, a los veinticinco años contrae matrimonio con Ludwig Norman, director de la orquesta de la Ópera de Estocolmo, de quien se separa en 1869 trasladándose a vivir en Londres. Sigue usando su nombre de casada, Mme. Norman-Neruda, incluso después de enviudar en 1885. Hasta

Norman Neruda. Revista *América sin Nombre. 1999. Fundación Pablo Neruda.*

que tres años más tarde se casa con Sir Charles Hallé, asimismo director de orquesta y productor de conciertos (y cuyo apellido viene también mencionado en *Study in Scarlet*), por lo cual Mme. Norman-Neruda pasa a llamarse Lady Hallé.

Ahora bien, la violinista es además amiga de su colega y compositor español Martín Melitón Sarasate, que en 1861 da su primer concierto en Londres y que el 11 julio 1878 (tal como hará Neftalí Reyes en 1947) legaliza el que hasta entonces ha sido por años su pseudónimo. Lo curioso es que, como Neftalí, también Martín Melitón se autobautiza *Pablo*. **Pablo de Sarasate**. Indagando sobre esa amistad, Robertson descubre que Sarasate ha dedicado a Wilhelmine, ese mismo 1878, sus *Romanza Andaluza* y *Jota Navarra*, Opus 22. Y como el único lugar lógico en que tal dedicatoria puede hallarse es la **partitura** originalmente impresa por N. Simrock, Berlín 1879, nuestro médi-

Martín Melitón Sarasate, antes de llamarse Pablo en 1878. Revista América sin Nombre. 1999.

co pasa años buscándola en las librerías de viejo de Alemania. Hasta que la encuentra. Como se sabe, *las partituras suelen tener el formato de una revista*. Y la de Simrock 1879 (concluyó Robertson) es sin duda **la revista** que vio Neftalí en Temuco 1920. La parte alta de la portada trae bien visible la dedicatoria a *Frau Norman*-**Neruda**, y más abajo en grandes caracteres, decorados según el gusto del tiempo: *Spanische Tänze... von* **Pablo** *de Sarasate*. Con este extraordinario hallazgo Robertson resuelve finalmente —hasta donde es posible hoy— el enigma del *por qué Pablo Neruda*. En efecto, *en una sola página* Neftalí tuvo ocasión de leer el nombre y el apellido que necesitaba en ese momento. [La crónica de esta investigación, contada pintorescamente con abundancia de ilustraciones y detalles sobre Wilhelmine, sus maridos, Sarasate... y Sherlock Holmes —y con reproducción del impreso de 1879— en Robertson 1999.]

¿Una partitura alemana en el Far West chileno, en Temuco - octubre 1920? Perfectamente posible, incluso probabilísimo, puesto que la Frontera (con Valdivia y Osorno) es una zona de intensa inmigración alemana durante la segunda mitad del siglo XIX. Gente que llega con sus costumbres culturales, por lo cual seguramente no faltan en Temuco casas en que hay piano, violín, acordeón u otros instrumentos (y con ellos las partituras). Lo cual contagia a los nativos, según lo confirma el mismo Neruda a través de un recuerdo personal:

> Mi padre siempre hablaba de comprar un piano que, además de permitir a mis tías tocar mi adorado vals *Sobre las olas*, pondría sobre nuestra familia ese título inexpresablemente distinguido que da la frase: «**tienen piano**». Mi padre, en los momentos que le dejaba libre su vida de movilidad perpetua, porque era conductor de trenes, llegaba hasta a medir las puertas por donde iba a pasar aquel piano que nunca llegó.
>
> — de "Viaje por las costas del mundo", 1942, en OC, IV, 505

Partitura de Sarasate dedicada a Norman Neruda, Berlín 1879.
Revista *América sin Nombre. 1999.*

Una de esas casas con piano podría ser la de aquella rubia Guillermina de ojos azules, amiguita de Laura, que Neruda evoca en *Estravagario* (1958): «Cuando mi hermana la invitó / y yo salí a abrirle la puerta, / entró el sol, entraron estrellas, / entraron dos trenzas de trigo / y dos ojos interminables. / Yo tenía catorce años / y era orgullosamente oscuro, / delgado, ceñido y fruncido, / funeral y ceremonioso /.../ Entonces entró la Guillermina / con dos relámpagos azules / que me atravesaron el pelo / y me clavaron como espadas / contra los muros del invierno. / Esto sucedió en Temuco. / Allá en el Sur, en la Frontera» ("Dónde estará la Guillermina?", en *OC*, II, 694-696). Esta muchachita de Temuco, rubia y de ojos azules, proviene sin duda de alguna familia de inmigrantes alemanes. Si no es alemana de nacimiento ella misma. Puesto que tanto ha deslumbrado a nuestro poeta adolescente, no es difícil suponer que éste encuentra los pretextos útiles para acompañar a su hermana a casa de su amiga. Y que en una de esas visitas una cierta *revista* (en el salón con piano o violín) atrae su atención. Me complace imaginar esta posible —o probable— circularidad entre las dos Guillerminas teutónicas, la chilena y la austríaca, madrinas del autobautismo de Neftalí.

Las probabilidades incluso aumentan con este nuevo dato biográfico que me hace llegar el doctor Robertson: casi 50 años antes del autobautismo de Neftalí, exactamente el 31 de enero de 1871 (el año en que nació don José del Carmen), el mismísimo Pablo de Sarasate había dado un concierto en el Teatro Odeón de Valparaíso. Y no es todo. Esa noche el joven violinista español estrenó una pieza titulada *Pájaros de Chile* (!!!), tal vez un motivo improvisado para la ocasión. El nombre y la fama de Pablo de Sarasate, entonces, eran ya conocidos en el país, lo cual hacía todavía menos rara la presencia de una partitura suya en una casa de Temuco.

¿POR QUÉ "PABLO NERUDA"? (III)

> Solitario, desheredado, el héroe infantil se convierte
> en su propio padre a base de aventuras; es
> siempre, como advirtió Camus, un «primer hombre»;
> se educa a sí mismo con temeridad, sin reconocer
> otra escuela que su destino abierto. Y algo aún más
> atractivo: como carece de tutela, tiene licencia de
> inmadurez; su inocencia, su no-saber, es justo lo
> que pone a prueba en cada lance.
>
> [Juan Villoro, 2005]

> *Hay algo más tonto en la vida*
> *que llamarse Pablo Neruda?*
> [de *Libro de las preguntas,* en *OC,* III, 850]

Quiero agregar un ladrillo a la construcción de Robertson. Una hipótesis sobre el nombre *Pablo*. Creo probable que al momento de su encuentro con **la revista** (o sea con la partitura) Neftalí ya baraja en su mente ese nombre, pero le falta el apellido. Y creo que precisamente por eso la partitura de 1879, con un gran *Pablo* en el centro de la portada, reclama su atención. El paso siguiente, y decisivo, es advertir aquel *Neruda* más pequeño de la dedicatoria en alto, conectarlo al *Pablo* central y —¡eureka!— aprobar la combinación.

Más adelante (sección VII) veremos por qué lo atrajo el apellido *Neruda*. Por ahora, ¿por qué PABLO? Mi hipótesis tiene que ver con otra muchacha. En octubre de 1920 —al centro de la primavera— está en pleno desarrollo la batalla previa a la elección popular de la Reina de los Juegos Florales de noviembre. Seguramente Neftalí ya conoce a las candidatas, y en particular a la que resultará elegida y a la cual dedicará la premiada "Salutación a la Reina" (leída en la ceremonia de coronación y publicada en el diario *La Mañana* de Temuco el 23.11.1920, edición desgraciadamente inencontrable). Con esa muchacha, a la que llamaba Andaluza, Neftalí inicia por entonces un romance que se prolongará con intermitencias —durante los viajes del estudiante desde Santiago a Temuco— hasta 1923-1924. Es Teresa Vásquez, la Marisol de los *Veinte poemas* y la Terusa del *Memorial de Isla Negra*.

Ahora bien, es muy probable que desde el comienzo nuestro letrado, fantasioso y aristocrático Neftalí se haya autoasignado, junto a su Andaluza, el nombre de una pareja literaria con un PABLO en el rol masculino (*Paul-Virginie* o mejor *Paolo-Francesca*). En el *Álbum Terusa* de 1923 la pareja aparecerá inscrita como *Paolo-Teresa* (*OC*, IV, 274), donde Neruda repropone la variante autoalusiva (*Paolo*) y el mecanismo nominador de la pareja (*Paolo-Francesca*) ya utilizados en el soneto "Ivresse" de *Crepusculario* (*OC*, I, 114-115).

Conectemos estos datos a un pasaje autobiográfico del discurso que pronuncia Neruda en el Salón de Honor de la Universidad de Chile el 30 marzo 1962: «En cuanto a mí, recibí el impacto de libros desacreditados ahora, como los de Felipe Trigo [...]. *Los floretes de Paul Feval*, aquellos espadachines que hacían brillar sus armas bajo la luna feudal, o el ínclito mundo de Emilio Salgari, la melancolía fugitiva de Albert Samain, *el delirante amor de Pablo y de Virginia*, los cascabeles tripentálicos que alzó Pedro Antonio González...» ("Mariano Latorre, Pedro Prado y mi propia sombra": *OC*, IV, 1096, con énfasis míos). Agreguemos aún otro dato: entre los poetas favoritos de Neftalí figuran los franceses Paul Fort y Paul Verlaine, según prueban los poemas que de ellos copia al comienzo del segundo de sus *cuadernos* de liceano arriba mencionados.

Cabe suponer entonces que en octubre de 1920, al momento de su decisivo encuentro con **la revista**, Neftalí se ve a sí mismo viviendo el personaje *Paul* con su *Virginie* local, fuera ella la Andaluza o la Guillermina o la colegiala Blanca Wilson (cfr. *OC*, IV, 173 y 1226).

Pero el nombre *Paul* no corresponde sólo al tipo del personaje enamorado. Todos los indicios que acabo de señalar sugieren —en conjunto— que Neftalí asocia precozmente el nombre *Paul* a sus varios ideales (o sueños) de identidad: (1) *Paul* el hombre de acción, como los espadachines de Paul Feval; (2) *Paul* el poeta, émulo de Fort y de Verlaine; y (3) *Paul* el amante, seductor de la Virginie de turno. Sólo el nombre *Paul* suscita la convergencia de todas las figuras con que el adolescente Neftalí proyecta a sí mismo, idealmente, hacia el futuro. En el terreno amoroso, la forma italiana *Paolo* será usada (más adelante) como variante táctica en la comunicación con Teresa (*Francesca*), mientras algunas cartas a Albertina (*Virginie*) serán firmadas todavía con la originaria forma francesa *Paul* (cfr. *OC*, V, 859).

Nombrar será siempre un verbo de máxima importancia en el código de comportamiento poético de Pablo Neruda, según tendremos ocasión de verificar. *Nombrarse* (autobautizarse) es por lo tanto un acto cuyo significado va mucho más allá de aquella proclamada necesidad de esconder al padre los pecados de poesía. De los que entonces eran sus tres nombres legales, *Neftalí* es el único que el liceano juzga tolerable para un poeta. Usa *Ricardo* (en alternativa o acompañando a Neftalí) para la correspondencia familiar. *Eliecer* parece no haber sido empleado jamás. Y la firma *Neftalí Reyes*, aunque no está tan mal, francamente no responde a sus sueños (o ideales) de identidad poética. El rechazo del nombre originario cifra la precoz cuanto poderosa orientación de Neftalí hacia la búsqueda del *nombre* (no del pseudónimo) definitivo para sí y para su quehacer o misión. Porque no se trata sólo de una firma: *nombrarse* significa para Neftalí dar nombre a su obra, a su Texto. Pablo Neruda vivirá para llenar ese Nombre (o sea, ese Texto) de existencia y de validez literaria. En cierto modo, para mitologizarlo.

La invención del nombre definitivo fue así el triunfo mayor de Neftalí, la más válida herencia que el adolescente —a sus 14 años y tres meses— nos dejó antes de desaparecer para siempre. Todavía hoy algunos escritos sobre Neruda, en particular aquellos en que sobreviven antipatías ideológicas, insisten en que «Ricardo Eliecer Neftalí Reyes Basoalto *era su verdadero nombre*». Aparte que desde marzo 1947 *Pablo Neruda* será por fin el nombre legal del poeta (ni más ni menos legal que el nombre originario), lo justo es afirmar que en octubre de 1920 *Neftalí inventa su verdadero nombre*.

Una penúltima observación. Estoy convencido de que nuestro poeta muere en 1973 sin recordar (realmente) ni cómo ni por qué se autobautizó Pablo Neruda. Y creo que ello obedece a una razón profunda e inconsciente vinculada al conflicto con el padre. Al asumir un nuevo *nombre* Neftalí mató dentro de sí —en la dimensión creadora, activa, poética de su existencia— la figura hostil y obstaculizante de su padre real para devenir él mismo su propio padre (obedeciendo al estímulo y al modelo del Océano del Sur). Por lo cual Neruda tendrá siempre *sumo interés en olvidar* los antecedentes reales de su gesto autofundador (no por ingratitud o por arrogancia, sino por exigencia del gesto mismo). Así como muchos años después —y por motivos similares, vinculados a un modo de proponer la propia identidad— tendrá sumo interés en olvidar el origen del famoso *logo* (el pez entre anillos armilares) presente hasta hoy en las ediciones de sus libros y en la bandera que flamea sobre la casa de Isla Negra. Alguna vez Neruda se referirá al significado simbólico del pez (en *Una casa en la arena,* "La bandera": *OC*, III, 132-133), pero no conozco ninguna declaración suya sobre quién lo diseñó y en cuáles circunstancias. De ello me ocuparé en el momento oportuno.

Y la última acotación, por ahora.

Dos Guillerminas quizás, pero con certeza dos violinistas —Norman Neruda y Pablo de Sarasate— tienen que ver con el origen del nombre *Pablo Neruda* (si se acepta, como yo hago, la tesis de Robertson). El poeta olvidará a los violinistas pero su memoria subconsciente no olvida al *violín*. En efecto, la fantasía de Neruda privilegia en modo constante y reiterado ese instrumento musical, al que su escritura recurre en función metafórica o simbólica —y mucho más que a los otros instrumentos— desde la juventud a la madurez. Entre muchos otros ejemplos dispersos en su obra: «amanecía débilmente con un color de violín», de un poema de 1925 incluido en *Tentativa del hombre infinito* (*OC*, I, 212); «Alguien que me esperó entre los violines» en "Alturas de Macchu Picchu", 1946 (*OC*, I, 434); «me tiendo en el pasto, pasa / un insecto color de violín», del pórtico de *Odas elementales*, escrito en 1952 (*OC*, II, 42); en 1962, el paso del Tren Nocturno sobre «el alto puente del Malleco, / fino / como un violín de hierro claro» (*OC*, II, 1170); «En mi violín que desentona / te lo declara mi violín / que te amo, te amo mi violona», de la "Canción del amor" incluida en el libro póstumo *El corazón amarillo*, (*OC*, III, 792); y ya muy cerca de la muerte, en el también póstumo *El mar y las campanas*, «Gracias, violines, por este día / de cuatro cuerdas. Puro / es el sonido del cielo, / la voz azul del aire» (*OC*, III, 908). En 1930 escribe a Héctor Eandi desde Wellawatta, Ceylán: «Tengo un gramófono, y una dosis de felicidad; la *Sonata para piano y violín* de César Franck (que Proust dice ser su mentada sonata de Vinteuil) es triste y dulce» (*OC*, V, 952). Esa pieza con violín era toda su cultura musical, según bromeó todavía en *Confieso que he vivido* (*OC*, V, 502-503).

LA VIDA Y LOS LIBROS (I)

> Qué soledad la de un pequeño niño poeta,
> vestido de negro, en la Frontera espaciosa y
> terrible. La vida y los libros poco a poco me van
> dejando entrever misterios abrumadores.
>
> [*OC,* V, 415]

> *Allí en el país de Francia*
> *nació el vino,*
> *luego en la transparencia de la copa*
> *las palabras hallaron*
> *forma y sonido de cristal maduro*
> *y los hombres cantaron.*
>
> [*OC,* I, 1082]

Las muy incompletas memorias de Neruda son un *collage* de textos escritos entre 1933 (el discurso al alimón con García Lorca) y 1973, teniendo como núcleo y como pauta las crónicas autobiográficas publicadas por *O Cruzeiro Internacional* en 1962 bajo el título *Las vidas del poeta*. Aparte lo ya publicado, Neruda logra escribir sólo algunos de los fragmentos nuevos, inéditos, que tiene planificados hasta abril o mayo de 1974, cuando entregaría a Losada los originales. Se trataba de «completar el texto del *Cruzeiro* hasta formar un libro importante», escribe Pablo a su amigo Volodia en 1972 (Teitelboim, 470). No alcanzará a hacerlo, no le darán tiempo. La muerte sorprende a Neruda en medio de esa tarea que consiste, por un lado, en recuperar, seleccionar y organizar sus publicaciones autobiográficas dispersas y, por otro lado, en escribir páginas nuevas para llenar los vacíos.

Algunos de los textos más tardíamente insertados (escritos entre 1965 y 1973) son inéditos antes de la publicación de *Confieso que he vivido* en 1974. Quiero decir: no fueron publicados en vida del autor. Entre esos inéditos, pido atención hacia los dos capítulos finales de la sección I, titulados "La casa de las tres viudas" y "El amor junto al trigo" (*OC*, V, 418-426). En esos dos capítulos, que son como las dos mitades de un mismo relato, Neruda evoca por primera vez una solitaria cabalgata por la playa de Bajo Imperial y luego a través de los bosques más allá del lago Budi, subiendo hasta llegar al campamento de los Hernández, en la montaña, donde había una trilla de yeguas.

Esto ocurre a comienzos de 1921, durante el verano, poco antes del viaje a Santiago. Es el segundo verano en Bajo Imperial y, aparte el océano y el patio de las amapolas con su bote salvavidas, algo más ha capturado el interés de Neftalí: los caballos. Al atardecer suele caminar hasta el extremo del villorrio para asistir al espectáculo de los gigantescos caballos percherones que a cierta hora, cuando se abren los portones de las curtiembres, salen poderosos y arrogantes atravesando el pueblo con sus pelambreras de abigarradas crines que caen «como cabelleras sobre los altísimos lomos» y cubren también las patas inmensas, ondulando al viento como penachos. Estremeciendo las calles polvorientas con el estruendo de su galopar y de sus relinchos, aquellas bestias colosales «parecían, a mis ojos de niño, salir de la oscuridad de los sueños para dirigirse a otro mundo de gigantes» (*ibíd.*, 412).

Pero no sólo los percherones del atardecer interesan a Neftalí. «En realidad, aquel mundo silvestre estaba lleno de caballos. Por las calles, jinetes chilenos, alemanes o mapuches, todos con ponchos de lana negra de Castilla, subían o bajaban de sus monturas. [...] Me acostumbré a andar a caballo. Mi vida fue haciéndose más alta y espaciosa por las rutas de empinada arcilla, por caminos de curvas imprevistas. [...] Fui habituándome al caballo, a la montura, a los duros y complicados aperos, a las crueles espuelas que tintineaban en mis talones. Se comenzó por infinitas playas o montes enmarañados una comunicación entre mi alma, es decir, entre mi poesía y la tierra más solitaria del mundo. De esto hace muchos años, pero esa comunicación, esa revelación, ese pacto con el espacio han continuado existiendo en mi vida» (*ibíd.*, 412-413).

Notar cómo el texto de Neruda conecta —incluso a nivel de sintaxis— la imagen del caballo a experiencias iniciáticas de libertad y de expansión hacia lo alto: «Me acostumbré a andar a caballo. Mi vida fue haciéndose más alta y espaciosa... Fui habituándome al caballo... Se comenzó... una comunicación... entre mi poesía y la tierra...» Hasta entonces los desplazamientos reveladores —al bosque, al mar— se han cumplido a través de vehículos (el tren lastrero, el vapor a ruedas) gobernados o contratados por el padre. Esta vez Neftalí mismo guía el vehículo (el caballo) que lo habrá de conducir en viaje solitario hacia experiencias nuevas y complejas (a tal punto complejas para él que logra contarlas sólo al final de su vida). Desde entonces, según veremos, el caballo representará para el poeta el símbolo de la libertad individual. De ahí la atención que dedica a ese animal en esta parte inicial de sus memorias.

El océano ha conferido a Neftalí la investidura de *caballero* (hombre a caballo, es decir, libre, autónomo), con meta clara pero sin ruta definida: configuración inicial de la trayectoria de un muchacho a la conquista de su identidad. En esta ocasión la meta final es la trilla de yeguas, en «un sitio *alto*, por las montañas». La ruta en cambio es incierta: «Me gustó la aventura de irme solo, adivinando los caminos en aquellas serranías. Pensé que, si me perdía, alguien me daría auxilio.» El viaje del novel caballero parte desde un sitio *bajo*, el borde del océano. Un largo trecho galopando sobre la playa que en esa zona es una sucesión de «cintas interminables y se puede viajar dos días y noches sobre la arena y junto a la espuma del mar». Luego bordeando el lago Budi hasta penetrar en los bosques que llevaban a la montaña. Cuando empieza a caer la noche Neftalí comprende que se ha extraviado. Afortunadamente topa con un campesino que, tras advertirle que es ya demasiado tarde para llegar a la trilla con luz diurna, le sugiere pedir alojamiento en una casa a dos leguas de allí.

Tres señoras de blancas cabelleras y vestidas de luto acogen al muchacho extraviado. Son tres hermanas, hijas de inmigrantes franceses ya muertos, y viudas las tres, que administran los aserraderos heredados de sus difuntos. Aquella insólita casa blanca es una isla de cultura y refinamiento europeos en medio de los bosques y soledades de esa región. Una de las damas conduce a Neftalí a un salón oscuro que ilumina con dos o tres «bellas lámparas *art nouveau*, de opalina y bronces dorados». Altas ventanas con cortinas rojas y sillones protegidos con fundas blancas. «Aquél era un salón de otro siglo, indefinible e inquietante como un sueño. La nostálgica dama de cabellera blanca, vestida de luto, se movía sin que yo viera sus pies, sin que se oyeran sus pasos, tocando sus manos una cosa u otra, un álbum, un abanico, de aquí para allá, dentro del silencio.» Tras un rato de conversación, animada a partir de la mención que hace Neftalí de Baudelaire, se pasa al comedor con mesa redonda, mantel blanco, candelabros de plata, vajilla de fina porcelana francesa y vasos de espléndido cristal.

Una cena principesca para un muchacho que a esas señoras «debía parecerles un sudoroso arriero que había dejado a la puerta su tropilla de ganado». Evoca Neruda: «Pocas veces he comido tan bien. Mis anfitrionas eran maestras de cocina y habían heredado de sus abuelos las recetas de la dulce Francia. Cada guiso era inesperado, sabroso y oloroso. De sus bodegas trajeron vinos viejos, conservados por ellas según las leyes del vino de Francia.»

Al alba siguiente uno de los mozos ensilla el caballo de Neftalí. «No me atreví a despedirme de las damas gentiles y enlutadas. En el fondo de mí algo me decía que todo aquello había sido un sueño extraño y encantador y que no debía despertarme para no romper el hechizo.»

Estos son los elementos básicos de la experiencia evocada por Neruda —con mucha abundancia de otros detalles— en el capítulo "La casa de las tres viudas" (*OC*, V, 418-423). La anécdota de las tres damas francesas en aquellas soledades es tan singular que suena a fábula. Sólo que en este tipo de cosas Neruda nunca miente.

[Ya escrito lo anterior, en agosto de 2004 conozco un ensayo recién publicado de Jaime Concha, leído en Messina el 12.11.2003, que también dedica algunas páginas a este fragmento de las memorias de Neruda. Transcribo al menos dos párrafos que me parecen conexos a mi discurso:

«Hay un clima de irrealidad en que nos vemos inmersos, en parte justificado por el cansancio que agobia al joven jinete, en parte provocado por la ambientación nocturna y el extraño encuentro, que frisa en lo alucinatorio, con las tres viejas mujeres, al parecer hermanas. Los soportes de elaboración mítica son bastante ostensibles: héroe, cabalgadura, extravío, encuentros, presagios, expectación... Se llega a la casa nocturna como a un palacio encantado, que es puerto de salvación y remate de la aventura. Marcas explícitas de la narración, cuyo despliegue acentúa el tono de vaguedad intemporal que a la postre se nos impone, flotante y envolvente en la experiencia del lector.

«Lo interesante y digno de ser recalcado es que Neruda logra toda esta atmósfera a partir del delineamiento muy concreto de una geografía local que, si bien no es la más común de sus reminiscencias infantiles o adolescentes, es parte del mismo territorio y de idéntica región. Mar, cerros de la costa, lago Budi, entrevistos a veces en "Infancia y poesía", trasfondo de algunos de sus *Veinte poemas*, adquieren aquí peculiar resonancia, se condensan y hacen compactos, fraguando un paisaje genesíaco, con virtualidad de caos y creación... Es como si, desde un suelo y desde un mapa muy nítidos, se levantara una construcción de sueños... Ámbito local, detallado y circunscrito, donde se proyecta y se magnifica la parábola del viaje y la aventura» (Concha 2004: 49-50).]

LA VIDA Y LOS LIBROS (II)

*Va un grito de bronce removiendo
las bestias que trillan sin tregua
en un remolino tremendo...
Ah yeguayeguaaa!...*
[de "Sinfonía de la trilla", en *OC*, I, 144]

Cuán difícil es hacer el amor sin causar ruido en una
montaña de paja...
[*CHV*, en *OC*, V, 426]

Veo el verano extenso, y un estertor saliendo de un granero
["Agua sexual", *RST*, en *OC*, I, 322]

El capítulo siguiente (*OC*, V, 424-426) narra cómo la cabalgata de Neftalí a través de los bosques (con su refinado y reparador intervalo nocturno) desemboca en experiencias de muy diverso, por no decir opuesto, signo. El joven caballero errante llega antes del mediodía al campamento de los Hernández y se incorpora, fresco y alegre, a esa «fiesta de oro» que es la trilla del trigo, de la avena, de la cebada. «No hay nada más alegre en el mundo que ver girar las yeguas, trotando alrededor de la parva del grano, bajo el grito acucioso de los jinetes... todo es actividad y bullicio... mujeres que cocinan; caballos que se desbocan; perros que ladran; niños...» Aquí el memorialista dedica un extenso párrafo a la tribu de los Hernández: padres, hijos, sobrinos, primos, todos hombres rudos, gigantescos como los percherones de Bajo Imperial, hombres de trabajo duro y de revólver al cinto, de pocas palabras y muchas bromas, temibles para pelear como para devorar un asado de res a campo abierto, con mucho vino tinto y con algazara de guitarras y mujeres cantando.

> Eran hombres de la Frontera, la gente que a mí me gustaba. Yo, estudiantil y pálido, me sentía disminuido junto a aquellos bárbaros activos; y ellos, no sé por qué, me trataban con cierta delicadeza que en general no tenían para nadie.

Son los mismos bárbaros que con términos similares ha evocado en 1938: «Entro en un patio, voy vestido de negro, tengo corbata de poeta, mis tíos están allí todos reunidos, son todos inmensos, debajo del árbol guitarras y cuchillos, cantos que rápidamente entrecorta el áspero vino» ("La copa de sangre", en *OC*, IV, 417). Y también más tarde, en 1954: «Yo iba vestido de poeta, de riguroso luto, luto por nadie, por la lluvia, por el dolor universal. Y allí los bárbaros levantaban la copa de sangre. / Yo me sobrepuse y bebí con ellos. Hay que aprender a ser hombres» (*OC*, IV, 922).

Es evidente que, para Neruda adulto, la participación de Neftalí en aquellas descomunales y rumorosas fiestas bárbaras representa —en conjunto— el cumplimiento de una ceremonia ritual, es la imagen de su iniciación a una virilidad entendida como pacto de sangre con aquellos hombres y, a través de ellos, con la comunidad nacional y con la tierra chilena. Pero sólo en este tardío capítulo (antes inédito) de sus memorias, escrito cerca de la muerte, narra Neruda por primera vez la fase complementaria de aquel rito de acceso a la virilidad: la iniciación sexual.

«Después del asado, de las guitarras, del cansancio cegador del sol y del trigo, había que arreglárselas para pasar la noche.» A los muchachos toca dormir en la era, acomodándose como mejor pueden sobre la montaña de paja. Aunque no habituado a tal incomodidad, Neftalí se quita la ropa y se dispone a dormir envuelto en su poncho. «Quedé lejos de todos los otros que, de inmediato y en forma unánime, se consagraron a roncar.» En medio de la noche ocurre algo imprevisto.

> Desperté de pronto porque algo se aproximaba a mí, un cuerpo desconocido se movía debajo de la paja y se acercaba al mío. Tuve miedo. Ese algo se arrimaba lentamente. [...] De pronto avanzó una mano sobre mí, una mano grande, trabajadora, pero una mano de mujer. Me recorrió la frente, los ojos, todo el rostro con dulzura. Luego una boca ávida se pegó a la mía y sentí, a lo largo de todo mi cuerpo, hasta mis pies, un cuerpo de mujer que se apretaba conmigo.
>
> Poco a poco mi temor se cambió en placer intenso. Mi mano recorrió una cabellera con trenzas, una frente lisa, unos ojos de párpados cerrados, suaves como amapolas. Mi mano siguió buscando y toqué dos senos grandes y firmes, unas anchas y redondas nalgas, unas piernas que me entrelazaban, y hundí los dedos en un pubis como musgo de las montañas. Ni una palabra salía ni salió de aquella boca anónima.
>
> Cuán difícil es hacer el amor sin causar ruido en una montaña de paja, perforada por siete u ocho hombres más, hombres dormidos que por nada del mundo deben ser despertados. Mas lo cierto es que todo puede hacerse, aunque cueste infinito cuidado. [...] Pero también yo me quedé dormido. Al despertar extendí la mano sobresaltado y sólo encontré un hueco tibio, su tibia ausencia. Pronto un pájaro empezó a cantar y luego la selva entera se llenó de gorjeos. Sonó un pitazo de motor, y hombres y mujeres comenzaron a transitar y afanarse junto a la era y sus trabajos. El nuevo día de la trilla se iniciaba.

No conozco ningún texto precedente en que Neruda haya recordado este episodio iniciático, salvo la alusión inscrita en un enigmático verso de *Residencia en la tierra*: «Veo el verano extenso, y un estertor saliendo de un granero» (*OC*, I, 322). El verso es del poema "Agua sexual", escrito en Buenos Aires a comienzos de 1934, durante un período de desahogo erótico que más adelante examinaremos.

A Neruda le fue siempre difícil traducir a poesía sus experiencias sexuales, incluso decisivas como ésta de la montaña de paja o granero, si no lograba inscribirlas en la dimensión 'alta' de su escritura —aquella que él juzgaba la dimensión trascendente—. El año 1962 registra un caso significativo de apertura o transacción respecto a dicha norma. El volumen *Sumario. Libro donde nace la lluvia*, impreso por Tallone en Italia (1963), incluye el poema "El sexo" —escrito en 1962— donde Neruda evoca un episodio de infancia acaecido en Temuco. Dos muchachitas que viven frente a la casa de Neftalí lo "seducen" con un cebo bien elegido: «un minúsculo / nido / de avecilla salvaje / con cinco huevecitos, / con cinco uvas blancas, / un pequeño / racimo / de la vida del bosque, / y yo estiré / la mano, / mientras / trajinaban mi ropa, / me tocaban, / examinaban con sus grandes ojos / su primer hombrecito». La llegada del padre con extraños hace que las niñas y su prisionero se escondan apretados bajo un mesón de la panadería. La fuga hace caer al suelo los huevecitos, pero allí, en cambio, en contacto vivo con los cuerpos de las chicas, «yo sentí que cambiaba / algo / en mi sangre / y que subía a mi boca, / a mis manos, / una eléctrica / flor, / la / flor / hambrienta / y pura / del deseo» (de *Memorial de Isla Negra*, I, en *OC*, II, 1152-1155). Estos versículos finales del texto proponen claramente un cierto nivel de 'trascendencia' poética que falta en la versión cronística y más ligera del mismo episodio, publicada en 1962 por la revista *O Cruzeiro Internacional* y después recogida en *Confieso que he vivido* (*OC*, V, 407-408), con una humorística frase a modo de introducción: «me parece que debe ser ésta mi primera aventura erótica, extrañamente mezclada a la historia natural».

El tardío memorialista distingue —todavía— entre esta «primera aventura erótica» y los «primeros amores, los purísimos» con Blanca Wilson, la hija del herrero, más 'literarios' que sensuales. Neftalí, en efecto, comienza a escribirle cartas de amor a la pequeña Blanca por cuenta de un compañero de liceo que se ha enamorado de ella. Esas cartas «tal vez fueron mis primeras obras literarias» y por ello Neftalí no las reniega cuando la niña le pregunta si él es «el autor de las cartas que le llevaba su enamorado». Al oír su respuesta afirmativa ella le pasa un membrillo y escapa. «Desplazado así mi compañero en el corazón de la muchacha, continué escribiéndole a ella interminables cartas de amor y recibiendo membrillos.» (*OC*, V, 406).

En la primavera de 1920, al parecer en octubre, el cuaderno de Neftalí registra una leve poesía: «La colegiala tenía / los ojos tan lindos! / Yo me la encontré en la tarde / de un día / domingo. / La colegiala tenía / los ojos profundos, / yo me sentí bueno como / un arbolito desnudo... / Desde aquella tarde nos / vamos al colegio juntos» (*OC*, IV, 173-174). Al pie del texto, bajo la fecha «1920» Neftalí manuscribe tres palabras en tres líneas: *Blanca / amor / finido*, y en la cuarta línea una cruz que sugiere la tumba de ese idilio. Por entonces, hacia fines de 1920, en el horizonte amoroso de Neftalí ha aparecido una figura más importante: Teresa Vásquez, la Andaluza, la reina de los Juegos Florales de Temuco. Pero con Teresa la experiencia decidida y francamente 'erótica' (en el sentido sugerido por el memorialista) vendrá más tarde, después de la iniciación sexual que tiene lugar sobre la montaña de paja a comienzos de 1921, en el corazón del verano, durante la trilla de yeguas en el campamento de los Hernández.

LA VIDA Y LOS LIBROS (III)

> Me gustó la aventura de irme solo, adivinando los caminos en aquellas serranías. [...] Por el lado de los bosques me saludaban los avellanos de ramajes verdeoscuros y brillantes, tachonados a veces por racimos de frutas [...]. A mi lado derecho se extendía el lago Budi: una lámina constante y azul que limitaba con los bosques lejanos.
>
> [*CHV*, en *OC*, V, 418-419]

> Calogrenante cuenta a la Tabla Redonda del rey que hace siete años salió en busca de aventuras, solo, armado, como corresponde a un caballero, y que encontró un camino a la derecha, que atravesaba un bosque espeso. Quedamos perplejos. ¿A la derecha? He aquí una extraña determinación de lugar, empleada, como está, en un sentido absoluto. En una topografía natural, sólo podría tener sentido empleada relativamente. Por lo tanto, en este caso tiene un sentido moral: se trata, sin duda, del **'camino derecho'** encontrado por Calogrenante. Confírmase esta suposición porque el camino es escabroso, como les pasa a todos los caminos derechos: durante el día nos conduce a través de un espeso bosque, lleno de espinos y malezas, y a la noche nos lleva a la buena meta, una fortaleza, en la cual Calogrenante es recibido con alegría, como si fuera un huésped esperado largo tiempo.
>
> [Auerbach, 125]

"La casa de las tres viudas" y "El amor junto al trigo" se refieren, según hemos visto, a la misma cabalgata de Neftalí a comienzos de 1921. Son los dos capítulos (o mitades) de un solo relato. El memorialista los escribe tardíamente y los dispone en sucesión al final de la primera sección de *Confieso que he vivido* (donde son publicados póstumamente por primera vez). Por lo cual debemos leerlos —y sospecho que ésa es la intención de Neruda— como el relato del *viaje iniciático* que precede al (y que prepara el) gran desplazamiento desde la provincia a la capital.

Relato lleno de alusiones simbólicas, a comenzar por la figura del caballo (índice de la nueva independencia o autonomía por conquistar, a partir del nuevo nombre de Neftalí). Hay simetrías y paralelismos fácilmente observables entre ambos capítulos. En los extremos, una simetría especular entre el novel caballero que, solitario, goza el placer que le ofrece la naturaleza (mar, lago, bosques) durante la cabalgata que cubre la mitad del primer capítulo, y, al final del segundo, el mismo caballero que goza también solitario (esto es, separado de los demás, según subraya el texto) el placer que sobre la montaña de paja le ofrece la campesina simple y sin rostro, anónima y silenciosa (como la naturaleza).

En la zona de conjunción de ambos capítulos, otra simetría especular: el novel caballero viene incorporado o integrado a dos ritos culturales de opuestas características y de muy diverso origen, pero en ambas ceremonias Neftalí es acogido con honor y deferencia por las figuras oficiantes. Tradiciones de la cultura occidental europea y de la cultura rural autóctona solicitan al viajero con seducciones equivalentes y complementarias.

El relato del muchacho y las tres viudas pareciera estructurado como el relato del novel caballero Calogrenante que, en viaje solitario y tras una jornada atravesando bosques, al anochecer viene acogido por el señor de un apartado castillo y por su hija. Estoy aludiendo a un episodio situado al comienzo del *Yvain* de Chrétien de Troyes, *roman courtois* de la segunda mitad del siglo XII (y comentado en Auerbach, 121-138). A Calogrenante, como a Neftalí, el camino escabroso y el extravío conducen a una buena meta, a una aristocrática morada donde viene acogido como si fuera un huésped largo tiempo esperado. La cabalgata solitaria, la travesía de la foresta y el arribo a un aislado refugio, y luego la cálida recepción, el amable coloquio, la gustosa cena, el lecho reparador y hasta el detalle del caballo ensillado al alba por un criado, son fases comunes a las dos experiencias caballerescas, la de Calogrenante y la de Neftalí. Ambos relatos incluyen inventarios de objetos y decoraciones, así como descripciones de ritos de hospitalidad, que por supuesto difieren entre sí en obvia correspondencia con la perspectiva histórico-literaria y con la intención de cada texto.

Al comparar ambos relatos me interesa poner de manifiesto cómo un arcaico modelo narrativo francés parece haber gobernado, inconscientemente, la configuración evocadora de esta experiencia iniciática de Neftalí, en armonía con el diseño de las figuras oficiantes (las tres viudas francesas) y con el significado último del rito (introducción al refinamiento cultural europeo). Y me interesa señalar, al mismo tiempo, el deliberado y complementario contraste con el episodio sucesivo, sea en el plano de las figuras oficiantes (los *bárbaros*) que en el del significado ritual (pacto con la comunidad y con la cultura autóctonas, explícito en el texto).

Hay otros entrecruzamientos simbólicos. En ambos capítulos las fases *diurnas* (la cabalgata solitaria y la trilla comunitaria) tienen que ver con la esfera de la libertad y de la *acción*. Las fases *nocturnas* (la cena con las viudas y la iniciación sexual con la campesina) se relacionan en cambio con ámbitos complejos de poesía y emociones, de cultura y pasiones, en suma, con la esfera de los *sueños*. Desde otra perspectiva, las dos fases del primer capítulo (la cabalgata y la cena) introducen a figuras coprotagonistas que se sitúan en la dimensión materna de la formación de Neftalí (la selva austral y las tres viudas). En las dos fases del segundo capítulo (la trilla y el sexo) domina en cambio la orientación paterna representada por los rumorosos *bárbaros*, que incluyen —por ser inevitable— una figura femenina de mediación: la nocturna iniciadora, la campesina anónima y sin voz propia, indistinguible o no individuable dentro de la comunidad viril de los Hernández.

LA VIDA Y LOS LIBROS (IV)

En mi senda bien triste fueron libros amigos
los que me dieron agua, los que me dieron pan.
[de "La chair est triste, hélas!", julio 1920, *Los cuadernos de Neftalí Reyes,* en *OC,* IV, 164]

Libros sagrados y sobados, libros
devorados, devoradores,
secretos,
en las faltriqueras:
Nietzsche, con olor a membrillos,
y, subrepticio y subterráneo,
Gorki caminaba conmigo.
Oh aquel momento mortal
en las rocas de Víctor Hugo
cuando el pastor casa a su novia
después de derrotar al pulpo,
y el Jorobado de París
sube circulando en las venas
de la gótica anatomía.
Oh María de Jorge Isaacs...
....

Los libros tejieron, cavaron,
deslizaron su serpentina
y poco a poco, detrás
de las cosas, de los trabajos,
surgió como un olor amargo
con la claridad de la sal
el árbol del conocimiento.
[de "Los libros", 1962, *MIN*-1, en *OC,* II, 1169]

Estos son algunos de los «misterios abrumadores» que la vida deja entrever a Neftalí antes de su viaje a la capital. Otros le son revelados por los libros. En primer lugar —nunca lo subrayaré bastante— por el gran *libro de la naturaleza* que ha comenzado a hojear, a balbucear, a explorar y sobre todo a AMAR desde muy niño, pero que en 1920 aún no ha aprendido a leer, a descifrar, a traducir con sus propias palabras. Le faltan todavía —según veremos— algunos años para dar con su *personal* clave de lectura. Y otros años aún para la iniciación al conocimiento complementario y *distanciado* de aquel *libro,* ayudado ahora por *los libros.* A ello se refiere en 1954 durante el discurso de donación de su biblioteca privada (incluyendo su preciosa y fantástica colección de caracolas) a la Universidad de Chile:

> Yo fui recogiendo estos libros de la cultura universal, estas caracolas de todos los océanos, y esta espuma de los siete mares la entrego a la universidad por deber de conciencia y para pagar, en parte mínima, lo que he recibido de mi pueblo. [...]

También se preguntarán alguna vez por qué hay tantos libros sobre animales y plantas. La contestación está en mi poesía.

Pero, además, estos libros zoológicos y botánicos me apasionaron siempre. **Continuaban mi infancia**. Me traían el mundo infinito, el laberinto inacabable de la naturaleza. Estos libros de exploración terrestre han sido mis favoritos y rara vez me duermo sin mirar las efigies de pájaros adorables o insectos deslumbrantes y complicados como relojes.

— *OC, IV, 948, con énfasis mío*

En cambio, el acceso a los «misterios abrumadores» de la vida a través del gran *libro de la cultura* empieza para Neftalí —como para todos en Chile durante los primeros decenios del siglo XX— leyendo a Salgari con su Sandokán, a Julio Verne con su capitán Nemo, a Paul Feval con sus espadachines, a Dumas con su D'Artagnan y demás mosqueteros, a Ponson du Terrail con su Rocambole, a Conan Doyle con su Sherlock Holmes, a Pierre Souvestre y Marcel Allain con su Fantômas, y naturalmente a Victor Hugo con sus *misérables* y con su jorobado de Notre-Dame (y también, atención, con sus poemas).

En 1962 Neruda evoca al tío Genaro Candia, que a lo lejos cae por Temuco desde las montañas de la región maulina y al que a veces hacen dormir en el cuarto de Neftalí. Es un gran narrador oral. Quizás ni sabe leer, pero deja a Neftalí un legado de macabras leyendas populares cuyo protagonista central es el Maligno, con su cortejo de apariciones, cuerno quemado, azufre, «un arrastrarse de cadenas», decapitados y murciélagos, «bestias despiadadas que caen / a los abismos», y aquel rabo infernal que Juan Navarro alcanza a ver asomando por debajo del poncho del falso baqueano que está por guiarlo a su condenación: «La noche es larga, la lluvia es larga, / diviso el fuego interminable / del cigarrillo, fuma, fuma / Genaro Candia, cuenta y cuenta. / Tengo miedo. Cae la lluvia / y entre el agua y el Diablo caigo / a una quebrada con azufre, / al infierno con sus caballos, / a las montañas desbocadas» ("Las supersticiones", *MIN*, en *OC*, II, 1166-1168).

En 1963 Neruda recuerda en cambio una deuda de lectura con uno de sus abuelos: «Mi materno, don Ventura de Basoalto, era muy diferente. Era ciudadano, reconfortante y alegre. Él me compró el libro de *Las mil y una noches*, aquel primero, de Galland, en que cada cuento salía de una redoma, nos entraba por el alma y luego se iba por la ventana, a buscar otros niños. Se iba? Hasta ahora mi abuelo don Ventura se me quedó en una de esas fábulas, hecho un viejo Simbad que aún no vuelve de sus ausencias» (*OC*, V, 1272). En verdad el abuelo se llamaba Buenaventura Basoalto Lagos, «cuya ascendencia llega a los Riquelme de la Barrera, deudos de O'Higgins» (González Colville 2004). Curiosamente, un par de años antes un poema de *Cantos ceremoniales* (1961) ha evocado a otro de los Basoalto, el tío Manuel, en afín asociación con los relatos de Sherazad:

> *Cuando tuve quince años cumplidos llegó mi tío Manuel*
> *con una valija pesada, camisas, zapatos y un libro.*
> *El libro era* Simbad el Marino *y supe de pronto*
> *que más allá de la lluvia estaba el mundo*
> *claro como un melón, resbaloso y florido.*
> [de "El sobrino de Occidente", en *OC*, II, 1019]

A Neftalí lo nutren también los libros del tío Orlando en casa de los Mason Candia. En el liceo, el profesor Ernesto Torrealba pone a su alcance un volumen que será fundamental para su formación de poeta: *La poesía francesa moderna. Antología ordenada y anotada por Enrique Díez-Canedo y Fernando Fortún* (Madrid, Renacimiento, 1913). Casi 400 páginas que incluyen y distinguen: (a) poemas de los *precursores* Bertrand, Nerval, Baudelaire, Gautier y Banville; (b) poemas de los *parnasianos* Leconte de Lisle, Heredia, Sully Prudhomme, Coppée, Catulle Mendès, Maurice Rollinat, Jean Richepin; (c) poemas de los *maestros del simbolismo* Tristan Corbière, Jules Laforgue, Rimbaud, Verlaine, Mallarmé; (d) poemas de los primeros *simbolistas* Samain, Verhaeren, Maeterlinck, Henri de Régnier, Pierre Louÿs, Paul Fort, y de los sucesivos Guérin, Francis Jammes, Paul Claudel, Henri Bataille; y (e) poemas de *los poetas nuevos* André Spire, Georges Duhamel y Jules Romains entre otros.

En apertura del segundo de sus *cuadernos* compilativos, el liceano Neftalí Reyes transcribe desde esta antología dos poemas de Sully Prudhomme, tres de Baudelaire, uno de Verlaine, uno de Henri de Régnier, uno de Henri Bataille, dos de Paul Fort, uno de André Spire y uno de Jean Richepin. Y hasta toma en préstamo uno que otro título para sus propios poemas, como "Himno al Sol" de Rostand, o bien aprende ciertas técnicas y términos para inventar sus propios títulos, como ese "Campanas matinales" que hace eco a la "Canción de campanas bautismales" de Richepin (copiada por Neftalí en el *cuaderno 2*), y las primeras *baladas* y *sonatas* ("Balada de la infancia triste", "Balada de la desesperación", "Sonata de la desorientación") de las muchas que después marcarán momentos —a menudo memorables— a lo largo de toda la trayectoria nerudiana. Más textos de esta antología fueron copiados en el *cuaderno 1*.

Otra fuente cierta de modelos poéticos y de información literaria para Neftalí es la epocal antología *Selva lírica. Estudios sobre los poetas chilenos* (Santiago, Soc. Imp. y Lit. Universo, 1917), compilada y comentada por Julio Molina Núñez y Juan Agustín Araya (mejor conocido por su pseudónimo: O. Segura Castro). El volumen trae 488 páginas con un registro más bien acumulativo de los poetas por entonces en vigencia (o en simple existencia) a lo largo de Chile. Son 95 en total, cada uno de ellos representado por un número variable de poemas y por una nota biográfico-crítica más o menos extensa. El valor documental de la obra torna secundario el nivel medio de la calidad poética de los textos, no particularmente excelso como bien se puede imaginar. Pero es seguro que Neftalí abrevó en esas aguas. En su *cuaderno 2* transcribe sólo uno de los poemas de Jorge Hübner Bezanilla. En el *cuaderno 1* copia muchos textos de otros poetas antologados, entre ellos Max Jara, Pedro Prado, Gabriela Mistral, Daniel de la Vega, Ángel Cruchaga Santa María, Roberto Meza Fuentes. Allí entra en contacto con las escrituras de Zoilo Escobar, Pablo de Rokha y Vicente Huidobro, y con temas y títulos como "Mis manos" (Ernesto A. Guzmán), "Elegías sencillas" (J. González Bastías), "La perfecta alegría" (J. Vicuña Cifuentes), "El presentimiento sereno" (Lautaro García), y otros cuyos ecos y resonancias son rastreables en los títulos de los poemas incluidos en los *cuadernos de Neftalí Reyes* (cfr. *OC*, IV, 51-211).

Al comenzar el año 1920, Neftalí vive nuevas experiencias de lectura durante el primer verano en Bajo Imperial. Por las noches, en la cocina, las Pacheco leen en voz alta *Fantômas* junto al fuego: «y yo dormía oyendo / las hazañas, / las letras del puñal, las agonías, / mientras por vez primera / el trueno del Pacífico / iba desarrollando sus barriles / sobre mi sueño» ("Las Pacheco", en *OC*, II, 1159). Allí en Puerto Saavedra conoce Neftalí al viejo poeta Augusto Winter, ya famoso en todo Chile por su poema "La fuga de los cisnes" (del lago Budi). Por insistencia suya el villorrio se da el lujo de una biblioteca pública. «Don Augusto era el bibliotecario de la mejor biblioteca que he conocido. Era chiquita, pero atiborrada de Jules Verne y de Salgari. Tenía una estufa de aserrín al centro, y yo me establecía allí como si me hubieran condenado a leerme en tres meses de verano todos los libros que se escribieron en los largos inviernos del mundo» (*OC*, V, 234-235).

Durante ese verano, y a lo largo de todo el año 1920, el apetito bibliófilo de Neftalí aumenta con los libros de Winter, cada vez más sorprendido de la rapidez con que devora volúmenes de Vargas Vila y Víctor Hugo, de Jorge Isaacs y Felipe Trigo, de D'Halmar, Blasco Ibáñez, Pereda, Pérez Galdós, Strindberg, Ibsen. Sus contactos con los anarquistas de la FECH lo llevan a Bakunin, Grave y Kropotkin, y también a Schopenhauer y a Nietzsche. Y, como quedó dicho, Gabriela Mistral lo incita a explorar el mundo de los narradores rusos y escandinavos.

Los últimos poemas del *cuaderno 2* y algunos del *cuaderno 3* ("Maestranzas de noche", "Día miércoles", "Manos de campesino", "Las sirvientes") denotan tardías resonancias del naturalismo europeo, ya directas o ya filtradas por los poetas americanos de filiación mundonovista. Esta tentativa de Neftalí hacia un tratamiento *serio* de situaciones y personajes de baja condición social se hace sistemática desde fines de 1920, a medida que el adolescente se aleja mentalmente de la provincia para acercarse al mundo universitario de la capital y a sus revistas. Lo cual viene ulteriormente reforzado, algunas semanas antes de dejar Temuco, por un significativo acontecimiento: la revista *Claridad* dedica una entera página de su número 12 (del 22.01.1921) a la publicación de seis poemas de un cierto **Pablo Neruda,** presentados mediante una nota de Fernando Ossorio (Raúl Silva Castro). Es la primera vez del nombre en letras de imprenta.

Todo esto supone que para el provinciano Neftalí la geografía de la cultura es global y (en modo no discutible, sin alternativa imaginable) de matriz eurocéntrica. Como para la mayoría de nuestros intelectuales de entonces, también para Neftalí la literatura chilena (incluyendo la propia, claro) trata de colocarse con dignidad en la periferia de un universo letrado cuyo lejano centro es París, ambicionada meta de peregrinaje. Desde allá viene, siempre con algún retardo, la orientación guía que cuenta. No se trata exactamente de euroservilismo literario sino de condiciones histórico-culturales dentro de las cuales una verdadera perspectiva americanista —en el sentido hoy vigente— está apenas comenzando a abrirse paso, de modo muy irregular y desnivelado por lo demás.

Con este bagaje de vida, de libros y de ideas —y también de sueños— sube Neftalí al famoso Tren Nocturno, rumbo a Santiago, en marzo de 1921. En su maleta va un cuaderno negro (el *cuaderno 3*) que contiene, prolijamente dispuesto y ordenado, y transcrito con cuidadosa caligrafía, listo para la imprenta, el proyecto de libro con que el joven poeta provinciano sueña sorprender a los santiaguinos y conquistar la fama. Su título, artísticamente diseñado en la portadilla: *Helios / poemas de Pablo Neruda*.

II
UN HOMBRE ANDA BAJO LA LUNA
1921-1923

> Héroe de los veinte años!
> Yo ansío cantar los impulsos de
> tu juventud temeraria!
>
> Mi gran arco de fuego ofrenda
> para ti su flecha de diamante.
> La que una vez disparada de
> su nervio divino nadie podrá
> detener, ni hallará término su
> viaje luminoso en la expansión
> de las edades. En ella difundiré
> todas las aspiraciones de la tierra,
> sobre las órbitas de las estrellas.
> Y las estrellas estarán estremecidas
> por un goce indecible, a la espera
> de tus plantas aladas!
>
> — Carlos Sabat Ercasty, *Pantheos,* 1917

SANTIAGO DE CHILE, 1921

> *Oh largo Tren Nocturno*
> *muchas veces*
> *desde el sur hacia el norte,*
> *entre ponchos mojados,*
> *cereales,*
> *botas tiesas de barro,*
> *en Tercera,*
> *fuiste desenrollando geografía.*
> [*OC*, II, 1170]

Marzo 1921. El *tren nocturno* sale de Temuco al atardecer y llegará a Santiago al día siguiente. Pablo vive con ansia y expectativas esas horas interminables. A pesar de las frecuentes paradas, el tren avanza y atrás quedan Lautaro, Victoria y el alto puente del Malleco, «fino / como un violín / de hierro claro», hasta que el convoy entra en el nudo ferroviario de San Rosendo, donde convergen los trenes del sur (desde Puerto Montt) y los de la costa (desde la importante ciudad de Concepción y «desde el destartalado puerto de Talcahuano»). Después la locomotora entra en la zona central del país, y con la última luz del día Pablo alcanza a ver —lo ha verificado desde niño, cuando su padre lo llevaba a visitar a los abuelos y parientes— cuán diferentes a los de Temuco son el paisaje, la vegetación, las casas y los ríos. Va cayendo la noche. Quizás duerme Pablo cuando el tren se detiene en su natío Parral. Y no le ha sido fácil adormentarse sobre su leñoso asiento de tercera clase. Además es sólo un muchacho de 16 años, más tímido de lo que parece.

Al otro día, finalmente la gran ciudad. «Entró el Tren fragoroso / en Santiago de Chile, capital, / y ya perdí los árboles, / bajaban las valijas / rostros pálidos, y vi por vez primera / las manos del cinismo» (*OC*, II, 1171). Apenas saliendo de la estación Pablo ve los signos de la miseria y del desamparo social determinados por las crisis de la posguerra mundial y la de las salitreras a nivel nacional. La desolación aumenta al conocer el escuálido rincón de conventillo en que debería vivir, la pensión de calle Maruri 513. «Las casas no se miran, no se quieren /.../. La bruma negra invade los balcones. / Abro mi libro. Escribo / creyéndome / en el hueco / de una mina, de un húmedo / socavón abandonado. / Sé que ahora no hay nadie, / en la casa, en la calle, en la ciudad amarga.» (*ibíd.*, 1172).

Ha comenzado su aventura de universitario pobre. Naturalmente, lo primero es ubicar el local de la Federación de Estudiantes y saludar a los redactores de *Claridad*. En particular a Raúl Silva Castro, que con Fernando García Oldini han asumido la misión de promover a jóvenes escritores emergentes en la sección *Los Nuevos*. Varias semanas antes de su arribo a la capital, la revista había dedicado a un cierto **Pablo Neruda** —provinciano y desconocido adolescente— una entera página del número 12 (del 22.01.1921) que incluía algunos poemas escritos por Neftalí a lo largo de 1920 y más tarde recogidos en *Crepusculario*: "Inicial", "Campesina", "Pantheos", "Maestranzas de noche" y "Las palabras del ciego" ("Viejo ciego, llorabas...").

Claridad nº 12 (22.01.1921). Colección Nurieldín Hermosilla.

Esta página de *Claridad* trae por primera vez en letras de imprenta el nombre **Pablo Neruda.** La extensa y elogiosa nota de Fernando Ossorio (pseudónimo barojiano de Raúl Silva Castro) presentaba al poeta temuquense de 16 años que estaba por llegar a Santiago: «aquí también ha de publicar un libro que nos anuncia como ya listo para ser impreso. Su título será *Helios*.» (sobre ese proyecto de libro, ver *OC*, IV, 187-211 y 1229-1232). Los textos publicados por *Claridad* anticiparon el ánimo 'profético' con que Pablo desciende del tren nocturno en la Estación Central.

Ese ánimo 'profético' supone que el poeta es un *diverso* entre los hombres, con una misión singular —privilegio y responsabilidad— que consiste en dar forma comunicable a la capacidad de la literatura para modificar positivamente la realidad, actualizando así su deber de solidaridad con los comunes seres humanos. Tal concepción del poeta y de la poesía misma es de clara raíz romántica y Neftalí la había absorbido seguramente en el liceo, sobre todo a través de Victor Hugo y de otros poetas franceses afines. En términos simbólicos, asumir 'lo profético' fue inicialmente la vía para contrastar el anulador y corrosivo sentimiento de debilidad y para acceder a la identidad fuerte y activa que anhelaba. O sea, para vencer la batalla con su padre.

Según hemos visto, tras su primer encuentro con el Océano —a comienzos de 1920— la imagen 'profética' de sí mismo sustituye gradualmente la del muchacho resignado e impotente («los buenos, pobrecitos nosotros»). Y, según veremos, con variaciones de intensidad y de perfil subsistirá por toda la trayectoria de Pablo Neruda. La biografía literaria del poeta será, en adelante, la historia de las modulaciones y peripecias de esa autorrepresentación 'profética'.

> Al local de la Federación de Estudiantes entraban y salían las más famosas figuras de la rebelión estudiantil, ideológicamente vinculada al poderoso movimiento anarquista de la época. Alfredo Demaría, Daniel Schweitzer, Santiago Labarca, Juan Gandulfo eran los dirigentes de más historia. Juan Gandulfo era sin duda el más formidable de ellos, temido por su atrevida concepción política y por su valentía a toda prueba. A mí me trataba como si fuera un niño, que en realidad lo era. Una vez que llegué tarde a su estudio, para una consulta médica, me miró ceñudo y me dijo: 'Por qué no vino a la hora? Hay otros pacientes que esperan.' 'No sabía qué hora era', le respondí. 'Tome para que la sepa la próxima vez', me dijo, y sacó su reloj del chaleco y me lo entregó de regalo.
>
> Juan Gandulfo era pequeño de estatura, redondo de cara y prematuramente calvo. Sin embargo, su presencia era siempre imponente. En cierta ocasión un militar golpista, con fama de matón y de espadachín, lo desafió a duelo. Gandulfo aceptó, aprendió esgrima en quince días y dejó maltrecho y asustadísimo a su contrincante. Por esos mismos días grabó en madera la portada y todas las ilustraciones de *Crepusculario*, mi primer libro, grabados impresionantes hechos por un hombre que nadie relaciona nunca con la creación artística.
>
> — CHV, en OC, V, 436

Quizás qué habrá pensado Juan Gandulfo de este provinciano de 16 años recién llegado, a quien sólo conocía por la página ya publicada en *Claridad*. Gandulfo era nueve años mayor que Pablo y sin duda tuvo gran influencia en la formación política del poeta adolescente durante sus primeros años santiaguinos, que por ello le dedicará la segunda edición (1926) de *Crepusculario*, «este libro de otro tiempo». La amistad entre ambos no parece documentada con cartas o mensajes, pero quedan indicios indirectos. Por ejemplo, algunos años después Pablo exhorta a su hermana Laura a viajar a Santiago para resolver sus problemas de salud a través del amigo: «Si tu enfermedad es de origen tuberculoso, como creemos con *Juan*, el tratamiento consiste en aplicaciones de luz ultravioleta, y aquí hablando con él conseguirías eso gratuitamente. Ya sabes qué buena voluntad tiene.» (carta del 31.05.1927, en OC, V, 802).

Gandulfo es un líder fogoso y carismático. Suele escribir los editoriales de *Claridad* con el pseudónimo Juan Guerra. Uno de ellos, publicado bajo el título "¡Mentira!", arremete contra los grotescos planes bélicos del gobierno. Ese editorial le cuesta algunos meses de prisión. Morirá el 27.12.1931 en un accidente carretero cerca de Casablanca, en la cuesta de Zapata, mientras conducía su automóvil rumbo a Viña del Mar. [Pablo supo la noticia en Batavia, próximo su regreso a Chile. De hecho sin trabajo y sin dinero, y además con un matrimonio que comenzaba a hacer agua, le faltó el ánimo para escribir un texto de homenaje al amigo.]

En el ambiente de la FECH Pablo tiene contactos ocasionales con figuras que más tarde alcanzarán notoriedad nacional como Pedro León Ugalde, Óscar Schnake, Eugenio González Rojas, Santiago Labarca, Daniel Schweitzer, además de su propio primo Rudecindo Ortega Masson, pero en particular se hace rápidamente de amigos entrañables como Romeo Murga, Víctor Barberis, Tomás Lago, Abelardo *Paschín* Bustamante, los hermanos (muy diversos entre sí) Aliro y Orlando Oyarzún Garcés, Rubén Azócar. El poeta provinciano ha llegado a Santiago tan imbuido de su misión 'profética' que por un tiempo su participación en la bohemia estudiantil (o sea la vida nocturna en bares y cafés) es más bien contemplativa. Pablo se esfuerza —como siempre hará en el futuro— por vivir seriamente su nueva identidad, su autorrepresentación fuerte, y por hacer honor a la responsabilidad del rol asumido. Pero entonces es además una necesidad psicológica, una defensa de su íntima estabilidad.

Alguna vez Tomás Lago me contó que al comienzo Pablo no bebía alcohol y que, al menos durante su primer año en Santiago, sólo con agua o con alguna bebida refrescante acompañaba las euforias etílicas de sus amigos. Que éstos aceptaran la monacal abstinencia o austeridad de Pablo fue un temprano signo de respeto hacia el poeta y hacia un comportamiento que les parecía anómalo pero sincero y convincente. Fue Alberto Rojas Giménez —añadió Tomás Lago— quien con su gracia y vitalidad logró hacer cambiar de opinión a Pablo sobre la presunta incompatibilidad entre la alegría del vino y la seriedad del quehacer poético.

"SINFONÍA DE LA TRILLA": LITERATURA COMO ACCIÓN

>Y así, sin dar parte a persona alguna de su intención y sin que nadie le viese, una mañana, antes del día, que era uno de los calurosos del mes de julio, se armó de todas sus armas, subió sobre Rocinante, puesta su mal compuesta celada, embrazó su adarga, tomó su lanza y por la puerta falsa de un corral salió al campo, con grandísimo contento y alborozo de ver con cuánta facilidad había dado principio a su buen deseo.
>
>[*Quijote*, I, 2]

>*Sacude las épicas eras*
>*un loco viento festival.*
>*Ah yeguayegua...!*
>*Como un botón en primavera*
>*se abre un relincho de cristal.*
>
>[*OC*, I, 142]

Bien pronto —a poco de su llegada a Santiago— se percata Pablo de que el proyecto de libro que trae manuscrito (el cuaderno *Helios*) en buena parte es ya obsoleto. Pero el espíritu que gobierna aquellos poemas sigue válido a sus ojos. Hay que actualizarlo. Y así, como don Quijote, emprende su primera salida al mundo para dar inicio a su misión 'profética', transformadora de la realidad. Fresco aún el exaltante recuerdo de su iniciación erótica sobre la montaña de paja, escribe entonces un poema inspirado por aquella experiencia: "Sinfonía de la trilla" (en *OC*, I, 142-144). Si aceptamos la sugerencia del título, el texto configura una pequeña 'sinfonía' en tres movimientos. El primero es un *allegro con brio*, solar y vibrante himno de celebración del trabajo agrario, cuyas cuatro estrofas traen como estribillo interno, central, el grito colectivo de la trilla: «Revienta la espiga gallarda / bajo las patas vigorosas. / Ah yeguayeguaaa...! / Por aumentar la zalagarda / trillarían las mariposas!» El segundo movimiento sería un *andante appassionato*, donde el poeta actualiza su ánimo 'profético' como aspiración a fundir su energía personal, su propio destino, con la fecunda creatividad de la naturaleza. El tercero es un *finale con brio*, reproposición más breve —pero potenciada— del himno inicial.

Ninguna alusión a la experiencia erótica del granero, que sin embargo está en la raíz del solar entusiasmo del texto. Del misterio de aquella noche provienen la nueva fuerza, la nueva lucidez con que el poeta emprende su primera salida al Día, vale decir, a la Realidad del Mundo. Pero la iniciación sexual misma no es verbalizable —para el austero poeta de 1921— sino como iniciación 'profética', como rito confirmador que la sección central de la 'sinfonía' celebra con vehemencia panteísta. La intención profunda de Pablo: traducir una concepción activa y fecunda de la literatura, en analogía con la naturaleza:

> *Que la tierra florezca en mis acciones*
> *como en el jugo de oro de las viñas,*
> *que perfume el dolor de mis canciones*
> *como un fruto olvidado en la campiña.*
> . . . .
> *Yo quiero estar desnudo en las gavillas,*
> *pisado por los cascos enemigos,*
> *yo quiero abrirme y entregar semillas*
> *de pan, yo quiero ser de tierra y trigo!*
> . . . .
> *Campo, dame tus aguas y tus rocas,*
> *entiérrame en tus surcos, o recoge*
> *mi vida en las canciones de tu boca*
> *como un grano de trigo de tus trojes.*

El sol, la tierra, el campo, las aguas, las rocas, son aquí los nombres simbólicos de la anónima iniciadora del granero, cuya representación implícita es de tipo materno. Para el cumplimiento de su misión 'profética' —que es su interés máximo— el poeta reclama fuerza y legitimación. Su tarea la resume como exaltación de la energía cósmica, de la Vida manifestada en la naturaleza y en el hombre: «ámbar del sol, quiero adorarte en todo: / en el oro del trigo y de las manos / que lo hicieron gavillas y recodos /.../ ...quiero divinizarte / en la flor, en el grano y en el vino». Pero admitiendo sus límites agrega: «Amor sólo me alcanza para amarte: / para divinizarte, hazme divino!»

En este contexto, a la experiencia erótica viene asignado de hecho un rol de mediación: es la vía de acceso a la energía cósmica. De ahí la imagen pasiva y peticionaria —dependiente— con que dentro de esa experiencia se autorrepresenta el poeta: para *actuar* con eficacia (esto es: para 'divinizarte en todo lo natural y lo humano', para que «la tierra florezca en mis acciones», para «abrirme y entregar semillas de pan») necesita ser fecundado y nutrido por la iniciadora. O sea, por la naturaleza que esa mujer encarna.

Esta dimensión personal, subyacente, aleja a "Sinfonía de la trilla" de la poesía 'agraria' que había proliferado en las décadas anteriores, por ejemplo en libros de Pedro Prado, Manuel Magallanes Moure y sobre todo de Ernesto A. Guzmán, cuya compilación *Vida interna* (1909) incluía también un poema dedicado a "La trilla".

«ESTAS CIUDADES DEL DOLOR»

> Es fuerte y joven. La llamarada ardiente del sexo corre por sus arterias en sacudimientos eléctricos. El goce ya ha sido descubierto y lo atrae como la cosa más simple y maravillosa que le hubieran mostrado.
>
> ["Sexo", en *OC*, IV, 224]

> *en esta hora yo quisiera*
> *ver encantarse mis quimeras*
> *a flor de labio, pecho y mano,*
> *para que desciendan ellas*
> *—las puras y únicas estrellas*
> *de los jardines de mi amor—*
> *en caravanas impolutas*
> *sobre las almas de las putas*
> *de estas ciudades del dolor.*
>
> ["Oración", *CRP*, en *OC*, I, 116-117]

Publicada en *Claridad* 23 (del 02.07.1921), una nota en prosa bajo el título "Sexo" confirma la gravitación del tema en "Sinfonía de la trilla" y en toda esta fase de la escritura de Neruda. El texto es explícito y de notable lucidez en un muchacho que aún no cumple 17 años. Inicia admitiendo: «**El goce ya ha sido descubierto** y lo atrae como la cosa más simple y maravillosa que le hubieran mostrado». Advierto en particular la influencia del volumen *Juventud, egolatría* (1917) de Pío Baroja, por entonces escritor de tendencia anarquista que Pablo lee asiduamente al menos hasta que deja Chile en 1927: «Neruda llegó a tener una hilera de libros de Pío Baroja en su dormitorio estudiantil: entre muchos Pushkin, Marcel Schwob, Paul Éluard, una novela de Leónidas Andréiev, una de Kuprin, de Selma Lagerlöf» (Lago 1999: 24).

Hay una evidente similitud entre la progresión discursiva o argumentativa de la nota nerudiana y la de algunas páginas de *Juventud, egolatría*. Ambos textos denuncian —en clave anárquica— la irracional tiranía del código social sobre la libre satisfacción del instinto sexual: «Ahora, fuerte y joven, busca un objeto en quien vaciar su copa de salud. Es el animal que busca sencillamente una salida a su potencia natural. Es un animal macho y la vida debe darle la hembra en quien se complete, aumentándose. [...] Entonces el hombre joven, que es honrado, aprende a conocer la moralidad hipócrita que inventaron para impedir la eclosión plena de sus inclinaciones físicas. [...] Y deja de ser puro y quiere comprar amor. Pero es pobre. Y piensa que el placer y todo lo que han hecho sobre la tierra, con la tierra misma, es para los que todo lo tienen y lo obligan a él, fardo de deseos naturales, a ser un mueble pegado al oro de los otros.» (*OC*, IV, 224-225).

Problema principal: encontrar una habitación decente a la cual poder invitar a sus enamoradas. Lo que no es fácil dada «la moralidad hipócrita» dominante, también entre los gestores de las casas de pensión. De ahí los frecuentes cambios de domicilio durante los primeros años de Pablo en Santiago. De Maruri 513 a Echaurren 330, a la calle Padura (hoy calle Club Hípico), a la contigua plaza Manuel Rodríguez, a la avenida España, y más tarde a García Reyes 25. «La primera vivienda de Pablo que conocí fue la que ocupó en un conventillo de la calle Padura. Era un cuarto casi al fondo, sin más muebles que un catre de fierro con colchoneta y algunas frazadas, un cajón con palmatoria y un tiesto y jarro para el agua sobre otro cajón» (Muñoz 1999: 25). Con el escaso dinero que le pasa su padre, Pablo a duras penas sobrevive cada mes. Cuando en 1924 o 1925 don José del Carmen le cortará la mesada (al saber que su hijo había abandonado la universidad), la situación se hará desesperada. La pobreza es el tema constante en las cartas a su hermana Laura: «No tengo dinero, por eso no te mando sino estas míseras postales. [...] Ve modo de que me manden dinero, pues ya empecé a hacerme los trabajos en la Escuela Dental. Además necesito.» (abril 1922, en *OC*, V, 795).

La ciudad le hace sentir inicialmente la miseria sexual anexa a la miseria económica. Pero ambos niveles de experiencia, hasta 1923, son acogidos sólo en la escritura menor, o secundaria, del poeta. Antes de *El hondero entusiasta* y de los *Veinte poemas de amor*, la crítica del código social y moral dominante, la denuncia de la injusticia y de la alienación urbana, pero también la verbalización del galanteo amoroso y la modulación inmediata de los sentimientos y de las pulsiones eróticas, todo ello es un territorio menor y marginal de la escritura de Pablo, de preferencia trabajado en prosa. Así en "Sexo" y en las notas que comienza a escribir para *Claridad*, a veces únicas y sueltas como "Scouts" (05.11.1921), otras veces en trípticos bajo un lema que se repite como si fuera una sección habitual del periódico: "Glosas de la ciudad" (13 y 27.08.1921) o "Glosas de la provincia" (01.09.1921). Pero también quedan relegadas a condición menor algunas composiciones sentimentales en verso, tales "Laus Deo", "El salmo del amor perdido" y "El amor perdido" (en *OC*, IV, 221-224), todas de comienzos de 1921.

Esta praxis periodística —agrupar bajo un título común (y reiterado) breves comentarios en prosa— la había comenzado Neftalí un año antes, cuando en abril de 1920 (días 12 y 27) publicó en *La Mañana* de Temuco dos bloques de notas bajo el lema "Las semanas" (*OC*, IV, 247-252). Se referían a una lectura de Azorín con alfilerazos locales, a la exposición de dibujos y caricaturas de Víctor Oyarce que la ciudad ignoró, a impresiones suscitadas por la lluvia y por los árboles caminando por ciertas calles, a Ernesto Silva Román y su revista *Siembra*. Notas, en suma, de crítica a la inercia cultural de la provincia. Crónicas tranquilas, moderadas.

Las "Glosas" de 1921 en *Claridad* (ver *OC*, IV, 252-258) trasudan en cambio vehemencia anárquica, militancia y crítica políticas, llamado a la rebelión. «Por qué estos hombres que van juntos, tocándose las espaldas robustas, no llevan los vigorosos brazos levantados, no levantan hacia el sol la cabeza? Por qué, si van juntos y tienen hambre, no hacen temblar los pavimentos de piedra de la ciudad, las gradas blancas de las iglesias, con el peso sombrío de sus pisadas hambrientas...?» ("Ciudad"). Otra glosa va dirigida a despertar la conciencia del trabajador dependiente acerca de su propia situación: «Y es que no sabes que eres explotado. Que te han robado las alegrías, que por la sucia plata que te dan tú diste la porción de belleza que cayó sobre tu alma» ("Empleado"). Esas extraordinarias notas manifiestan la temprana y muy responsable aparición del compromiso político en su escritura. Compromiso al que —a diferencia de no pocos feroces anarquistas y ultrarrevolucionarios de aquel período— restará sustancialmente fiel hasta su muerte.

Pero si la denuncia crítica de la conflictualidad social cabe directa y explícita en la prosa periodística de Pablo, dentro de su escritura poética requiere en cambio una elaboración estilizada como la que intenta en "Oración", poema publicado en *Claridad* 43 (del 19.11.1921). Es una primera versión que trae algunas estrofas —eliminadas por la versión que pasará a *Crepusculario* en 1923— con acentos éticos de estirpe naturalista que más tienden a sublimizar el personal conflicto de Pablo (abiertamente expuesto en la crónica "Sexo") que a abordar en lenguaje poético el duro tema de la prostitución:

> *Varón que de otras partes llegas*
> *y que te alejas satisfecho,*
> *recuerda que tu goce ha hecho*
> *que muera el hijo sin nacer!*
>
> *Y que el placer que cosechaste,*
> *la sangre joven que compraste*
> *es un mercado en la ciudad!*
>
> *Hombre que de otras partes vienes,*
> *maldice la vida que tiene*
> *así al amor con la maldad!*

Eliminadas estas estrofas —de gran interés en cuanto huellas de las dificultades, tentativas y vacilaciones de Pablo en el desarrollo de su escritura de entonces—, la versión definitiva deja en cambio (con leves variantes) la imagen estilizada de un Yo lírico enfrentando el problema desde una altura distanciada y aséptica:

> *vuela mi espíritu intocado,*
> *traspasa el huerto y el vallado,*
> *abre la puerta, salta el muro*
> . . . .

> *No sólo es seda lo que escribo:*
> *que el verso mío sea vivo*
> *como recuerdo en tierra ajena*
> *para alumbrar la mala suerte*
> *de los que van hacia la muerte*
> *como la sangre por las venas.*
>
> *De los que van desde la vida*
> *rotas las manos doloridas*
> *en todas las zarzas ajenas*
>
> [*OC*, I, 117]

La prosa de las *glosas* y los versos del poema tienen en común la autorrepresentación aristocrática, superior y privilegiada, del Yo 'profético' enunciador. Herencia romántica filtrada por el modernismo dariano. Desde lo alto de su investidura literaria alecciona Pablo al trabajador: «Es claro, no lo sabes, pero conozco tu vida, entera. Así, sin que se me oculten las alegrías raras o los disgustos de todos los días. Sé tu vida febril: de la cama a la calle, de ahí al trabajo. El trabajo es oscuro, torpe, matador. [...] Nosotros lo llamamos explotación, capital, abuso. Los diarios que tú lees, en el tranvía, apurado, lo llaman orden, derecho, patria, etc. Tal vez te halles débil. No. Aquí estamos nosotros, nosotros que ya no estamos solos, que somos iguales a ti; y como tú explotados y doloridos pero rebeldes.» ("Empleado").

Como se ve, escribiendo en prosa Pablo se permite una especie de paternalismo solidario, y a la vez igualitario, similar al que treinta años más tarde ejercitará en las primeras *odas elementales*, por ejemplo: «escribo con tu vida y con la mía, / con tu amor y los míos, / con todos tus dolores / y entonces / ya somos diferentes / porque, mi mano en tu hombro, / como viejos amigos / te digo en las orejas: / no sufras, / ya llega el día, / ven, / ven conmigo, / ven / con todos / los que a ti se parecen» ("Oda al hombre sencillo", escrita en 1952).

Escribiendo en verso, en cambio, el aristocratismo del Yo poético es radical y absoluto en 1921. En "Oración", leíamos recién, el poeta se ve a sí mismo como un «espíritu intocado» que, protegido por la campana de cristal que le corresponde en cuanto artista, vuela por encima de los espacios del hambre y del dolor, ejerciendo desde la altura del vuelo su misión 'profética' de consolación y solidaridad. Autorrepresentación urbana, resultante del Yo panteísta fecundado por la Naturaleza rural a través de bosques y de *bárbaros* —incluyendo el sexo— en "Sinfonía de la trilla". Sólo que en la gran ciudad la percepción crepuscular del dolor y de la miseria ha sustituido al entusiasmo solar, al optimismo cenital de la fiesta campestre.

Una mezcla de estas pulsiones contradictorias se da en la singular arenga "A los poetas de Chile", texto en verso publicado en el número 16 de *Juventud* (septiembre-octubre 1921) que, si no me equivoco, sería el primer llamado solidario que escribe Neruda en favor de otro escritor, el primero en que mezcla los niveles poético y cívico —si bien todavía dentro de un marco anárquico y neorromántico— al reclamar de la sociedad una particular justicia, un fuero especial para los miembros de su clase literaria. El texto es una incitación a los poetas para que

—en cuanto estamento o clase— exijan a los jueces la liberación del colega y amigo Joaquín Cifuentes Sepúlveda, quien al publicarse este llamado se encuentra cumpliendo condena por homicidio en la cárcel de Talca: «Compañeros, / los jueces lo mantienen encerrado, / sin sol, / sin luz, / sin aire, / por un delito que no cometió. / Y aunque lo hubiera cometido. Era / un poeta. Decidles a los jueces / el aleteo de sus versos hondos, / la suavidad de sus penas antiguas, / mostradles el azul del cielo libre, / los paisajes enormes de la tierra / que los jueces no miran. Pobres almas / de estampilla de impuesto!» (en *OC*, IV, 226).

El ambiente literario había erigido un muro de leyenda alrededor del delito de Joaquín. Muro que persistirá hasta nuestros días. Mató en defensa de una mujer, según Muñoz (1999: 28); «Pasó varios años en la cárcel, acusado de un delito que no había cometido» (Silva Castro); para otros fue víctima de un error judicial. Quien más se acerca es Teitelboim (117) al definirlo: «Joaquín Cifuentes Sepúlveda, el que mató por amor». La verdad (establecida por González Colville, 2005) es que la noche del 16 abril 1917, en San Clemente, Joaquín y su hermano Carlos habían asesinado por despecho a Joaquín y a Héctor Ramírez, primos entre sí, en presencia de las tres hermanas Martínez que los Cifuentes cortejaban sin éxito (por oposición del padre de ellas) y que en cambio esa noche habían acogido en su casa a dos presuntos rivales, los Ramírez (por la precisión: Héctor era odontólogo, vivía en Santiago y sólo la casualidad y una pésima fortuna lo situaron en el momento y en el lugar equivocados).

La sentencia de prisión contra los hermanos Cifuentes Sepúlveda no contempló atenuantes. Joaquín se refugió en la poesía y desde su celda en la cárcel de Talca editó a fines de 1918 un volumen con cinco poemas: *Ésta es mi sangre* (Imprenta Talca, 1918). Esos poemas llegaron a Santiago, donde Jorge González Bastías, amigo de Joaquín, inició un movimiento de solidaridad al que Rafael Coronel dio mucha fuerza y resonancia a través de una entrevista al prisionero publicada por el diario *Las Últimas Noticias* (08.07.1919) bajo el título "El Poeta Encarcelado". Tres meses más tarde, un reportaje de la revista *Sucesos* (Santiago, 19.10.1919) insistía sobre el caso.

Por su lado, Joaquín mismo continuó a publicar poemas que daban cuenta de su situación. Durante la primavera de 1920 aparecía en Talca el volumen *Letanías del dolor*. Al recién electo presidente Alessandri Palma llegaron peticiones de indulto para el poeta. La revista *Claridad* publicó en noviembre 1920 "Los cantos nuevos (Labradores del pan)", texto enviado por Joaquín desde su prisión. Y en marzo 1921, un nuevo libro: *Noches*.

Así están las cosas cuando Pablo escribe la arenga que la revista *Juventud* incluye en su número 16 de septiembre-octubre 1921. En mágica o poética coincidencia, Joaquín Cifuentes Sepúlveda queda libre por buena conducta a fines de ese mismo septiembre. Desde la cárcel ha enviado un poema al concurso de *Prólogos para las Fiestas de la Primavera*, cuyo vencedor será Pablo Neruda. Joaquín conquista la primera mención honrosa. En los años que siguen será miembro activo de la bohemia nerudiana. En 1922 publica su cuarto libro, el mejor: *La Torre*, al que Pablo dedica una cálida nota en *Claridad* 87 del 12.05.1923. [Para más detalles sobre el poeta del Maule, remito a González Colville 2005.]

"LA CANCIÓN DE LA FIESTA": EL POETA Y LA UNIVERSIDAD

> *Tiemble y estalle la fiesta. Que el goce*
> *sea un racimo de bayas eximias*
> *que se desgrane en las bocas más nobles*
> *y que fecunde otras bellas vendimias.*
>
> [*OC*, IV, 228]

> Más que un conocimiento exacto, un soplo literario —existe este fenómeno— nos decía que *La Canción de la Fiesta*, premiada por la Federación de Estudiantes, traía a la literatura chilena la fisonomía de un nuevo poeta. [...] Era un muchacho alto, de un color cetrino oliváceo, flaco, silencioso, con una mirada fija, de ojos de loza mate: lo más impresionante en su rostro agudo, sobrerrayado de arriba abajo por la cortante nariz, eran unas cejas negras, sombrías, que recordaban el plumaje de los pájaros, cuyos arcos se articulaban en dos rayas verticales, escindidas —formando una especie de signo impenetrable— al medio de la frente. Estudioso, ordenado, metódico, era un estudiante destacado de su escuela universitaria.
>
> [Tomás Lago, 1945]

Los testimonios sobre la vida propiamente universitaria de Pablo escasean, sin duda porque ella fue bien poco activa (salvo al inicio, durante el primer año, como recordó Tomás Lago). De vez en cuando alguna alusión en sus cartas a Albertina Rosa Azócar, como en éstas desde Temuco: «Mocosa mía, he decidido dar exámenes en marzo porque desde este año habrá otra prueba ante la Facultad y podrían desenmascararme. Tengo en mi poder algunos libracos que me trajo Pino [Yolando Pino Saavedra], como en realidad no soy un sabio en Economía Política, me hacen falta. Estudiaré desde mediados de febrero. Confío en que te irás a Santiago [desde Concepción], si así no fuera se me olvidaría todo de pura pena.» (*OC*, V, 852); «Aún no estudio, también me faltan materiales, apuntes, etc. Deseo dar exámenes y salir bien, a pesar de las tristes consecuencias de esto: trabajar y envejecer. Una de estas mañanas comenzaré a estudiar.» (*ibíd.*, 857); «Hoy a las 12 tuve un deseo violento de volver a Santiago y enterrarme libremente en mi conventillo. Es posible que lo haga, por lo menos no es imposible. De todas maneras estudiaré en febrero (estudia!) y en marzo veré los ojos de té de la Pequeña.» (*ibíd.*, 878). Se conserva un cuaderno con apuntes de las lecciones de gramática francesa, muy cuidadosamente ordenados y elaborados por el estudiante Neruda (colección privada de César Soto Gómez).

Pablo frecuenta las fogosas asambleas de la Federación de Estudiantes y las reuniones literarias en los bares. Es su vida pública. Respondiendo a los llamados y exigencias político-sociales de la tercera y última modernidad (recién nacida desde la sangre y las ruinas de la Gran Guerra Mundial, desde la sorprendente revolución rusa de 1917 y en especial desde el nuevo fervor suscitado por la revuelta universitaria de Córdoba), la FECH había fundado en 1918 la Universidad Popular Lastarria y después el Liceo Nocturno Federico Hanssen, destinados a la educación de obreros y trabajadores en general. El número 39 de *Claridad* (22.10.1921) trae este aviso, muy decidor acerca del nuevo espíritu solidario que anima a los jóvenes: *Policlínico de la Federación de Estudiantes de Chile / Atiende todas las noches de 9.30 a 11 P.M. a los miembros de la Federación y a los obreros de la Universidad Popular Lastarria / Tiene secciones de medicina, cirugía, venéreas y laboratorio*. Así como el primo Rudecindo enseña Castellano en la Universidad Popular Lastarria, así, al parecer, Pablo contribuye a las actividades sociales de la FECH —institución cuya historia, al menos la de esos años, merecería ser profundizada y contada desde una perspectiva actual— dando clases de Francés en el Liceo Nocturno Federico Hansen durante algunos meses.

Pero no sólo la política nacional y la cuestión social en el mundo interesan a los magníficos dirigentes estudiantiles que se reúnen en la sede y club de Agustinas 632.

En agosto de 1921 la FECH convoca a poetas chilenos (y a extranjeros residentes en Chile) a participar en el concurso anual de *Prólogos para las Fiestas de la Primavera*, cuyas bases exigen sólo pertinencia y brevedad, ofreciendo en cambio un primer premio de 300 pesos y un segundo de 100. Los trabajos deben ser enviados al Comité de las Fiestas en Agustinas 632 (local de la FECH), escritos a máquina y firmados con pseudónimo (el nombre del autor en sobre aparte). El concurso se cierra el 10 de septiembre a las 12 de la noche y en los días siguientes el jurado asigna el primer premio a "La Canción de la Fiesta" de Pablo Neruda.

El programa de las Fiestas fija su inicio para el 15 de octubre con una *Bacanal de Primavera* en el Club de Estudiantes de la FECH: «baile de fantasía [o sea, de máscaras] en el que el local del Club estará adornado en forma fantástica con guirnaldas y flores, iluminados los patios con reflectores eléctricos y los salones con luces de colores. La parte musical, a cargo de la Orquesta Columbina. El buffet, a cargo del concesionario del Club. Entrada gratis a señoritas, para jóvenes vale $ 3, en venta en Agustinas 632.»

El lunes 17 de octubre tiene lugar en el Teatro Politeama (Portal Edwards) la tradicional *Velada Bufa*. Tras un número musical de apertura, el 'poeta laureado' Pablo Neruda lee su "Canción de la Fiesta", con la que ha destronado a Roberto Meza Fuentes, vencedor del concurso por cinco años consecutivos (el poema había sido ya publicado en *Claridad* 38 del 15.10.1921, día de la inauguración de las Fiestas, con el afiche de Isaías Cabezón, también premiado). El programa sigue con el sainete "Se armó la rosca" de Nicanor de la Sotta, con monólogos del cómico Matarrana, con danzas de la señorita Elisa Beuchat y con los habituales números farsescos que divertían al público de entonces.

Para el martes 18 los estudiantes han programado *La Noche de los Payasos* en el Circo Very Strong. Espectáculo delirante cuyo número de mayor éxito promete ser la "Demostración de la tesis de Darwin por el señor Leiva, quien hará todo lo que es capaz un mono en un bambú". El programa trae una advertencia relacionada con el Intervalo: «Para que el público no pida contraseña se exhibirán en jaulas especiales varios ejemplares de subversivos: el cojo Labarca, el gringo Schweitzer, los negros Soto, los hermanos Gandulfo [Juan y Pedro] y Vicuña Fuentes».

Pero el evento culminante de las Fiestas es el Corso de Flores, «formado por fantásticos carros alegóricos que se dirigían a la Quinta Normal recorriendo sus avenidas; al enfrentarse, se engalanaban aún más con las serpentinas que sus ocupantes, ingeniosamente disfrazados con vistosas prendas, se lanzaban jubilosamente. En el Cerro Santa Lucía, en el Club Hípico, en el Palacio de Bellas Artes, se realizaban los tumultuosos bailes de máscaras. Los mejores carros alegóricos y comparsas de disfraces recibían premios. [...] La ciudad se transformaba en un alegre jardín: los disfrazados con sus llamativos trajes, sus bailes, sus coros, bulliciosas cornetas y su ingenio recorrían las calles con su mensaje contagioso» (Arrué, 51 y 53).

Las jaulas de subversivos que anuncia el programa de *La Noche de los Payasos* es una satírica referencia a la represión con que el gobierno asedia a los estudiantes, tratando incluso de impedir la realización misma de las Fiestas organizadas por la FECH. En *Claridad* 39 (del 22.10.1921) leemos que el gobierno, por intermedio del Ministerio del Interior, ha facilitado, propiciado y protegido la creación urgente de una Federación Fiscal de Estudiantes para neutralizar la fuerza y el prestigio de la FECH entre los jóvenes universitarios. «Las autoridades de menor jerarquía —informa la nota— se opusieron a que se nos proporcionasen los paseos y locales públicos utilizables para la Fiesta. Estas mismas autoridades presionaron a fin de que no se nos arrendase ningún teatro, pero esto último no lo consiguieron del todo. Sin embargo, el evangélico señor prefecto quiso contribuir al fracaso de nuestra Velada Bufa oponiéndose a que la policía fuera al teatro a mantener el orden. Para conseguir su cooperación hubo que valerse de un antecedente indirecto. La Velada triunfó y el Circo también...»

ALBERTINA AZÓCAR (I)

Albertina Rosa,
mariposa.
Collar de lumbres sobre
las cosas.
. . . .
Acosa,
besa
la poderosa
cabeza
del que te apresa,
te roza
y te besa
en todas las cosas,
dulce y divina
Albertina Rosa.

[Manuscrito el 10.11.1921, en *OC*, IV, 228-229]

Albertina Rosa de las Nieves Azócar Soto, hermana menor de Rubén, había nacido en Lota Alto el 21.05.1902. Se conocen con Pablo en el Instituto Pedagógico de la Universidad de Chile, Alameda con Cumming, compartiendo en 1921 algunos cursos de la asignatura de Francés. Simultáneamente Pablo traba amistad perdurable con Rubén, que estudia para profesor de Castellano después de haber cursado dos años de Derecho, carrera que no concluirá.

> Había varios poetas ahí en el Pedagógico, yo era amiga de varios y entre ellos estaban Pablo, Romeo Murga poeta muy valioso que murió de tuberculosis, Eugenio González que llegaría a Rector de la Universidad de Chile, Roberto Meza Fuentes que vive todavía, Raimundo Echavarría... todos se juntaban en unas sesiones los días sábados y cada uno decía sus poemas. Como Pablo tiene, tenía, una voz así cansada para recitar, con una compañera lo imitábamos. Así nos fuimos conociendo y simpatizando. Después de clases salíamos a caminar por la avenida Cumming. Yo vivía en Grajales, él en un *cité* cerca... por calle Echaurren, así es que hacíamos juntos el camino a casa... y bueno... ahí principió 'el romance'... hace tanto tiempo, figúrese, ya ni me acuerdo...
> — *"Albertina Azócar" en Poirot, 148*

Albertina está en Santiago para proseguir sus estudios porque en Concepción la universidad no tiene cursos de pedagogía en Francés. En la capital vive con su hermana Adelina Elvira, tres años mayor y además represiva y tiránica, que se opone a su relación con Pablo. Adelina encarna en Santiago la severidad

Albertina y Pablo. En Para Albertina Rosa *de F. Cruchaga Azócar.*

autoritaria que don Ambrosio y de doña Juanita, padres de los hermanos Azócar, ejercen en Lota Alto. Rubén ayuda habitualmente a los enamorados —su hermana y su amigo— saliendo de casa y regresando a ella con Albertina, pero apenas doblan la esquina se separan y cada uno a lo suyo. Albertina a encontrarse con Pablo. A veces caminan horas por el Parque Forestal sin hablar una palabra. La condición silenciosa de Albertina será inmortalizada, se sabe, por el poema 15 («Me gustas cuando callas...»), y a Pablo en verdad tanto silencio no le disgusta si están juntos. Ambos se sienten realmente en compañía.

Otra cosa serán los silencios epistolares, que por años pondrán a prueba la paciencia de Pablo. Y si por años éste insistirá en perseguir encuentros con ella y en reclamar respuestas al centenar de cartas que le envió —a ninguna otra mujer escribió tantas— fue porque la muchacha le gustaba de verdad. Con ella el poeta llega a entenderse como con ninguna otra —antes de Josie Bliss— en el plano erótico. O sea en la cama, aunque no más fuera el modesto 'somier con patas' de calle Echaurren. Desde su personal criterio se pregunta Teitelboim (1996: 86) qué vio Pablo en Albertina. La respuesta es simple: vio en ella a una Amante que sabía ser deliciosa para él. Una Amante mórbida y morosamente sensual, intensa, adecuada a sus sueños y fantasías e incluso a sus timideces sexuales. Lo cual no sólo la hacía muy atrayente a sus ojos, sino que la investía de un poder particular: el de ser la máxima fuente de energía poética.

Porque en este período —antes de los *Veinte poemas*— las dificultades de Pablo para definir el lenguaje y el rumbo de su poesía, y sobre todo una indolencia en aumento por insatisfacción frente a sus variadas tentativas, todo ello tiende a buscar solución externa a través del entusiasmo erótico. Desde la iniciación en el granero, la mujer deseada es para Pablo una potencial fuente de combustible poético. Esta tendencia —signo de inseguridad respecto a las propias fuerzas— alcanzará su máxima expresión, y a la vez su fracaso, en el proyecto del *Hondero entusiasta*.

Pablo a Albertina en carta de marzo 1925: «tú estarás aquí antes del 18 de abril, aniversario nuestro» (*OC*, V, 886), recordando el primer encuentro o el primer beso en aquel otoño de 1921, recién comenzado el año universitario. Es probable que durante algunos meses la relación no haya ido más allá de románticos paseos, o caricias en la oscuridad de algún *biógrafo* (cine), dadas la vigilancia de Adelina, las reticencias de Albertina y la timidez o inseguridad de Pablo. Las publicaciones de *Claridad* podrían servir de indicios. El artículo "Sexo", escrito en junio (se publica a comienzos de julio), parece indicar que todavía entonces subsiste la privación sexual. El poema "Oración", publicado a mediados de noviembre, se permite en cambio un tono satisfecho, aristocrático y superior que podría sugerir un cambio favorable, una situación resuelta.

Del 10.11.1921 es el primer mensaje, manuscrito y adornado amorosamente: «Albertina Rosa, / mariposa. / Collar de lumbres sobre / las cosas /... » ¿Qué ocasión motiva esos versos y el lujo del manuscrito? ¿Tal vez el triunfo de "La Canción de la Fiesta" envalentona en octubre al poeta laureado y, con el adicional estímulo de las 'bacanales' goliárdicas del Club de Estudiantes, hace caer las últimas eventuales resistencias o reticencias de Albertina? Lo cierto es que en algún punto preciso de 1921 los dos cuerpos se encuentran finalmente desnudos —en la modesta pieza de Echaurren o Padura— y a partir de entonces no saben sino vivir el desenfreno y la avidez indispensables de cada día (o casi). Pasión que Pablo revisitará al convocar en su *Memorial de Isla Negra* (1964) a «Rosaura de la rosa, de la hora / diurna, erguida / en la hora resbalante / del crepúsculo pobre, en la ciudad»:

Como un pantano es el amor:
entre número y número
de calle,
allí caímos,
nos atrapó el placer profundo,
se pega el cuerpo al cuerpo,
el pelo al pelo,
la boca al beso,
y en el paroxismo
se sacia la ola hambrienta
y se recogen
las láminas del légamo.

Oh amor de cuerpo a cuerpo,
sin palabras,
y la harina mojada que entrelaza
el frenesí de las palpitaciones,
el ronco ayer del hombre y la mujer [...]
["Amores: Rosaura" en *OC*, II, 1186]

No sólo Albertina: aquel «estudiantil amor con mes de octubre, / con cerezos ardiendo en pobres calles / y tranvías trinando en las esquinas» libera a Pablo de una buena cuota de timidez y desencadena sus hambres de conquista y de autoafirmación. Aunque Albertina es la Marisombra constante, la preferida en Santiago, otras muchachas sucumben a la tentación de hacer el amor con el poeta laureado, flamante *superstar* de los Juegos Florales:

madreselvas caídas en el lecho
con Rosa o Lina o Carmen ya desnudas,
despojadas tal vez de su misterio
. . . .
Amores de una vez, rápidos
y sedientos, llave a llave,
y aquel orgullo de ser compartidos!
Pienso que se fundó mi poesía
no sólo en soledad sino en un cuerpo
y en otro cuerpo, a plena piel de luna
y con todos los besos de la tierra.
["Amores: la ciudad" en *OC*, II, 1180-1181]

En diciembre Albertina parte de regreso a Lota Alto para pasar con su familia las fiestas de Navidad y Año Nuevo y luego las vacaciones de verano. Pablo toma el tren con ella hasta San Rosendo, la estación-encrucijada desde la cual cada uno sigue hacia los respectivos destinos, Temuco y Concepción. Las clases en la universidad se reanudarían en marzo de 1922. Desde enero comienzan las cartas con los lamentos de Pablo: «Hace cuatro días que no recibo cartas tuyas. Sin duda te ocuparás en cosas útiles», y más adelante: «Qué haces tú? Me dices cosas tan vagas que yo te creo, lombriz zalamera, ocupada de dos cosas solamente: dolor de cabeza y pensar en mí. No comes, no sales, no conversas, no peleas, no lees, no te mejoras un poco de eso, no has ido al biógrafo, no vas al correo, no fumas, no has conocido a una muchacha interesante, no te ha escrito tu amigo de la moto, no te han contado ningún chisme de mí, no has leído los periódicos, no has hecho una visita: es posible? Niña de los secretos. De todas maneras te besa la patita y la boca tu *Pablo*.» (*OC*, V, 852-853).

A su vez a Albertina llegan rumores de las escapadas de Pablo con otras chicas. Seguramente se lamenta de ello pues a menudo las cartas de su amante incluyen párrafos tranquilizadores, a veces humorísticos como cuando escribe (25.01.1922) que ha sido invitado a pasar el verano en un fundo de Ranquilco: «Según mis noticias de geografía en ese fantástico pueblo la gente vive en agujeros como los topos. Se les ha formado a las más antiguas familias una especie de trompa. No podré enamorarme de ninguna muchacha.» (*ibíd.*, 855). Pero mucho más frecuentes son las quejas de Pablo por la ausencia o por la parquedad de las respuestas a sus cartas. Albertina le hace de veras mucha falta, aunque en esos días está reanudando su relación con Teresa Vásquez. Sueña con arrendar y amoblar una pieza en Concepción, y partir de inmediato: «Sufro cada mañana pensando que no te veré en el día» (*ibíd.*).

LOCOS AMIGOS (I)

> *Rojas Giménez extraviado*
> *en su delicadeza,*
> *marino de papel, estrictamente*
> *loco, elevando*
> *el humo en una copa*
> *y en otra copa su ternura errante*
> ["Locos amigos" en *OC*, II, 1182]

La banda de Neruda

«... y cuando regresé a Santiago, en mayo de 1921, volví a verlo [a Pablo], esta vez en la Federación de Estudiantes, en un viejo edificio de la calle Agustinas donde ahora se alza la Escuela de Servicio Social. Ambos asistíamos a las tertulias de *Claridad*. Allí rápidamente entró en relación con Tomás Lago, Alberto Rojas Giménez, Rubén Azócar, con una docena de jóvenes poetas y artistas. [...] Habitaba en pensiones míseras que dejaba cada mes por si la nueva fuera menos detestable. [...] En invierno Neruda se cubría con una capita que le regalara su padre. Al oscurecer veíasele andar Bandera abajo seguido por ocho o más parciales, también ataviados con sendas capas y sombreros alones. A estos seguidores llamábaseles 'la banda de Neruda', tal vez porque en un libro de Leónidas Andréiev —*Sachka Yegúlev*— se habla de una banda. Esta novela conmovió profundamente a Neruda, tanto que varias de sus prosas, aparecidas en *Claridad*, las firmó con el pseudónimo *Sachka*. Estudió francés, pero más se dedicaba a escribir y a vivir.»

— *González Vera 1964: 230*

Gandulfo y Rojas Giménez

«Conocí a Pablo a través de mi hermano Aliro. Hacia 1922 Pablo vivía en una modesta pieza que arrendaba en calle Padura, cerca de la plaza Manuel Rodríguez. Tengo la impresión de que hasta entonces su modo de actuar y de ver la vida había estado determinado, en proporción no escasa, por la influencia que sobre él ejercía la personalidad del Dr. Juan Gandulfo, uno de los primeros amigos de Pablo a su llegada a Santiago. Gandulfo era un hombre muy puro, hombre de estudios y de ideas, reacio a la bohemia estudiantil. Pienso que en la seriedad y en cierto ascetismo que caracterizaban la conducta de Pablo cuando yo lo conocí, se reflejaba el apoyo tutelar de Gandulfo. Fue él quien ilustró, como se sabe, la portada de la primera edición de *Crepusculario*.

Pero de pronto irrumpió en la vida del joven estudiante provinciano un personaje de características opuestas a las de Gandulfo. Por esa época, en efecto, apareció Alberto Rojas Giménez, anárquico y desenfadado, poeta dionisíaco y bohemio. La fascinación de vida mágica que irradiaba Rojas Giménez, su jocundidad y su irresistible simpatía produjeron un gran impacto en Neruda. Las paredes de barro blanqueado de la habitación de Pablo se cubrieron de dibujos, de versos y de sentencias de cómica gravedad —del tipo 'No está bien que el hombre viva solo'— que buscaban sacar a Pablo de su retiro melancólico.

¿Fue decisivo el influjo de Rojas Giménez en la determinación que tomó Pablo de abandonar sus estudios de pedagogía y dedicarse sólo a su literatura? No podría asegurarlo. [...] Lo cierto es que Rojas Giménez le mostró a Pablo, en toda su luminosidad contradictoria, un aspecto diferente de la vida, un aspecto más liviano y risueño que quizás el joven Neruda necesitaba y buscaba para compensar ese creciente desgarro interior que asomaba en sus versos. Y así fue que el muchacho ascético despertó a la bohemia santiaguina en compañía de Rojas Giménez y de muchos otros amigos que frecuentaban El Jote, el Venecia y otros sitios de vida nocturna estudiantil, alrededor de botellas de vino y de charlas literarias.

Pablo entendió que el poeta ante todo debe vivir, y vivir en extensión, todas las gamas de la existencia. Sin perder ese sentido serio, profundo y dramático de la realidad, que lo había enriquecido junto a Gandulfo, Neruda se aproximaba ahora a una visión diferente, podríamos decir dionisíaca, de la vida. Su gran alegría consiste desde entonces en compartir con sus amigos el talento, la fraternidad, la poesía, el vino y la comida, todos los dones terrestres.»

— *Oyarzún Garcés, 237-238*

Alberto Rojas Giménez

«Yo recuerdo a Rojas Giménez, vestido de negro, con discreta melena y magnífica pipa, sentado junto a una mesa de revueltos papeles en la vieja Federación de Estudiantes, bajo aquellas noches trepidantes de *Claridad*; lo recuerdo —ya la melena cubierta por gran chambergo— en las calles que una lejana primavera vestía con el prestigio del viaje; lo recuerdo también en Valparaíso caminando conmigo por calles marineras, donde parecía que la noche no terminaba nunca.»

— Salvador Reyes, en Rojas Giménez, 21

«Su estampa, primero que nada.
Todo lo que se ponía encima le daba elegancia, o mejor dicho, convertía en elegante cualquier prenda de vestir. A veces descubría por ahí alguna corbata deslumbrante, un pañuelo para el vestón, en fin, cualquier cosa, y con sólo ponérsela él, aquella cosa cobraba un aspecto diferente. ¿Y aquel sombrero cordobés? ¿Había pertenecido a algún actor español o había salido de la cabeza de algún joven agricultor chileno? ¡Quién podría saberlo! Otras veces era una palabra —francesa, inglesa, alemana, rusa— que todos usaríamos más adelante. [...]
Auxiliaba a turistas extranjeros y más de una aventurilla tuvo con alguna encantadora gringuita. También se le vio alguna vez dirigiendo el tránsito en la calle, porque hacía falta allí un policía. Y lo mismo podía bajar de un lujoso automóvil que de una victoria o de una carretela del mercado. Su madre lo mandó de Quillota a Santiago para que estudiara en el Pedagógico, pero creo que muy pocos días asistió a clases. En cambio, el movimiento estudiantil contó con él en todo momento, desde el asalto a la Federación en adelante. Entonces conoció a Pablo Neruda y se hicieron amigos inmediatamente y para toda la vida.»

— Diego Muñoz 1999: 129-130

«Usaba sombrero cordobés y largas chuletas de prócer. Elegante y apuesto, a pesar de la miseria en que parecía bailar como pájaro dorado, resumía todas las cualidades del nuevo dandismo... Se movía en el mundo literario con un aire displicente de perdulario perpetuo, de despilfarrador profesional de su talento y su encanto. Sus corbatas eran siempre espléndidas muestras de opulencia, dentro de la pobreza general... Rojas Giménez nos impuso pequeñas modas en el traje, en la manera de fumar, en la caligrafía. Burlándose de mí, con infinita delicadeza, me ayudó a despojarme de mi tono sombrío. Nunca me contagió con su apariencia escéptica, ni con su torrencial alcoholismo, pero hasta ahora recuerdo con intensa emoción su figura que lo iluminaba todo, que hacía volar la belleza de todas partes, como si animara a una mariposa escondida.»

— Neruda, CHV, en OC, V, 437-438

El Ratón Agudo

«En las vigas de su casa de Isla Negra, Pablo Neruda hizo grabar, con letra suya, los nombres de amigos muertos. Allí, junto al de Rubén Azócar, Alberto

Rojas Giménez y otros, figura el *Ratón Agudo*. Éste era Raúl Fuentes Besa, fotógrafo ayudante del famoso jefe de fotografía de *El Mercurio*, de sobrenombre *Caruso* por su parecido físico con el célebre cantante.»

— *Diego Muñoz 1999: 46*

«En Santiago el grupo propiamente literario de nuestra juventud no era muy numeroso, pero teníamos muchos amigos y de muy diversas clases. Pintores, profesionales, estudiantes, actores, dueños de negocios. El Ratón Fuentes era un fotógrafo del equipo de Leoncio del Canto (*Caruso*). Tenía que ir a los grandes banquetes, tomar fotos con magnesio y vender. Ya con plata en el bolsillo nos buscaba. Y no era difícil encontrarnos. Porque si no estábamos en el Hércules estábamos en el Venecia o en el Alemán de San Pablo o en el de la calle Esmeralda. El Ratón bebía muchas veces a costa nuestra, pero cuando él llegaba con plata, siempre feliz y chacotero, separaba una parte, que era sagrada, para la casa, y el resto lo gastaba todo con nosotros: cinco, diez y quién sabe si hasta veinte pesos... Plata de aquellos tiempos, naturalmente, cuando una botella de vino costaba cuarenta centavos. El Ratón era un ser muy alegre y exultante: con él en la mesa cambiaba todo repentinamente y si había una dificultad, un problema, salía con presteza y regresaba a los pocos minutos con un billete.»

— *Diego Muñoz 1964: 234*

[Recuerdo] al Ratón Agudo, cuando ya no había más dinero y se levantaba de su silla para rogarnos ansiosamente a todos:

—¡No se vayan, por favor! ¡Esperen, que ya vuelvo!

Y partía hacia *El Mercurio*. Corriendo por las veredas, por las calles, como un ratón de verdad, trepando ágilmente por las murallas a fin de avanzar más fácilmente por los tejados, hasta llegar al diario [...]; luego, deslizándose por la baranda de bronce de la escalera, llegaba a la cámara oscura de su jefe, el fotógrafo Caruso, que estaba revelando alguna fotografía.

Entonces el Ratón Agudo echaba mano a todas las agudezas que acumulaba en su mente y pedía, solicitaba, rogaba, suplicaba, hasta que Caruso, conmovido, le alargaba un billete de diez pesos. El Ratón Agudo saltaba entonces de felicidad por sus amigos y por él mismo y salía como alma que lleva el diablo por tejados y ventanas, atravesando vidrios, hasta llegar triunfante, por fin, al sitio en que nos habíamos quedado esperándolo. Golpeaba las palmas con regocijo, con júbilo y le gritaba al mozo:

—¡Seis botellas más!»

— *Diego Muñoz 1999: 67-68*

> *Entonces, tabernario y espumante,*
> *maestro de nuevos vinos y blasfemia,*
> *compañero Raúl "Ratón Agudo"*
> *llegaste para enseñarme la hombría.*
> *Y hombreando fuimos desafiantes, puros,*
> *contra la espesa multitud del hampa*
> *y fue tu corazón centelleante*

> *conmigo como una buena linterna:*
> *no hay caminos oscuros*
> *con un buen camarada de camino*
> *y era como contar con una espada,*
> *contar con una mano pequeñita*
> *como la tuya, frágil*
> *y decidido hermano*
> . . . .
> *y no aprendiste en libros tu relámpago,*
> *sino de defenderte a pura luz:*
> *de terrenal sabías lo celeste:*
> *de iletrado tu sal resplandecía:*
> *eras el fruto antiguo de las calles,*
> *uva de los racimos de mi pueblo.*
>
> [Neruda, "Ratón Agudo", *MIN*, en *OC*, II, 1184]

«No, el Ratón Agudo lo deja boquiabierto. Es un maestro de la cantina, un rey de la blasfemia, el que imparte a sus discípulos, como un apóstol del vino, las llamadas enseñanzas de la *hombría* criolla. El hombre ha nacido para tomar, para fornicar, para desafiar lo establecido. Tenía algo de anarquista primitivo. No dibujaba claramente la frontera que lo separaba del hampa. Era el predicador de una terrible y envolvente hermandad. Manejaba el lenguaje flamígero. Era el bardo del verbo insultante. El sucesor de todos los mal hablados de la historia, un fuera de la ley manejador de cuchillos y de frases como relámpagos, un semianalfabeto que tenía la sabiduría que viene de abajo cuando ésta se traduce en negación individualista, salvaje y sin destino.»

— *Teitelboim, 117*

[Sobre el origen del sobrenombre, para el lector actual: "El ratón agudo" era una fabulilla en prosa incluida en el *Nuevo método* de Claudio Matte (para aprender a leer), más conocido como *Silabario Matte*, de uso obligado en las escuelas de Chile desde 1902 y que por lo tanto varias generaciones de niños chilenos conocieron muy bien. Tengo conmigo un ejemplar de la 65ª edición, 1967, en cuya cubierta leo: «Ejemplares tirados: 12.500.000». Ignoro si el *Silabario Matte* se sigue usando en las escuelas chilenas.]

ROMEO MURGA (I)

> Una casa vulgar, con blancos muros en que verdean las enredaderas. Adentro, el jardín de mis juegos y la pieza tibia y callada donde mi madre teje. La paz del hogar, como un sol benigno, sobre todas las cosas. Y en medio de todos y de todo, el niño triste que fui yo, un niño triste y silencioso, que amaba y que solía meditar sobre su muerte...
> . . . .
> *Yo soy el hombre silencioso,*
> *silencioso para cantar.*
> *No sé del grito, del sollozo*
> *ni del ronco rumor del mar.*
> . . . .

Una tristeza fiel cubre mi vida,
pálido cielo sobre tierra negra.
De esa tristeza suave vive mi alma.
¿Qué sería de mí sin mi tristeza?

. . . .

Con el sendero blanco porque vuela mi verso
eres tú, toda llena de las cosas lejanas.
Tienes algo de extraño, de sutil y disperso,
como el polvo que dejan atrás las caravanas.

[de Romeo Murga, *Obra Reunida*, 2003: 82, 94, 43 y 91]

[Jorge Teillier]

«En la generación poética del año '20, Romeo Murga nos parece el ángel guardián que llega a la casa de la poesía por sólo un instante, la ilumina silenciosamente con una linterna, y luego desaparece. Sí, el ángel guardián al lado de aquel ángel que era Alberto Rojas Giménez, y del ángel perseguido: Joaquín Cifuentes Sepúlveda, aquel que llevaba escrito 'mala estrella en caracteres misteriosos en los repliegues de la frente' [Baudelaire, sobre E. A. Poe]... Romeo Murga nació [el 17 ó 18 de junio, 1904] en Copiapó, ciudad en decadencia a principios de siglo, melancólica, añorante de un pasado de fábula, convaleciente para siempre de la fiebre de plata de Chañarcillo y tantos otros minerales. Algo de esta tranquila decadencia debió haber impregnado los primeros años de Romeo Murga, algo melancólico y triste, que conservaría durante toda su breve vida... Estudió en el Liceo Alemán de Copiapó, y después realiza el viaje bautismal de todos los adolescentes provincianos a Santiago. Llega a la capital en marzo de 1920 y luego estudia pedagogía en Francés, en el viejo local del Instituto Pedagógico, ubicado en calle Cumming [esquina con Alameda]... Alguna vez vimos una borrosa fotografía de esos tiempos en la cual aparecen en el escenario de una sórdida pieza de pensión los poetas adolescentes Romeo Murga y Pablo Neruda, quizás en esa calle Maruri cuyos crepúsculos comenzaba a descubrir Neruda...

Pablo Neruda y Romeo Murga en la pensión de calle Maruri. Fundación Pablo Neruda.

Cuando Romeo Murga empieza a publicar hacia 1922 sus primeros poemas... los poetas chilenos de mayor influencia y reconocidos como maestros eran Pedro Prado, que ya había publicado sus grandes poemas de *Los pájaros errantes* y *La casa abandonada* (era, además, el poeta favorito de Murga, según testimonio de su hermana Berta), y Gabriela Mistral... Vicente Huidobro, pese a haber sobrepasado la docena de libros publicados, era escasamente considerado en Chile... Junto a Vicente Huidobro... se hallaba Pablo de Rokha... Romeo Murga aparece en el grupo... encabezado por Pablo Neruda, y en donde están Alberto Rojas Giménez, Joaquín Cifuentes Sepúlveda, Armando Ulloa, Víctor Barberis, Rubén Azócar, y un poco más tarde Gerardo Seguel, Tomás Lago...

[En su artículo "Divagaciones sobre poesía", *Claridad* 90 del 09.06.1923, Murga] plantea su divergencia frente a las nuevas tendencias poéticas, que asimila notoriamente al futurismo de Marinetti (al parecer, todavía se desconocían las experiencias surrealistas recientes...). Murga no niega que pueda cantarse la belleza del avión o del automóvil, pero protesta ante la tendencia de englobar toda la poesía ante la exaltación de los progresos físicos del nuevo siglo. Nombra como poetas cardinales a Baudelaire y sobre todo a Verlaine...»

— *en Murga, 198-203*

[Raúl René Ariste Rojas]

«No pensó jamás en un porvenir lejano. Solía soñar en voz alta... el viaje a París... como cualquier estudiante enamorado del *esprit gaulois*, adicto a las charlas literarias que tenían lugar durante las noches, después de las clases en el Liceo Nocturno Federico Hansen. El director, un personaje singular y gentil, el abogado Abel Saavedra Varas... conminaba a que las clases continuaran con un café, conversando. Murga, Neruda, Rojas Giménez, Azócar, [Armando] Ulloa, Joaquín Cifuentes Sepúlveda leían allí, muy serios, con voces sepulcrales, u otras veces riéndose, gritando, sus versos, mientras el mundo giraba al revés... En ese año 1922, Neruda, Rojas Giménez y Cifuentes Sepúlveda organizaron el grupo *Vremia*. Como las llamadas 'charlas de los sábados', el cenáculo *Luz* o [la revista] *Dionysos*, portadores de las aspiraciones literarias de estos jóvenes que buscaban nuevos senderos en la poesía, hubo otros nombres: *Dínamo, Alí Babá, Renovación, Andamios, Caballo de Bastos, Panorama, Ulterior, Helios, Nuevos Rumbos...* Efímeros como vilanos al viento...»

— *en Murga, 244*

[Norberto Pinilla]

«El año de 1922 fue de áspera turbulencia. La muchedumbre universitaria gritaba, más de lo que solía normalmente, en los patios y en las aulas de las escuelas y, sobre todo, en el paraninfo de la Casa de Estudios Generales. / Los fogosos oradores se ejercitaban en el manejo del verbo que casi nunca se traducía en armoniosa sonoridad, pero que siempre movía a los corazones juveniles, corazones dispuestos a enmendar las injusticias de la vida social... En ese año, convulsionado por inquietudes de 'reforma universitaria', conocí a Romeo Murga...

Era magro y alto; tenía el rostro pálido; los cabellos negros abundaban en su cabeza fina; los ojos tenían melancólica bondad.

En el cuadrilátero de corredores que se formaba, en aquel tiempo, en el Instituto Pedagógico, se paseaba con Eugenio González, Pablo Neruda, Armando Ulloa, Rubén Azócar, Eusebio Ibar, Víctor Barberis, Yolando Pino Saavedra. En el sosegado caminar, el dorado pájaro de la gloria le cantó sus dulces trinos.»

— *en Murga, 39-40*

[Pablo Neruda]

«Ahora hago brotar de la noche silenciosa una última infancia de un último poeta. La de Romeo Murga *casi niño todavía. Él recuerda / la casa blanca, la madrecita que cosía y callaba / y ese niño solitario y dormido que era yo / atravesando en silencio las piezas anochecidas.* Es aún la soledad, la *solitude*, mariposa oscura que se posa en las frentes de esos recién nacidos y los hace jugar toda la vida entre sus dos alas. El mosaico negro que aparece y reaparece en sus vidas que evoco en esta noche silenciosa... En todas partes el niño entristecido que no habla...»

— Neruda, "Figuras en la noche silenciosa – La infancia de los poetas", 1923, en OC, *IV, 319*

«La vida de aquellos años en la pensión de estudiantes era de un hambre completa. Escribí mucho más que hasta entonces, pero comí mucho menos. Algunos de los poetas que conocí por aquellos días sucumbieron a causa de las dietas rigurosas de la pobreza. Entre éstos recuerdo a un poeta de mi edad, pero mucho más alto y más desgarbado que yo [...]. Se llamaba Romeo Murga.

Con este Romeo Murga fuimos a leer nuestras poesías a la ciudad de San Bernardo, cerca de la capital. Antes de que apareciéramos en el escenario, todo se había desarrollado en un ambiente de gran fiesta: la reina de los Juegos Florales con su corte blanca y rubia, los discursos de los notables del pueblo y los conjuntos vagamente musicales de aquel sitio; pero cuando yo entré y comencé a recitar mis versos todo cambió: el público tosía, lanzaba chirigotas y se divertía muchísimo con mi melancólica poesía. Al ver esta reacción de los bárbaros, apresuré mi lectura y dejé el sitio a mi compañero Romeo Murga. Aquello fue memorable. Al ver entrar a aquel quijote de dos metros de altura, de ropa oscura y raída, y empezar su lectura con voz aún más quejumbrosa que la mía, el público en masa no pudo ya contener su indignación y comenzó a gritar: 'Poetas con hambre! Váyanse! No echen a perder la fiesta!'.»

— *Neruda,* CHV, *en* OC, *V, 428*

ALBERTINA AZÓCAR (II)

Estás bien, pero eres más bonita que el retrato. Yo, alguna vez, te haré alguno: pintaré tu boina del color que es, tu boca del color que es, y tus ojos que son color de té. Te pintaré sentada a la ventana, y todos cuando vean el cuadro dirán: Y esa niña tan triste?

[carta del 24.07.1923 a Albertina, en *OC, V, 860*]

Durante 1922 los amantes se encuentran regularmente en Santiago, pero hacia fines de año se acentúan en Albertina los problemas de salud. Las cartas del verano manifiestan la preocupación de Pablo al respecto: «Yo te ruego, mocosa, que me des siempre detalles sobre lo que tienes. Qué sacas con decirme: me siento mal, etc. Qué te duele, me contarás inmediatamente con detalles tus dolores de la pierna. Tengo remedio para ellos, pero son inyecciones intramusculares e intravenosas. Podrías hacerlo? Habla, explícame, para enviarte lo necesario» (*OC*, V, 858). Notar la propensión de Pablo a exigir detalles concretos en el discurso (oral o escrito) de los demás. Como en el suyo.

Igual ambos amantes regresan en marzo a Santiago. Pero hacia mayo de 1923 Albertina es operada de urgencia por el cirujano Alexis Bunster en el Hospital Salvador. Se trata de una peritonitis. La intervención quirúrgica se revela difícil y complicada —en aquellos tiempos solía ser fatal—, pero la muchacha logra superar la prueba. Pablo va a verla cada día durante la convalecencia, que durará más de un mes. Lo que observa durante esas visitas da origen a una breve prosa publicada en *Claridad* 94 (del 30.06.1923) dentro de una de las entregas de la serie *La vida lejana*. Escrito desde la perspectiva ficticia de un enfermo hospitalizado, el texto recoge huellas del estado de decaimiento que vive Pablo a mediados de 1923:

> Un dedo de sol amarillo que podía atravesar el cortinaje era, a menudo, el único centro de mi existencia. Lo miraba abrillantarse, distenderse, difluirse. Los gemidos de mis compañeros de sala me sacaban a veces de aquella obsedante observación, y toda la tristeza mortal de aquellas salas de enfermos se vaciaba de súbito sobre mi corazón derrotado.
> Convaleciente, recorría a pasos lentos los corredores extrañamente silenciosos. Las hermanas cruzaban a mi lado en sus trajines de todos los días y, a veces, un trémulo grito angustioso me detenía cerca de una ventana o frente al hueco de una puerta. Fragantes matas de azaleas llenaban las orillas del patio, frente a mi sala. Me sentaba entre ellas por las tardes, desgranando desvariadas meditaciones. La noche caía de bruces sobre el hospital: sus oscuros dedos palpaban las heridas de los moribundos, y se acostaba al lado de ellos, infinitamente acechante. Posesos de la fiebre, deliraban los enfermos en la alta noche. En el centro del patio las monjas tenían un altar a la Virgen: una gruta roquediza, trepada de enredaderas. Era el único punto luminoso en medio del hospital en sombras. De día y de noche estaban encendidas todas la velas de aquella hornacina, y yo iba encendiendo uno a uno mis cigarros en aquellas sagradas llamas que el viento hacía vacilar.
>
> — *"Hospital" en OC, IV, 285*

En ese período se publica *Crepusculario*. Pablo está tan nervioso aquel día que pide a Luz Olguín, amiga común y compañera de universidad, que lo acompañe a la imprenta. Allí están los pequeños volúmenes, con su insólito formato cuadrado y la portada de Gandulfo. Quizás ése es el día en que el impresor le dice que no sacará ejemplares hasta que haya pagado la entera edición (Alone no le ha prestado aún el dinero que falta). Por compasión cede dos o tres. Pablo y Luz se precipitan al hospital donde el poeta pondrá en las manos de Albertina el primer ejemplar de su primer libro.

Cuando la dan de alta Albertina debe regresar a la casa familiar en el sur. No termina en Santiago el año universitario. A mediados de 1923 los amantes se ven obligados a separarse. No saben entonces que esa separación será —de hecho— definitiva. La Universidad de Concepción ha activado entre tanto la asignatura de Francés en su Escuela de Educación y con ello —desde el punto de vista de los severos padres— deja de tener sentido que Albertina regrese a Santiago para terminar sus estudios. El punto de vista de la muchacha no importa a nadie. Ni a ella misma, al parecer. Albertina no sabrá defender los derechos de su corazón y de su piel: nunca fue una luchadora.

Para Pablo comienza así el tormento. El 16 septiembre escribe desde Temuco a su amante ahora lejana anunciándole el envío del "Poema de la ausente", recién publicado en *La Mañana* (10.09.1923): «Te gustó, Pequeña? Te convences que te recuerdo? En cambio tú. En diez días, una carta. Yo, tendido en el pasto húmedo, en las tardes, pienso en tu boina gris, en tus ojos que amo, en ti... He peleado con las numerosas novias que antes tenía, así es que estoy solo como nunca y estaría como nunca feliz si tú estuvieras conmigo. El 8 planté en el patio de mi casa un árbol, un aromo. Además traje de las quintas, pensando en ti, un narciso blanco, magnífico. Aquí, en las noches, se desata un viento terrible. Vivo solo, en los altos, y a veces me levanto, a cerrar una ventana, a hacer callar los perros. A esa hora estarás dormida (como en el tren) y abro una ventana para que el viento te traiga hasta aquí, sin despertarte, como yo te traía. Además elevaré mañana, en tu honor, un volantín de cuatro colores, y lo dejaré irse al cielo de Lota Alto» (*ibíd.*, 862). Durante los años siguientes insiste en escribir carta tras carta para mantener vivo aquel amor. En marzo 1924:

> La primera carta fue la tuya, y ya la contesto. Tampoco sabes si volverás a Santiago. Eso es grave. Avísame. No me acostumbro sin ti. A ver. Creo que en Concepción se puede estudiar. Allí vería manera de quedarme, contigo, aunque para mí la provincia es dura. Si no pasamos este año 1924 juntos, es difícil que volvamos a cruzarnos, después, en la larga vida. Pero si no lo logramos, nos iremos con Rubén, este año, luego. [*Por entonces Rubén Azócar estaba en México.*] Escríbele, y díselo. Ya no sé pasar sin ti. Tal vez te recuerdo más dulce, más buena, más hermosa de lo que eres, pero me haces falta, y luego, Pequeña, que casi te he hecho, con dolor, como más me gustabas.
>
> — OC, V, 870

Aunque la carencia de dinero y la inercia de Albertina no ayudan, en agosto de 1924 habrá un reencuentro fugaz en Concepción que defrauda las ilusiones de Pablo. Probablemente Albertina no se atreve a vivir algunos días o noches de amor con su poeta, por lo cual éste regresa de improviso a Temuco. Pero no deja de escribir e insistir. En carta del 6 ó 7 de septiembre: «Por qué esa frialdad para todo, hasta para ti misma?... Como me vine mal contigo, eso me sirvió mucho: no te eché de menos, pero todo se acaba: te necesito, cada día» (*ibíd.*, 873-874). Anuncia otro viaje a Concepción, que al parecer no realizará. En carta del 24 septiembre la desesperación del poeta enamorado alcanza un nivel extremo: «Es que también hay un momento en que uno no puede más. A veces me acuerdo de esa gente que me escribe cartas después que leen mis libros, pienso en los amigos, pienso en ti. Voy alegre a la hora del correo y cuando abro esas cartas sin importancia y noto la ausencia cuotidiana de tus palabras, comprendo la triste realidad. Quién eres tú?

Yo, quién soy? A ti qué te importa lo que yo haga o sufra? Qué cosa soy para ti? Tal vez, profundamente, en la verdad más escondida, nada. Una cosa ajena a ti, un hombre que, a tu lado, gesticula, habla, se aleja, se acerca. Un hombre a quien has escondido tus pensamientos más claros, un hombre que te ha tratado casi como a una muñeca, y a veces ha tenido deseos de romperla.» (*ibíd.*, 875).

Carta del 1º mayo 1925: Pablo aguarda con visible entusiasmo y ansiedad la llegada de Albertina a Santiago, después de tantos meses sin verla: «Supieras qué bonito está el cuarto esperándote. Hay cojines nuevos y un piso alto de totora amarilla... He comprado una tortuga auténtica, y muy graciosa. Se llama *Luka* y converso con ella tardes enteras. Cuando le digo que tú estarás aquí el jueves próximo saca la cabeza de gallo y te busca con los ojos por el cuarto como si hubieras llegado.» (*ibíd.*, 893). En septiembre del mismo año: «Dime cómo estás. Estarás sana cuando yo vaya a verte, en pocos días más?» (*ibíd.*, 900). No hay huellas de que tales tentativas alcanzaron éxito. Sin embargo, Pablo no ceja y hasta mayo de 1927 escribe todavía a su amada —nombrándola Arabella o Netocha— otras 20 cartas llenas de ternura y pasión, de ilusiones y quejas. Pero sobre todo de tenaces, incansables, apasionados requerimientos de una nueva cita de amor como las de calle Echaurren. Tampoco ellos logran conmover la inercia de Albertina frente al autoritarismo familiar. De hecho, los amantes no volverán a encontrarse, ni siquiera cuando el viaje de Pablo a Rangoon devenga inminente.

LOCOS AMIGOS (II)

> Hacíamos los poetas estudiantiles una vida extravagante. Yo defendí mis costumbres provincianas trabajando en mi habitación, escribiendo varios poemas al día y tomando interminables tazas de té, que me preparaba yo mismo. Pero, fuera de mi habitación y de mi calle, la turbulencia de la vida de los escritores de la época tenía su especial fascinación. Éstos no concurrían al café, sino a las cervecerías y a las tabernas. Las conversaciones y los versos iban y venían hasta la madrugada. Mis estudios se iban resintiendo.
>
> [*CHV*, en *OC*, V, 430-431]

Rubén Azócar – 1

Ya desde 1921 Pablo de Rokha pretende ser el jefe de la banda de literatos y amigos que incluye a Neruda. Su mayor edad (nació en 1894) y su imponencia física le permiten por un breve tiempo ejercer un cierto autoritarismo, o terrorismo, dentro del grupo (ver Teitelboim, 69-71). Neruda mismo no es inmune a las presiones del poeta de Licantén, quien primero trata por diferentes vías de embarcarlo en las reglas de su juego. Incluso se cuenta que veía con buenos ojos que Pablo enamorara a su hermana Helena Díaz Loyola. Romance virtual, no verificado ni documentado, pero aludido por ambos Pablos desde perspectivas opuestas.

"El nuevo soneto a Helena" fue escrito en noviembre de 1920, meses antes del viaje de Pablo a Santiago, por lo cual no parece relacionable con Helena Díaz Loyola (la hermana de Carlos = Pablo de Rokha). No tengo noticia de que los dos poetas se conocieran antes de 1921, en Temuco o en otro lugar del sur. Lo cierto es que cualquiera tentativa de acercamiento entre ellos resulta rápidamente imposible. Algunas cartas de Pablo a Albertina registran la creciente antipatía. Sin embargo, entre 1922 y 1923 la tentación del lenguaje rokhiano parece haber influido sobre el proyecto y sobre la escritura misma de *El hondero entusiasta*. Pablo Neruda publica en *Claridad* 82 (del 16.12.1922) una nota sobre el primer libro de Pablo de Rokha, *Los gemidos*, y en una carta de 1923 reclama la atención del poeta uruguayo Sabat Ercasty hacia esa misma obra, ponderándola favorablemente. Luego los dos poetas se distancian para siempre.

Rubén Azócar opone menos resistencia inicial y a comienzos de 1922 viene arrastrado por De Rokha a viajar juntos a Temuco y alrededores para vender libros y cuadros a comerciantes y agricultores de la zona. La venta anduvo mal, o los vendedores emplearon el dinero en comer y beber, lo cierto es que al momento de partir no tienen cómo pagar el hotel. Pablo, que sigue de cerca el episodio, contará años más tarde que De Rokha ordenó a Rubén restar en el hotel como prenda de pago mientras él se procuraba el dinero, pero en realidad tomó el primer tren al norte y no se ocupó más del asunto ni de su amigo rehén. En dos de sus cartas a Albertina alude en aquellos días al incidente: «Había andado tres días con una carta para ti en la cartera, lista para el correo, seguramente recibirás ésa antes que esta otra. No tengo otra novedad que el macaco Rubén, y el De Rokha, aquí desde hace dos días. Acabo de dejarlos en el hotelucho en que se albergan...» (03.02.1922); «La verdad es que es inseguro mi viaje, más aún con la fatal gira del De Rokha y Rubén que acaban de empeñar, como último recurso, las polainas» (06.02.1922). Cuando su gran amigo muere en 1965, Pablo evoca aquel episodio en el poema "Corona del archipiélago para Rubén Azócar", incluido en *La barcarola* (1967):

> *Él paseaba en Boroa, en Temuco con un charlatán sinalefo,*
> *con un pobre ladrón de gallinas vestido de negro*
> *que estafaba, servil y silvestre, a los dueños de fundo:*
> *era un perro averiado y roído por la enfermedad literaria*
> *que, a cuento de Nietzsche y de Whitman, se disimulaba ladrando*
> *y mi pobre Rubén antagónico soportaba al pedante inclemente*
> *hasta que el charlatán lo dejó de rehén en el pobre hotelucho*
> *sin plata y sin ropa, en honor de la literatura.*
>
> [*OC*, III, 175]

Rubén Azócar – 2

Rubén mismo relata: «Tuve que apresurar mi examen de grado [profesor de Castellano] para aprovechar la invitación que me había hecho Vasconcelos [por sugerencia o indicación de Gabriela Mistral] y realizar mi soñado viaje a México. Finalmente me designaron comisión examinadora: Nercasseau, Vicuña Cifuentes, Pedro León Loyola. Esto era a fines de 1922.

Unos días después llegaban las vacaciones de verano y Pablo, como de costumbre, se disponía a viajar a Temuco. Fui con él hasta la estación para despedirlo. '¡Publica tu libro!', me gritó desde el tren en marcha. Le hice caso y con la ayuda financiera de León Margulis, algunas semanas después aparecía mi libro de poemas *La puerta*. Le envié un ejemplar a Pablo, a Temuco, junto con *Barco ebrio* de Salvador Reyes. [Sobre ambos libros publicó Pablo notas en *Claridad*.]

En marzo [1923] yo partí rumbo a México. Mis amigos me despidieron en una 'cocinería' de calle General Mackenna a la que solíamos concurrir cuando escaseaba el dinero. Había muy poco aquella vez en nuestros bolsillos. Mis amigos tuvieron que dejar en prenda los chalecos para que la fiesta lograra el nivel deseado. También estuvo Pablo esa noche, acompañándome. Había viajado especialmente desde Temuco para estar con nosotros.»

— *Azócar 1964: 213*

Alberto "Cadáver" Valdivia

«... frecuentemente era un problema para nosotros... A veces estaba enfermo y había que auxiliarlo; otras veces su violín había ido a parar a una agencia de préstamos y teníamos que rescatarlo para que pudiera trabajar. Y otra vez lo empeñaba para la morfina, que lo llevó a la muerte.»

— *Diego Muñoz 1964: 235-236*

> *Todo se irá, la tarde, el sol, la vida,*
> *será el triunfo del mal, lo irreparable,*
> *sólo tú quedarás, inseparable*
> *hermana del ocaso de mi vida.*
>
> *Se tornarán las rosas en un cálido*
> *ungüento de otoñales hojas muertas;*
> *rechinarán las escondidas puertas*
> *del alma y será todo mustio y pálido.*
>
> *Y tú también te irás, hermana mía.*
> *Condenado a vivir sin compañera*
> *he de perder hasta la pena, un día,*
>
> *para acechar, cual triste penitente,*
> *a través de mi pálida vidriera*
> *el último milagro de la fuente.*

Alberto Valdivia, "Todo se irá..."
[en J. Molina Núñez y J. A. Araya, eds., *Selva lírica*, 1917, p. 215]

«A propósito de Rojas Giménez diré que la locura, cierta locura, anda muchas veces del brazo con la poesía. Así como a las personas razonables les costaría mucho ser poetas, quizás a los poetas les cuesta mucho ser razonables. Sin embargo, la razón gana la partida y es la razón, base de la justicia, la que debe gobernar al mundo. [...]

Entre los poetas locos que conocí en otro tiempo, hablaré de Alberto Valdivia [quien] era uno de los hombres más flacos del mundo y era tan amarillento como si hubiera sido hecho sólo de hueso, con una brava melena gris y un par de gafas que cubrían sus ojos miopes, de mirada distante. Lo llamábamos 'el Cadáver Valdivia'.

Entraba y salía silenciosamente en bares y cenáculos, en cafés y en conciertos, sin hacer ruido y con un misterioso paquetito de periódicos bajo el brazo. 'Querido Cadáver', le decíamos sus amigos, abrazando su cuerpo incorpóreo con la sensación de abrazar una corriente de aire.

Escribió preciosos versos cargados de sentimiento sutil, de inmensa dulzura. Algunos de ellos son éstos: *Todo se irá, la tarde, el sol, la vida: / será el triunfo del mal, lo irreparable. / Sólo tú quedarás, inseparable / hermana del ocaso de mi vida.* [...]

Se hizo un rito llevarlo todos los años al cementerio. La noche anterior al 1º de noviembre se le ofrecía una cena tan suntuosa como lo permitían los escuálidos bolsillos de nuestra juventud estudiantil y literaria. Nuestro 'Cadáver' ocupaba el sitio de honor. A las 12 en punto se levantaba la mesa y en alegre procesión nos íbamos hacia el cementerio. En el silencio nocturno se pronunciaba algún discurso celebrando al poeta 'difunto'. Luego, cada uno de nosotros se despedía de él con solemnidad y partíamos dejándolo completamente solo en la puerta del camposanto. El 'Cadáver' Valdivia había ya aceptado esta tradición en la que no había ninguna crueldad, puesto que hasta el último minuto él compartía la farsa. Antes de irnos se le entregaban algunos pesos para que comiera un sándwich en el nicho.

Dos o tres días después no sorprendía a nadie que el poeta cadáver entrara de nuevo sigilosamente por corrillos y cafés. Su tranquilidad estaba asegurada hasta el próximo 1º de noviembre.»

— *Neruda,* CHV, *en* OC, *V, 440-442*

Diego Muñoz

«Yo estudiaba también en Bellas Artes con el profesor Brunet. Resultado de esto fue que hice la primera pintura mural que tuvo el Zeppelín. Y [la] estaba pintando cuando rendía, al mismo tiempo, mis exámenes de segundo año de Derecho. Me pagaron entonces diez mil pesos: cinco mil en dinero y cinco mil en consumo. Por entonces cobraban en aquel cabaret un peso por la botella de cerveza pero a mí me la cargaban a sólo veinte centavos. Nunca gozamos de mayor abundancia que entonces. Allí hicimos muchas amistades de todo género.»

— *Diego Muñoz 1964: 235*

«En este ambiente iban desenvolviéndose nuestras vidas, a veces en medio de una alegría de locos. Julio Ortiz de Zárate, Camilo Mori, Paschín Bustamante, Luis Vargas Rozas, Pedro Celedón, *Zayde* [Cayetano Gutiérrez], Alberto Rojas Giménez, Antonio Rocco del Campo, Rubén Azócar, Homero Arce, Tomás Lago, Ángel Cruchaga Santa María, Marcial Lema, David Albala, Rosamel del Valle, Gerardo Seguel, Joaquín Cifuentes Sepúlveda, Romeo Murga, Franklin Zamorano (el 'Políglota', que conocía y hablaba el esperanto y otros seis idiomas), Juan Florit, Hernán del Solar, Víctor Bianchi, Orlando Oyarzún, Alberto Ried, Isaías Cabezón, todos ellos formaban el grupo cotidiano de aquellos tiempos.

Éramos los de 'avanzada', porque la gente madura hacía una vida bien diferente. Para comenzar, sus reuniones se hacían generalmente en 'La Bahía', que era un restorán lujoso y caro. Nosotros teníamos que hacerlo en sitios más modestos. 'El Jote', por ejemplo, donde teníamos el recurso de la Carmelita, una chillaneja conocida de Tomás Lago y de Oyarzún, que servía en las mesas y nos prestaba dinero cuando faltaba para la cuenta. La cocina chilena que allí se ofrecía fue ganando fama, hasta que el ir allí se hizo moda entre elementos de la burguesía y aun de algunas jovencitas de la aristocracia. El vino de la casa era excelente y en la temporada de la chicha ningún otro restorán podía hacerle competencia. El dueño se acercó más de una vez a nuestra mesa para ofrecernos la 'atención de la casa': una copita de apiado preparado por él mismo. [...]

Si alguno de los pintores del grupo vendía un cuadro, o si un escritor había recibido el pago de un cuento publicado en *El Mercurio*, en *Atenea* o en *Pacífico*, o si al loco Briones le había ido bien en las carreras, era seguro que comeríamos todos en 'El Jote' o en 'El Huaso Adán'. El ambiente era muy agradable en cualquiera de los dos. En el primero, una casa antigua de la calle San Pablo, había un primer patio con una pileta al centro: todas las piezas que la rodeaban habían sido salones y dormitorios de gente rica y ahora servían de comedores.»

— *Diego Muñoz 1999: 20-21*

Abelardo 'Paschín' Bustamante

Lo llaman *Paschín*, pero su nombre es Abelardo Bustamante Rodríguez, «hombre prodigioso, de gran talento artístico: era pintor, pero también era escultor, ceramista, grabador, tallador, forjador de hierro» (Oyarzún Garcés 1964). Nacido en Santiago en 1888, es el "Viejo" del grupo pero muy joven por dentro, y además generoso y fraterno. Cuando Pablo llega a Santiago, Paschín vive en un pasaje o conventillo de la calle Andrés Bello, en el barrio Bellavista, y se defiende de la pobreza con mal pagadas horas de docencia en la Escuela de Artes Aplicadas, situada en calle Arturo Prat cerca de Avenida Matta. Muere en 1934, como Rojas Giménez. En 1946, con motivo de una exposición de pintores de la llamada Generación de 1913, Neruda evocará al amigo de juventud:

> Paschín Bustamante, hermano desaparecido, hermano de invierno y luna, hermano de sopa y de pan! Aquí está tu obra pura y formidable, aureolada por este escaso tiempo desde que te fuiste, y ya plena de una luz inmortal. Te llevo grabado en lo más hondo de la vida, porque compartimos vida y poesía, tierra y dolores. Te veo en tu conventillo de Bellavista, rodeado de pobreza, corriendo a vender algo, en la difícil vida de aquellos años de Chile. De aquella pobreza nació esta llama serena de tu pintura que tiene como Vermeer de Delft tal riqueza dorada, tal triunfo sobre la angustia, que mirarla es llenarse de profundidad, es como beber en una alta montaña el agua pura y secreta.
>
> — *cito por Arrué, 65*

Otros amigos

«Marcelo Portas, un gigante rubio cordialísimo, se estableció con una quinta de recreo en Renca, y allá íbamos y pagábamos muy poco, o nada. Los dueños del Hércules, del Zeppelín, del Venecia (a uno de los cuales llamábamos 'Rompetechos' por su baja estatura) eran excelentes amigos nuestros y admiradores de Pablo. A nuestra mesa llegaban también los dos vendedores nocturnos de libros: el gordo Acuña y Hurtado. La Ñata Inés, dueña del primer cabaret que hubo en Santiago, nos quería mucho también. 'La Hermana' (nunca supimos su apellido ni su nombre de pila siquiera) solía aparecer con un canasto lleno de figuras de yeso para vender. A nuestra mesa la llamábamos a gritos y pasaba un rato feliz con nosotros. Sabía muy bien que Pablo era poeta y sentía por él una fervorosa admiración. Era de regular estatura, un poco gorda, muy colorada y tenía dos únicos dientes muy visibles. Otro gigante de aquellos tiempos era el escultor Carlos Canut de Bon, con su inmenso chambergo, su abundosa melena, una levita de algún ilustre difunto a quien había hecho una mascarilla y corbata disparatadamente anudada. Era una especie de mosquetero: un Porthos.»

— *Diego Muñoz 1964: 235*

TERESA VÁSQUEZ

Terusa de ojos anchos,
a la luna
o al sol de invierno, cuando
las provincias
reciben el dolor, la alevosía
del olvido inmenso [...]
Terusa
abierta entre las amapolas,
centella
negra
del primer dolor,
estrella entre los peces,
a la luz
de la pura corriente genital,
ave morada del primer abismo,
sin alcoba, en el reino
del corazón visible

["Amores: Terusa" en *OC*, II, 1174-1175]

A Teresa Vásquez el poeta laureado Neftalí Reyes la había coronado reina de los Juegos Florales en Temuco durante la primavera chilena de 1920. Él la llamaba Andaluza por su disfraz de entonces. Por lo tanto la había conocido antes que a Albertina, pero su relación con ella florece realmente en 1921 cuando Pablo regresa al sur para las vacaciones. Teresa mereció ser coronada aquella primavera de 1920: «era muy linda y muy alegre», dirán quienes la conocieron, y lo confirman las fotos que de ella se conocen. Pablo recordará siempre, en particular, sus «ojos anchos».

Teresa Vásquez según dibujo de Pablo Neruda. Álbum Terusa. Colección Nurieldín Hermosilla.

La muchacha nace en 1903, hija de Adolfo León y de Rosa Bettiens. Su nombre legal es por lo tanto Teresa León Bettiens. Le sobreponen el apellido del hombre con quien su madre se ha casado en segundas nupcias, el español José Vásquez, según costumbre de ciertos sectores en aquella época y región (destinada al parecer a evitar diferencias entre los hijos). Adolfo León había abandonado a su familia cuando Teresa era pequeña. José Vásquez es un buen padre sustitutivo y además ha acumulado dinero como representante de telas inglesas en la Frontera. Pero su riqueza y sus prejuicios sociales son el principal obstáculo con que debe luchar Pablo. Los padres de Teresa lo consideran en efecto un joven de origen demasiado modesto y sin futuro en la sociedad local que cuenta. Lo llaman despectivamente "el Jote", por la capa y el sombrero alón que Pablo suele usar.

Teresa transcurre los veranos en Puerto Saavedra, donde la familia posee aquella casa que Pablo mencionará en el fragmento V de *El habitante y su esperanza*: «Yo le escribo para saber de Irene, la mujer de Florencio, a quien deseo que lleve un recado que no necesito decirle. La veo y tengo la sensación de que está sola o de que la maltrataran. / Qué significa esto? Trate de encontrarla. Ella vive *frente al chalet de las Vásquez*» (énfasis mío). En aquel mágico Cantalao (nombre de Puerto Saavedra en la novela) se reencuentran y se aman los dos jóvenes: «Oh amor / de la primera luz del alba, / del mediodía acérrimo / y sus lanzas, / amor con todo el cielo / gota a gota / cuando la noche cruza / por el mundo / en su total navío, / oh amor / de soledad adolescente».

A diferencia del romance urbano con Albertina, vivido en calles y parques y en escuálidas piezas de pensión en Santiago, este amor de Pablo y Teresa es rural y silvestre, pero con rumor del océano cercano: amor a sombra de bosques, amor a plena luz de costa y roquerío. La gran extensión de la propiedad de don Horacio Pacheco, a la que don José del Carmen y familia se trasladan durante el verano, permite encuentros furtivos de los amantes en el recóndito patio o jardín de las amapolas cuyo bote salvavidas, allí reposando, les sirve seguramente de nido más de alguna vez, según insinúa el verso «Terusa / abierta entre las amapolas» en el poema de *Memorial de Isla Negra*. En ese paraíso de bosque y mar no faltan escondrijos para aquel amor gozado «sin alcoba», entre el follaje de árboles o arbustos, «en el reino / del corazón visible / cuya miel inauguran los almendros, / el polen incendiario / de la retama agreste, / el toronjil de tentativas verdes, / la patria de los misteriosos musgos». Allí florecieron «aquellos besos / que / trepaban / por la piel, enramándose y mordiendo, / desde los puros cuerpos extendidos / hasta la piedra azul de la nave nocturna».

En esos años Albertina-Marisombra arraiga en la conciencia de Pablo (y también en su escritura, pero secretamente) el sexo como sensualidad, como placer. Egregiamente lo precisará el *Memorial* de 1964: «Nos dio el amor la única importancia. / La virtud física, el latido / que nace y se propaga, / la continuidad / del cuerpo / con la dicha, / y esa fracción de muerte / que nos iluminó hasta oscurecernos» (*OC*, II, 1190-1191). En ese mismo período, por su lado, Teresa-Marisol funda en la escritura de Pablo la conexión entre el sexo, los sueños de amor y Puerto Saavedra, territorio fronterizo donde confluyen el bosque y el mar, el río y los puertos (Carahue y Bajo Imperial). Teresa deviene figura determinante para decidir la transición desde el paisaje ritual de *Crepusculario* al paisaje personal de los *Veinte poemas*. Vale decir, para la fijación del Sur del Océano como espacio mítico (un Macondo lírico), fundamento de la verdadera escritura poética de Pablo Neruda.

En febrero de 1923 Teresa y Pablo coinciden en Puerto Saavedra. Durante ese mes el poeta escribe variados textos (en prosa y en verso) en el *álbum para señoritas* que, en el estilo de aquel tiempo, han regalado a su amada en la última Navidad. Por entonces las señoritas de algún nivel social suelen transcribir en las vírgenes páginas de álbumes más o menos lujosos y decorados los poemas de su predilección, pero sobre todo solicitan a sus amigas y amigos, y en particular a sus cortejadores, la transcripción de otros poemas o, mejor aún, la escritura de mensajes o textos poéticos originales. En aquel álbum de Teresa sólo Pablo escribe, copiando para ella los poemas 1 y 4 de *La cosecha* de Rabindranath Tagore y anticipando textos suyos de *Crepusculario* (que sería publicado pocos meses después) y de *El hondero entusiasta*.

Pero el máximo interés del álbum son algunos escritos en prosa publicados en *Anales de la Universidad de Chile*, número 157-160 (monográfico en homenaje al Premio Nobel de Neruda, de ahí que trae fecha 1971 aunque en realidad fue impreso en 1973, poco antes del golpe militar de septiembre, y después secuestrado o sepultado —por lo cual es una rareza bibliográfica—). El primero de esos inéditos es el acta de nacimiento del espacio mítico nerudiano. Por primera vez la escritura de Pablo pone en conexión sus sueños y un específico marco geográfico. En otras palabras: por primera vez los elementos de su mundo personal, interrelacionados a partir de una perspectiva propia, no ritual, no aprendida, adquieren afirmación y sustantivación poéticas. Notar cómo la imagen del bote salvavidas (en el patio o jardín de las amapolas) se confunde en un solo movimiento espiral con la vivencia de la mujer, que aquí es sólo el estímulo catalizador para una inmersión en los recuerdos. En este texto leemos el embrión de un nuevo sujeto nerudiano, temporal y dinámico, muy distante del Yo estático y ritual de *Crepusculario*.

> Aquel bote, salvavidas de un barco mercante que conducía harinas de Valdivia al norte, naufragó quién sabe dónde. Las olas lo botaron a esta costa y ahora reposa en el huerto de mi casa, como un animal dulce y familiar.
> Como esos recuerdos que a pesar del tiempo sostienen aún su huella inexpresable en los recodos del corazón, él conserva todavía algas diminutas y marinas, líquenes del agua profunda, esa flora verde y minúscula que decora las raíces de los barcos. Y yo creo ver aún la huella desesperada de los náufragos, de los que en la final angustia se agarraron a esta armazón marinera mientras la tempestad los perseguía inmensamente.
> Cuando el sol no se ha escondido aún, trepo a este bote náufrago, abandonado entre las hierbas del huerto. Siempre llevo un libro, que nunca alcanzo a abrir. Extiendo mi capa en la bancada y, extendido sobre ella, miro al cielo infinitamente azul.
> Viejos recuerdos, sumergidos en el agua del tiempo, me asaltan. Siempre, en sitios de soledad, me acechan estos indefinibles salteadores. Siempre, en sitios de soledad, siento extranjera mi alma. Ruidos inesperados, murmullos de voces desconocidas, cantos avasallados y nuevos cantos vencedores, una música extraña e incontenible se quiebra sobre mi corazón como el viento sobre una selva.
> Mujer, en esos momentos te amo sin amarte. En ti no pienso porque en nadie se detiene mi pensamiento. Como un pájaro ebrio, como una flecha perdida, atraviesa sin destino hasta perderse en la obscura lejanía.
> Yo mismo no me recuerdo: cómo pudiera recordarte?
> Pero tu amor descansa más adentro y más allá de mí mismo. Vaso maravillado que trajo hasta mis labios el vino más dulce, vaso de amor. No necesito recordarte. Como una letra grabada profundamente, bástame hacer volar el polvo impalpable para verte. No pienso en ti, pero, abandonado a todas las fuerzas de mi corazón, a ti también me abandono y me entrego, oh amor que sostienes mis tumultuosos ensueños, como la tierra del fondo del mar sostiene las desamparadas corrientes y las mareas incontenibles.
>
> — *de* AT, *en* OC, *IV*, 271-272

Al final del álbum, Teresa copiará las cartas que le envía Pablo entre 1922 y 1924 (reproducidas en *OC*, V, 847-851). Más vagas y más breves, con menos detalles que las cartas a Albertina, éstas a Teresa registran también una parábola de amor, desde el inicio hasta el fin: «Recuerdas —allá— las tardes en los biógrafos cuando nos mirábamos largamente? Todavía no nos hablábamos, pero ya tú me hacías feliz. Me parecía que se juntaban mi alma y la tuya y me llenaba de una alegría inmensa, tan grande, tan grande.» Una de las misivas trae alusiones al ámbito social en que se mueve Teresa y a las dificultades del romance: «En este tiempo me he dedicado a hacer estos graciosos 'monos'. Son mis mejores amigos. Éste que va sobre estas líneas [*una figurita de un hombre corriendo, dibujada con unos cuantos 'palotes' o trazos delgados*] se puede llamar Pepe. Es el más corredor de todos, por eso es el más flaco. Le he encargado una cantidad de besos para ti. También te lo doy como esclavo. Puedes mandarle lo que quieras. Sabe mucho de amor y es —como podría pensarse— un eximio bailarín. Pepe puede reemplazar con corrección, en el Domingo del International Tennis Club, a algún jovenzuelo que quisiera abrazarte bajo pretexto de bailar *shimmy*.» El álbum incluye esta página:

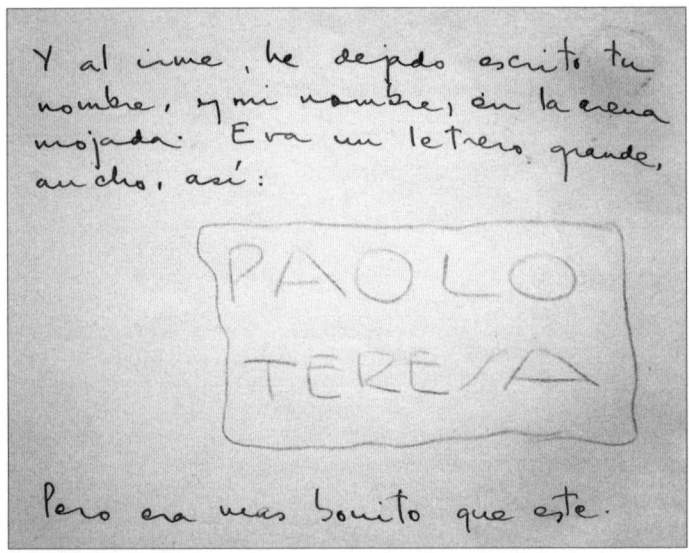

Poema a Teresa Vásquez. Álbum Terusa. Colección Nurieldín Hermosilla.

El nombre a la italiana, como en el poema "Ivresse" (de *Crepusculario*) donde Pablo y Teresa son Paolo y Francesca. Es la cúspide de la parábola amorosa, que poco a poco va declinando hasta la extinción en 1924: «La vida tuya, Dios, si existe, querrá hacerla buena y dulce como yo la soñé. La mía? Qué importa! Me perderé por un camino, uno de los tantos que hay en el mundo. No será tu senda la mía, no concluirás cuando yo concluya, y mis escasas alegrías no llegarán a iluminarte, pero cuánto te he amado! Teresa, y por qué este amor grande no ha de poder llenar el vacío de esta separación? / No, ya no puedo escribirte. Tengo una pena que me aprieta la garganta o el corazón. Mi Andaluza, todo se terminó? Di que no, que no, que no.»

Pablo y Teresa no vuelven a encontrarse. Ella vivirá otros amores fugaces. Hacia 1942 se casará con un joven técnico en maquinaria agrícola, Galvarino Colima Lobos, veinte años menor. Al iniciar esta nueva fase de su vida, Teresa decide eliminar los recuerdos y quemar las cartas de Pablo —pero no sin antes copiarlas en las últimas páginas de aquel álbum de 1923 que afortunadamente no destruye por faltarle el coraje—. No tendrá hijos. Más tarde deviene amiga muy estrecha de Laura Reyes, por lo cual estará siempre al corriente de la vida de Pablo. Muere a comienzos de los años '70, en Santiago.

1922-1923: UN HOMBRE ANDA BAJO LA LUNA

Se va la poesía de las cosas
o no la puede condensar mi vida?
....
Y aquí estoy yo, brotado entre las ruinas,
mordiendo solo todas las tristezas,
como si el llanto fuera una semilla
y yo el único surco de la tierra.

["Barrio sin luz" en *OC*, I, 125-126]

Andar... Andar... Hacia dónde?
Y hasta cuándo?
Nadie responde
y se sigue andando.
....
Pena de mala fortuna
que cae en mi alma y la llena.
Pena.
Luna.

["Un hombre anda bajo la luna" en *OC*, IV, 231]

A mediados de 1922 los poemas de Pablo comienzan a mostrar vistosas grietas en aquel orgullo y seguridad que ostentaban los de 1921 ("Sinfonía de la trilla", "Oración"). La duda y el pavor se insinúan en la certeza: «Se va la poesía de las cosas / o no la puede condensar mi vida?» Estos versos pertenecen al poema "Barrio sin luz", que con "El ciego de la pandereta" y "Los jugadores" son publicados en *Claridad* 57 (del 24.06.1922) bajo el título de serie "Glosas de la ciudad" y dedicados a Magdalena Thompson. Los tres serán incluidos en *Crepusculario*.

Pablo vive —impregnada de insatisfacciones materiales— su sórdida experiencia urbana de universitario pobre, sólo compensada por sus encuentros de amor, regulares con Albertina y casuales con otras muchachas, y por las noches de mísera cuanto alegre y fraterna bohemia. Pero su percepción de la ciudad deja de parecerle rescatable a través de la poesía. Y Pablo mismo deja de autorrepresentarse como el «espíritu intocado» que sobrevuela los dolores y horrores de la urbe. Si en 1921 las altas y encantadas quimeras del poeta aspiraban a descender como consolación «sobre las almas de las putas / de estas ciudades del dolor», ahora quieren no ver esa realidad, como el ciego de la pandereta: «Ciego, ya voy pasando y ya te miro, / y de rabia y dolor —qué sé yo qué!— / algo me aprieta el corazón, / el corazón y la sien. / Por tus ojos que nunca han mirado / cambiara yo los míos que te ven!» Pero sus ojos no pueden dejar de ver, mientras bebe y bromea con sus jóvenes amigos en el Hércules o en el Venezia, a los viejos que jugando a cartas en otra mesa buscan disolver sus derrotas: «Juegan, juegan. / Agachados, arrugados, decrépitos. /.../ Juegan, juegan. / Los miro entre la vaga bruma del gas y el humo. / Y mirando a estos hombres sé que la vida es triste.»

Este proceso de pérdida del sentido de la vida (y de la eficacia de la poesía) alcanza su mejor formulación en la imagen *un hombre anda bajo la luna*, título de un poema (publicado en *Claridad* 49 del 29.04.1922) cuyos conocidos versos quedarán fuera de *Crepusculario* tal vez por su nocturnidad desamparada. En ellos Pablo da forma de canción a su desconcierto y a su tentativa de confrontarse con la invasión del vacío:

> *Uno se cansa de amar...*
> *Uno vive y se ha de ir...*
> *Soñar... Para qué soñar?*
> *Vivir... Para qué vivir?*
> *[...]*
> Ande en noches sin fortuna
> bajo el vellón de la luna,
> como las almas en pena...
> Pena de mala fortuna
> que cae en mi alma y la llena.
> Pena.
> Luna.

Pero Pablo no es el tipo de hombre (y de poeta) que se rinde fácilmente a la desesperación y por ello, contemporáneamente, ensaya diálogos consigo mismo, interrogaciones, introspecciones para comprenderse y repechar. Lo declara explícitamente en unas notas que escribe para *Claridad* 61 (del 22.07.1922) bajo el título común "Contradicciones y categorías":

> En nuestras conversaciones solitarias con nosotros mismos, descubrimos un nuevo lenguaje que nunca traducen nuestras palabras. En un subfondo sólo conocido de nosotros, descansa y se mueve el hecho simple que deformará los oídos de los otros al recibirlo alterado de nuestra boca. En dónde estamos, en lo que decimos o en lo que escondemos? Cuál es la verdadera máscara? La de la conciencia que no puede expresarse o la del juicio ajeno? / En esta danza de espejos, se corre el riesgo de embriagarse y de soltar la última amarra de la imagen, para que ésta nos reemplace en el escenario.
>
> — OC, IV, 264

Corre el año 1922, el mismo año en que estallan triunfantes las vanguardias y en que se afirma definitivamente la tercera modernidad (ver Loyola 2000 y el *Apéndice* a este volumen). Es el año en que Joyce publica su *Ulysses*, Eliot su *The Waste Land* mientras, desde nuestra América, Vallejo publica su *Trilce* en Lima, Pablo de Rokha su *Los gemidos* en Santiago, Girondo en París sus *Veinte poemas para ser leídos en el tranvía*, Maples Arce sus *Andamios interiores* en México. «En 1922 comenzó la época de la pintura mural en México», escribió José Clemente Orozco en su *Autobiografía* (1945). Y en 1922 los 'camisas negras' de Mussolini marchan sobre Roma. Una nueva fase de la historia política y cultural de Occidente comienza de hecho aquel año. También Neruda acusa los primeros síntomas de recepción de los códigos —entonces emergentes— de esa nueva y última modernidad que habrá de prolongar su vigencia hasta el derrumbe del muro de Berlín en 1989.

En las citadas líneas de 1922 asoma el modelo dialéctico que contrapone la *esencia* a la *apariencia*, en conexión con el modelo existencial de *autenticidad* versus *inautenticidad* (ver Jameson 1984). Se podría decir que es la preocupación de Pablo en ese texto lo que supone una novedosa aunque oblicua puesta en discusión del Yo enunciador de su discurso poético, todavía impostado como sujeto ritual, unívoco, omnisciente y seguro conocedor de su propia identidad. Me importa hacer notar que simultáneamente algunos versos del ya citado poema "Un hombre anda bajo la luna" insinúan la embrionaria recepción del modelo freudiano de profundidad que contrapone la *excavación* (por vía de la memoria analítica) a la *represión* de las pulsiones infantiles: «Recuerdo el rincón oscuro / en que lloraba en mi infancia: / los líquenes en los muros, / las risas a la distancia. / Sombra... silencio... una voz / que se perdía... / La lluvia en el techo. Atroz / lluvia que siempre caía... / y mi llanto, húmeda voz / que se perdía.» Pero pasarán más de diez años antes de que tal excavación adquiera fuerza reveladora. Eso ocurrirá en Buenos Aires (1933-34) a través de las conversaciones de Pablo con García Lorca.

EL PRIMER LIBRO

> Mi primer libro!... Es un momento que ya nunca más volverá. Vendrán muchas ediciones más cuidadas y bellas. Llegarán sus palabras trasvasadas a la copa de otros idiomas como un vino que cante y perfume en otros sitios de la tierra. Pero ese minuto en que sale fresco de tinta y tierno de papel el primer libro, ese minuto arrobador y embriagador, con sonido de alas que revolotean y de primera flor que se abre en la altura conquistada, ese minuto está presente una sola vez en la vida del poeta.
>
> [*CHV*, en *OC*, V, 450]

> Nuestro maestro nacional de la crítica, Alone, que es también maestro en contradicciones, me prestó casi sin conocerme algún dinero para sacar ese mismo primer libro mío de las garras del impresor.
>
> [*OC*, IV, 1084]

Desde fines de 1922 hasta comienzos de 1924 la poesía de Pablo ensaya, con modulaciones e intensidad diferenciadas, dos vías tendientes a la resolución del problema de la identidad del Yo enunciador-protagonista. Problema que Pablo experimenta como causa de su creciente sensación de fracaso o derrota, por lo cual le es indispensable afrontarlo. Los últimos poemas incluidos en *Crepusculario* —escritos al cierre de 1922 y durante los primeros meses de 1923— denuncian en efecto un ánimo totalmente opuesto al optimismo idealizador de los poemas de 1921. El mundo, antes sentido como rescatable a través del canto, ha devenido acumulación de ruinas, espacio del dolor y del derrumbe. «Tengo miedo», escribe Pablo por entonces:

> *La tarde es gris y la tristeza del cielo*
> *se abre como una boca de muerto.*
> *[...]*

> *Tengo miedo. Y me siento tan cansado y pequeño*
> *que reflejo la tarde sin meditar en ella.*
> *[...]*
> *Se muere el universo de una calma agonía*
> *sin la fiesta del sol y el crepúsculo verde.*
> *[...]*
> *Y la muerte del mundo cae sobre mi vida.*
>
> [*OC*, I, 140]

Todo está cambiando. Incluso el océano del verano en Puerto Saavedra, habitualmente asociado al patio de las amapolas, al sol y a la energía estimulante del oleaje, de pronto aparece a los ojos de Pablo como una playa siniestra y gris: «La dentellada del mar muerde / la abierta pulpa de la costa / donde se estrella el agua verde / contra la tierra silenciosa. /.../ Para qué decir la canción / si el corazón es tan pequeño? / Pequeño frente al horizonte / y frente al mar enloquecido. / Si Dios gimiera en esta playa / nadie oiría sus gemidos!» ("Playa del sur", 1923, en *OC*, I, 144-145). La tentativa de autorretrato, resultante del quiebre de la confianza en sí mismo y en su quehacer, encuentra su síntesis en una imagen precisa: «Mi vida es un gran castillo sin ventanas y sin puertas, / y para que tú no llegues por esta senda, / la tuerzo» ("El castillo maldito", 1923, en *OC*, I, 120).

Los textos del *Álbum Terusa* documentan que durante el verano (febrero) de 1923 ha entrado en franca crisis lo que (con Karen Horney) podríamos llamar la *imagen idealizada* del poeta, vale decir la base psicológica sobre la cual han funcionado hasta ahora su vida y su escritura. Imagen contradictoria donde el aristocratismo y la arrogancia, más o menos explícitos, han sustituido por años al orgullo genuino, buscando compensar arraigados sentimientos de exclusión, debilidad e impotencia (claramente legibles en los *cuadernos de Neftalí Reyes*). Ahora bien, hasta ese verano sureño de 1923 Neruda ha logrado mantener la contradicción en equilibrio precario, afirmando —en los poemas— al menos una identidad privilegiada y superior (el «espíritu intocado») pero siempre amenazada por peligros, obstáculos o dificultades externas. En suma, ha logrado apuntalar esa identidad de poeta *ritual* (según modelos característicos de la modernidad del siglo XIX) que durante los años de escritura de *Crepusculario* describió una parábola: desde el optimismo inicial a la duda y por fin al pavor y al desencanto. Los ya citados poemas "El castillo maldito" y "Playa del sur", y también "Farewell", "El estribillo del turco" y la serie "Los crepúsculos de Maruri", todos ellos, en conjunto, marcan el desmoronamiento del poeta ritual.

No por ello será menos emocionante e inolvidable para Pablo el día en que el impresor le entrega, no sin problemas, los primeros ejemplares de *Crepusculario*. Es un volumen de 180 páginas sin numerar, cuyo formato insólito, pequeño y cuadrado (13 x 13 cm), fue idea de Juan Gandulfo, quien además ilustró la portada. Trae también dibujos de Juan Francisco González (hijo) y de Barack. Viene publicado bajo el sello Ediciones Claridad, con alusión a la revista (otra idea de Gandulfo), pero en realidad es una edición de autor pues Pablo tuvo que afrontar personalmente los gastos.

«Para pagar la impresión tuve dificultades y victorias cada día. Mis escasos muebles se vendieron. A la casa de empeños se fue rápidamente el reloj que solemnemente me había regalado mi padre, reloj al que él le había hecho pintar dos banderitas cruzadas. Al reloj siguió mi traje negro de poeta. El impresor era inexorable y, al final, lista totalmente la edición y pegadas las tapas, me dijo con aire siniestro: 'No. No se llevará ni un solo ejemplar sin antes pagármelo todo.' El crítico Alone aportó generosamente los últimos pesos, que fueron tragados por las fauces de mi impresor, y salí a la calle con mis libros al hombro, con los zapatos rotos y loco de alegría.» (*CHV*, en *OC*, V, 449).

> He aquí un visitante.
> Joven, muy joven, apenas diecinueve años, delgadísimo, pálido, de aire melancólico, visiblemente mal alimentado, proclive al silencio. Lo conocía ya de nombre. Pedro Prado me lo había hecho notar como alguien que no debía confundirse con cualquiera. [...] Era Pedro Prado con frecuencia sibilino, pero, a menudo, sentenciosamente, acertaba: su ánimo, sin duda, predispuso el mío.
> El muchacho me contó, con aire distraído y modales desganados, que tenía impreso un volumen, el primero; pero no podía sacarlo a luz, porque le exigían, como medida previa, una cantidad de pesos que no estaba a su alcance.
> No pedía, no proponía nada; se limitaba a exponer.
> La suerte gusta ordenar sus coincidencias.
> Bajaban y subían por aquel tiempo en la Bolsa unos papeles llamados 'Marta'. Jorge Hübner, asiduo concurrente a [ese] sitio peligroso, me tentó. Las 'Martas' eran baratas y ágiles. Él había logrado ganancias fabulosas. Las que mi primera y única especulación bursátil me trajo me incitaban a creerme millonario y hasta mi alma de burócrata y 'pequeño burgués' descendió el alma señorial de Mecenas. Ofrecí redimir al cautivo del ávido impresor y así, mediante el producto imaginario de esos papeles volátiles, ¡ay! bien pronto volatilizados, adquirí, sin saber, otros que iban con el tiempo a subir a vertiginosa altura, en alas de la misma imaginación.
> Este acontecimiento, que ninguno de los dos preveíamos, cosa aún más insólita, el propio Neruda ha tenido la generosidad de mencionarlo en su discurso de incorporación a una de las Facultades Universitarias [alusión al texto "Mariano Latorre, Pedro Prado y mi propia sombra", leído por Neruda en el Salón de Honor de la Universidad de Chile el 30.03.1962, en *OC*, IV, 1082-1101].
> — *Alone 1962: 175-176*

Como ya precisé anteriormente, Pablo llega a la imprenta acompañado por su amiga Luz Olguín, y de allí se dirigen al Hospital Salvador, donde convalece Albertina. Ella recibe de manos de su amante el primer ejemplar de *Crepusculario*. Con apasionada dedicatoria, por supuesto.

1923: EL AÑO DE LA ENCRUCIJADA (I)

Mi canto es para el arquero
que desafía
a la noche, al silencio, y a la muerte
y dispara la flecha de su deseo
hacia los astros.
Mi canto es para el que azote
la espalda de los cínicos

> *y llene de horror a sus hermanos*
> *con los rugidos de su fe.*
> *Mi canto es para el que se adelante*
> *a todas las edades*
> *y proclame la conquista del más allá*
> *sobre la horrible confusión de la montaña.*
>
> [Carlos Sabat Ercasty, *Pantheos*, 1917]

> *Más allá de esos muros, de esos límites, lejos.*
> *Debo pasar las rayas de la lumbre y la sombra.*
> *Por qué no he de ser yo? Grito. Lloro. Deseo.*
> *Sufro, sufro y deseo. Cimbro y zumban mis hondas.*
> *El viajero que alargue su viaje sin regreso.*
> *El hondero que trice la frente de la sombra.*
> *Las piedras entusiastas que hagan parir la noche.*
> *La flecha, la centella, la cuchilla, la proa.*
> *Grito. Sufro. Deseo. Se alza mi brazo, entonces,*
> *hacia la noche llena de estrellas en derrota.*
>
> [de "El hondero entusiasta", *HOE*, en *OC*, I, 163]

Confuso y desorientado por la derrota que la última fase de *Crepusculario* documenta, en febrero de 1923 Pablo está tratando de restablecer un nivel aceptable para su autoconfianza en disgregación. Los textos de aquel verano, en especial los del *Álbum Terusa*, evidencian que el poeta ha entrevisto dos opuestas vías de solución. Dos vías que al comienzo, sin embargo, son percibidas por Pablo como una sola, según parece indicar el título *Poemas de una mujer y de un hombre* con que anuncia a Alone un libro en preparación (carta del 05.02.1923, en *OC*, V, 927), del que le envía "Vaso de amor" (el número 12 de los *Veinte poemas de amor*) y otros tres poemas de índole diversa (seguramente de la serie del *Hondero entusiasta*). Factor común a ambas vías será el erotismo, o mejor, la presencia de una figura femenina respecto a la cual, precisamente, la inicial tentativa única se bifurcará. Por un entero año Pablo oscilará entre dos líneas de escritura, ensayándolas entrambas (si bien, como veremos, en proporciones diferentes) hasta el momento de la decisión definitiva.

Dos vías, entonces, dos líneas de intentos destinados a salvar al Yo poético en crisis. La primera es una *fuga in avanti*, vale decir la intensificación e incluso la exasperación del poeta ritual, la potenciación a ultranza de la figura (o identidad) en derrota. Esta línea de ulterior agresividad y expansión —que supone la negación a aceptar el derrumbe— le viene sugerida a Pablo, en particular, por el poeta uruguayo Carlos Sabat Ercasty, lectura predilecta por entonces, pero también por D'Annunzio, Whitman y Pablo de Rokha, por narradores rusos como Dostoievski, Andréiev y Kuprin, o escandinavos como Knut Hamsun, por la lección anarquista de Max Stirner (*El Único y su Propiedad*), de Baroja, de sus amigos de *Claridad* (como Gandulfo y Manuel Rojas) y, naturalmente, por Nietzsche.

> ¿Qué leíamos? De todo, pero entre todos quedan algunos títulos preferidos. *Gösta Berling* de Selma Lagerlöf, *El desafío* de Kuprin, *Pan* de Knut Hamsun, nos embriagaron un momento con su mundo pasional, fuertemente humano, satura-

do de un romanticismo rudo y poético. «El amor, como las lágrimas, aspira a ser recíproco. Cuando sufre el alma de un gran pueblo, toda la vida está perturbada, los espíritus vivos se agitan y los que tienen un noble corazón inmaculado van al sacrificio.» Así empieza el primer capítulo de *Sachka Yegúlev*, titulado "La copa de oro", de Leónidas Andréiev, que Pablo Neruda leía en esas ediciones verdiamarillas de bolsillo, editadas por Espasa-Calpe.

— *Lago 1945*

Hace mucho tiempo que leímos este libro. Nos hizo llorar en cualquier hora la leyenda del niño Yegúlev que se hizo bandolero en las tierras de Rusia. Recordamos aún su infancia en la sombría casa de su madre, Helena Petrovna... Vino después Kolésnikov, el predicador, enviado de lo desconocido, que debía arrastrar a Sacha Pogodin al sacrificio.

Después —recuerdo aún— el viento negro de tragedia que pasó con aquella horda de hombres selváticos, cuando el pálido niño Yegúlev los conducía. Fue más tarde la caverna escondida, y Yegúlev, las manos en la frente, escuchando la trémula lágrima de la balalaika. O la muerte del marinero, sobre una ruta de poseídos, mientras se perdía al galope de los camaradas en fuga. Así fue Sacha Pogodin. 'Triste y tierno, amado por todos a causa de su belleza y la pureza de sus pensamientos, unos labios sedientos bebieron su sangre, y pereció muy joven, de una muerte solitaria y terrible.'

— Neruda, *"La romántica historia de Sacha Pogodin..."*, en Claridad *86 del 05.05.1923, y en* OC, *IV, 310*

Un ideal de exaltación romántica y heroica parece mostrar a Pablo la vía hacia la superación de sus frustraciones y hacia la realización final de su destino poético. Pero la forma que asume ese ideal es cada vez más agresiva, grandilocuente y titánica, obedeciendo sobre todo a las ampulosas y flamígeras arengas de Sabat Ercasty (nacido en 1887). En 1912 el escritor uruguayo había quemado sus decadentes y crepusculares poemas modernistas, para volcarse a «una expresión sana, exuberante y atlética» (Anderson Imbert) que su libro *Pantheos* inauguró en 1917. Presumo que Pablo conoce esa compilación, quizás parcialmente, al menos desde 1920. Ella podría haber reafirmado la temprana costumbre nerudiana de eliminar los signos abre-exclamativos y abre-interrogativos, característico rasgo gráfico en *Pantheos*. Pero la influencia fuerte de Sabat Ercasty sólo se hace sentir a comienzos de 1923, cuando el desánimo y la sensación de fracaso empujan a Pablo hacia un modelo enérgico como vía de recuperación.

Ese estado de decaimiento explica también la atracción temporánea que ejerce sobre Pablo, por entonces, el titanismo poético del otro Pablo, el de Licantén. La relación entre el desarrollo de la línea de la exasperación (del Hondero) y el modelo Pablo de Rokha está documentada en una carta enviada por el joven Neruda (en junio o julio 1923) precisamente al modelo máximo, a Sabat Ercasty: «Mándeme los libros para Pedro Prado, el mayor poeta de esta tierra. A mí envíeme *Pantheos* y los otros libros que ignoro. En estos días voy a mandarle un libro muy raro: *Los gemidos* por Pablo de Rokha. Es un libro único, que hay que mirar con otros ojos. Tengo curiosidad de saber su opinión sobre él.» (*OC, V, 933*).

El poema "Playa del sur" anuncia esta línea. La tiranía del ideal inalcanzable asume en el texto la imagen del océano enfurecido, implacable, desencadenado contra la costa (la frontera crepuscular del poeta) y sordo al reclamo menesteroso de un Yo disminuido: «La dentellada del mar muerde /... / Para qué decir la canción / si el corazón es tan pequeño? / Pequeño frente al horizonte / y frente al mar enloquecido.» La confesión de pequeñez e impotencia no excluye, antes bien presupone, una arrogancia de imagen y de exigencias que otros versos del poema traducen con vehementes imperativos: «Arrástrame, viento del mar, / a donde nadie me esperara!» Bajo la aparente aceptación de una derrota el enunciador-protagonista se asigna la grandiosidad del héroe trágico, merecedor de un destino satisfactorio y noble... y de la inmolación de la Amada. La desproporción entre el Yo pequeño y el Océano descomunal anticipa aquí la que no mucho después propondrá Neruda (pero ya en términos de abierto y grandioso combate) entre el pequeño Hondero y la Noche cósmica.

Porque son las anticipaciones de poemas de *El hondero entusiasta* —incluidas en el *Álbum Terusa*— las que realmente inauguran esta línea de tentativas hacia la superación de la derrota. Su principal característica es que ahora las exigencias y vehemencias de Pablo van enderezadas a una mujer. Los textos proponen como destinataria interna de tales vehemencias la figura de una Hembra redentora a cuyos poderes eróticos el Yo (Pablo) exige la misión de refundar, en él, al poeta ritual bajo una forma exasperada y suprema: la del Hondero.

> *Yo sólo te deseo, yo sólo te deseo!*
> *No es amor, es deseo que se agosta y se extingue,*
> *es precipitación de furias,*
> *acercamiento de lo imposible,*
> *pero estás tú,*
> *estás para dármelo todo,*
> *y a darme lo que tienes a la tierra viniste—*
> *como yo para contenerte,*
> *y desearte,*
> *y recibirte!*
>
> [*HOE*, poema 6, en *OC*, I, 170]

Frecuentes imperativos instan a la Hembra a la actividad salvadora: «amárrate a mis alas /.../ Bésame, / muérdeme, / incéndiame», «Quémate para que me alumbres», porque «estás para dármelo todo, / y a darme lo que tienes a la tierra viniste, / como yo para contenerte, / y desearte, / y recibirte!» (de *El hondero entusiasta*). A través de un lenguaje delirante hecho de jadeos, síncopas y espasmos el Sujeto declara su situación de menesterosa dependencia. A la insistente postulación *activa* de la Hembra el Yo enunciador-protagonista contrapone una autopostulación impúdicamente *pasiva*, ávida, voraz, apenas atenuada con arrogantes promesas de gratificación compensatoria: «Déjame poseerte para que en mí perdures.» Tras la figura de la Hembra están Albertina y Teresa. Ambas conservaron originales de poemas del *Hondero* que Pablo les destinó.

1923: EL AÑO DE LA ENCRUCIJADA (II)

> Pudo esta página quedar sin escribir, como
> muchas de este cuaderno tuyo quedarán. Por

> qué la escribo? Nada sabría decir de mí ni de
> nadie. Es la hora de siempre. Mi alma, una raya
> derecha e infinita, sin comienzo y sin fin.
>
> [*AT*, en *OC*, IV, 272]

> De suerte que al niño lo amamantó la campiña
> toscana, y hasta el fin de su vida sella su corazón
> aquella infancia sola y desesperada, invadida de
> oscuros ensueños, manchada de tinta y de
> dolores... Y en todas las partes donde se posan
> sus graves ojos de pequeño, entristecidos, una
> cosa, una sola y terrible cosa: la soledad.
>
> [*OC*, IV, 318]

La segunda línea de tentativas para superar la derrota es —en diametral oposición a la grandilocuencia expansiva y exasperada de la primera— una línea de recogimiento o repliegue hacia una escritura poética de tono menor. Junto al tema erótico que comparte con la del Hondero, esta segunda línea introduce una dimensión privada y concretamente personal que la escritura del poeta ritual de *Crepusculario* (y demás textos precedentes) no había admitido sino después de haberla filtrado o estilizado según modelos literarios canónicos.

Esa dimensión es el vínculo secreto (vale decir, inexpresado) entre la real experiencia emotiva del poeta (sus más auténticos sentimientos, sueños y deseos) y un determinado espacio-tiempo (el Sur chileno de su infancia y adolescencia, o sea los bosques de la Frontera en torno a Temuco, pero en particular la zona costera de Puerto Saavedra donde confluyen el océano y el río Imperial). Hasta el verano de 1923 ese vínculo ha sido considerado indigno del nivel de expresión que el *orgullo metafísico* (René Girard) señala a Pablo como condena obligada. Entre su vida emotiva y el sur de su infancia había hasta entonces una barrera de separación en los textos. Poemas de amor no escasean en la producción adolescente de Neruda (incluyendo "Farewell"). Y el sur de la infancia alcanza un cierto grado de (estilizada) representación en *Crepusculario* (ver, por ejemplo, "Aromos rubios en los campos de Loncoche"). Pero las dos líneas temáticas se movían sobre carriles diferentes.

Por paradoja, la causa de tal separación era una convergencia a otro nivel. Los temas del amor y del sur no podían encontrarse mientras ambos estuvieran subordinados a la construcción de una falsa imagen del Yo poético y de su tarea, vale decir, mientras ambos fueran función de la escritura del poeta *ritual* (cuya identidad dependía a su vez del *orgullo metafísico*, compensador inestable del sentimiento de impotencia e inseguridad).

El reconocimiento del vínculo entre los temas del Amor y del Sur no era posible sin un cambio de identidad en Pablo. Ese cambio —del poeta *ritual* al poeta *individual*— comienza a producirse en febrero de 1923. El primer anuncio es el poema "Vaso de amor" que Pablo en enero había enviado a *Zig-Zag* y que el editor Carlos Acuña Núñez rechaza. Irritado, nuestro joven poeta lo envía entonces a Alone, en su ya mencionada carta del 05.02.1923, con tres poemas del *Hondero* que eran sólo para leer, advirtiendo luego: «El otro, que se llama "Vaso de amor", es el que deseo que se publique. Es una razón de amor propio, porque el señor Carlos Acuña no quiso publicarlos y nada mío saldrá en la revista, por mi voluntad, antes de que salgan en ella estos versos» (*OC*, V, 927). Notar la seguridad y la voluntad afirmativas, por no decir arrogancia, de este poeta todavía adolescente (andaba entonces por sus 18 años). "Vaso de amor" vendrá publicado en *Zig-Zag* 938 del 10.02.1923, o sea cinco días más tarde de la carta a Alone. Es el número 12 de los *Veinte poemas* y trae ya el rocío, las olas del mar, el viento, los pinos y los mástiles del sur que abundarán en otros textos del libro.

Pero el anuncio fuerte llega con el poema "Mancha en tierras de color" (fechado «Febrero 9 ó 10» en *Álbum Terusa*), que comienza aludiendo al patio de las amapolas multicolores en la casa de las Pacheco, en Puerto Saavedra, en el que hay un pozo a cuyos bordes el muchacho suele asomarse: «Inclinado sobre la boca del pozo / del fondo del pozo me veo brotar / como en una instantánea de sesenta cobres / distante y movida. Fotógrafo pobre, / el agua retrata mi camisa suelta / y mi pelo de hebras negras y revueltas.»

El poema conecta entonces el huerto mágico de las amapolas a una autorrepresentación escueta y neutra de Pablo, a un modesto Narciso. Autorretrato distante del que —determinado por el falso orgullo— domina en *Crepusculario* (oscilando entre 'el ungido' y 'el excluido') y más distante aún del que comienza a perfilarse en los textos del mismo álbum de Teresa que anticipan poemas de *El hondero entusiasta*. Emerge así el interés de Pablo por verse desde una perspectiva propia, *individual*, sin ajenas mediaciones ideales, como quien se asoma a un enigma por descubrir. La reducción es sólo aparente. Acodarse a los bordes del pozo —arcaico símbolo del autoconocimiento— es una imagen de la nueva propensión de Pablo a indagar el propio secreto en la profundidad y en el silencio. [Entre muchos otros ejemplos posibles, remito a un poema afín de Seamus Heaney, "Personal Helicon", que confirma en clave más actual la simbología autocognoscitiva de los pozos o viejas norias. Versión castellana en *El Urogallo* 74-75, Madrid, julio-agosto 1992, p. 19.]

El primer contacto efectivo entre los temas del Amor y del Sur —desde la perspectiva del poeta individual— ocurre en la prosa "Aquel bote, salvavidas de un barco mercante" del *Álbum Terusa*, también conexa al patio de las amapolas [prosa que reproduje más arriba, en el apartado sobre Teresa Vásquez]. Ese texto supone un equilibrio inestable en el *eje de la verticalidad*. Vale decir: un yo tensado por pulsiones contrastantes, contradictorias: una que insiste hacia lo alto (el poeta de capa y libro que, extendido sobre la bancada del bote, con sus ojos externos muy abiertos porfía en mirar hacia el cielo infinitamente azul) y otra que, en cambio, llama con violencia desde lo profundo, desde el estrato de los recuerdos que «sumergidos en el agua del tiempo» reclaman los ojos interiores de Pablo. La pulsión hacia arriba responde aún al *orgullo metafísico*. La pulsión hacia abajo viene percibida como un asalto de potencias desconocidas e indefinibles: es la memoria íntima de la infancia que, desde el oscuro pozo de la sinceridad profunda, pugna por abrirse paso hacia la conciencia del poeta.

En este proceso participa sin duda la importante lectura de *Un uomo finito* (1912), obra autobiográfica de Giovanni Papini. Lectura documentada en "Figuras en la noche silenciosa: la infancia de los poetas", breve artículo publicado en *Zig-Zag* 974 (del 20.10.1923) en el que Pablo comenta los recuerdos que de la propia infancia dejaron cinco escritores: el italiano Papini, los franceses Baudelaire y Octave Mirbeau, el peruano Abraham Valdelomar y el chileno Romeo Murga.

> Tiene ese pobre y doloroso poeta lírico Giovanni Papini un comienzo de libro, al relatar su niñez, desconsolado y tristísimo. Mira sus compañeros, alegres *ragazzi* florentinos, busca y no halla el secreto de aquellas alegrías. Los acecha con sus serios ojos verdes, y aparte de todos es su juez y su enemigo. Lo persiguen y lo maltratan. De suerte que al niño lo amamantó la soledad de su campiña toscana, y hasta el fin de su vida sella su corazón aquella infancia sola y desesperada, invadida de oscuros ensueños, manchada de tinta y de dolores. [...] Oh, no! *Io non sono stato bambino...* No, él no fue nunca niño... *Io vi ripeto che non ho avuto fanciullezza...*

En su artículo Pablo no menciona ningún libro de Papini, pero la fuente sin duda es *Un uomo finito* (título que podría traducirse como 'Un hombre acabado – o completo'). Aparte la alusión a «su campiña toscana», en la que resuena *la mia campagna* de aquel libro (Papini, 42-45), la cita en italiano reproduce las palabras conclusivas de "Un mezzo ritratto", su secuencia inicial: «No, no: quello non è il ritratto di un bambino. Io vi ripeto che non ho avuto fanciullezza.» (*ibíd.*, 13).

El artículo viene publicado por *Zig-Zag* a fines de octubre de 1923, pero —gracias quizás a Aliro Oyarzún o a algún otro amigo *aggiornato* en literatura europea— Pablo conoce la versión original del libro de Papini desde fines de 1922 o comienzos de 1923. Deduzco esa fecha de la indicación entre paréntesis —(*Lentísimo*)— que precede al primer texto de la sección "Los Crepúsculos de Maruri" en *Crepusculario*. Creo muy probable que Pablo toma tal indicación del mismo *Un uomo finito*, cuyas seis secciones aparecen tituladas con movimientos musicales, en el siguiente orden: *Andante, Appassionato, Tempestoso, Solenne,* **Lentissimo***, Allegretto*. Ésa fue la lección inicial, seguida por el estímulo hacia la memoria personal. Pero la lección más importante de Papini —según veremos— será acogida sólo en 1924, en correspondencia con la publicación de *Veinte poemas*.

1923: EL AÑO DE LA ENCRUCIJADA (III)

> *Yo deshojé las constelaciones, hiriéndome,*
> *afilando los dedos en el tacto de estrellas,*
> *hilando hebra por hebra la contextura helada*
> *de un castillo sin puertas*
>
> ["El hondero", 1949, en *OC*, I, 808]

Al regresar en marzo a Santiago torna también, intensificado, el desaliento de Pablo. Mientras la ciudad aumenta su sórdida presencia en la última fase de la composición de *Crepusculario*, el Sur y sus resonancias se cobijan en una escritura que para el poeta tiene un prestigio y un alcance menores: la prosa periodística. Cabe leer desde esta perspectiva las finas prosas de la serie "La vida lejana" —lejana de la ciudad, o sea, del 'centro'— publicadas entre junio y julio de 1923 en los números 92, 94 y 97 de *Claridad* (y recogidas en *OC*, IV, 282-288).

El sentimiento de frustración y menoscabo hace prevalecer, entonces, el desarrollo de la línea de la grandilocuencia y de la exaltación del Yo, que va exasperándose a medida que avanza el año 1923. Importante influencia tiene en ello el poeta uruguayo Carlos Sabat Ercasty. El 13 de mayo, un día después de la publicación en *Claridad* de una nota suya sobre *Poemas del hombre*, Pablo escribe la primera de sus cuatro cartas a Sabat Ercasty (recogidas en *OC*, V, 932-935), anunciándole la inminente aparición de *Crepusculario* y la preparación de otro libro «del cual le mando algo». Ese *algo* son seguramente algunos poemas del proyecto *El hondero entusiasta*, ya manuscritos en el *Álbum Terusa* en febrero. La primera carta incluye la frase «Hace tres meses que pensaba escribirle», lo cual nos retrotrae a ese mismo febrero como período del contacto entre Pablo y la poesía de Sabat Ercasty, a través del libro *Poemas del hombre* que el autor le había enviado desde Montevideo.

El conflicto vertical entre la pulsión hacia lo hondo —es decir, hacia la memoria íntima, sentimental— y la pulsión grandilocuente y expansiva hacia lo alto, es planteado por Pablo en febrero de 1923. A fines de junio la prosa "El cazador de recuerdos" (en *Claridad* 94) formula un principio de resolución al referirse así a los **recuerdos**: «No quiero revivirlos, y casi los odio. Los desentierro, y rompo de nuevo sus viejos surcos para que ahora queden enterrados para siempre. No son mi riqueza: soy más del minuto ignorado que del conocido. [...] Vivo incontenibllemente alzado bajo el fugante látigo del tiempo; y mi corazón prepara el ubicuo flechazo que ha de rebotar temblando en el último horario de las últimas tinieblas.» (*OC*, IV, 286). Un par de meses después, a comienzos de septiembre, otra prosa enfáticamente titulada "Miserables!" —en *Claridad* 103 del 01.09.1923— proclamará la decisión definitiva:

> Somos unos miserables... Jugamos a vivir todos los días; todos los días salen al sol nuestros pellejos, espesos de cuanta ignominia se arrastra bajo el sol, maculados de todas las lepras de la tierra, desgarrados de tanto refregarse a la porquería circundante; deshechos, estériles, baldíos de tanta ansiedad insatisfecha, de tanto sueño sacrificado. En ese pedazo diario de existencia, en ese asomarse a recibir la maldad y a devolverla, estamos enteros, amigos. [...] Eso somos, amigos, y menos que eso. Qué hemos hecho de nuestra vida, compañeros? Asco y lágrimas, lágrimas me asoman al preguntaros, qué habéis hecho de vuestras vidas? [...] Y yo? Quién es éste que os reta, qué pureza y qué totalidad son las suyas? Yo, también como vosotros. Como vosotros empequeñecido, maculado, sucio, deshecho, culpable. Como vosotros. Nos traga la misma feroz garganta, el mismo monstruo terrible. Pero, oídme, yo he de liberarme. Lo comprendéis? El salto hacia la altura, el vuelo contra el cielo infinito, seré yo quien lo haga, y antes de vosotros. Antes de podrirme deberé ser otro, transformarme, liberarme. Vosotros podéis seguir la feria. Yo no. Me zafo de esto, arranco estos vestidos con que me conocisteis hasta ayer y loco de tempestad, ebrio de libertad, convulso de amenazas, os grito: Miserables!
>
> — OC, *IV, 317-318*

Pablo obtiene que *Claridad* publique esta prosa en la portada del número 103, que apareció el primer día de septiembre. Es su *manifiesto personal*. El titanismo exaltado y desafiante del texto coincide con el del poema "El hondero entusiasta" (pórtico del libro homónimo) que presumo escrito durante la segunda mitad de agosto de 1923. Al inicio de septiembre Pablo despacha a Alone una inapreciable carta que incluye este párrafo: «En estos días le mandaré mi poema "El hondero entusiasta". Contésteme usted cuando lo reciba y dígame qué piensa. Ahora principio a hacer gestiones para publicar en octubre un nuevo libro: *Doce poemas de amor y una canción desesperada*. No me hable mal del título. Son mi obra restante y simultánea a *Crepusculario*. Quiero deshacerme luego de ella, no por mala, sino porque *creo que ya dejé atrás todo eso*.» (*OC*, V, 929, énfasis mío). Lo cual significa el triunfo —que después se revelará transitorio— de la línea del Hondero ya a comienzos de septiembre de 1923.

Neruda relatará varias veces, incluso en sus memorias, cómo compuso en agosto el poema "El hondero entusiasta". Por ejemplo, durante una importante conferencia de 1964 declara que, si bien el conjunto de los poemas del *Hondero* fue «suscitado por una intensa pasión amorosa», el primero de ellos, el que condensó el título del libro, «desprendiéndome del tema amoroso y llegando a la abstracción [...] lo escribí en una noche extraordinariamente quieta, en Temuco, *en verano*, en casa de mis padres. En esta casa yo ocupaba el segundo piso casi por entero. Frente a la ventana había un río y una catarata de estrellas que parecían moverse. Yo escribí de una manera delirante aquel poema, llegando tal vez, como en uno de los pocos momentos de mi vida, a sentirme totalmente poseído por una especie de embriaguez cósmica.» (*OC*, IV, 1201-1202).

Sólo que aquel poema no fue escrito en verano. La carta —arriba mencionada— con que Pablo anuncia a Alone el envío del poema "El hondero entusiasta" comienza así: «tuvo usted bellas frases en esa defensa mía y de la poesía», aludiendo a la reseña de *Crepusculario* que Alone había publicado en *La Nación* el 02.09.1923, de lo cual se deduce que la carta fue escrita y enviada inmediatamente después, o sea durante la primera semana de septiembre, y que por lo tanto Pablo escribe el poema "El hondero entusiasta" (al menos en su versión inicial) durante la segunda mitad de agosto 1923. En Chile ese período es invierno todavía, pero nada impide que el agosto temuquense de 1923 anticipara en luz y en color —y sobre todo en límpidas noches con «cataratas de estrellas»— aquel agosto 1924 documentado por Pablo en su prosa "Primavera de agosto" de ese año, después incluida en *Anillos* de 1926 (y en *OC*, I, 241-242).

En la misma carta, además, Pablo se refiere a sus «gestiones para publicar *en octubre* un nuevo libro» (cuyo título era *Doce poemas de amor y una canción desesperada*, proyecto embrionario de los *Veinte poemas* sobre el cual volveré más adelante) y al envío adjunto de «una crónica que he escrito para *Zig-Zag* con el propósito único de comprar un anillo a mi amiga [...] anillo que tendrá una piedra azul y triangular» (difícil establecer si la *amiga* es Albertina o Teresa; la crónica es "Figuras en la noche silenciosa", *Zig-Zag* 974 del 20.10.1923).

Al regresar a Santiago, ya en plena primavera, Pablo lee su poema al 'mago' Aliro Oyarzún, quien, tras escucharlo con su habitual admiración hacia el amigo, le pregunta con voz profunda: «¿Estás seguro de que esos versos no tienen influencia de Sabat Ercasty?» Respuesta: «Creo que estoy seguro. Los escribí en un arrebato.» (*CHV*, en *OC*, V, 451). Aliro Oyarzún goza de cierto prestigio de lector bien informado, al día en literatura internacional, tanto europea como latinoamericana. Por eso su pregunta hiere a fondo la vulnerabilidad del falso orgullo, sin dejar a Pablo alternativas válidas: sólo el mediador mismo (encarnación del modelo ritual inconscientemente venerado) puede salvarlo. Y entonces le escribe. Pone en manos de Sabat Ercasty su propio destino con ansiedad, presionándolo al límite del juego sucio, cargándolo de enorme responsabilidad en caso de respuesta desfavorable:

> Lea este poema. Se llama "El hondero entusiasta". Alguien me habló de una influencia de usted en eso. Yo estoy muy contento de ese poema. Cree usted eso? Lo quemaré entonces. A usted lo admiro más que a nadie, pero qué trágico esto de romperse la cabeza contra las palabras y los signos y la angustia, para dar después la huella de una angustia ajena con signos y palabras ajenas. Es el dolor más grande, más grande todavía, que nunca como ahora, y por primera vez (como en otras cosas que le mandé) creía pisar el terreno mío, el que me está destinado a mí solo.
>
> — *OC, V, 934*

Presumo que esta carta (no fechada) es de octubre o noviembre 1923. Afortunadamente para Pablo, Sabat Ercasty no se deja impresionar y responde que sí, que advierte algo de suyo en los versos recibidos. Muchos años más tarde Neruda comentará con gran lucidez esa respuesta: «Fue un golpe nocturno, de claridad, que hasta ahora agradezco. Estuve muchos días con la carta en los bolsillos, arrugándose hasta que se deshizo. Estaban en juego muchas cosas. Sobre todo me obsesionaba el estéril delirio de aquella noche. En vano había caído en esa sumersión de estrellas, en vano había recibido sobre mis sentidos aquella tempestad austral. Estaba equivocado. Debía desconfiar de la inspiración. La razón debía guiarme paso a paso por los pequeños senderos. Tenía que aprender a ser modesto. Rompí muchos originales, extravié otros. Sólo diez años más tarde reaparecerían estos últimos y se publicarían.»

Estas líneas serán publicadas en 1974 en las memorias de Neruda (*OC*, V, 451-452). La reacción inmediata del poeta joven a la respuesta de Sabat Ercasty, cincuenta años antes, había sido harto menos objetiva. A duras penas una máscara de cortesía cubre el despecho de Pablo contra el mediador que lo ha traicionado. Su última carta a Sabat Ercasty, felizmente rescatada como las otras tres por Dario Puccini (1983), viene fechada con desacostumbrado rigor, así: «Costa de Bajo Imperial, febrero 14 de 1924»:

> Querido amigo: Aquí he recibido su última carta, las once hermosas hojas que, después de leídas, tiré sobre el lomo de la alta marea. He terminado aquí mi nuevo libro *Veinte poemas de amor y una canción desesperada*, que pienso publicar en el mes de abril. [...] Usted escríbame a la dirección de costumbre. Yo, durante algún tiempo, pienso que no le escribiré: no debo tocar la parte de tiempo que usted debe entregar a su poderoso esfuerzo, a su doloroso afán, iguales a los míos. También creo que estas cartas son completamente inútiles si no tienen un tema estrictamente material: la remisión de un libro, o el viaje, o el proyecto. En estas cartas se fatiga la mano inútilmente, y como uno tiene otros cauces

para entregarse, el corazón hace un juego traicionero con las palabras y las letras. No volveré a escribirle. Usted mándeme poemas, cambiémonos poemas, con todo silencio y tenacidad. Eso cuando usted tenga copias de más.

— OC, V, 934-935

Destaco en esta carta —casi cómica de puro transparente— un aspecto fundamental: la movida de réplica del despechado es la decisión de publicar los *Veinte poemas*. Se advierte sin dificultad que Pablo comunica esta noticia con la rabia de quien lanza una bofetada como respuesta a una ofensa o a un desaire, puesto que el libro que él desea ardientemente publicar es *El hondero entusiasta*, no *Veinte poemas*. Pablo quiere fundar su fama y su realización como poeta sobre un libro afín a los del mediador —si bien muy diferente y original—. Sólo secundariamente le interesa también publicar —con expectativas mucho más modestas y privadas— una compilación de doce o veinte poemas sentimentales, amorosos, textos menores que 'le han caído de las manos', cosas *que ya dejé atrás* (según ha escrito a Alone).

La respuesta de Sabat Ercasty obliga a Pablo a invertir la jerarquía de esos proyectos y con ello a tener que elaborar, a última hora, una forma más ambiciosa para los *Veinte poemas*. La frase «He terminado aquí mi nuevo libro» está aludiendo en realidad a la escritura reciente de algunos poemas integrativos y, sobre todo, a una fase final de reordenación, selección y disposición de todo el material según exigencias nuevas e imprevistas.

Ya vimos que la línea a media voz de los *Veinte poemas* había comenzado (como la grandilocuente del *Hondero*) un año antes con "Vaso de amor" (poema 12) y que después fue reducida a favor de la línea rival alternativa. Pero no eliminada. Cuando al despuntar la primavera de 1923 se acentúan el delirio y las expectativas del Hondero, paralelamente crece con discreción —y sin visibles pretensiones— la línea del poeta individual. En este período se publican el poema 4 ("La tempestad" en *Claridad* 109 del 13.10.1923) y nada menos que el poema 20 ("Tristeza a la orilla de la noche" en *Claridad* 115 del 24.11.1923), cuya escritura es poco posterior a la del poema-pórtico "El hondero entusiasta" enviado a Sabat Ercasty. La respuesta del poeta uruguayo quizás no ha llegado aún cuando se publica "Poesía de su silencio" en *Zig-Zag* 985 del 05.01.1924, texto que devendrá el célebre poema 15.

Difícil precisar cuáles —de entre los veintiuno— son los poemas que Pablo escribe a última hora, durante el repliegue final, tras la respuesta de Sabat Ercasty. Dos me parecen seguros: el poema 1 y la reelaboración definitiva de una versión embrionaria (perdida) de "La canción desesperada", claves de la tardía organización del libro como parábola *narrativa* de una experiencia amorosa.

III

LA TRAVESÍA DE LA NOCHE

1924-1926

> ¿Te complaces con nosotros, noche oscura?
> ¿Qué guardas bajo tu manto que con fuerza
> deliciosa llega a mi alma?
> [...]
> La luz ya no era la residencia de los dioses
> ni símbolo del cielo — se cubrieron con el velo
> de la noche. La noche fue el seno poderoso de
> la revelación — a él volvían los dioses, dormían
> para brotar en nuevas formas magníficas
> sobre el mundo cambiado.
>
> — Novalis, *Himnos a la Noche*

> **VINGT ANS** / Les voix instructives exilées…
> L'ingénuité physique amèrement rassise…
> Adagio. Ah ! l'égoïsme infini de l'adolescence,
> l'optimisme studieux: que le monde était plein
> de fleurs cet été! L'air et les formes mourant…
> Un chœur, pour calmer l'impuissance et
> l'absence! Un chœur de verres de mélodies
> nocturnes… En effet, les nerfs vont vite chasser.
>
> — Rimbaud, *Illuminations,* "Jeunesse"

EL POETA INDIVIDUAL

> Pero esto es largo de conocer y aprender. El joven sale a la vida creyendo que es el corazón del mundo y que el corazón del mundo se va a expresar a través de él. Terminó allí [con la carta de Sabat Ercasty] mi ambición cíclica de una ancha poesía, cerré la puerta a una elocuencia desde ese momento para mí imposible de seguir, y reduje estilísticamente, de una manera deliberada, mi expresión. El resultado fue mi libro *Veinte poemas de amor y una canción desesperada*.
>
> [*OC*, IV, 1203]

El verdadero efecto de la carta de Sabat Ercasty es entonces el triunfo —no deseado por Pablo— del poeta individual sobre el poeta ritual. El repliegue del despechado hacia una modulación poética 'menor', alternativa y secundaria respecto a aquella antes privilegiada y ahora obligadamente abandonada, produce un cambio muy importante en la impostación del Yo enunciador de su poesía.

No es un cambio radical, como se verá. Se trata más bien de un reajuste necesario a las nuevas exigencias del desarrollo artístico —y literario en particular— al comienzo de los años veinte. Exigencias que de un modo u otro afectan a todo el sistema histórico-cultural de Occidente, vale decir, tanto al progreso científico y tecnológico como a la perspectiva humanística y social en sus diversas manifestaciones. Desde las matemáticas a la pintura, desde la medicina al cine, desde la química a la música, desde la física a la psiquiatría o desde la política a la poesía, una ***nueva dominante histórico-cultural*** (Jameson) impone a partir de los años veinte (en arte y literatura, sobre todo a través de las vanguardias) una hegemonía que reinará con prepotencia hasta el término de la segunda guerra mundial, que comenzará a mostrar grietas durante los cincuenta, que declinará durante los sesenta (a pesar de canonizaciones y de otras apariencias triunfantes) y que agonizará durante los setenta y ochenta hasta derrumbarse con el muro de Berlín en 1989.

En particular, el tránsito desde el *imaginario* de la modernidad del siglo XIX al de la modernidad del siglo XX (a partir de los primeros años '20) significa en toda la cultura occidental un desplazamiento de la axiología simbólica, en modo tal que la hegemónica afirmación de *lo alto-luminoso* viene rápidamente sustituida por la prepotente valorización de *lo bajo-oscuro*. Si Freud obliga a que los reflectores apunten hacia *la zona baja-oscura* del cuerpo, Lenin los endereza hacia *la zona baja-oscura* de la sociedad.

En estos territorios la modernidad del siglo XX sobrepasa los alcances y audacias del naturalismo de Zola y de los Goncourt (y de sus reflejos americanos, como *Juana Lucero* de D'Halmar) al imponer una nueva, diferente, inédita axiología literaria. *Lo bajo-oscuro* emerge de pronto como una dimensión simbólica capaz de asumir no sólo las temáticas serias de lo trágico (como en Zola), sino también los *valores positivos* —artísticos, políticos, morales— que la crítica del desarrollo finisecular de la sociedad y de la cultura prospecta como horizontes de un real progreso histórico en los primeros decenios del siglo.

Nadie como Rubén Darío estableció en América el *imaginario* poético que domina la última fase de la modernidad del siglo XIX. Es bien conocida su exaltación de *lo blanco-luminoso* (palacios de mármol, cisnes, perlas, ambrosías, blancas tórtolas, la página blanca, la blanca Helena, lirio boca de nieve, cascos de nieve, la carroza argentina, el soberano de los claros diamantes) y de *lo alto-luminoso* (estrellas, el país del sol, catedrales, el ala de la mariposa, celeste carne de mujer, tus dos alas divinas, las dulces rimas de la Aurora, ir al Sol por la escala luminosa de un rayo) como referentes de valores y jerarquías.

Hasta comienzos de 1923 Neruda se mueve también —principalmente— en esa órbita. La primera sección de *Crepusculario* hereda el título *Helios* del proyecto de libro que Pablo traía bajo el brazo al llegar a Santiago. Todavía los poemas de 1921 conservan la propensión solar ("Sinfonía de la trilla") y el aristocrático vuelo de altura ("Oración"). Y a lo largo de 1923 la exasperación titánica y estelar del Hondero es en verdad la desesperada tentativa de prolongar la vigencia de una poética en agonía. Los *Veinte poemas de amor* son, en cambio, el viraje decisivo.

Dicho con otras palabras: la carta de Sabat Ercasty precipita el necesario pasaje de la poesía de Pablo desde la segunda a la tercera (y última) modernidad, o sea desde la modernidad 'clásica' del siglo XIX (la escritura del poeta ritual) a la modernidad del siglo XX (la escritura del poeta individual). No sólo para Neruda fue necesario ese pasaje. Entre los poetas de su generación cabe recordar el tránsito desde *Los heraldos negros* a *Trilce* y a *Poemas humanos* en la trayectoria de César Vallejo, y desde *Romancero gitano* a *Poeta en Nueva York* en la de Federico García Lorca. [Sobre esta encrucijada de 1923, ver *supra* la sección II, y Loyola 1992.]

Sin ese repliegue a contrapelo (sin la afirmación in extremis de los *Veinte poemas* a expensas del *Hondero*) no existirían *Tentativa del hombre infinito* ni *Residencia en la tierra*. Tras la respuesta de Sabat Ercasty —un golpe terrible— Pablo saca del despecho mismo la fuerza para aceptar abiertamente su propia Noche, su condición nocturna y sureña (esto es, la humilde verdad de su circunstancia y de sus sentimientos concretos, reales), y para asignarle incluso la dignidad del Libro destinado a fundar su ser en el mundo, su tarea, su poesía.

EL HONDERO VERSUS EL ENAMORADO

Hago girar mis brazos como dos aspas locas
en la noche toda ella de metales azules.

Hacia donde las piedras no alcanzan y retornan.
Hacia donde los fuegos oscuros se confunden.
Al pie de las murallas que el viento inmenso abraza.
Corriendo hacia la muerte como un grito hacia el eco. [...]

Pero quiero pisar más allá de esa huella:
pero quiero voltear esos astros de fuego [...].
Ah, mi dolor, amigos, ya no cabe en mi vida.
Y en él cimbro las hondas que van volteando estrellas!

> *Y en él suben mis piedras en la noche enemiga!*
> *Quiero abrir en los muros una puerta. Eso quiero.*
> *Eso deseo. Clamo. Grito. Lloro. Deseo.*
> *Soy el más doloroso y el más débil. Lo quiero.*
> *El lejano, hacia donde ya no hay más que la noche. [...]*
>
> *En la noche toda ella de astros fríos y errantes,*
> *hago girar mis brazos como dos aspas locas.*
>
> [de "El hondero entusiasta", HOE, en OC, I, 161-163]

Todo esto tuvo una pequeña historia que aquí debo recordar y resumir. Desde comienzos de 1923 (el verano en Puerto Saavedra), y a lo largo de todo ese año, Pablo va introduciendo en su escritura poética, las figuras y los materiales de una experiencia personal, íntima, que dentro de su desarrollo adolescente está adquiriendo creciente importancia e intensidad. Aquel febrero con Teresa es decisivo. En la central operativa de Pablo se produce de pronto un contacto inédito entre la percepción de sus sentimientos y de sus pulsiones eróticas, por un lado, y la percepción de un cierto entorno físico, por otro. Vale decir, entre **Teresa** (o más bien lo que ella encarna para Pablo) y **Bajo Imperial** (el río, el océano, el puerto fluvial, la playa infinita, el patio de las amapolas, el bote salvavidas). Antes de aquel febrero, tales percepciones ocurrían separadamente y su traducción poética (si la había) era ritual, débil. El contacto entre ellas resulta explosivo dentro de la escritura de Pablo. El acta de nacimiento de lo que surge de aquella conexión es la prosa "Aquel bote, salvavidas de un barco mercante..." del *Álbum Terusa* (*OC*, IV, 271-272, y aquí, *supra*, sección II, "Teresa Vásquez").

Sin embargo, la explosión tardará un año en manifestarse. Porque (también desde comienzos de 1923, como ya advertí) Pablo se empecina en resolver su problema de derrota y frustración a través de la estrategia 'fuerte' del Hondero. Su íntimo estado de debilidad —por insoportable conciencia de fracaso— le exige una autorrepresentación compensatoria, vale decir, una imagen heroica, exasperada y titánica de su *alter ego*, el Yo protagonista de su poesía privilegiada, 'importante'. Y es a esta línea de escritura que Pablo dedica su empeño más consciente durante el año. A ella confía sus máximas expectativas de realización y de triunfo como poeta.

> Se trata de ese ciclo de poemas que tuvo muchos nombres y que, finalmente, quedó con el de *El hondero entusiasta*. Este libro, suscitado por una intensa pasión amorosa [*dos, en realidad: Albertina y Teresa*], fue mi primera voluntad cíclica de poesía: la de englobar al hombre, la naturaleza, las pasiones y los acontecimientos mismos que allí se desarrollaban, en una sola unidad.
> Escribí afiebrada y locamente aquellos poemas que consideraba profundamente míos. Creí también haber pasado del desorden a un planeamiento formal.
> — Neruda 1964, en OC, IV, 1201

La línea 'débil' —la de la sinceridad emotiva y sentimental— produce todavía en sordina algunos textos como "El sueño", "Hora fluvial" y "Arabella" (*Claridad* 92 del 16.06.1923), pero la carta a Alone de comienzos de septiembre revela que Pablo —eufórico tras haber escrito en agosto el poema "El hondero entusiasta" que adjunta a esa carta— ha decidido en favor de la línea 'fuerte'. Lo curioso es que tal decisión se manifiesta a través de otra, la de publicar cuanto antes un libro en que ha reunido algunos poemas de amor, sentimentales, con la sospechosa motivación de querer cerrar o clausurar esa línea 'débil':

> Ahora principio a hacer gestiones para publicar en octubre un nuevo libro: *Doce poemas de amor y una canción desesperada*. No me hable mal del título. Son mi obra restante y simultánea a *Crepusculario*. Quiero deshacerme luego de ella, no por mala, sino porque creo que ya dejé atrás todo eso.
>
> — *carta a Alone, en* OC, V, 929

Naturalmente, la línea 'débil' del enamorado no muere con este golpe de autoridad que más bien es el índice del conflicto psicológico de Pablo (y que por lo demás quedó en el papel como proyecto sin realizar). No se sabe con exactitud cuáles eran esos doce poemas de amor, pero sí se sabe que no han sido escritos aún algunos de los más importantes entre los futuros *Veinte poemas* de 1924. Tras aquella carta a Alone (de comienzos de septiembre 1923) la producción de textos sentimentales prosigue con las publicaciones de "Poema de la ausente" en *La Mañana* del 10.09.1923 y en *Claridad* 106 del 22.09.1923; "La tempestad" [poema 4] en *Claridad* 109 del 13.10.1923; "Tristeza a orilla de la noche" [poema 20] en *Claridad* 115 del 24.11.1923; "Poesía de su silencio" [poema 15] en *Zig-Zag* 985 del 05.01.1924; "Pasado" [poema 6] en *Zig-Zag* 1.001 del 26.04.1924. De más está decir que la experiencia de febrero con Teresa ha extendido sus efectos literarios a Albertina y a otras enamoradas.

Esta jerarquización de las dos líneas, que privilegia la del Hondero, mantiene su vigencia hasta que la respuesta de Sabat Ercasty obliga a Pablo (en febrero 1924) a replegar sobre la línea 'débil', secundaria o menor.

> Mi inmensa vanidad recibió esa respuesta como una piedra cósmica, como una respuesta del cielo nocturno al que yo había lanzado mis piedras de hondero. Me quedé entonces, por primera vez, con un trabajo que no debía proseguir. Yo, tan joven, que me proponía escribir una larga obra con propósitos determinados o caóticos, pero que representara lo que siempre busqué, una extensa unidad, y aquel poema tembloroso, lleno de estrellas, que me parecía haberme dado la posesión de mi camino, recibía aquel juicio que me hundía en lo incomprensible, porque mi juventud no comprendía entonces que no es la originalidad el camino, no es la búsqueda nerviosa de lo que puede distinguirlo a uno de los demás, sino la expresión hecha camino, encontrado a través, precisamente, de muchas influencias y de muchos aportes.
>
> Pero esto es largo de conocer y aprender. El joven sale a la vida creyendo que es el corazón del mundo y que el corazón del mundo se va a expresar a través de él. Terminó allí mi ambición cíclica de una ancha poesía, **cerré la puerta a una elocuencia desde ese momento para mí imposible de seguir, y reduje estilísticamente, de una manera deliberada, mi expresión**.
>
> El resultado fue mi libro *Veinte poemas de amor y una canción desesperada*.
>
> — *Neruda 1964, en* OC, IV, 1203, *con énfasis mío*

Es una circunstancia externa, entonces, la que determina el ascenso de la 'línea del corazón' al nivel de la escritura privilegiada. Y con ello el reconocimiento y la afirmación del sistema simbólico Noche-Sur, o territorio de los *sueños* (así lo nombrará el poeta), como base o fundamento para las futuras operaciones literarias de Neruda. No sabe aún, nuestro poeta, que con su Noche-Sur está aceptando lo más auténtico de sí, la única verdadera base de identidad que por entonces posee. Pero muy pronto comenzará a saberlo.

Al situarse con *Veinte poemas* en el umbral de una desconocida libertad interior, Neruda vislumbra que esa libertad, consustancial a la unidad espiritual o psicológica del *Yo Soy* que ya aspira a instalar en sus textos, no es un dato *a priori* sino algo que deberá conquistar paso a paso. No le sirven para ello ni el delirio ni el golpe de inspiración. Pero desde ahora tiene en sus manos la pequeña brújula que orientará sus esfuerzos futuros.

VEINTE POEMAS DE AMOR Y UNA CANCIÓN DESESPERADA (I)

> El tiempo cerró los ojos de mujer que en estas páginas se abrieron. Las manos, los labios que en este libro ardieron fueron consumidos por el fuego. Los cuerpos de trigo que se extendieron en sus versos, aquella vida, aquella verdad, aquellas aguas, todo cayó al gran río subterráneo, palpitante, nutrido de tantas vidas, de todas las vidas. Pero la niebla, la costa y el tumultuoso océano del Sur de Chile, que en este libro adolescente encontraron su camino hacia la intimidad de mi poesía, todavía hoy asedian mi memoria con su jerárquica espuma, con su geografía amenazante.
>
> [*OC*, IV, 1052]

Emir Rodríguez Monegal (1966: 46) cita una carta de Pablo a González Vera: «Yo anido en Puerto Saavedra, a orillas del río que usted conoce, cerca del mar que usted ama. He terminado un libro, totalmente, renovándolo, y planeo algún otro que le diré después [...]. He reducido los versos a *Doce poemas de amor y una canción desesperada*. Ahora está mejor y cabe en las páginas de marras.» Rodríguez Monegal supone que la carta «tal vez sea de febrero 24, 1924», lo que me parece difícil pues ya la carta del 14 a Sabat Ercasty alude a *Veinte poemas de amor y una canción desesperada*, como también una carta de enero a Albertina (*OC*, V, 865).

La carta a González Vera habría que fecharla a fines de agosto 1923 (durante las vacaciones de invierno), en conexión con aquella otra carta de comienzos de septiembre en la que comunicaba a Alone la reducción a **doce** poemas. Esa cantidad se irá modificando en los meses siguientes con los nuevos poemas 'sentimentales' escritos hasta la recepción de la final respuesta de Sabat Ercasty (que llega en enero de 1924). Los doce, entonces, devienen veinte dentro de un nuevo proyecto, revalorizado.

Pero no basta que el libro esté ya terminado. El problema es cómo publicarlo. ¿Cuál editor asumiría el riesgo de hacer imprimir a sus propias expensas —y además según las exigencias tipográficas de Pablo— un volumen con veintiún poemas de un muchacho de 19 años, casi un desconocido puesto que no tiene otros antecedentes que un librito y algunos artículos en un periódico estudiantil? Otra carta a González Vera, esta vez fechada con seguridad el 07.03.1924 por Rodríguez Monegal (*ibíd*.), le comunica: «Tengo un amigo excelente que me presta todo el dinero necesario. Mis *Veinte poemas* estarán impresos a comienzos de junio.»

Así como Alone le había prestado dinero para pagar la impresión de *Crepusculario* y Pedro Prado ha escrito sobre ese libro palabras elogiosas, otro gran escritor de entonces viene efectivamente en ayuda de Pablo. Es Eduardo Barrios, quien insta al editor Carlos George Nascimento a publicar *Veinte poemas de amor* y a no perder de vista a su autor. «Y no lo perdí de vista —confesará Nascimento en entrevista de 1969—. Algo tenía, no puedo explicarlo. Era muy flaquito y muy pálido, hablaba apenas, pero estaba siempre tan calmado y seguro que sin darme cuenta me convenció y hasta tuve que hacer el libro a la medida que él pidió: un formato grande, cuadrado, que no era nada económico porque se perdía mucho papel. Pero ya ve, tan flaquito y callado, salía con la suya.» (cito por Teitelboim, 118). Neruda ya había recordado el episodio en 1962, no sin un dejo de afectuosa ironía: «En cuanto a mis *Veinte poemas de amor*, contaré una vez más que fue Eduardo Barrios quien lo entregó y recomendó con tal ardor a don Carlos George Nascimento que éste me llamó para proclamarme poeta publicable con estas sobrias palabras: 'Muy bien, publicaremos su obrita'.» (*OC*, IV, 1084).

La *obrita* —96 páginas sin numerar— aparece en junio de 1924, muy poco antes del 20º cumpleaños de Pablo, cuya conexión con los *20 poemas* del título es obviamente intencional. Pero el título de la *obrita* merece más atención. En primer lugar, por su contraste con el vistoso título del libro que Pablo había destinado a la publicación consagratoria y que a última hora abortó, *El hondero entusiasta*. El libro sustitutivo trae en cambio un título de apariencia notarial y prosaica, como un simple registro cuantificador (aquí tienen estos 'veinte poemas de amor') tirado sobre la mesa con mal humor y desgano. Apariencia engañadora, porque si bien el título incluye esa intención de autocastigo y de reducción estilística y expresiva a que aludirá en 1964 (*OC*, IV, 1203), en realidad es un título más pensado de lo que parece.

No es imposible, aunque sí difícil, que Pablo conozca ya los *Veinte poemas para ser leídos en el tranvía* (París, 1922) de Oliverio Girondo, o que al menos haya oído hablar de ese libro conversando con Aliro Oyarzún, con Álvaro Hinojosa o con Álvaro 'Pilo' Yáñez. Pero si lo conoce, tanto el título mismo como los veinte poemas de Pablo asumen una dirección del todo divergente respecto al *distacco* (o distanciamiento) vanguardista de Girondo (quien más tarde será su amigo entrañable).

La frase '*y una canción desesperada*' es un leve toque del genio de Pablo al introducir en el título una fuerte resonancia melodramática e impactante, a su vez equilibrada por la banalidad del enunciado numérico: *veinte poemas de amor*.

El resultado total es una fórmula novedosa, eficaz e inolvidable porque necesaria. Imposible imaginarle otro título a la célebre compilación.

La frase misma, *canción desesperada*, tiene un antecedente ilustre nada menos que en el *Quijote* (parte I, capítulos 13 y 14). Es el título de la canción escrita por Grisóstomo, el joven pastor-estudiante enamorado de Marcela, antes de poner fin a sus días por amor no correspondido. Su amigo Ambrosio se dispone a enterrarlo allí donde había visto por vez primera a la bella pastora, y se dispone también a quemar inmediatamente después unos papeles que dejó (ambas cosas según voluntad del difunto). En este punto interviene un acompañante: «Vivaldo, que deseaba ver lo que los papeles decían, abrió luego el uno de ellos y vio que tenía por título: *Canción desesperada*. Oyólo Ambrosio y dijo: —Ése es el último papel que escribió el desdichado...» (cap. 13).

El extenso poema del pastor-estudiante ocupa las primeras páginas del capítulo 14 bajo el título "Canción de Grisóstomo". Martín de Riquer anota al respecto: «Esta poesía se encuentra copiada también en un manuscrito de la Biblioteca Colombina de Sevilla, con intencionadas variantes que parecen deberse al autor [...] y con el título de *Canción desesperada*. Como sea que algunos conceptos expresados en esta canción no parecen adecuados a la historia de Marcela y de Grisóstomo, se ha creído que nuestro escritor [Cervantes, obviamente] la había compuesto anteriormente a la redacción del *Quijote*.» (nota al *Quijote*, 2ª edición en Clásicos Universales Planeta, 1981, p. 136). A mayor abundancia, la "Canción de Grisóstomo" concluye con esta quintilla:

> *Canción desesperada, no te quejes*
> *cuando mi triste compañía dejes;*
> *antes, pues, que la causa do naciste*
> *con mi desdicha aumenta su ventura,*
> *aun en la sepultura no estés triste.*

No excluyo, por cierto, que sea exactamente la fórmula del *Quijote* la que resuena en el título del libro de Pablo, buen lector de clásicos. La novela se refiere a Grisóstomo como «aquel famoso pastor estudiante» (capítulo 12) que había frecuentado las aulas de Salamanca y era poeta. Pablo frecuenta (no demasiado, a decir verdad) las del Instituto Pedagógico de la Universidad de Chile, y aunque no pastor rico (como Grisóstomo) es sí un poeta cuya modesta condición social y económica fue la causa principal del alejamiento de Teresa Vásquez, presionada por su familia. Ahora bien, "La canción desesperada" es la reacción poética de Pablo al rechazo de Teresa, así como la canción de Grisóstomo al de Marcela. Pero la semejanza concluye ahí porque el personaje Pablo no sólo no se suicida en el libro, sino, por el contrario, renace en el otro texto vinculado a la pérdida de Teresa: el poema 20, afirmación de la voluntad de sobrevivir al fracaso amoroso a través de la escritura (***puedo escribir los versos más tristes esta noche***) y, al mismo tiempo, cifra de los años que el autor está por cumplir.

En efecto, retomar con el título mismo del nuevo libro la celebración poética de su propio 20° cumpleaños (lo había hecho en ocasión del 15° y del 16°) es además un modo externo de autoafirmación, tendiente a compensar el fracaso del Hondero. También lo es la disposición de los poemas: sólo 'duración', no ya esa 'construcción' de *Crepusculario* con su estructura en secciones temáticas y su diseño de complejo arquitectónico. Siguiendo uno de los modelos que la tradición reciente (Darío, Machado...) prefería, Pablo había aplicado a su primer libro un esquema ordenador de la variedad del mundo (el campo en "Ventana al camino", la urbe en "Los crepúsculos de Maruri", la sociedad en "Farewell y los sollozos", la estilización del amor en "Pelleas y Melisanda"). Un esquema similar había pensado aplicar al proyectado libro del Hondero, según escribió a Alone: «Tengo *El Hondero Entusiasta...* Seguirán en libros aparte: *La Mujer del Hondero, La Ciudad del Hondero* y *La Trompeta en los Bosques*.» (en Alone 1962: 226). Los *Veinte poemas* configuran en cambio una simple secuencia o sucesión de textos (poema 1, poema 2, poema 3, poema 4...).

Una forma interna, subyacente, gobierna sin embargo la secuencia aparentemente simple de los *Veinte poemas*. A última hora —efecto de la respuesta de Sabat Ercasty— los textos vienen ordenados por Pablo según un cierto plan, como los pasos o momentos de una parábola 'narrativa', como si en conjunto aspirasen al despliegue poético de una vaga historia de amor y desamor. Articulaciones temporales confirman en los poemas una difusa voluntad de relato, un aire de crónica privada. Así el poema 20, que parte desde un *presente* («Puedo escribir los versos más tristes esta noche») para incursionar luego hacia un *pretérito* («la tuve entre mis brazos», «La besé tantas veces», «Ella me quiso») y regresando en fin a la clave temporal del *presente*, pero esta vez insinuando una apertura hacia el *futuro* («Aunque éste sea el último dolor que ella me causa, / y éstos sean los últimos versos que yo le escribo»).

VEINTE POEMAS DE AMOR Y UNA CANCIÓN DESESPERADA (II)

Acaso me aleje de ti, no te entristezcas. Pasa,
recién, frente a la ventana, el vuelo de un pájaro
errante y silencioso.
La ausente, eres la ausente. Te llamo y mi voz cae
y se arrastra, pero la oyes.
La oyes, Pequeña, al dormirte, como el ruido de
un río distante.
La noche, es la noche. Emerges floreada de luces
azules, y eres el astro que ama mi deseo.
No estás.
La ausente, la que cierra los párpados, al otro lado
de la sombra. Te hablo, y mi voz te llama,
Pequeña.
No te vayas, no te vayas nunca.

[de "Poema de la ausente", septiembre 1923, en *OC*, IV, 292]

La historia 'contada' por los *Veinte poemas* tiene como base la de Pablo y Teresa, que al momento de la disposición de los viejos y nuevos textos —o sea, desde febrero 1924— se encuentra en vías de extinción o ya terminada (según refiere 'en clave' el poema 20). Lo cual explica que el escenario dominante sea el verano en la Frontera. «Aunque escritos a veces en Santiago de Chile, los *Veinte poemas* tienen como fondo el paisaje del Sur, especialmente los bosques de Temuco, las grandes lluvias frías, los ríos, y el salvaje litoral sureño. / El puerto y los muelles que aparecen en algunos de los versos son los del pequeño puerto fluvial de Puerto Saavedra, en la desembocadura del río Imperial.» (*OC*, IV, 1054). Dentro de esta historia básica con Teresa, Pablo inserta los poemas relativos a Albertina, María Parodi y alguna otra muchacha. Todas esas amantes se funden en la figura final de una Amante, o Amada, que para Pablo es lo mismo. Y entonces la historia 'contada' por los *Veinte poemas* deja de ser *una* de las historias de Pablo para devenir un destilado poético de varias. Ése es el verdadero secreto del éxito del libro.

Con poco tiempo para ensayar alternativas, la secuencia y disposición de la 'historia' resultante se atiene a la simple curva clásica: el enamoramiento, los avatares de la pasión, el desamor, pero con específicas variantes en las etapas inicial y final. El poema 1, escrito con posterioridad a la respuesta de Sabat Ercasty, remite explícitamente al proyecto *Hondero* —abortado a raíz de aquella respuesta— configurándolo como ficción poética de un cierto *extravío* previo a la historia de amor: «Fui solo como un túnel... / Para sobrevivirme te forjé como un arma, / como una flecha en mi arco, como una piedra en mi honda.» La alusión evidente (el *flechero*, eco de Sabat Ercasty, había sido el nombre original del *hondero*) remite sin embargo al pasado *virtual* y no *textual* de ese Yo enunciador-protagonista, precisamente porque la historia del Hondero abortó, esto es, no alcanzó a ser *publicada* en sus pormenores o momentos.

Pero es esta singular conexión la que inaugura la continuidad unitaria (intratextual) del héroe nerudiano neomoderno. Los sucesivos libros de Neruda, hasta las *Nuevas odas elementales* de 1956, darán forma poética a la trayectoria subyacente (y a menudo explícita) del mismo personaje que los *Veinte poemas* hacen debutar en escena.

La premisa o antecedente del *extravío* consiente introducir la historia a través de una *rectificación* desencadenante: «Pero cae la hora de la venganza y te amo.» Antes *pretendí usarte*, ahora mi 'castigo' por ese error es que *te amo*. Esta nueva lucidez psicológica supone que el golpe de Sabat Ercasty tuvo al menos algún efecto inmediato. Que Pablo haya enarbolado esta justificación *interna* para el cambio de proyecto es un signo más de su precoz inteligencia poética.

En el nuevo diseño del Yo, una vehemencia elemental y profunda sustituye a la gesticulación delirante del Hondero: «mi cuerpo de labriego salvaje te socava». Tropismo orientado ahora hacia *abajo*, hacia lo hondo, ya no más hacia las estrellas. Ya no más reclamo de embriaguez o salvación sino atención directa hacia el cuerpo de la amada («blancas colinas, muslos blancos») y en ese cuerpo hacia la realidad total («te pareces al mundo»). Todo el libro certifica la nueva atención al escenario (al *mundo*) más allá de los personajes. En el poema 4 ni siquiera aparecen el amor y los amantes, sino sólo el marco del romance, el alrededor de los enamorados, la tempestad, el verano, y sobre todo ese viento circulando por el libro con su amenaza.

Pero adviértase un reconocimiento esencial dentro del poema 1: el *extravío* no consiste en haber deseado a la mujer, sino en haber pretendido *usar* o *instrumentalizar* aquel deseo. Superado el extravío, la Amada deviene imagen del mundo y es en cuanto tal que continúa siendo objeto erótico: «cuerpo de mujer, persistiré en tu gracia». La mujer-mundo no excluye oposiciones reales al interior de su ser, y en todas ellas la desea el poeta, según lo declara con célebre paralelismo:

>   *Ah los vasos del pecho! Ah los ojos de ausencia!*
>   *Ah las rosas del pubis! Ah tu voz lenta y triste!*

La notoria elusión del contexto histórico-social en *Veinte poemas* inaugura un período transitorio de reducción (o restricción) a lo erótico y a su inmediato escenario. Ya vimos, desde otra perspectiva, que el mismo Neruda precisará: «Aunque escritos a veces en Santiago de Chile, los *Veinte poemas* tienen como fondo el paisaje del Sur [...]. El puerto y los muelles que aparecen en algunos de los versos son los del pequeño puerto fluvial de Puerto Saavedra, en la desembocadura del río Imperial» (*OC*, IV, 1054). Pero esta reducción temática y escenográfica no significa evasión sino sólo regreso a una especie de nivel cero, apto para recomenzar y revitalizar la representación de la experiencia.

«La reaparición del paisaje [desaparecido en *Hondero*] es el otro rasgo sobresaliente de los *Veinte poemas de amor*», afirma Alain Sicard (49). No estoy de acuerdo en este punto con el gran estudioso de Poitiers. Aquel Sur chileno legible en *Crepusculario* no 'reaparecerá' jamás en la escritura de Neruda. El Sur que asoma en *Veinte poemas* es nuevo, inédito, diverso, y emerge precisamente a partir de la cancelación del escenario rural —más o menos retórico y accesorio— que *Crepusculario* aún propone en estilo mundonovista, o sea, todavía según el código de representación característico del poeta ritual.

La representación del mundo rural del sur chileno, se sabe, no es en sí misma una novedad en 1924. Narradores como Mariano Latorre, y poetas de la generación precedente como Pedro Prado, Manuel Magallanes Moure, Max Jara o Ernesto A. Guzmán, habían ya tematizado abundantemente los motivos del mar, de la montaña, de bosques y trigales, de ríos y muelles y desembocaduras. Más aún: esos motivos eran precisamente las banderas del criollismo y del mundonovismo por entonces todavía en vigencia. En *Zurzulita* de Latorre «la naturaleza aparece degradada y degradándose progresivamente y comunicando de la misma manera su degradación a todo lo que vive en el contorno, hombres y animales» (Goic). Determinismo del medio, función cognoscitiva o ideológica (Concha) eran algunos de los criterios operativos en una literatura gobernada aún por la axiología de la modernidad del siglo XIX. En esa óptica se colocaron también los poemas 'rurales' de *Crepusculario*, entre ellos "Campesina" y "Aromos rubios en los campos de Loncoche".

La novedad de *Veinte poemas* es la diferente modulación o tratamiento de los motivos 'rurales'. Este libro adolescente rehúye el realismo posnaturalista y mundonovista —descriptivo o documental o al servicio de una tesis cualquiera— para afirmarse como ambigüedad expresionista, como entrelazada proyección de dimensiones internas y externas al Sujeto enunciador-protagonista. Las representaciones de la interioridad (conciencia, sentimientos) y del escenario (paisaje natural y cultural) son indistinguibles en la ambigüedad del nuevo horizonte simbólico. El inventario del mundo rural en *Veinte poemas* (y en los libros sucesivos) nada tiene que ver con los inventarios de objetos, árboles y animales, característicos de la literatura criollista. Este nuevo Neruda es a Latorre o a Magallanes Moure (y también al Neruda de *Crepusculario*) como Proust a Balzac, o como Vallejo a Santos Chocano.

Con los *Veinte poemas* nace —oficialmente, digamos— el sur *mítico* de Neruda. Sólo a partir de *Veinte poemas* el sur de la Frontera deviene 'sur de la infancia', vale decir, topografía mítica, generativa, algo similar a lo que son Macondo y Santa María en las narrativas de García Márquez y de Onetti. La fundación textual de este mítico espacio literario viene confirmada muy poco después de la aparición de *Veinte poemas* a través de la prosa "Provincia de la infancia", publicada en *El Mercurio* el 19.10.1924, que marca el ingreso de los recuerdos secretos y personales de Pablo en su escritura canónica (la prosa será recogida en *Anillos*, 1926). En su conjunto los tres libros prerresidenciarios de 1926 —*Tentativa del hombre infinito, El habitante y su esperanza, Anillos*— construirán y darán forma (perfil, fisonomía) al centro sagrado y tutelar que los *Veinte poemas* fundaron y al que Neruda remitirá en última instancia toda su escritura. Esos libros pueblan de característicos y muy personales signos —referenciales y simbólicos— una primera representación mítica (habrá otras en sucesivas fases nerudianas) de ese fragmento forestal y lluvioso del sur de Chile que coincide con el territorio épico de los indios araucanos: la Frontera.

La ficción narrativa de *El habitante y su esperanza* (1926) asignará a Puerto Saavedra, núcleo germinador de todo este espacio mítico, un nombre igualmente ficticio: *Cantalao*, cifra del austral Macondo de Neruda. Allí se refugian Pablo y su poesía durante el período 1924-1926. Allí, en el espacio (protegido) de sus sueños y amapolas, en el seno mismo del territorio Noche-Sur, el poeta convalece de sus derrotas de 1923, cura sus heridas y (como don Quijote tras su desastrosa primera salida) recupera fuerzas para volver a los territorios del Día y de la Urbe —es decir, al espacio del riesgo y del desamparo— donde reasumirá en renovadas y mejores condiciones, con *Residencia en la tierra*, la tarea 'profética' que los fracasos de *Crepusculario* y del *Hondero* dejaron interrumpida.

VEINTE POEMAS DE AMOR Y UNA CANCIÓN DESESPERADA (III)

En el principio fue la mujer: para nosotros, Eva precedió a Adán en mi Buenos Aires de los años treinta. Éramos muy jóvenes, la poesía nos había llegado bajo el signo imperial del simbolismo y del modernismo, Mallarmé y Rubén Darío, Rimbaud y Rainer María Rilke; la poesía era gnosis, revelación, apertura órfica, desdén de la realidad convencional, aristocracia rechazando el lirismo fatigado y rancio de tanto bardo sudamericano. Jóvenes pumas ansiosos de morder en lo más hondo de una vida secreta, de espaldas a nuestras tierras, a nuestras voces, traidores inocentes y apasionados, cerrándose en cónclaves de café y de pensiones bohemias: entonces entró Eva hablando español en un librito de bolsillo nacido en Chile, *Veinte poemas de amor y una canción desesperada*. Muy pocos conocían a Pablo Neruda, a ese poeta que bruscamente nos devolvía a lo nuestro, nos arrancaba a la vaga teoría de las amadas y las musas europeas para echarnos en los brazos a una mujer inmediata y tangible, para enseñarnos que un amor de poeta latinoamericano podía darse y escribirse *hic et nunc*, con las simples palabras del día, con los olores de nuestras calles, con la simplicidad del que descubre la belleza sin el asentimiento de los grandes heliotropos y la divina proporción.

[Julio Cortázar, "Neruda entre nosotros", 1974]

Oír la noche inmensa, más inmensa sin ella.
Y el verso cae al alma como al pasto el rocío.

[Poema 20]

A lo largo del libro la autorrepresentación del Yo describe una parábola *'narrativa'* que arrancando de un *pasado* funesto («fui solo como un túnel») atraviesa el *presente 'histórico'* del texto (desde «aquí te amo» hasta «ya no la quiero, es cierto») para desembocar en el *presente actual* o conclusivo («es la hora de partir, oh abandonado!»). Soledad al comienzo y al final de la trayectoria. En medio, una historia de amor. Pero mientras en el *Hondero* la experiencia erótica concluye con un protagonista frenético, impotente, insistiendo vanamente en apuntalar una imagen hierática y positiva de sí (el Hondero mismo), en *Veinte poemas* la imagen final de un Yo en derrota («abandonado como los muelles en el alba») no supone sensación de impotencia ni invalidez de horizontes.

La clave de tal diferencia es legible en el poema 20, *ars poetica* a su modo. La muerte del amor no implica la derrota definitiva. Aún resta al Yo la instancia última del canto, o sea el ejercicio mismo de la poesía. De ahí el verso «*Puedo escribir los versos más tristes esta noche*», cuya secreta eficacia reside en resolver el temple de tristeza apelando a la poesía como trabajo, como quehacer. Más allá de lo erótico, y renunciando a la mediación de una hembra salvadora, ahora la poesía misma (el *hacer* poemas, el *escribir* versos) emerge en la escritura de Pablo, por primera vez, como instancia capaz de cimentar la figura del Yo y de vincularlo activamente con el mundo, aun después del naufragio.

«Qué importa que mi amor no pudiera guardarla. / La noche está estrellada y ella no está conmigo.» Al admitir sin quejas la ausencia de la Amada, Pablo formula la erguida conciencia de sí mismo que ha conquistado. La figura femenina es ahora un pretexto, un recuerdo subordinado a la Noche. Antes, en el Crepúsculo del poeta ritual, más la Amada era presente, dominante o evocada, menos existía Pablo: se anulaba, no era en realidad Sujeto, *no era*. Ahora, en el seno de esta nueva Noche que ha llegado y en la cual se reconoce, Pablo deviene finalmente Yo, Sujeto activo, por fin hijo de sí mismo y no de la Hembra o de la Amada. De la experiencia narrada ha nacido un Sujeto verdadero.

«Oír la noche inmensa, más inmensa sin ella.» El protagonista del poema inicial del *Hondero*, también solo, 'sin ella', en vano había intentado que la Noche le hablase. En cambio, el protagonista del poema 20 Pablo no sólo tiene éxito en tal empeño, sino que además consigue *oír* lo que la Noche le dice. Consigue *oírse* en realidad, porque la nueva Noche es en definitiva la cifra simbólica del propio Yo, de su inconsciente profundo. La aceptación de la Noche «más inmensa sin ella» equivale a la aceptación o conquista del verdadero Yo. Por eso es que ahora Pablo *puede* «escribir los versos más tristes esta noche», pero, también por eso, el primer objeto de ese *poder escribir* es la Noche misma: «Escribir, por ejemplo: 'La noche está estrellada / y tiritan, azules, los astros a lo lejos'.»

El desenlace de la historia 'narrada' en *Veinte poemas* propone la figura de un héroe derrotado, en ruinas: «Oh sentina de escombros!... Todo en ti fue naufragio!» Pero el fracaso es sólo aparente. Porque la canción *verdaderamente* desesperada es el poema inicial del *Hondero* con su estridente gesticulación en el vacío. Los *Veinte poemas*, en cambio, desembocan en un *epílogo* que bajo el título "La canción desesperada" abre a su joven protagonista en derrota un horizonte en medio del desastre. Es la hora de iniciar el Viaje exigido por la asunción del Yo. Al final del poema y del libro vemos a Pablo determinado a ponerse en marcha, a comenzar la Travesía de la Noche: «Ah más allá de todo. Ah más allá de todo. / Es la hora de partir. Oh abandonado!»

VEINTE POEMAS DE AMOR Y UNA CANCIÓN DESESPERADA (IV)

> Sólo he cantado mi vida y el amor de algunas
> mujeres queridas, como quien comienza por
> saludar a gritos grandes la parte más cercana
> del mundo.
>
> ["Exégesis y soledad", en *OC*, IV, 323]

Se sabe que entre las varias muchachas que inspiran los *Veinte poemas* las principales son Albertina y Teresa. Ciertos indicios me sugieren que Albertina (Marisombra) habría sido la destinataria original de los poemas 2, 6, 8, 15, 18, y Teresa (Marisol) la de los poemas 11, 12, 14, 16, 20. El poeta mismo revelará en 1969 una musa secreta:

> Puerto Saavedra tenía olor a ola marina y a madreselva. Detrás de cada casa había jardines con glorietas y las enredaderas perfumaban la soledad de aquellos días transparentes.

> Allí también me sorprendieron los ojos negros y repentinos de María Parodi. Cambiábamos papelitos muy doblados para que desaparecieran en la mano. Más tarde escribí para ella el número 19 de mis *Veinte poemas*. Puerto Saavedra está también en todo el resto de ese libro, con sus muelles, sus pinos y su inagotable aleteo de gaviotas.
>
> — OC, V, *235*

Pero este juego de atribuciones no tiene mucho sentido, ni importancia, porque el secreto último del éxito del libro, y de su inmarcesible eficacia, es precisamente su estrategia de ambigüedad para que cada una de esas muchachas crea ser la destinataria única de todos los poemas. Escojo un verso: «Yo que viví en un puerto desde donde te amaba» (poema 13). Su destinataria podría ser Albertina, que está lejos, pero también Teresa porque en el código expresivo del joven Neruda aquel *desde donde* puede también significar *en donde*, y además porque otras alusiones del texto podrían remitir tanto a Marisombra (la explícita sensualidad) como a Marisol (la inminencia de ruptura: «algo se va muriendo»).

En definitiva, el tema real del libro es la intimidad sentimental y erótica de un muchacho que comienza a explorar los territorios del amor. Y que acierta a fundir esos territorios (con sus muchachas) en un solo espacio ficticio y mítico: Puerto Saavedra, o mejor, *Cantalao*. Y a fundir las varias muchachas en una sola figura igualmente ficticia y mítica: la Amada. Por todas estas razones la fascinación de *Veinte poemas de amor* sigue viva y activa hasta hoy, determinando que el libro haya sido —con altísima probabilidad— el *bestseller* absoluto de la poesía de todo el siglo XX (y no sólo en lengua castellana) con sus muchos millones de ejemplares vendidos, y leídos, y usados como herramientas o vehículos de amor, en todo el mundo.

El primer sorprendido por el fulmíneo éxito del libro es el autor mismo. González Vera ha contado cómo, apenas transcurridos algunos días después de la publicación, era posible ver por todas partes, en parques y en cervecerías, en tranvías y en estaciones del ferrocarril, a muchachos y muchachas leyendo y hasta aprendiendo de memoria los poemas mágicos. Naturalmente, entre las muchachas universitarias crece a niveles estelares la fama ya conquistada por el poeta laureado de 1921. Pablo se ve de repente rodeado de admiradoras que le solicitan su firma y una dedicatoria sobre el libro recién comprado. Los ojos de algunas de ellas ofrecen algo más que gratitud y Pablo no se hace rogar. La inesperada fama se encarga de compensar así las derrotas y las lejanías de amor que por entonces sufre. Pablo habría preferido, como ya sabemos, que esa fama le hubiera llegado por vía del *Hondero*, pero cuando en agosto aparecen algunas comentarios desfavorables a sus *Veinte poemas* —en particular los de Alone (en *La Nación*, 03.08.1924) y de Mariano Latorre (en *Zig-Zag*, 16.08.1924)— el joven autor salta a la arena como un león, para defenderlos:

> Emprendí la más grande salida de mí mismo: la creación, queriendo iluminar las palabras. Diez años de tarea solitaria, que hacen con exactitud la mitad de mi vida, han hecho sucederse en mi expresión ritmos diversos, corrientes contrarias. Amarrándolos, trenzándolos sin hallar lo perdurable, porque no existe, ahí están *Veinte poemas de amor y una canción desesperada*. Dispersos como el pen-

samiento en su inasible variación, alegres y amargos, yo los he hecho y algo he sufrido haciéndolos. Sólo he cantado la vida y el amor de algunas mujeres queridas, como quien comienza por saludar a gritos la parte más cercana del mundo. Traté de agregar cada vez más la expresión a mi pensamiento y alguna victoria logré: me puse en cada cosa que salió de mí, con sinceridad y voluntad. Sin vacilar, gente honrada y desconocida —no empleados y pedagogos que me detestan personalmente— me han mostrado sus gestos cordiales, desde lejos. Sin darles importancia, concentrando mi fuerza para atajar la marea, no hice otra cosa que dar intensidad a mi trabajo. No me cansé de ninguna disciplina porque nunca la tuve: la ropa usada que conforma a los demás, me quedó chica o grande, y la reconocí sin mirarla. Buen meditador, mientras he vivido he dado alojamiento a demasiadas inquietudes para que éstas pasaran de golpe por lo que escribo. Sin mirar hacia ninguna dirección, libremente, inconteniblemente, se me soltaron mis poemas.

— *"Exégesis y soledad", en OC, IV, 323-324*

Esta nota aparece en *La Nación* de Santiago el 20.08.1924. Documento muy notable, digno de ser leído atentamente porque contiene preciosas intuiciones del joven veinteañero acerca del significado del libro como comienzo de un nuevo desarrollo. Destaco sólo algunas formulaciones interesantes. «Emprendí la más grande salida de mí mismo: la creación»: Pablo comprende rápidamente que con sus *Veinte poemas* ha alcanzado (sin buscarla) una escritura inédita. Ha logrado elaborar una poesía nueva y fresca a partir de su experiencia (los sueños = la Noche) y de su circunstancia (el entorno físico = el Sur) más personales, y eso es lo que él llama «la creación» en el sentido de *invención*. La conciencia de que *Veinte poemas* supone el repliegue a un nivel cero, a un nuevo punto de partida (no subordinado a rituales modelos literarios como en *Crepusculario*), se hace visible más abajo: «Sólo he cantado mi vida y el amor de algunas mujeres queridas, *como quien comienza* por saludar a gritos grandes la parte más cercana del mundo» (con énfasis mío). Pero dejando en claro que se trata sólo de eso, de un *comienzo*. Lo importante —para nuestro ambicioso poeta— está por venir.

Por el momento, sin embargo, hay que celebrar el éxito y dar adecuada respuesta a las críticas y ataques de la prensa. De ello se encargan los amigos a través de un banquete homérico que una foto memorable inmortaliza. Esa foto (reproducida con lista de asistentes en *AUCh* 1971: 320) es un documento generacional de gran interés por la concentración de notables personalidades de la cultura chilena entonces emergente. Así evocará Diego Muñoz (1999: 41-42) las circunstancias del banquete:

> No podía negarse: aquella poesía [los *Veinte poemas*] era un milagro nuevo que correspondía, sin duda, a una época nueva también. Todo el país iba impregnándose de ella y nosotros no nos dábamos cuenta. Veíamos solamente la exterioridad, pero no la hondura.
> Pablo, carente de vanidad; dotado más bien de esa inquietante inseguridad propia de escritores sinceros y pensando, además, que ése no era su camino sino otro superior; equivocado, desde luego, como habría de entenderlo mucho más adelante, tampoco le concedía mucha importancia al éxito que estaba disfrutando con sus amigos [...]. Hasta que un buen día reunidos todos en el 'Hércules' decidimos ofrecer al poeta un gran banquete, el más grande que fuésemos capaces de organizar.

Celebrando la publicación de los Veinte Poemas *en la Quinta Belga del Cerro Navia (1924). Fundación Pablo Neruda.*

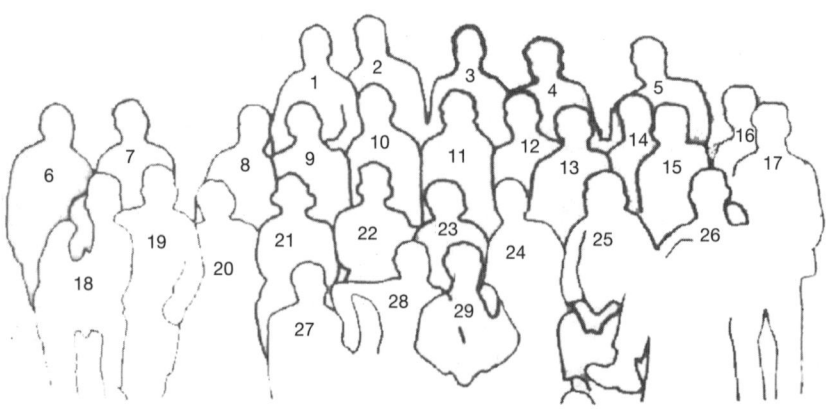

1. V. Ilabaca
2. N. Tapia
3. Armando Luna
4. Toro Gilbert
5. Hernán del Solar
6. Homero Arce
7. Prof. Saavedra
8. Vallejos Lama
9. Amílcar Chiorrini
10. Tomás Lago
11. Humberto Díaz Casanueva
12. Armando Briones
13. Federico Ricci
14. Álvaro Hinojosa
15. Víctor Bianchi
16. Villanueva (periodista)
17. Alberto Aracena
18. Paschín Bustamante
19. Bartholin
20. Rosamel del Valle
21. Marina Merino de Plaza
22. Pablo Neruda
23. Berta de Paschín
24. Ángel Cruchaga Santa María
25. Julio Vásquez Cortés
26. Exequiel Plaza
27. Barraza (librero de Los Andes)
28. Orlando Oyarzún
29. Gerardo Seguel

> El Ratón Agudo propuso hacerlo en la quinta de Marcelo Portas [la Quinta Belga, situada en el cerro Navia], lugar que ya conocíamos, y Marcelo prometió hacer lo mejor y lo más barato.
> Allá nos reunimos los de siempre, los que nos veíamos todos los días, los que nos visitaban sólo de tanto en tanto, los que no concurrían jamás a nuestros sitios habituales e incluso ocurrió, en medio del banquete, que se incorporó toda la clientela que se hallaba aquel día en la Quinta, solicitándonos respetuosamente que se lo permitiéramos. Ahí está la fotografía que tomó el propio Ratón Fuentes y en la que aparecen junto a Pablo, Hernán del Solar, Ángel Cruchaga Santa María, Humberto Díaz Casanueva, Rosamel del Valle, Homero Arce, Gerardo Seguel, Julio Ortiz de Zárate y muchos más [entre ellos Amílcar Chiorrini, Tomás Lago, Federico Ricci, Álvaro Hinojosa, Víctor Bianchi, Paschín Bustamante y su Berta, Orlando Oyarzún], casi un centenar de personas.

En la foto vemos a un Pablo muy orondo y sonriente, con mentón alzado y brazos cruzados, evidentemente satisfecho. Y con razón. No era frecuente en Chile un homenaje de tal envergadura (y significación) a un muchacho que acababa de cumplir 20 años.

LAURA ARRUÉ (I)

> *tan pequeña la niña taimada*
> *es un ramo de frutas de otoño*
> *el viento la dobla en mis brazos*
> *juguete de lentos metales*
> *a sus ojos emigran los pájaros*
> *el país desolado de mi alma*
> *la tiene como una bandera*
>
> [Neruda, en Arrué, 111]

> Los ojos los tiene azules la señorita de Saint-Sauver. Tendríamos que inventar una expresión enérgica para sorprenderla de modo que no se destiñan nunca...
>
> [Tomás Lago, en Arrué, 116-117]

Aquel junio de 1924 en que se publica *Veinte poemas de amor*, desde el punto de vista del amor no fue precisamente un mes alegre para Pablo. Su relación con Teresa ha concluido y Albertina sigue en Concepción, lejos, incapaz de iniciativas para reunirse con su poeta que tanto la desea, y sin embargo quejándose de presuntos —aunque no improbables— desvíos, puesto que Pablo le responde: «No sé qué cosas te habrán contado: de mí cuentan tantas cosas! Es preciso que me las digas. A ver si son ciertas. Si te digo: es verdad, créeme. Si no, déjalo, y no lo pienses» (*OC*, V, 869).

Una segura causa de desvío ha hecho su aparición por entonces. Se llama Laura Arrué Bravo. Es menuda, rubia y de ojos azules. De sus delicadas y hermosas facciones darán fe los amigos de Pablo que, como Diego Muñoz, las compararán seriamente con las de Greta Garbo. Tomás Lago la llamará «la señorita de Saint-Sauver». Homero Arce se enamora secretamente de ella, hasta que encontrará la ocasión de hacérselo saber. De Laura Arrué, como de Teresa, se conserva también un álbum de señorita (colección de Robert Pring-Mill, Oxford). Allí Pablo le transcribe (y anticipa) el segundo de los *Veinte poemas*, por lo cual presumo que se conocen durante el otoño de 1924 (abril o mayo), es decir, antes de la publicación del libro que obviamente el poeta enamorado se apresura a regalar a Laura:

> ¿Cómo olvidar aquel día de 1924 en que me regaló sus *Veinte poemas*? «Escóndelo bajo el colchón —me dijo—, no te lo vayan a pillar tus tías porque te lo rompen»...
>
> — *Arrué, 62*

Laura había nacido en un fundo cercano a San Fernando, en 1907 (el mismo año en que nace Laura Reyes, que habrá de ser su gran amiga). Es la menor de los cinco hijos de Nicolás Arrué de Ávila y María Eduvigis Bravo Arrué (eran primos), descendientes de españoles inmigrantes que compraron tierras al interior de la provincia de Colchagua y que incluyeron en sus apellidos los lugares de procedencia. Así Nicolás Arrué *de Ávila* y también el abuelo materno, Zacarías Bravo *de Navea*. La madre de don Nicolás, doña Pascuala de la Rosa, era pariente de don Javier de la Rosa, famoso por haber coprotagonizado una épica contienda en décimas con el no menos famoso payador El Mulato Taguada. Por insistencia de doña María Eduvigis, la familia dejó el campo para trasladarse a una casona en calle Tres Montes 148, en San Fernando. «La casa era grande, con corredores interiores, después el gran parrón, la viña, el bosque, el estero que era nuestra playa privada y también de los vecinos y de los amigos del liceo: huerto, jardín, todo nuestro mundo estaba allí, adentro, cercado por altas paredes de gruesos adobes» (Arrué, 17).

Niña todavía, Laura ingresa como interna, en 1920, a la Escuela Normal de Preceptoras n° 1 de Santiago. En octubre de 1921 —tiene 14 años— ve de lejos a Pablo Neruda por primera vez, durante la Gran Velada Bufa en que el poeta laureado lee su "Canción de la Fiesta". En 1923 asiste al recital colectivo de jóvenes poetas del Instituto Pedagógico que se realiza en la Casa Central de la Universidad de Chile. Participan Pablo Neruda, Víctor Barberis, Romeo Murga y Julia Benavides. Pablo lee en aquella ocasión "Farewell" y el poema 12 («Te recuerdo como eras en el último otoño»). Romeo Murga morirá no mucho después. Julia Benavides hará perder sus huellas. Neruda suele recordarla en sus últimos años de vida: ¿qué será de Julia Benavides?

A poco de comenzado el año escolar 1924, o sea en otoño, la Normal n° 1 decide invitar a Pablo Neruda para un recital de su poesía. Toca a Laura y a Agustina Villalobos, su compañera de curso, llevar al poeta la invitación de la directora y del profesorado. Por entonces las Escuelas Normales han adquirido una cierta importancia en el marco del ímpetu cultural suscitado por la nueva (tercera) modernidad. A menudo propician visitas de escritores e intelectuales de otros países americanos. En esta oportunidad, una de las razones de la invitación a Neruda es la presencia en Chile (y en la Normal n° 1) del escritor guatemalteco Máximo Soto-Hall, quien manifiesta interés por conocer personalmente a nuestro joven poeta en ascenso.

Pablo arrendaba una pieza interior en calle Echaurren 330. Allí lo encontramos, acostado en su modesta cama: un somier con patas que, junto a una silla con su ropa y un cajón por velador, constituían todo su mobiliario.

Le entregamos la invitación y también un ramo de claveles blancos. Nos preguntó nuestros nombres, en qué curso estábamos, de qué pueblo éramos, etc. Después de breves comentarios volvimos a la Escuela con la misión cumplida.

A raíz de esa visita, Pablo comenzó a visitar a nuestra profesora de historia, señora María Malvar de Leng, domiciliada en el mismo establecimiento. Durante esas visitas la señora Malvar me llamaba a grandes voces desde el segundo piso, cuya galería daba al primer patio, y fue así como sin buscarlo se inició mi amistad con el poeta.

Una amistad de juventud y poesía, con todo el encanto y todas las limitaciones de la época. Sin embargo, duró bastante. A casa de mis tías en calle Arica (hoy Los Muermos) solía enviarme con frecuencia aquellos juguetes que vendían en las noches en los restaurantes. El mensajero era el joven poeta Gerardo Seguel.

— *Arrué, 54-55*

Laura se gradúa en diciembre de 1924. Hace ya meses que se ha desencadenado el amor entre ella y Pablo. Se ven con frecuencia, pero —por razones que veremos más adelante— no quedan testimonios de esta relación amorosa. Ni cartas. Laura es una muchachita tímida y silenciosa. Sin duda es por eso que Pablo transcribe en su álbum el poema 2, uno de los más nítidamente destinados a Albertina, la silenciosa por excelencia: «La última luz te envuelve / en su llama mortal. / Doliente. Seria. Absorta. / Detrás de ti da vueltas / el carrusel de las estrellas. / Doliente. Absorta. Pálida. / Un racimo de sol / me dice adiós desde tu vestido oscuro. / Detrás de ti se aleja / la hélice infinita del crepúsculo» (reproduzco la versión del álbum según Arrué, l08, que por sus variantes parece anterior a la versión del poema 2 incluida en la edición príncipe de *Veinte poemas*, 1924, la que a su vez será reelaborada en profundidad para la edición definitiva de 1932).

Laura recordará «aquella lejana época cuando nos encontrábamos en la Estación Central, junto a la pequeña locomotora que allí había y que Neruda poco menos que adoraba. Frecuentemente lo veían por allí, como quien va a un templo, observando la reluciente máquina, símbolo de su infancia y de gran parte de su poesía. Del padre ferroviario y de la lluvia, que conversamos muchas veces en largas caminatas por la Alameda. Él tuvo la gentileza de acompañarme a preguntar por mi nombramiento al edificio del Ministerio de Educación. Fuimos tantas veces, que al final un funcionario nos tuvo lástima y un día que nos marchábamos con otra negativa para mí nos alcanzó y me dijo: 'Señorita, déme todos los datos. Yo me voy a encargar personalmente'...» (Arrué, 61-62). El relato de Laura en su libro de recuerdos (1982) es por desgracia demasiado reticente y elusivo acerca de su juvenil romance con Pablo, y nada declara sobre sus propios sentimientos hacia el poeta, figurarse si algo nos dice acerca de los episodios más íntimos y pasionales de esta historia. Pero, como se advierte en la cita precedente, proporciona indicios sobre una relación intensa y prolongada.

En marzo de 1925 Laura comienza a trabajar en una escuelita de Peñaflor, por lo cual se traslada a vivir en ese pueblo, donde es huésped de la familia Sandoval Carrasco. Hasta allá viaja Pablo a visitarla. «No era fácil llegar a Peñaflor. Desde Santiago salía un tren en las mañanas, que Pablo debía tomar a las ocho en punto, luego se bajaba en Malloco y tomaba un carro tirado por cuatro caballos percherones que llevaba a los viajeros a Peñaflor... En la tarde, Pablo regresaba a Santiago con grandes ramos de flores: las lilas y las madreselvas eran sus preferidas» (Arrué, 55).

Durante los días que siguieron al golpe de Estado de 1973 en Chile, tuve ocasión de conversar a solas con Laura Arrué. Me hizo entonces algunas confidencias que su libro de recuerdos eludirá más tarde. Una de ellas se refiere al período de Peñaflor. Pablo y ella están muy enamorados y la pasión va en aumento. Pero con la pasión aumentan las dificultades para vivirla plenamente porque los Sandoval Carrasco, por cuenta de la familia de San Fernando, controlan al minuto los pasos de su huésped. Los obstáculos llegan a tal punto que Pablo decide crear una situación de hecho y raptar a su Lala (como le place llamarla) en plena noche. Ella lo ama y acepta, si bien con mucho temor. Aparte el miedo a la transgresión misma, no está muy claro para Laura cómo hará el romántico raptor, sin trabajo ni ingresos conocidos (porque hasta la mesada del padre le ha sido suspendida), para sustentar su gesto en la prosaica realidad sucesiva. La determinación de Pablo dice mucho, sin embargo, por un lado de su romántico anarquismo (entonces en su punto más alto) y por otro de su imperiosa necesidad de una amante estable.

Su proyecto de rapto va en serio. Y lo organiza con atención y ganas, logrando incluso la colaboración de un cómplice adecuado. Algunos días después del acuerdo Pablo comunica a Laura que vendrá a Peñaflor en automóvil y que hará ciertas señales con los faros del vehículo. Ella deberá estar lista para abandonar la casa en la oscuridad con su valija. Pablo cumple y Laura ve llegar el automóvil —con el cómplice al volante— desde la ventana de su habitación. Pero cuando los faros comienzan a hacer las señales convenidas —me confesó Laura con tristeza— a ella le falta coraje y el plan aborta. A todo esto, ¿de quién es el automóvil que usa Pablo para su tentativa de rapto? Pues del cómplice al volante, el único entre sus amigos que posee uno. Es el escritor Eduardo Barrios.

TIEMPO CIRCULAR / TIEMPO PROGRESIVO

> Es que detrás de las cosas estás tú, primavera,
> comenzando a escribir en la humedad, con dedos
> de niña juguetona, el delirante alfabeto del tiempo
> que regresa.
>
> ["Primavera de agosto" en *OC*, I, 242]

> Nunca vuelve este barco: el que se aleja regresa
> cambiado por el tiempo y la lucha. Nunca el
> tiempo del sol aporta las mismas hojas a los
> muros. Primero asoman en las axilas, escondidas
> como abejas de esmeralda y estallan hablándose
> un lenguaje de recién nacidos. Es que nunca,
> nunca vuelve el barco roto que huye hacia el sur
> llevando el mascarón tapado por las enredaderas
> taciturnas. Lo empuja el viento, lo apresura la

> lluvia, por los senderos del mar, lo empuja el viento, lo apresura la lluvia, y la estela de ese navío está sembrada de pájaros amarillos.
>
> ["El otoño de las enredaderas" en *OC*, I, 239-240]

Mientras los jóvenes universitarios aprenden de memoria los *Veinte poemas de amor* recién publicados, la inestabilidad económica y social que caracteriza al gobierno de Alessandri —determinada principalmente por la caída de las ventas del salitre y por la obstrucción conservadora a las reformas— está desembocando en una grave crisis institucional. Con ruido de sables. A comienzos de septiembre de 1924 unos cien oficiales del ejército y de la marina llegan hasta el Senado con variadas exigencias que van desde el aumento del sueldo de los uniformados a la aprobación inmediata de leyes sociales y del código del trabajo, además de medidas tendientes a restringir los privilegios y vicios del sistema parlamentario, vigente desde la derrota de Balmaceda en 1891. La presión militar provoca el exilio de Alessandri bajo la forma de un permiso constitucional para ausentarse del país por seis meses. El triunvirato formado por los generales Altamirano y Bennett y por el almirante Nef asume el poder como Junta de Gobierno para la 'depuración nacional', comenzando por dictar la Ley del Seguro Obrero Obligatorio y otras medidas de carácter popular. Pero muy pronto, apenas el sector conservador le da su apoyo, la Junta pasa a una política restrictiva de las libertades de expresión y de organización.

En la noche del 18 al 19 de diciembre se suicida el líder comunista Luis Emilio Recabarren sin dejar explicación de su extremo gesto. Un mes después, el 23.01.1925, los coroneles Carlos Ibáñez del Campo —con simpatías fascistoides— y Marmaduke Grove —con tendencias socialistas— promueven un nuevo golpe militar que sustituye la Junta del general Altamirano por otra presidida esta vez por un civil, Emilio Bello Codesido. La nueva Junta hace retornar al Presidente Alessandri, quien se apresura a promulgar la llamada Constitución de 1925. De este modo se pone fin a la omnipotencia del Congreso, si bien al precio transitorio de la dictadura populista del coronel Ibáñez del Campo, que primero viene entronizado ministro de Guerra por Alessandri y más adelante devendrá ministro del Interior y vicepresidente hasta asumir todo el poder en 1927. A través de Ibáñez los intereses económicos norteamericanos desclasarán definitivamente a los ingleses en la batalla por el dominio de la explotación y comercialización de las materias primas chilenas.

Estos eventos no encuentran resonancia en la escritura de Pablo, ocupada como está en refundarse a sí misma. Pero además el poeta no siente poseer una propia clave de lectura de esos hechos, o quizás los desestima desde su óptica anarquista, por lo cual calla. Otros fermentos hierven entonces en él, desencadenados por *Veinte poemas de amor*. En los mismos días en que el editor Nascimento pone en circulación ese poemario, una revista publica "El otoño de las enredaderas" (*Zig-Zag* 1.009 del 21.06.1924), la más antigua de las prosas que Neruda reunirá en *Anillos* (1926). De este libro fueron escritas también en 1924: "Primavera de agosto", "Provincia de la infancia" y "Atardecer".

El ingreso en el sistema simbólico Noche-Sur impone a Pablo la dimensión temporal del espacio-provincia y con ello lo obliga a enfrentar, por primera vez de veras, el problema de la representación poética del Tiempo. En las mencionadas cuatro prosas de *Anillos* se advierte una distinción implícita: por un lado el *tiempo circular* de las repeticiones y regresos, actualizado como ciclo mayor de las estaciones y como ciclo menor de las etapas de cada día; por otro lado el *tiempo progresivo* de lo que no retorna, de lo que «nunca vuelve».

Tres de esas cuatro prosas tematizan la circularidad de las estaciones: "El otoño de las enredaderas", "Primavera de agosto" (los títulos son explícitos) y "Provincia de la infancia" (invierno y verano en contrapunto). "Atardecer" desarrolla en cambio la circularidad del día. Vistas en perspectiva, esas prosas avanzan hacia el discurso poético de *Residencia en la tierra* a través de un registro de contradicciones. En "El otoño de las enredaderas" la circularidad cumple un movimiento en dirección a la muerte:

> Amarillo, fugitivo, el tiempo que degüella las hojas avanza hacia el otro lado de la tierra, pesado, crujidor de hojarascas caídas. [...] Es cuando el otoño se aleja cuando las enredaderas arden, llenas de alegría, invadidas de una última y desesperada resurrección. Tiempo lleno de desesperanza, todo corre hacia la muerte.
>
> — *OC*, I, 239

En "Primavera de agosto", obviamente, la circularidad es el retorno de la vida:

> Joyería de las mañanas del mundo, el rocío amanece esta vez sobre corolas iluminadas. Ah primavera! Apuntalándote en los prismas del sol, cómo te veo surgir de entre las cosas! [...] Ah primavera, quién sino tú coronó los soñolientos durazneros con alas rosadas? Tú fuiste sin duda la que apiló en su delantal las dulces y esquivas cabelleras de cerezo! [...] Es que detrás de las cosas estás tú, primavera, comenzando a escribir en la humedad, con dedos de niña juguetona, el delirante alfabeto del tiempo que regresa.
>
> — *OC*, I, 241-242

En esas mismas cuatro prosas Pablo alude al tiempo progresivo a través de las figuras del barco y del viaje, autodiseñándose *caminante* o *viajero*: «Este barco se suelta. [...] Nunca vuelve este barco: el que se aleja regresa cambiado por el tiempo y la lucha»; «Primavera de agosto, el caminante te celebra»; «Atardecer lleno de enamorados, puerto de embarque de los océanos nocturnos, [...] las grandes presencias de tus arboladuras misteriosas tremulan sobre la cabeza del viajero».

Escisión del Tiempo, escisión del Yo. Tiempo circular equivale a tiempo de la naturaleza (estaciones, días) y por lo tanto a tiempo *padecido* por Pablo. Tiempo progresivo equivale en cambio a tiempo social (representado mediante figuras o imágenes antropomorfas) y por ende a tiempo *actuable*. La nave requiere un capitán, un timonel, así como el viajero o caminante un recorrido, una determinación, un destino que la primavera o el invierno no precisan.

Notar que a través de estos textos Pablo está intentando reproponer —en las nuevas condiciones de escritura determinadas por *Veinte poemas*— una de las cuestiones centrales en toda su trayectoria poética: el problema de la *acción* (en el sentido de incidir sobre la realidad). Ya no le es posible, por ejemplo, autorrepresentarse como el *espíritu intocado* que sobrevolaba las ciudades del dolor en "Oración" de *Crepusculario,* ni como el Hondero. Ahora Pablo empieza a enfrentar el conflicto de fondo, el decisivo. ¿Cómo ser pleno *sujeto* en el tiempo progresivo y no sólo *objeto* del tiempo circular? ¿Cómo ser protagonista al interior de la necesidad? ¿Cómo aventurarse activamente por los hostiles territorios del tiempo social cuando tu debilidad te inclina más bien a refugiarte en el tiempo de los regresos? En definitiva: ¿cómo integrar en tu discurso poético los tiempos de la Naturaleza y de la Historia?

Pablo encuentra y acepta una solución transitoria al instalarse en el único espacio donde le es posible ser Sujeto dentro del tiempo circular: el Sur de la infancia. De hecho es un paso defensivo que implica aceptarse como *sujeto contracto o débil*. Al proponer las figuras del barco, del viaje y del regreso, así como la autorrepresentación del viajero o caminante, Pablo tiende a afirmar la dinámica del propio tiempo progresivo al interior de la inmovilidad y de la reducción (aceptadas al instalarse en el sur de la infancia). Porque sólo en apariencia está inmóvil el viajero. En ese período su viaje efectivo es la travesía de la propia Noche, la exploración y afirmación del territorio de los Sueños, cuya cifra es el patio de las amapolas en Puerto Saavedra.

AMIGOS QUE PARTEN...

> Este período biográfico de Neruda... hecho de rigor y de severidad para consigo mismo, de ardientes lecturas y cavilosas adivinaciones en el cual cultivó muchos conceptos radicales de la vida, terminó de pronto poco después de cumplir veinte años, allá por el año 1924, época en que rompiendo la oscura crisálida del alma adolescente, empezó a interesarse por todo lo que hasta entonces había excluido voluntariamente de sí. Hasta aquí sus amistades y relaciones intelectuales eran seleccionadas rigurosamente en virtud de sus ideas categóricas sobre los valores: en adelante, en cambio, amplió mucho su visión del mundo, interesándose por todo en forma más cordial y humana, perdió un poco de rigidez, en cierto modo, dejándose ganar naturalmente por la simpatía y calor de los seres y las cosas cotidianas.
>
> [Lago 1945]

Aliro Oyarzún

«La tierra, el capricho de los destinos subterráneos levanta a veces seres débiles, tendidos en el plano inclinado de la tristeza. En ellos la vida duplica sus fuerzas delicadas, sus espíritus son perpetuamente tensos como las cuerdas sonoras y están como de viaje, golpeando en el corazón la puerta misteriosa. Haces de edades sumergidas, y anuncios de años próximos, pasan vacilando entre los transeúntes preocupados. De ellos fue Aliro Oyarzún, prematuramente muerto, cuando se buscaba a sí mismo, desesperado de sí mismo.»

— Neruda, *"Aliro Oyarzún"*, en Claridad *122, junio 1924, reproducido en* OC, *IV, 321*

«La personalidad que más me impresionó fue el dictador de la joven literatura. Ya nadie lo recuerda. Se llamaba Aliro Oyarzún. Era un demacrado baudelairiano, un decadente lleno de calidades, un Barba Jacob de Chile, atormentado, cadavérico, hermoso y lunático. Hablaba con voz cavernosa desde su alta estatura. Él inventó esa manera jeroglífica de proponer los problemas estéticos, tan peculiar en cierta parte de nuestro mundo literario. Elevaba la voz: su frente parecía una cúpula amarilla del templo de la inteligencia. Decía por ejemplo: 'lo circular del círculo', 'lo dionisíaco de Dionysos', 'lo oscuro de los oscuros'. Pero Aliro Oyarzún no era ningún tonto. Resumía en sí lo paradisíaco y lo infernal de una cultura. Era un cosmopolita que por teorizar fue matando su esencia. Dicen que por ganar una apuesta escribió su único poema, y no comprendo por qué ese poema no figura en todas las antologías de la poesía chilena.»

— CHV, *en* OC, *V, 695*

«Pablo venía saliendo de un dramático contacto con la vida literaria. Había muerto recién el poeta Aliro Oyarzún, víctima de la tuberculosis y de la morfina, 'su torre de marfil'. Una forma de aislamiento y de suicidio. Un caso semejante al del poeta francés Gérard de Nerval, que se colgó de un farol en una calle de París. Ya había muerto también, pero asesinado, el poeta José Domingo Gómez Rojas. Y andaba el Cadáver Valdivia, a quien veíamos suicidarse cada día. Otros amigos y contertulios hacían una vida pobre, casi miserable, que los llevó al cementerio.»

— *Muñoz 1999: 20*

Paschín y Rojas Giménez

«Entre esos amigos estaba *Paschín*, Abelardo Bustamante, hombre prodigioso, de gran talento artístico: era pintor, pero también era ceramista, grabador, tallador, forjador de hierro. No recuerdo cómo, Paschín había conseguido un pasaje de primera clase en un barco inglés que pronto saldría rumbo a Europa. Un día llegó con una idea: 'Mira, Orlando, creo que si cambiamos este pasaje de primera por dos de tercera podemos ir tú y yo a Europa, ¿qué te parece?' Por supuesto que acepté, pero cuando los amigos supieron esto, Rojas Giménez se acercó a mí y me pidió, con vehemencia conmovedora, que le cediera mi lugar alegando que ésa era su gran oportunidad, la única que tendría en su vida para cumplir su sueño de llegar hasta Europa, y que en cambio yo podría hacerlo posteriormente. Al final accedí, ya no recuerdo bien por qué. Alberto estaba radiante de alegría y me comunicaba su gratitud a cada momento.

Aunque no habían realizado ninguna gestión para el canje del pasaje, daban el arreglo por hecho. Y un buen día partieron hacia Valparaíso con un minúsculo equipaje, pero con gran entusiasmo. Varios amigos no menos entusiastas fuimos también al puerto para despedirlos, entre otros Neruda, Rodolfo Alonso Vial, Tomás Lago, Federico Ricci y yo. Llegamos de noche a Valparaíso. Al día siguiente, a la una y media de la tarde, debía zarpar el barco. Paschín tenía en el puerto a un gran amigo, Novoa Orellana, periodista de *La Unión*, quien acogió con gran cordialidad a la caravana, tan alegre como desprovista de dinero. 'Aquí nos arreglaremos', dijo Novoa.

Fuimos a conocer la noche porteña. Nos sirvió de guía el poeta Zoilo Escobar, que nos condujo por los recovecos pecaminosos de Valparaíso. Zoilo no bebía, pero era gran aficionado a bailar tangos, y lo hacía con mucho garbo. Algunas horas después volvimos a *La Unión*, donde Novoa nos esperaba. 'Niños —nos dijo—, aquí hay diarios por montones. Colchones y frazadas ellos serán.'

Despertamos como a las diez de la mañana. Había que ir a arreglar el asunto de los pasajes. Cuando entramos en la oficina naviera e hicimos muy sonrientes la proposición, el agente inglés nos miró despavorido. Jamás la compañía había recibido una solicitud semejante. Salimos a la calle muy desconcertados por el fracaso. Ni qué decir que Rojas Giménez estaba enloquecido de angustia.

A alguien se le ocurrió acudir a la Intendencia de Valparaíso en busca de ayuda. El intendente, ex marino, atendió con simpatía la absurda gestión no sin antes soportar la presión desesperada de Rojas Giménez: 'Intendente, si usted me niega este favor, yo estoy dispuesto a no regresar vivo a Santiago y le juro que saltaré este balcón.' Todo esto sucedía en el segundo piso del enorme edificio. Abajo, en la calle, el grueso de la comitiva esperaba con ansiedad. 'No es para tanto, muchacho', dijo el intendente y llamó a la oficina de la compañía. A la una y media de la tarde nuestros dos amigos, radiantes, estaban ya en el barco.»

— *Oyarzún Garcés 1964: 238-239*

Sobre la fecha del embarque de Paschín y Rojas Giménez no hay precisión en los testimonios. La cronología de Oreste Plath (en Rojas Giménez, 264) indica 1923. Pero varios indicios rastreables en el mismo libro señalan que los amigos se embarcan entre junio y agosto de 1924. «A esta *Gare* [de Montparnasse] arribé yo *hace tres meses*, con un camarada enfermo, sin ningún equipaje y con seis francos en el bolsillo», escribió el mismo Rojas Giménez en crónica publicada por *El Mercurio* el 28.12.1924, presumiblemente enviada desde París en octubre o noviembre (y reproducida en Rojas Giménez, 100-101). ARG está en París cuando muere Anatole France el 12.10.1924 (*ibíd.*, 207).

Rojas Giménez en París

«Se cuenta que llegados a París Paschín y Rojas Giménez, el primero enfermó de gripe, debió meterse a la cama, en un pequeño hotel cercano a una estación del Metro. Tentación, esta última, que Rojas Giménez no pudo resistir, ya que no se resignaba al encierro a esa hora en París. Salió resuelto a conocer el *Boulevard des Italiens*, sin saber una palabra de francés y con sólo veinte francos en el bolsillo, ya que el resto lo habían consumido en comer sardinas, que era la única palabra que comprendieron en el menú. Instalado nuestro flamante viajero en el Metro, hizo el recorrido total por más de una vez, sin saber cómo bajarse ni cómo preguntar la dirección. Interpelado por el nervioso empleado del subterráneo, solamente supo decir *Boulevard des Italiens*. Una muchacha comedida y elegante, que los estaba escuchando, lo tomó del brazo y lo encaminó al famoso *Boulevard*. Feliz, nuestro poeta se paseaba a las doce de la noche, entre el inmenso gentío, cuando de improviso divisó a su amigo, el cantante chileno Cuto Oyarzún [hermano de Aliro y Orlando], que residía varios años en París. Lo detuvo a la chilena, de un codazo, y el asombrado compatriota celebró largamente el encuentro, y cuando llegó el momento de separarse le preguntó a su amigo dónde vivía. El inefable Rojitas le contestó impávido: 'Esto es lo que yo también me digo. ¿Dónde vivo?'.»

— *Waldo Vila,* Una Capitanía de Pintores, *Santiago, Editorial del Pacífico, 1966: cito por Rojas Giménez, 209*

«En París animó su vida con las más increíbles aventuras; como la de recorrer el corazón de Montparnasse con una botella atada a una cuerda, como si fuera un perrillo. En esta ciudad se hizo popular por su figura, su capa y su sombrero cordobés. [...] Rojas Giménez se encontraba estudiando allí cuando, en 1924, murió rodeado de la admiración de su patria y del mundo, ese maestro de la literatura y de la sátira social que se llamó Anatole France. Su muerte tiene los caracteres de un duelo nacional. Al lugar en que se velan sus restos concurre lo que se llama la *élite* de Francia: representantes del gobierno, diplomáticos, académicos... De pronto, un joven desconocido se abre paso entre los brillantes personajes, se acerca audazmente al cadáver del gran Anatole France y, en medio de la expectación general, tomándole fuertemente la nariz y remeciéndosela, le dice en tono de reconvención amistosa, como si se dirigiera a un antiguo conocido: '¡Ah, viejo pícaro!' Es de imaginar el escándalo... Se llama a la policía y el atrevido joven es sacado a viva fuerza. Los diarios informan indignadamente: 'Un estudiante sudamericano profanó el cadáver de Anatole France'. El 'profanador' no era otro que el poeta Rojas Giménez, quien, en un rasgo de humor extraordinario, quiso despedirse del maestro.»

— *Carlos Poblete, en* Zig-Zag *2.686 del 15.09.1956: cito por Rojas Giménez, 207-208*

Yolando Pino Saavedra

«Pino Saavedra, poeta de la sensación sentimental y de la lenta trama, debemos decir *hasta luego* en estas líneas y hacer al lado de su partida el comentario de las despedidas. Desear al amigo silencioso el viaje lleno de sortilegios y la feliz arribada y también el regreso y las noticias y los versos. Y la permanencia alegre en la tierra que lo atrae, y su depuración de artista solitario, en medio de otros compañeros y de otra soledad.»

— *Neruda, "Viaje a Alemania de Pino Saavedra", en* Claridad *129, enero 1925, y en* OC, *IV, 324-325*

«El lunes pasó Pino, el buen Yolando, y creo que toma la combinación a la Argentina este sábado. Puedes ponerle un telegrama en nombre de los dos para que no se sienta tan abandonado? Fíjate que le llegue antes de su partida. A mí me trajo apuntes y libros para que estudiara. Te conmueves, corazón de piedra?»

— *Neruda, carta a Albertina, enero 1925, en* OC, V, *878*

«Su nombre solía provocar estúpidas risitas, y no sólo entre los estudiantes (él lo sabía, según sugieren algunas de sus publicaciones firmadas *Y. Pino Saavedra*). Más tarde supe entre otras cosas que era el autor de un importante libro sobre Herrera y Reissig, que era un buen traductor del alemán y que se habían conocido con Neruda en la Universidad. Pablo estimaba sus dotes intelectuales pero no lo incluía entre sus amigos próximos: es demasiado timorato, me dijo alguna vez. En efecto, don Yolando daba una impresión de timidez con su hablar de tenue registro y con su escasa vocación a la agresividad. Quizás por temor había negado su firma o su apoyo explícito a alguna iniciativa cultural de Pablo, que no perdonaba esas cosas.

Y sin embargo, cuando lo vi por última vez, Yolando Pino Saavedra era el sujeto activo de un notabilísimo gesto de coraje. Durante el funeral de Pablo Neruda, el 25 de septiembre de 1973, el tímido don Yolando sacó pecho y voz para leer en el Cementerio General de Santiago un discurso conmovedor a nombre de los compañeros de generación del poeta. Debido a la confusión reinante durante aquel singularísimo funeral, no pude acercarme después a él para abrazarlo y sobre todo para decirle (también a nombre de Pablo): 'Don Yolando, es usted un hombre muy valiente'.»

— *H. Loyola, "El poeta y el investigador",
en Carlos Orellana, ed., 1998: 103-104*

ROMEO MURGA (II)

Afuera, la tarde oscura y lluviosa, el cielo de sombras y la desierta desolación de las calles. Yo pienso, sin dolor, en el último día de mi vida. Y lo siento lejano (siempre es lejano el día de nuestra muerte). Tal vez no habrá, como hoy, lluvia y silencio. Acaso será un día de primavera, con un sol que dorará los trigales y hará cantar de júbilo a las ramas de los árboles nuevos. Lentamente me irá ganando la inmovilidad: quedarán inmóviles mis pies que peregrinaron, mi boca que ha besado, mis manos que tocaron, en hora roja, carne joven. Y será en mis ojos la gran agonía: morirá la visión dilatada y luminosa de un mundo, morirán las miradas de las mujeres que amé un día, y se apagarán poco a poco las trémulas estrellas de la última noche.

["El último día", en revista *Iris*, 3, Copiapó, 07.12.1924, y en Murga, 95]

Aquí vino a morir Romeo Murga,
pálido joven de cristal herido...
[Ángel Cruchaga Santa María, en su *Paso de sombra*, 1938, y en Murga, 269]

[Naín Nómez]

«... fue otro de los escritores de comienzos de siglo que murió joven, como Rojas Giménez, Gómez Rojas, Wilms Montt, Joaquín Cifuentes Sepúlveda... Publicó sus primeros poemas en las revistas *Claridad*, *Educación y Cultura* y *Zig-Zag*. Ejerció la crítica literaria comentando textos de poetas chilenos y realizó traducciones del francés al castellano. En 1924 obtiene el cargo de profesor de Francés en el Liceo de Quillota. Allí enferma y es trasladado a San Bernardo. Busca un clima que pudiera curarlo, pero muere el 18 de mayo de 1925. Antes de su muerte, sólo publicó *El libro de la fiesta* en 1923, obra en colaboración con Víctor Barberis.»

— *Nómez II, 282*

[Elías Ugarte Figueroa]

«Lo conocí en Quillota, en 1924, en el Liceo de Hombres de ese pueblo, como maestro en la asignatura de su especialidad. Alto. Excesivamente delgado. De rostro moreno, pálido, y de ojos verdes, soñadores. Hablaba poco, reposadamente. Siempre pensativo. Preocupado de algo que no era de este mundo.»

— *en Murga, 166*

[Luis Enrique Délano]

«Ese año, 1924, fue clave para mí por varias razones. Una... fue la llegada a Quillota, como profesor nuestro de francés, de un poeta, con nombre y obra publicada, por lo menos en las revistas de Santiago, y cuyos versos habían sido recogidos por Armando Donoso en su antología *Nuestros poetas*, editada por Nascimento ese mismo año de 1924. La antología comenzaba con Pedro Antonio González y terminaba con nuestro profesor, Romeo Murga, que no era sin embargo el más joven pues había nacido (en Copiapó) un mes antes que Pablo Neruda, en junio de 1904. Esto quiere decir que apenas era dos o tres años mayor que sus alumnos de quinto...

En el liceo discutíamos sobre Murga antes de haberlo visto.

—¿Y de dónde habrá sacado ese pseudónimo tan raro?

—A lo mejor no es un pseudónimo y se llama así —aventuró el Mono Pizarro.

—¿Estái huevón? Cómo se te ocurre que una persona va a llamarse así. Es un pseudónimo a toda vela... Romeo... Eso viene de *Romeo y Julieta*, sin duda. Y Murga, bueno, es una murga, esas orquestas de mala muerte de los circos o las que se forman para la fiesta de la primavera. De todos modos, es rara la combinación. De Shakespeare a una murga de circo...

—No es tan rara —dijo Vicencio—, porque el teatrito que manejaba Shakespeare por las calles de Inglaterra se parecía mucho a un circo.

Cuando un poco después tuve cierta confianza con Romeo, le pregunté cómo había elegido su pseudónimo. Se echó a reír.

—No es la primera vez que me lo preguntan —dijo—. Me llamo Romeo porque con ese nombre me bautizaron y Murga porque ése es el apellido de mi padre. Mi segundo apellido es Sierralta.

Romeo tenía veinte años, era muy alto, flaco, desgarbado, con el pelo negro bastante crecido, como lo usaban los poetas, el cutis aceitunado y dos largos brazos que a menudo no sabía dónde poner ni qué hacer con ellos. 'Si pudiera tirárselos al público', me dijo una vez que declamó un poema suyo en el teatro de Quillota... Murga tuvo sólo ese año, 1924, de docencia. Era extremadamente sensible, melancólico, pero a veces en la intimidad solía ser chistoso y alegre. Había dejado Santiago sólo por necesidad de ganarse la vida... A Filomena, su amor de Quillota, le escribió varios poemas, en uno de los cuales la llamaba 'morena de ojos negros como la noche negra'. En las clases era un profesor a la moderna, amigo de sus alumnos, los de quinto año, casi todos muy poco menores que él. Yo, desde luego, aprendí más francés ese año que en los cuatro anteriores...

Cuando llegaron las vacaciones de septiembre... me convidó a que fuéramos a Santiago... Recuerdo los largos paseos con él aplanando las calles del centro, algunos actos rituales para los provincianos, como lustrarse los zapatos en el Portal Fernández Concha o ir a las revistas un poco escandalosas del Coliseo Nacional, en la calle Arturo Prat cerca de la Avenida Matta. Un día fuimos a visitar a Alone, que trabajaba en una oficina del Registro Civil, en un viejo edificio de la Alameda, delante de La Moneda: un hombre pálido, de cara alargada y mentón cuadrado...

No alcanzó Romeo a terminar el año en Quillota. Enfermo de tuberculosis, de pronto se agravó y fue preciso trasladarlo a un clima más adecuado: San Bernardo. En los exámenes de diciembre lo reemplazó su hermana Berta... Murió a la entrada del invierno y no puedo olvidar la impresión que tuvimos. Se convino en que dos profesores y un alumno concurrieran a los funerales y los compañeros del sexto año me designaron para cumplir esa tarea. Me sorprendió por su pobreza la capilla ardiente del poeta, instalada, nunca supe ni pregunté por qué, en una pequeña iglesia metodista de la ciudad. Muy poca gente en el cementerio... ¿Dónde estaban Neruda, Eugenio González, Víctor Barberis, Tomás Lago, Gerardo Seguel? Tal vez no se enteraron entonces de su muerte...»

— *de Luis Enrique Délano, "Romeo Murga, un nombre que parecía pseudónimo", en Murga, 174-180*

REFUGIO DE REGRESO

Pequeña ciudad que forjé a fuerza de sueños,
resurges de tu inmóvil existencia. Grandes trancos
pausados a la orilla del musgo, pasión de la
infancia revives cada vez. [...] Para qué hablar de

> viejas cosas, para qué vestir ropajes de olvido. Sin embargo, grande y oscura es tu sombra, provincia de mi infancia. Grande y oscura tu sombra de aldea, besada por la fría travesía, desteñida por el viento del norte. También tus días de sol, incalculables, delicados, cuando de entre la humedad emerge el tiempo vacilando como una espiga.
>
> ["Provincia de la infancia" en OC, I, 243]

En los libros de este período (1924-1926) advertimos la tendencia de Pablo a la autorrepresentación atenuada (e incluso *desacralizada*) para afirmarse al menos como sujeto agente *débil*. Aceptar el rol de *viajero-caminante*, por ejemplo, implica una reducción del impulso a gobernar o controlar el barco del tiempo progresivo, pero supone también posibilidades de *acción en sordina* (acción débil) en contrapunto a la exuberancia (acción fuerte) del tiempo circular.

«Ah primavera! [...] cómo te veo surgir de entre las cosas! Te hablaré con mi lenguaje que esconde signos [...], primavera de agosto, el caminante te celebra». Esta lectura entusiasta de las huellas del tiempo circular tiende al descifre y, sobre todo, a la *apropiación* del secreto. Es un primer paso en esa dirección. De ahí el momentáneo optimismo de Pablo al establecer de hecho una suerte de simetría entre la fuerza esotérica que atribuye al propio lenguaje poético («te hablaré con mi lenguaje que esconde signos») y la del inescrutable lenguaje del tiempo circular: «Es que detrás de las cosas estás tú, primavera, comenzando a escribir en la humedad, con dedos de niña juguetona, el delirante alfabeto del tiempo que regresa».

La metamorfosis desencadenada por *Veinte poemas* incluye rápidamente un modo nuevo de mirar y vivir la provincia. No sin contradicciones. Temuco a los ojos de Pablo en 1923: «Pueblo, eres triste y gris. Tienes las calles largas / y un olor de almacén por tus calles pasea. / El agua de tus pozos la encuentro más amarga. / Las almas de tus hombres me parecen más feas. /.../ El pueblo es gris y triste. *Si estoy ausente pienso / que la ausencia parece que lo acercara a mí. / Regreso, y hasta el cielo tiene un bostezo inmenso.* / Y crece en mi alma un odio, como el de antes, intenso. / Pero ella vive aquí» (*OC*, I, 147, con énfasis mío). Entonces Teresa compensaba el aburrimiento. Lo interesante, sin embargo, es la contradicción subrayada. Un año y algunos meses más tarde, sin Teresa: «Éste es un pueblo amarillo y triste, ya lo he recorrido entero, ya he hablado con todos mis conocidos, ya he leído todos los libros que traje, ya he visto todas las estrellas de este cielo. Por eso, ve modo de escribirme [...]. Estoy mal en el pueblo, mal en mi casa, en todas partes» (carta a Albertina, ¿enero 1925?, en *OC*, V, 877).

Y sin embargo algo ha cambiado en el entretanto. Quizás fue aquella lectura de *Un uomo finito* de Papini, en 1923, la que potenciada por el posterior impacto de *Veinte poemas* atrajo a la escritura de Pablo una precisa experiencia: la casa familiar en Temuco, "la casa de tablas", la modesta casa de madera cerca de la estación. Papini recuerda cómo a fuerza de caminar por los caminos de su campiña toscana, y por las calles duras y heladas de Florencia en invierno, regresaba a su casa con los pies y el rostro encendidos, vibrante y vigoroso *come se tornassi da una vittoria*. Pero por contraste la casa era pobre, oscura, y en su cuartucho frío sólo había una fúnebre lamparilla a cuya luz —con un no sé qué de mortuorio— leía algunas páginas antes de sepultar en el sueño los deseos informulados. Era claro que en su libro de 1912 Papini evocaba el *adentro* de la casa como cifra de las dificultades que la infancia había opuesto a su desarrollo intelectual, mientras en el *afuera* situaba no sólo el mundo de la cultura y de la sociedad inteligente, sino también la campiña florentina, desnuda y gris en invierno pero siempre potente, invencible, y por ello más en consonancia con la imagen que el autor había alcanzado de sí mismo.

En 1923 este pasaje de *Un uomo finito* probablemente llegó a Pablo en armonía con el horizonte resentido, altivo y arrogante del Hondero, y con la visión lastimera que, desde tal perspectiva, cultivaba de su propia niñez. Un año después, la prosa "Provincia de la infancia" (*El Mercurio*, 19.10.1924) trata en cambio de conjugar el «tiempo que regresa» (tiempo circular) con una tentativa de fecundo *regreso* al interior del tiempo progresivo de Pablo. Lo que ahora importa no es más la queja del poeta joven por la infancia que le fue negada (*no, io vi ripeto, non ho avuto fanciullezza*), sino los recuerdos del territorio y de la casa familiar que de improviso devienen memoria fundacional. He aquí la casa de Temuco que por primera vez es convocada a la escritura de Pablo desde su memoria:

> Ah, pavoroso invierno de las crecidas, cuando la madre y yo temblábamos en el viento frenético. Lluvia caída de todas partes, oh triste prodigadora inagotable. Aullaban, lloraban los trenes perdidos en el bosque. Crujía la casa de tablas acorralada por la noche. El viento a caballazos saltaba las ventanas, tumbaba los cercos; desesperado, violento, desertaba hacia el mar.
>
> — OC, *I, 244*

En estas líneas esenciales el espacio mítico aparece dividido en un *adentro* (la casa de tablas) y en un *afuera* (el resto del mundo). Un violento dinamismo rige la representación del *afuera*. Sus personajes son como gigantes desaforados que agitan y movilizan en torno al refugio del niño energías descomunales, exuberancias ciclópeas. En primer lugar el invierno mismo, trayendo el agua torrencial de las lluvias y de las inundaciones (crecidas). Luego el bosque, para el niño de entonces todavía inaccesible, es un ámbito donde hasta los trenes se pierden (conexión con el padre ferroviario). En torno a la casa, asediándola, estrechándola, se siente el aliento de la noche, y más allá, en dirección opuesta al bosque, vive el mar. Y vive también el viento, fuerza delgada pero potente que barre todos los espacios del afuera, desde el bosque al mar. Símbolo masculino por excelencia, el viento es todo lo que el niño no logra ser.

En *Un uomo finito* Papini recuerda la infantil escisión *casa/campiña* para subrayar cómo su presente (realizado) es el resultado de su fidelidad a las preferencias y rechazos de antaño, vale decir, del ahondamiento de aquella escisión originaria. La lección de Papini asume en Pablo una dirección *opuesta*. "Provincia de la infancia" supone una nueva visión del sur, recién conquistada, que congrega en el todo fundacional las calles de la pequeña ciudad, el viento del norte, días de sol y noches de invierno, la lluvia, el vendaval frenético, las espigas del verano, las «estrellas excelentes» en el cielo nocturno del estío, «la señorita de grandes ojos», el bosque, los trenes, el mar. Y también la casa de tablas. Esta operación integradora proseguirá sin tregua hasta "El bosque chileno" y otras páginas póstumas de *Confieso que he vivido*. Al cierre de "Provincia de la infancia", el momento inicial de ese itinerario:

«El niño que encaró la tempestad y crió debajo de sus alas amargas la boca, ahora te sustenta, país húmedo y callado, como a un gran árbol después de la tormenta. Provincia de la infancia deslizada de horas secretas que nadie conoció. Región de soledad, acostado sobre unos andamios mojados por la lluvia reciente, te propongo a mi destino como refugio de regreso.»

SOLEDAD DE LORENZO

> *Patria, palabra triste*
> *como "termómetro" o "ascensor".*
> *Algún día, ahíta de pájaros,*
> *fuiste el terreno de gracia,*
> *cordillera de palabras muertas.*
>
> ["República" en *OC*, IV, 300]

Por ese mismo período (segunda mitad de 1924) Pablo ensaya una tentativa poética paralela, en verso. Fueron sólo dos entregas, cada una con tres breves poemas, publicadas en *Claridad* 125 (septiembre 1924) y en *Claridad* 129 (enero 1925) bajo el pseudónimo **Lorenzo Rivas**. En estos poemas el escenario y las figuras son del mundo rural, como en "Provincia de la infancia" y demás prosas de *Anillos* escritas en 1924, en probable correspondencia con breves períodos de vacaciones pasados en diversas aldeas o fincas cercanas a Temuco, aparte Puerto Saavedra, durante aquel tiempo (Selva Oscura, Hijuela Miramar, Quepe). Las dificultades económicas para vivir en Santiago y el creciente conflicto con su padre en Temuco (dos caras del mismo problema) podrían haber obligado a Pablo a aceptar —o a solicitar— invitaciones de amigos o parientes con casas en la campiña circundante. La de Quepe era de la tía Telésfora Mason, madre de Rudecindo Ortega Masson.

Sin duda es deliberada esa ambientación rural de los poemas de Lorenzo Rivas. Pero a diferencia de los contemporáneos textos en prosa que después serán incluidos en *Anillos* (y también referidos al mismo ámbito sureño), los de Lorenzo denotan una evidente intención antisentimental, una modulación ajena al intimismo. En ellos el lenguaje aparece frío, distanciado, deliberadamente prosaico. En vez de las atrayentes melodías sentimentales de los *Veinte poemas*, Lorenzo Rivas propone una especie de música atonal o dodecafónica de vanguardia (por entonces afirmándose en Europa). Un lirismo *cool*, se diría hoy. Algunos fragmentos:

> *Tren de juguete, a veces,*
> *aventando los pájaros.*
> *Ahí debajo nubes.*
> *Vacas de aceite.*
> *A media noche*
> *de prisa, anduvo hacia el Norte.*
> *Al lado allá, donde hay una cruz*
> *mataron a Lonconao, ladrón de animales.*
>
> [de "Viaducto", en *OC*, IV, 300]

> *Escribo cosas de amor sin literatura*
> *para Inés Arellano, que vive en el Sur.*
> *Trenzas de tinta, faltas de ortografía:*
> *parece que me quiere. [...]*
> *Ella, ojos tan negros,*
> *teje mi nombre con agua de lluvia*
> *para mirar a través de las cosas.*
> *Vive en una curtiembre con sus hermanos.*
> *Para hablar de mi vida es necesario*
> *poner a cada rato un farol rojo.*
>
> [de "Historia de amor", en *OC*, IV, 301]

> *Huele el pasto, y las costras de los árboles recién húmedos*
> *soplan sus olores claros como sonidos.*
> *Atravesando espadas el viento agacha las ramas*
> *y me entra por debajo, desde el pene hasta el pecho.*
>
> [de "Soledad de Lorenzo", en *OC*, IV, 305]

> *Hay entre todos un pueblo.*
> *Qué ánimo de decir historias que a nadie importan.*
> *Parado a la orilla de una línea férrea,*
> *hombres, piedras, ovejas, y una directora de escuela.*
> *Además los carabineros. [...]*
> *En la noche volviendo a mi bodega*
> *tropiezo con veinte borrachos y en los bolsillos*
> *algunas luciérnagas.*
>
> [de "Alto de Selva Oscura", en *OC*, IV, 305]

> *Saludo a mi novia, tonta como un libro,*
> *y nos sentamos a la mesa. [...]*
> *Ella está sentada en su silla de mimbre*
> *y con la oreja, a veces, tapa la congoja del mundo.*
>
> [de "Individuo enamorado", en *OC*, IV, 305-306]

En estos fragmentos veo cómo Pablo, consciente de la perspectiva nocturna y 'egocéntrica' de los *Veinte poemas* y de las prosas de 1924, busca una vía para retornar a una representación más 'alocéntrica' (vale decir, más ambiciosa y corajuda) del mundo, para volver con su escritura al Día-Realidad. Sí, es maravillosa la residencia en el espacio mágico del Sur y la exploración de la Noche, del mundo de los *sueños* y de las amapolas. Allí Pablo se siente protegido, cómodo, ése es su ambiente natural, su 'casa'. Allí se está reponiendo de sus heridas y fracasos. Allí habría querido establecer para siempre su morada poética.

Pero ese ámbito no es suficiente. Para Pablo se hace cada vez más claro que su escritura de los *sueños* (circunscrita al sistema Noche-Sur) tiene sentido sólo como base operativa, como nutrición y combustible para una escritura de la *acción*, volcada hacia el mundo de los hombres en sociedad, hacia lo real. La vocación *alocéntrica* de su poesía es tan irrenunciable como la exigencia egocéntrica de los *sueños*. Sólo que en ese momento de repliegue, todavía convaleciente, no logra entrever el camino para abandonar el refugio y emprender su nueva salida al exterior, al afuera hostil. ¿Cómo retomar con nuevo lenguaje el ímpetu 'profético' que *Crepusculario* y *El hondero entusiasta* equivocaron? Ése es el problema. De ahí el deliberado enfriamiento o neutralización del temple lírico (insólito en relación al espacio *Cantalao*) y el esfuerzo de novedad formal que los poemas de Lorenzo Rivas introducen en la escritura de Pablo. Estos poemas tienden a aligerar, adelgazar, esencializar el lenguaje, como queriendo hacer compatibles la vanguardia y el mundonovismo. O como queriendo inventar una poesía en que unas hipotéticas coordenadas *Día-Sur* sustituyan a las —entonces dominantes— del sistema *Noche-Sur*.

Entre los poemas de Lorenzo Rivas, "República" sugiere en particular la dificultad de Pablo en la búsqueda de una novedad temática, novedad de contenido y no sólo formal, para esos textos. El primer verso enuncia el propósito nada simple de cantar la *patria*, entendida como territorio o terruño, como espacio rural: «De alguna manera haré tu elogio». A diferencia de las prosas de *Anillos*, donde el escenario rural aparece representado en clave lírica, vale decir en fuerte vinculación expresionista con el desarrollo íntimo del Yo enunciador, los textos de Lorenzo Rivas intentan un primer acercamiento inventarial, de apariencia distanciada e imperturbable, al mundo externo, a la *patria* o *república* en cuanto espacio 'nacional' o colectivo del Yo. Al proponer una tentativa de poesía 'objetiva', una poesía cuya visión de la realidad nacional conocida, amada o vivida, busca sin embargo eludir la 'subjetividad' del Yo, estos textos vagamente anticipan o prefiguran el proyecto de un *canto general de Chile* que Neruda comenzará a realizar en 1938, casi quince años más tarde. En todo caso, ciertamente denuncian el precoz interés de Pablo por una línea poética orientada en esa dirección.

Sólo que el proyecto de Lorenzo Rivas requiere un marco ideológico de referencia, una concepción más o menos estructurada del mundo y de la sociedad dentro de la cual las vivencias individuales o personales de la *patria* puedan insertarse. En el fondo, la nostalgia épica. El anarquismo de Pablo no le es —ni podía serle— de gran ayuda a Lorenzo. Por eso el proyecto no crece mucho más allá de estos poemas. Tal vez una oscura percepción de la dificultad, además de la diversidad, que subyace a la escritura de estos poemas, determinó que ellos fueran firmados por Lorenzo Rivas, pseudónimo de otro pseudónimo (Pablo Neruda). Significativamente, según veremos, el tema del *alter ego* reaparecerá en el relato *El habitante y su esperanza* a través de un personaje de nombre Florencio Rivas.

En definitiva, entonces, los poemas de Lorenzo Rivas sólo consiguen configurar un comportamiento de transacción, ambiguo y débil, en cuanto son en conjunto una tentativa subrepticia de abandonar el ámbito nocturno y protegido de los *sueños* para retomar contacto con la realidad diurna, con el prosaico y apoético mundo exterior, pero sin abandonar el espacio familiar de la Frontera. El deliberado prosaísmo expresivo —lenguaje inventarial, privado de énfasis emotivo o participación sentimental— quiere subrayar la voluntad alocéntrica de Pablo, su propensión a recuperar la ambición 'profética'. Pero el uso mismo del pseudónimo *Lorenzo Rivas* denuncia la inseguridad de la tentativa, su poco convencido carácter exploratorio, los límites de un Yo enunciador que prefiere enmascarar su identidad. El poeta sabe que aún no está preparado para su segunda salida al mundo. Sin embargo, este ensayo de escritura —que en sí mismo no tendrá continuación, aparte las prosas de "Panorama del Sur" y los versos de "Poesía del volantín" (1924, en *OC*, IV, 301-304)— es la antesala de otro, más decidido y consistente, que sí será admitido por Pablo a la dignidad de libro nerudiano: *Tentativa del hombre infinito*.

... Y AMIGOS QUE VUELVEN

> ... Diablo de hombre este Álvaro... Ahora se llama Álvaro da Silva... Vive en Nueva York... Casi toda su vida la pasó en la selva neoyorquina... Lo imagino comiendo naranjas a horas insultantes, quemando con el fósforo el papel de los cigarrillos, haciendo preguntas vejatorias a medio mundo... Siempre fue un maestro desordenado, poseedor de una brillante inteligencia, inteligencia inquisitiva, que parece no llevara a ninguna parte, sino a Nueva York.
>
> [*CHV*, en *OC*, V, 478]

> *Nunca he visto otro árbol como éste, no he visto en el bosque*
> *tal corteza gigante rayada y escrita por las cicatrices:*
> *el rostro de Azócar, de piedra y de viento, de luz machacada,*
> *y bajo la piel de la estatua de cuero y de pelo*
> *la magnánima miel que ninguno posee en la tierra.*
>
> [*OC*, III, 174]

Álvaro Hinojosa

«Conocí a Pablo hacia 1924, en la vieja casa solariega que tenía Eduardo Barrios en la plazuela San Isidro. A pesar de que la casa era grande, el escritor tenía la costumbre de recibir a sus amigos en su dormitorio. Allá llegué cierta vez, acompañando a mi hermano Álvaro. Un grupo heterogéneo de escritores solía visitar al autor de *El hermano asno*, algunos consagrados y otros jóvenes aspirantes a la fama. En aquella ocasión ya estaban en el dormitorio el poeta Diego Dublé Urrutia y varios escritores jóvenes, entre ellos González Vera, Tomás Lago y un muchacho delgado y pálido, bien conocido ya por su pseudónimo: Pablo Neruda.

Pablo y mi hermano Álvaro se hicieron grandes amigos. Álvaro, en 1924, regresaba de Estados Unidos, pero quería viajar mucho más...

Cuando lo conocí, hacia 1924, Pablo era un muchacho de aspecto un tanto lánguido, imperturbable, casi indiferente, y muy callado. Su carácter silencioso fue lo que más me impresionó en él... Era de costumbres muy sobrias, casi ascéticas. Comía poquísimo.

Entre 1925 y 1927 viajó varias veces a Valparaíso, invitado por Álvaro a nuestra casa de calle Deformes 2810, esquina de Victoria. Se alojaba allá por períodos más o menos largos, unos cuantos días o un par de meses. Salía a ver el mar, deambulaba por los mercados, muelles y cerros durante el día, y por las noches salían con Álvaro y otros amigos a recorrer (supongo) la bohemia porteña.

Recuerdo que la primera vez que vino a nuestra casa, Álvaro nos advirtió a todos que no le dirigiéramos la palabra a Pablo, que no nos preocupáramos de conversarle ni de charlar con él, pues no le gustaba hablar. Todos aceptamos, naturalmente, aunque a mi madre le pareció bastante extraño este rasgo de nuestro huésped.

Sin embargo, una noche en que Pablo regresó solo, encontró a mi madre en pie y se puso a conversar espontáneamente con ella. Charlaron durante unas dos horas. Cuando después le pregunté a mi madre de qué habían conversado tanto rato, ella me dijo: 'De negocios. Es un muchacho encantador.' En adelante conversaron muchas veces, y casi siempre de negocios, intercambiando fantasías y proyectos. Mi madre le cobró gran cariño a Pablo. De más está decir que ni ella ni él concretaron jamás esos proyectos comerciales.»

— *Sylvia Thayer, 240-241*

Rubén Azócar

«Regresé a Chile [desde México] en mayo [más probablemente abril] de 1925, el año de la caída de Alessandri. Venía con Alberto Guillén. Al pasar por Perú viví una de las múltiples peripecias de mi accidentado viaje. En ese país había un clima de turbulencia en esos días. Tuve la mala ocurrencia de bajar a tierra en El Callao y, por una mezcla de antecedentes propiamente míos, relativos a mi izquierdismo estudiantil, y de méritos ajenos que alguien agregó a mi hoja de vida, de pronto la policía peruana se apoderó de mí y me trasladó a Lima sin mayores explicaciones. Veintiún días de reclusión en el Panóptico limeño. Finalmente me dejaron en libertad, casi tan en ayunas como había entrado acerca de los motivos de mi encarcelamiento. Más aún, sin equipaje y sin dinero... Ya no recuerdo cómo logré embarcarme en un barco japonés, el *Seju Maru*, apenas con la ropa que tenía puesta.

Llegué a Valparaíso sin que nadie supiera de mi regreso. En Santiago, en ese instante se vivían horas de alboroto político y las comunicaciones eran difíciles. Aquí debo dejar constancia de una deuda vieja e impagable: los pasajeros del *Seju Maru*, al enterarse de mi situación, habían hecho una colecta en mi beneficio y reunieron para mí una cantidad nada despreciable de dinero. De modo que al desembarcar en Valparaíso pude comprarme alguna ropa y tomar el primer tren con destino a Santiago. Llegué a la capital cerca de medianoche. Comparada con otras capitales que había conocido en mi viaje, Lima incluida, Santiago era entonces una ciudad muy oscura, de alumbrado colonial casi. De la estación Mapocho me dirigí enseguida al Venecia, en Bandera con San Pablo, en busca de mis amigos. No encontré a nadie. Inicié un nervioso recorrido por bares y cafés danzantes, empezando por El Jote, sin resultados. En mi desesperación hasta entré al Café Glance, sin hacerme ninguna ilusión porque yo sabía que allí sólo iban nuestros amigos los 'ascetas', vale decir Gandulfo, Demaría, González Vera. ¡Y yo llegaba a Santiago con unas ganas inmensas de beber vino chileno junto a mis amigos sin medida ni horizonte!

Muy abatido caminaba yo por Bandera hacia la Alameda cuando de pronto, en la esquina de Catedral, veo a Pablo que viene caminando en dirección opuesta, solo, también en busca de amigos con quienes compartir el vino bohemio y la fraternidad. Nos abrazamos con enorme regocijo. En medio de exclamaciones y preguntas recíprocas llegamos de nuevo al Venecia. Pedimos vino blanco: '¡Hay que emborracharse, Rubén!' Nadie más se apareció por allí. Bebimos bulliciosamente, pero no pudimos emborracharnos. El amanecer nos sorprendió en un parque, buscando tréboles de cuatro hojas, matando el tiempo hasta las nueve de la mañana. Entonces nos fuimos al Pedagógico.»

— *Azócar 1964: 213-215*

Tomás Lago

«Ah, jóvenes compañeros, llenos de fuerza y oscuridad! La selva está cruzada, llena de senderos. Una hoja trizada multiplica la luz del mundo. Ágiles compañeros, presos del supremo placer de entregarse, aprovechad la hora, el minuto que dobla la esquina. Tomás, desigual, delicado, va bordando con ojos difíciles cuanta malla singular le designa el camino. Ágiles compañeros, llenos de fuerza, es la época de los desbordes!»

— *Neruda, "Tomás Lago", en* Claridad *122, junio 1924, y en* OC, *IV, 323*

«Cuando estábamos juntos en los bares, no bien terminaba Pablo de expresar un juicio de interés, Tomás sacaba un papel muy bien doblado y escribía algo. Más de una vez Pablo lo interrogó: '¿Qué escribe?' Y el Huaso (como lo llamábamos) respondía con voz perezosa y cortésmente: 'Nada... Cosas que debo hacer mañana.' Pero yo veía que Pablo se quedaba intrigado. [...] A menudo pienso que Tomás fue el único de los nuestros que advirtió con mucha anticipación el relieve que alcanzaría Pablo en la poesía universal. En aquellos días, Tomás anotaba y anotaba y llegó a concebir la idea de vivir con Pablo para aprovechar el mayor tiempo posible conversando con él e interrogándolo.»

— *Muñoz 1999: 92-93*

[La hija de Tomás, Victoria Lago, me ha referido recientemente (junio 2004) que heredó de su padre dos grandes cajas repletas de cuadernos y papeles con los apuntes que tomó durante decenios de su vivir en el centro de la vida literaria y cultural de Chile, entre ellos las notas bohemias a que alude Diego Muñoz. 'Hija, es lo más valioso que te puedo dejar', le había dicho Tomás antes de morir en 1975. Las dos cajas quedaron en el departamento familiar cuando Victoria partió para México, donde permaneció tres años, durante los cuales enfermó Delia Solimano, viuda de Tomás, creándose con ello una situación caótica que determinó la pérdida o eliminación (irrecuperable) de las cajas por parte de personas que desconocían su valor. Terrible y silenciosa tragedia para la historia de la cultura chilena. Los únicos apuntes de Tomás salvados casualmente por Victoria, y muy bien editados por Hernán Soto (Lago 1999), dan una idea de la gravedad de la pérdida, sobre todo en relación a los años '20.]

Paschín Bustamante

Rojas Giménez se fue quedando en Europa hasta fines de 1928, pero Paschín, su compañero de viaje, disponía de una beca a tiempo determinado, por lo cual tuvo que regresar en 1925 a sus labores docentes. No podía darse el lujo de seguir viviendo la bohemia parisién con su amigo Alberto. Habría perdido su trabajo en la Escuela de Artes Decorativas, del que vivían Berta Sánchez, su mujer, y los hijos Aliro, Niobe e Irma. Pero además a Paschín no le interesaba demasiado quedarse en París. No sabía vivir sino en Santiago con los suyos.

En su modesta casa de calle Andrés Bello, en el barrio Bellavista, nunca faltó espacio para hospedar a sus amigos en transitoria dificultad. Allí alojaron por períodos más o menos largos Tomás Lago y Orlando Oyarzún Garcés (cuando Pablo partió hacia Rangoon) y Rojas Giménez (al regresar de París). Después Paschín y su familia se trasladaron a una casa más amplia dentro de otro pasaje, algo menos sórdido, en calle Victoria. Ésa fue la última habitación del pintor. Durante el riguroso invierno de 1934, no lejos de sus cincuenta años de edad, enfermó de bronconeumonía. «Por esos días andaba una epidemia de tifus exantemático. El médico que fue llamado para su atención pidió una ambulancia y el enfermo fue trasladado al Hospital Salvador. Dada la alta fiebre que lo afectaba, se creyó que Paschín estaba atacado por el tifus. Este traslado fue fatal: bañado y colocado sobre una camilla en un pasillo frío, por varias horas, su enfermedad hizo crisis, falleciendo a los pocos días.» (Arrué, 68). Paschín murió pocas semanas después que su amigo Rojas Giménez, el 4 de julio de 1934, muy preocupado por la precaria situación en que dejaba a su familia.

Cuando en su vitriólico "Aquí estoy" de 1935 gritó «Muerte al ladrón de cuadros!», Neruda aludía obviamente a Pablo de Rokha y a los cuadros de Paschín. Lo corroboró por su lado Vicente Huidobro en *La Opinión* del 01.07.1935, al acusar al mismo De Rokha de haber abusado de la amistad del pintor.

TENTATIVA DEL HOMBRE INFINITO

Por aquellos tiempos, influenciados por Apollinaire, y aun por el anterior ejemplo del poeta de salón Stéphane Mallarmé, publicábamos nuestros libros sin mayúsculas ni puntuación. Hasta escribíamos nuestras cartas sin puntuación alguna para sobrepasar la moda de Francia: aún se puede ver mi viejo libro **Tentativa del hombre**

> ***infinito*** sin un punto ni una coma. Por lo demás,
> con asombro he visto que muchos jóvenes poetas
> en 1961 continúan repitiendo esta vieja moda
> afrancesada. Para castigar mi propio pasado
> cosmopolita, me propongo publicar un libro de
> poesía suprimiendo las palabras y dejando
> solamente la puntuación.
>
> [Neruda 1962, en *OC*, IV, 1085]

> ... un desarrollo en la oscuridad, un aproximarse
> a las cosas con enorme dificultad para definirlas...
> ese libro mío procede, como casi toda mi poesía,
> de la oscuridad del ser que va paso a paso
> encontrando obstáculos para elaborar
> con ellos su camino.
>
> [Neruda 1964, en *OC*, IV, 1204-1205]

Los meses finales de 1924 y todo el año 1925 son para Pablo un período agitado y denso. Habiendo abandonado de hecho los estudios universitarios, su padre le suspende la mesada. Puesto que Albertina sigue lejos e inerte, sus energías amorosas se concentran sobre Laura (*Lala*) Arrué. No faltan los encuentros nocturnos con los compañeros de bohemia. Es un período de riesgo para Neruda. La miseria, las enfermedades, el alcohol y los estupefacientes —que han devorado a Romeo Murga y a Aliro Oyarzún— podrían atrapar también a Pablo, sometido como está a tantas pruebas. Pero nuestro joven poeta tiene una clara conciencia del peligro y la firme determinación de resistir.

«Había en Neruda una voluntad constructiva superior. Él no dejaría que su existencia se consumiera así, en vano. En medio del hambre y del desorden de las noches, él aspiraba al orden creador. Se sabía propietario de un patrimonio potencial de poesía, que le brotaba de sí mismo y [que] él debía respetar [...]. Sentía que lo había recibido como una herencia de la especie de la tierra, como un tesoro secreto que no podía malbaratar.» (Teitelboim, 117). A pesar de las dificultades cotidianas para sobrevivir, Pablo no deja de creer ni por un instante en su condición (o misión) de poeta. Por ello no cejará en la búsqueda de su verdadero lenguaje.

Y por ello a este muchacho de 20 años no se le fueron los humos a la cabeza con el éxito de los *Veinte poemas de amor*, ni lo rozó siquiera la idea de publicar otros veinte o cuarenta para aprovechar la onda favorable. En 1964 Neruda declara respecto a *Veinte poemas*: «Este libro no alcanzó, para mí, aun en esos años de tan poco conocimiento, el secreto y ambicioso deseo de llegar a una poesía aglomerativa en que todas las fuerzas del mundo se juntaran y se derribaran. Era éste el conflicto que yo me reservaba» (*OC*, IV, 1203). Y a continuación agregó estas importantes aunque no muy explícitas palabras (*ibíd.*):

> Empecé una segunda tentativa frustrada y ésta se llamó verdaderamente *Tentativa...* En el título presuntuoso de este libro se puede ver cómo esta motivación vino a poseerme desde muy temprano. *Tentativa del hombre infinito* fue un libro que no alcanzó a ser lo que quería, no alcanzó a serlo por muchas razones

en que ya interviene la vida de todos los días. Sin embargo, dentro de su pequeñez y de su mínima expresión, aseguró más que otras obras mías el camino que yo debía seguir. Yo he mirado siempre la *Tentativa del hombre infinito* como uno de los verdaderos núcleos de mi poesía, porque trabajando en estos poemas, en aquellos lejanísimos años, fui adquiriendo una conciencia que antes no tenía y si en alguna parte están medidas las expresiones, la claridad o el misterio, es en este pequeño libro, extraordinariamente personal.

Probemos a explicitar. *Segunda tentativa frustrada*: ¿tentativa de qué? ¿Y cuál fue la primera? El mismo texto lo ha dicho líneas antes: *El hondero entusiasta*. Ese libro, «suscitado por una intensa pasión amorosa, fue mi primera voluntad cíclica de poesía: la de englobar al hombre, la naturaleza, las pasiones y los acontecimientos mismos que allí se desarrollaban, en una sola unidad» (*OC*, IV, 1201). Ésa fue la primera tentativa frustrada, que restó inédita por diez años. El libro del repliegue, o de la sustitución, fue de muy diferente naturaleza. Los *Veinte poemas* no habían obedecido a un proyecto. Escritos en modo casual e intermitente a lo largo de 1923, respondiendo a puntuales circunstancias eróticas o propósitos de seducción, a última hora habían sido unidos operativamente, por razones prácticas de edición, en una secuencia vagamente 'narrativa' que buscaba sugerir una historia de amor y desamor. Aunque lo habían catapultado a la fama, el autor seguía considerándolos sólo como válidas emanaciones de su intimidad amorosa, como textos menores que tal vez por su carácter sentimental y por su apasionada emotividad habían llegado (y seguían llegando) al corazón de más y más lectores.

Pero no es ésta la fama a que aspira nuestro joven y aristocrático Pablo. Los *Veinte poemas* no son 'poesía cíclica', carecen de ese ambicioso horizonte que el fracaso del Hondero no ha cancelado. Para Pablo resulta claro, sin embargo, que el lenguaje exasperado y la orientación estelar (o tropismo ascendente) del Hondero han dejado de ser practicables como camino. Entonces decide construir su nueva 'poesía cíclica' potenciando las coordenadas que los *Veinte poemas* han inaugurado en su escritura con éxito: en el plano vertical, la reducción o restricción del Yo protagonista; en el plano horizontal, la mitificación lírica del sur de la infancia (o sea, del mundo personal del poeta). Tal operación incluye, como novedad caracterizante, una fuerte pero bien disimulada dosis de esa ambición que (según el autor) falta en los *Veinte poemas*.

Poesía 'cíclica' quiere decir poesía con temática importante, de amplio y alto aliento. Quiere decir poesía abarcadora, trascendente, con capacidad 'profética'. Esta obsesión de la 'poesía cíclica' responde tal vez, en Pablo, a la necesidad de justificar ante sí mismo (y sobre todo ante su padre, cuyas expectativas ha interiorizado) la profesionalidad del mester elegido y afirmado a pesar de las dificultades y de las dudas. Por increíble que suene, el éxito de los *Veinte poemas* no satisface el nivel de la ambiciosa y obsesiva exigencia de este muchacho de apenas 20 años.

Y, sin embargo, Pablo debe reconocer que esos *Veinte poemas* le han abierto a su escritura poética el único camino por ahora practicable, sin alternativa visible. No sólo por vía del reconocimiento directo (no instrumentalizado) del acontecer erótico-sentimental, sino porque la nueva modulación de una escenografía que conoce bien (el ámbito Noche-Sur) le permite imprevistas posibilidades de expresión. A lo mejor una audaz, imaginativa y dinámica estructuración poética del terruño (la aldea con su entorno de bosque y mar) podría poner a Pablo en la vía hacia lo universal ambicionado y perseguido. Pero al precio de renunciar a la arrogancia y al titanismo en la representación del Yo enunciador-protagonista. Pablo ha aprendido la gran lección de los *Veinte poemas*, a saber: la eficacia lírica (y comunicativa) de la humildad.

Así, aquel tropismo *descendente* que los *Veinte poemas* ya habían anunciado, la *Tentativa del hombre infinito* lo confirma: «las estrellas descienden a beber al océano» (*THI*, poema 6), «cuando aproximo el cielo con las manos» (*ibíd.*, poema 8). Y en esa misma dirección, no obstante su «título presuntuoso», el libro opera una decidida *desacralización* del Yo protagonista. Si en *Veinte poemas* las autorreferencias aún proponían la figura altiva de un poeta maldito («soy el desesperado», «descubridor perdido», «oh abandonado!»), en *Tentativa* el tono baja notoriamente, hasta anticipar el *testigo* residenciario: «estás solo *centinela*» (poema 4), «*emisario* distraído» (poema 5), «*centinela* de las malas estaciones» (poema 15). La voluntad antienfática del Yo enunciador se hace visible a través de autoalusiones en tercera persona, a veces con la simple fórmula *hombre*: «la tristeza del hombre» (poema 1), «un hombre de veinte años» (poema 3), «mi alegre canto de hombre» (poema 6), «un hombre a la vuelta de un camino» e incluso «pobre hombre» (poema 13). Hay otras autoalusiones en tercera persona: «él quería» (poema 3), «te asalta un ser sin recuerdos» (poema 5), y en otra línea «bailarín en el hilo» (poema 4), «bailador asombrado» (poema 6), «equilibrista enamorado» (poema 13).

Tentativa es entonces el regreso al proyecto abarcador, a una poesía cíclica como la que intentó el *Hondero*, pero ahora afrontándola con opuesto código expresivo: la desacralización del Yo en lugar del titanismo; un lenguaje en sordina, de intimidad y confidencia, en lugar de la estridencia y de la exasperación.

La factura de esta *Tentativa* acoge técnicas de la poesía de vanguardia: supresión de las mayúsculas y de los signos de puntuación, versos irregulares, sintaxis dislocada, flujo continuo y deshilvanado de un discurso lírico deliberadamente ajeno a una lógica organizativa perceptible. El libro, además, viene impreso sin paginación. Jaime Alazraki (1972) lo sitúa en las cercanías de la estética surrealista, aunque dentro de una órbita romántica que le sería más propia. Stefan Baciu (1974) dictamina en cambio —porque *Breton dixit*— eliminar a Neruda de toda filiación surrealista.

Por mi parte, creo que a Pablo la cuestión no le interesa seriamente y que la forma elegida para este presunto *poema* (así reza la portada: un solo poema, no una compilación de poemas) tiene más bien una intención lúdica o es una simple adecuación formal, externa, a una de las modas vanguardistas de esos años. Me parece prueba de ello la transcripción separada y normalizada (con mayúsculas y signos de puntuación) que hace Pablo del poema 9 de *Tentativa* («al lado de mí mismo señorita enamorada») en carta a Albertina de diciembre 1924 (ver el texto en *OC*, V, 876-877, y aquí, en el epígrafe de este apartado, el comentario irónico de 1962). Además, el propio Neruda insistirá en considerar retrospectivamente a

Tentativa como la «experiencia frustrada de un poema cíclico», lo cual supone la voluntad de una estructura interior (más que formal) para la obra.

Lo que importa es que con *Tentativa del hombre infinito* la autorrepresentación del Yo nerudiano (del enunciador-protagonista y de su circunstancia) tiende a ir más allá del autorretrato individual, egocéntrico, aspirando oscuramente —por primera vez— a configurar la condición humana, o sea, al Hombre.

'LOS DE ARRIBA'

> Su poesía extrañamente transparente, ingeniosamente ingenua. Con esa pureza del viejo *lied* del norte, motivo desnudo, de realización acuaria. Creación, creacionismo, estética nueva, todo eso es fórmula, garabatos, ropa usada. Lo único es el poeta y el camino desde él a su poema. Huidobro, qué fresca sensación infantil, de juego atrevido, mezcla del extático *hay-kay* con el trepidante traqueteo del Occidente.
>
> [Neruda, "Defensa de Vicente Huidobro", en *Claridad* 122, junio 1924, y en *OC*, IV, 322]

> Conocí íntimamente a Juan Emar sin conocerlo nunca. Él tuvo grandes amigos que nunca fueron sus amigos. Mujeres que no pasaron más allá de su piel. Afines que lo toleraron como a un largo escalofrío. Era un hombre callado, socarrón, singular. Fue un gran ocioso que trabajó toda su vida... fue un solitario descubridor que vivió entre las multitudes sin que nadie lo viera, tal vez sin que nadie lo amara. No tenía mercado propio: se vistió hasta el fin de su vida de transeúnte.
>
> [Neruda, "J.E.", 1970, en *OC*, V, 306]

Vicente Huidobro

«—Mira, Humberto. Acaba de llegar de París Vicente Huidobro. Yo he pedido ir a verlo. Si tú quieres me acompañas. [...]

Cuando Neruda invita a su amigo a visitar al famoso Huidobro, Humberto Díaz Casanueva acepta... Se dirigen hasta la calle Almirante Barroso, donde Vicente vive con Manuela Portales, su primera mujer.

—Entramos, y entonces encontramos a un Huidobro muy joven, muy buen mozo, perfumado, que recién salía del baño y se recostaba en un sillón largo, con las manos cruzadas detrás de los hombros.

Desde tan cómoda posición, el tono de Huidobro tiene el énfasis de maestro a discípulo. En ese contexto que ya incomoda a los jóvenes visitantes, Huidobro toma la palabra.

Primero empezó a hablar mal de Gabriela Mistral. Después, siguió hablando mal de todos sus amigos de París. Neruda no había salido aún de Chile, recuerda Díaz Casanueva, pero trató de intervenir, de contarle algo, de hablar de Chile ya que Huidobro había estado ausente muchos años.

El diálogo no transcurría muy placentero. Al padre del creacionismo le gustaba más hablar que escuchar. Pero Neruda insiste.

—Entonces Pablo defendió lo que en aquel tiempo podía denominarse la revolución, tanto en las ideas como en las concepciones sociales, de la Federación de Estudiantes de Chile, que tenía cierta influencia anarquista, y que Neruda y yo compartíamos, ya que fuimos en esa época anarquistas románticos —continúa en su relato Díaz Casanueva.

La visita no fue muy extensa. Poco rato después ambos jóvenes salían de la casa de Huidobro. La sensación clara era que no se había producido una corriente de simpatía entre los dialogantes. Más bien lo contrario.

Ya en la calle, Neruda le hace el siguiente comentario a su amigo:

—Mira, Humberto, ¿te has fijado en los calcetines de Vicente Huidobro? ¿En los perfumes que usa? Además, ¿por qué ese afán de vilipendiar tan tremendamente a personajes como Gabriela Mistral? Yo no estoy de acuerdo con eso.»

— *Zerán 1992: 57-58*

Álvaro "Pilo" Yáñez Bianchi [Jean Emar – Juan Emar]

«Álvaro Yáñez Bianchi nace el 13 de noviembre de 1893. Su infancia transcurre en un 'palacete', como él mismo llama irónicamente su casa. Su padre [Eliodoro Yáñez], un abogado y senador encumbrado, propietario del principal periódico nacional [*La Nación*], que pese a su origen popular y modesto ha tenido una ascensión social vertiginosa, acumulando una fortuna colosal en un tiempo récord. Este padre quiere que Pilo, el único hijo varón, herede su estudio de abogado y siga sus pasos. Será una cruel decepción para el envanecido personaje, ya que [según su hermana María Flora Yáñez] 'Pilo declaró a los diecisiete años que nunca trabajaría para ganar dinero, que [su] padre tendría que mantenerlo. Y en París, pues tampoco pensaba vivir en Chile.' [...] En 1918 contrae matrimonio con su prima hermana Herminia (Mina) Yáñez Portaluppi [...], viaja a París en 1919, con pasaporte diplomático. [...] Durante su estadía en París su labor literaria permanece secreta, volcada en sus diarios y cuadernos que servirán de esbozos a su obra posterior. [...]

Las *Notas de Arte* es el órgano difusor más importante del movimiento vanguardista chileno de comienzos de siglo. [...] A partir del 6 de mayo de 1924 comienza a aparecer un suplemento artístico, que ocupa una página entera de *La Nación*, en que colaboran jóvenes artistas y personalidades de Francia y Chile. Se trata de las *Notas de Arte*, difundidas semanalmente a un tiraje de setenta mil ejemplares. [...]

Jean Emar [de *j'en ai marre*, 'estoy hasta la coronilla', después Juan Emar] ha vertido en las páginas de su magna obra *Umbral* las circunstancias que hicieron posible esta publicación: "En esos años mi padre tenía un diario: *La Nación*. Mi padre... cedió, su diario, una página entera semanal —que se llamó *Notas de Arte*— para que en ella se dijese cuanto había que decir en esa época sobre pintura, escultura, artes plásticas en general, y también cine, coreografía y aun sobre arquitectura y urbanismo. Hubo además artículos sobre música. En cada página presentábamos un poema. Recuerdo poemas de Pablo Neruda, Neftalí Agrella, Pablo de Rokha, Alberto Rojas Giménez, etc. También los hubo de Vicente Huidobro, quien, además, colaboraba con artículos. Recuerdo entrevistas a Acario Cotapos, a Pablo Garrido, a Lautaro García [...]. También en las *Notas de Arte* se reprodujeron, creo por primera vez en nuestro país, obras de Picasso, Gris, Matisse, Derain, Braque, Vlaminck, Modigliani, Soutine, Chagall, etc. y etc. [...] Yo recuerdo todo eso porque yo dirigí esas *Notas de Arte* con el nombre de Juan Emar."

Este valioso testimonio [informa] acerca de la situación estratégica que Emar ocupa en la sociedad chilena de comienzos de siglo, lugar privilegiado y dominante en la intersección del poder económico, político y cultural —periodístico en este caso—. El hijo de Eliodoro Yáñez saca el mayor provecho de estos privilegios y los comparte con su generación [...].

A este factor socio-cultural viene a sumarse otro, de carácter personal, no menos importante: Emar goza de gran prestigio e influencia en el medio artístico-literario chileno. Es la única personalidad del medio nacional que logra conservar la amistad con Pablo Neruda, Vicente Huidobro, Pablo de Rokha y con los respectivos séquitos...»

— *Canseco-Jerez 2001: 51, 54, 70-73*

«... aún subsiste la idea de que Emar enviaba desde París todo lo que se publicó en *La Nación*. La carta en referencia [a Vicente Huidobro] fechada en marzo de 1924 sirve entonces para despejar este equívoco, porque Emar regresó a Chile en febrero de 1923, inició la difusión de la vanguardia en abril y como permaneció en el país, creó las "Notas de Arte" en diciembre de 1923 y las dirigió hasta agosto de 1925... Emar llegó a París a fines de 1925... y desde allí efectivamente envió material periodístico que sirvió para publicar en *La Nación* las páginas "Notas de París" (enero a junio de 1926) y luego "*La Nación* en París" (noviembre de 1926 a julio de 1927). El flujo informativo se interrumpió sólo durante unos meses a raíz de un viaje de Emar a Chile entre octubre de 1926 y febrero de 1927.»

— *Lizama 2002: 223*

Neruda y Pilo Yáñez

«Mi lluviosa torpeza, mi ensimismamiento prolongado duró más de lo necesario. Cuando llegué a la capital adquirí lentamente amigos y amigas... No tenía en ese tiempo gran curiosidad por el género humano. No puedo llegar a conocer a todas las personas de este mundo, me decía. Y así y todo surgía en ciertos medios una pálida curiosidad por este nuevo poeta... muchacho reticente y solitario a quien se veía llegar y partir sin dar los buenos días ni despedirse...

Entre la gente que me buscó estaban dos grandes *snobs* de la época: Pilo Yáñez y su mujer Mina. Encarnaban el ejemplo perfecto de la bella ociosidad en que me hubiera gustado vivir, más lejana que un sueño. Por primera vez entré en una casa con calefacción, lámparas sosegadas, asientos agradables, paredes repletas de libros cuyos lomos multicolores significaban una primavera inaccesible. Los Yáñez me invitaron muchas veces, gentiles y discretos, sin hacer caso a mis diversas capas de mutismo y aislamiento. Me iba contento de su casa, y ellos lo notaban y volvían a invitarme.

En aquella casa vi por primera vez cuadros cubistas y entre ellos un Juan Gris. Me informaron que Juan Gris había sido amigo de la familia en París. Pero lo que más me llamó la atención fue el pijama de mi amigo. Aprovechaba toda ocasión para mirarlo de reojo, con intensa admiración. Estábamos en invierno y aquél era un pijama de paño grueso, como de tela de billar, pero de un azul ultramar. Yo no concebía entonces otro color de pijama que las rayas como de uniformes carcelarios. Éste de Pilo Yáñez se salía de todos los marcos. Su paño grueso y su resplandeciente azul avivaban la envidia de un poeta pobre que vivía en los suburbios de Santiago. Pero, en verdad, jamás en cincuenta años he encontrado un pijama como aquél.

Perdí de vista a los Yáñez por muchos años. Ella abandonó a su marido, y abandonó igualmente las lámparas suaves y los excelentes sillones por el acróbata de un circo ruso que pasó por Santiago. Más tarde vendió boletos, desde Australia hasta las Islas Británicas, para colaborar con las exhibiciones del acróbata que la deslumbró. Por último fue rosacruz o algo parecido, en un campamento místico del sur de Francia.

En cuanto a Pilo Yáñez, el marido, se cambió de nombre por el de Juan Emar y se convirtió con el tiempo en un escritor poderoso y secreto. Fuimos amigos toda la vida. Silencioso y gentil pero pobre, así murió.»

— CHV, *"La timidez", en* OC, V, 433-434

ÉSTA ES MI CASA

ésta es mi casa
aún la perfuman los bosques
desde donde la acarreaban
allí tricé mi corazón como el espejo para andar a través de mí mismo
ésta es la alta ventana y ahí quedan las puertas
de quién fue el hacha que rompió los troncos
tal vez el viento colgó de las vigas
su peso profundo olvidándolo entonces
era cuando la noche bailaba entre sus redes
cuando el niño despertó sollozando
yo no cuento yo digo en palabras desgraciadas

[*OC*, I, 208-209]

Éstos son los versos iniciales del poema 10 de *Tentativa del hombre infinito*, escrito en 1925, algunos meses después de la publicación de "Provincia de la infancia". Este poema 10 no sólo confirma la integración, sino que va más allá: la historiza al trazar una primera 'biografía' de la casa de tablas, proclamándola el lugar mítico en que la memoria personal del poeta y la memoria del espacio Sur se funden en una sola. Al contrario de Papini, Pablo redescubre su casa de tablas para posesionarse de ella, para darle existencia y rol actuales en su poesía.

El 18 de los *Veinte poemas* había mostrado: «Éste es un puerto. / Aquí te amo». El poema 10 de *Tentativa* prosigue: «ésta es mi casa», apartándose de la motivación amorosa inmediata e introduciendo en cambio la dimensión temporal: presente y pasado de la casa, conectados por la madera («aún la perfuman los bosques / desde donde la acarreaban») y por el trabajo humano («de quién fue el hacha que rompió los troncos»). La importancia de este poema hay que medirla por comparación al poema 1 de *El hondero entusiasta*, escrito por Pablo en agosto de 1923, precisamente en su dormitorio, en el piso alto de la casa de tablas, asomado a la ventana y mirando hacia arriba, hacia el océano de estrellas en el cielo. No hay en el poema alusión alguna a su circunstancia de composición. En aquel tiempo la casa de tablas no existía en la escritura poética de Pablo.

Ahora su habitación —el espacio donde había escrito (y aún seguía escribiendo) tantos versos y donde se comunicaba culturalmente con el mundo a través de la lectura— viene reconocida como prolongación y proyección del bosque. Desde allá trajeron la casa, el perfume de la madera impide olvidarlo. Atención al verso «allí tricé mi corazón como el espejo para andar a través de mí mismo». Está claro que el adverbio *allí* (en deíctica oposición a un *aquí* = «mi casa») se refiere a los *bosques* del verso 2. De este modo Pablo reconoce en el verso citado, también por vez primera, el carácter revelador de la experiencia de la selva austral. Y —lo que aumenta su significación— conectando aquella experiencia al actual redescubrimiento de su casa de tablas. Del bosque procede no sólo un cierto saber sobre sí mismo, un principio de autoconocimiento, sino también el entorno material de su interioridad y de su quehacer poético: entorno objetivado en esas puertas y ventanas que lo rodean, acompañan y protegen desde antiguo.

Historizar su habitación —su mundo más próximo— corresponde entonces a la inmersión de Pablo en su propia historia. El fragmento citado en epígrafe supone la integración entre cultura (casa) y naturaleza (bosques, viento, noche), tanto en el plano horizontal (contigüidad espacial) como en el vertical (continuidad temporal). Y supone en paralelo la integración entre el niño que en el pasado despertó sollozando (naturaleza) y el poeta actual (cultura) que intenta descifrar su propia identidad y función en el mundo, consciente de las dificultades de su búsqueda tanto en el ayer informulado («allí tricé mi corazón como el espejo para andar a través de mí mismo») como en el hoy de la escritura («yo no cuento yo digo en palabras desgraciadas»).

El redescubrimiento se proyecta al lenguaje del poema como elemental deíxis de silabario: ésta es mi casa, ésa es la ventana, he allí las puertas. Hay que comenzar por *nombrar* el mundo redescubierto. Esta casa no presenta connotaciones defensivas, no es más un refugio cerrado o cáscara protectora (como en el pasado de "Provincia de la infancia"). Ahora la casa tiene puertas y ventanas, se abre al bosque. También la figura del viento ha adquirido una dimensión de temporalidad —que no tenía en *Veinte poemas*— al asociarse al pasado de las vigas, antiguas ramas de alerce o de coigüe en la selva sureña. El viento activo, frenético, terrorífico para el niño de ayer, se ha integrado a la casa al dejar sobre las vigas las huellas de su poderío.

«NO SÉ HACER EL CANTO DE LOS DÍAS»

> *no sé hacer el canto de los días*
> *sin querer suelto el canto la alabanza de las noches*
> [*THI*, poema 6, en *OC*, I, 205]

> La Amada, antes mujer natural, cobra ahora una dimensión cósmica, metafísica. La sensibilización simbólica de esta amada de gran presencia es la Noche. De hecho, este magno símbolo impregna totalmente *Tentativa del hombre infinito*. Esta obra [...] es pura poesía nocturna: el hombre infinito es el hombre nocturno.
> [Concha 1963: 9]

> Desventurada agitación consume la llegada celeste de la noche. ¿No arderá eternamente la víctima secreta del amor? Medido fue el tiempo a la luz, pero el dominio de la noche no tiene espacio ni tiempo. [...] Solamente los torpes te desconocen y no saben de ningún sueño como el de las sombras, el que en el crepúsculo de la noche verdadera compasivamente nos envías. No te sienten en el raudal dorado de las uvas —ni en el aceite milagroso del almendro, ni en el jugo marrón de la amapola. No saben que eres quien mueve el pecho suave de la doncella y vuelve cielo al regazo— entras libremente abriendo el cielo de antiguas historias y traes la llave a las habitaciones de los bienaventurados, mensajero callado de infinitos misterios.
> [Novalis, *Himnos a la Noche*, 1800]

Bajo su nueva vestidura vanguardista, el discurso poético de Pablo prosigue en 1925 la indagación autorreferencial de los *Veinte poemas* y de las prosas de 1924. Sin mayúsculas ni puntuación ni signos de articulación o escansión (incluso la longitud de los versos parece no obedecer a ningún criterio visible), los poemas de *Tentativa* son reunidos y propuestos por Pablo bajo la forma de una verbalización —indiscriminante y con apariencia caótica— del libre flujo de la conciencia autoanalítica y/o de la imaginación emotiva y simbólica del Yo enunciador, según la praxis vanguardista mejor cotizada.

Pero Pablo, fiel a sus hábitos, no deja de dar a dicha praxis la impronta personal del período que está atravesando, caracterizado por el autoexamen del Yo y por la reelaboración de la propia escritura. Por esta vía los textos de *Tentativa* incurren con frecuencia en el discurso metapoético. Los versos arriba citados (*no sé hacer el canto de los días / sin querer suelto el canto la alabanza de las noches*) explicitan prosaicamente un aspecto íntimo del comportamiento creativo del texto mismo, esto es: la asunción de la Noche como trasfondo simbólico de la actual escritura de Pablo. Todo el poema 6 (que esos versos abren) es una sucinta 'historización' del proceso que condujo a tal asunción. En el *pasado*:

> *oh los silencios campesinos claveteados de estrellas*
> *recuerdo los ojos caían en ese pozo inverso*
> *hacia donde ascendía la soledad de todos los ruidos espantados [...]*
> *preñé entonces la altura de mariposas negras mariposa medusa*
> *aparecían estrépitos humedad nieblas*
> *y vuelto a la pared escribí*

Estos versos remiten al pasado del Yo protagonista, cuando éste bebía con sus «ojos sin vicio» el azul del cielo diurno y cuando el cielo nocturno —«ese pozo inverso»— era una dimensión percibida como hostil y nefasta («la noche enemiga» del Hondero). En aquel entonces el poeta escribía de espaldas al mundo y a la tierra («vuelto a la pared»), esclavo de la obsesión estelar y del tropismo ascendente («preñé entonces la altura de mariposas negras»). Ahora, en el *presente*:

> *oh noche huracán muerto resbala tu oscura lava*
> *mis alegrías muerden tus tintas*
> *mi alegre canto de hombre chupa tus duras mamas*
> *mi corazón de hombre se trepa por tus alambres*

De la Noche proviene ahora el material del canto. Hay un vínculo entre la oscura lava, las tintas y la leche (también oscura) que brota de las duras mamas de la Noche. La alusión a las tintas —combustible de la escritura— propone el desarrollo de aquel *puedo escribir los versos más tristes esta noche*, donde por primera vez Pablo se había autorrepresentado en el gesto característico de su mester. El canto del hombre se escribe con tinta nocturna.

Si en el pasado del Yo la nocturnidad conllevó un signo hostil que urgía rechazar («Fui solo como un túnel... / y en mí la noche entraba su invasión poderosa»), ahora la Noche viene asociada a una cierta alegría, a un movimiento de exaltación esperanzada: «la noche como vino invade el túnel» (poema 5). Y a la extensión de la memoria de la infancia: «a tu árbol *noche querida* sube un niño / a robarse las frutas / y los lagartos brotan de tu pesada vestidura» (poema 15).

En el poema 11 de *Tentativa* la desacralización del Yo protagonista va más allá del mostrarlo en el gesto productor de poesía (*puedo escribir los versos más tristes esta noche*), pues llega hasta el extremo de introducir al lector —por primera vez— en el taller del poeta, en el espacio doméstico de la creación. El asunto del poema es la génesis misma del poema:

> *admitiendo el cielo profundamente mirando el cielo estoy pensando*
> *con inseguridad sentado en ese borde*
> *oh cielo tejido con aguas y papeles*
> *comencé a hablarme en voz baja decidido a no salir*
> *arrastrado por la respiración de mis raíces*
> *inmóvil navío ávido de esas leguas azules*
> *temblabas y los peces comenzaron a seguirte*
> *tirabas a cantar con grandeza ese instante de sed querías cantar*
> *querías cantar sentado en tu habitación ese día*
> *pero el aire estaba frío en tu corazón como una campana*
> *un cordel delirante iba a romper tu frío*
> *se me durmió una pierna en esa posición y hablé con ella [...]*

'Narrar' el *cómo* y el *dónde* del hacer poético: toda una novedad en la historia de la escritura de Pablo. Cabe leer el poema como el desarrollo de una lucha entre la propensión del Yo enunciador a la elocuencia (de filiación romántica) y su nueva voluntad de control, de castigo y sujeción de la expresividad. De ahí que se niegue a configurar la dimensión patética y emotiva de «ese instante de sed» y atienda más bien a la circunstancia externa, al dinamismo corporal y a la gestualidad del poeta, al escenario desacralizado. Un prosaísmo intencionado y reductor («tirabas a cantar», «sentado en tu habitación ese día», «se me durmió una pierna en esa posición y hablé con ella») termina por ahogar las resonancias románticas de ciertos elementos («temblabas», «en tu corazón», «delirante»), resonancias que *Crepusculario* o el *Hondero* habrían acaso intensificado. El resultado de toda la operación es el tono *neutro* que busca Pablo, más propio de su nueva autorrepresentación como *emisario* o *centinela*.

Sobra decir que es precisamente esta reducción la que sitúa a *Tentativa* en las proximidades del lenguaje de la vanguardia, pero más importante aún es el avance hacia el lenguaje de *Residencia en la tierra* que ese comportamiento estilístico actualiza. El carácter antienfático o inconcluso o suspensivo de los finales de poema es uno de los aspectos anunciadores de *Residencia*, así como la estructura y el sabor de ciertas fórmulas: el verso «por ti mi hermana no viste de negro» (poema 9) prepara sin duda el mucho más conocido «por ti pintan de azul los hospitales» de la "Oda a Federico García Lorca" (*Residencia* 2), en tanto que el elogio amoroso «atajas el color de la noche y libertas a los prisioneros» (poema 9) prefigura el residenciario «tú propagas los besos y matas las hormigas» ("Oda con un lamento").

Durante septiembre-octubre de 1925 —al regresar a Santiago tras un borrascoso litigio con don José del Carmen en Temuco, y antes de partir a Chiloé, invitado por Rubén Azócar— Pablo completa los originales de *Tentativa* y los consigna al editor Nascimento (a fines de octubre o comienzos de noviembre). Dada la brevedad del libro, la imprenta entrega las segundas galeradas —listas para la revisión del autor— durante las últimas semanas del año. Pablo está entonces en Ancud. Regresa a Santiago en Navidad y, probablemente por vacaciones del editor entre las fiestas, sólo después de Año Nuevo tiene acceso a las galeradas. De ahí que la impresión definitiva del libro se hizo en enero, y por eso la edición trae un pie de imprenta fechado 1926. Pero una de las últimas páginas del opúsculo trae también una lista de las obras de Pablo Neruda con el año de publicación. Y en ese elenco se lee: *Tentativa del hombre infinito – 1925*. Por olvido o por descuido, la indicación '1925' no fue modificada en ese elenco y restó así, testimoniando el año de la escritura del libro.

LAURA ARRUÉ (II)

torciendo hacia ese lado o más allá continúas siendo mía
en la soledad del atardecer golpea tu sonrisa
....
tus besos se pegan como caracoles a mi espalda
....
al lado de mí mismo señorita enamorada
quién sino tú como el alambre ebrio es una canción sin título
....
párate sombra de estrella en las cejas de un hombre a la vuelta de un camino
que lleva a la espalda una mujer pálida de oro parecida a sí misma
[OC, I, 206-211]

En el mundo lírico de *Tentativa* la mujer amada es figura de relieve pero ya no ocupa el primer plano. El escenario, que en *Veinte poemas* y en el *Hondero* sólo el poeta y su amada ocupaban, en *Tentativa* se abre de nuevo a la variedad del mundo. La noche, el tiempo, trenes y vacas, lluvia y caballos, todos los elementos del sur de la infancia, y también el oficio mismo del poeta, en *Tentativa* asumen condición sustantivada, rol de figuras y no de simple decoración o contorno. La Amada ocupa el centro del cosmos de *Tentativa* (que aspira a ser un poema cíclico y abarcador) sólo en los poemas 7, 8, 9, y con menos relieve en el poema 12. Son los poemas de amor de *Tentativa*.

Ella es clara, rubia y radiante (como Laura Arrué), pero no ajena a la Noche, en la que se inscribe como un contrapunto de albura y luz, impidiendo que la condición oscura o negra del ámbito nocturno pueda asociarse a lo siniestro: «atajas el color de la noche» (poema 9).

Por cierto que la ley desacralizadora que rige la representación del mundo en *Tentativa* (como antes en los poemas de Lorenzo Rivas) no excluye a la Amada. Quedaron atrás la figura nutricia o liberadora del *Hondero*, así como la imagen femenina omnipresente («todo lo ocupas tú, todo lo ocupas») en *Veinte poemas*. Ahora ella es sólo la compañera del poeta en su viaje nocturno: «sin embargo eres la luz distante que ilumina las frutas / y moriremos juntos / pensar que estás ahí navío blanco listo para partir / y que tenemos juntas las manos en la proa navío siempre en viaje» (poema 9). La imagen de Laura como compañera de viaje puede haber inspirado la fallida tentativa de rapto que Pablo organiza con la complicidad (y el automóvil) de Eduardo Barrios en la noche de Peñaflor.

Durante los años 1925 a 1927 la amante privilegiada de Pablo es Laura Arrué. Aunque la ausencia de Albertina no deja de dolerle, según denuncian las cartas que sin cesar le envía, Laura logra atenuar la sensación de vacío que Pablo está viviendo desde mediados de 1923. Sometida a un régimen de vigilancia por parte de tías y parientes, la convivencia amorosa de Pablo con Laura es aún más difícil que con Albertina. Pero los amigos los reconocen como pareja.

La misma Laura Arrué cuenta en su libro de recuerdos que la Navidad de un año que no precisa (fue la de 1925) la pasó con Pablo en casa de Paschín Bustamante, quien había regresado ya de París. Y fue un almuerzo navideño que el azar hizo memorable:

«La noche anterior a aquella Navidad, caminando hacia su casa, el pintor se sentó a descansar en un banco de la Plaza de Armas frente al sitio donde hoy está la estatua de Pedro de Valdivia. Minutos después, apareció un grupo de señores —según él nos contó— quienes comenzaron a discutir y a darse de golpes. De pronto apareció una pareja de carabineros y los contrincantes se dispersaron apresuradamente. Luego de un momento, Paschín se preparaba a seguir su camino cuando, al mirar hacia el sitio de la riña, descubrió numerosos billetes dispersos en el suelo. Sin salir de su sorpresa, recogió el dinero y lo llevó a su casa, donde dispuso de inmediato preparar para el día siguiente la cena de Navidad. Fue por ese azar que, cuando llegamos con Pablo, la alegría en ese hogar era tan desbordante como la abundancia de una mesa bien provista de alimentos y bebidas.»

— *Arrué, 66*

EXILIO EN ANCUD (I)

Hacia las islas! Dijimos. Eran días de confianza
y estábamos sostenidos por árboles ilustres:
nada nos parecía lejano, todo podía enredarse
de un momento a otro en la luz que producíamos.
["Rubén Azócar", en *OC*, I, 656]

Al cabo de dos años transcurridos en México, Rubén Azócar regresa a Chile en abril de 1925 (páginas atrás reproduje el relato que el mismo Rubén hizo de su casual encuentro con Pablo en una calle central de Santiago, aquella noche del retorno). Algunos meses más tarde viene destinado a servir un horario de clases de Castellano en el Liceo de Ancud, pequeña ciudad en la costa norte de la isla de Chiloé (unos 1.100 kilómetros al sur de Santiago). Temeroso de la soledad austral, Rubén invita a su amigo Pablo a acompañarlo en esa experiencia. Habiendo abandonado de hecho sus estudios universitarios, y habiendo perdido por ello la modesta mesada que le pasaba su padre, Pablo atraviesa una situación imposible. Acepta porque no tiene una mejor alternativa. Lo que Nascimento le paga por la antología de Anatole France en 1924 y por los derechos de los *Veinte poemas*, más los anticipos por *Tentativa* y por *Caja de naipes* (después *Anillos*) en preparación, más los escasos dineros que recibe por artículos, notas y poemas publicados en diarios y revistas, a malas penas le permiten sobrevivir en modestas habitaciones. Para esquivar la penuria de recursos, en ese período viaja a menudo a Valparaíso, en condición de invitado permanente del nuevo gran amigo Álvaro Hinojosa. La relación amorosa con Laura Arrué es consoladora pero de difícil gestión porque ella no sabe contrastar la vigilancia a que su hermana, tías y otros parientes la someten. El cansancio y la desesperanza de vivir en Santiago favorecen, así, que Pablo acepte la invitación de Rubén.

Pero el plan del amigo hace renacer, además, la esperanza de un reencuentro definitivo con Albertina, cuya capacidad de atracción sigue siendo insuperable. En carta del 1º de mayo Pablo la había invitado una vez más a venir a Santiago y compartir su cuarto: «He hablado estos días con la Vicha [Vicenta Vidal], con Rubén también. Esta tarde del domingo iré a trabajar en una máquina para la editorial, y el lunes tendré el dinero suficiente para que te vengas, mi chicunutuca. Supieras qué bonito está el cuarto esperándote. Hay cojines nuevos y un piso alto de totora amarilla.» (*OC*, V, 893). Ya sabemos que una vez más la expectativa acabó en desilusión. Pero Pablo no cejará, y en junio o julio, cuando Rubén ya le ha propuesto el viaje a Ancud, volverá a la carga:

> Tal vez ha estado bien esta larga ausencia: cada noche y cada minuto que me hallo solo, pienso en ti con desesperación y comprendo que tú eres lo único verdadero y querido de mi vida. [...] Pienso irme a fines de octubre a Ancud, depende. Podrás hacerlo en ese tiempo tú? Deja tu escuela a un lado, cuéntale a tu padre que estás enferma, renuncia en estos días y lo demás se arreglará solo. Yo no deseo que te estés matando en esa inmunda escuela, quiero tenerte joven y bonita como te quise, y toma tú en cuenta eso para que yo sea más feliz. Pide permiso desde ya en tu casa, no creas que las cosas se hacen en un día. Si yo te encontrara allá en esos días estaría alegre como una campana.
>
> — *OC*, V, 894-895

En agosto Rubén inicia su traslado a Ancud y Pablo lo acompaña primero a Concepción. Allí los recibe y festeja el común amigo Joaquín Cifuentes Sepúlveda. Durante algunos días Pablo logra reanudar a escondidas su relación con Albertina. Una vez más la muchacha se resiste a satisfacer las premuras y deseos de su amante, por temor a su padre. De modo que Pablo no parte muy feliz con Rubén hacia Temuco, donde para colmos lo espera un enfrentamiento particularmente borrascoso con su padre. Lo que más enfurece a don José del Carmen —por razones de orgullo o celos al interior de la familia amplia— es que su hijo se niegue a seguir la trayectoria ejemplar del primo Rudecindo Ortega Masson, hijo de Rudecindo y Telésfora, destacadísimo estudiante y dirigente en la universidad, y con un ya evidente futuro profesional y político que el tiempo confirmará.

«Don José del Carmen —recordará Azócar (1964)— no podía entender las razones que hicieron a mi amigo abandonar sus estudios. La verdad es que, en ese instante, no era fácil entenderlas. Sólo nosotros sus amigos, los que estábamos más cerca de él, las comprendíamos sin esfuerzo. Cosa curiosa: no sólo las comprendíamos sino que estábamos convencidos, con naturalidad que nadie se detenía a analizar, de la profunda seriedad y de la responsabilidad con que Pablo perseveraba en su vocación de poeta.»

Al cabo de algunos días en casa de la familia Reyes Candia, Rubén sigue viaje hacia Ancud. Poco después Pablo vuelve a Santiago pues la convivencia con su padre deviene imposible. En este período completa los originales de *Tenta-*

tiva que entregará a Nascimento. Desde la capital sigue enviando cartas a Albertina en las que insiste sobre el proyecto de reunirse en Ancud, una vez que ella supere algunos problemas de salud: «Denantes me escribió Rubén, y me dice que mandó a pedirte permiso para que pasaras con él en septiembre. Trata de conseguirlo, así nos veremos en Ancud.» En esa misma carta (26 agosto) Pablo se deja andar y confiesa: «Bueno, mi principal sufrimiento es la pobreza. Cada día tengo que conseguirme dinero para comer. He sufrido mi poco, mi chiquilla, y he estado con ganas de matarme, de aburrido y desesperado.» (*OC*, V, 899). En otra carta, del 15 de septiembre, nuevamente la incitación al viaje:

> Tengo, mi niña, el más infinito de los deseos de estar contigo. Por Dios, no vaya a ser que falle tu viaje al Sur. En mi hermosa postal que te mandé (que no me contestaste aún hasta hoy 15) te digo que aproximes la fecha de tu partida, el Liceo no importa si tú consigues el viaje. Hazte la enferma, la fatigada (no te costará hacerlo, mi pobre chiquilla!) y dime hasta el día en que nos reunamos. No pienses demasiado en que yo llegue por allá, la miseria me ha alcanzado hasta el último límite, la miseria y otras cosas. Te contaré pedacito a pedacito mi vida de este tiempo que tú no conoces apenas, para que te entretengas, la primera noche que durmamos juntos bajo las estrellas de Ancud.
> Mi hermana con mis gentes estuvieron acá hasta hace poco, casi no los vi en todo el tiempo, no fui a despedirlos cuando se fueron, comprenderás que se cortó la cosa por completo. Por suerte me compró mi madre un traje, si no, me habrías hallado hecho un estropajo. Mi traje es hermoso, rayado como una cebra.
>
> — *OC, V, 901*

En estas líneas Pablo alude a la ruptura con su padre y a cómo la *mamadre* comprende sus necesidades, no sólo de comer sino de vestir bien, y cómo consigue ayudarlo en ello quizás a escondidas de don José del Carmen. Varios factores retardan el viaje a Ancud, entre ellos algún problema de salud: «Todavía estoy enfermo, con uno de esos resfriados tempestuosos que me dan de tiempo en tiempo. Me duele la cabeza, el cuerpo, estoy sordo del oído derecho, en buenas palabras, una calamidad.» Seguramente influye también el encanto de Laura Arrué. Pero sobre todo porque la cuestión principal, la de reunirse con Albertina en Ancud, parece cada vez menos actual: «Rubén me convida mucho para allá, pero qué iré a hacer si tú no vas. Pero pienso, sin embargo, irme en octubre o comienzos de noviembre, si mi maldita enfermedad me deja hacerlo. Pasaré a verte otra vez [en Concepción], pueda [ser] que este viaje no sea tan desgraciado como el otro.» (*OC*, V, 903).

A mediados de octubre, las quejas aumentan y la ironía del enamorado es muy amarga: «Me pesa un poco escribirte ya que pienso en tu ópera y en tus clases extraordinarias, no quiero por nada quitarte tan grandes placeres con cartas monótonas! / Rubén [ya en Chiloé] no me escribe una letra, yo me voy a Ancud el 1° [noviembre], tú con tu prudencia en esa fecha todavía no habrás arreglado nada. Decididamente, hacer las cosas en este estado es obrar en el vacío, aburrirse solo.» (*ibíd.*, 907). Una carta del 31 de octubre registra otra postergación del viaje: «Has sabido de tu hermano pepeco? Yo me voy a Ancud el 19 ó 20 de noviembre, a ver si en esa fecha mi chiquilla también se marcha de sus colegios.» (*ibíd.*, 908).

Evidentemente la intensidad del deseo torna temeroso a Pablo frente a Albertina. Y ciego. Es visible su cuidado de no regañarla ni tanto menos herirla, a fin que ella no desista de viajar a Ancud. La pasión le impide ver que Albertina no tiene la fuerza ni el interés suficientes para ese proyecto de reunión. Laura Arrué en Santiago, y Álvaro Hinojosa en Valparaíso, le ocupan los primeros quince días de noviembre. A mediados de ese mes Pablo escribe a Albertina esta carta patética, involuntariamente cómica por la ceguera (*ibíd.*, 908):

> Netocha: He vuelto hoy del puerto [Valparaíso], después de una semana de desvelo. Creí encontrar alguna carta tuya en Santiago. Qué diablos!
> Estoy a punto de salir al Sur, a fines de esta misma semana, donde tu hermano pepeco. Te encontraré allí? *Te estoy hallando un poco falta de entusiasmo*. Una palabra tuya de franqueza, mocosa, y no me harías hacer ese estúpido viaje.

Finalmente parte hacia el Sur en la fecha programada, pues el 21 hace un alto en Temuco y otro en Osorno el 22. Desde Puerto Montt el 23, casi llegando a Ancud, escribe a su «mocosa bien querida» casi excusándose por la 'agresividad' de su mensaje anterior: «recibió una carta retándola un poco su viejo muchacho?» Le informa haber enviado una postal desde Temuco, y luego: «Anoche alojé en Osorno, aquí llueve con furia y el pueblo es de una tristeza tremenda; escríbeme a Ancud» (*ibíd.*, 908-909).

Ese mismo 23 de noviembre, o el 24, llega Pablo a Ancud, alegre y animoso a pesar de todo. Como era de prever, no está allí Albertina a esperarlo. Una vez más ha defraudado los siempre apasionados requerimientos de Pablo. En cambio lo espera Rubén, con algunos amigos a quienes ya había conquistado con su simpatía y vitalidad. «Éramos jóvenes y, aunque la fatiga o la angustia nos visitaban a menudo, renacíamos una y otra vez a nuestros sueños» (Azócar 1964: 215).

EXILIO EN ANCUD (II)

> *Llenamos de tabaco el archipiélago, fumábamos hasta tarde en el Hotel Nilsson, y disparábamos ostras frescas hacia todos los puntos cardinales.*
> ["Rubén Azócar", *CGN*, en *OC*, I, 656]

La revelación que me hizo Rubén, en 1964, de la temporada chilota de Pablo, fue para mí una sorpresa mayúscula. Que yo sepa, antes de ese testimonio que recogí para la revista *Aurora* (número 3-4, 1964) nadie había escrito nada sobre esos meses vividos en Ancud, salvo Neruda mismo —pero de modo críptico— en *El habitante y su esperanza* y en *Anillos* (1926), y casi un cuarto de siglo después en *Canto general*, VII, xiv, "Rubén Azócar", pasaje que confieso haber leído sin tener la menor idea acerca de la experiencia allí aludida. Ciertamente no era yo el único que ignoraba aquel episodio.

Los dos amigos comparten un apartamento muy pasable en el Hotel Nilsson. Rubén paga 150 pesos por los dos, lo que no es excesivo para él, puesto que acababa de ingresar al servicio con un sueldo de 1.500 pesos mensuales («me los pagaban en monedas de oro de 100 pesos»). Gracias a la Ley Maza, la carrera del profesor secundario atraviesa un período literalmente 'dorado' e irrepetible. Los dos amigos comen y fuman de lo mejor. Incluso se dan el lujo de ayudar regularmente a los amigos de Santiago en estado de necesidad, lo que raro no era, enviando cada mes un giro por 80 pesos a alguno del grupo (diverso cada vez), o bien paquetes, encomiendas con quesos, patatas y otros alimentos, y hasta sacos de ostras que le compran al Morruco, un tipo pintoresco del mercado, a 8 pesos el medio saco: «... y disparábamos ostras frescas hacia todos los puntos cardinales» (*OC*, I, 656).

Pablo no sólo es compañía inapreciable para Rubén en aquel destierro inicial, sino también un excelente secretario y colaborador. Corrige pruebas y revisa cuadernos de los alumnos de Rubén, copia notas y cuestionarios, sugiere actividades didácticas. Sin Pablo, sin su fantasía lúdica y su activo sentido del humor, esos primeros meses de Rubén en Ancud habrían sido probablemente muy tristes. Cuando llega el verano, a medianoche los dos amigos suelen alborotar la ciudad dormida, austera y provinciana, recitando a voz en cuello, cada uno en un extremo de la Plaza de Armas, versos de este tipo:

> *El capitán don Gabriel de la Luna*
> *y el bachiller don Gabriel de la Flor,*
> *juntos batiéronse en noche de luna*
> *por el fulgor de unos ojos en flor.*

Muy pronto los dos forasteros ganaron popularidad por sus humoradas. Aparte los amigos, no faltan los amores. Rubén recuerda a una morena de grandes ojos que se enamoró perdidamente de Pablo. Se llamaba Alicia y probablemente Pablo pensaba en ella al pergeñar la figura de Lucía en *El habitante y su esperanza* (XI), relato escrito en Ancud durante los primeros meses de 1926. Según Azócar, desde allá envía al editor Nascimento los originales de ese texto —donde el mismo Rubén aparece en el párrafo inicial del capítulo o fragmento XI: «Andrés me despertaba de la misma manera todos los días riéndose a grandes risas. Su carcajada sobresale por encima de él porque es tan pequeño que casi no lo encuentro» (*OC*, I, 227). El también pequeño Hotel Welcome, al lado de (o frente a) la prefectura y mencionado tanto en *Habitante* (X) como en *Anillos* ("La querida del alférez"), fue sin duda proyección ficticia del Hotel Nilsson de Ancud.

Hacia mediados de diciembre, terminado el año escolar, Rubén parte a Concepción. El testarudo Pablo escribe a Albertina, un día antes: «[Rubén] va sólo a buscarte, aunque sea por pocos días. Te escribiré con él mismo, dándote instrucciones, mi mocosa, no creas nunca que te olvido [...]. Con Rubén vienes por la razón o la fuerza, eso que me dices de tu salud exige el viaje inmediato. Tomarás el tren, aunque todo se venga abajo. / Hoy tuve una explicación penosa con Rubén, le reproché duramente su mala voluntad, *y le dije para hacerlo determinarse que tu viaje era forzoso por razones que no podía decirle*. Aprovecha tú eso, pero dile que se trata de situaciones interiores, y aun dile lo que tú quieras siempre que ese sacrificio sirva para algo» (*ibíd.*, 910, con énfasis de Pablo). La carta es muy interesante por lo que deja entrever sobre la relación entre Rubén y el amigo que a la vez era (o pretendía seguir siendo) el amante de su hermana.

Naturalmente Albertina no viajó a Ancud ni siquiera por pocos días. Pablo la había esperado en vano una vez más. Despechado y furioso, atravesó el Canal de Chacao y en Puerto Montt tomó el tren para Santiago. Alcanzó a llegar antes de Navidad y es muy probable que ésa fue la ocasión en que con Laura Arrué fueron a almorzar donde Paschín Bustamante. Por esos días escribió a Albertina una carta de ruptura, bien poco creíble (*ibíd.*, 910):

> Albertina Rosa / para las malas aventuras, para todo lo malo o desagradable que me pasa, tengo dispuesto el olvido, porque soy capaz de olvidar. Ahora te toca el turno: serás olvidada para siempre, desterrada de mi corazón, aunque eso no signifique gran cosa para ti.
> Sentencia: porque has sido una mala compañera, y porque me he equivocado con dolor al creer en tu inteligencia y tu bondad.
> Que el año nuevo te traiga la alegría, si es que ahora no la tienes.

Aparte la compañía de Laura Arrué y algunas semanas en Valparaíso donde los Hinojosa, el regreso a Santiago es productivo en el campo editorial. En enero de 1926 Pablo aprueba la impresión de *Tentativa del hombre infinito*, como ya informé. Es probable que simultáneamente, en esa misma ocasión, acepta la exigencia de don Carlos George Nascimento en el sentido de que su próximo libro deberá ser una novela, un relato, y no otro libro de poemas. De ahí habría nacido a contrapelo el proyecto de *El habitante y su esperanza*, donde las experiencias de amor (Laura, Albertina, Alicia y otras) por un lado, y las experiencias de amistad (Rubén en Ancud, Álvaro en Valparaíso) por otro, se fundirán sobre la escenografía básica de Cantalao (Puerto Saavedra) y sobre la de un innominado pueblo más al sur (Ancud). A propósito de la corrección de las pruebas de *Tentativa del hombre infinito*, Neruda recordará muchos años después aquel encuentro con Nascimento en enero de 1926:

> Ciertas erratas del pasado me traen la nostalgia de calles y caminos que ya no existen. Se trata de las que se conservan aún en las reimpresiones de mi libro *Tentativa del hombre infinito*.
> Por aquel tiempo abolíamos, como ahora se vuelve a hacer, signos y puntuación. Queríamos, en nuestra poesía, una pureza irreductible, lo más aproximado a la desnudez del pensamiento, al íntimo trabajo del alma.
> Así, cuando tuve en mis manos las primeras pruebas de aquel pequeño libro que editaba don Carlos Nascimento, divisé con placer un cardumen de erratas que palpitaban entre mis versos. En vez de corregirlas devolví intactas las pruebas a don Carlos, que, asombrado, me dijo:
> —Ninguna errata?
> —Las hay y las dejo —respondí con soberbia.
> Mi primer editor estaba acostumbrado a mis desplantes, que no le producían gran efecto. Así es que con su escéptica sonrisa se guardó en las faltriqueras los versos y las erratas. Mi juventud hallaba en las funestas equivocaciones una fuente espontánea que ayudaba a mi creación enigmatizando mis versos. Hasta pensé en publicar un libro en que cada palabra fuera errata o erratón.
> Ya muy lejos de aquel romanticismo, las persigo ahora con podadora, insecticida y escopeta.
>
> — *"Erratas y erratones", en revista* Ercilla *1.782 del 13.08.1969, y en* OC, V, *237-238*

Algunas semanas después, en febrero de 1926, basta una carta de Albertina para que Pablo tome de nuevo la pluma: «Bien, me escribes después de tanto tiempo, sin remorderte un poco y habiéndote fracasado el viaje al Sur. De qué sirve? Esto habría dependido más de tu voluntad que de nada, qué cosa te ha hecho flaquear? Tienes razón de pensar en olvidarme: así no me sirve mi compañera. Un año casi de preparar un descanso para ti, un año sin objeto. [...] También yo para año nuevo te escribí, pero una carta amarga, rompiendo contigo. En realidad, tú eres la única cosa en que me apoyo, dentro de este tiempo fatal, y no te he sentido cerca [...]. Pero, mi niña, para perdonarte, qué gran esfuerzo debo hacer. Si te amo! [...] Creo salir mañana al Sur, mañana viernes. Llegaré a Ancud, aunque me detenga en Temuco...» (*OC*, V, 911).

El 22 de febrero Pablo viaja de nuevo a Ancud, donde permanecerá algunos meses más. Probablemente no tiene recursos para quedarse en Santiago y Laura Arrué está pasando el verano en San Fernando. Pero además Ancud era un buen lugar donde escribir o completar la novela que había pactado con Nascimento. Y donde pasar el resto del verano. Allí cuenta con la amistad de Rubén y con el amor de Alicia y de alguna otra muchacha. Lleva consigo las novelas *Los cuadernos de Malte Laurids Brigge*, de Rilke, en traducción francesa (¿o inglesa?), *Mon frère Yves*, de Pierre Loti, y un volumen de Schopenhauer, libros que tal vez le fueron prestados o regalados por Álvaro Hinojosa. Traducirá un fragmento del libro de Rilke para *Claridad* (se publicará en el número 135, octubre-noviembre 1926). Las novelas le serán útiles como fuentes de sugerencia estilística y narrativa para *El habitante y su esperanza*. Schopenhauer, lo veremos, contribuye sin duda a la elaboración del importantísimo poema "Galope muerto", que de hecho inaugura la escritura de *Residencia en la tierra*. Ese poema fue publicado en *Claridad* 133 (agosto 1926), por lo cual presumo que (al menos en parte) Pablo lo escribe en Ancud.

A fines de abril o comienzos de mayo Pablo decide regresar a Santiago. Cuando Rubén le ofrece un regalo como recuerdo de su 'exilio' en Ancud, Pablo manifiesta el deseo de volver a la capital vistiendo unos pantalones Oxford, amplios en la parte inferior, por entonces de última moda. Pero en Chiloé nadie los conoce y Pablo mismo tiene que diseñarle el modelo a un sastre. «Pablo ha sido siempre muy cuidadoso de su vestimenta y de su presentación exterior, entonces y hoy. Se preocupa de andar siempre bien afeitado y con los cabellos debidamente recortados. Conoce bien el arte de vestir al día, con sobriedad y con discreta elegancia. En este aspecto fue siempre una lección para todos sus amigos, en particular para mí» (Azócar 1964: 216).

La víspera de la partida de Pablo, Rubén y otros amigos le organizan una gran cena de despedida en el mejor restorán disponible. Concurrieron unas 150 personas —una multitud, a escala de Ancud— incluyendo a las autoridades civiles y policiales de la ciudad. No fue aquélla, ciertamente, la última vez que a Pablo le organizaron un adiós masivo al dejar una ciudad ajena en la que había vivido por un cierto tiempo.

IV
RETORNANDO AL DÍA
1926-1927

> Y allí, junto a las lágrimas, en el corazón secreto
> de la madera, en el canto agrio y desgarrado de
> los panes, allí, en el mundo de lo real, de lo real
> hasta la desesperación, encontró la poesía a Pablo.
> A Pablo, llamado poéticamente Neruda. Y su
> poesía no fue jamás un poema, un hermoso poema,
> sino un fluir vivo, vencedor, apasionado hasta
> hundirse en el fondo de la materia sonora y
> silenciosa; un fluir espeso, impuro, como una gran
> y confusa corriente trágica; semejante al parto de
> las mujeres, al fuego de los volcanes, al esperma
> del hombre; persistente como la sangre, poderoso
> como las lavas o el aire de transparente pecho, y
> con el candor, el misterio inocente de la piel del
> mundo: la piel del hombre, la piel de los caballos,
> la piel del vino, la del mar, la de la melancolía.
> Poesía lunar y solar, del cielo, del subcielo
> y del sobrecielo.
>
> — *Octavio Paz, 1938*

POESÍA DEL CORAZÓN

> Y no olvidemos nunca la melancolía, el gastado
> sentimentalismo, perfectos frutos impuros de
> maravillosa calidad olvidada, dejados atrás por
> el frenético libresco: la luz de la luna, el cisne
> en el anochecer, «corazón mío» son sin duda
> lo poético elemental e imprescindible.
> Quien huye del mal gusto cae en el hielo.
>
> [de "Sobre una poesía sin pureza", 1935, en *OC*, IV, 382]

En carta del 05.09.1931 a Héctor Eandi, fechada en Batavia, Neruda aludirá a un poema «escrito en 1925, publicado en [julio] 1926» por el número 5 de la revista *Atenea* bajo el título "Dolencia". Este título cambiará definitivamente a "Madrigal escrito en invierno" en 1929, cuando Pablo está reorganizando los originales de *Residencia en la tierra* para enviarlos a España. Según testimonio del autor, entonces, aquel "Madrigal" fue efectivamente escrito en el invierno chileno (julio-agosto) de 1925, cuando la línea dominante era el proyecto cíclico *Tentativa del hombre infinito* con sus poemas de versos largos y ambiciosos, sin mayúsculas ni puntuación. En origen habría sido un poema amoroso marginal, un desahogo más de la terrible nostalgia de Albertina. Años más tarde, en carta desde Colombo a Bruselas (18.12.1929), con mayor nostalgia aún recordó y transcribió para ella la primera estrofa:

> *En el fondo del mar profundo,*
> *en la noche de largas listas,*
> *como un caballo cruza corriendo*
> *tu callado callado nombre.*

En aquella carta Pablo agregaba: «Habrás notado que mis versos seguían siendo para ti? Excepto algunos. Los mejores son tuyos.» (*OC*, V, 920). Lo que seguía sin alcanzar remedio, como se ve, era su dependencia erótica respecto a Albertina —a quien la carta, de paso, identificaba explícitamente como la destinataria externa del poema (de modo implícito ya había sido sugerido por el verso «tu callado callado nombre»).

Pero lo que ahora me interesa puntualizar es que el "Madrigal" del invierno de 1925, más bien prolongación de *Veinte poemas* y distante de *Tentativa*, de los poemas de Lorenzo Rivas y de las primeras prosas de *Anillos*, resulta ser el más antiguo de los poemas de *Residencia en la tierra*. Poco después Pablo escribe, siempre para Albertina, otro 'madrigal' de similar factura que *Atenea* 10 (diciembre 1926) publica bajo el título "Tormentas" (!) y que en 1929 pasa también a *Residencia*, retitulado "Fantasma" (!). El tríptico de los madrigales residenciarios a Albertina se completa en 1931 con "Duelo decorativo" (título original, irónicamente amargo, de "Lamento lento"), escrito en Batavia a nueve meses del matrimonio de Pablo con María Antonia [Maruca] Hagenaar.

El "Madrigal escrito en invierno" de 1925 es en origen, entonces, un poema de circunstancia erótico-sentimental como habían sido los *Veinte poemas*, y seguramente no destinado a la escritura canónica ('cíclica') de Pablo que en aquel período se ocupaba de la *Tentativa del hombre infinito*. Un par de años después, cuando a fines de 1927 algunos poemas de la futura *Residencia* —escritos en Chile— alcanzarán en Rangoon su primera forma de proyecto-libro (bajo otro nombre, según veremos), el "Madrigal" y "Fantasma" serán admitidos como una línea menor, de contrapunto o decoración, respecto a la línea principal integrada por textos de ambición 'trascendente' (ya que no 'cíclica'). La mencionada carta a Eandi, del 05.09.1931, incluye una importante observación sobre la línea de los madrigales (en *OC*, V, 962-963):

> Le envío unos versos que tienen algo de curioso, por su paralelismo que pudiera parecer deliberado, pero que no lo es. "Madrigal escrito en invierno" fue escrito en 1925, publicado en 1926, y "Duelo decorativo" ["Lamento lento"] lo escribí hace unos días, sin recordar absolutamente la otra cosa. Sin embargo se parecen tanto. Ambos son producto de mi viejo deseo de hacer una poesía del corazón, que consuele aflicciones, como las canciones y tonadas populares, como la música de las ciudades, pero sin elementos populares, lo que sería error, ya que no podemos forzar nuestra cabeza intelectual con expresiones ajenas.

Adviértase cómo el alcance estilístico y teórico de esta reflexión parece ignorar el común origen erótico-sentimental-nostálgico de los dos textos, vale decir su conexión con la figura de Albertina. Conmueve, más que sorprende, que Pablo declare encontrar curioso el 'paralelismo no deliberado' que de pronto advierte entre dos poemas suyos, uno escrito en 1925, el segundo a mediados de 1931 «*sin recordar absolutamente la otra cosa*», y que luego agregue: «*Sin embargo se parecen tanto*». Y cómo no. En 1929, según vimos, había escrito a Albertina sobre el "Madrigal", y en el presente de 1931 sabe muy bien que el "Duelo decorativo" se refiere otra vez a ella, a la misma dolorosa ausencia, en dos momentos separados por los años y por la geografía, pero no por el deseo. El 'paralelismo' seguramente no ha sido deliberado, de acuerdo, pero ¿por qué a Pablo le sorprende la semejanza formal entre ambos textos? ¿Qué tiene de curioso el hecho que la reactivación de un estímulo reactive en inconsciente correspondencia la forma —la estructura estilística y métrica— con que ese estímulo había logrado una satisfactoria expresión anterior?

La respuesta es que Pablo de verdad no advierte la relación. O la olvida, así como ha olvidado ya el origen y el porqué del nombre Pablo Neruda. El episodio es ilustrativo de la compleja conexión entre los modos de experiencia del ciudadano chileno Pablo Neruda y los del homónimo poeta. Más concretamente, la relación entre la biografía y la escritura de Neruda funciona como *integración* a nivel de fundamento (el poeta extrajo siempre de su propia vida los materiales con que construyó su obra) pero funciona como *separación* a nivel operativo (al construir el poeta su obra con criterio literario, obviamente, y no documental-autobiográfico, el personaje Neruda y los materiales biográficos adquieren una suerte de autonomía poética, una condición ficticia en grado variable). Ello explica por qué Neruda, en las observaciones citadas, moviéndose a nivel operativo advierte con sorpresa el paralelismo estructural y métrico entre los dos poemas, sin advertir o sin considerar, en cambio, el ligamen biográfico subyacente, fundamento último (pero invisible al operador) de la semejanza formal entre aquéllos.

En la carta de 1931, a seis años del "Madrigal", Pablo reconoce y hasta teoriza la línea de las *canciones* que aquel poema había inaugurado —de hecho, sin pretenderlo— en *Residencia*. El rescate de la lírica sentimental se realiza a través de textos breves y delgados (con predominio métrico del eneasílabo) cuya aparición intermitente caracteriza la arquitectura de la primera *Residencia* (la segunda no incluirá madrigales). Aparte el tríptico de Albertina —el "Madrigal", "Fantasma" y "Lamento lento"—, los otros poemas que integran esta línea de las *canciones* o madrigales son "Tiranía", "Ángela Adónica" y —con diferente modulación— los conclusivos "Cantares" y "Trabajo frío". Volveré sobre ellos.

ADIÓS A LA NOCHE

> *El joven sin recuerdos te saluda [...]*
> *Oh noche, mi alma sobrecogida te pregunta*
> *desesperadamente a ti por el metal que necesita.*
> ["Serenata" en OC, I, 271]

> *Oh dueña del amor, en tu descanso*
> *fundé mi sueño, mi actitud callada.*
> ["Alianza (sonata)" en *OC*, I, 259]

> Así, pues, la calma y la quietud que la Noche
> representaba para el poeta no son un espejismo
> subjetivo de su ánimo, sino algo efectivamente
> existente, cuyos predicados son [...] plenitud
> real, consistencia unitaria, inmovilidad
> y profundidad. Permanencia, en suma.
> [Concha 1963: 11]

Si en 1925 el "Madrigal escrito en invierno" abre el camino a las *canciones* residenciarias, "Serenata" inaugura en cambio, a finales del mismo año, la línea *profética*. El poema es publicado en *Zig-Zag* 1.086 del 12.12.1925 y sugiere al comienzo un canto de amor a una mujer, una serenata, pero en realidad es una oda-plegaria a la Noche. El Yo protagonista declara su adhesión y reconocimiento al espacio nocturno en que se siente a sus anchas, cómodo, pero al mismo tiempo insinúa su necesidad de cambio: «Al hombre apasionado en tu altura de pronto / lo sobrecoge tu alegría planetaria /oh noche soltera y alegre tu vestidura es mía / pegado a tus embarcaderos mi corazón quiere soltarse». Así reza un fragmento de la versión original de *Zig-Zag*, después desechado en la versión definitiva. Los atributos de la Noche son los de una mujer vivaz y deseable, con la que se viviría siempre, pero el convaleciente Pablo siente de nuevo el llamado de la aventura diurna, del riesgo, de la *acción*: «El joven sin recuerdos te saluda, te pregunta por su olvidada voluntad». *Te pregunta por su olvidada voluntad*: ¿dónde quedaron los ímpetus 'proféticos', la vocación alocéntrica? Las fórmulas de autorreferencia en tercera persona denuncian residuos de *Tentativa* en este poema, pero lo decisivo y novedoso viene en los versos finales que piden a la Noche energía o fuerza para la acción: «*Oh noche, mi alma sobrecogida te pregunta / desesperadamente a ti por el metal que necesita*», donde el verbo *preguntar* no viene usado con el sentido castellano de 'interrogar' (como en el verso citado más arriba) sino con la ambigüedad semántica del verbo francés *demander*, que significa 'preguntar', 'interrogar', pero también 'pedir', 'reclamar', 'exigir'. La petición de fuerza (metal) no puede tener otro destino que la *acción* en el mundo.

Cuánto esta plegaria revela una nueva voluntad, una crisis de la residencia en el ámbito Noche-Sur, resulta más evidente si la comparamos con otra plegaria poco precedente, inserta en la prosa "Soledad de los pueblos", escrita también en 1925 y recogida después en *Anillos*. La destinataria era la Lluvia, otra figura importante del universo simbólico de Pablo, y el objetivo era opuesto: solicitaba la fuerza para aceptar, para quedarse: «Lluvia, amiga de los soñadores y los desesperados, *compañera de los inactivos y los sedentarios*, agita, triza tus mariposas de vidrio sobre los metales de la tierra, corre por las antenas y las torres, estréllate contra las viviendas y los techos, *destruye el deseo de acción* y ayuda la soledad de los que tienen las manos en la frente detrás de las ventanas que solicitan tu presencia. Conozco tu rostro innumerable, distingo tu voz y *soy tu centinela*, el que despierta a tu llamado en la aterradora tormenta terrestre y deja el sueño para recoger tus collares, mientras caes sobre los caminos y los caseríos, y resuenas como persecuciones de campanas, y mojas los frutos de la noche, y sumerges profundamente tus rápidos viajes sin sentido» (*OC*, I, 245, con énfasis mío).

Probablemente a mediados de 1926 escribe Pablo "Alianza (sonata)", poema nocturno por excelencia, pero que a diferencia de "Serenata" sitúa el discurso de *Residencia* en la aventura diurna ya comenzada. Su tono seguro sugiere haber sido escrito después del iluminante y confirmador "Galope muerto". Sus primeros versos:

> *De miradas polvorientas caídas al suelo*
> *o de hojas sin sonido y sepultándose.*
> *De metales sin luz, con el vacío,*
> *con la ausencia del día muerto de golpe.*
> *En lo alto de las manos el deslumbrar de mariposas,*
> *el arrancar de mariposas cuya luz no tiene término.*

«[Estás hecha] de miradas polvorientas», etcétera (P. N., en Alonso, 123). Al suponer que el destinatario interno del discurso poético es una mujer, Alonso (25, 215) extravía su análisis del poema. Lo mismo sucede a Lozada (150) y también a Gallagher: «Who is this woman? We know very little about her. She is almost an abstraction» (45). Jaime Concha, en cambio, lee correctamente ya desde su precoz ensayo sobre *Residencia*: «Una lectura atenta de "Alianza" nos manifiesta directamente a la Noche, y no a la mujer, como el objeto erótico cantado», pero agregando en nota: «Lo cual no impide que la Noche conserve muchos elementos femeninos entre sus atributos imaginarios» (1963: 8).

El texto se configura entonces como un adiós a la Noche, como una *despedida* al ámbito nocturno en cuanto alvéolo protector, en cuanto espacio de refugio: «Oh dueña del amor, en tu descanso / fundé mi sueño, mi actitud callada». La declaración se refiere al pasado. En el presente diurno del texto resta sin embargo un pacto de fidelidad entre Pablo y la Noche, semejante al pacto que liga a un novel Caballero Andante con su soberana y alta Señora. Ésa es la *alianza* a que alude el título del poema.

"Alianza (sonata)" trae una importante novedad. La Noche ya no va representada como dominio sacro y aparte, como divinizado espacio de refugio o como *otra* dimensión. La Noche no es, tampoco, la obvia región de los sueños en oposición al prosaísmo diurno. El poema parte describiendo a la Noche en función del Día, resultante del desgaste y de la usura del Día, hecha «De miradas polvorientas caídas al suelo / o de hojas sin sonido y sepultándose. / De metales sin luz, con el vacío, / con la ausencia del día muerto de golpe.» La Noche no es entonces zona de evasión ni territorio de la diversidad, sino fase integrante del metabolismo del Día: «Teñida con miradas, con objeto de abejas, / tu material de inesperada llama / precede y sigue al día y a su familia de oro».

> *Tú guardabas la estela de luz...*
> ....
> *Los días acechando cruzan con sigilo*
> *pero caen adentro de tu voz de luz.*
> ....
> *detrás de la pelea de los días blancos de espacio*
> *y fríos de lentas muertes y estímulos marchitos,*
> *siento arder tu regazo y transitar tus besos*
> *haciendo golondrinas frescas en mi sueño.*

La perspectiva de Pablo ha cambiado: al interior de la economía general del tiempo progresivo (en el que Noche y Día se reconocen) la Noche cumple un rol de restauración y —sobre todo— de preservación de estímulos, sueños y nutriciones *para la dura travesía del Día.*

EL HABITANTE Y SU ESPERANZA (I)

> He escrito este relato a petición de mi editor.
> No me interesa relatar cosa alguna [...],
> prefiero no hacer nada a escribir
> bailables o diversiones.
>
> [del "Prólogo" a *HYE*, en *OC*, I, 217]

> La novela es la clásica emboscada del escritor [...],
> su tejido es supersticiosamente igual y no desarrolla
> esa sustracción del alma al mundo que guarda
> como tesoro la condición de poeta ejemplar.
>
> [*OC*, IV, 325-326]

Las primeras semanas de 1926 Pablo las vive en Santiago y —la mayor parte— en Valparaíso. El 22 de febrero toma el tren a Puerto Montt (tal vez se detiene en Temuco un día o dos) para regresar a Ancud, donde permanece esta vez hasta comienzos de mayo. Creo probable que este retorno al 'exilio' toma razón de la necesidad de cambiar su angustiosa miseria en Santiago por una situación cómoda y tranquila (y ésta que le ofrece Rubén lo es ciertamente, y además fraterna) donde terminar la novela que en enero le ha exigido Nascimento como próximo libro. Y bien saben los dioses cuánto necesita Pablo los dineros que le pasa su editor. Es su principal (si no única) fuente de recursos.

De modo que a trabajar. Ya ha comenzado a escribir su relato en Valparaíso, y habría podido seguir allí al menos todo el verano sin temor de abusar de la hospitalidad de los fraternos Hinojosa. Pero tras algunas semanas siente la necesidad de poner distancia entre él y Álvaro. Al menos por dos razones: una, porque el activismo y la conversación de Álvaro, exuberantes ambos, dificultan su escribir; segunda, porque su amigo tiene que ver con el tema mismo de la novela en ciernes. Regresa entonces a Santiago, donde los obstáculos son la soledad, el aburrimiento y las estrategias para el comer de cada día. La alternativa inevitable —y seductora además, sobre todo en verano— es Ancud.

Ahora bien, lo curioso es que si la inmóvil morosidad de *Tentativa* (sediciente *poema*) insistía en proponerse como tropismo, desplazamiento o viaje, el prólogo de *El habitante y su esperanza* (sediciente *novela*) declara desde el comienzo el desinterés de Pablo por «relatar cosa alguna». Más aún: la altanera advertencia al lector de que el relato ha sido escrito por voluntad ajena («a petición de mi editor») parece proseguir con una implícita descalificación de la narrativa: «Yo tengo siempre predilecciones por las grandes ideas y, aunque la literatura se me ofrece con grandes vacilaciones y dudas, prefiero no hacer nada a escribir bailables o diversiones».

Esta declaración, que suena tan decididamente adversa a la narrativa, en verdad no hace sino generalizar, con esa imprecisión contingente que no será rara en las teorizaciones literarias de Neruda. Quien, desde luego, fue siempre un gran lector de novelas. A comenzar por las de Souvestre & Allain (Fantômas), Paul Feval, Dumas, Salgari, y hasta Felipe Trigo en su adolescencia. En alguna carta a Albertina confiesa haber pasado la noche en blanco leyendo dos o tres novelas. En el álbum de Laura Arrué (1925) hay la siguiente lista de escritores que Pablo le sugiere leer: Selma Lagerlöf, Knut Hamsun, Dostoeievski, Andréiev, Turguéniev, Averchenko, Kuprin, Chéjov, Romain Rolland, Jean Giraudoux, Pedro Prado, Eduardo Barrios, Pío Baroja, Azorín, Juan Ramón Jiménez. Casi todos principalmente narradores, incluyendo a Giraudoux (que hasta 1925 ha publicado sólo algunas novelas y no es todavía el famoso dramaturgo), al Azorín de *La voluntad* y de *Las confesiones de un pequeño filósofo* y al Juan Ramón de *Platero y yo*.

Poco después de publicado el *Habitante* con su prólogo, Pablo declara en entrevista con Raúl Silva Castro para *El Mercurio* del 10.10.1926: «El último libro de Baroja, *El gran torbellino del mundo*, me agradó muchísimo. Su protagonista, Larrañaga, es el mismo Baroja, más él que nunca. [...] Aparentemente, nada hay en Baroja que pueda agradar con especialidad, y sin embargo se le lee con un placer enorme. Yo me he preguntado muchas veces: por qué lo leo? No sé por qué, pero lo leo siempre» (*OC*, V, 1049-1050). Más de una vez Tomás Lago confirmará este entusiasmo del joven Neruda por el narrador vasco: «No he visto nunca una colección más completa de obras de Pío Baroja que la que había por aquel tiempo en la habitación estudiantil del poeta en el barrio contiguo a la Avenida España» (Lago 1945). Todo el mundo sabe además que Neruda fue en particular, y hasta sus últimos días, un acérrimo lector de novelas policiales —incluyendo algunas que no andaban muy lejos de los 'bailables o diversiones'.

Más significativo aún es el importante grado de *narratividad* que atraviesa la obra misma de Pablo Neruda. Porque ésta, en buenas cuentas, es el relato en clave poética de la trayectoria y peripecias —íntimas y externas— de un héroe constante llamado también Pablo Neruda. Sobre esta característica se funda por lo demás la presente 'biografía literaria', que no sería posible sin la narratividad que gobierna los avatares y metamorfosis del Yo enunciador-protagonista dentro del desarrollo de la producción poética de Neruda, permitiendo una red de alusiones internas a ese conjunto de textos. Gran parte de mi tarea ha consistido en descifrar o interpretar o simplemente poner de manifiesto este sistema de conexiones (intratextuales) entre lo biográfico y lo ficticio.

¿Y entonces? A Neruda nunca le fue fácil verbalizar las distinciones conceptuales en literatura, por lo cual en este caso pareciera hacer referencia a la narrativa en general cuando en verdad está aludiendo a un cierto tipo de novelas. Más preciso que el prólogo de *Habitante* es, en abril de 1927, un breve prefacio (prácticamente desconocido) a una novela corta de J. Pérez-Doménech, *La moscovita de los trasatlánticos*, núm. 10 de la revista *Lectura Selecta* de Santiago:

> La novela es la clásica emboscada del escritor. Éste se pega fraudulentamente al miserable ser de la realidad y su expresión se convierte en desnudos residuos, en congregaciones estériles de acciones y su premeditado fluir se arrastra a cansados tumbos. La mala ley del sensacionalismo, del naturalismo, del localismo inaugura casi siempre la pluma del joven autor y lo convierte en vástago de innumerables generaciones decaídas. En tal corriente de libros no aparece ningún elemento sobrenatural o delicado, su tejido es supersticiosamente igual y no desarrolla esa sustracción del alma al mundo que guarda como tesoro la condición de poeta ejemplar. / No así en este cuaderno de Pérez-Doménech...
> — OC, IV, 325-326

La animadversión de Neruda se refiere entonces a las novelas criollistas y mundonovistas y a otras modalidades nacionales del posrealismo y del posnaturalismo de impronta europea. En el fondo expresa también su propia dificultad a construir literatura con materiales extraños a su personal experiencia.

La concepción misma de *El habitante y su esperanza* es un desafío al mundonovismo aún vigente. En ese 1926 se publica nada menos que *Don Segundo Sombra* de Ricardo Güiraldes, y en años recientes han aparecido *Raza de bronce* (1919) de Alcides Arguedas, *Zurzulita* (1920) de Mariano Latorre, *La vorágine* (1924) de José Eustasio Rivera, *El inglés de los güesos* (1924) de Benito Lynch, *La trepadora* (1925) de Rómulo Gallegos. Para su relato Neruda elige también una ambientación rural, extraurbana, pero con muy diverso tratamiento narrativo. Los presupuestos descriptivos e ideológicos (crítica social, regionalismo y algún vago progresismo) que inspiran la representación mundonovista del espacio campesino latinoamericano, no interesan en absoluto a Neruda en 1926. Dentro de su desarrollo literario personal esa perspectiva edificante —de filiación naturalista y heredera directa del progresismo decimonónico— se había manifestado y clausurado al mismo tiempo en *Crepusculario*.

El perfil vanguardista de *Habitante* —como el de *Tentativa*— fue la resultante de una dosificada transacción entre la receptividad de Neruda a las transformaciones literarias de su tiempo, por un lado, y por otro la búsqueda de un lenguaje propio, necesario para su retorno al Día. Por eso *Habitante* se sitúa precursoramente en el proceso renovador de la narrativa latinoamericana que desencadenarán muy pronto los compañeros de generación de Neruda, vale decir Miguel Ángel Asturias, Alejo Carpentier, Eduardo Mallea, Leopoldo Marechal, Agustín Yáñez, Manuel Rojas y por cierto Jorge Luis Borges. La interiorización del mundo narrativo y la voluntad poética del narrador, más el abandono de toda seriedad edificante o programáticamente regionalista, confieren a *Habitante* algunos de los rasgos de la nueva (tercera) modernidad literaria que en la primera mitad del siglo XX separan tajantemente a *El señor Presidente* de *Doña Bárbara*, o a *El reino de este mundo* de *Zurzulita*.

En *Habitante* la representación del sur de Chile tiende al inventario poético y no al descriptivismo con pretensiones de objetividad cognoscitiva o de simbolismo telúrico. Lejos de apuntar hacia la racionalidad de lo real, el relato se orienta hacia lo incierto y difuso, hacia lo inacabado y vacilante. Su despliegue aparece incoherente, o más bien laberíntico, negándose al encadenamiento causal, azaroso, a veces aparentemente gratuito, como cuando destaca en primer plano la inmovilidad de un huevo en la desolación del calabozo (capítulo IV). El arrogante aristocratismo literario del joven Neruda le exige compulsivamente —sin perjuicio de su fidelidad a un 'realismo' sustancial— evitar la escritura de fácil comprensión.

Y sin embargo, una secreta seguridad gobierna el decurso del relato. Neruda logra dar forma —narrativa y poética a la vez— a inquietudes y a aspectos importantes (para él) de la fase que está viviendo. Como de costumbre, los materiales de su escritura proceden de su contemporánea circunstancia personal. Sólo que, para elaborarlos, esta vez debe enfrentar los inéditos problemas que le plantea la forma narrativa con sus particulares exigencias.

EL HABITANTE Y SU ESPERANZA (II)

Yo tengo un concepto dramático de la vida,
y romántico; no me corresponde lo que no llega
profundamente a mi sensibilidad.
[del "Prólogo" a *HYE*, en *OC*, I, 217]

... todo lo que aman los hombres y las mujeres unidos
muy ardientemente y lo que yo solo, pobre habitante

> perdido en la ola de una esperanza que nunca se supo
> limitar, puede desear para acallar
> sus pensamientos tristes.
>
> [de *HYE*, XI, en *OC*, I, 229]

Aunque el autor declara en el prólogo que no le interesa «relatar cosa alguna», el texto contiene una escueta intriga dispuesta en quince 'capítulos' (o secuencias) muy breves. La indicación *Novela* que ya en la primera edición aparece bajo el título de cubierta, en verdad le queda grande al relato considerando su número de páginas o palabras. Pero desde el punto de vista de la estructura y de la disposición narrativa, *Habitante* ofrece la varia complejidad de una elaborada novela moderna (del siglo XX). Hoy se diría que es una *compact novel*.

El escenario inicial es un lugar imaginario llamado Cantalao, pequeño pueblo costero (que suponemos ubicado en el sur de Chile y que el autor mismo identificará como Puerto Saavedra, antes Bajo Imperial). La casa del narrador-protagonista está en las afueras del pueblo, frente al mar:

> Estoy tranquilo porque no tengo temor de la muerte, ni pasiones, pero me gusta ver la mañana que casi siempre surge limpia y reluciente. No es raro que me siente entonces en un tronco mirando hasta lejos el agua inmensa, oliendo la atmósfera libre, mirando cada carreta que cruza hacia el pueblo con comerciantes, indios y trabajadores y viajeros. Una especie de fuerza de esperanza se pone en mi manera de vivir aquel día, una manera superior a la indolencia, exactamente superior a mi indolencia.
> No es raro que esas veces vaya a casa de Irene. [...]

El narrador vive una relación amorosa con Irene, mujer sencilla y alegre cuya presencia consigue rescatarlo de su condición indolente y desanimada, invadiéndolo con «su salud de piedra de arroyo». Pero Irene es la mujer de Florencio Rivas, amigo del narrador y compañero de andanzas al margen de la ley. Porque los dos amigos son cuatreros. Tras una de esas correrías de abigeato el narrador va a dar a un calabozo de la policía de Cantalao (cap. IV). Desde allí escribe a su amigo Tomás para saber de Irene (cap. V). Al recobrar la libertad va a casa de la mujer y aquí el relato elabora o sugiere morosamente la pasión del reencuentro (cap. VI). Más adelante Florencio viene de noche a casa del narrador y lo urge a seguirlo, galopando junto al mar, hasta otra casa donde está Irene muerta, asesinada por su marido. Florencio se pierde en la noche y el narrador queda a solas con el cadáver (caps. VII y VIII).

Hay luego un intermedio no narrativo, francamente lírico (visión del otoño, cap. IX), que introduce de hecho una segunda parte. El capítulo siguiente da cuenta de la fuga del narrador hacia más al sur, huyendo del recuerdo «a través de pueblos lluviosos incendiados, solitarios, caseríos madereros en que indefectiblemente uno se espera con inmensos castillos de leña, con el rostro de los ferroviarios desconocidos y preocupados, con los hoteleros y las hoteleras» (cap. X). La fuga remata en un cierto lugar, en otro pueblo, donde nuevos amigos y nuevas mujeres, en especial Lucía, ocupan el ocio y la nostalgia del narrador (cap. XI). Ese otro pueblo, alternativo a Cantalao, habría sido imaginado sobre la experiencia de Ancud, y ese Andrés de las grandes risas sería el trasunto de Rubén Azócar.

Esta segunda parte acentúa la disposición laberíntica del relato, su complicado montaje. Los capítulos XII y XIII, en efecto, parecen más inteligibles si leídos como *retour en arrière* o retrospección referida a un tiempo narrativo anterior a la fuga de los capítulos X y XI e inmediatamente posterior al asesinato de Irene. Las alusiones a «la cruz de verde madera», al cementerio y a la vivienda del narrador (cap. XII) se aclaran en el contexto de la reciente muerte de Irene en Cantalao, como también el ánimo de abatimiento, abulia y obsesión en que queda el narrador, inmóvil, indeciso, soportando miserablemente el paso del tiempo.

Por otra parte, la tienda del hermano y la habitación del narrador (cap. XIII) lógicamente deben situarse también en Cantalao y no en el pueblo de Lucía y Andrés. El capítulo XIII habla de destierro (ya en acto al comienzo del relato), de aburrimiento, de la ¿primera? reaparición obsesiva de Irene, de confusos anhelos de lejanía y nuevos lugares («qué es lo que hay detrás del límite de este pueblo? qué placeres marcan los itinerarios que no conozco?») y de la insoportable repetición de los días iguales («hasta me olvido de comer, en la somnolencia de transcursos idénticos, en la inmovilidad exacta de cosas que me rodean»). Esta situación insostenible —de atmósfera ya residenciaria— desemboca al cierre del capítulo XIII en un desolado comentario del narrador: «Bueno, esto debe tener algún fin. O tal vez éste es el fin.» Suponiendo que a la disposición laberíntica de la forma corresponde en esta *historia* una coherencia narrativa de fondo, creo que ese momento final del capítulo XIII remite —como continuación— al capítulo X y no al XIV.

De modo que la fuga iniciada en el capítulo X se explica así como un intento de solución del nudo, como una salida desesperada, como una tentativa por romper o disolver el estado de indecisión, de recuerdos obsesivos, de miseria interior en que se encuentra el narrador-protagonista, según lo muestran los capítulos XII y XIII. De paso, esta lectura explicaría la incidental alusión del capítulo X a un cierto José Silva, presumible compañero de la banda de cuatreros, con cuyo modo de resolver los problemas (por medio de la acción rápida) compara el narrador la solución que él elige para el problema suyo, vale decir, la fuga (en la cita que sigue intercalo entre corchetes, con propósito aclaratorio, un elemento sintáctico que supongo implícito en el discurso):

> Era indudable que José Silva terminaría en aquello, dándose de balazos con cualquiera en una de esas lúgubres estaciones que se acercan a Cantalao, y cuando todos los cálculos están hechos, cálculos que van amontonándose en la misma igualdad negativa, deshacer ese tumulto con una rápida acción es el verdadero camino. Yo [*en cambio*] escogí la huida, y a través de pueblos lluviosos incendiados, solitarios, madereros...

En cuanto tentativa de solución, la fuga termina en fracaso, por lo cual el narrador retorna a Cantalao para llevar a cabo una acción *verdadera*. El relato nos descubre así, finalmente, la *verdadera* obsesión del protagonista: la venganza. La cual supone su regreso a Cantalao. Logra averiguar el paradero de Florencio y se dispone a exterminarlo de acuerdo a un plan bien meditado (cap. XIV). Pero en el momento decisivo, estando junto al hombre buscado, que duerme, un misterioso obstáculo impide que el hacha consuma la venganza. El relato concluye con una visión del amanecer: «Es hora, porque la soledad comienza a poblarse de monstruos; la noche titila en una punta con colores caídos, desiertos, y el alba saca llorando los ojos del agua».

Es la hora del alba, como al cierre de los *Veinte poemas* («Abandonado como los muelles en el alba... Es la hora de partir. Oh abandonado!»), pero aquí el narrador no se propone partir para ningún lado. Ha atravesado finalmente la Noche y ahora está ingresando en el Día. Para quedarse. La frase final —«y el alba saca llorando los ojos del agua»— conecta el relato a la acuosa desolación inicial de *Residencia*: «sin cascabeles, goteando el alba por todas partes: / es un naufragio en el vacío, con un alrededor de llanto» ("Débil del alba").

EL HABITANTE Y SU ESPERANZA (III)

> Como ciudadano, soy hombre tranquilo, enemigo de leyes, gobiernos e instituciones establecidas. Tengo repulsión por el burgués, y me gusta la vida de la gente intranquila e insatisfecha, sean éstos artistas o criminales.
> [del "Prólogo" a *HYE*, en *OC*. I, 217]

Tratemos de imaginar cómo afronta Pablo el problema de escribir el relato exigido por Nascimento. Escenarios posibles: Santiago (o Valparaíso) y la Frontera. Son los mundos que conoce. (Y Pablo trabaja sólo con mundos que conoce. Más aún: con mundos que está viviendo.) Los personajes: hombres de acción, aventureros, según los modelos novelescos preferidos, o que siente a su alcance. Nada de profundidades psicológicas ni realismo dramático, nada con la «mala ley del sensacionalismo, del naturalismo, del localismo». Pero sí transgresión, amor, pasiones, muerte. Algún crimen, sugería Nascimento. Podría ser una historia de delincuentes urbanos o rurales. O podría tratarse de artistas malditos, escritores bohemios, pintores geniales y bebedores, gente de ciudad con afición a comportamientos y a brebajes prohibidos. O bien ladrones de ganado, cuatreros, enemigos de la propiedad ganadera o latifundista.

«Tengo repulsión por el burgués, y me gusta la vida de la gente intranquila e insatisfecha, sean éstos artistas o criminales». En cuanto profesión de fe anarquista, esta declaración marca uno de los raros momentos, anteriores a *España en el corazón*, en que la posición política del joven Neruda se articula explícitamente con su escritura literaria. No deja escapar esta ocasión para dar forma narrativa a su conflicto entre los *sueños* y la *acción*. Por entonces sin duda ya vive esa íntima imposibilidad de una poesía políticamente popular o proletaria, a lo cual aludirá con notable lucidez en su carta de 1931 a Héctor Eandi: «una poesía del corazón... como las canciones y tonadas populares... pero *sin elementos populares, lo que sería error, ya que no podemos forzar nuestra cabeza intelectual con expresiones ajenas*» (*OC*, V, 963, énfasis mío). En otra carta, de 1933, será aún más explícito, según veremos.

Lo que por ahora interesa es que, desde la perspectiva literaria de Pablo, el anarquismo no le ofrece el marco ideológico que lo impulse a integrar —con la sinceridad a él indispensable— el *aristocratismo* del lenguaje y del estilo con el *democratismo* político aprendido y practicado en *Claridad* [la integración del 'aristocratismo' de la forma con modalidades varias de 'democratismo' temático es típica del artista de la tercera modernidad: léase Joyce, Kafka, Proust, Eliot, Döblin, Huidobro, Vallejo, Borges, y más tarde Cortázar, Rulfo; Picasso, De Chirico y demás pintores de vanguardia; Man Ray, Grosz; Stravinsky, Schönberg, Gershwin, Duke Ellington, Jelly Roll Morton... y tantos otros; al respecto, ver Loyola 2000 y *Apéndice* al cierre de este volumen].

Más aún: Pablo no deja huellas, en su escritura de entonces, de que su posición anarquista lo guíe hacia la comprensión política de la grave situación histórico-social que atraviesa Chile. El año 1925 ha registrado en enero el golpe militar que repondrá en La Moneda al derrocado Presidente Alessandri (a través de ese golpe el coronel Ibáñez inició su propia carrera hacia el poder dictatorial); antes del regreso de Alessandri, la Junta Militar ha contratado en Estados Unidos la misión de expertos en finanzas encabezada por William E. Kemmerer, que en verdad viene a preparar el definitivo triunfo de los intereses económicos norteamericanos en Chile, a expensas de los ingleses (y, claro, sobre todo a expensas de los intereses chilenos). Como si fuera poco, el 4 de junio se produce la masacre de La Coruña, donde mueren más de 2.000 personas entre obreros pampinos, mujeres y niños, y tras la cual miles de trabajadores del salitre son sometidos a una persecución sistemática, encerrados en el velódromo de Cavancha y en el crucero O'Higgins, surto en la bahía de Iquique, desde donde son sacados hacia los cerros, obligados a cavar su propia fosa y muertos con tiros de fusil o golpes de culata.

No tengo noticia de textos que hayan documentado una clara reacción de Pablo frente a acontecimientos de tanto alcance colectivo. Es verdad que tampoco deja trazas de un examen o de una visión política —razonada— de su propia situación personal, también desastrosa. No por indiferencia o ceguera, sino simplemente porque carece de instrumentos intelectuales (interiorizados) para hacerlo. Y porque, como deja establecido en su prólogo a *Habitante*, con declaración a la que siempre hará honor: «no me corresponde lo que no llega profundamente a mi sensibilidad». Faltan muchos años todavía para la hora de la integración.

Lo que le corresponde es, por ahora, la novela exigida por Nascimento. Prefiere la Frontera a la ciudad cuando elige el tema que le interesa narrar y las figuras que podrían encarnarlo. En esto lo guía sin duda la novela *Mon frère Yves* (1883) de Pierre Loti, cuya lectura la documenta Neruda mismo a través del epígrafe al capítulo XIV, que es una cita de ese libro: «Pero, por desgracia, habíase metido entonces en un mal negocio» («Mais il s'était mis cette fois dans un cas bien grave», cap. VIII). En la novela de Loti, el capitán de la *Sybille* (que es el personaje-narrador) aconseja y ayuda al joven marinero Yves Kermadec en la resolución de sus conflictos. A petición de la madre del muchacho, el capitán actúa como su hermano mayor y lo protege de sus propios demonios (irreprochable marinero sobre la nave, Yves se emborracha en tierra y suele terminar mal).

Una relación entre hermanos electivos es también el eje temático de *El habitante y su esperanza*, pero con inversión de los roles: el narrador es aquí el 'hermano menor' (inseguro, inexperto, vulnerable y sentimental) mientras Florencio Rivas encarna al 'hermano mayor' (sabio, determinado y dueño de sí). Esta diferencia de perspectiva sitúa al relato de Neruda en la modernidad del siglo XX, frente al de Loti ancorado en las convenciones decimonónicas.

Habitante, más que *Tentativa* a mi juicio, es el verdadero puente y antesala de *Residencia en la tierra* desde el punto de vista de la renovación del lenguaje y del estilo poéticos. En este terreno es decisiva la lectura de *Los cuadernos de Malte Laurids Brigge* (1910) de Rainer Maria Rilke. De este libro Pablo traduce para *Claridad* 135 (octubre-noviembre 1926) las páginas relativas a la terrible y estruendosa muerte del chambelán Christoph Detlev Brigge en Ulsgaard (*OC*, V, 1219-1221). No sabiendo leer en alemán, las traduce desde una versión francesa que sería entonces la de Maurice Betz, la primera en esa lengua según mis noticias, publicada justo ese año (que fue también el año de la muerte de Rilke): *Les cahiers de Malte Laurids Brigge*, Paris, Émile Paul éditeur, 1926.

La primera resonancia se advierte al comparar los inicios mismos de ambos textos. El íncipit de *Malte*: «Ahora bien [o "Así pues"; el texto alemán trae *Also*, fr. *Or, Donc*], la gente viene aquí para vivir, yo diría más bien que se muere, aquí». El íncipit de *Habitante*: «Ahora bien, mi casa es la última de Cantalao...» Partir con estas fórmulas conjuntivas no es frecuente en la narrativa de la época. Otro aspecto es la elección del *presente* como tiempo verbal dominante, según el modelo de algunos pasajes poético-narrativos de *Malte*. Pero la principal lección de la prosa de Rilke es la eficaz acumulación de nombres de objetos y elementos heterogéneos, y de imprevistas conexiones entre ellos, como vía para la configuración expresionista de un ambiente o situación. La prosa de *Habitante* asimila esa lección con sorprendentes resultados a lo largo de todo el texto, si bien particularmente advertibles en los capítulos VI y XII-XV. La escena final de la venganza fallida, con su dinámica meticulosa y fantasmal, debe mucho a pasajes de *Malte* como el de la muerte del chambelán Brigge. Así también el hacinamiento de *disjecta membra* y de materiales heterogéneos que Amado Alonso señalará como rasgo clave de la deslumbrante modernidad de *Residencia en la tierra*. Y con toda seguridad no pasaron inadvertidas para Pablo estas notorias líneas de *Malte*:

«Sí, pero ¡los versos significan tan poco cuando se han escrito joven! Se debería esperar y saquear toda una vida, a ser posible una larga vida; y después, por fin, más tarde, quizás se sabrían escribir las diez líneas que serían buenas. Pues los versos no son, como creen algunos, sentimientos (se tienen siempre demasiado pronto), son experiencias. Para escribir un solo verso, es necesario haber visto muchas ciudades, hombres y cosas; hace falta conocer a los animales, hay que sentir cómo vuelan los pájaros y saber qué movimiento hacen las florecitas al abrirse por la mañana. Es necesario poder pensar en caminos de regiones desconocidas, en encuentros inesperados, en despedidas que hacía tiempo se veían llegar; en días de infancia cuyo misterio no está aún aclarado; en los padres a los que se mortificaba cuando traían una alegría que no se comprendía (era una alegría hecha para otro); en enfermedades de infancia que comienzan tan singularmente, con tan profundas y graves transformaciones; en días pasados en las habitaciones tranquilas y recogidas, en mañanas al borde del mar, en la mar misma, en mares, en noches de viaje que temblaban muy alto y volaban con todas las estrellas —y no es suficiente incluso saber pensar en todo esto—. Es necesario tener recuerdos de muchas noches de amor, en las que ninguna se parece a la otra, de gritos de parturientas, y de leves, blancas, durmientes paridas, que se cierran. Es necesario aún haber estado al lado de los moribundos, haber permanecido sentado junto a los muertos, en la habitación, con la ventana abierta y los ruidos que vienen a golpes. Y tampoco basta tener recuerdos. Es necesario saber olvidarlos cuando son muchos, y hay que tener la paciencia de esperar que vuelvan. Pues, los recuerdos mismos, no son aún esto. Hasta que no se convierten en nosotros, sangre, mirada, gesto, cuando ya no tienen nombre y no se les distingue de nosotros mismos, hasta entonces no puede suceder que en una hora muy rara, del centro de ellos se eleve la primera palabra de un verso» (traducción de Francisco Ayala).

Se sabe que el prolífico Neruda no hará mucho caso de esta invitación a la economía y a la paciencia poéticas. Pero sin duda toma nota del elenco de las condiciones previas a la poesía y de los materiales que vale la pena considerar. Muy pocos de ellos faltarán en su obra.

EL HABITANTE Y SU ESPERANZA (IV)

> Era en 1925... Entre las violetas que se le escapaban de la mano cuando corría a llevárselas a una transeúnte desconocida, con la cual quería acostarse de inmediato, sin saber ni cómo se llamaba, ni de dónde era, y sus interminables lecturas de Joyce, me reveló a mí, y a muchos otros, insospechadas opiniones, puntos de vista de gran ciudadano que vive dentro de la urbe, en su cueva, y sale a otear la música, la pintura, los libros, la danza... Siempre comiendo naranjas, pelando manzanas, insoportable dietético, asombrosamente entrometido en todo, por fin veíamos al antiprovinciano de los sueños, que todos los provincianos habíamos querido ser, sin las etiquetas pegadas a las valijas, sino circulando dentro de sí, con una mezcla de países y conciertos, de cafés al amanecer, de universidades con nieve en el tejado... Llegó a hacerme la vida imposible...

["Álvaro" de *CHV*, en *OC*, V, 478-479]

Puesto que Neruda nunca supo hacer literatura sino de su propia vida, ¿a qué instancia biográfica o circunstancial responde la escritura de *El habitante y su esperanza*? A mi entender el texto es una metáfora lírico-narrativa del ápice y de la resolución (provisional) de la crisis de identidad que vive Pablo entre el fracaso del Hondero (1924) y la escritura de "Galope muerto" (1926). Hay que considerar las dificultades de un muchacho entre los 20 y los 22 años, sin trabajo ni recursos, rechazando con autenticidad y convicción —y en cierto modo con coraje— la paterna solución universitaria; un muchacho pobre de solemnidad, sobreviviendo no sólo a las condiciones de real miseria que le impone el subdesarrollo capitalista en Chile, sino también a los no menos reales —y concomitantes— riesgos de autodestrucción, de enfermedades y de muerte que diezmaron a su generación. Sin olvidar el consuelo y las satisfacciones más o menos casuales, pero tampoco las dificultades y amarguras de la vida amorosa, ya sin Teresa y lejos de Albertina, más los límites y obstáculos a su relación con Laura Arrué. Para no hablar de cierta inalcanzable viuda —bella, joven y rica— de nombre Amalia.

Hasta aquí he considerado los signos y circunstancias externos de este difícil período, o sea los recursos de que se vale Pablo para sobrevivir, sus esporádicos ingresos por trabajos literarios, y destacando la ayuda fraterna de sus amigos, en particular las de Rubén Azócar y de Álvaro Hinojosa. Con Rubén pasa algunos meses en Ancud, como ya vimos. Entre 1925 y 1927 —según Sylvia Thayer, hermana de Álvaro— Pablo viaja muy a menudo a Valparaíso y transcurre períodos variables, desde pocos días hasta un par de meses, como huésped de la familia Hinojosa en su casona de calle Deformes (o Chillán Nuevo) 1014. Incluso se hace enviar allí su correspondencia personal, como lo atestiguan algunas cartas a Albertina.

En estas condiciones es muy duro para Pablo persistir en su tarea poética. «Si vieras que estoy desamparado y aburrido de todo!», escribe a su hermana Laura desde Ancud, y a Albertina: «Estoy fatigado de una profunda fatiga de la que sólo tu corazón puede salvarme». Batallando en el vacío, sin otro sostén que la conciencia de su propio valor y la confianza de los amigos que creen en él, sin otra fuerza que su orgullo y su tendencia autoafirmativa, habría sido sobrehumano que no lo asaltasen dudas sobre el sentido y valor de su trabajo. Y, más aún, sobre su propia identidad como escritor. Pablo en esos años ha conquistado ya una cierta imagen de sí mismo y de su poesía, fundamento de un criterio estético que guiaba sus preferencias y rechazos (por ejemplo, sus opiniones sobre Huidobro o Borges). Pero es demasiado inteligente como para excluir errores o autoengaños.

Por lo cual presumo que conocer y frecuentar a Álvaro Hinojosa es para Pablo, en ese período, un factor secreto, inconfesado, de perturbación y de inseguridad, una especie de íntimo desafío que al final de cuentas lo ayudará a crecer. Porque Álvaro es diverso de todos sus amigos. Ha vivido en Nueva York con la naturalidad y soltura de un residente, no por un viaje azaroso como el de Rojas Giménez a París: «me reveló a mí, y a muchos otros, insospechadas opiniones, puntos de vista de *gran ciudadano que vive dentro de la urbe*, en su cueva, y sale a otear la música, la pintura, los libros, la danza... por fin veíamos al *antiprovinciano de los sueños*, que todos los provincianos habíamos querido ser, *sin las etiquetas pegadas a las valijas, sino circulando dentro de sí*, con una mezcla de países y conciertos, de cafés al amanecer, de universidades con nieve en el tejado...» (*OC*, V, 478-479, énfasis míos).

Estas líneas las escribe Pablo para sus memorias, en el crepúsculo de su vida y con la perspectiva de los decenios transcurridos. Son parte de un *medallón* dedicado al amigo, texto que en sí mismo, por la extensión y relieve que Pablo le asigna, sugiere el grado de importancia que el personaje tuvo para él en aquel tiempo lejano. No es el hecho de haber vivido Álvaro en los centros de la cultura moderna lo que impresiona a Pablo —de mentalidad muy poco provinciana, por lo demás—, sino *el modo* natural, auténtico, con que Álvaro emana esa experiencia en su comportamiento habitual, en cada uno de sus gestos y palabras, incluyendo los aspectos insoportables. Para Pablo, Álvaro es el espejo que le refleja a diario su personal subdesarrollo (relativo).

Sin pretenderlo, entonces, Álvaro es una de las figuras (tal vez la decisiva) que por entonces pone en crisis la imagen que Pablo tiene de sí y de su poesía. Otra puede haber sido Juan Gandulfo, a quien —aunque ahora se ven menos pues frecuentan grupos diversos— significativamente dedica la segunda edición de *Crepusculario* («este libro de otro tiempo») en 1926. Y también Tomás Lago con su silenciosa seriedad y Rubén Azócar con su tenacidad vigorosa y alegre.

Esa crisis es el tema que elige para su novela. ¿Quién soy? ¿Hacia dónde van mi vida y mi poesía? ¿Debo cambiar, debo devenir Otro? Indicios en las cartas a Albertina: «siento no tener ya historias que contarte, he estado con los nervios heridos estos últimos días, pobre, sin aventuras. [...] Todavía no resuelvo ningún viaje, a ninguna parte. Apenas me muevo de mi cama en las mañanas. También me gustaría dedicarme a la crianza de abejas» (*OC*, V, 879).

Es la misma condición de *indolencia* que vive (y a la cual alude) el narrador-protagonista al comienzo del relato, parálisis que intenta superar por dos vías: el desplazamiento desde su aislada vivienda-refugio hacia la casa de Irene en el pueblo, y la práctica del abigeato con Florencio Rivas. Si Irene encarna la dimensión de los *sueños* en la poesía de Pablo (fundada en el *eros*), Rivas personifica la voluntad de *acción*. El diseño de Irene —«gruesa, rubia, habladora... canta, es ágil, rápida, garabatea los papeles con monos inverosímiles»— no parece elaborado con rasgos de Albertina ni de Laura Arrué, sí tal vez con los de esa Inés Arellano que asoma en uno de los poemas de Lorenzo Rivas. El triángulo *Narrador-Irene-Rivas* está en la base de la intención simbólica del relato.

Florencio configura el *alter ego* de Pablo, el Otro Yo posible o necesario, elaborado a mi juicio con rasgos de Álvaro, de Tomás y de Rubén, que son los tres personajes-amigos que el texto menciona en relación con el narrador-protagonista. (Cabría agregar la mención casual, no conexa, de un cierto «Diego Cóper, también cuatrero, hombre altanero, de aire orgulloso» en el capítulo IV, probable alusión a Diego Muñoz.) Tomás es el *usted* destinatario de la carta del capítulo V, Rubén sería aquel Andrés de las "grandes risas" en el capítulo XI, y Álvaro aparecería bajo las trazas de ese José Silva del capítulo X, hombre determinado, de acción rápida y desenvuelta (Silva era su apellido materno, presente en el pseudónimo *Álvaro da Silva*, y José podría venir de Hino-*josa*).

En el capítulo VII el narrador describe a su compañero de andanzas: «Florencio Rivas es hombre tranquilo y duro [*como Tomás*] y su carácter es leal y de improviso [*como el de Rubén*]. / Mi compadre de mesas de juego y asuntos de animales perdidos, es blanco de piel, azul de ojos, y en el azul de ellos, gotas de indiferencia [*así era Álvaro*].»

Al asesinar a Irene, su mujer, Florencio Rivas simbólicamente bloquea a Pablo (poeta) el camino de regreso a la unilateralidad o centralidad del *eros* (en su poesía). Lo cual sugiere que el nombre de ficción *Florencio Rivas* habría sido inventado como inconsciente o deliberada variante de *Lorenzo Rivas*, el pseudónimo real usado por Pablo Neruda para los seis poemas *a-eróticos* (o sea fríos, distanciados, impasibles) publicados en *Claridad* 125 (septiembre 1924) y 129 (enero 1925). Y de paso ello confirmaría mi hipótesis de que *Florencio Rivas* encarna en la ficción de la 'novela' al *alter ego* de Pablo, así como *Lorenzo Rivas* fue el *alter ego* del mismo Pablo en la realidad tipográfica de una revista.

Los capítulos sucesivos a la muerte de Irene desarrollan la espiral de las tentativas del narrador destinadas a superar la catástrofe: la acción sustitutiva e impropia (la tienda, la fuga), el amor sustitutivo (Lucía), la venganza fallida. La figura del relato se cierra al final sobre sí misma, reproduciendo a otro nivel de la espiral la situación de partida: el narrador de nuevo en su vivienda. Pero si en el capítulo I la casa era el espacio de la indolencia, apenas en grado de empujar al narrador hacia el afuera inmediato y sentarlo sobre un tronco a mirar el mar y el camino, ahora, en el capítulo XV, la casa logra incluir en su interior al océano mismo, es decir, al estímulo por excelencia: «He aquí que de esta casa silenciosa brota también el olor del mar».

Reafirmación, entonces, de la propia identidad, pero en nuevas condiciones. Producto de la venganza fallida, la superación definitiva de las experiencias conexas a Irene y a Rivas supone en el narrador el englobamiento o interiorización de Irene y de Rivas, vale decir, la unificación de los principios femenino y masculino del propio Yo, la integración de los sistemas Sexualidad-Palabra (Irene) y Amistad-Acción (Rivas).

En *Habitante* Pablo realiza de veras el viaje nocturno, la travesía de la Noche ensayada sin éxito en *Tentativa*. La desembocadura de esta fatiga es el abandono de la Noche en cuanto refugio protector, es decir en cuanto tiempo circular, para abrirla en cambio al riesgo, al tiempo progresivo. La Noche entra así con Pablo en el Día —el espacio de *Residencia en la tierra*—, lo cual significa la aceptación de la funesta dureza de la realidad y del movimiento, sin más apoyo ni estímulo que el mar. Es por esto que en *Habitante* la llegada del alba —que emerge desde el agua— ocurre en una atmósfera de temor y de llanto:

> Ahora estoy acodado frente a la ventana, y una gran tristeza empaña los vidrios. Qué es esto? Dónde estuve? He aquí que de esta casa silenciosa brota también el olor del mar, como saliendo de una gran valva oceánica, y donde estoy inmóvil. Es hora, porque la soledad comienza a poblarse de monstruos; la noche titila en una punta con colores caídos, desiertos, y el alba saca llorando los ojos del agua.

La situación de Pablo ha cambiado radicalmente durante la travesía de la Noche. Con su estructura en espiral, *Habitante* configura narrativamente la gradual derrota de la circularidad: las peripecias y malaventuras se agregan en anillos expansivos hasta que la acumulación determina el paso a otro nivel de la espiral. He aquí una categoría esencial que *Residencia* heredará: la acumulación, el crecimiento, ambivalente resorte de la vida y de la muerte, del gozo y del dolor en el tiempo progresivo.

"GALOPE MUERTO" (I): EL FACTOR SCHOPENHAUER

> Ha visto usted mis versos en el número de marzo [1930] de la *Revista de Occidente*? Le gustan? "Galope muerto" es lo más serio y perfecto que he hecho (1925).
>
> [carta a H. Eandi del 02.07.1930, en *OC*, V, 959]

> … ce principe dispensateur de la vie aujourd'hui disparu, et dont j'ignore complètement la nature… partout je vois dans la nature chaque phénomène isolé être l'œuvre d'une force universelle… nous attribuons une éternité et une ubiquité immédiates aux forces naturelles les plus inférieures, sans nous laisser un seul instant induire en erreur par la durée éphémère de leurs fugitives manifestations…
>
> [Schopenhauer 1914, III, 281]

Han pasado pocos años cuando Neruda expresa a Eandi, en 1930, su convicción de haber escrito "Galope muerto" en 1925. Para corregirlo y sostener que eso no era posible basta releer "Serenata", poema que —escrito y publicado casi a fines de 1925— por razones de lenguaje, de estilo y de sentido *no puede ser* posterior a "Galope muerto". La proverbial mala memoria del poeta respecto a fechas lo ha engañado una vez más. La versión original de "Galope muerto", publicada por lo demás en agosto de 1926 (*Claridad* n° 133), ha sido escrita sólo pocos meses antes: probablemente su elaboración comienza en Ancud (marzo-abril) y se cumple entre Valparaíso y Santiago (mayo-junio). Porque un poema tan complejo con toda seguridad ha exigido mucho trabajo y correcciones. Lamentablemente no hay noticia de que ésa u otras versiones originales de "Galope muerto", manuscritas o dactiloscritas, hayan sido conservadas.

Aún no sé explicar(me) del todo —al cabo de tantos años de conjeturas— el abismo que hay entre "Serenata" y "Galope muerto". Sólo pocos meses separan las primeras publicaciones de los dos poemas, y sin embargo el salto es descomunal y portentoso. Avanzo esta hipótesis explicativa: el puente estilístico entre ambos poemas es la escritura de *El habitante y su esperanza* y de las cuatro últimas prosas de *Anillos*, operación conexa a la lectura (y a la traducción parcial) de *Los cuadernos de Malte Laurids Brigge* de Rilke, según vimos más arriba. Si por ejemplo uno lee sucesivamente "Soledad de los pueblos", texto de 1925, y "Desaparición o muerte de un gato", de 1926 (dos prosas recogidas en *Anillos*), advierte en el segundo un imprevisible cambio de tono y de estilo, una especie de nueva seguridad en el manejo del lenguaje, una *distensión expresiva* que a mi entender resulta del descubrimiento y creativa asimilación de la prosa de Rilke. Dentro de esta evolución, un aspecto de particular interés que Pablo aprende en *Malte* es la nueva modulación verbal del espacio-tiempo (esa inédita red de contactos tangenciales, y cruces imprevisibles o insólitos, entre objetos culturales y procesos naturales) legible en *Habitante* y en las prosas finales de *Anillos*, como lo ejemplifica —uno entre diversos fragmentos seleccionables— el íncipit de "Desaparición o muerte de un gato" (*OC*, I, 248):

> También la vida tiene misterios sencillos e inaccesibles, existen los rumores del granero inacabablemente, el perpetuo acabarse de las nueces verdes y amargas, la caída de las peras olorosas madurando, se reviene la sal transparente, desaparece o muere el gato de María Soledad. Hasta su cola era usada como un instrumento, el color era de retículos negros y blancos, era una forma familiar y animada andando en cuatro pies de algodón, oliendo la noche fría y adversa, roncando su actitud misteriosa en las direcciones de la alfombra.
> Se ha escurrido el gato con sigilosidad de aire, nadie lo encuentra en la lista de sol que se comía atardeciendo, no aparece su cola de madera flexible, tampoco relucen sus verdes miradas pegadas a la sombra como clavándolas a los rincones de la casa.
> Ahí está María Soledad, con los cuadros del delantal jugando con los ojos a los dados, pensando en los rincones preferidos del gato y en su fuga o en su muerte de la que ella no es culpable, María Soledad a quien le cuesta vigilar sus ojos anchos. [...]

Asoman ya en este fragmento algunos motivos («el perpetuo acabarse de las nueces verdes y amargas, la caída de las peras olorosas madurando») que a otro nivel serán desarrollados por "Galope muerto". La hipótesis de una lectura parcial o fragmentaria de Schopenhauer (sumándose a la de Rilke) podría explicar este ulterior pasaje a una radical y ambiciosa generalización, vale decir, el anhelado ingreso a una cosmovisión unitaria que de algún modo pone orden en el pensamiento de Pablo y que, por ello, es capaz de otorgar fundamento a una nueva y más sólida poética.

Aunque no hay datos precisos al respecto, cabe suponer que inicialmente Pablo se acerca a Schopenhauer leyendo a Azorín (*La voluntad*, 1902) y a Pío Baroja (*El árbol de la ciencia*, 1911; *Juventud, egolatría*, 1917). O por vía directa, al menos desde los 15 ó 16 años de edad, si nos atenemos al verso «Y luego Schopenhauer se llevó mi alegría» del soneto "La chair est triste, hélas!" de julio 1920 (*OC*, IV, 165). Comoquiera que sea, entre los libros que Pablo lleva consigo a Ancud en 1925 va al menos un tomo de *Le monde comme volonté et comme représentation*, de Arthur Schopenhauer, en la traducción francesa de A. Burdeau (Paris, Librairie Félix Alcan, 1914), tal vez prestado por Álvaro Hinojosa. Concretamente se trataría del tomo tercero de esa edición, cuyo capítulo XLI, "De la mort et de ses rapports avec l'indestructibilité de notre être en soi" (pp. 273-320), no podía pasarle inadvertido a Pablo (como ya hizo notar Lozada 1971: 116 ss.).

Porque desde temprano el tema de la Muerte ha ocupado lugar en su poesía (cfr. Loyola 1967). El más antiguo acercamiento es un soneto fechado en Temuco el 03.08.1919 por un muchacho que acaba de cumplir 15 años: «Negrura luminosa que vendrás algún día / a cortar las raigambres de nuestra soledad /

para comunicarnos con la inmensa armonía / que presentimos desde nuestra eterna maldad. /... / tú tendrás que venir aladamente, y luego, / a darnos con tus labios aquel beso de fuego / que vagamente entonces se trocará en quietud» ("La muerte", en *OC*, IV, 84). Exorcismo o desahogo de la insatisfacción adolescente, tal vez influido por vagos orientalismos de época, este soneto pone a Neftalí precozmente en línea con la invitación de Schopenhauer a renunciar al juego de la Voluntad y a desear el fin de «une existence si riche en souffrances et si pauvre en joies!» (1914: 280), considerando por lo mismo que «la mort est la grande occasion de n'être plus le moi: heureux alors qui sait en profiter!» (*ibíd.*, 319).

Pero la Muerte no volverá a aparecer como nirvana luminoso y deseable en la poesía de Neruda. En 1920 otro soneto, "Pantheos", repropone el tema desde una perspectiva bien diferente: «Si quieres no nos digas de qué racimo somos, / no nos digas el cuándo, no nos digas el cómo, / pero dinos adónde nos llevará la muerte!» Notar que el requerimiento acerca del destino (espacial) del morir va dirigido a una entidad cuyo nombre no aparece en el texto, aunque sí viene sugerido por el título "Pantheos".

Pablo no es entonces (ni nunca será después) un asiduo lector de tratados filosóficos, de modo que su interés por *Le monde...* de Schopenhauer hay que atribuirlo en primer lugar al insólito lenguaje —apasionado y dramático, místico y racional a la vez, en definitiva romántico— de la argumentación. Pero también a la argumentación misma, cuyo núcleo es la noción de una eterna Voluntad de Vida, sin comienzo ni fin, vale decir, al margen de las categorías de espacio y tiempo, que se actualiza sin embargo (aquí y ahora) en la reproducción incesante de entidades o seres orgánicos: vegetales, animales y humanos en rápida sucesión («a los seres inorgánicos [minerales], por el contrario, aunque situados en un nivel mucho más bajo dentro de la escala de los seres, corresponde una duración incomparablemente más larga», 1914: 285, trad. mía). Cada ser orgánico no tiene otro ciego destino que el de manifestar efímeramente, bajo la forma de un cuerpo, a la Voluntad. A la cual, sin embargo, sólo interesa que esos cuerpos la actualicen al infinito a través de la reproducción. En otros términos: a la Voluntad interesan sólo las especies, no los individuos —cuyos singulares destinos y vicisitudes, desgracias o fortunas, alegrías y dolores, le son del todo indiferentes.

Ahora bien, el temor a la muerte en los seres vivientes sería el resultado igualmente ciego de su íntima esencia, o sea de esa Voluntad que ellos manifiestan. Pero en los seres humanos ha surgido (¿casualmente?) una capacidad que los animales no tienen: el Conocimiento, una condición que «lejos de ser la fuente del apego a la vida, actúa en dirección opuesta revelándonos el escaso valor de esta vida y combatiendo así el temor a la muerte» (*ibíd.*, 276). El Conocimiento o Intelecto, o sea el mundo como Representación elaborada por el hombre, puede contrastar el gran designio activo de la Voluntad negándose a colaborar con ella. Sólo que para el desencantado Schopenhauer la única forma válida de oposición al juego de la Voluntad implica la *renuncia* al vivir (cuando no la búsqueda misma del morir para acelerar el retorno a la paz, a la beatitud originaria y eterna dentro de la cual nuestra vida se ha recortado un ínfimo fragmento de conciencia y de dolor). Para nuestro filósofo, coherentemente, los amantes deseosos de copular —de morder el anzuelo de la Voluntad— son unos traidores en cuanto traman perpetuar todo el conjunto de las miserias, tribulaciones y desarmonías que constituyen la vida de la humanidad (cfr. Schopenhauer 1914, cap. XLIV). El hombre avisado se retirará en soledad y reducirá al mínimo las pretensiones, concupiscencias y ambiciones que puedan perturbar la ataraxia (o nirvana) que el Conocimiento le dicta como vía de rechazo a las trampas de la Voluntad.

De todo esto Pablo hace una lectura crítica y selectiva desde su personal punto de vista y en función de sus conflictos de entonces. Desde luego doy por descontado que, no obstante aquel pseudónimo *Kundalini* de los quince años, no le interesa sino parcialmente, con muchas reservas y más bien por privadas razones literarias (ver sección VII, "Josie Bliss en Wellawatta"), el trasfondo de doctrinas orientales (budismo, hinduismo) y de variados esoterismos que aportan sostén a las teorías de Schopenhauer. Y que tampoco lo convence su propuesta de *renuncia* a la vida para no ser cómplice del juego de la Voluntad, coincidiendo en cambio —seguramente sin saberlo— con Goethe y con Nietzsche en la *aceptación parcial* de ese juego (cfr. Galimberti, 107).

En efecto, lo que a Pablo seguramente interesa en el libro de Schopenhauer es la figura misma de la Voluntad en cuanto modelo de una posible representación *laica* de ese ALGO —llamémoslo aproximativamente Energía— que se manifiesta en la Naturaleza (y que muy bien conoce desde niño). Ese ALGO que de modo análogo habría debido también manifestarse en la Sociedad humana. Su escritura ha registrado en *Crepusculario* (y en textos coetáneos) el desajuste Naturaleza/Sociedad bajo las formas o modalidades contrastantes de la segunda modernidad: como elogio de la sacralidad de la Naturaleza (en "Esta iglesia no tiene lampadarios votivos") y como perplejidad o denuncia o lamentación frente al dolor, a la injusticia, a la ausencia de solidaridad y de alegría en la Sociedad (en "Pantheos", "Oración", "Maestranzas de noche", "Tengo miedo"). Notar en los títulos de los poemas el recurso a una terminología religiosa (iglesia, *pantheos*, oración), obligado por la necesidad de dar forma a *lo sacro* —misterio, solemnidad, trascendencia— que Pablo percibía como subyacente a su intuición y a su experiencia profundas de la realidad, más allá de las apariencias de degradación y sordidez, y por la falta de un lenguaje alternativo (laico) que fuera funcional a ese fin.

Las precedentes secciones del presente libro han desplegado (sin explicitarla) una historia de separaciones, de rupturas respecto a una cierta unidad originaria. Me refiero a cómo las experiencias formativas de la selva y del océano australes por un lado, de la energía fundacional y productiva de los pioneros de la Frontera por otro, configuraron —con la argamasa del sexo y de los libros— al adolescente confiado y optimista que llega a Santiago en 1921 con un libro de versos listo para la imprenta; a cómo, después, el impacto negativo de la urbe y la progresiva tristeza de los contactos sociales y amorosos, la condición de miseria económica, la desolación misma del existir, determinan la derrota del optimismo inicial y el repliegue del Yo protagonista al aislamiento del *eros*, al refugio del sistema Noche-Sur para convalecer de las heridas. Los *Veinte poemas de amor*, y con creciente énfasis *Tentativa del hombre infinito, Anillos* e incluso *El habitante y su esperanza*, jalonan los esfuerzos de Pablo para hacer de nuevo compatibles (si no solidarias) sus experiencias de la naturaleza y de la sociedad, de lo privado y de lo público. Sus esfuerzos, en suma, para reconstituir la unidad. Curiosamente, es el pesimista Schopenhauer quien le da la clave.

PARÉNTESIS OCEÁNICO

> Luego, el mar. El mar este es estruendoso
> y magnífico. En la playa se rompe, se quiebra,
> se levanta, se extiende al fin con las últimas olas
> que lamen las arenas luminosas. Pero adentro,
> en la lejanía, es puro y sereno, y se redondea
> como el vientre de las madres.
>
> [*AT*, "Hoy al atardecer, con la marea alta", 1923, en *OC*, IV, 273]

Los *Cuadernos de Neftalí Reyes* traen abundantes testimonios de la aspiración del liceano a una poesía seria, ambiciosa, trascendente, como queda claro con sólo repasar los títulos de los poemas. No era raro en aquel tiempo —ni lo es hoy— que un adolescente precozmente encaminado hacia la escritura poética pretenda moverse a la altura de sus modelos consagrados, o superarlos. Las tentativas de Pablo en tal dirección, orientadas por la modernidad lírica de fines del siglo XIX y comienzos del XX (simbolismo, modernismo, posnaturalismo, mundonovismo), devienen aún más esforzadas en *Crepusculario*, para culminar con ese *do de pecho* (abortado) que es *El hondero entusiasta*. El fracaso obliga a Pablo a replegar sobre una escritura menos ambiciosa, vinculada al espacio de la Frontera, que inesperadamente, sin embargo, es la que lo sitúa en su verdadero camino.

Los tres libros publicados en 1926 intentan una nueva vía hacia la trascendencia perseguida. Aunque no logran el propósito que los anima, ellos preparan el terreno donde brota de improviso "Galope muerto". En particular *Tentativa del hombre infinito*, «experiencia frustrada de un poema cíclico [que] muestra precisamente un desarrollo en la oscuridad, un aproximarse a las cosas con enorme dificultad para definirlas: [que] procede, como casi toda mi poesía, de la oscuridad del ser que va paso a paso encontrando obstáculos para elaborar con ellos su camino» (Neruda 1964, en *OC*, IV, 1204-1205).

A través de esos tres libros Pablo va reconociéndole al mundo de la Frontera la dignidad de materia nuclear para su nueva poesía. Ya he dicho que ello implica una novedad, un cambio imprevisto en el curso de una escritura antes europeizante y, en todo caso, orgánicamente desvinculada de la historia y del espacio más íntimamente personales del joven poeta. También expliqué ya cómo y por qué, con los *Veinte poemas* y con los libros de 1926, el Sur de la infancia y de la adolescencia —y de los primeros amores— deviene el espacio mítico de referencia para toda la obra de Neruda.

Pero —y es lo que me interesa señalar ahora— algunas intuiciones y experiencias primarias de ese mundo restan inexpresas porque su exacta formulación poética requiere instrumentos intelectuales y un grado de conocimiento, o de conciencia de la realidad, superiores a los que Pablo ha alcanzado a fines de 1925 (y él es incapaz de mentirse o trampear). Ahora bien, es la lectura combinada de Rilke y de Schopenhauer lo que a mi juicio le abre el ingreso a la perspectiva abarcadora y trascendente que anda buscando y, por ello, es decisiva para el salto de cualidad que "Galope muerto" representa en su trayectoria poética.

Schopenhauer, en particular, muestra a Pablo que es posible una representación *laica* de ese misterio último cuyas manifestaciones le han interesado desde niño, cuando se perdía en los bosques de Boroa o cuando contemplaba el incansable ataque del océano contra el roquerío en Bajo Imperial. En sí mismas, y dispersas, o sea unidas sólo emotivamente, esas percepciones necesitaron algún tiempo antes de alcanzar formulación *directa* en la escritura de Pablo. Sólo desde *Veinte poemas* los signos del Sur comienzan a poblar sus versos y prosas: «Ah vastedad de pinos, rumor de olas quebrándose», «entre guirnaldas amarillas», «atada al cielo con estrellas de lluvia», «galopamos fuertemente a través de la costa solitaria», y tantos otros momentos similares. Pero Pablo no osa, o no puede por falta de figuras o conceptos adecuados, intentar la traducción poética directa de la *percepción central* y más hondamente suya del misterio del bosque. Lo hace por vía indirecta, mediatizada, recurriendo al imaginario religioso que ensaya —según ya vimos— en los sonetos "Pantheos" y "Esta iglesia no tiene lampadarios votivos" de 1920, recogidos en *Crepusculario*. Para encontrar una configuración más personal y *laica*, pero referida al océano, habrá que esperar estas líneas de 1925:

> Oh mar océano, vacilación de aguas sombrías, ida y regreso de los movimientos incalculables, el viajero se para en tu orilla de piedra destruyéndose, y levanta su sangre hasta tu sensación infinita! [...] Voluntad misteriosa, insistente multitud del mar, jauría condenada al planeta, algo hay en ti más oscuro que la noche, más profundo que el tiempo. Acosas los amarillos días, las tardes de aire, estrellas contra los largos inviernos de la costa, fatigas entre acantilados y bahías, golpeas tu locura de aguas contra la orilla infranqueable, oh mar océano de los inmensos vientos verdes y la ruidosa vastedad.
>
> — *"Imperial del Sur"*, Anillos, en OC, I, 240

El uso del término *Voluntad* en este fragmento podría sugerir el eco de alguna lectura de Schopenhauer, o del relato de Azorín con ese título, anterior a la distensión estilística que la lectura del *Malte* rilkeano determinó. La maravillada y al mismo tiempo temerosa percepción del Océano —descomunal, violento, infatigable— acelera un cierto grado de hondura en su verbalización poética. No hacen falta mediaciones. El Océano del Sur impone por sí solo una distancia, una majestuosa separación, una sacralidad laica (representable sin necesidad de alegorías religiosas) que Pablo percibe como el poderío de una divinidad natural que puede serle propicia u hostil. Ya en "Playa del Sur" (*Crepusculario*), en el fragmento 4 del *Álbum Terusa* («Hoy al atardecer, con la marea alta...») y en el poema 2 del *Hondero* («Es como una marea...»), textos escritos todos en 1923, Pablo intenta una conexión *directa* entre la imagen del Mar y la de su intimidad dolorosa y pasional (vale decir, la identidad o autorretrato que el Yo protagonista proponía de sí mismo en aquel período). Un modo inmediato de conexión que con el Bosque no le es practicable aún.

El tenaz asedio del Océano contra las rocas de la costa —«insistente multitud del mar, jauría condenada al planeta»— era para Pablo, inicialmente, el modelo masculino y paterno que necesitaba como fundamento de la *acción*. El modelo propuesto por el muy activo don José del Carmen no le servía, no le era accesible o legible en aquella fase de su vida y ambición. La prosa "Imperial del Sur" implica en 1925 un fuerte avance simbólico al proponer el Océano como configuración laica de la Eternidad: «algo hay en ti más oscuro que la noche, más profundo que el tiempo». Esta intuición alcanzará desarrollos impresionantes al conectarse con episodios dramáticos de la historia del Yo en *Residencia* ("El fantasma del buque de carga", "Barcarola", "El Sur del Océano"), con momentos exaltantes en *Canto general* (capítulo XIV, "El gran Océano") e incluso con los desfallecimientos del enfermo terminal en el póstumo *Jardín de invierno* ("Llama el Océano").

Respecto al Bosque, la percepción última, radical y profunda del poeta tarda bastante más en configurarse al nivel simbólico ambicionado. Paradójicamente, ello se debe a la mayor confidencia que existe entre el poeta y el bosque. La selva austral (espacio de signo materno, según ya vimos) no establece la distancia y la separación que en cambio el océano impone a Neftalí. Mucho antes del verano de 1920, de aquel febrero de su «primer mar», el niño había penetrado ya en el bosque y había iniciado su inventario en detalle, el examen curioso y la recolección apasionada de las minucias que poblaban ese mundo. Instalado, «perdido / en la más oscura / entraña de lo verde», a Neftalí la multitud y la inmediatez de los estímulos hará más difícil alcanzar el grado de abstracción simbólica que el océano le consiente. La abundante y arraigada tradición cultural de Occidente sobre la foresta, además, quita ímpetu y seguridad al joven poeta del subdesarrollo para intentar la formulación poética exacta, y original por lo tanto, de sus personales intuiciones.

"GALOPE MUERTO" (II): LO INNOMINABLE

> El verdadero símbolo de la naturaleza es el círculo, porque es el esquema del retorno: es, en efecto, la forma universal que la naturaleza actualiza en todo, en el curso de los astros como en la muerte y generación de los seres orgánicos...
>
> [Schopenhauer 1914, III, 287-288, trad. mía]

> Todos los seres duran apenas un instante sobre la tierra, y ya están corriendo hacia la muerte. La planta y el insecto mueren al final del verano; el animal, el hombre, al cabo de pocos años. La muerte siega incansable. Y sin embargo, como si así no ocurriera, todo existe siempre y en su lugar, por todos lados, exactamente como si todo fuera eterno. Siempre la planta crece y florece, el insecto zumba, el animal y el hombre aquí están, indestructiblemente jóvenes, y aquellas cerezas que mil veces nos han deliciado las volvemos a encontrar a nuestro alcance cada verano.
>
> [Schopenhauer 1914, III, 289, trad. mía]

En la primera sección del presente libro reclamé atención hacia la experiencia infantil del extravío en la selva de la Frontera, según la recuerda Neruda al comienzo de sus memorias, y en particular hacia este fragmento extraordinario allí incluido: «*Un tronco podrido: qué tesoro! Hongos negros y azules le han dado orejas, rojas plantas parásitas lo han colmado de rubíes, otras plantas perezosas le han prestado sus barbas y brota, veloz, una culebra desde sus entrañas podridas, como una emanación, como que al tronco muerto se le escapara el alma...*» Si ya es insólito el entusiasmo de un niño frente a la biodegradación, no es menos extraño que el poeta adulto lo recuerde como una obsesión. Porque la memoria del tronco en descomposición podría haber sido casual si no la encontráramos también en *Canto general*, XV: «Mi infancia son zapatos mojados, *troncos rotos / caídos en la selva, devorados por lianas / y escarabajos...*», y en otros lugares.

Neftalí no vivió el bosque de su infancia como el remanso lírico de cierta tradición romántica, sino como hervidero de energías. El bosque fue la lección imborrable acerca de un ALGO, allí omnipresente, surgiendo sin cesar del conflicto entre fuerzas y pulsiones en lucha, entre la proliferación y las defunciones, entre la vida y la muerte, en suma, emergiendo como la culebra desde las entrañas del tronco podrido; ALGO que no era posible nombrar porque todo nombre le quedaba estrecho; ALGO que dentro de la ideología laica de Pablo era lo Innominable por excelencia, porque su Nombre era tan imposible o inimaginable como el de la divinidad en los libros sagrados. Por eso en los sonetos de 1920 el recurso al imaginario religioso conllevó la omisión del Nombre. Pero la lectura (o una relectura más profunda) de Schopenhauer autoriza a Pablo, además, a intentar una representación laica del Misterio (que sigue siendo innominable para Pablo, a diferencia de Schopenhauer, quien le había dado nombre: Voluntad). Sólo entonces pueden surgir estos versos:

Como cenizas, como mares poblándose,
en la sumergida lentitud, en lo informe,
o como se oyen desde el alto de los caminos
cruzar las campanadas en cruz,
teniendo ese sonido ya aparte del metal,
confuso, pesando, haciéndose polvo
en el mismo molino de las formas demasiado lejos,
o recordadas o no vistas,
y el perfume de las ciruelas que rodando a tierra
se pudren en el tiempo, infinitamente verdes.

Ya en 1940 Amado Alonso ve en este comienzo de "Galope muerto" una especie de anacoluto lírico: una «comparación sin manifestación de lo comparado». En efecto, ¿qué cosa es «Como cenizas, como mares poblándose» o como ese cruce de «campanadas en cruz»? El texto no lo dice. El filólogo español ensaya una lectura: «La comparación se refiere al tema de la poesía: *esto que considero* es como cenizas, etcétera» (1951: 178). Por supuesto, Alonso entiende muy bien que no se trata de un error sintáctico y que Pablo ha omitido *deliberadamente* individualizar y nombrar el núcleo al que la comparación se refiere. «Y realmente hay que reconocer en la omisión del núcleo, por esta vez, un acierto estilístico:

pues lo que se trata de expresar es el sinsentido de la vida afanosa, un caos, algo sin forma» (*ibíd.*, 123). A Alonso no le interesa ir más allá. Desde mi perspectiva, en cambio, importa subrayar que esta estrofa inicial de "Galope muerto" marca la primera aparición de lo Innominable bajo configuración y lenguaje estrictamente nerudianos. La estrofa sucesiva desarrolla un salmo de reverencia y perplejidad frente a aquello cuyo nombre ha sido eludido:

> *Aquello todo tan rápido, tan viviente,*
> *inmóvil sin embargo, como la polea loca en sí misma,*
> *esas ruedas de los motores, en fin.*
> ....
> *Es que de dónde, por dónde, en qué orilla?*
> *El rodeo constante, incierto, tan mudo,*
> *como las lilas alrededor del convento,*
> *o la llegada de la muerte a la lengua del buey*
> *que cae a tumbos, guardabajo, y cuyos cuernos quieren sonar.*

«Aquello todo», lo Innominable, aparece definido por la explícita contradicción *rápido/inmóvil*, que el texto hace equivaler a otra implícita: *viviente/[muerto]*. Ambas actualizan aquí el oxímoron del título mismo del poema: *galope/muerto*. Siguen referencias a objetos circulares en movimiento (polea, ruedas), entre otras que hay en el poema, tales el molino, el rodar de las ciruelas, el rodeo constante, las lilas alrededor del convento, el anillo del verano: «en todos los casos, el círculo no es estático, sino más bien un movimiento, un proceso» (Bennett, 107).

El comportamiento de *aquello todo* asume en el texto la forma de un asedio sobre el poeta, quien a su vez intenta aferrarlo en su discurso mediante un contra-asedio de imágenes. Entre ellas hay una, la del verso «como las lilas alrededor del convento», que conecta el desarrollo verbal de lo Innominable a una experiencia de infancia, al recuerdo del primer amor (cfr. "Sensación de olor" de *Crepusculario*, con su «fragancia de lilas», e "Infancia y poesía" en *OC*, IV, 921, con su «penetrante aroma de lilas conventuales»). El despliegue poético de *aquello todo* en "Galope muerto" es una tentativa múltiple («metralleo de imágenes», según Alonso) para formular lo que veinte años después el poema "Alturas de Macchu Picchu" resumirá en una paráfrasis sintética de lo Innominable: «Del aire al aire, como una red vacía, / iba yo entre las calles y la atmósfera, llegando y despidiendo /.../ lo que **el más grande amor**, como dentro de un guante / que cae, nos entrega como una larga luna» (*OC*, I, 434). *El más grande amor*: para aludir de soslayo a lo Innominable el poema de 1946 recurrirá a un término tomado en préstamo de la experiencia humana, el Amor, vale decir Eros, asociándolo así al máximo ideal de lo deseable a escala humana.

En "Galope muerto", entonces, lo Innominable es *Eros*. Pero también *Tánatos*. Notar los dos últimos versos de la estrofa inicial: «*y el perfume de las ciruelas que rodando a tierra / se pudren en el tiempo, infinitamente verdes*». El cruce de lo verde y lo podrido. Según Alonso (178) estos versos y los precedentes sólo tematizan procesos de destrucción. Igualmente Concha (1963: 35), precisando: «dos tipos de destrucción: la corrupción de los objetos, y la huida de la experiencia con el transcurso del tiempo». No estoy de acuerdo con esta óptica unilateral. A mi entender, los versos citados proponen explícitamente —como oscura pero fecunda contradicción— la copresencia de *destrucción* y *germinación*, resolviéndose en ALGO que trasciende las apariencias fenoménicas de nacimiento y desintegración, de emersión y desvanecimiento, de vida y muerte. ALGO, en suma, que el texto trata de aferrar con las figuras abstractas del *perfume* de las ciruelas caídas, ya separadas del árbol, y del *sonido* de las campanas, «ya aparte del metal» (por eso el poema no habla sólo de campanadas sino de un 'cruzamiento o cruce de campanadas en cruz', en paralelo evidente con el 'cruce de lo verde y lo podrido' en las ciruelas). Lo podrido es Tánatos, la destrucción, indispensable como Eros, que es lo verde, la germinación.

El asedio invisible y poderoso que *aquello todo* ejerce sobre el poeta (a través de sus fascinantes y misteriosos signos de *vida/muerte* en el mundo) es persistente, ubicuo, multiforme (un «rodeo constante») y sobre todo silencioso («tan mudo»). Se manifiesta a veces de modo discreto, bello, dulce, continuo y casi invisible «como las lilas alrededor del convento», es decir al modo de Eros. Otras veces se manifiesta de modo repentino, trágico, violento y con efectos espectaculares como «la llegada de la muerte a la lengua del buey / que cae a tumbos, guardabajo...», es decir al modo de Tánatos. El asedio, *el más grande amor*, incluye entonces procesos de vida (el cerco de las lilas) y de muerte (la caída del buey).

"GALOPE MUERTO" (III): NATURALEZA Y SOCIEDAD

Por eso, en lo inmóvil, deteniéndose, percibir,
entonces, como aleteo inmenso, encima,
como abejas muertas o números,
ay, lo que mi corazón pálido no puede abarcar,
en multitudes, en lágrimas saliendo apenas,
y esfuerzos humanos, tormentas,
acciones negras descubiertas de repente
como hielos, desorden vasto,
oceánico, para mí que entro cantando
como con una espada entre indefensos.

Antes de esta estrofa el poema se ha ocupado de lo Innominable, del *más grande amor*, a través de un lenguaje impersonal, intentando una configuración global a través de un asedio de imágenes. Ahora, en el centro mismo del texto, el Yo enunciador *introduce a sí mismo*. Primero de modo aún impersonal o de soslayo («deteniéndose, percibir»), luego abiertamente («lo que *mi* corazón pálido... *para mí* que entro cantando»). La locución conexiva *Por eso*, que «es el gozne estructural de todo el poema» (Alonso, 181), abre una secuencia de extrema importancia en cuanto formulación inaugural de la nueva *ars poetica* de Pablo, resultante de su primera aproximación a (y del reconocimiento de) lo Innominable.

Debo aquí precisar que Schopenhauer ha sugerido a Pablo no sólo la posibilidad de una configuración *laica* de lo Innominable (o sea, al margen de la tradición religiosa), sino además la posibilidad de enfrentarlo con un comportamiento activo del hombre, basado en el Conocimiento. Para Schopenhauer el mundo como Representación equivale al Conocimiento de sí misma que viene enseñada a la Voluntad ciega «que no sabe qué quiere; ella en efecto no SABE sino solamente QUIERE, justo porque es nada más que Voluntad». Cuando cobra forma en el hombre, el Conocimiento se opone a la Voluntad que ese hombre encarna. «La auténtica Voluntad, [...] la Voluntad separada del Conocer, es un oscuro, ciego impulso vital que se manifiesta con máxima intensidad en el puro instinto sexual, que urge constantemente hacia adelante, como el tiempo del cual es imagen. Ella es la que en nosotros vegeta, se nutre, fecunda. Las plantas no son otra cosa que esta Voluntad. [...] Menos una parte del cuerpo es manifestación de la Voluntad, menos la estimula con su acción, y tanto más esa parte se limita a comunicar Conocimiento, tanto más ella es noble y da alegría. De los cinco sentidos, el más noble es la *vista*, porque ver no es una sensación (o sea, no es un estímulo para la Voluntad) sino Conocimiento puro, indiferente respecto a la Voluntad. [...] A la vista sigue el *oído*, que poco tiene de sensación; el *olfato* sigue después; el *gusto* y el *tacto* son los sentidos menos nobles porque actúan siempre según las solicitaciones de la Voluntad; el tacto comunica Conocimiento puro sólo en el palpar. Los *genitales* son el punto focal de la Voluntad» (de los manuscritos, 1814 y 1815, según Schopenhauer 1996: 103-106).

Las citas predecentes aspiran a poner en evidencia —por vía indirecta, pero clara para un buen lector de Neruda— que si bien Pablo acoge el modelo (o mejor, el ejemplo 'autorizador') de Schopenhauer para 'conceptualizar' poéticamente —con lenguaje propio— sus inexpresas intuiciones de lo Innominable, por otro lado rechaza, o no le interesan en absoluto, las premisas teóricas y las consecuencias o instrucciones prácticas de la filosofía del maestro. Toma, en efecto, **la vía opuesta.** En vez del comportamiento de activa o pasiva Rebelión frente a la Voluntad (negándose, con el Conocimiento y con la abstención de vivir —y sobre todo, de copular— a ser cómplice de sus ciegos designios), Pablo asume en cambio una conducta de Afirmación y Testimonio respecto a lo Innominable, e incluso de Obediencia, reiteradamente confirmada a lo largo de toda la primera *Residencia*. Tal comportamiento caracterizará, según veremos, su nueva poética.

Leamos en esta estrofa de "Galope muerto" el manifiesto inaugural: «Por eso, en lo inmóvil, deteniéndose, *percibir*, /.../ ay, lo que mi corazón pálido no puede abarcar, / en multitudes, en lágrimas saliendo apenas, / y esfuerzos humanos...» En el principio, *detenerse* y *percibir*: esto es, observar, distinguir, registrar, dar testimonio poético de tantos signos de vida degradada, de tanto movimiento con formas confusas y contradictorias (esfuerzos humanos, acciones negras) que sólo traducen un «desorden vasto, oceánico»: agitación y movimiento equivalentes a la inmovilidad, como un *galope muerto*. Indagar en este desorden es el desafío que asume el poeta. Por eso al final declara «... para mí que entro cantando / como con una espada entre indefensos», donde '*para mí*' significa 'a mí corresponde (es para mí) este desafío, esta indagación, esta tarea desciframiento'. En tal contexto, la fórmula '*entro cantando como con una espada entre indefensos*' admite ser leída así: 'entre tantos seres ciegos, inconscientes, sometidos, inermes a mi alrededor, yo entro al combate (afronto el desafío) armado con mi poesía (visión, libertad, canto), dotado de este privilegio singular'. **Pablo ha reencontrado una vía para el anhelado ejercicio de la poesía *profética*, interrumpido tras el fracaso del Hondero.** Y el poema sigue:

> *Ahora bien, de qué esta hecho ese surgir de palomas*
> *que hay entre la noche y el tiempo, como una barranca húmeda?*
> *Ese sonido ya tan largo*
> *que cae listando de piedras los caminos,*
> *más bien, cuando sólo una hora*
> *crece de improviso, extendiéndose sin tregua.*

La Noche es para Pablo, como sabemos, el espacio incontaminado de los estímulos, de los sueños, del amor: la matriz de su poesía. El Tiempo es en cambio el Día = la Realidad, manifestándose bajo apariencias incomprensibles y crueles de discontinuidad, de olvido, de letal uniformidad. Entre estas dos dimensiones emerge a veces, de cuando en cuando, un espacio de frontera, mixto, donde efímera arde la plenitud haciendo fugazmente sensible «el misterio de la vida» (Neruda, en Alonso, 182). No me parecen verificables las connotaciones negativas que a la imagen *barranca húmeda* atribuyen Alonso («tenebrosa barranca», 182) y Concha («abismo», 1963: 11n), puesto que la fórmula «como una barranca húmeda» es equivalente en el texto a «ese surgir de palomas» del verso anterior. En efecto, las dos frases son aquí los términos de una comparación paritaria del tipo 'A es como B'. Y Neruda es muy claro al respecto: «La paloma me parece la expresión más acabada de la vida, por su perfección formal» (en Alonso, 210). Agreguemos que Rosenthal (1974: 31) supone al origen de la imagen *barranca húmeda* un núcleo erótico femenino (contrapuesto a la imagen «como con *una espada*...», leída en clave fálica). Sólo en parte estoy concorde, por cuanto la experiencia amorosa es en efecto componente esencial (no necesariamente único) de *ese surgir de palomas*.

La fórmula del '*sonido ya tan largo / que cae listando de piedras los caminos*' remite a una vibración vital (vale decir, a una intensa experiencia) que con porfía se reitera formando una fila de piedras blancas, una lista de intermitencias felices o privilegiadas que jalonan el árido dominio del Tiempo (los caminos). Recuérdense a éste propósito los versos «en la noche de *largas listas*», del reciente "Madrigal escrito en invierno" (1925), y «sus *listas de sonido*, sus lúgubres barrotes» de la posterior y desolada "Barcarola" (1933). Esta lectura viene enseguida confirmada por la fórmula '*cuando sólo una hora / crece de improviso, extendiéndose sin tregua*', que introduce en el nuevo discurso poético de Pablo un motivo que alcanzará importante desarrollo en *Residencia* y después. Se refiere a esa sensación de eternidad o de infinita expansión en que nos sumerge un instante privilegiado, pleno, dichoso, por ejemplo el éxtasis del amor según ilustrará veinte años más tarde este pasaje: «Cuántas veces... me quise detener a buscar la *eterna veta* insondable / que antes toqué en la piedra o *en el relámpago que el beso desprendía*» ("Alturas de Macchu Picchu", II, en *OC*, I, 435).

Como se ve, Pablo lee en clave 'irracional' y positiva, incluso estimulante para él, la sensata cuanto pesimista lección práctica que Schopenhauer deduce, en cambio, de su visión del mundo como Voluntad y como Representación. Pero hay una diferencia más, destinada a ser decisiva desde ahora mismo. Examinémosla. Para Pablo lo Innominable concierne no sólo a la Naturaleza y al sujeto del Conocimiento, o sea al Individuo, sino a los Hombres en su conjunto, vale decir a la Sociedad. Todo es una sola cosa. Schopenhauer había escrito:

> Como los individuos, los pueblos mismos son inmortales, si bien cambien a veces de nombre. Más aún, sus comportamientos, sus acciones, sus sufrimientos son los mismos en todas las épocas. Aunque la historia pretenda contarnos siempre hechos nuevos, ella es como el caleidoscopio: cada vuelta nos presenta una configuración nueva, y sin embargo, a decir verdad, son siempre los mismos elementos que pasan ante nuestros ojos.
> — *Schopenhauer 1914, III, 289, trad. mía*

Esta circularidad del tiempo social es, para Schopenhauer, la fatal e inevitable manifestación de la Voluntad a escala colectiva. Es la condición necesaria al cumplimiento del destino ciego e inmortal de la Especie. Ilusoria toda pretensión de cambio o progreso: la Historia no existe. Sólo el Individuo aislado puede oponer a la Voluntad la rebeldía del Conocimiento y de la Ataraxia, la no-complicidad. Desde la perspectiva de Pablo el problema es otro: lo Innominable se manifiesta de modo sustancialmente armónico y vital en la Naturaleza (más allá del conflicto vida/muerte, o de la aparente oposición entre lo verde y lo podrido); en la Sociedad se manifiesta en cambio, prioritariamente, bajo formas sólo perceptibles como angustia y desolación, como hostilidad y dolor, como un inacabable desierto de tristeza con algunos repentinos oasis de plenitud o felicidad (en los que asoma el verdadero rostro de lo Innominable). La circularidad del tiempo es en la Naturaleza la modulación serena (y hasta alegre) de la Vida. Por el contrario, la correspondiente circularidad del tiempo social (en cuanto modulación de lo Innominable en el ámbito de la Sociedad) es vivida por el hombre como inmovilidad letal, más allá de las apariencias de velocidad y movimiento: es vivida como un *galope muerto*. Esto es lo que el poeta percibe.

Ahora bien, importa subrayar que Pablo no se interroga sobre tan extraño desajuste entre Naturaleza y Sociedad. Y que decide *afirmar* lo Innominable *en ambos territorios o dimensiones*. A diferencia de los poetas románticos y realistas del siglo XIX (de la segunda modernidad), nuestro poeta no se lamenta de la miseria espiritual de los hombres, ni se declara artista incomprendido o víctima, ni enarbola las banderas del progreso racional. En su nueva poética hay una porfía optimista de fondo. Hay una especie de fe del carbonero sobre la vocación de armonía y solidaridad que subyace (como en la Naturaleza) a la sordidez visible (a la apariencia) de la Sociedad.

El nuevo poeta no intenta denunciar a los culpables del dolor humano. No está preparado aún para ello. Su discurso opera en otra dimensión. Su tarea por ahora es sólo la de *percibir*, registrar lo que su «corazón pálido no puede abarcar», anotar «esfuerzos humanos, tormentas, / acciones negras descubiertas de repente / como hielos», incluyendo su propia colección diaria de angustias y frustraciones pero sin maldecir la realidad. Por el contrario, dentro del cumplimiento de su tarea *inventarial* no perderá oportunidad de llamar la atención sobre los intermitentes signos, repentinos y vivaces, que testimonian la verdadera presencia de lo Innominable en la dimensión humana: «Ahora bien, de qué está hecho ese surgir de palomas / que hay entre la noche y el tiempo, como una barranca húmeda?»

> *Adentro del anillo del verano*
> *una vez los grandes zapallos escuchan,*
> *estirando sus plantas conmovedoras,*
> *de eso, de lo que solicitándose mucho,*
> *de lo lleno, obscuros de pesadas gotas.*

El poema retorna al ámbito Naturaleza, y al lenguaje impersonal del comienzo, para proponer un final anticlimático, desprovisto de énfasis pero cargado de compleja significación. El curioso protagonismo estival de los grandes zapallos —«las cucurbitáceas americanas, los enormes frutos llenos de pura vida acumulada» (Alonso, 182)— tendería a dar máxima visibilidad a la energía vital e infinita de lo Innominable mediante estos 'personajes' ejemplares, voluminosos y plenos, elegidos justo por ser bien poco 'poéticos' en sentido tradicional. En correspondencia y afinidad, «[la] sintaxis es deliberadamente inconexa» (*ibíd.*, 183) y el enunciado es confuso, desconcertante, desarticulado, como para mejor sugerir la tensión vivificante con que los zapallos —escuchando, solicitando, «estirando sus plantas conmovedoras»— encarnan y a la vez reclaman lo Innominable (están constituidos *de eso* y a la vez lo solicitan dentro de una circularidad implacable, exigente, eterna... y maravillosa).

En suma, "Galope muerto" es el poema-manifiesto con que Pablo declara su pertenencia y adhesión a un orden orgánico superior, positivo y real, verificable y material, capaz de sostener la ambición y la trascendencia laica que busca para su nueva poética. 'Involuntariamente' (como antes don José del Carmen), contrariando incluso los presupuestos teóricos y prácticos de su propia filosofía, Schopenhauer ha contribuido a refundar el nivel 'profético' de la escritura de Pablo. Que con este poema inaugura su primera madurez nerudiana.

"DÉBIL DEL ALBA": EL POETA SALE OTRA VEZ AL MUNDO

> Proveyóse de camisas y de las demás cosas que él pudo, conforme al consejo que el ventero le había dado; todo lo cual hecho y cumplido, sin despedirse Panza de sus hijos y mujer, ni don Quijote de su ama y sobrina, una noche se salieron del lugar sin que persona los viese; en la cual caminaron tanto, que *al amanecer* se tuvieron por seguros de que no los hallarían aunque los buscasen.
> [...] Acertó don Quijote a tomar la misma derrota y camino que el que él había tomado en su primer viaje, que fue por el campo de Montiel, por el

> cual caminaba con menos pesadumbre que la vez
> pasada, porque por ser *la hora de la mañana* y
> herirles a soslayo los rayos del sol no les
> fatigaban.
>
> [*Quijote*, I, 7, "De la segunda salida..."]

> El Día, a pesar de la luz solar que lo constituye, es
> el reino de la destrucción, el hábitat de la
> caducidad y la muerte; se lo imagina entonces
> como una atmósfera de sombras.
>
> [Concha 1963: 11]

En mayo 1926, al regresar desde Ancud, Pablo sueña y prepara su viaje a Europa —sin duda ilusionado por las reiteradas promesas del jefe del Departamento Consular del Ministerio de Relaciones Exteriores, quien declarándose un entusiasta admirador de su poesía le da por segura una designación inminente—. El 12 de ese mes escribe a Albertina desde Valparaíso: «Habrás recibido mi última carta, sabrás que aquí llegué a embarcarme, y que tuve un disgusto muy grande con que tú no vinieras. [...] Todos dan como un hecho mi viaje. Así será. Ahora tendré, mañana, la contestación de una compañía cuyo barco sale el 22, el *Adriana*. Si eres capaz de hacerlo consíguete dinero empeñando algo, vente a Santiago, y avísame, que quiero verte antes de irme, que tengo muchas cosas que tú no sabes para contarte al oído, y ya nunca más, nunca más podrás oírlas de mi boca sino ahora» (*OC*, V, 913). Como se ve, Pablo no pierde las esperanzas ni las ganas de volver a hacer el amor con su deseadísima Albertina, y para conseguirlo trata de poner en juego los trucos de su lenguaje más seductor. Pero en vano, porque a pesar de que el poeta no le es nada indiferente en aquel terreno, no habrá trucos capaces de vencer y superar la inercia de Albertina. Por esos mismos días Pablo escribe a su hermana Laura: «todavía estoy en Valparaíso. Parece que me voy el 22. Recibí carta y dinero. Agradece. Yo te diré a medida que vaya sucediendo lo que pase» (*OC*, V, 796).

Otra carta a Albertina, fechada 6 de junio, todavía en el puerto: «No recibo cartas tuyas desde hace tiempo, he perdido ya el hilo de nuestro asunto. Albertina, lo que tú no hagas por ti misma, no lo hará nadie, yo estoy cansado. [...] Yo vine a embarcarme a Valparaíso para Europa, tenía la esperanza de volverte a ver y despedirme de mi mujercita. No depende en algo de ti que ya no tenga esa esperanza? Aún no sé cuándo salgo, fracasó el viaje del *Adriana*, vapor que tenía compromiso de llevarme a Alemania» (*OC*, V, 914).

En Alemania está por entonces Yolando Pino Saavedra, amigo serio y leal, hombre responsable que sin duda lo habría ayudado. Pero el viaje esfuma y, después de algunas semanas más en Valparaíso, Pablo regresa a Santiago. Con Tomás Lago y Orlando Oyarzún se instala entonces en la pieza de García Reyes 25, en los altos de la verdulería de doña Edelmira.

Período sórdido, de extrema pobreza, y la frustración por el viaje fallido. De un modo que podría parecer deliberado, programático, el poema "Débil del alba" registra la desolación de este retorno al Día. Símbolo y biografía se superponen y entrelazan en el texto, lo que será habitual en *Residencia*. Al respecto tengamos cuenta, en adelante, de la importante observación de Jaime Concha acerca de «la peculiar naturaleza del símbolo nerudiano, que no posee un carácter metafórico, mediante el cual, por un juego alegórico del espíritu, un elemento simboliza un valor que lo trasciende; antes bien, en esta poesía [*Residencia*] el símbolo mismo es una realidad, un hecho, y tiene, por tanto, una consistencia casi corpórea» (1963: 9).

Por eso las dos estrofas iniciales del poema, y la que comienza «Nada hay de precipitado ni de alegre», son por un lado descripción y crónica líricas de una lluviosa mañana del invierno de 1926 en un barrio pobre de Santiago, así como la percibe Pablo, y al mismo tiempo son imagen del objeto central de su nuevo poetizar: el Día-Urbe (no más el sistema Noche-Sur):

> *El día de los desventurados, el día pálido se asoma*
> *con un desgarrador olor frío, con sus fuerzas en gris,*
> *sin cascabeles, goteando el alba por todas partes:*
> *es un naufragio en el vacío, con un alrededor de llanto.*
>
> *Porque se fue de tantos sitios la sombra húmeda, callada,*
> *de tantas cavilaciones en vano [...]*
>
> *Nada hay de precipitado ni de alegre, ni de forma orgullosa,*
> *todo aparece haciéndose con evidente pobreza:*
> *la luz de la tierra sale de sus párpados*
> *no como la campanada, sino más bien como las lágrimas [...]*

En estos versos aparecen varios procedimientos que caracterizarán el estilo de *Residencia*, como el uso del plural por el singular para evitar o atenuar acentos enfáticos, o referencias demasiado personalizadas, y a veces por una especie de pudor. La fórmula *el día de los desventurados* (relativa en verdad al Yo enunciador) extiende el significado individual y lo despersonaliza, así como —con varia intención— procederán más adelante algunos títulos de poemas, tales "Sonata y *destrucciones*", "Melancolía en las *familias*" o "*Enfermedades* en mi casa". En la segunda estrofa el alejamiento de «la sombra húmeda, callada» alude a la Noche dejada atrás con un nuevo tono de desolación que, por contraste, evoca el tono anterior, aún sereno, que dominaba en la similar imagen del poema "Serenata" («cuando corres detrás de los ferrocarriles, en los campos, / el delgado labrador te da la espalda, / de tus pisadas brotan temblando los dulces sapos»), si bien compartiendo la condición *húmeda* de la nocturnidad («las manos de él se mueven en tu atmósfera como pájaros, / y la humedad es grande a su alrededor»). En "Débil del alba" esa condición húmeda de la Noche contrasta a su vez la abundancia acuosa con que «el día pálido» (*le jour pâle* de Loti) asoma «goteando el alba por todas partes» y desarrollando lluvia y llanto.

Al igual que "Galope muerto", el poema "Débil del alba" aparece estructurado sobre la alternancia de dos discursos. El primero de ellos elabora con lenguaje impersonal la amarga percepción del Día que asoma, y en el trasfondo la temática del desajuste *individuo/mundo*: todo ello legible en las estrofas arriba citadas. El otro inserta —con las estrofas tercera y final— nuevas tentativas de formulación de la poética emergente. Tentativas que, en sustancia, son variaciones sobre el motivo del *percibir* enunciado en "Galope muerto":

> *Yo lloro en medio de lo invadido, entre lo confuso,*
> *entre el sabor creciente, poniendo el oído*
> *en la pura circulación, en el aumento,*
> *cediendo sin rumbo el paso a lo que arriba,*
> *a lo que surge vestido de cadenas y claveles,*
> *yo sueño, sobrellevando mis vestigios morales.*

Este segundo discurso supone, como en "Galope muerto", el abandono del lenguaje impersonal y la introducción explícita del Sujeto, en este caso mediante un módulo que se repite a distancia y variando: «Yo lloro... yo sueño». Decididamente Pablo está impostando una imagen bizarra de sí mismo en los textos, la de un funcionario escribiente que realizaría, con dolor («Yo lloro») y a la vez con esperanza («yo sueño»), la tarea de anotar o registrar las manifestaciones de lo Innominable en el mundo a su alcance. Mundo que se le ofrece con apariencias dolorosas de contaminación («lo invadido») y desorden como las del alba aquí asomante, pero dentro del cual se verifican —circulan, crecen, aumentan— los procesos y desarrollos que le interesan, los signos contradictorios de lo Innominable, aquello «que surge vestido de cadenas y claveles». El escribiente no discrimina, registra todo sin juzgar ni protestar. Es la misión que ha asumido, sin ilusiones pero con fervor y tenacidad de iniciado. En verdad lo que estos nuevos poemas están intentando, al detallar el nuevo programa de acción poética, es diseñar un nuevo autorretrato del Yo protagonista:

> *Estoy solo entre materias desvencijadas,*
> *la lluvia cae sobre mí, y se me parece,*
> *se me parece con su desvarío, solitaria en el mundo muerto,*
> *rechazada al caer, y sin forma obstinada.*

Dentro del tono de distensión expresiva, de impasibilidad elocutiva que en particular ha aprendido de Rilke, Pablo elabora en esta estrofa una imagen de sí en tres fases que se podrían parafrasear así: (1) vivo en soledad mi voluntaria y tenaz misión de testimoniar este inicio del Día, este amanecer de un mundo que con su caos de 'materias desvencijadas', con su degradación y deterioro, es precisamente la causa de mi tristeza; (2) mi testimonio se cumple bajo la lluvia que cae sobre mí; (3) esta lluvia y yo nos asemejamos (ella «se me parece», yo me parezco a ella) por la inutilidad y locura de nuestras tareas, por la visible (o aparente) nulidad del objeto de nuestros solitarios empeños, y por la común obstinación en persistir en una acción no sólo insensata, carente de significado, sino además despreciada o rechazada por el mundo mismo al que está destinada.

El segmento final de la estrofa, *sin forma obstinada*, ofrece una ambigüedad de construcción que Alonso interpreta como una sutil y refinada referencia al modo mismo de elaboración poética que caracteriza a *Residencia*, leyendo «obstinada» como adjetivo ligado a «sin forma» en una muy singular cuanto anómala conjunción. Según esa lectura, el texto de Pablo presenta el mundo como «un caos de materias desvencijadas en el cual nuestra necesidad de vivir y nuestro prurito intelectual introducen un orden; pero el poeta es un perceptor extraño del mundo, capaz de librarse del orden (forma) que el sentido práctico introduce y de las falsillas de nuestro intelecto categorizador [...]. No obstinarse en la forma, porque toda forma es una falsedad, como imposición que se hace a la realidad desde fuera de ella» (1951: 146). Mi interpretación es diversa, pues desde mi perspectiva juzgo muy importante leer «obstinada» como adjetivo referido también a «lluvia», integrando la serie *solitaria-rechazada-obstinada*, porque la *obstinación* es un rasgo fundamental que al autorretrato interesa tomar del modelo de comparación, que es la lluvia.

EL FACIÓGRAFO

> Quien decía tener ojo de águila para todos los negocios era Álvaro Hinojosa. Nos impresionaba con sus grandiosos planes que, de ponerse en práctica, harían llover dinero sobre nuestras cabezas. Para nosotros, bohemios desastrados, su dominio del inglés, su cigarrillo de tabaco rubio, sus años universitarios en Nueva York, garantizaban el pragmatismo de su gran cerebro comercial.
>
> [*CHV*, en *OC*, V, 446]

Durante la segunda mitad de 1926 Pablo arrienda con sus amigos Tomás Lago y Orlando Oyarzún Garcés una modesta habitación en calle García Reyes 25, Santiago. Aunque ninguno de los tres tiene trabajo estable (ni inestable), de un modo u otro logran pagar el alquiler mensual. Subsisten sin embargo los problemas del comer y del vestir, problemas de difícil solución según documentan las cartas del poeta a su hermana Laura, como éstas escritas entre el 8 y el 27 de octubre (en *OC*, V, 797-798):

> El precio mínimo de pensión son cien pesos. Dile a mi papá que me los envíe cuanto antes para ahorrarme pellejerías. Donde la Anita [Mason Candia] no comeré, no me agrada, me tienen mala ley porque se les antoja que hablé no sé qué cosas de la novia de Guillermo. A mí no me gusta la gente esa, prefiero comer aquí cerca donde la Sra. Petrona o en otra parte. De todas maneras haz que me manden telegráficamente la plata, porque estoy comiendo una sola vez al día.
>
> Mi querida conejita, necesito de toda ropa, especialmente camisas (n° 37) y calzoncillos de 87 cm de cintura. Pronto deberé hacer un viaje: si tú me buscaras unos calcetines y pañuelos!
>
> ....
>
> Te escribo para que arregles mi situación porque Jorge [Mason Candia] se va a Tomé con su familia el miércoles próximo y no tendré dónde comer. Por favor contéstame con rapidez que estoy muy pobre y no sé qué hacer.
>
> ....
>
> Jorge se fue hoy y desde ayer estoy sin pensión. Cómo arreglar esto? [Sólo en] último caso que sea donde la Anita, porque allí hay mucha gente y no me gusta. Pero, en fin. Sería mejor la casa de la Sra. Petrona, Bulnes 30, que tú conoces, la amiga de la Laurita Vega y donde está Fidias. En fin, lo que decidan comunícalo con rapidez porque estoy ya viejo para no comer todos los días.

El faciógrafo. Dos modelos diferentes. Colección Nurieldín Hermosilla.

No es temerario suponer que esta situación de miseria determina en alguna medida la sórdida atmósfera de "Débil del alba" y de otros poemas de *Residencia en la tierra* escritos en Santiago antes del viaje a Rangoon. ¿Cómo evitar la humillación de recurrir de nuevo al apoyo económico de su padre, que desde hacía ya varios meses ha dejado de enviarle dinero?

Es por entonces que Álvaro Hinojosa le mete en la cabeza el negocio de los *faciógrafos* que ha visto en Nueva York. Se trata de unas tarjetas —en este caso son diseñadas y hechas imprimir por nuestros dos amigos— que representan de perfil el rostro de variados personajes. La colección de Nurieldín Hermosilla conserva tres de esas tarjetas, diversas entre sí. Una trae un apache parisién. Pero el perfil mismo del apache no existe, no aparece dibujado sobre la tarjeta. En su lugar hay, fijada por los extremos, una fina y minúscula cadenita metálica capaz de componer mil cómicos perfiles para el apache con sólo seguir las instrucciones al pie de la tarjeta. Instrucciones en verso y rimadas, por supuesto: *Coloque la tarjeta bien horizontalmente, / menéela o golpéela usted ligeramente, / y lárguese a reír inconteniblemente.*

En vano Pablo y Álvaro fatigan calles, plazas, ferias, trenes, tranvías y restoranes tratando de vender su invención. El juguete es demasiado 'vanguardista' para los santiaguinos de entonces. De hecho, los resultados se revelan precarios en relación a tan desesperado esfuerzo —salvo en una ocasión, que Neruda mismo se divierte en recordar para mí—. Es una lejanísima aventura sepultada en algún rincón de su memoria. No sin emoción la desentierra al tener de nuevo en sus manos aquel olvidado testimonio de su juventud (el ejemplar que me había donado su hermana era, por entonces, el único ejemplar sobreviviente que se conocía). Pruebo a reproducir con sus palabras, aproximadamente, el relato que me hizo Neruda:

«Apremiado por la miseria, por la desesperante falta de dinero, un día se me ocurrió probar suerte con el flamante empresario de la primera cadena de cines que hubo en Santiago. Me recibió en su despacho.

'¿Qué se le ofrece, joven?', me preguntó al modo chileno desde su escritorio cuando me asomé.

Sin decirle palabra me acerqué a él y ante sus ojos puse en acción el faciógrafo según las instrucciones al pie. Después de haber seguido la operación con aire perplejo por un par de minutos, el empresario me interrogó con la mirada y con la voz:

'Bien, ¿y qué?'

Sin dejar de activar el faciógrafo respondí con tono que quería ser sugestivo:

'Lon Chaney. El hombre de las mil caras.'

[Nota hoy inevitable: Lon Chaney Sr. —decenios más tarde hubo un Lon Chaney Jr. con menos éxito— fue uno de los gigantes del cine mudo. Su especialidad era el 'transformismo'. Los personajes que interpretaba a menudo cambiaban de aspecto durante sus filmes. Las transformaciones terroríficas del Hombre-Lobo, o la del Dr. Jekyll en Mr. Hyde, provocaban asombro y estupefacción en el ingenuo público que llenaba los cines de entonces.]

El empresario captó al vuelo el mensaje y se entusiasmó con las perspectivas publicitarias del faciógrafo:

'¡Muy buena idea! ¡Deme doscientos!'.»

Hasta aquí la evocación. Prematuramente ufano del éxito de su operación comercial, Pablo escribe por esos días a Albertina: «Pienso también meterme en un negocio de cine» (!), para tener que admitir después, tras varios meses de infructuosas tentativas: «mi viaje se ha retrasado un poco porque estoy haciendo un negocio con esos monos de los que te mandé uno. [...] Hasta ahora el negocio no me ha producido sino molestias, y no tengo dinero, apenas para vivir» (carta a Laura del 09.03.1927).

Con Hinojosa trabaja también Neruda, por ese mismo tiempo, en la traducción de *The Nigger of the Narcissus*, de Joseph Conrad, no se sabe si por encargo o para proponerla a algún editor local. Tampoco alcanza buen éxito esta empresa de los dos amigos. Decididamente no están hechos para los negocios. Pero ése no será el último que Álvaro propone a Pablo, ni el último en que Pablo sigue a su amigo, siempre creyéndolo —contra toda evidencia— el «incomprendido rey de las finanzas» (así, con ironía retrospectiva, en sus memorias: *OC*, V, 446).

EL CUERVO DE LUTO

Hay algo denso, unido, sentado en el fondo,
repitiendo su número, su señal idéntica.
Cómo se nota que las piedras han tocado el tiempo,
en su fina materia hay olor a edad,
y el agua que trae el mar, de sal y sueño.

Me rodea una misma cosa, un solo movimiento:
el peso del mineral, la luz de la piel,
se pegan al sonido de la palabra noche:
la tinta del trigo, del marfil, del llanto,
las cosas de cuero, de madera, de lana,

> *envejecidas, desteñidas, uniformes,*
> *se unen en torno a mí como paredes.*
>
> ["Unidad", en *OC*, I, 261-262]

En los primeros poemas de *Residencia*, escritos por Neruda antes de dejar Chile en 1927, dos intenciones aparecen dominantes. Una es el asedio del poeta a lo Innominable, la múltiple tentativa de caracterizarlo como objetivo central del poetizar a través de la individuación de sus manifestaciones. La otra es el esfuerzo no menos insistente y reiterado hacia la autorrepresentación del personaje Pablo, en cuanto protagonista de un singular comportamiento en el mundo —determinado por su adhesión a lo Innominable— y en cuanto enunciador de la correspondiente nueva poética. Hemos visto cómo las dos intenciones se despliegan separadas, mediante discursos alternos, al interior de cada uno de estos poemas: "Galope muerto" y "Débil del alba". Ocurre lo mismo todavía en "Unidad", a cuya primera estrofa impersonal (versos 1-5) siguen otras dos con presencia explícita del Yo enunciador-protagonista, si bien en dosis diversas.

El poema retorna a la ambición radical de "Galope muerto", como queriendo completarlo o integrarlo. La estrofa inicial (citada *supra* en el epígrafe) agrega las dimensiones mineral (las piedras) y oceánica («el agua que trae el mar») a las entidades animales (buey, abejas, palomas) y sobre todo vegetales (ciruelas, árboles, lilas, zapallos) del poema inaugural, para afirmar la *unidad* sustancial de lo Innominable, según quiere el título de este poema.

«Frente a las zonas últimas de la realidad —comenta Jaime Concha—, el lenguaje del poeta adquiere una balbuceante certidumbre. Indica temblorosamente una provincia soterrada del ser, que contrasta con el acontecer y sus atributos definitorios. Lo que existe allí es *lo denso*, por oposición a *lo raro*. Raros son, por ejemplo, la ceniza y el polvo, elementos en que se hace sensible la disgregación de las cosas. Este *algo* subyacente posee, por el contrario, plenitud de consistencia. De ahí que sea también *lo unido*, en contraste con el espectáculo de las formas finitas desintegradas. Es, por último, *lo sentado en el fondo*. Con esto se significa la presencia inmóvil de lo que aquí se intuye [lo Innominable, en mi código – H.L.], frente al movimiento y al cambio que imperan en nuestro mundo cotidiano. Ese reino inmóvil se ubica *en el fondo*, es decir, en un plano inferior del espacio total, en que se concentran valores máximos de profundidad vertical. En una palabra, la intuición a la que asistimos es la intuición del Fundamento, o permanencia que funda la existencia» (1963: 11). [Si no leo mal, la noción de Fundamento propuesta por Concha, de filiación heideggeriana, coincide en parte con la figura de lo Innominable que interesa a mi discurso.]

Las otras dos estrofas del poema retoman el motivo del asedio, del «rodeo constante» ("Galope muerto"), pero reintroduciendo en modo explícito y prepotente la *centralidad* del Yo, en forma tal que las tentativas de representación de lo Innominable y las tentativas de autorrepresentación ya no proceden separadas sino en conexión, entrelazadas. Los elementos diversos y hasta opuestos, todo se unifica en torno al Yo: «una misma *cosa*, un solo *movimiento*», el mineral y la piel, la varia intensidad o fuerza («la tinta») del trigo, del marfil y del llanto, esas modulaciones de la materia en que lo orgánico y lo inorgánico se confunden, y además los objetos (de cuero, de madera, de lana) gastados por el uso humano, todo este «rodeo constante» aparece ahora girando alrededor del poeta. En la segunda estrofa los elementos asediadores ocupan casi todos los versos y también el primer plano del discurso respecto al Yo rodeado; la tercera estrofa privilegia en cambio la figura, la actividad y sobre todo la colocación espacial del protagonista:

> *Trabajo sordamente, girando sobre mí mismo,*
> *como el cuervo sobre la muerte, el cuervo de luto.*
> *Pienso, aislado en lo extenso de las estaciones,*
> *central, rodeado de geografía silenciosa [...].*

Estas dos coordenadas situacionales —la *centralidad* del Yo y la *horizontalidad* de su relación espacial con seres y cosas (los cuales lo asedian, lo rodean, «se unen en torno a mí como paredes»)— determinarán en medida muy importante la fisonomía estilística, lingüística y simbólica de la primera *Residencia* (verificable, por ejemplo, en el poema "Caballero solo" que escribirá en Ceylán), mientras en la segunda tenderá a dominar la *verticalidad* de la memoria, según veremos.

«MIS CRIATURAS NACEN DE UN LARGO RECHAZO»

> *un pájaro de rigor cuida mi cabeza:*
> *un ángel invariable vive en mi espada.*
> ["Sabor", en *OC*, I, 263]

A diferencia de los textos recién examinados, en los que veíamos una mezcla de las dos intenciones dominantes en este período, el poema "Sabor" es un extremo y unilateral ejercicio de autorrepresentación del Yo que, sin embargo, cobra sentido y legibilidad máximos sólo cuando lo relacionamos con la afirmación de lo Innominable. Comienza en efecto con una referencia semiirónica a la vieja propensión estelar del poeta, a sus «falsas astrologías», vale decir, al fallido delirio cósmico del Hondero pero también, en general, a la abundante presencia de astros, estrellas y 'astrales luminarias' en la poesía prerresidenciaria de Pablo. Al declarar que de esas «falsas astrologías» y de sus «costumbres un tanto lúgubres» (rasgos melancólicos o dolorosos de su escritura) ha conservado «una tendencia, un sabor solitario», el poeta está aludiendo a su porfiada proclividad a la trascendencia, a su dificultad para escribir «bailables o diversiones», a su propensión 'profética', pero sobre todo a la dura y fatigosa lealtad de su *engagement* o compromiso con lo Innominable (evidentemente, aquí Pablo lee desde su óptica actual toda su poesía anterior, en lo que no le falta razón).

Porque todo el texto es una especie de *memorial de servicios*, un autorretrato en clave de fidelidad y de obediencia a una causa, a un designio extrapersonal, a ALGO que —ya lo sabemos— nunca viene nombrado ni claramente individualizado. De comienzo a fin, estos versos varían el tema de la abnegada persistencia con que el Yo protagonista realiza su extraña y singular tarea, aunque no recaba de ella ni reconocimiento ni satisfacciones, ni siquiera la sensación de construir algo útil. Por el contrario, el poeta ve su propia escritura como un conjunto de «palabras ocupadas / en servir como esclavos de voluntad secundaria, / teniendo esa consistencia de la leche, de las semanas muertas, / del aire encadenado sobre las ciudades», donde la fórmula «esa consistencia de la leche» evoca esta otra: «los días blancos de espacio» con que el poema "Alianza (sonata)" aludía a la uniformidad letal.

> *Quién puede jactarse de paciencia más sólida?*
> *La cordura me envuelve de piel compacta*
> *de un color reunido como una culebra:*
> *mis criaturas nacen de un largo rechazo [...]*

A través del color mítico de «una culebra», o serpiente, nuestro poeta parece denunciar la *tentación* a aceptar los criterios de 'la norma', 'lo razonable', la cordura, en contraste con el desvarío de su 'sólida paciencia', de su fidelidad no correspondida: en efecto, concluye, «*mis criaturas nacen de un largo rechazo*». En particular a partir de este poema, el autorretrato del Yo incluirá —en la primera *Residencia*— una constante de porfía tan fervorosa cuanto malpagada, similar a la de un amante tan fiel cuanto tenazmente rechazado. Recuérdese a propósito la coetánea comparación autorreferencial, que incluye también la figura del rechazo: «la lluvia cae sobre mí, y se me parece, / *se me parece con su desvarío*, solitaria en el mundo muerto, / *rechazada al caer*, y sin forma obstinada» ("Débil del alba").

Si las primeras tres estrofas de "Sabor" configuran una especie de lamento o desahogo resignado, en las dos últimas el poeta recapitula y reafirma su servicio. «Vivo lleno de una sustancia de color común, silenciosa / como una vieja madre, una paciencia fija / como sombra de iglesia o reposo de huesos»: mi obsesión, parece decirnos el poeta, no es esotérica ni misteriosa, se refiere a algo elemental y simple, como la vida («una vieja madre») y la muerte («reposo de huesos»), y a la vez sagrado «como sombra de iglesia». Estoy cierto de que al enunciar «silenciosa como una vieja madre», asociándolo a «una sustancia de color común» (o sea, a la profunda sencillez de la vida), Pablo piensa en su madrastra doña Trinidad a quien siempre llama *la madre/mi madre* en sus escritos, con la misma imagen de fondo (infatigable y silenciosa en su humilde servicio hogareño) que desarrollará decenios más tarde en el poema "La mamadre" de *Memorial de Isla Negra* (1964), y conexa además, como en "Infancia y poesía" (1954), al templo circundado de lilas y al cementerio a los que ella lo llevaba cuando niño (de ahí la sucesiva asociación con «sombra de iglesia» y «reposo de huesos»). Lo mismo vale para la «paciencia fija», puesto que el texto la enuncia como equivalente a la «sustancia de color común» (y como afín a la 'sólida paciencia' de algunos versos más arriba).

«*Voy lleno de esas aguas dispuestas profundamente*»: 'lleno de esa tenaz linfa de entresueños y de oscuras intuiciones-percepciones que me nutren, que me pertenecen y que definen la orientación descifratoria de mi poesía'. El agua (profunda) será en *Residencia* uno de los núcleos o materiales simbólicos del subconsciente, de la vida íntima del Yo; así en «y [tengo] un latido delgado, de agua y tenacidad» ("Diurno doliente"), en «para cada agua invisible que bebo soñolientamente» ("Arte poética"), en «su agua funeral / aún vacila» ("Sonata y destrucciones"). En este poema, entonces, la *sustancia de color común* y la *paciencia fija* tienen la consistencia líquida del agua profunda.

> *En mi interior de guitarra hay un aire viejo,*
> *seco y sonoro, permanecido, inmóvil,*
> *como una nutrición fiel, como humo:*
> *un elemento en descanso, un aceite vivo:*
> *un pájaro de rigor cuida mi cabeza:*
> *un ángel invariable vive en mi espada.*

Notemos que *lo seco y sonoro* del «aire viejo» (conexo a «mi interior de guitarra», esto es, a 'mi vocación al canto' y a su forma) se sitúa en oposición complementaria a *lo líquido-silencioso-profundo* de «esas aguas» (la substancia, la materia del canto). Con la figura del *aire viejo* Pablo alude otra vez a cómo su nueva poética hunde sus raíces en la fidelidad a antiguos propósitos. Al cierre del poema, los módulos «*pájaro de rigor*» y «*ángel invariable*» proponen figuras simbólicas complementarias, vinculadas a las categorías (presentes o implícitas) que más interesan al texto: 'atención', 'profundidad' y 'seriedad' por un lado, 'paciencia' y 'tenacidad' por otro. También la pareja *cabeza-espada*, cuyos términos apuntan respectivamente a la poesía como idea, visión o sueños (en poemas anteriores leíamos «hasta mi frente» y «pienso», en relación con *mi cabeza*) y a la poesía como arma o instrumento de acción (recuérdense los versos «... para mí que entro cantando / como con una *espada* entre indefensos», de "Galope muerto").

La reafirmación dolorosa —sin ilusiones— de un servicio incomprensible, bizarro, y además no correspondido o impotente («servir como esclavos de voluntad secundaria»), es en este período la estrategia *defensiva* que arquitecta Pablo para confrontarse con la realidad, con el Día, a un nivel de eficacia satisfactoria, o al menos suficiente, y sin los riesgos de definir o fundar (ni tanto menos nombrar) lo reafirmado, precisamente porque incomprensible. En otras palabras, es una estrategia de autolimitación para el mejor ejercicio posible de una poesía positiva, sustancialmente afirmativa a pesar de las apariencias: una poesía que «procede, como casi toda mi poesía, de la oscuridad del ser que va paso a paso encontrando obstáculos para elaborar con ellos su camino» (Neruda 1964, en *OC*, IV, 1205).

GARCÍA REYES 25, SANTIAGO

> *Otras gentes se acostaron entre las páginas durmiendo*
> *como insectos elzevirianos, entre ellos*
> *se han disputados ciertos libros recién impresos*
> *como en el football, dándose goles de sabiduría.*
> *Nosotros cantamos entonces en la primavera,*
> *junto a los ríos que arrastran piedras de los Andes,*
> *y estábamos trenzados con nuestras mujeres sorbiendo*

más de un panal, devorando hasta el azufre del mundo.
No sólo eso, sino mucho más: compartimos
la vida con humildes amigos que amamos,
y que nos enseñaron con las flechas del vino
el alfabeto honrado de la arena, el reposo
de los que han conseguido en la dureza
salir cantando. [...]

["Tomás Lago" de *CGN*, VII, xiv, en *OC*, I, 655]

Nunca [Pablo] ha hecho distinciones
en la manera de comportarse:
es íntegro siempre, actúa como piensa,
siente como escribe...

[Lago 1945]

Laura Arrué

«Las residencias de Pablo en Santiago hasta el año 27 fueron muy humildes, al menos [aquellas] de las que tengo referencias: en las calles Echaurren-Amunátegui, Manuel Rodríguez (la mejor), García Reyes 25; ésta fue la última antes de partir como cónsul honorario a la India [en verdad: como cónsul de elección a Rangoon]. Los dueños de casa eran un matrimonio humilde y bondadoso. En el primer piso tenían una cafetería y verdulería, por una angosta escalera de madera se subía al segundo piso. Pablo me hablaba siempre de este matrimonio. La señora Edelmira le servía abundantes platos de comida o café con sopaipillas cuando el poeta bajaba en las tardes desde su dormitorio. Compañeros de pieza, en esta casa, fueron Tomás Lago y Orlando Oyarzún. Orlando, según él mismo recordaba, dormía sobre diarios en el suelo, Tomás y Pablo lo hacían en un somier con patas, uno para la cabecera, el otro para los pies. En esta pieza colgaba el viejo paraguas donde Pablo guardaba sus poemas y cartas.

Habitación a la calle, con dos grandes ventanas hasta el piso. En una repisa que formaba un hueco en el muro lateral a la cama, el poeta colocaba sus libros y, al centro, una botella de color azul intenso, su color preferido en esos años. Una mesa redonda y sillas de alto respaldo, de color negro, completaban el amoblado del poeta. Estos últimos diseñados y obsequiados por Paschín. Al término de la escalera, a un costado, estaba ubicado el dormitorio de don Amador y la señora Edelmira. Una vez que Neruda se fue a la India [nombre genérico con que los amigos se referían al Oriente en que vivió Pablo entre 1927 y 1932], Tomás y Orlando pasaron a ser huéspedes de Paschín.»

— *Arrué, 60-61*

Diego Muñoz

«Un día Pablo me preguntó:
—Aparte los cuentos que te han publicado en *El Mercurio*, ¿no estás escribiendo algo más?

—Sí —le respondí—. Una novela.
—¿Qué título?
—*De repente*.
—¿Puedes llevármela un día? [...]

A los pocos días fui a visitar a Pablo con mi pequeño mamotreto. Cuando iba entrando [a García Reyes 25] vi que *ella* venía saliendo. Ya no era tiempo para simular que no la había visto, de manera que la saludé, preguntándole luego:

—¿Está solo?
—Sí.

Era una de sus musas. Entré, pues. Tomás y Oyarzún, que vivían con él, no estaban.

—Sí —me explicó Pablo—. Les pedí que me dejaran solo hoy porque tendría visita... ¿trajiste el libro?
—Aquí está —le respondí.
—Déjamelo aquí —señaló el velador—. ¿De qué trata?
—Ya lo verás.
—Y el título ¿por qué?
—Pues... porque todo ocurre aquí de ese modo: *de repente*.

Pablo rió. Una hora más tarde golpearon a la puerta muy levemente.

—Abre, por favor —me pidió Pablo.

Era otra dama. Una jovencita estupenda.

—No tengas cuidado —le advirtió Pablo—, es mi amigo Diego. Entra. No tengas ninguna desconfianza.

—Bien, Pablo —dije a mi vez—, ya estamos de acuerdo, ¿verdad? Entonces, nos veremos.

—Sí. Mañana —y siguió hablando—. Mi amor... Acércate... Acércate.

Cerré la puerta dejando detrás de mí un amor tan ardiente como efímero. Así pude constatarlo poco después.

[...]

Tuve que copiar de nuevo el libro, sacarlo en limpio, y lo llevé no sólo a Nascimento, también a otras editoriales. Pero en ninguna se interesaron por ese libro.

Un par de años después, entre mis cosas que llevé conmigo a Guayaquil estaba *De repente*. Y mucho después, ya de nuevo en Chile en 1933, luego que Ángel Cruchaga conoció mi intención de destruir los originales, los tomó en sus manos defendiéndolos:

—Diego, yo le haré un prólogo y lo llevaré a Zig-Zag. Déjalo de mi cuenta.

Y se publicó mi novela. Pablo ya estaba en Buenos Aires.»

— *Muñoz 1999: 100-101*

Tomás Lago – 1

«Nació en Chillán en 1903. Allí cursó sus estudios primarios y de humanidades en el liceo fiscal. La revista *Ratos Ilustrados*, que se publicaba en ese establecimiento y en la que colaboraban estudiantes del Maule al sur, permitió que

Lago y Neruda se conocieran y establecieran una amistad entrañable. Terminado el colegio, Lago se trasladó a Santiago para estudiar leyes, pero abandonó los estudios en segundo año, para dedicarse a la literatura y al periodismo. En 1926 publicó conjuntamente con Pablo Neruda el libro *Anillos*.»

— de la *"Nota bibliográfica", en Lago 1999: 11*

«A caballo en Solveigs Lied, corazón tatuado a correazos con perfumes y ausencias, ahí está con la mano, apretando abalorios, tristemente, extendiendo lazos de infinitos, corre a cazar los pájaros que el alba despierta, o despegando sangrientos caracoles de la pared de la noche los atrae al oído y aturden sus altos ecos y tiene el corazón cruzado con un velamen de partida y un ancla de fondeo, el que es mi camarada, grandote, con su sonrisa ancha de compañero querido, lo veo afirmado en un mástil, escribiendo en el suelo sus números de nostalgia, largamente triste, mi amigo con la botella negra y el cuchillo y la soledad que él necesita para sus redes profundas. Amanece de pronto, él está ahí a mi lado, a mi lado está, va cantando a mi lado los resonantes estribillos o las copas vacías le cortan el semblante...»

— Neruda, *"T.L." de* Anillos, *1926, en* OC, I, *249*

Tomás Lago – 2

«Nunca [Pablo] ha hecho distinciones en la manera de comportarse: es íntegro siempre, actúa como piensa, siente como escribe: muestra una cohesión tan estrecha de sus facultades y sentimientos que llega a desdeñar todo análisis... Recuerdo al respecto que en 1938 se negó terminantemente a explicar aquel verso de "Farewell" que dice: *estoy triste, pero siempre estoy triste*, para resolver una discusión literaria entre un poeta de la época y una señorita de Chillán. Dijo exactamente que no tenía qué decir, que lo tomaran como quisieran: los versos estaban allí.

A mi modo de ver esto significaba —sin embargo— que él mismo no lo sabía, que nunca había pensado en ello, y que además se negaba a hacerlo porque la poesía no se piensa, sino que se la disfruta como un hecho, se la siente, lo cual no entraña de ningún modo que propiciara una poesía vocacional, sin sabiduría. Pocos escritores he conocido con un conocimiento más cabal de las preceptivas y al mismo tiempo una mayor experiencia poética: no ignora nada.

Solamente que, como siempre, incorpora todos los recursos de su oficio a su ser íntimo hasta convertirlos en mecanismos funcionales que obedecen igualmente y al mismo tiempo a las facultades intelectivas y a la intuición. Esto es evidente al extremo de que me explico así en gran parte la fuerza musical de la poesía nerudiana, por la costumbre inveterada que tenía [cuando] joven de recitar con voz sentenciosa, gravemente emocional, versos de su preferencia —suyos o ajenos— mientras cumplía cualquier menester de la vida privada, arreglaba libros o se afeitaba la barba. La cláusula nerudiana es completa en el sentido de que no se corta en el aire, rodando va encadenada a sí misma dando vueltas hasta que cae completamente el sentido y la sonoridad de la frase. Está condicionada pues, perfectamente, a pausas de respiración, de su respiración.»

— *Lago 1945*

Orlando Oyarzún Garcés

«Con Orlando Oyarzún y su mujer, Lolita Pineda, nos unió una gran amistad. Orlando era muy generoso, alegre y leal amigo de sus amigos. Su casa era la nuestra y la nuestra la de ellos. Siempre estaba invitándonos. Era el 'animador oficial' de todas las reuniones nerudianas y también de las fiestas de sus otros amigos. Casi siempre era el responsable de la preparación de los asados.»

— *Arrué, 84*

«Algún tiempo después, cuando Pablo regresó de Chiloé, nos juntamos tres amigos de escasas entradas y decidimos arrendar en conjunto una habitación. Encontramos una en calle García Reyes 25, cerca de la Alameda, en el segundo piso del puesto de frutas de doña Edelmira, y allí nos instalamos por varios meses Pablo, Tomás Lago y yo. Los amigos nos visitaban. Esto era en 1926. Álvaro Hinojosa era uno de nuestros huéspedes cotidianos. Él y Pablo trabajaron un tiempo en la traducción de *El negro del Narcissus* de Conrad, pero el asunto no prosperó. En esa misma pieza de García Reyes 25 yo vi cómo Pablo y Tomás planearon y dieron forma al libro *Anillos*.

Nuestra situación económica empeoraba. Recuerdo una madrugada, tal vez a comienzos de 1927, en que caminábamos silenciosos de regreso a nuestro hogar, por calle Agustinas. Nos entristecía nuestra pobreza. De pronto Pablo se detuvo y, en el silencio de la noche y en la soledad de la calle, comenzó a voz en cuello una exaltada imprecación contra la mala suerte. Tomás Lago hizo coro, también en alta voz. A mí me correspondió animarlos: 'Muchachos —les dije—, no se preocupen. Esto va a cambiar. Tengo el pálpito de que esto no puede durar mucho más.'

Y así fue, en efecto. Poco después Pablo obtenía un puesto consular en Birmania; más tarde, Tomás Lago se hizo cargo de la dirección de la *Revista de Educación*, que en sus manos vivió su mejor época; y yo, finalmente, inicié después mi carrera de publicista.»

— *Oyarzún Garcés 1964: 239-240*

"CABALLO DE LOS SUEÑOS" (I): ENTRE LA LIBERTAD Y LA NORMA

Mi querida hermanita: Has de saber que he sido nombrado cónsul de Chile en Rangoon (India) y que me voy el 8 de este mes. Saluda a mi madre y a mi padre de quienes siento no poder ir a despedirme antes de un viaje tan largo. Dile a mi mamá que me haga algo de ropa interior que casi

> no tengo, y camisas, todo de ropa muy delgada
> pues allí hace un calor insoportable todo el
> tiempo.
>
> [carta a Laura del 31.05.1927, en *OC*, V, 802]

> *Vago de un punto a otro, absorbo ilusiones,*
> *converso con los sastres en sus nidos*
>
> ["Caballo de los sueños" en *OC*, I, 259]

En abril 1927 Pablo obtiene por fin el nombramiento que el jefe del Departamento Consular le viene prometiendo desde hace meses, sin resultados concretos hasta el encuentro casual con Manuel Bianchi, amigo del poeta y del ministro Conrado Ríos Gallardo, quien resuelve la situación con un decreto inmediato. En un abrir y cerrar de ojos Pablo viene nombrado cónsul de elección en Rangoon, Birmania. El curso anecdótico del azaroso episodio, incluyendo la elección misma del lugar de destino en correspondencia con un hoyo en el mapamundi, es bien conocido (*OC*, V, 466-468), pero no la dimensión subjetiva, vale decir, la íntima reacción del poeta. Porque mientras el cargo consular fue una posibilidad en el horizonte, Pablo lo deseó y persiguió con fuerza como vía de salvación. Pero ahora que el sueño del viaje está por realizarse, un conflicto muy personal se hace presente: ¿puede un anarquista permitirse el ingreso en la burocracia de Estado? Sólo pocos meses antes ha publicado una neta y notoria declaración: «Como ciudadano soy hombre tranquilo, enemigo de leyes, gobiernos e instituciones establecidas». Es una frase del prólogo a *El habitante y su esperanza*. Pablo siempre fue —o intentó ser— un intelectual honesto y coherente, un hombre leal a sus propias posiciones: «es íntegro siempre, actúa como piensa, siente como escribe» (Lago 1945). Por lo cual el problema es serio de verdad.

Tan serio que merece la escritura del poema "Caballo de los sueños". Si bien surge de la coyuntura biográfica del nombramiento consular, el texto se eleva a imagen poética de un conflicto permanente que reaparecerá, bajo formas diversas, en sucesivos momentos de *Residencia* y en toda la obra de Neruda: es la oposición entre la *libertad* y la *norma*. No se trata aquí, sin embargo, de una variación más sobre el trajinado contrapunto romántico *norma/libertad*, esto es, sobre el tema de la constricción social o institucional que pesa sobre el individuo. La novedad del enfoque consiste en mostrar cómo *ambos* polos u opciones del conflicto, la libertad y la norma, atraen al Yo protagonista con seducción simultánea.

En la base del poema hay una tensión contradictoria que busca resolución en la íntima sinceridad de ese Yo, y cuyos términos son: por un lado, el impulso a reafirmar una vocación de *libertad* ligada a la Noche en cuanto espacio de los sueños, de las pasiones, de la embriaguez, de las ilusiones anticonformistas y utópicas, de la sensualidad y del sexo (vivir la propia dimensión *naturaleza*), de la acción incisiva sobre el mundo, en suma, de las ambiciones poéticas y proféticas del Yo; por otro lado, la tentación e incluso la propensión a aceptar la *norma* social, las convenciones, la prosa no siempre repugnante de lo cotidiano, el código común del comportamiento civil, las formas de la moda, los ritos mundanos de la tribu, en suma, la vía realista al bienestar personal, a una pacífica relación con el prójimo, a la seguridad, al razonable disfrute de la existencia. Al respecto, cito a una amiga que conoció bien al poeta, Aída Figueroa: «Pablo [era] un hombre tan curioso. [Era] *lo más chileno medio que hay*. Era respetuoso de la gente, de lo que se debe hacer, las buenas costumbres, las normas, la convivencia arreglada [con las mujeres]» (en *La Segunda*, Santiago, 07.11.2003).

Esta tensión irresuelta estructura el poema en espacios alternos y separados, sin conexión sintáctica entre ellos. Las estrofas 1, 2 y 4 (versos 1-8 y 15-25) se mueven en el espacio de la *norma*, las estrofas 3 y 5 (versos 9-14 y 26-34) en el espacio de la *libertad*. El título del poema privilegia la opción *libertad*, pero sin negar la opción contradictoria (la alternancia yuxtapone, no compara). Los dos versos finales cierran el texto con la aspiración a una improbable convergencia resolutiva.

> *Innecesario, viéndome en los espejos,*
> *con un gusto a semanas, a biógrafos, a papeles,*
> *arrranco de mi corazón al capitán del infierno,*
> *establezco cláusulas indefinidamente tristes.*
>
> *Vago de un punto a otro, absorbo ilusiones,*
> *converso con los sastres en sus nidos:*
> *ellos, a menudo, con voz fatal y fría,*
> *cantan y hacen huir los maleficios.*

Primera incursión en el espacio de la norma, estos versos sugieren al comienzo un insostenible estado de frustración y vacío, un desarrollo reiterativo conexo a documentos (papeles) y a pasatiempos (*biógrafos* = cines, en el lenguaje coloquial chileno de entonces) que no es posible seguir soportando. La fórmula «capitán del infierno» alude al demonio interior de la poesía, de los sueños, del quehacer 'profético', que conlleva dolor, riesgo, inseguridad, y que el Sujeto está expulsando de su corazón al precio de la tristeza. El deambular de la segunda estrofa (que anticipa en varios años el vagar aún más desolado de "Walking around") desemboca en un melancólico exorcismo.

Esta sección inicial del poema ilustra ejemplarmente algunos aspectos claves de la 'técnica' elaborativa que Pablo ha empezado a desarrollar desde "Galope muerto". Lo más notable es el uso, tan arbitrario y críptico cuanto eficaz, de ciertos datos de su biografía privada para configurar el temple de ánimo del Yo y sus metamorfosis, mezclando esos datos realistas a peripecias de simbólica fantasía. La elección de la figura de los sastres, por ejemplo, tiene que ver con una central preocupación de Pablo en ese período: el vestuario del inminente viajero. El 09.03.1927 escribe a su hermana Laura:

> No, qué voy a hacer a Temuco? Para tener asuntos con mi padre prefiero estar tranquilo aquí. Me interesaría estar con la Amalia, y en el campo, unos días, antes de irme. Pero cómo? [...]
> Ahora pon atención en lo que voy a decirte. Vé donde Rudecindo [Ortega Masson] y dile que escriba una carta al sastre Cardone, con quien hablé, para que me haga un traje que pagaré a plazos, porque al contado no puedo pagarlo. Si él no está en Temuco escríbele con buena voluntad y te ruego que me pongas un telegrama si él accede. Mi ropa está imposible y ya no puedo andar con ella. Si algo impidiera esto, que es muy fácil porque antes de irme recibiré $1.500, bus-

ca tú otra combinación. Sobre todo contéstame y sé buena y si lo haces te haré un regalo muy lindo. *Pablo.*

— *OC, V, 801*

Algunas semanas más tarde, el 26 de marzo, otra carta sobre el mismo asunto (*ibíd.*):

> Querida conejita,
> Oye, mil gracias por haberme conseguido la tarjeta de Ortega, pero le escribí a éste a Carrión 2005. Resulta que los muy imbéciles sastres necesitan una carta que garantice efectivamente el pago. Si Rudecindo está allí haz tú que escriba y me mandas eso con mucho apuro. Si yo no tuviera la absoluta seguridad de pagar no le pediría nada, pero no puedo pagar tanto dinero de un golpe.
> Creo que la necesidad en que estoy te impulsará a hacer cuanto antes lo que te confío.
> *Tu hermano.*

Lo notable es la desenvoltura y la segura maestría con que Pablo hace de necesidad, poesía. Vale decir, cómo el personaje de un banal episodio biográfico (el sastre Cardone = *los sastres,* de nuevo el plural por el singular) deviene en este poema la figura central de una singular e importante alegoría. Y cómo, dentro de ella, el canto-exorcismo de *los sastres* (que «a menudo, con voz fatal y fría, / cantan y hacen huir los maleficios») es la imagen-proyección de la entrega del deseado traje nuevo. Lo exorcizado («los maleficios») sería la situación de extrema miseria y desaliento que atravesaba Pablo.

La índole contextual y concreta del simbolismo residenciario tiene en "Caballo de los sueños" un fuerte momento inaugural. Así, más adelante, siempre en el espacio de la norma, el verso «Paso entre documentos disfrutados, entre orígenes» (estrofa 4) estaría aludiendo a las operaciones burocráticas (los «papeles» del verso 2) que el nombramiento consular y el viaje requieren, entre los cuales sin duda certificados de nacimiento, de familia, de estudios en Temuco (de ahí «orígenes»), documentos que quizás el poeta 'disfruta' como testimonios o evocaciones de su pasado personal. El término *orígenes* convocará al mundo de la infancia también en poemas futuros como "Sistema sombrío" (verso 5) y "Agua sexual" (verso 34). En el párrafo inicial de su carta a Laura del 09.03.1927, Pablo comunicaba: «Creo que me iré pronto. Ya tengo todos mis *papeles* listos» (*OC,* V, 799).

"CABALLO DE LOS SUEÑOS" (II): QUÉ DÍA HA SOBREVENIDO!

> *Aujourd'hui l'espace est splendide!*
> *Sans mors, sans éperons, sans bride,*
> *partons à cheval sur le vin*
> *pour un ciel féerique et divin!*
> . . . .
> *nous fuirons sans repos ni trêves*
> *vers le paradis de mes rêves!*
>
> [Baudelaire, *Les Fleurs du Mal*, "Le Vin des Amants"]

> *amo la miel gastada del respeto,*
> *el dulce catecismo entre cuyas hojas*
> *duermen violetas envejecidas, desvanecidas,*
> *y las escobas, conmovedoras de auxilio,*
> *en su apariencia hay, sin duda, pesadumbre y certeza.*
> *Yo destruyo la rosa que silba y la ansiedad raptora:*
> *yo rompo extremos queridos: y aún más,*
> *aguardo el tiempo uniforme, sin medida:*
> *un sabor que tengo en el alma me deprime.*
>
> ["Caballo de los sueños", en *OC*, I, 260]

Detengámonos en esta estrofa de Pablo que estoy citando en epígrafe. La evidente rendición a la *norma* aparece ennoblecida (o justificada) con una declaración de amor a ciertos objetos (miel, catecismo, violetas, escobas) que a mi entender remiten, como veíamos arriba en ciertos versos de "Sabor", a experiencias o a imágenes hogareñas de infancia, conexas a la figura materna y protectora de doña Trinidad. En el trasfondo, otra vez, la noción de nutricia y necesaria sencillez que la *mamadre* encarna, que la existencia ordinaria incluye y de la cual no podemos prescindir. Sano realismo, digámoslo así, que comporta certeza pero también pesadumbre. Por lo cual «Yo destruyo la rosa que silba y la ansiedad raptora» (*la rosa que silba* = la libertad, los sueños, la poesía que me reclaman con silbidos de seducción) es una declaración afín o equivalente a la anterior «arranco de mi corazón al capitán del infierno». Por lo cual, también, la fórmula «yo rompo extremos queridos» («rompo los extremos de mí mismo, me marco límites», según P.N. en Alonso, 197) confirma que en la base de la concepción de este poema hay una contradicción que busca salida, un conflicto que prospecta al Yo un futuro hecho de «tiempo uniforme, sin medida».

La inevitable aceptación de la norma implica entonces un alto y doloroso precio: «un sabor que tengo en el alma me deprime». El término *sabor* tiene en los primeros poemas de *Residencia* un particular significado de vitalidad y energía positiva, advertible en "Débil del alba" («Yo lloro... entre el sabor creciente») y obviamente en "Sabor" («he conservado... un sabor solitario»). Así, en el citado verso de "Caballo de los sueños" ese *sabor que tengo en el alma* alude a la cuota de libertad (o de dimensión poética y 'profética') a la que Pablo, por razones de realidad y por exigencias del sobrevivir, está renunciando.

O a la que *cree* estar renunciando. Porque vaya uno a saber qué ingenuas ilusiones se hace Pablo acerca de su inminente destino consular. Sus lecturas y la imagen que del Oriente le transmiten el cine, las novelas de Salgari y las revistas de entretenimiento (tipo *Corre-Vuela*, *El Peneca* y *Don Fausto*) seguramente estimulan su fantasía. El resto lo habla Álvaro Hinojosa. Escrúpulos anarquistas y libertarios disputan el alma del poeta al atractivo del empleo público que puede darle un poco de independencia y de estabilidad económicas. Y por otro lado la conciencia del deber 'profético', enraizado en el espacio Noche-Sur, lo alerta contra la seducción de la experiencia exótica (como la de un europeo entre nativos) que presumiblemente le deparará la vida diplomática en aquella colonia británica que ha elegido. Mal podía Pablo imaginar lo que realmente lo esperaba en Oriente. Dos años después en Wellawatta, solo, aburrido y pobre como en Santiago, o casi, alguna vez habrá sonreído el poeta al recordar aquellos escrúpulos a los que "Caballo de los sueños" dio forma poética.

> *Hay un país extenso en el cielo*
> *con las supersticiosas alfombras del arco-iris*
> *y con vegetaciones vesperales:*
> *hacia allí me dirijo, no sin cierta fatiga,*
> *pisando una tierra removida de sepulcros un tanto frescos,*
> *yo sueño entre esas plantas de legumbre confusa.*

Esta primera incursión en el espacio de la *libertad* propone un territorio de fábula o sueños (situado en el cielo), caracterizado por elementos culturales (alfombras) y naturales (vegetaciones) de índole extraña, exótica y además antigua (las vegetaciones son vesperales, tardías). Orientarse en esa dirección no le es fácil, declara el sujeto. Los dos últimos versos son de problemática lectura. El primero, «pisando una tierra removida de sepulcros un tanto frescos», podría significar que el desplazamiento hacia aquel «país extenso en el cielo» supone dejar atrás (pisándola, caminándole encima para abandonarla y alejarse de ella) otra región ya explorada o sembrada de sueños, vale decir la Frontera, donde efectivamente los «*cementerios eran frescos*», según escribirá el poeta decenios más tarde (en "Infancia y poesía", *OC*, IV, 921).

El segundo verso se referiría en cambio al espacio *soñado* por alcanzar, a esas «vegetaciones vesperales» que el poeta conoce sólo vagamente, a través de lecturas, con legumbres que por lo tanto le llegan como algo ajeno y 'confuso' (otras percepciones de 'lo confuso' en "Galope muerto", "Débil del alba", "Unidad"). Recuérdese además que hacia 1926-1927 el enigma visceral de la vida asume en la fantasía simbólica de Pablo imágenes recurrentes de procesos orgánicos (germinación, maduración, descomposición) en frutas, flores y legumbres. Así las naranjas, violetas y coles del último capítulo de *El habitante y su esperanza* («todo era color de naranja, todo era como una sola fruta, cuya luz misteriosa no podía madurar... todo el año los árboles de las violetas están creciendo y se hunden bajo mis pies como coles», etcétera), así las ciruelas y los grandes zapallos de "Galope muerto".

> *Qué día ha sobrevenido! Qué espesa luz de leche,*
> *compacta, digital, me favorece!*
> *He oído relinchar su rojo caballo*
> *desnudo, sin herraduras y radiante.*
> *Atravieso con él sobre las iglesias,*
> *galopo los cuarteles desiertos de soldados*
> *y un ejército impuro me persigue.*
> *Sus ojos de eucaliptus roban sombra,*
> *su cuerpo de campana galopa y golpea.*

El espacio de la libertad se configura aquí como un *día especial*, quizás el día del nombramiento consular, en contrapunto a la sucesión repetitiva de los días ordinarios, o «cláusulas indefinidamente tristes», que dominan el espacio de la norma. Aquí domina en cambio la figura del caballo. Y ya hemos visto la conexión simbólica que Pablo ha establecido entre el caballo y la libertad. Aquí el caballo es rojo, de intensa vida física y sustancial («como grandes bueyes rojos» dirá con sentido similar el poema "Sistema sombrío"). El texto ha desembocado en la euforia, algo que no será frecuente en *Residencia*. La embriaguez de libertad sugerida por el relincho del caballo «desnudo, sin herraduras y radiante» convoca, por asociación, ciertos versos (que Pablo conocía bien) de un Baudelaire no menos entusiasta: «Aujourd'hui l'espace est splendide! / Sans mors, sans éperons, sans bride, / partons à cheval sur le vin / pour un ciel féerique et divin! /.../ Nous fuirons sans repos ni trêves / vers le paradis de mes rêves!» (*Les Fleurs du Mal*, "Le Vin des Amants").

El poema parece sugerir con esta alegoría la íntima resolución del conflicto entre la aceptación de la norma y el ejercicio de la libertad. El destino consular no impedirá al poeta el desarrollo de su misión 'profética', por el contrario la favorecerá. Notar que los verbos de desplazamiento (atravieso, galopo) conllevan aquí rumbo determinado, sentido o propósito definido, como antes el módulo «hacia allí me dirijo», en oposición al impreciso deambular de los verbos «paso» y «vago de un punto a otro» en el espacio de la norma, cuyos lugares arquetípicos (iglesias, cuarteles) el jinete profana con su rojo caballo. Leo en clave afín el verso «y un ejército impuro me persigue», que supone la rehabilitación y triunfo finales del *capitán del infierno*, a quien siguen ahora los soldados que han desertado los cuarteles para devenir compañeros de embriaguez y nocturnidad, de libertad y poesía.

Al cierre de la estrofa hay dos versos sobre atributos del caballo. El primero: «Sus ojos de eucaliptus roban sombra», traen la misma curiosa asociación entre *eucaliptus* y *robar* que ocurría ya en *Tentativa del hombre infinito*: «pongo el oído y el tiempo como un eucaliptus /.../ en el que estuviera silbando un ladrón» (poema 11). Me escapa el significado de esta singular combinación simbólica. El contexto que la explicaría remite sin duda a alguna experiencia personal no revelada por el poeta y que yo desconozco. En todo caso, Jaime Concha incluye en su libro de 1972 (277-279) una breve e interesante digresión sobre la presencia del eucaliptus en la obra de Neruda.

En relación con el segundo verso: «su cuerpo de campana galopa y golpea», y aparte el recurso simbólico a la *campana,* Amado Alonso llama la atención sobre el muy nerudiano «procedimiento rítmico de la variación o de la repetición con variantes» (1951: 104), señalando en *Residencia* un abundante número de combinaciones en línea con *galopa-golpea* (como dique-buque, pálido-palio, cruzan-crujen, paloma-amapola, sombras-sombreros, solamente-lamento, lamentos-alimentos, y otras que aparecerán en sucesivos poemas del libro).

CHILE 1927

La familia Bianchi de Chile es un noble clan.
Pintores y músicos populares, juristas y escritores,
exploradores y andinistas, dan un tono de
inquietud y de rápido entendimiento a todos los
Bianchi. Mi amigo, que había sido embajador y

> conocía los secretos ministeriales, me preguntó:
> —No sale aún tu nombramiento?
> —Lo tendré de un momento a otro, según me lo asegura un alto protector de las artes que trabaja en el ministerio. Se sonrió y me dijo:
> —Vamos a ver al ministro.
>
> [*CHV*, en *OC*, V, 467]

El dictador Ibáñez del Campo

«El nuevo año 1927 es decisivo en la biografía de Neruda, y también en la historia de Chile. En febrero, el general Ibáñez, entonces ministro del Interior, vicepresidente de la República y *hombre fuerte del gobierno*, desata una ola de persecución y represión contra toda institución o partido que esté en su contra. Ésta alcanza desde organizaciones obreras hasta los partidos históricos chilenos. Son detenidos muchos de sus líderes. Parte de los detenidos son relegados a la isla Más Afuera, donde deben cumplir trabajos forzados. Otros son obligados a exiliarse en países vecinos. Una discordancia entre los miembros del Gabinete sobre las funciones del Poder Judicial, y la nueva crisis política es utilizada por Ibáñez para imponerse y obligar al Presidente Emiliano Figueroa, el 4 de mayo de 1927, a renunciar a su cargo. Ibáñez asume como Presidente interino. Pocos días antes había fundado *Carabineros de Chile* con Decreto n° 2.484 del 27 de abril [siguiendo el modelo italiano de los *Carabinieri*]. Ibáñez convoca a elecciones presidenciales para el 22 de mayo. Ningún partido presenta un candidato propio, salvo el pequeño Partido Comunista. Éste presenta la candidatura del secretario general ejecutivo de la Federación Obrera de Chile (FOCH) y miembro de Partido Comunista, Elías Lafertte Gaviño, quien se encontraba relegado a la isla de Más Afuera. Carlos Ibáñez del Campo es elegido por gran mayoría.

Nace una dictadura populista [...]. Comienza también una nueva época en el desarrollo del país con la construcción de carreteras y edificios públicos. Se toman resoluciones que cambiarán la vida de todos los ciudadanos del país. Una de las más importantes para Neruda es la del 17 de julio de 1927 cuando Chile adopta oficialmente la ortografía de la Real Academia Española [abandonando la de Andrés Bello, hasta entonces vigente]. Se fija además la hora oficial del país en un decreto firmado por todos los ministros bajo el mando de Carlos Ibáñez del Campo.»

— *Schidlowsky, 110-111*

«Para llevar al país a la órbita del imperialismo norteamericano, Ibáñez se vio obligado a colocarse contra el sector de la burguesía nacional que era partidario del entendimiento con el imperialismo inglés y que había servido sus intereses. De este modo, el gobierno de Ibáñez tomó una serie de medidas contra los Alessandri, los Edwards y otros políticos burgueses probritánicos. Desterró a algunos de ellos, disolvió el Parlamento y creó un Congreso *ad hoc*, cuyos componentes fueron elegidos por el propio Presidente de la República en las Termas de Chillán. Por eso dicho Congreso, del cual también fue miembro Gabriel González Videla, se ha dado en llamar *Congreso Termal*.

Pero la represión de la dictadura de Ibáñez se descargó especialmente contra el proletariado y el Partido Comunista. La razón era muy clara. La clase obrera y el Partido Comunista no querían ni la dominación del imperialismo británico ni la dominación del imperialismo yanqui. Por iguales motivos fueron perseguidos algunos políticos independientes, como el profesor Carlos Vicuña Fuentes.

La represión de Ibáñez comenzó desde antes que éste asumiera la Presidencia de la República. [...] Su 'elección' se realizó en un clima dictatorial. No tuvo más oponente que Elías Lafertte, entonces relegado en Más Afuera. Los 62 obreros que patrocinaron públicamente su candidatura fueron encarcelados.»

— *PCCh 1952: 46*

Manuel Bianchi Gundián

«Desconocida hasta hoy es la relación Neruda-Bianchi, que muestra los vínculos de Neruda con las clases altas del país, las que mantendrá siempre, aun después de su ingreso al Partido Comunista.

La familia Bianchi [...] cuenta entre los suyos a periodistas, diplomáticos. Se desempeñaban en la magistratura y la administración chilenas. Eran bien conocidos en el Ministerio de Relaciones Exteriores de Chile. Uno de los primeros contactos de Neruda con esta familia fue con Gualterio Bianchi [en nota: 'Ningún biógrafo de Neruda ha dado una explicación al hecho de que entre las cartas a Albertina... 9 tienen timbres del Ministerio de Instrucción Pública... Desde 1920 es Gualterio Bianchi subsecretario de este ministerio al cual Neruda visitaba y con papel del ministerio le escribía a Albertina']. Manuel Bianchi Gundián... ingresó muy joven a la carrera diplomática. En 1924 [fue] encargado de negocios en Berlín... En 1925 fue consejero de la Embajada de Chile en Brasil. En 1926-27 permanece en Santiago. Manuel Bianchi Gundián había publicado una reseña sobre un libro del ministro Conrado Ríos Gallardo en *La Nación*. Esto demuestra su cercanía al ministro, [quien siendo] para algunos el 'que en 1927 improvisó como Bismarck en 1862', se preocupó de mejorar y reanudar las relaciones con Perú y de reorganizar el ministerio. [...] En medio de este proceso de reorganización, Neruda logra finalmente lo que buscaba desde hace años: un puesto consular que le permita salir de Chile y ver el mundo.»

— *Schidlowsky, 113-114*

LAURA ARRUÉ (III)

¿Cómo llegué a conocer esa residencia de García Reyes 25? Mi madre llegó un día, sorpresivamente, para llevarme a San Fernando, a instancias de mi hermana mayor. El vate tenía merecida fama de Don Juan y Berta quería alejarme del "peligro".

> Así, pues, fuimos con mi prima Elenita a darle la noticia a Pablo y a despedirme de él, a su casa de García Reyes. Así la conocí, como también a Álvaro Hinojosa, hermano de Sylvia Thayer, que estaba presente.
>
> [Arrué, 61]

Transcurridos más de 50 años, como se ve, todavía en 1982 (año en que publica sus recuerdos) Laura Arrué se siente obligada a precisar las circunstancias 'virtuosas' en que ha conocido la habitación de Pablo, descrita con detalles en los párrafos anteriores de su libro. Figurarse cómo era en 1927. Decididamente el poeta no tuvo suerte con las familias de sus amadas, ni tampoco con las amadas mismas, dado que ninguna de ellas —ni Teresa, ni Albertina, ni Laura— fue capaz de oponerse a la presión de su clan. Sin embargo, Pablo viaja a San Fernando a despedirse de su pequeña Lala. «Me entregó, para guardárselos, el manuscrito de *Tentativa del hombre infinito* y los retratos que le había hecho el francés Georges Sauré y que ilustrarían más tarde muchos de sus libros. También quería le guardara la traducción de Lubicz Milosz que hiciera Augusto D'Halmar» (Arrué, 55).

En los días que siguieron al golpe de Estado de 1973, como ya recordé antes, Laura Arrué me hizo algunas confidencias que no recogió en su libro. Entre ellas, el dolor de las cartas. Durante la despedida en San Fernando, Pablo y Laura se prometieron fidelidad y quedaron de escribirse regularmente. Pero como la familia de ella habría interceptado la correspondencia, acordaron que Homero Arce haría de intermediario distribuyendo a cada uno de los amantes las cartas del otro. Fue como encargar al zorro el cuidado del gallinero. Porque Arce se había enamorado de Laura y no despachó nunca sus cartas ni le entregó las de Pablo.

De este modo —según lo que me refirió Laura—, cada uno de los amantes se fue convenciendo de haber sido olvidado por el otro. Y Homero llevó adelante su estrategia hasta que, pasados algunos años, Laura lo aceptó como marido. Nada que comentar, pues se sabe que en amor todas las armas son lícitas. Pero no mucho después del matrimonio —y a esta altura de la historia ella se puso a llorar— Laura encontró en un cajón del escritorio de Homero las cartas de Pablo sin abrir. Fue un golpe terrible. El tiempo ajustó las cosas y recompuso el matrimonio. Pero al final del relato tuve la sensación de que la herida, aunque quizás ya no sangraba, era mejor no tocarla.

Esto fue lo que ella me contó, y no creo que la memoria me engañe porque su relato me causó gran impresión, como es natural. Pero aquí hay un problema de fechas y circunstancias. En su libro de recuerdos Laura declara que Homero le fue presentado por Alberto Rojas Giménez en la Plaza de Armas de Santiago, frente al Correo Central (Arrué, 35-36). Lo confirma en su prólogo al libro póstumo de su marido:

> Conocí personalmente a Homero Arce Cabrera en el año 1928. Antes sabía de él por referencias de sus amigos, principalmente de Pablo [...]. Cuántas veces esperé a Pablo, sentada en uno de los bancos de la Plaza de Armas, frente al Correo Central, mientras el Poeta subía las escaleras al segundo piso, donde trabajaba Homero, y volvía con diez pesos para llevarme a tomar café a un negocio

de la calle Puente, frente, también, al Correo. Después me iba a dejar a casa de unas tías, donde yo vivía, en el barrio Pila del Ganso. Muchas veces me fue a buscar allí. Pablo me presentó a todos sus amigos, menos a Homero. ¿Por qué? El tiempo se encargó de darme la respuesta.

Una tarde fue Alberto Rojas Giménez el que subió en busca de los diez pesos donde Homero, y entonces bajó las escaleras del Correo, con su amigo, en mi busca. Este fue el primer encuentro con el poeta secreto que más tarde fue mi compañero de toda la vida. Pablo estaba en la India.

— Arce, 13-15

«El tiempo se encargó de darme la respuesta.» ¿Cuál fue esa respuesta? ¿Qué quiere sugerir Laura con esa frase? ¿Que por celos premonitorios Pablo no le había presentado a Homero? Si la memoria no engaña a Laura, para tal omisión no veo otro motivo que el natural deseo del enamorado de estar a solas con su amada, a quien podía ver sólo de día y con dificultades. Y además Homero, a diferencia de los otros amigos de Pablo, cumplía un horario diurno de trabajo. Es improbable que la bohemia nocturna del poeta y sus amigos (incluyendo a Homero) ofreciera ocasiones para la presentación que Laura echa de menos.

Así, no consigo imaginar cuál fue la *respuesta* que el tiempo se encargó de dar a su *¿por qué?* A menos que aludiese, con cierto desajuste sintáctico, a la historia de las cartas. Ella había dejado San Fernando en marzo de 1928, tras la muerte de su madre, y enseñaba en una escuela de Ñuñoa. Puesto que Rojas Giménez regresó a Chile desde París a fines de 1928, el encuentro con Homero habría ocurrido en diciembre de ese año o en 1929, casi dos años después del viaje de Pablo. Pero de todos modos me sigue pareciendo extraño que entre 1924 y 1927 —los años de su relación con Pablo— Laura no haya conocido a Homero a pesar de su horario de trabajo, así como conoció a Tomás Lago, a Rubén Azócar, a Rosamel del Valle, a Federico Ricci Sánchez, al 'Cadáver' Valdivia, quienes dejaron testimonios de amistad en su álbum de señorita de 1925. El relato de Laura sugiere que a Rojas Giménez lo conocía en cambio desde tiempo atrás, lo que sólo pudo haber ocurrido en 1924, durante los pocos meses que mediaron entre el comienzo de su romance con Pablo y el embarque de Rojas Giménez con Paschín rumbo a París. Lo cierto es que Pablo desde Colombo, Ceylán, despachará a Homero una carta fechada el 15 de diciembre de 1929, en la que pregunta y pide:

Quieres decirme si has visto en este último tiempo a Lalita Arrué? Si es así, sé un ángel y dime qué es de ella. No me escribe hace meses. Si no la has visto, serás tan bueno como para encontrarla y escribirme con detalles lo que está haciendo, su salud, y todos los detalles, sin necesidad de mostrar esta carta?

— Arce, 36-38

El facsímil de esta carta aparece en *Los libros y los viajes. Recuerdos de Pablo Neruda* (Santiago, Nascimento, 1980), volumen editado por Laura Arrué bajo el nombre de Homero Arce, fallecido tres años antes. Hago notar que en la carta Pablo menciona a Lalita Arrué como aludiendo a una mujer que ambos amigos han conocido juntos y personalmente en Chile, *antes de junio de 1927*.

No conozco la respuesta de Homero a la pregunta de Pablo. Pero, al regresar a Chile, «Neruda visitó varias veces a Homero en Rancagua, después en Antofagasta. Yo no lo veía, pues Homero se encargaba de atenderlo fuera de la casa» (Arrué, 56). Eran evidentes los celos retrospectivos o los temores de Homero, que al menos hasta la aparición de Matilde Urrutia tuvo a Laura sistemáticamente al margen de su amistad y colaboración con Neruda.

A propósito de aquellas cartas de Pablo, reencontradas por casualidad, Laura escribe sólo algunas líneas en su libro de recuerdos: «Desde Valparaíso me envió un telegrama antes de zarpar el barco; desde la India, muchas cartas. La mayoría de éstas quedó en poder de mi ex compañera de estudios, de banco, Lila Araneda Candia, quien nunca me las devolvió. Otras interceptó Homero después que me conoció. Ya casados, en Rancagua, encontré algunas de esas cartas, que quemé para asegurar la paz del hogar recién formado» (Arrué, 55-56).

Tras nuestra conversación de 1973, y tras la muerte de Pablo, la opresiva atmósfera de la dictadura unió definitivamente a Laura con su marido, amenazado en cuanto secretario del poeta, y que de hecho murió, en febrero de 1977, víctima de extrañas y nunca aclaradas circunstancias de violencia que llevaban la marca del régimen. El día 2 de aquel mes regresó a su casa en desorden, «con todo su pelo revuelto hacia el lado contrario de como lo peinaba, hacia la izquierda, y los ojos inyectados en sangre». Laura llamó a un médico, quien reconoció de inmediato oscuros signos de tortura y violencia: «allí, justamente detrás del pabellón de la oreja derecha, estaba la herida, sin una gota de sangre, la que no encontró en ninguna parte, ni en su ropa, ni rastros de caída». Llegó una ambulancia para trasladarlo al hospital, y entonces Homero recobró el conocimiento por última vez e intentó resistencia, aterrorizado, pidiendo desesperadamente a Laura que lo defendiera, que quería restar en su casa. Murió en el Hospital Barros Luco el 6 de febrero de 1977 a las 8:10 de la mañana (véase Arrué, 38-40).

Laura misma morirá también trágicamente en el invierno de 1986. Fue una de esas noches de apagón, frecuentes durante la dictadura de Pinochet. Al parecer, ella estaba leyendo a la luz de una vela y se habría levantado para apagar una estufa. Al hacerlo hizo caer la vela y su camisa de dormir prendió fuego. A sus gritos desesperados acudió un estudiante que le arrendaba una pieza, pero ya era demasiado tarde. «Ella se inmoló en vida y murió convertida en una hoguera» (cfr. Cardone, 86-87).

V
RANGOON: TRAJES Y VIAJES
1927-1928

Cuando salí a los mares fui infinito.
Era más joven yo que el mundo entero.
Y en la costa salía a recibirme
el extenso sabor del universo.

— *"Primeros viajes" de* MIN, *1964*

BUENOS AIRES 1927: ENCUENTRO CON BORGES

> Es un gran escritor, y caramba, estamos muy orgullosos la gente de habla española de que exista Borges... Hemos tenido grandes escritores, pero un escritor de tipo universal, como Borges, se da muy poco en nuestros países. Él ha sido de los primeros. No puedo decir que ha sido el más grande, y ojalá que sea cien veces superado por otros, pero de todas maneras él abrió la brecha, la atención, la curiosidad intelectual de Europa hacia nuestros países. Eso es todo lo que puedo decir.
> Pero yo pelearme con Borges, porque todo el mundo quiere hacerme pelear con Borges, no lo haré nunca. Que piense él como un dinosaurio, no tiene nada que ver con mi pensamiento. Él no entiende nada de lo que pasa en el mundo contemporáneo y piensa que yo tampoco entiendo. Entonces, estamos de acuerdo.
>
> [Neruda 1970, entrevista con Rita Guibert, en *OC*, V, 1138]

El viaje intercontinental de Pablo comienza la primera semana de junio de 1927 en la Estación Mapocho, Santiago, adonde acuden los amigos a despedirlo. El tren lo lleva a Valparaíso. Después de algunos días, el 14 de junio «Pablo y Álvaro partieron precisamente desde nuestra casa en Valparaíso, en un tren que combinaba con el Trasandino que los llevó a Buenos Aires, donde debían embarcar en el *Baden*, vía Europa con destino a Rangoon. Después que partieron, durante varios días estuvieron llegando a nuestra casa telegramas o cartas angustiadas, que procedían de muchachas que amaban a Pablo. Al parecer no les avisó su viaje. Ahora puedo confesar que algunos de esos telegramas, los que más me conmovieron, los contesté yo misma, casi diría por piedad» (Sylvia Thayer 1964: 241). Al día siguiente escribe a Laura Reyes su primera carta de viaje:

> Querida conejita: He llegado sin novedad a Mendoza atravesando la inmensa cordillera. Hoy sigo viaje a Buenos Aires desde donde les escribiré antes de embarcarme en barco *Baden* el 18.
> Conejita: dirás a mi padre y a mi mamá mi sentimiento de no haber podido darles un abrazo de despedida porque tenía mis pasajes tomados y el trasandino iba a salir de un momento a otro pero pudo correr solamente ayer. Yo tuve verdadero pesar y angustia, pero creo que esta separación no será por largo tiempo. Ya volveré a tirarte las orejas. *Ricardo*.

En esos años, cuando escribe a su hermana prefiere firmar Ricardo (a veces Pablo). No pudo o, mejor, no quiso viajar a Temuco antes de partir, sin duda para evitar los interrogatorios del padre. Mejor dejarlo con la vaga idea de que su hijo es 'diplomático' en algún rincón del planeta y no tener que confesarle la modesta jerarquía del cargo. Pero ya comienza a sentir temor por su gesto y nostalgia de casa, a pesar de todo.

Los viajeros llegan a Buenos Aires al anochecer del día 15. Puesto que deben embarcarse el 18, tienen a disposición dos días de cuyo transcurso no quedarán noticias, salvo, por supuesto, que Pablo intenta establecer contacto con algunos escritores. En sus cartas a Eandi sugiere haber conocido a Borges y a Xul Solar pero sin entrar en detalles. Entrevistado por Richard Burgin al inicio de los años '70, Borges recordará en cambio aquel único encuentro personal con el poeta chileno:

> Lo he visto una vez —dijo—. Y ambos éramos muy jóvenes entonces. Hablamos de la lengua española. Llegamos a la conclusión de que no se podía hacer nada con ella, porque era una lengua torpe, y yo dije que ésa era la razón por la que nadie había logrado nada de ella y contestó: «Bueno, claro, no existe la literatura española, ¿verdad?» Y yo dije: «Claro que no». Y seguimos hablando así. En fin, una especie de broma.
>
> — cito por Teitelboim, *LDB*, 189

En otra entrevista Borges habría propuesto una variante del mismo recuerdo: «En ese tiempo ambos estábamos influidos por Whitman y yo dije bromeando en parte: 'creo que no se puede hacer nada con el español'. Neruda asintió pero decidimos que era muy tarde para escribir nuestros versos en inglés. 'Tenemos que tratar de hacer lo mejor en una lengua de segunda categoría'» (cito por Teitelboim, *LDB*, *ibíd.*).

Pablo se adecua al humor frívolo que en este encuentro prefiere adoptar Borges y que en parte coincide con el propio en cuanto (según hábitos chilenos de entonces) también él rehúye la solemnidad intelectual. Ambos se reconocen, cada uno admite instintivamente la estatura intelectual del otro. Ambos juegan a divertirse y a sorprender al otro. Pablo comprende que con este argentino no tiene alternativa. Lo sabe demasiado inteligente y ducho en cultura europea como para oponerle en este encuentro (tan breve) su propensión a una 'profética' seriedad artística, y entonces prefiere seguir a su interlocutor en el terreno que éste ha elegido. No le es difícil: también el chileno sabe divertirse fingiendo frivolidad. Pero a otro argentino, Héctor Eandi, escribirá en abril 1929 desde Ceylán: «Borges, que usted me menciona, me parece más preocupado de problemas de la cultura y de la sociedad, que no me seducen, que no son humanos» (*OC*, V, 942), declaración que hoy suena extraña y que en verdad lo era, como intentaré explicar más adelante (sección VII) atendiendo al contexto en que fue formulada. A fines del mismo 1929, en otra carta a Eandi: «He mirado bastante su retrato, me parece usted un ser moderno y típico de Buenos Aires, con cierta arrogancia y carácter. De ninguna manera como Borges y Xul Solar que realmente parecen espectros de viejas bibliotecas» (*OC*, V, 950).

Después de aquel único encuentro de junio 1927 la relación entre Borges y Neruda nunca alcanzará un desarrollo significativo. Habrá sólo variaciones de circunstancia. Ambos se tienen respeto pero instintivamente se rechazan. Cada tanto se dispararán recíprocos flechazos, pero a juzgar por las declaraciones pareciera que, en cuanto a reconocimiento del valor del otro, con el tiempo Neruda se volvió más flexible respecto a Borges que éste respecto al chileno. Las diferencias políticas influirán, por supuesto. En aquel 1927 Pablo deja al colega argentino un ejemplar de su *Tentativa del hombre infinito* con una escueta y prudente dedicatoria: «A Jorge Luis Borges, su compañero Pablo Neruda. Buenos Aires, 1927.» Por Burgin sabemos que a comienzos de los '70 Borges conserva aún aquel ejemplar.

[Habrá una convergencia Borges-Neruda, que señalé en prólogo y notas al volumen V de *OC*, páginas 18-19 y 1402: convergencia, hasta donde sé, no advertida antes. En su *Historia universal de la infamia* (1935) Borges incluye el relato "El impostor inverosímil Tom Castro". Casi 35 años más tarde Neruda publicará "El Barón de Melipilla", relato-crónica, en revista *Ercilla*, Santiago, números 1.794 y 1.796, 5 y 19 noviembre, 1969 (y en *OC*, V, 253-258): dos de las quincenales *Reflexiones desde Isla Negra*, escritas entre 1968 y 1970 para ese magazine chileno. Ambos escritores habían redactado, independientemente, la misma extraña historia de Roger Charles Tichborne. Doy por seguro que Neruda no conocía o no recordaba en absoluto la versión de Borges (de no ser así lo habría declarado de algún modo, al menos la habría mencionado en clave de afinidad o divergencia; o simplemente no habría escrito su propia versión). Una lectura comparada de las dos versiones nos dice que proceden de fuentes diversas o no coincidentes en su totalidad, dadas sus diferencias en algunos detalles, en el desarrollo de ciertos aspectos o en el énfasis sobre algún personaje. La convergencia en sí no es tan extraña como podría parecer. Al menos desde 1960 se venía advirtiendo en Neruda un desplazamiento de interés desde la macrohistoria (la épica de *Canto general*) a la microhistoria —la crónica menuda y 'secundaria'— de América Latina, y de Chile en particular. No será éste el único caso en que Neruda hará emerger una subterránea afinidad con Borges. Por ejemplo, en relación con Melville: al interés de Borges por *Bartleby the Scrivener* corresponderá la tardía (y fallida) tentativa de Neruda por reelaborar —como guión para un film— la historia de la rebelión de esclavos africanos sobre una nave frente a las costas del sur de Chile, narrada en *Benito Cereno*. Véase un fragmento del guión *Babo el Rebelde* en *OC*, V, 299-303.]

Pero volvamos al viaje de Pablo y Álvaro con destino a Rangoon. «En Buenos Aires cambiamos mi pasaje de primera por dos de tercera [como en 1924 habían hecho Rojas Giménez y Paschín] y zarpamos en el *Baden*. Éste era un barco alemán que se decía de clase única, pero esa 'única' debe haber sido la quinta» (*OC*, V, 468). No se comprende bien la transformación del pasaje de primera en dos de tercera si la clase era 'única', pero probablemente la operación se refiere a todas las etapas del entero viaje. Lo cierto es que, a poco navegar, Álvaro (para envidia y provecho de Pablo) ya ha comenzado a poner en juego sus trucos de «activo tenorio», como el de tomar la mano de su amigo y fingir una experta y gesticulante lectura de sus líneas cuando un par de pasajeras de buen ver asoma en el puente. «A la segunda vuelta las paseantes se detenían y le suplicaban que les leyera el destino. En el acto les tomaba las manos acariciándoselas excesivamente y siempre el porvenir que les leía les pronosticaba una visita a nuestro camarote» (*ibíd.*, 469). Pero a Pablo, menos emprendedor por entonces, durante la travesía del Atlántico sólo le interesa Marinech, la hermosa muchacha brasileña que subió al barco en Santos, según registra la primera de sus crónicas de viaje para el diario *La Nación* de Santiago.

MARINECH, LA BRASILEÑA

> *Aquel Santos de un día de junio, de cuarenta años menos,*
> *vuelve a mí con un triste olor de tiempo y plátano,*
> *con un olor a banana podrida, estiércol de oro,*
> *y una rabiosa lluvia caliente sobre el sol.*
> *[...]*
> *Santos, oh deshonor del olvido, oh paciencia*
> *del tiempo, que no sólo pasó*
> *sino que trajo barcos blancos, verdes, sutiles*
> *y el temblor forestal se hizo ferruginoso.*
> ["Santos revisitado" de *BCL*, 1967, en *OC*, III, 236]

Antes de dejar Santiago, Pablo ha concordado esas crónicas con el apoyo de su amigo Álvaro 'Pilo' Yáñez, hijo del acaudalado propietario del periódico, senador Eliodoro Yáñez. Neruda traza en sus memorias (*OC*, V, 434-435) un vívido retrato de la mezquina personalidad real de don Eliodoro, sin nombrarlo. Tiempo antes, cuando Pablo aún soñaba con su viaje, a instancias de Pilo el senador lo había recibido en su casa con arrogancia de potentado, casi sin mirarlo desde su opulento sillón y sin dejar de leer el periódico, mientras el poeta —a lo Buster Keaton— resbalaba como un esquiador «sobre el parquet bruñido y criminalmente encerado» y caía con penosa obstinación una y otra vez, hasta llegar justo a los pies de don Eliodoro «que me observaba ahora con fríos ojos, sin soltar el periódico». Y, naturalmente, sin resultados concretos para Pablo, quien quedó con sangre en el ojo: «una revuelta militar, estúpida y reaccionaria por cierto, lo hizo saltar más tarde de su asiento junto con su interminable periódico. Confieso que me alegré» (*ibíd.*, 435).

Neruda olvida señalar que fue esa misma 'revuelta militar', generadora de la dictadura populista de Ibáñez del Campo, la que hizo posible su viaje a Oriente a través del ministro Ríos Gallardo. Como olvida que al perder don Eliodoro su propiedad sobre *La Nación*, y ser obligado al exilio (Pilo ya vivía en París), la nueva dirección del periódico publicará con entusiasmo las crónicas que envía el poeta pero sin pagarle un centavo, desentendiéndose tranquilamente del previo compromiso, y sin que su amigo Pilo pueda ya ejercer presión alguna en su favor. En septiembre de 1928 escribirá a su amigo argentino Héctor Eandi, desde Rangoon: «Algún diario de Buenos Aires me pagaría correspondencias? Necesito de esto malamente, el diario de Chile que me contrató no fue capaz de cumplir, son una tropa de perros» (*OC*, V, 939). Tal vez la situación cambió después, ya que —felizmente para nosotros— seguirá escribiendo de vez en cuando. Pero volvamos a la primera de esas crónicas, "Imagen viajera":

> *Alta mar, julio, 1927.*
> De esto hace algunos días. El inmenso Brasil saltó encima del barco.
> Desde temprano la bahía de Santos fue cenicienta, y luego las cosas emanaron su luz natural, el cielo se hizo azul. Entonces la orilla apareció en el color de millares de bananas, acontecieron las canoas repletas de naranjas, monos macacos se balanceaban ante los ojos y de un extremo a otro del navío chillaban con estrépito los loros reales. [...]

> Allí subió aquel día una familia brasilera: padre, madre y una muchacha. Ella, la niña, era muy bella. Buena parte de su rostro la ocupan los ojos, absortos, negrazos, dirigidos sin prisa, con abundancia profunda de fulgor. Debajo de la frente pálida hacen notar su presencia en un aleteo constante. Su boca es grande porque sus dientes quieren brillar en la luz del mar desde lo alto de su risa. Linda criolla, compadre. Su ser comienza en dos pies diminutos y sube por las piernas de forma sensual, cuya madurez la mirada quisiera morder. [...]
>
> — OC, *IV, 329*

El lenguaje opera todavía ese dinamismo expresionista de *El habitante y su esperanza* y de las últimas prosas de *Anillos*. El «inmenso Brasil» *saltando* de improviso sobre el barco con irrupción de frutas y monos y pájaros, todo animado con igual jerarquía, con invasión conjunta de movimientos, colores y sonidos, y el uso disonante de los verbos («acontecieron las canoas»), todo ello reitera el efecto extrañante de pasajes como «el mar atropella las vastedades del cielo... las noches del Sur desvelan a los centinelas despiertos y se mueven a grandes saltos azules y revuelven las joyas del cielo» (*Anillos*, "Tristeza", en *OC*, I, 250). Lo mismo en «Su boca es grande *porque* sus dientes quieren brillar en la luz del mar desde lo alto de su risa», donde ese anómalo *porque* rompe la estática descripción ya iniciada (su boca es grande) al introducir una dinámica disonancia causal (*porque* sus dientes quieren brillar... desde lo alto...), con efecto similar a «Irene es gruesa, rubia, habladora, *por eso* me he formado el propósito de venirme al pueblo» (*El habitante y su esperanza*, II, en *OC*, I, 220). La crónica se cierra con una observación sobre la novedosa —para Pablo— experiencia del anochecer sobre el océano: una vía muy nerudiana a la formulación de los primeros síntomas de nostalgia:

> Bueno, las tardes al caer en la tierra se rompen en pedazos, se estrellan contra el suelo. De ahí ese ruido, esa oquedad del crepúsculo terrestre, esa greguería misteriosa que no es sino el aplastarse vespertino del día. Aquí la tarde cae en silencio letal, como el desplomarse de un oscuro trapo sobre el agua. Y la noche nos tapa los ojos de sorpresa sin que se oigan sus pasos, queriendo saber si ha sido reconocida, ella, la infinita inconfundible.
>
> — OC, *IV, 330*

El 12 de julio, día de su 23° cumpleaños, a pocas horas del desembarco en Lisboa, Pablo escribe a su hermana en prosa bastante menos poética: «Una cosa muy importante es que no pagué todo mi traje en la sastrería sino $100, así es que debo $260, por mensualidades de $50, y como esta deuda recaerá sobre Rudecindo que me hizo el gran servicio de afianzarme, te ruego que veas si mi padre puede pagarlo y avisarme para arreglar eso de alguna manera» (*OC*, V, 803).

La nostalgia de la noche del Sur, el fantasma de los sastres.

MADRID 1927: DESENCUENTRO CON GUILLERMO DE TORRE

> *Para mí todo era nuevo. Y caía*
> *de puro envejecido este planeta:*
> *todo se abría para que viviera,*
> *para que yo mirara ese relámpago.*

> *Y con pequeños ojos de caballo*
> *miré el telón más agrio que subía:*
> *que subía sonriendo a precio fijo:*
> *era el telón de la marchita Europa.*
>
> ["Primeros viajes", *MIN*, en *OC*, II, 1194]

> Norah Borges —la esposa del prestigioso crítico
> Guillermo de Torre—, con esa voz alta cuyas
> sonoridades sorprenden, esa ingenuidad virginal,
> ese colorido suave, opaco, tostado, posee un
> encanto que poco a poco se va descubriendo en
> ella y que va en aumento. [...]
> Una impresión distinta produce su marido.
> Guillermo de Torre tiene —dentro de su
> inteligencia y talento indiscutibles— un *no sé qué*
> de impenetrable. Quizás proviene en parte de la
> regular sordera que padece. Se le siente
> a su vez —como su mujer— 'bueno'. Pero lo es,
> en forma señalada, con ella.
> Con los demás asume un temperamento que no
> acierto a definir. No es precisamente
> 'desconfianza', ni 'hermetismo', ni 'agresividad';
> quizá un poco de las tres cosas en dosis reducidas
> que crea, en su totalidad, un ser distante.
> Si uno lo observa en detalle es, físicamente,
> guapo: tiene facciones regulares.
> Es curioso observar que las combinaciones de los
> rasgos —por perfectos que sean separadamente—
> no dan a veces, en conjunto, un resultado
> favorable.
> Es una cuestión de afinidad. Hay narices
> impecables que no se avienen con ciertas bocas,
> por agraciadas que ellas sean, y ojos bellos que
> no concuerdan ni con las unas ni con las otras.
> Guillermo de Torre debería ser guapo.
> Lo tiene todo para serlo.
>
> [Morla Lynch 1958: 414-415]

Al parecer, Pablo entró de mal talante a la Europa de entreguerras en el verano de 1927. Quizás lo puso nervioso e irritable la revelación que había confesado a Laura en su carta de alta mar: «Tengo un poco de miedo de llegar porque *aquí en el barco* he sabido que la vida es allá [en Rangoon] sumamente cara, que la pensión más barata cuesta $1.600 mensuales, y yo voy en condiciones sumamente malas. Además hay peste, tercianas, fiebres de toda clase. Pero qué hacerle! Hay que someterse a la vida y luchar con ella pensando que nadie se cuida de uno.» Evidentemente, Pablo comienza a sentir el peso del desarraigo. Y de su pobreza, intercontinental también.

Descubre en alta mar que el nombramiento consular obtenido es en verdad de ínfima categoría y que nadie en el ministerio —ni siquiera su amigo Manuel Bianchi— lo ha informado sobre la poco envidiable situación que deberá vivir en Rangoon. Y descubre además que conocer el mundo con poco dinero no tiene mucha magia. Decididamente su vocación de viajero, tantas veces proclamada en sus versos, a la hora de los hechos revela una imprevista vulnerabilidad al riesgo y a la aventura. La desenvuelta despreocupación que ve en Álvaro acentúa por contraste su propia conciencia de desamparo. Por eso Pablo no conservará un grato recuerdo de su rápido y breve descubrimiento de Europa.

Sólo la «Lisboa alegre de aquellos años con pescadores en las calles y sin Salazar en el trono, me llenó de asombro. En el pequeño hotel la comida era deliciosa. Grandes bandejas de frutas coronaban la mesa. Las casas multicolores; los viejos palacios con arcos en la puerta; las monstruosas catedrales como cascarones, de las que Dios se hubiera ido hace siglos a vivir a otra parte; las casas de juego dentro de antiguos palacios; la multitud infantilmente curiosa en las avenidas; la duquesa de Braganza, perdida la razón, andando hierática por una calle de piedras, seguida por cien chicos vagabundos y atónitos; ésa fue mi entrada a Europa» (*CHV*, "Montparnasse", en *OC*, V, 469).

Alegría, colores, sensualidad para ojos y paladar, movimiento y curiosidad infantil por las calles, fresca vitalidad popular y decadencia aristocrática: Lisboa no fue un mal ingreso. Pero ya otra cosa es Madrid, a pesar de los cafés llenos de gente. Nervioso y angustiado por el magro destino consular que lo aguarda, al menos una buena acogida literaria en la capital del idioma lo habría reafirmado. Sólo que no es un buen período para ubicar a críticos y literatos, quienes, como todos los que pueden hacerlo, hoy como entonces huyen del tórrido verano madrileño. Y el único que logra localizar será para Pablo una desilusión. Casi un cuarto de siglo más tarde, en entrevista con Alfredo Cardona Peña para *Cuadernos Americanos* (México, noviembre-diciembre 1950), Neruda recordará así aquel episodio:

«Me encontré con Guillermo de Torre, que era el crítico literario de las tendencias modernas, y le mostré los primeros originales del primer volumen de *Residencia en la tierra*. Él leyó los primeros poemas y al final me dijo, con toda la franqueza del amigo, que *no veía ni entendía nada, y que no sabía lo que me proponía con ellos*. Yo pensaba quedarme más tiempo. Entonces, viendo la impermeabilidad de este hombre, lo tomé como mal síntoma y me fui a Francia... Cuando regresé a España en 1934, el panorama había cambiado. Ya no me dirigí, naturalmente, a Guillermo de Torre... Debo decirte que personalmente no tengo ninguna molestia con él. Somos amigos, y lo que pasa es que ambos tenemos mundos diferentes» (cito por Cardona Peña 1955: 30).

La declaración es fuerte, incluso despectiva bajo los términos amistosos. Guillermo de Torre responde con una "Carta abierta a Pablo Neruda" que en 1951 publican las revistas *Cuadernos Americanos* de México, *Sur* de Buenos Aires y *Bolívar* de Bogotá. Siguiendo el tono formalmente amistoso de Neruda, Guillermo de Torre inicia su respuesta con un «Querido amigo» y con citas de la entrevista que luego intenta refutar así:

> Cierto es que nos encontramos y conversamos entonces, en Madrid 1927, pero muy rápidamente, una sola vez, ya que partías al día siguiente. Tengo presentes no las palabras, pero sí las circunstancias, el lugar de tal encuentro: un café de la Puerta del Sol, donde estuvimos charlando muy cordialmente, hasta la ma-

drugada. Después me pediste que te acompañara a tu hotel, allí cerca, en la Carrera de San Jerónimo, y abriendo una valija me entregaste ejemplares de tus libros, algunos de los cuales conocía ya. [...] Ahora bien, entre aquellos libros de formatos singulares (*Crepusculario*, *Veinte poemas*, *Tentativa del hombre infinito*..., en suma, los que habías publicado hasta entonces, pero lógicamente ningún otro), se me antoja imposible que figurase *Residencia en la tierra*, aunque fuera manuscrito o en pañales. De ese libro yo no tuve ninguna noticia hasta que apareció seis años más tarde, en 1933, y diversos testimonios tuyos, y de tus críticos más adictos, nos habían hecho creer que fue escrito (al menos en su mayor parte o en su versión definitiva) durante tu permanencia en la India y residencias posteriores. Resulta, pues, absolutamente sorprendente, por no decir radicalmente imposible, que yo te expresara, aunque fuera 'con toda la franqueza del amigo' (amistad muy reciente, por lo demás, datando de esa misma noche, para permitirme tales franquezas) que '*no veía ni entendía nada*' en esos poemas nonatos [...]. De lo único, al cabo, que puedo estar seguro es de que entonces no pronuncié la palabra que quizá esperabas: la palabra '*genial*'.

— *cito por Olivares, 63-64*

Digo más arriba que Guillermo de Torre «intenta refutar» porque en verdad, a mi entender, su "Carta abierta" no hace sino confirmar la impermeabilidad (por decir lo menos) que le atribuye Pablo, y también, quizás, ese *no sé qué* de 'impenetrable' que le adjudica Morla Lynch (1958: 415, ver cita *supra*, en epígrafe). Añadiendo esta vez, Guillermo de Torre, carencias de atención y de información difícilmente disculpables en un 'crítico de las tendencias modernas'. Porque, aparte la obviedad de aquel «se me antoja imposible que figurase *Residencia en la tierra*» (siendo ello efectivamente imposible, es obvio que Neruda en 1950 no alude al volumen impreso en 1933), resulta triste la admisión «De ese libro no tuve noticia hasta que apareció seis años más tarde», puesto que en España hubo una importante anticipación (con noticia) de la obra. Nada menos que la *Revista de Occidente* de Madrid publicó en su número LXXXI (marzo 1930) precisamente tres de los poemas que, escritos en Chile como ya sabemos, Pablo le había hecho leer inútilmente en 1927: "Galope muerto", "Serenata" y "Caballo de los sueños".

Pero lo más penoso de la "Carta abierta" es evidenciar que todavía en 1951 Guillermo de Torre no se ha percatado de la fabulosa oportunidad —el sueño de un verdadero crítico— que Pablo puso en sus manos en 1927: la de ser el primero en descubrir y reclamar atención hacia los textos iniciales («en pañales») de la que devendrá una de las obras más importantes de la poesía del siglo XX (y no sólo de la poesía en lengua castellana).

Porque a esos textos iniciales de ALGO embrionario —todavía sin forma ¿ni nombre? en aquella valija del hotel de Carrera de San Jerónimo— alude obviamente Pablo en 1950 al declarar «le mostré **los primeros originales** del primer volumen de *Residencia en la tierra*... leyó los primeros poemas». Textos que en 1927 existen ya (eran nueve o diez entonces), textos que Pablo no pudo NO haberlos mostrado al 'crítico de las tendencias modernas' (puesto que nada le interesaba más) y que Guillermo de Torre efectivamente *no vio ni entendió* según demuestran los hechos —por ejemplo, su lamentable desinterés por hacerlos publicar en *La Gaceta Literaria*, o al menos por mencionarlos en su artículo *sobre* *la poesía chilena* que (según Olivares, 60) apareció en esa revista dos semanas después del encuentro, el 1° de agosto— y la "Carta abierta" misma.

Desde la perspectiva actual se puede excusar o comprender la ceguera del crítico en 1927. Las hay clamorosas en la historia de la literatura, como bien lo sabían entonces André Gide y el editor Gallimard, que en 1912 habían rechazado los 'primeros originales' del primer volumen de *À la recherche du temps perdu* de Proust. Mucho menos excusable o comprensible me parece la ceguera de 1951 (justo el año en que se publica la segunda y definitiva edición del consagratorio libro de Amado Alonso sobre *Residencia en la tierra*). Porque Guillermo de Torre tampoco ve ni entiende lo que Neruda ha declarado a Cardona Peña en 1950 acerca de los «primeros originales» de *Residencia* que le fueron mostrados en 1927. Evidentemente, todavía en 1951 sigue ignorando o sigue sin aferrar que Pablo había llegado a Madrid con los originales de varios poemas (nueve o diez, seguramente dactiloscritos, pero algunos incluso ya impresos en revistas chilenas, como "Serenata", "Galope muerto", "Dolencia" y "Tormentas") de un proyecto de libro aún sin nombre, que después se llamará *Residencia en la tierra*. Y, peor aún, sigue ignorando o sin aferrar que él, precisamente él, Guillermo de Torre, había sido un lector privilegiado (el primero en Europa) de esos textos cuyo valor y novedad no supo medir. Ni siquiera vislumbrar.

Reconocer con honestidad su error de 1927 le habría hecho honor en 1951. Porque, como bien hace notar Olivares (64), no era ese extremo adjetivo *¡genial!* que la "Carta abierta" malignamente supone (¡y que de veras habría sido un acierto visionario!) lo que Pablo esperaba de él en aquel primer encuentro, sino sólo lo que dos años después escribirá al argentino Eandi desde Colombo, Ceylán, *siempre con referencia a Madrid*: «Voy a decirle, mi mayor deseo es editar en España, Argentina me parece aún provincial. Madrid es bien diferente. Pero, cómo? He escrito a uno de mis compatriotas, ha pasado el tiempo de la respuesta, y nada. Sin embargo me parece posible *tener allí cierta gota de éxito, cierta débil aprobación que me bastarían*» (24.10.1929, en *OC*, V, 946).

Esa *gota de éxito*, esa *débil aprobación* a sus nuevos poemas es lo que Guillermo de Torre, por ceguera o por incapacidad, niega en 1927 a un Neruda necesitado de reafirmación en la fase de inseguridad y angustia que está viviendo al llegar a Madrid. Y sin embargo el poeta ve en esa 'impermeabilidad' no tanto imperdonable indiferencia cuanto irremediable mediocridad y falta de inteligencia crítica. Por eso, más que rencor Guillermo de Torre le inspirará desde entonces esa especie de lástima que se advierte en la citada declaración a Cardona Peña y que la "Carta abierta" no hará sino justificar. Sus palabras de 1950 no representan el desquite de Neruda desde su nueva perspectiva triunfante, recién publicado *Canto general* en México. Porque de la pobre impresión que le deja Guillermo de Torre en Madrid 1927 hay un testimonio sólo cuatro años posterior. Un Neruda bien poco triunfante escribirá a Eandi, esta vez desde Batavia en 1931, y dentro de un pasaje con referencia a la revista *Sur*: «Qué hay de la gran revista de la Sra. Ocampo? No sé qué piensa usted pero me parece cosa muy antipática. Le consulta a Ortega y Gasset hasta para arreglarse los refajos. Y mientras tanto, esnobismo literario, Frank, más [Waldo] Frank y *el inocente de Torre, que es tan, pero tan idio-*

ta. Les falta sólo Huidobro en la pandilla» (05.09.1931, en *OC*, V, 961). Neruda modificará con los años su opinión sobre la Sra. Ocampo y sobre la revista *Sur*, pero no, que yo sepa, su opinión sobre Guillermo de Torre.

PARÍS 1927: ENCUENTRO CON VALLEJO

> *París, rosa magnética,*
> *antigua obra de araña,*
> *estaba allí, plateada,*
> *entre el tiempo del río que camina*
> *y el tiempo arrodillado en Notre Dame:*
> *una colmena de la miel errante,*
> *una ciudad de la familia humana.*
>
> ["París 1927" de *MIN*, 1964, en *OC*, II, 1194]

Entre Madrid y París, «el interminable tren y el vagón de tercera más duro del mundo» (*OC*, V, 469). Por comparación, la tercera del Tren Nocturno entre Temuco y Santiago le parece a Pablo una muelle carroza. Pero finalmente los dos viajeros llegan a la que entonces era todavía la capital de la cultura en nuestro planeta. «Para nosotros, bohemios provincianos de la América del Sur, París, Francia, Europa, eran doscientos metros y dos esquinas: Montparnasse, La Rotonde, Le Dôme, La Coupole y tres o cuatro cafés más. Las *boîtes* con negros comenzaban a estar de moda» (*CHV*, en *OC*, V, 470). Durante esos pocos días de su primer París, Pablo no tiene oportunidad de conocer a ningún escritor o intelectual francés. En sus memorias (*OC*, V, 471-473) recuerda a Alfredo Condon, chileno, vago escritor y pródigo millonario cuyo dinero permite a Pablo y a Álvaro tomar conocimiento directo de la mejor vida nocturna parisina, incluyendo a una muchacha francesa que no los abandona durante una situación difícil en un local llamado La Bodega Caucasiana, y con la cual ambos viven una inolvidable experiencia erótica:

> En el taxi nos esperaba la muchacha de la boîte, la única que no nos abandonó en nuestro infortunio. Álvaro y yo la invitamos a Les Halles, a saborear la sopa de cebollas del amanecer. Le compramos flores en el mercado, la besamos en reconocimiento a su conducta samaritana, y nos dimos cuenta de que tenía cierto atractivo. No era bonita ni fea, pero la rehabilitaba la nariz respingada de las parisienses. Entonces la invitamos a nuestro misérrimo hotel. No tuvo ninguna complicación en irse con nosotros.
> Se fue con Álvaro a su habitación. Yo caí rendido en mi cama, pero de pronto sentí que me zamarreaban. Era Álvaro. Su cara de loco apacible me pareció un tanto extraña.
> —Pasa algo —me dijo—. Esta mujer tiene algo excepcional, insólito, que no te podría explicar. Tienes que probarla de inmediato.
> Pocos minutos después la desconocida se metió soñolienta e indulgentemente en mi cama. Al hacer el amor con ella comprobé su misterioso don. Era algo indescriptible que brotaba de su profundidad, que se remontaba al origen mismo del placer, al nacimiento de una ola, al secreto genésico de Venus. Álvaro tenía razón.
> Al día siguiente, en un aparte del desayuno, Álvaro me previno en español:

—Si no dejamos de inmediato a esta mujer, nuestro viaje será frustrado. No naufragaríamos en el mar, sino en el sacramento insondable del sexo.

Decidimos colmarla de pequeños regalos: flores, chocolates y la mitad de los francos que nos quedaban. Nos confesó que no trabajaba en el cabaret caucasiano; que lo había visitado la noche antes por primera y única vez. Luego tomamos un taxi con ella. El chofer atravesaba un barrio indefinido cuando le ordenamos detenerse. Nos despedimos de ella con grandes besos y la dejamos ahí, desorientada pero sonriente.

Nunca más la vimos.

— CHV, en OC, V, 472-473

Este episodio, como otros también centrados en una experiencia de orden sexual más o menos insólita y significativa, restará inédito hasta su publicación póstuma en las memorias de Neruda, aunque lo supongo escrito en 1961-1962 por su tono vivaz y por su erótica desenvoltura. Con su nuevo lenguaje autobiográfico (inaugurado por *Estravagario* en 1958) el poeta *posmoderno* ha escrito diez crónicas para *O Cruzeiro Internacional* y está empezando su *Memorial de Isla Negra* (que publicará en 1964), dejando atrás la fase militante de la *modernidad* nerudiana —de 1936 a 1956—, notoriamente púdica por no decir puritana, y por ello renuente a ocuparse de este tipo de asuntos (cfr. Loyola 2000). Residuos fragmentarios de esa fase, no utilizados entonces, fueron conservados inéditos hasta su incorporación a *Confieso que he vivido*. He señalado casos precedentes y no faltarán otros nuevos en nuestro recorrido. Intentaré más adelante una hipótesis acerca de este curioso comportamiento del poeta. Por ahora señalo aquí, además, un rasgo común en la presencia de un detalle aparentemente casual que confiere a la anécdota un aire mágico, un singular toque del destino a lo Edgar Allan Poe: «Nos confesó [la muchacha] que no trabajaba en el cabaret caucasiano; que lo había visitado la noche antes por primera y única vez».

Pero lo más interesante para Pablo en aquellos días fue conocer a César Vallejo. El poeta peruano había llegado a París en julio de 1923 (y ya nunca más regresará a su país). Le ha sido difícil la vida en Francia, subsistiendo con traducciones, con colaboraciones en revistas peruanas, con un trabajo en el Bureau des Grands Journaux Ibéro-Américains y con trescientas pesetas de una beca de estudios que le ha gestionado en España su amigo Pablo Abril. «Desequilibrio emocional, inseguridad económica, mala salud, son secuelas del choque con la realidad europea, filosa en todas sus aristas, desde la dureza de los hoteleros hasta los peligros de las ocasionales aventuras eróticas» (Hernández Novás). Cuando su vida se cruza con la de Neruda, Vallejo habita con su compañera Henriette Maisse en el Hotel Richelieu de la rue Molière, pero desde pocos meses ha iniciado una relación con Georgette Phillipart, la muchacha de dieciocho años que pronto será su mujer definitiva. Así evocará Neruda aquel encuentro:

Por cierto que tuvimos una pequeña dificultad apenas nos conocimos. Fue en La Rotonde. Nos presentaron y, con su pulcro acento peruano, me dijo al saludarme:

—Usted es el más grande de todos nuestros poetas. Sólo Rubén Darío se le puede comparar.

—Vallejo —le dije—, si quiere que seamos amigos nunca vuelva a decirme una cosa semejante. No sé dónde iríamos a parar si comenzamos a tratarnos como literatos.

Me pareció que mis palabras le molestaron. Mi educación antiliteraria me impulsaba a ser maleducado. Él, en cambio, pertenecía a una raza más vieja que la mía, con virreinato y cortesía. Al notar que se había resentido, me sentí como un rústico inaceptable. Pero aquello pasó como una nubecilla. Desde ese mismo momento fuimos amigos verdaderos.

— CHV, *en OC, V, 470-471*

En 1926 Vallejo y Juan Larrea habían editado en París los dos números de la mítica revista *Favorables-París-Poema*, de pequeño formato, cuyo número 2 y último (octubre 1926) incluye el poema 11 de *Tentativa del hombre infinito* («admitiendo el cielo profundamente...»). Es la primera publicación de Neruda en Europa. Como se sabe, Vallejo había practicado en *Trilce* un vanguardismo atípico a través de poemas cuya hermética factura tenía «basamento en circunstancias muy específicas de la vida del poeta» (Hernández Novás), o sea, algo similar a lo que más atrás definí como simbología contextual en *Residencia*.

Ambos poetas se han leído sólo muy parcialmente en 1927. Sin duda Pablo conoce, si no todo el libro al menos algunos poemas de *Los heraldos negros* (Lima, 1918), y le es notoria la fama creciente del peruano, pero hasta 1931, según veremos, no establecerá contacto directo con *Trilce* (Lima, 1922). Por otro lado es poco probable que Vallejo conozca de Neruda más allá del ejemplar de *Tentativa del hombre infinito* que le presta Larrea (se recuerde el poema publicado en *Favorables-París-Poema*, 1926), o tal vez Huidobro. Viviendo en París desde 1923, dudo que haya leído *Crepusculario*, tampoco los *Veinte poemas de amor* (aunque a sus oídos habrá llegado algún vago rumor de la fama del libro), pues sólo así se explica que justo en 1927 Vallejo haya escrito este radical enjuiciamiento: «Un verso de Neruda, de Borges o de Maples Arce no se diferencia en nada de uno de Tzara, [de] Ribemont o de Reverdy» (cito por Hernández Novás, LXXII). Tan rotunda adscripción de Pablo a la vanguardia (negada en cambio por Baciu y discutida por otros) es posible en alguien que ve en el chileno únicamente al autor de *Tentativa del hombre infinito*.

Pablo no se entera de esto en París, porque además ignora (y seguirá ignorando en 1931) el proceso de radicalización política que vive Vallejo desde 1925. Radicalización «estimulada por su durísima vida parisina (de la que hay innumerables testimonios y leyendas); su inserción en un mundo europeo sacudido por grandes crisis y movimientos sociales; y específicamente su descubrimiento del marxismo —la gran pasión de los intelectuales de ese tiempo, alentada por el ejemplo de la Revolución Soviética— comenzó muy poco después de llegado y se definió con total nitidez hacia 1927» (Oviedo, 336). Por lo cual sólo en apariencia resulta sorprendente que en el número 1 de *Favorables-París-Poema* (julio 1926), revista «en la que colabora la plana mayor del arte vanguardista: Huidobro, Gerardo Diego, Reverdy, Tzara y Juan Gris» (*ibíd.*, 337), Vallejo haya escrito: «La poesía nueva a base de palabras o metáforas nuevas, se distingue por su pedantería y novedad, y, en consecuencia, por su complicación y barroquismo. La poesía nueva a base de sensibilidad nueva es, al contrario, simple y humana, y a primera vista se la tomaría por antigua o no atrae la atención sobre si es o no moderna.»

El poeta peruano descalifica así aquella zona de la producción vanguardista cuyo léxico *moderno* proviene de la nomenclatura del progreso científico y tecnológico de comienzos del siglo XX. Sucede que Vallejo ha entrado ya en la fase de los *poemas humanos*, sostenida por su adhesión a una ideología política revolucionaria que en prosa no supo formular sino con una «mezcla de ingenuidad, demagogia y ceguera..., en contraposición a las extraordinarias intuiciones que alcanzaba en su poesía cuando integraba esas ideas con sus percepciones y obsesiones más recónditas» (*ibíd.*, 336).

Lo curioso es que, por motivos muy suyos y todavía ajenos a la ideología revolucionaria de filiación marxista, ciertamente Pablo habría sostenido con su firma aquellas palabras sobre la *poesía nueva*, como también las que Vallejo publicó en *Variedades* de Lima el 07.05.1927: «Hay un timbre humano, un latido vital y sincero, al cual debe propender el artista, a través de no importa qué disciplinas, teorías o procesos creadores. Dése esa emoción, seca, natural, pura, es decir, prepotente y eterna, y no importan los menesteres de estilo, manera, procedimientos, etc.». Posición próxima a la de artículos publicados por Pablo durante sus años de *Claridad* y, por cierto, a la de su futuro manifiesto "Sobre una poesía sin pureza" de 1935. De hecho, Neruda y Vallejo son, ya en 1927, tan afines entre sí cuanto discordantes respecto a Huidobro. Y sin embargo fue en ese mismo artículo de *Variedades*, publicado pocas semanas antes de su encuentro con Pablo en La Rotonde, que Vallejo —«por espíritu de contradicción», según Hernández Novás— había escrito: «ese Jorge Luis Borges, verbigracia, ejercita un fervor bonaerense tan falso y epidérmico como lo es el latinoamericanismo de Gabriela Mistral [...]. Un verso de Neruda, de Borges o de Maples Arce no se diferencia en nada de uno de Tzara, de Ribemont o de Reverdy.» Lo cual no cuadra bien con el elogio del primer encuentro, pero tampoco lo excluye.

> Vallejo era más bajo de estatura que yo, más delgado, más huesudo. Era también más indio que yo, con unos ojos muy oscuros y una frente muy alta y abovedada. Tenía un hermoso rostro incaico entristecido por cierta indudable majestad. Vanidoso como todos los poetas, le gustaba que le hablaran así de sus rasgos aborígenes. Alzaba la cabeza para que yo la admirara y me decía:
> —Tengo algo, verdad? —y luego se reía sigilosamente de sí mismo.

Con esta anécdota (en *OC*, V, 471) Neruda roza un momento particular del desarrollo del poeta peruano. El indoamericanismo de Vallejo está entonces en su punto más alto y radical. Justo en aquel julio de 1927 ha terminado de escribir y dactilografiar (según carta a Pablo Abril) una novela de ambiente incaico, *Hacia el reino de los Sciris*, que no logra hacer publicar entonces y de la cual se conoce sólo un fragmento (al parecer el resto se extravió). Neruda conoce a Vallejo durante ese período de máximo fervor indigenista al que corresponden formulaciones de este tipo: «Muy insignificantes cosas hemos producido bajo la égida cultural de Europa [...]. La versión que hay que hacer es de las obras rigurosamente indoamericanas y precolombinas.»

Volviendo al viaje de Pablo y Álvaro, llega el momento de dejar París y bajar hasta el Mediterráneo para iniciar el viaje con destino a Rangoon. «Tampoco olvidaré el tren que nos llevó a Marsella, cargado —como una cesta de frutas exóticas— de gente abigarrada, campesinas y marineros, acordeones y canciones que se coreaban en todo el coche. Íbamos hacia el mar Mediterráneo, hacia las puertas de la luz... Era en 1927. Me fascinó Marsella con su romanticismo comercial y el Vieux Port alado de velámenes hirvientes con su propia, tenebrosa turbulencia» (*CHV*, en *OC*, V, 473).

Pablo y Álvaro se embarcan en el *cargo Elsinor* el 1 o el 2 de agosto, según había anunciado la carta a Laura del 12 de julio.

DESTINACIÓN: RANGOON (I)

> *Y salí por los mares a los puertos.*
> *El mundo entre las grúas*
> *y las bodegas de la orilla sórdida*
> *mostró en su grieta chusmas y mendigos,*
> *compañías de hambrientos espectrales*
> *en el costado de los barcos. Países*
> *recostados, resecos, en la arena,*
> *trajes talares, mantos fulgurantes*
> *salían del desierto, armados*
> *como escorpiones, guardando el agujero*
> *del petróleo, en la polvorienta*
> *red de los calcinados poderíos.*
>
> ["El viajero (1927)" de *CGN*, 1950, en *OC*, I, 812]

La primera de las crónicas de viaje para *La Nación* se ha ocupado de Santos y del ancho Atlántico en sus fases solar y nocturna (aparte Marinech, la brasileña). La segunda salta directamente a Port-Said, en la puerta del mar Rojo. ¿Por qué ninguna sobre Lisboa, Madrid, París, Marsella? Lectores ávidos de información e imágenes del gran viejo continente no faltan en Chile. Tal vez la desilusión de Madrid («mis poemas de *Residencia en la tierra* que los españoles tardarían en comprender») y la falta de oportunidad para dar a conocer sus nuevos poemas en París motivan una suerte de íntimo rechazo. Neruda ha vivido aquel paso por Europa con demasiada ansiedad, por lo cual le faltan, sea el tiempo para digerir la experiencia o la distancia para establecer sus propias coordenadas de visión. Porque sus crónicas debían comunicar un punto de vista singular, una mirada diferente de las que nutrían los escritos que desde París enviaban Edwards Bello, Rojas Giménez o Pilo Yáñez.

Neruda siempre supo ver los detalles significativos de las situaciones que vivió y registró. En este caso lo manifiestan incluso las rápidas evocaciones que sus memorias traen de Lisboa y París, y del tren a Marsella, escritas cuando ya han transcurrido más de treinta años. Por lo cual su silencio de entonces sobre las ciudades europeas que atravesó, me parece elocuente acerca del temple de ánimo con que el 1 o el 2 de agosto sube al barco de las Messageries Maritimes que lo debía transportar, con Álvaro, desde Marsella hasta Singapore.

Pero ya embarcado, el ánimo mejora. «Durante el viaje, al observar los de la tripulación nuestras máquinas de escribir y nuestro papeleo de escritores, nos pidieron que les tecleáramos a máquina sus cartas. Recogíamos al dictado increíbles cartas de amor de la marinería, para sus novias de Marsella, de Burdeos, del campo. En el fondo no les interesaba el contenido, sino que fueran hechas a máquina. Pero cuanto en ellas decían era como poemas de Tristan Corbière, mensajes todos rudos y tiernos» (*CHV*, en *OC*, V, 474).

Port-Said

La segunda crónica (fechada en Port-Said el 24.08.1927) comienza con una reflexión 'metacronística', vale decir, relativa a la escritura misma de los textos proyectados como serie. Buena señal. Pablo sale del silencio y retoma esa distancia autoexaminadora ('Yo en mi circunstancia de trabajo') que tanto le ha servido como energía propulsiva en el pasado, para renacer o para avanzar, por ejemplo aquel «Puedo escribir los versos más tristes esta noche» de *Veinte poemas*, o el balbuceo de «admitiendo el cielo profundamente... / con inseguridad sentado en ese borde /... / comencé a hablarme en voz baja... / tirabas a cantar con grandeza ese instante de sed» en *Tentativa del hombre infinito*. Aquí el enunciado es más enigmático o menos directo, pasando de lo abstracto a lo personal, y deslizándose luego hasta el objeto de la crónica, o bien transcurriendo desde la inmovilidad receptiva del observador al dinamismo cromático y rumoroso del mundo observado, de improviso precipitándose hacia él, «hasta esa silla» en que escribe:

> Comentar este pasar de cosas es adquirir un tono. Se rueda sobre el plano inclinado de una tendencia interior y van apareciendo presencias: el sentimental hallazgo, sus aspectos desgarradores de partir o llegar, el burlesco traza sus fósforos, el trágico sus sangres.
> Yo, sobre la proa del *paquebot*, sentado en mi silla de lona, tengo una carencia de sentido especial, mi mirada es de esfinge hueca, de cartón, difícil de amamantar lo sorpresivo. El Oriente llega hasta esa silla, muy de mañana un día, toma la forma de mercaderes egipcios, de laya morena, con cucurucho rojo, expositivos, insistentes hasta la locura, demostrando su tapicería, sus collares de vidrio, convidando a las mancebías.
>
> — *"Port-Said", en* OC, *IV, 330-332*

«Yo... tengo una carencia de sentido especial»: ya más tranquilo, su sensibilidad se abre a lo que venga. Sin ideas preconcebidas. Pero todavía con malestar. De ahí el inventario caótico de Port-Said, despiadado en cuanto no concede espacio a curiosidades exóticas y procede en cambio hacia un registro tendencialmente realista, o más bien desencantado, de los signos de una cierta degradación humana, no demasiado diferente de la que el cronista conoce ya en su propio país. Primero los materiales del cuadro ambiental: en el puerto mismo los almacenes internacionales en hilera, «las lanchas del cambalache marítimo»; en la ciudad un «horizonte de arquitecturas truncadas, casas cuya azotea parece haberles impedido crecer», y el asomar de unas pobres palmeras «tímidamente verdes, humilladas entre este traqueteo de carbón y harina», naturaleza sofocada por el «chillar de *donkeys*» y por la «pesada palpitación de máquinas que entregan y reciben con grandes dedos de fierro». Luego la convivencia humana en callejas estrechas que «son por completo bazares y mercados» donde «las más chillonas razas del mundo... gritan en todas las lenguas agudamente, acosan con inmundos olores, se tiñen con tintas verdes y escarlatas». Inútil querer escapar de «esa acumulación vegetal y bestial» hacia dimensiones más aceptables: hasta «el aire de Port-Said, la luz, gritan también precios y convites», mientras «el cielo de Port-Said, bajo y azul, es una carpa de barraca, y apenas oscila sobre su monstruoso bazar». Desolación exasperada, como en "Débil del alba".

El testimonio desemboca en el derrumbe del imaginario libresco. Pasan mujeres embozadas, «resurrección más bien triste de las lecturas de Pierre Loti: envueltas totalmente en sus trapos oscuros, como agobiadas por ese oficio de mantener su prestigio literario, no participan de ese violento aire africano, despiertan una curiosidad melancólica y escasa. También los fumadores de *narghilé*... sobrellevan con verdadera dignidad su papel legendario difundido en antiguos libracos». El cronista proyecta su propio desengaño al navío que deja atrás «este puerto un poco falto de esa seria decoración oriental de los *filmes*. Unas escalinatas, algunas cúpulas, las vasijas grandiosas de *El ladrón de Bagdad*, y el barco se escaparía con mayor nostalgia por el canal de Suez», con el desconcierto de quien «ha vivido un día más de la vida entre lo fantástico, lo imaginario, lo misterioso».

Muy lejos de eso la experiencia del cronista. Según Schidlowsky (120) «Neruda en estas crónicas no ve la sombra del colonialismo». A mí me parece, en cambio, que incluso va más allá: desde su personal perspectiva comienza a vislumbrar la degradación humana y ambiental como condición homogénea, común a las diversas modulaciones del subdesarrollo dentro del orbe de la economía capitalista.

Djibouti

«Estamos frente a Djibouti. No se nota el límite del mar Rojo y del océano Índico: las aguas franquean esta barrera de letras, los títulos del mapa, con inconsciencia de iletrados. Aquí se confunden aguas y religiones, en este mismo punto. Los primeros salmones budistas cruzan indiferentes al lado de las últimas truchas sarracenas» (*OC*, IV, 332).

La crónica fechada en Djibouti el 2 septiembre (*OC*, IV, 332-334) tiene un tono ligero y solar. Su título, "Danza de África", insinúa al dejar el mar Rojo apariciones menos desencantadas y tristes que las de Port-Said. El sol es el protagonista en la primera mitad del texto. «Sobre esta región sin inclinaciones de madre el sol cae vertical, agujereando el cielo»: lenguaje pararresidenciario, donde *sin inclinaciones de madre* está por 'implacable, sin la piedad que cabría esperar de la madre tierra'. En la zona de la administración colonial, blanca, baja y cuadrada, los europeos huyen del sol, «se esconden a esta hora en el fondo de sus casas con palmeras y sombra, se sepultan dentro de las bañeras, fuman entre el agua y los ventiladores». El cronista, en cambio, se identifica con los nativos:

> Sólo transitan por las calles, perpetuamente fijas en una iluminación de relámpago, los orientales desaprensivos: callados hindúes, árabes, abisinios de barbas cuadradas, somalíes desnudos.
> Djibouti me pertenece. Lo he dominado paseando bajo su sol en las horas temibles: el mediodía, la siesta, cuyas patadas de fuego rompieron la vida de Arturo Rimbaud, a esa hora en que los camellos hacen disminuir su joroba y apartan sus pequeños ojos del lado del desierto.

La parte oscura de la ciudad, la zona indígena, es tortuosa y miserable, con hombres semidesnudos en los cafés, que fuman tendidos en esteras. De pronto, al dar vuelta a un recodo, la calle de las danzarinas. La sensualidad se apodera del texto en su segunda mitad. Pablo y Álvaro entran en una cabaña, se sientan sobre tapices, del fondo aparecen dos mujeres. Desnudas. Bailan. «Danzan sin música... Su movimiento es lento, precavido... Alimentan la danza con voces internas, gastrálgicas, y el ritmo se hace ligero, de frenesí... Sus negros cuerpos brillan de sudor como muebles mojados... y de un salto brusco, en una última tensión giratoria, quedan inmóviles...»

La danza ha terminado. Pablo llama a su lado a la más pequeña de las dos muchachas, la abraza por la cintura. «Entonces le hablo en un idioma que nunca antes oyó, le hablo en español, en la lengua en que Díaz Casanueva escribe versos largos, vespertinos; en la misma lengua en que Joaquín Edwards [Bello] predica el nacionalismo. Mi discurso es profundo; hablo largamente con elocuencia y seducción; mis palabras salen, más que de mí, de las calientes noches, de las muchas noches solitarias del mar Rojo; y cuando la pequeña bailarina levanta su brazo hasta mi cuello, comprendo que comprende. Maravilloso idioma!» Dentro de su ironía, la crónica es elocuente sobre la penuria sexual de los viajeros.

DESTINACIÓN: RANGOON (II)

> *India, no amé tu desgarrado traje,*
> *tu desarmada población de harapos.*
> ....
> *Vi el miserable acumulado, encima*
> *de otro, del sufrimiento de su hermano,*
> *las calles como ríos de congoja*
> ....
> *Entré a los templos, estuco y pedrería*
> *hacen las gradas, sangre y muerte sucias,*
> *y los bestiales sacerdotes, ebrios*
> *del estupor ardiente, disputándose*
> *monedas revolcadas en el suelo*
>
> ["Lejos de aquí", *CGN*, 1950, en *OC*, I, 813]

Colombo (Ceylán)

Seis días después, al anochecer del 8 de septiembre, el barco hace escala en Colombo, Ceylán. Deseoso de diversión y de mujer, sorprende al cronista que la capital de la isla carezca de cualquier forma de vida nocturna. (No imagina siquiera que un año y medio más tarde deberá convivir con un ritmo insular todavía más austero, el de un sector periférico de la misma ciudad: Wellawatta, junto al mar.) A la mañana siguiente, sin embargo, todo bulle.

«Los muertos habían salido del sepulcro, los muertos de extraños colores y vestidos. Aquel sacudimiento de resurrección tenía el alcance y el efecto del torbellino... Este colorido variado, como un árbol cuyas hojas fueran cada una diferente de tono, de forma, de estación... una atmósfera inmensa de sueño, de vieja historia... los cuervos que por cientos se hospedan en las cornisas de la ciudad indígena, bajando hasta la acera... Pero no fue accesible el templo brahamánico de Colombo, viejo de trescientos años... Impide la entrada un bonzo pintado de azafrán... Los templos hindúes están prohibidos al extranjero, y debo contentarme con mirar y escuchar fragmentos de ceremonias...» Transición desde la oscuridad al día, desde la pequeña fortaleza de los sueños (o de la mirada libresca) al repentino impacto de una fuerte y colorida realidad.

Aquí comienza de veras el encuentro de Pablo con el Oriente en que vivirá hasta comienzos de 1932.

Un gran signo inaugural: de pronto la crónica se ocupa del mercado. *Atención*. Es la primera vez que este espacio, preferido por Neruda en cada nueva ciudad que visitará, entra en su escritura: «Lo más hermoso de Colombo es el mercado, esa fiesta, esa montaña de frutas y hojas edénicas. Se apilan a millones las piñas, las naranjas verdes, los minúsculos limones asiáticos, las nueces de *arec*, los mangos, las frutas de nombre difícil y de sabor desconocido. Las hojas de betel se apilan en columnas gigantescas, ordenadas con perfección como billetes, al lado de los frejoles de Ceylán, cuyo *capi* tiene un metro de largo. El inmenso mercado se mueve, hierve por todas partes su carga fastuosa, embriaga el perfume agudo de los frutos, de los montones de legumbres, el color exaltado, brillante como cristalería, de cada montón, detrás del cual muchachos hindúes, no más morenos que sudamericanos, miran y sonríen con más sabiduría, más resonancia íntima, en actitud de más calidad que la manera criolla. Por lo demás, a veces el parecido sobrecoge: de repente se acerca un dibujante de tatuajes igual a Hugo Silva, un vendedor de betel con el mismo rostro del poeta Homero Arce» (de "Colombo dormido y despierto", en *OC*, IV, 334-336).

Después de la descripción desencantada, sombría, de los bazares y callejas de Port-Said, el mercado de Colombo abre la mirada y los sentidos del poeta a los colores, olores y texturas del mundo asiático que está descubriendo. Así como el templo brahamánico, por el contrario, le provoca el primer rechazo de la praxis religiosa y de ciertas formas de la "espiritualidad" de Oriente. Pero sólo algunos meses después, ya instalado en Rangoon, recordará Pablo su experiencia mayor en Colombo, una visión tan intensa que metabolizarla y traducirla a escritura (en otra crónica) ha requerido tiempo:

Aún recuerdo mi impresión ante las primeras mujeres indostánicas que viera hace algunos meses en Colombo. Eran bellas, pero no es eso. Yo adoré sus trajes desde el primer día. Sus trajes en que el color rodea como un aceite o una llama. Es solamente una extensa túnica llamada *sari*, que da muchas vueltas de la cintura a los pies, dejando apenas ver al andar las ajorcas tobilleras y el talón desnudo; túnica que luego se tercia al torso con firme solemnidad y que en las mujeres de Bengala sube hasta la cabeza y encuadra el rostro. Es un sereno vestido péplico, clamidático, sobreviviente de una antigüedad ciertamente serena. Pero casi su total vida está en el color, en esa fuerza de colores para las cuales el nombre es pálido. Verdes, azufrados, amarantos, palabras sin vigor: son más bien tintas puras vistas por primera vez. Esas piernas adolescentes amarradas por una tela de fuego, esa espalda morena envuelta en una ola de luz, un peinado de moño negro en que relumbra una rosa de pedrería, quedan por mucho tiempo en la memoria como vivientes apariciones.

— *"Contribución al dominio de los trajes", 1928, en* OC, *IV, 347*

Singapore

Octubre 1927. El barco ha atravesado el golfo de Bengala hasta atracar en el puerto de su final destinación. Nuestros dos viajeros, que creen haber llegado también al término del viaje, o casi, descubren con pavor que entre Singapore y Rangoon hay varios días de navegación. No sólo: el único barco que cubre ese trayecto ha partido el día anterior. El próximo partirá la semana siguiente. Y ellos no tienen dinero para pagar ni el hotel ni los pasajes. Una modesta suma enviada por el ministerio espera a Pablo en Rangoon.

El cónsul de Chile en Singapore, de apellido Mansilla, se encuentra en la ciudad por un afortunado azar (como más tarde Pablo descubrirá). Acude a recibir a sus compatriotas, pero inicialmente se niega a prestarles auxilio económico. Hasta que Pablo amenaza con dictar algunas conferencias pagadas sobre Chile. Mansilla palidece: «nadie más que yo puede hablar aquí de Chile». Al final cede y le alarga el dinero tras haberlo hecho firmar varios recibos (por una cantidad mayor: incluye los intereses).

Durante los días de espera Pablo escribe "Diurno de Singapore", que *La Nación* publicará meses después (05.02.1928). A medida que Pablo avanza hacia Rangoon, sus crónicas ganan precisión de datos y observaciones. Los inicios de texto conservan en común la autorreferencia, pero ha venido cambiando el punto de perspectiva. "Port-Said" partió con una leve reflexión 'metacronística' de sustancia, como para retomar fuerza, completándola con la circunstancia del escribir desde el puente de la nave. "Danza de África" empezó insistiendo sobre el escenario circunstancial para introducir súbito un aspecto central, el exasperado sol de esas tierras («Debo escribir este pasaje con mi mano izquierda, mientras con la derecha me resguardo del sol. Del agudo sol africano que, uno a uno, hace pasar mis dedos del rojo al blanco»). La crónica sobre Colombo comenzó por el contrario en la oscuridad, con la sorpresa del brutal fallecimiento nocturno de la ciudad, sin rumores ni alegría, sin licor ni mujeres. Ésta sobre Singapore arranca con el despertar de Pablo en la habitación de alojamiento (¿hotelucho, pensión, albergue de la YMCA?). La circunstancia íntima, privada, a solas. Pero no se advierte ya el desasosiego de un *débil del alba* en tierra exótica, sino resignada curiosidad, antenas. La crónica registra un nuevo avance en el proceso de familiarización del poeta con el mundo que se está abriendo a su experiencia. Como de costumbre en este período residenciario, la vía de comunicación es el expresionismo de las cosas, de los objetos, del entorno material.

> Despierto: pero entre yo y la naturaleza aún queda un velo, un tejido sutil: es el mosquitero de mi cama. Detrás de él las cosas han tomado el lugar que les corresponde en el mundo: las novias reciben una flor, los deudores una cuenta. Dónde estoy? Sube de la calle el olor y el sonido de una ciudad, olores húmedos, sonidos agudos. En la blanca pared de mi habitación toman el sol las lagartijas. El agua de mi lavatorio está caliente, zancudos nacidos en la línea ecuatorial me muerden los tobillos. Miro la ventana, luego el mapa. Estoy en Singapore.
>
> — *"Diurno de Singapore"*, en OC, IV, 339

Esta vez el texto pasa de inmediato a la diversidad étnica de la población: «al oeste de la bahía viven los oscuros indostánicos, más acá los morenos malayos, frente a mi ventana los chinos verdaderamente maravillosos, y al este los rosados ingleses». En la primera parte del texto —más extenso que los anteriores— domina la visión admirada del barrio chino: «Magnífica muchedumbre! Las anchas calles... dejan apenas trecho para el paso de un poeta. La calle es mercado, restaurante, inmenso montón de cosas vendibles y seres vendedores. Cada puerta es una tienda repleta, un almacén reventado que no pudiendo contener sus mercancías las hace invadir la calle.» Abarrotes y juguetes, lavanderos, zapateros, panaderos, prestamistas, muebleros, jungla de objetos y personas. Pablo cruza maravillado esa acumulación, descubriendo en sí mismo capacidades de mirar hasta entonces inexpresas. Porque los mercados de Oriente están haciendo emerger en la escritura de Pablo su innata curiosidad y amor hacia las artesanías del mundo, su vocación de coleccionista que devendrá célebre. Sus ojos se detienen sobre forjadores en acción, vendedores de frutas y cigarros, juglares con mandolino a dos cuerdas. Peluquerías de mujeres, ventas de pescado, teatrillos de títeres. Pero con curiosidad particular sobre los fumaderos de opio con su letrero en la puerta: *Smoking Room*. ¿Fue entonces la primera vez de Pablo? La crónica calla al respecto. No así el otoñal poema "El opio en el Este" (de *MIN*, 1964, en OC, II, 1195-1197).

En la ciudad europea «donde se agitan confundidas las remotas razas detenidas en la puerta del Extremo Oriente», Pablo percibe los signos de la degradación colonial, las desigualdades raciales y sociales: «El malayo originario escasea, ha sido desplazado del oficio noble, y es humilde coolí, infeliz *rickshaman*. Eso han devenido los viejos héroes piratas: ahí están los nietos de los tigres de la Malasia. Los herederos de Sandokán han muerto o se han fatalizado, no tienen aire heroico, su presencia es miserable.» Caída del mito literario, como las mujeres embozadas y los fumadores de *narghilé* en Port-Said, pero el ojo de Pablo ahora está más atento a registrar la degradación económico-social que el desajuste estético. Los viajeros se permiten una visita turística en automóvil al sultanato de Johore, en la otra orilla, frente a la isla de Singapore. La crónica registra el primer contacto de Pablo con la selva asiática. Maravilla, pero sin la emoción del bosque de la Frontera. «El auto corre por espacio de una hora el camino recién abierto entre la jungla. Vamos rodeados por un silencio pesado, acumulado: por una vegetación de asombro, por una titánica empresa de la tierra. No hay un hueco, todo lo cubre el follaje violentamente verde, el tronquerío durísimo.»

Pero lo más extraordinario de Singapore: la venta de fieras. «Elefantes recién cazados, ágiles tigres de Sumatra, fantásticas panteras negras de Java. Los tigres se revuelven en una furia espantosa, no son los viejos tigres de los circos de fieras, tienen otra apostura, diverso color, un listado pardo de tierra, un tinte natural recién selvático.» Más allá de los orangutanes, de los osos de Malasia y de la serpiente pitón de doce metros, algo verdaderamente especial: «venido de las islas Oceánicas, vestido de plumas de fuego, conjunción de zafiros y azufres, anhelo de los ornitólogos, estaba como la astilla de una cantera deslumbradora un Pájaro del Paraíso, de luz y sin objeto».

La experiencia de Oriente que aquí está naciendo será para Pablo, sobre todo, un infierno de miseria y soledad. Pero cuánto ganó su escritura a través de la aprehensión de los detalles. Para empezar, como vemos, ¡qué prosa de matices y contrastes suscita esa experiencia!

RANGOON 1927: UN «CUENTO DE PUERTOS»

En Rangoon era tarde para mí.
Todo lo habían hecho:
una ciudad
de sangre,
sueño y oro.
El río que bajaba
de la selva salvaje
a la ciudad caliente,
a las calles leprosas

["Rangoon 1927" de *MIN*, 1964, en *OC*, II, 1197]

Orillando la costa occidental de la península de Malaca, el destartalado vapor que zarpó de Singapore con nuestros dos viajeros avista finalmente el principal puerto del golfo de Martabán. «Desde la cubierta del barco que llegaba a Rangoon, vi asomar el gigantesco embudo de oro de la gran pagoda Swei Dagon. Multitud de trajes extraños agolpaban su violento colorido en el muelle. Un río ancho y sucio desembocaba allí, en el golfo de Martabán. Este río tiene el nombre de río más bello entre todos los ríos del mundo: Irrawaddy. / Junto a sus aguas comenzaba mi nueva vida» (*CHV*, en *OC*, V, 478).

Las memorias de Neruda no dan cuenta de los problemas de instalación del flamante cónsul y de su compañero de viaje (voluntario 'canciller' del consulado) en Rangoon. Aunque según el reglamento los 'cónsules de elección' no reciben ayuda inicial, el ministerio, por Decreto n° 619 del 30.05.1927, ha asignado a Neruda 6.000 pesos chilenos para atender «los gastos extraordinarios que le demanden la instalación del consulado a su cargo y la labor de propaganda en el distrito de su jurisdicción» (Quezada Vergara, en *EPV*). Sobre cuánto rinden esos 6.000 en Rangoon, se puede tener una idea a través de la información contenida en una carta de diciembre a Joaquín Edwards Bello: «Aquí se vive caramente y debo pagar 700 chilepesos por una pensión modesta» (*ibíd.*).

En suma, Pablo no dejó información concreta sobre dónde y cómo vivió durante las primeras semanas, lo que sin duda no fue fácil. En cambio, el poema "Rangoon 1927" de *Memorial de Isla Negra*, II (1964), que evoca precisamente el arribo de Pablo en octubre, dedica dos tercios de su extensión a una experiencia erótica vivida por el cónsul —según sugieren los versos— el mismo día de su desembarco, por la tarde. Vale la pena examinar este recuerdo y su propuesta textual. Imaginemos que tras una ducha y algún bocado, Pablo sale solo a reconocer la ciudad. Álvaro queda en el alojamiento a dormir o a teclear sus interminables cuanto fantasmales escritos. La caminata lleva a Pablo hasta el recinto del puerto, más bien solitario a esa hora de la tarde. Allí, igualmente sola, sentada en algún escaño, una mujer joven. Lo que entonces ocurre entre un hombre solo y una mujer sola en Rangoon, un día de octubre de 1927, es el asunto de unos versos —dentro del poema de 1964— que aquí transcribo:

> *Fue así, la encontré cerca*
> *de los buques de hierro*
> *junto a las aguas sucias*
> *de Martabán: miraba*
> *buscando hombre:*
> *ella también tenía*
> *color duro de hierro,*
> *su pelo era de hierro,*
> *y el sol pegaba en ella como en una herradura.*
>
> *Era mi amor que yo no conocía.*
>
> *Yo me senté a su lado*
> *sin mirarla*
> *porque yo estaba solo*
> *y no buscaba río ni crepúsculo,*
> *no buscaba abanicos,*
> *ni dinero ni luna,*
> *sino mujer, quería*
>
> *mujer para mis manos y mi pecho,*
> *mujer para mi amor, para mi lecho,*
> *mujer plateada, negra, puta o pura,*
> *carnívora celeste, anaranjada,*
> *no tenía importancia,*
> *la quería para amarla y no amarla,*
> *la quería para plato y cuchara,*
> *la quería de cerca, tan de cerca*
> *que pudiera morderle los dientes con mis besos,*
> *la quería fragante a mujer sola,*
> *la deseaba con olvido ardiente.*
>
> *Ella tal vez quería*
> *o no quería lo que yo quería,*
> *pero allí en Martabán, junto al agua de hierro,*

> *cuando llegó la noche, que allí sale del río*
> *como una red repleta de pescados inmensos,*
> *yo y ella caminamos juntos a sumergirnos*
> *en el placer amargo de los desesperados.*
> — "Rangoon 1927" de MIN, 1964, en OC, II, 1198-1199

Relato banal en apariencia. Porque, después de todo, no es demasiado singular que un muchacho de 23 años busque desahogo para su hambre sexual al cabo de varios meses de navegación. Aparte que el episodio en sí bien podría servir de ilustración a unos célebres versos del protagonista: «Amo el amor de los marineros / que besan y se van. /... / En cada puerto una mujer espera: / los marineros besan y se van» ("Farewell" de *Crepusculario*, 1923). Lo extraño es: ¿por qué el poema privilegia este aspecto al evocar el día de su llegada a Rangoon 37 años antes, y por qué lo hace en un tono tan dramático e intenso? ¿Qué tuvo de especial aquel encuentro en el puerto? Y si fue inolvidable hasta 1964, ¿por qué Pablo no lo refirió en sus crónicas a *La Nación*, así como había contado su amoroso 'coloquio' en Djibouti con la pequeña bailarina desnuda?

No lo hizo, a mi entender, precisamente porque fue importante. No la mujer misma, individualmente considerada, sino la experiencia en tanto revelación entonces indescifrable. En el *Memorial* de 1964 (comenzado en 1962), y en otros libros suyos desde el *Estravagario* de 1958, Neruda está explorando su pasado en una nueva revisión poético-autobiográfica, donde el relieve de la dimensión sexual es una novedad. Esa dimensión, por razones que examinaré en detalle más adelante, ha estado ausente en las evocaciones del capítulo "Yo Soy" de *Canto general* (1950) y en las conferencias memorialísticas de 1954 en la Universidad de Chile (*OC*, IV, 914-945). Allí se habla de amor, naturalmente, y también de erotismo inscrito en el nivel alto de la escritura, pero no de sexualidad pura y cruda como en este caso.

La omisión de este 'episodio del puerto' en las crónicas viajeras tiene un importante alcance. La obra de Neruda, según vengo señalando desde el comienzo, se construye con los materiales de su existencia actual y concreta. Hay entre sus trayectorias biográfica y poética una estrecha cuanto específica y dinámica interrelación. Esto significa en primer lugar que los poemas de Neruda elaboran literariamente o traducen a escritura artística no sólo los eventos puntuales de su itinerario vital, la anécdota, digamos, sino también el proceso íntimo —psicológico, emotivo, intelectual, humano en general— que esos eventos o anécdotas van jalonando. Sin proponérselo lo hacen, y habitualmente con sinceridad, profundidad y talento que los resultados artísticos premian.

Ahora bien, el proceso conexo al 'episodio del puerto' es la evolución de la *conciencia o representación* de la propia sexualidad del poeta. La omisión de 1927 adquiere 'presencia' y visibilidad a través del poema de 1964, que junto con la anécdota recupera el significado del episodio mediante el tono y la perspectiva de la enunciación. Desde esa óptica actual el poeta del *Memorial de Isla Negra*, a diferencia del joven cónsul recién llegado, sabe muy bien en 1964 que el 'episodio del puerto' había sido un momento muy importante (aunque no vivido a plena conciencia) en la trayectoria de la íntima y personal *imagen* de la dimensión sexual en su propia existencia. Y sabe muy bien, además, cuánto le había sido difícil —y le es todavía en 1964— 'metabolizar' ese episodio y extraer de él la mejor y más adecuada lección.

Alguien, comprensiblemente, podría cuestionarme la pertinencia de postular la hipótesis de una 'omisión' (o mejor, de una virtualidad textual) en 1927, recuperada o actualizada sólo en 1964. Por lo cual, y a modo de prueba adicional (hasta ahora inadvertida), reclamo atención hacia un fragmento de otro poema de Neruda, escrito en Madrid treinta años antes del fragmento de *Memorial de Isla Negra* y siete después del 'episodio del puerto', al que también evidentemente remite, pero sin precisar circunstancias de tiempo ni lugar:

Recuerdo sólo un día
que tal vez nunca me fue destinado,
era un día incesante,
sin orígenes, Jueves.
Yo era un hombre transportado al acaso
con una mujer hallada vagamente,
nos desnudamos
como para morir o nadar o envejecer
y nos metimos uno dentro del otro,
ella rodeándome como un agujero,
yo quebrantándola como quien
golpea una campana,
pues ella era el sonido que me hería
y la cúpula dura decidida a temblar.

Era una sorda ciencia con cabello y cavernas
y machacando puntas de médula y dulzura
he rodado a las grandes corolas genitales
entre piedras y asuntos sometidos.

Éste es un cuento de puertos adonde
llega uno, al azar, y sube a las colinas,
suceden tantas cosas.

Este *cuento de puertos* fue inscrito dentro del poema "Las furias y las penas" —compuesto en Madrid en 1934 y después recogido en *Tercera residencia* (*OC*, I, 357-363)—, constituyéndose como fragmento relativamente autónomo (páginas 361-362) respecto al asunto principal de un texto con fuerte tensión erótica. Un paréntesis con valor de antecedente, introducido por unos versos referidos a la tórrida relación actual que el poema focalizaba: «tú y yo hemos hecho temblar otra vez las luces verdes / y hemos solicitado de nuevo las grandes cenizas». El fragmento intercalado remite entonces a un momento del pasado en que el Yo enunciador había vivido también la delicia sexual, en sí misma y desvinculada del amor, como una experiencia de valor supremo y absoluto. Como una experiencia conexa, en términos humanos, a los valores de «sorda ciencia» y de energía natural exaltados en "Galope muerto".

Los dos fragmentos, a distancia de treinta años, prueban en conjunto la importancia del 'episodio del puerto'. Por ahora me interesa subrayar de nuevo las dificultades de Pablo para recuperar en su escritura ciertos momentos de su trayectoria sexual. Recordemos que sólo en sus memorias, o sea, sólo al final de su vida, logra escribir el episodio de su iniciación nocturna en el granero de los Hernández. En el umbral del período birmano, el encuentro con la mujer «junto a las aguas sucias / de Martabán» pone la residencia de Pablo en Rangoon bajo el sello dominante del sexo. No sólo como remedio contra la soledad, sino incluso como posibilidad de sustitución del fundamento mismo de su poesía. Fase decisiva y compleja de su 'educación sentimental' que, por lo mismo, le será muy fatigoso traducir a términos de poesía.

LA PRIMERA CARTA A HÉCTOR EANDI

> Yo adonde llego asumo un sueño vegetal, me fijo un sitio
> y trato de echar alguna raíz, para pensar, para existir...
> [*CHV*, en *OC*, V, 479]

> Espero de usted sus nuevos trabajos, algún libro,
> o revista, o carta. Haga usted, amigo mío, atravesar
> sus valientes relatos por estas aguas y tierras de
> calor, me protegerán grandemente
> del aburrimiento y del abandono.
> [carta a Eandi, 25.10.1927, en *OC*, V, 936]

Carta a Laura Reyes, fechada en Rangoon el 28.10.1927: «Mi querida conejita: He hecho con cierta felicidad el viaje desde Europa y te escribo ya desde Rangoon, que es una gran ciudad bastante hermosa pero donde me aburriré en poco tiempo. No tengo novedades. Álvaro está también aquí y te saluda cariñosamente. Pronto te enviaré algún retrato, y no dejes de mandarme noticias. Saluda a Rodolfo, Teresa [Toledo, su cuñada], Raulillo [Raúl Reyes Toledo, su sobrino]. De todos me acuerdo como se merecen. Las cartas se demoran un mes y medio en llegar. Aquí he recibido 2 que me enviaste a París. Abraza a los veteranos [modo coloquial de referirse a don José del Carmen y a doña Trinidad] con todo cariño de mi parte. Háblame de la gente que te pregunte por mí. Se ha casado la Amalia [Alviso o Alvizu, la hermosa viuda]? Aquí las mujeres son negras, no hay cuidado, no me casaré. Tu hermano *Neftalí Ricardo*. Dirección: Chilean Consulate, Rangoon, India» (*OC*, V, 804).

Desde 1886 anexada al imperio británico, Birmania es todavía, en 1927, una región dependiente de la administración colonial de la India con centro en Calcuta. Adquirirá estatuto de colonia separada en 1937 y de país independiente (como Unión Federal Birmana) en 1948. Desde 1962 una junta militar gobierna el país, que a partir de 1989 ha adoptado oficialmente un nombre nativo: Myanmar, sustituyendo el nombre inglés de la capital, Rangoon, por el autóctono Yangon. Diversas etnias integran la población, en su mayoría de religión budista.

A propósito del pasaje de la carta: «Aquí las mujeres son negras, no hay cuidado, no me casaré», Schidlowsky comenta: «No es la primera vez que Neruda repite los prejuicios raciales existentes en la sociedad chilena» (2003: 123). Esta crítica —una entre las varias de carácter similar que Schidlowsky le propina a

Neruda a lo largo de su muy notable libro— no me parece pertinente por dos razones: primera, la escritura de Pablo manifiesta a veces ciertos prejuicios, pero no raciales; segunda, la frase criticada es sólo un modo oblicuo, indirecto y obviamente jocoso (de ahí el genérico e inexacto «Aquí las mujeres son negras») de confirmarle a su hermana y a la familia la invariabilidad de su cariño y adhesión a pesar de la distancia. Un modo muy chileno además, por la dificultad a explicitar sentimientos en forma directa. A nivel coloquial, en fin, no es infrecuente en Chile, hasta hoy, que los miembros de una pareja se llamen entre sí "mi negro" y "mi negra".

La frase, entonces, no es índice de prejuicios raciales. Bien por el contrario, las crónicas de viaje para *La Nación* incluyen no pocos momentos de crítica a la discriminación racial y social en los países de Oriente visitados. Y de admiración hacia la exótica belleza o prestancia de ciertas mujeres y hacia determinados aspectos culturales (como el vestuario femenino, los mercados, las comidas). O simple y grande curiosidad respecto a la laboriosidad de los chinos, a la destreza de los pescadores en tejer sus redes, y en general a las varias formas de trabajo artesanal. Más aún: su falta de prejuicios respecto de la población indígena le costará a Pablo el *boicot* —es el término que él usa en sus memorias— de los ingleses (cfr. *OC*, V, 490). Sólo la praxis religiosa le provoca en algunos casos franca repulsión, pero, incluso en este plano, por sus implicaciones de degradación económica y social, no por motivos raciales.

«Chilean Consulate, Rangoon, India»: la carta a Laura no trae ninguna referencia al domicilio de Pablo y Álvaro. En verdad, como ya señalé, ni la correspondencia ni las crónicas desde Rangoon, ni los textos de *Residencia* escritos en esa ciudad aportan noticias sobre la presentación de sus credenciales, ni sobre dónde y cómo vive el cónsul de Chile durante las primeras semanas. Pero antes de que llegara Pablo había en Rangoon un cónsul honorario de Chile, un inglés residente llamado H. W. Childs, quien con toda probabilidad ayudó a los recién llegados a buscar un lugar donde vivir (dato de Quezada Vergara, en *EPV*). Quizás pasaron semanas antes de encontrarlo. Las cartas a Laura, a Eandi, a Yolando Pino no indican dirección privada, se limitan al escueto «Chilean Consulate, Rangoon, India». Sólo la carta a Joaquín Edwards Bello, fechada el 12.12.1927, ya trae al fondo la dirección Dalhousie Street 295, Rangoon: es el primer domicilio de Pablo en el exterior.

Durante los primerísimos días, sin embargo, es probable que Álvaro haya extraído de su experiencia norteamericana un referente internacional que a él le había sido útil en New York: los albergues de la YMCA (Young Men Christian Association), modestos pero decorosos. Y baratos. Fiables además para dos extranjeros que no conocen las costumbres ni los peligros de aquel mundo tan diverso. Alojar por un breve tiempo en algún albergue de la YMCA (u otra provisoria solución similar) puede contar con la aprobación de Pablo, que siempre propende a buscar formas mínimas de arraigo en los lugares a que llega, tratando de cambiar lo menos posible de domicilio. Además necesitan ahorrar si quieren llevar a cabo el propósito de extender el viaje hasta el Extremo Oriente antes de establecerse en Rangoon por un tiempo que podría ser largo. Propósito que surge a poco del arribo, como primer antídoto contra el previsible aburrimiento.

Entre las páginas que se conservan de aquellas que Álvaro siempre está escribiendo, que nunca publicará y que hasta hoy siguen inéditas, se encuentra la descripción de una fiesta popular en Rangoon por aquellos días: «El escenario es un tablado a medio metro sobre la calle completamente iluminado con luz eléctrica y con algunos adornos de hojas de palmera. Hombres y mujeres se maquillan y hacen todos los preparativos a la vista del público. Nosotros hemos andado toda la noche hasta el amanecer, en compañía de Pablo Neruda y un amigo birmano, recorriendo los diferentes púes, deteniéndonos mayor tiempo donde había canto y danza, pues todavía entendemos muy poco el idioma del país» (cito por Olivares, 79). Algo hay que hacer, o mirar, para no sucumbir al aburrimiento.

A pesar de la compañía de Álvaro, un índice de la zozobra inicial de Pablo —al verificar la precaria y amenazante situación en que se ha metido— es su primera carta a Héctor Eandi, fechada el 25.10.1927, o sea tres días antes de la carta a su hermana Laura. Escribirle a un desconocido es casi un signo de pánico, de inmediata búsqueda de contactos fuera de Chile para escapar de la trampa birmana lo más pronto posible ¿Quién es Héctor Eandi y por qué es el destinatario de una de las primeras cartas —si no la primera en absoluto— de Pablo desde Rangoon? Simplemente es un escritor argentino, nacido a comienzos de siglo (morirá en 1965), que durante la primavera de 1926, en Buenos Aires, adquiere en un puesto ambulante de libros un ejemplar de la primera edición de *Veinte poemas de amor*. Queda deslumbrado. Inmediatamente escribe una reseña para la revista bonaerense *Cartel* (diciembre 1926), que envía al poeta chileno con una carta y con *Errantes*, su libro de relatos publicado ese mismo año 1926. Reseña, carta y libro viajan a Rangoon entre los papeles de Pablo. Buenos Aires es una alternativa a Madrid para la publicación de los nuevos poemas que Guillermo de Torre había ignorado. Este Eandi no parece impermeable a su poesía, piensa Pablo, y a lo mejor es un hombre influyente en la editoría argentina. No se cumplirán estas expectativas, pero lo cierto es que así comienza la correspondencia entre dos amigos que no se conocen personalmente. Y los estudiosos de Neruda nunca podrán agradecer bastante a Héctor Eandi la tenacidad con que sus cartas obligaron a nuestro poeta a una magnífica serie epistolar desde Oriente (en Aguirre 1980 y, revisada, en *OC*, V, 936-963) que comenzó con estas líneas:

> Me lamento, querido camarada, mi ilimitada tardanza en escribirle. Hace mucho tiempo que recibí su libro *Errantes*, libro que aún me acompaña como un placer preferido, a pesar de viajes y tiempo. Circunstancias miserables de cada día, y también falta de recursos internos que correspondieran al escribirle a su magnífico resultado; eso puede excusarme ante usted de esta falta de nobleza. Leí también, en Chile, un comentario suyo a mis *Veinte poemas*, que sin dificultad entraba profundamente en las ansiedades de este libro, cosa para mí inolvidable. A pesar, allí se muestra usted enemigo de mis trabajos siguientes. Créame: no me ha guiado hasta ellos sino un instinto imposible de desobedecer o de desviar, una conducta ceñidamente leal con lo mejor de mí. Sus frases de una excelencia que me conmovían se juntaban a un tiempo, si bien querido, tal vez dejado atrás. Uno quiere conquistar a los más valiosos con precisamente lo hallado con más alegría: lo demás pertenece a la familia de las aflicciones!

Aparte las motivaciones circunstanciales de la prioridad que Pablo asigna al envío de esta carta a un desconocido, cabe notar en el mensaje el testimonio de su constante interés —extraordinario en un muy joven poeta chileno de esos años— por impedir que la crítica y los lectores petrifiquen la mirada sobre su libro de éxito, *Veinte poemas de amor*, y por reclamar atención, en cambio, hacia el desarrollo sucesivo de su escritura (véase también la entrevista con Raúl Silva Castro en *El Mercurio*, 10.10.1926, recogida en *OC*, V, 1047-1053). En su reseña de *Veinte poemas* Eandi había escrito: «cediendo al reclamo de una novedad ya un poco vieja, el poeta ha llegado a la *Tentativa del hombre infinito*, poema muy alejado del libro que motiva este comentario» (cito por Aguirre 1980: 24). Que Pablo no deje pasar esta opinión de Eandi y la contraste reafirmando la original autenticidad de sus nuevos esfuerzos literarios y, con ello, su distancia respecto a la vanguardia europea e hispanoamericana, habla elocuentemente de su ya sólida y aguda conciencia de escritor *vivo*, en irrenunciable evolución.

MADRÁS: INTRODUCCIÓN A LA OCEANOGRAFÍA

>Yo soy un *amateur* del mar. Desde hace muchos años colecciono conocimientos que no me sirven de mucho porque navego sobre la tierra.
>[...]
>Miro el mar con el mayor desinterés: el del oceanógrafo puro, que conoce la superficie y la profundidad; sin placer literario, sino con un saboreo conocedor, de paladar cetáceo. A mí siempre me gustaron los relatos marinos y tengo una red en mi estantería.
>[...]
>Hace muchos años en Madrás, en la sombría India de mi juventud, visité un acuario maravilloso. Hasta ahora recuerdo los peces bruñidos, las murenas venenosas, los cardúmenes vestidos de incendio y arco iris, y, más aún, los pulpos extraordinariamente serios y medidos, metálicos como máquinas registradoras, con innumerables ojos, piernas, ventosas y conocimientos.

["Oceanografía dispersa", 1952, recogido en *CHV* y en *OC*, V, 640]

Se puede suponer que durante la última semana de octubre Pablo realiza su primera operación consular, irrisoria cuanto los honorarios que percibe por ella. «Mi vida oficial funcionaba una sola vez cada tres meses, cuando arribaba un barco de Calcuta que transportaba parafina sólida y grandes cajas de té para Chile. Afiebradamente debía timbrar y firmar documentos. Luego vendrían otros tres meses de inacción, de contemplación ermitaña de mercados y templos. Ésta es la época más dolorosa de mi poesía» (*CHV*, en *OC*, V, 489). Se puede también suponer que para su primera operación consular Pablo debe esperar hasta diciembre. Da lo mismo. Todo parece indicar que los dos amigos deciden aprovechar el vacío de noviembre para viajar.

La crónica siguiente enviada a *La Nación*: "Madrás. Contemplaciones del Acuario", trae fecha «noviembre de 1927» y se publicará en Santiago el 12.02.1928 (en *OC*, IV, 342-345). Ciudad situada sobre la costa oriental de la India y relativamente próxima a Colombo hacia el norte, Madrás pudo haber sido otra de las escalas del *cargo Elsinor* en septiembre, antes de rumbear hacia Singapore. En tal caso esta crónica sobre la visita al Acuario de Madrás habría podido ser escrita en Rangoon en noviembre con apuntes tomados en septiembre, si no fuera por esta frase del texto: «Estamos bajo el sol del *primer mes de invierno*, un sol terrible que golpea sin conmoverse ante esa fría palabra» (343), que conecta o aproxima lo narrado a la fecha de la crónica. Descarto así la eventualidad de una escritura aplazada y doy por verosímil el presente del relato.

Álvaro y Pablo viajan entonces a Madrás en noviembre, cruzando de nuevo el golfo de Bengala. ¿Por qué Madrás? ¿Sólo para ver el Acuario con sus magníficos ejemplares? ¿Visitan otras ciudades o lugares? ¿Es sólo el miedo al aburrimiento lo que los impulsa a emprender un viaje tan largo apenas llegados, con poco dinero y con perspectivas de un próximo viaje a China y Japón? Difícil imaginar otra razón para este curioso desplazamiento. Aunque quizás, simplemente, indagaron sobre los barcos que en noviembre hacían algún periplo interesante desde Rangoon (ida y vuelta), algún *cargo* con cabinas a buen precio, y optaron por éste a Madrás. Aparte la crónica, no conozco documentación sobre esta travesía.

Tal vez Pablo —desde niño interesado por asuntos marinos— sabía ya del Acuario, algo había leído al respecto en Chile. O ha adquirido información durante el viaje intercontinental hasta Singapore. Lo cierto es que en noviembre 1927 recibe y registra su primera lección sistemática de oceanografía (aparte la lección informal del viaje mismo). Hasta entonces su escritura poética sólo conoce el mar de Puerto Saavedra, devenido modelo de acción tenaz y símbolo laico de la eternidad (cfr. mi "Paréntesis oceánico", *supra*, sección IV). Más exactamente, lo que conoce es **la costa** de Bajo Imperial, el mar fronterizo con sus olas disolviéndose en la arena o agrediendo sin tregua los roqueríos. Ese mar forma parte del ámbito costero con el río, los pequeños puertos y el patio de las amapolas. En breve, forma parte del territorio de los *sueños*, de *Cantalao*.

En Madrás lo espera la introducción al mundo oceánico *en sí mismo*. «Vamos al Acuario Marino... Hay no más de veinte estanques, pero llenos de excelentes monstruos. Los hay inmensos peces caparazudos y sedentarios, leves medusas tricolores, peces canarios, amarillos como azufre. Hay pequeños seres elásticos y barbudos, graciosos *maderas* que comunican a quien los toca un sacudimiento eléctrico; 'peces dragones' trompiformes, aletudos, enjaezados de defensas, parecidos a caballeros de torneo medieval, con gran ruedo de cachivaches protectores. Pasean por su soleado estanque los 'peces mariposa' [...]. Los hay como cebras, como dominós de un baile subterráneo, con azules eléctricos, con grecas dibujadas en bermellón, con ojos de pedrería verde semicubiertos de oro. Los caballitos de mar se sostienen enroscados de la cola en su trasplantada coralífera.»

Impresionantes serpientes marinas, pardas o negras, mientras otras, «en un perpetuo martirio de movimiento, ondulan con velocidad sin detenerse un segundo». Las cobras de mar, más venenosas que las terrestres, conviven en el

Acuario con las murenas del océano Índico, «crueles anguilas de vida gregaria», agrupadas en un siniestro nudo gris como «un feo montón de brujas o condenadas al suplicio, moviéndose en curvaturas inquietas, verdaderas asambleas de monstruos viscerales».

Un libro vivo se abre a la curiosidad de Pablo y suscita su inventario en esta crónica, primer antecedente del "Viaje por las costas del mundo" (1942); de "El gran Océano", capítulo XIV de *Canto general*; de "Oceanografía dispersa", texto de 1952 que también trae su repertorio de habitantes de la profundidad marina; de *Maremoto* (1968). Esta crónica de Madrás 1927, como una anterior que mencionaba a Hugo Silva y a Homero Arce, introduce una críptica alusión a otro amigo en medio de un elenco que incluye peces muy pequeños de una sola escama, pulpos curiosos, peces que caminan en dos pies y peces cantores: todos ellos —escribe Pablo— *«ejemplares contemporáneos del que se tragó Ángel Cruchaga [Santa María], pez diluvial, remotísimo»*. Esta alusión, a primera vista incomprensible, no es sino un guiño a sus amigos y un alfilerazo a Vicente Huidobro. Su explicación está en una anécdota de 1925 que Diego Muñoz incluye en sus *Memorias* (1999: 97-98):

> [Ángel Cruchaga había] sido invitado a la casa de Vicente Huidobro. Un palacio en la Alameda, donde vivía con su madre. Habían bebido unos tragos en el centro con Juan Guzmán Cruchaga, Jorge Hübner Bezanilla, Germán Luco Cruchaga, Ramón Valenzuela y el propio Vicente. [...] Éste invitó a Ángel y a todos los otros a ver sus colecciones de arte que había traído de Europa.
>
> Caminaron Alameda abajo hasta llegar a la mansión. Allí Vicente empezó a mostrar sus trofeos: cuadros, fotografías, autógrafos de los más prominentes artistas y escritores europeos; hasta que llegaron a una pequeña redoma dentro de la cual se movía con mucha elegancia un pececillo de oro y carmín, muy pequeñito.
>
> Les explicó que la redoma la había encontrado en Venecia y que pertenecía a un duque. En cuanto al pescadito, era una pieza única, descendiente de los que Cleopatra tenía en una pecera en su alcoba al cuidado especial de esclavos que respondían con su vida por el alimento y la salud de aquellos prodigiosos regalones de la soberana.
>
> Ángel había escuchado atentamente la historia y parecía fascinado ante la redoma en la cual el pececillo se movía graciosamente, agitando su cola minúscula y llena de colgajos como plumas de avestruz. Miraba y miraba Ángel, hasta que de pronto no resistió la tentación del demonio. Introdujo la mano en la redoma, cogió al diminuto pez, se lo echó a su boca y lo tragó, ante la consternación de Vicente. Hubo duras palabras y suspensión inmediata de relaciones.

Al cierre de la crónica sucesiva ("Contribución al dominio de los trajes"), Pablo recuerda haber visto en las afueras de Samarang, en Java, el espectáculo callejero ofrecido por una pareja de bailarines malayos ante los pocos transeúntes que se detenían. «Ella era una niña: vestía corselete, sarong y una corona de metal. Él era un viejo, la seguía moviendo los talones y los dedos del pie, según la manera malaya; sobre la cara llevaba una careta de laca roja, y en la mano un largo cuchillo de madera. Muchas veces, dormido, reveo aquella triste danza de suburbio. / Es que aquél era mi traje. Yo quisiera ir vestido de bailarín enmascarado: yo quisiera llamarme Michael» (*OC*, IV, 348).

Sin comentar por ahora tan curioso recuerdo, me interesa aquí hacer notar que la crónica en referencia, sin fecha, publicada por *La Nación* el 4 de marzo 1928, fue escrita en Rangoon («En Birmania, donde escribo este ocio...»). ¿Cuándo? Puesto que entre el 5 y el 10 de enero Pablo y Álvaro habían iniciado el periplo que los llevaría a Shanghai y a Tokio, la crónica debió ser escrita a comienzos del año o a fines de diciembre. Ahora bien, el problema es: ¿cuándo viajó Pablo a la isla de Java, llegando hasta Samarang? ¿Fue durante ese mismo noviembre de Madrás, quizás alargando el viaje al retorno? ¿O —con mayor probabilidad— en octubre desde Singapore, recién desembarcado del *cargo Elsinor*, aprovechando para viajar hasta Java la semana en que él y Álvaro tuvieron que esperar el vapor que los llevaría a Rangoon?

Lo cierto es que los primeros meses en Oriente fueron de mucho movimiento para Pablo. Y también de muchos nuevos conocimientos.

"COLECCIÓN NOCTURNA" (I): EL SOÑAR DE LOS OTROS

> Y la somnolencia de esta ciudad durmiente puso
> en nuestros miembros una profunda laxitud. El
> horror del silencio nos envolvió. [...] Ahora bien,
> el silencio que se apoderaba de nosotros, hizo delirar
> a los Compañeros del Mar.
> Y entre los pueblos de cuatro colores que nos miraban
> fijamente, inmóviles, cada uno de ellos escogió, en su
> fuga despavorida, el recuerdo de su patria lejana [...].
> Pero yo, el Capitán del Pabellón Negro, que no tengo
> patria ni recuerdos que puedan hacerme soportar el
> silencio mientras mi pensamiento vigila, yo me lancé,
> aterrorizado, lejos de los Compañeros del Mar, fuera
> de la Ciudad Durmiente...

[Marcel Schwob, "La ciudad durmiente", trad. Neruda-Murga, 1923, en *OC*, V, 1214-1215]

> Au plafond très bas étaient pendues
> d'interminables rangées de poches en toile... des
> poches grises enfermant chacune un être humain,
> des hamacs des matelots... Les uns dormaient
> bien, épuisés par les fatigues; d'autres s'agitaient
> et parlaient tout haut dans de mauvais songes.

[Pierre Loti, *Mon frère Yves*, 1883, chap. XXVIII]

De una carta a Yolando Pino Saavedra (por entonces en Alemania), fechada en Rangoon el 07.12.1927: «Aquí con Álvaro hablamos frecuentemente del regreso y pensamos en Alemania como destino. Está usted ya un poco aburrido de Hamburgo? Si pudiera hacerse un pequeño viaje hasta aquí! Cuánta cosa maravillosa imposible de contar, qué extrañas formas de vida vería! Sin embargo, ya empezamos a aburrirnos, hay que hacer una vida de aislamiento tan cerrada, se está tan lejos como en Chile de los grandes torbellinos de gente de las buenas grandes ciudades. Las mujeres, materia indispensable al organismo, son de piel oscura, llevan altos peinados tiesos de laca, anillos en la nariz y un olor distinto. Todo esto es encantador la primera semana. Pero las semanas, el tiempo pasa!» (en Pino Saavedra 1977, en *EPV*, 49, y en *OC*, V, 1025).

El motivo de la carta es una de las ideas comerciales de Álvaro: «quiero que en el primer paseo errabundo por esas calles me averigüe... precios de compra y venta pagados en Hamburgo de mantones de Manila y marfiles... El precio del marfil trabajado puede usted, Yolando, averiguarlo en dos o tres tiendas a cómo comprarían y a cómo venden, anotando el ancho y alto de las piezas. Además quiero saber si Hamburgo, puerto libre, no cobra derechos a esta mercadería... Y considerar la posibilidad de llevar esta mercadería y hacer afortunadas ganancias. En un solo viaje se podrían ganar más de cien mil chilepesos, que harían más llevadero nuestro pasaje por la tierra. Nuestra razón de quedarnos aún en estos países es ésa. Con Álvaro barajamos día a día los detalles del negocio, y son condiciones ya seguras» (*ibíd.*). Naturalmente el negocio no prosperará, como tantos otros imaginados por Álvaro (y tozudamente apoyados por Pablo). Pero la carta concluye con un párrafo de gran interés en otro terreno:

> Yo escribo cada vez menos. Hace dos años pienso en un libro del cual llevo escritas doce cosas. Ésa es pues mi única labor. A ver si lo termino en la tranquilidad de estos días de Birmania. Se llamará *Colección nocturna*, y en verdad espero de él que exprese grandes extensiones de mi interior.

Por primera vez Pablo se refiere explícitamente al proyecto de libro insinuado en Madrid a Guillermo de Torre, proyecto entonces sin forma aún y sin nombre (o con otro nombre que nunca sabremos, quizás *Caballo de los sueños* o *Galope muerto*). Esta carta documenta así el primer nombre conocido del proyecto residenciario: *Colección nocturna*. De las «doce cosas» ya escritas se pueden presumir con bastante seguridad las diez siguientes: "Dolencia" (después "Madrigal escrito en invierno"), "Serenata", "Galope muerto", "Alianza (sonata)", "Tormentas" (después "Fantasma"), "Débil del alba", "Unidad", "Sabor", "Caballo de los sueños" y "Colección nocturna". ¿Los dos textos que faltan? "Cercanía de sus párpados", publicado en *Atenea*, junio 1927 (y en *OC*, IV, 308), podría ser uno de ellos, después desechado. El otro podría ser la prosa "Oceana" (*Atenea*, mayo 1926, y *OC*, IV, 306), pero con más probabilidad el poema "Tiranía", escrito en Rangoon en fecha difícil de precisar, cuyo tono de invocación-plegaria a la Noche (bajo forma de madrigal) encajaría bien con los sentimientos de angustia y abandono que está viviendo desde los primeros días el flamante cónsul:

> *Oh dama sin corazón, hija del cielo,*
> *auxíliame en esta solitaria hora,*
> *con tu directa indiferencia de arma*
> *y tu frío sentido del olvido.*
>
> *Un tiempo total como un océano,*
> *una herida confusa como un nuevo ser,*
> *abarcan la tenaz raíz de mi alma*
> *mordiendo el centro de mi seguridad.*
> *[...]*
> *Hay algo enemigo temblando en mi certidumbre,*
> *creciendo en el mismo origen de las lágrimas [...]*

Yo no conocía la carta a Pino Saavedra cuando en mi edición crítica de *Residencia en la tierra* (Madrid, Cátedra, 1987) supuse sin prueba alguna que una primera redacción del poema "Colección nocturna" había sido escrita durante el viaje y ya en Rangoon, entre septiembre y octubre de 1927. Y que al parecer esa versión original del poema —uno de los más complejos y enigmáticos de *Residencia*— no satisfizo a Pablo, pues no la envió en esos días (como enviará otros textos posteriores) a sus amigos de Chile, ni a Eandi, para darla a conocer. La imprevista verificación me conforta, naturalmente. Esa primera versión viene revisada y completada hacia finales de 1929 en Wellawatta, Ceylán, mientras Neruda prepara los originales de *Residencia* que despachará a España en noviembre de ese año. Sólo entonces enviará también el poema a Raúl Silva Castro, que lo hace publicar en *Atenea* 66 (agosto 1930).

"Colección nocturna" es el primer poema de *Residencia* que Neruda escribe fuera de Chile. La elección de su título para dar nombre al entero proyecto de libro denota, por un lado, el carácter ambicioso del poema; por otro, el esfuerzo de Pablo hacia la refundación del proyecto en las nuevas condiciones de su vida, lejos de Cantalao, vale decir, lejos del centro mítico que hasta entonces ha sostenido y nutrido su escritura. La vitalidad de su vocación poética exige a Pablo no detenerse, pero, al mismo tiempo, le plantea la necesidad de otro fundamento, en consonancia con la diversa situación que ahora vive. A esto obedece la individuación de un motivo temático nuclear que lo perseguirá por años: *el soñar de los otros*, el soñar ajeno, central al texto.

El origen del interés de Pablo por ese motivo remonta a la traducción que había hecho (con Romeo Murga) del relato simbólico "La cité dormante", incluido por Marcel Schwob en su libro *Le Roi au masque d'or* (Paris, Ollendorf, 1892). La traducción de Neruda-Murga fue publicada en *Zig-Zag* 953 del 26.05.1923 (y recogida en *OC*, V, 1211-1215). Poco después, en una nota-comentario sobre "Las extrañas historias de Marcel Schwob", *Claridad* 95 del 07.08.1923 (y en *OC*, IV, 315-316), Pablo escribe: «Tierra llena de flores extranjeras, ríos extraños sepultados en el otro tiempo, Marcel Schwob, qué cargamento indeciso y pleno aportaste a la Eternidad. Leo tus historias, selladas por tu mano alucinada, y te sigo a través de tu pensamiento que cruza las edades y *recolecta* los hechos singulares.» Acaso esta idea de *recolección* es la que resuena en el título "Colección nocturna", aparte la búsqueda de una nueva *nocturnidad*.

Otro antecedente son unas líneas del capítulo XXVIII de la novela *Mon frère Yves* (1883), de Pierre Loti, que reproduzco en el epígrafe a este mismo apartado (con fragmentos de Schwob traducidos por Neruda-Murga). Juzgo probable que esas líneas —relativas al dormir y al soñar de los marineros de la *Sybille*— hayan sugerido a Pablo los capítulos XIV y XV que cierran *El habitante y su esperanza*. El narrador-protagonista ha encontrado por fin a Florencio y está por matarlo con un hacha mientras duerme, pero *el sueño* de su ex compañero de correrías detiene su brazo vengador. El efecto producido por el soñar de Florencio sobre la voluntad del protagonista ocupa el centro de la secuencia y viene desarrollado con minucia. Ahora bien, como sabemos, el capítulo XIV va encabezado por un breve epígrafe tomado precisamente de la novela de Pierre Loti (*Pero, por desgracia, habíase metido entonces en un mal negocio*), lo cual no sólo prueba la lectura del libro sino su relación con el episodio que está por comenzar.

Pero el antecedente más inmediato de "Colección nocturna" es una crónica escrita en el *cargo Elsinor* durante la primera travesía del golfo de Bengala en septiembre de 1927, cerca de Sumatra: "El sueño de la tripulación" (*La Nación*, 26.02.1928, y *OC*, IV, 337-339). El primer contacto es el ambiente nocturno de la crónica. Se advierte ya la búsqueda de una Noche diferente a aquella de la Frontera dejada atrás: «Es de noche, una noche llegada con fuerza, decisiva. Es la noche que busca extenderse sobre el océano, el lecho sin barrancas, sin volcanes, sin trenes que pasan. Allí ronca su libertad... duerme, enemiga de la topografía con sueño en libertad.» Tras este introito enmarcador, la mirada del poeta en vigilia pasa revista a los marineros que duermen:

> La tripulación yace sobre el puente, huyendo del calor, en desorden, derribados, sin ojos, como después de una batalla. Están durmiendo, cada uno dentro de un sueño diferente, como dentro de un vestido.

El tema de toda la crónica es el dormir y el soñar ajenos. La modulación consiste en recorrer y describir las posiciones, gestos y comportamientos de esos marineros de diversas nacionalidades —chinos, anamitas, franceses, hindúes, negros de la Martinica, árabes, corsos— mientras duermen sobre el puente, incluyendo en su examen el dormir del amigo Álvaro Hinojosa. El poeta viajero comenta y visualiza con fantasía: «Duermen los dulces anamitas... y Laho, su caporal, sueña levantando una espada de oro bordado; sus músculos se mueven como reptiles dentro de su piel... Otros tienen adentro un sueño de guerreros, duro como una lanza de piedra y parecen padecer... Otros lloran levemente, con un ronco gemido perdido, y los hay de sueño blando como un huevo... Los hindúes duermen con los ojos vendados, separados de la vida por esa venda de condenados a muerte... Los negros de la Martinica duermen voluptuosos, diurnos... Los árabes amarran su cabeza para mantenerla fija en la dirección de Mahoma muerto... Los chinos, prosternados a medias... andan entre lo dormido como en el fondo de una armadura. Los corsos roncan, sonoros como caracolas, llenos de tatuajes... levantan el sueño como la arboladura de una barcaza [que] lleva entre los cordajes ángeles y cacatúas ecuatoriales... Allí está Dominique, tendido sobre las tablas. En el tobillo está tatuado *Marche ou Crève*, con letras azules... Los hay que duermen sin soñar, como minerales; otros con cara asombrada como ante una barrera infranqueable...» El soñar del amigo suscita un retrato, naturalmente en clave onírica:

> Álvaro Rafael Hinojosa duerme sin sueño, sueña con costureras de Holanda, con profesoras de Charlesville, con Erika Pola de Dresde: su sueño es una descomposición del espacio, un líquido corruptor, un barreno. Se siente descender en esa espiral de taladro, tragado como una mariposa en un ventilador muy grande... se ve perdido, débil, sin piernas, enrollado en la transmigración interminable; queriendo regresar golpea con la frente edades equivocadas, sustituidas; regiones de las que huye, recibido como descubridor...

Al final el cronista se incluye: «Yo extiendo mi estera, cierro los ojos y mi sueño se arroja en su extensión con infinito cuidado. Tengo miedo de despertarlos.

Trato de no soñar con cascabeles, con Montmartre, con fonógrafos: podrían despertar. Soñaré con mujercitas las más silenciosas: Lulú, o mejor Laura, cuya voz más bien se leía, más bien era del sueño.» La alusión remite a Laura Arrué. Ninguna mención, en cambio, de la gran silenciosa del poema 15. Pablo ha decidido finalmente no perdonar los desaires de Albertina.

Misteriosa como los sueños mismos resta la obsesión de Pablo por el *soñar (propio y ajeno)* durante diez años, desde 1923 (la traducción de Schwob) a 1933, año en que publicará en *El Mercurio* (26.02) un poema titulado "Número y nombre", totalmente dedicado al tema desde sus primeros versos: «De un sueño al sueño de otros! / De un rayo húmedo, negro, / vertiendo sangre negra! / Qué corcel espantoso / de brida soñolienta / y látigos de espuma / y patas paralelas!» (*OC*, IV, 365). Se advierte aquí la reaparición, pero en clave funesta, del corcel onírico de "Caballo de los sueños".

Sin excluir alguna oblicua influencia del ensayo de Freud sobre la interpretación de los sueños, ese largo interés de Pablo por el tema del *soñar de otros* parece haber respondido inicialmente a un esfuerzo por trascender los límites egocéntricos de su poesía y por superar, a través de un puente onírico extrapersonal, su sentimiento de separación y aislamiento. En el trasfondo, la verdadera obsesión es la de conjugar la poesía como sueños y la poesía como acción. Pero el tratamiento poético del tema dependerá sin embargo —según la norma nerudiana— del contexto biográfico. En 1927 el *sueño de otros* es una vía hacia una nuevo (quizás provisorio) fundamento para la acción poética (vale decir, para la ambición 'profética') en relación con el mundo. En 1933 es en cambio una de las figuras del sentimiento de íntima derrota que vive Pablo al regresar a su país desde Oriente, como veremos.

"COLECCIÓN NOCTURNA" (II): UN PARDO CORCEL DE SOMBRA

> ... y a galope violento alcanzo mi camino,
> desciendo los cerros, y al lado del mar
> apuro salpicándome, pegándome fuertemente
> el viento de la noche del mar.
> [de *HYE*, 1926, en *OC*, I, 220]

"Colección nocturna" es un texto que resiste a las más esforzadas tentativas de descifre. Se trata de un poema extenso en el que se advierten fases diversas, con articulaciones cuyas fronteras de pasaje no se ofrecen bien marcadas. Mi perspectiva de lectura supone que una primera redacción de "Colección nocturna" fue escrita, en su mayor parte si no completamente, durante la travesía del golfo de Bengala en septiembre de 1927, y por lo tanto en conexión con la escritura de la crónica "El sueño de la tripulación" (la doble versión —en prosa y en verso— de una experiencia de base no será rara en la producción de Neruda). Según hemos visto, esa crónica describía el espectáculo del dormir y del soñar de los marineros del *cargo Elsinor* (y de Álvaro Hinojosa), con algunos comentarios e hipótesis de fantasía sobre el contenido del sueño de algunos de los durmientes, pero sin otras visibles pretensiones inmediatas.

El poema, en cambio, evidencia un complicado propósito simbólico que, a mi entender, quiere representar la íntima situación que Pablo vive a esas alturas del viaje. El discurso poético *parece comenzar allí donde la crónica se cierra*: tras pasar revista a los marineros (y a Álvaro) dormidos, el viajero-poeta se dispone a dormir organizando las escenografías de su soñar en modo que no disturben a nadie. Supongamos que el poema comienza en este punto concreto: Pablo (el Yo del texto) reacciona contra su inminente adormentarse y vuelve a la vigilia:

> *He vencido al ángel del sueño, el funesto alegórico:*
> *su gestión insistía, su denso paso llega*
> *envuelto en caracoles y cigarras,*
> *marino, perfumado de frutos agudos*

Según quedó dicho, no es raro que Pablo cargue de simbología compleja una banal situación concreta. Aquí, vencer al ángel del sueño, alegórico de la muerte (por eso funesto), supone desde luego tornar a la vigilia poética. La fórmula «ángel del sueño» juega con la ambivalencia semántica de *sueño* (1, la propensión a dormir; 2, el soñar), de modo que «He vencido al ángel del sueño» sería el ingreso a una alegoría sobre la decisión de Pablo: no ceder al dormir (no caer en el sueño) para no persistir en los sueños del pasado, los del patio de las amapolas, hasta entonces fundamento de su escritura. No adormecerse significa aquí no mirar hacia atrás para no volverse estatua de sal, aunque ese mundo del pasado, reciente y lejano al mismo tiempo, lo sigue atrayendo con terrible fuerza de seducción y de nostalgia («su gestión insistía», etcétera).

Metido en esta aventura consular cuya fascinación inicial ya se va desvaneciendo, en algún momento del viaje Pablo decide no abandonarse al pánico o a la desesperación y proseguir, en cambio, el desarrollo de su ya iniciada poesía *diurna*, vale decir su testimonio de la Realidad, en las mutadas condiciones que está viviendo. Pablo razona que ceder a la tentación de permanecer en el territorio (simbólico y fundante) de los *sueños* vinculados a su país de origen equivale a morir poéticamente, porque el irrenunciable Egocentrismo nocturno de su escritura actual sólo puede nutrirse de la Realidad Alocéntrica, externa a su subjetividad: o sea, sólo puede nutrirse del Día.

El Día son los demás hombres. El Día es el Otro en sociedad, y con ese Otro su poesía debe y quiere hacer cuentas. Ahora, sobre el *cargo Elsinor* navegando el golfo de Bengala y acercándose a Sumatra, el Día son esos marineros y Álvaro que duermen sobre el puente. De ahí la incidencia del *soñar ajeno*. Necesitando un fundamento válido para su poesía, y no habiendo alcanzado todavía una concepción histórico-social del hombre (en este plano su anarquismo no le basta o no lo convence), Pablo individualiza en el *soñar* el elemento que lo acomuna al Otro: todos los hombres *soñamos*. En el trasfondo se advierte su esfuerzo por integrar también a su poesía a los seres humanos no individualizados por el amor o por la amistad, en particular a los de estratos humildes (a quienes, hasta algún tiempo antes, trataba con aristocrática pero solidaria simpatía desde las páginas de *Claridad*). Y téngase cuenta de su honesta resistencia a la poesía 'proletaria' que su anarquismo y los tiempos que corren le están demandando (ya anticipé sus palabras a Eandi con el rechazo a introducir en su escritura «elementos populares, lo que sería error, ya que no podemos forzar nuestra cabeza intelectual *con expresiones ajenas*»).

El espectáculo de los marineros durmiendo sobre el puente del barco le habría sugerido (o recordado) entonces una vía practicable para la evolución de su poesía, ahora en crisis de fundamento y de material por razón de lejanía. El tema del *soñar ajeno* le aparece de pronto un nexo posible y auténtico entre su escritura (proyección de su propio ser) y el Otro genérico, sin nombre, no individualizado en términos de experiencia personal (amor o amistad). De ahí que la crónica "El sueño de la tripulación" admite ser leída como ejercicio preparatorio a la actuación de esta nueva poética, de la cual "Colección nocturna" sería una especie de formulación justificatoria.

> *Es el viento que agita los meses, el silbido de un tren,*
> *el paso de la temperatura sobre el lecho,*
> *un opaco sonido de sombra*
> *que cae como trapo en lo interminable,*
> *una repetición de distancias, un vino de color confundido,*
> *un paso polvoriento de vacas bramando.*

El *ángel del sueño* supone la nostalgia del espacio originario, dejado atrás. Esta estrofa da inicio a una secuencia cuyo eje es el reconocimiento fragmentado de ese fundamento antiguo, no operativo en el presente por causa de la distancia, pero que sí actúa como catálisis, promoviendo la reacción del poeta. *El viento que agita los meses*: este tiempo de desplazamientos por el mundo de pronto es sacudido por una fuerza, por una energía que viene desde lejos a poner fin a meses de inactividad poética. La imagen del *viento,* veremos, será usada con valor simbólico similar en "Tango del viudo" («daría este viento del mar gigante») y en "Arte poética" («el viento que azota mi pecho»). Los citados versos de "Colección nocturna" traen elementos que cifran la experiencia chilena del poeta: *el tren* (la familia, el Sur), *el lecho* (las mujeres, el sexo), *la sombra* (la Noche, los sueños, la tristeza, los sentimientos), la *repetición de distancias* (¿el vaivén Santiago-Temuco? = el espacio nacional, la patria), *el vino de color confundido* (la amistad, la bohemia en Santiago, una afectuosa indecisión entre el vino tinto y el vino blanco chilenos), las *vacas bramando* (un emblema o un escorzo campesino). Podría parecer descontado, pero no lo es: el fragmento citado (y la secuencia que ese fragmento encabeza) inaugura en *Residencia* una dimensión que a lo largo del libro, no sin dificultades, desarrollará un denso y complejo itinerario: la *memoria*.

> *A veces su canasto negro cae en mi pecho,*
> *sus sacos de dominio hieren mi hombro,*
> *su multitud de sal, su ejército entreabierto*
> *recorren y revuelven las cosas del cielo:*
> *él galopa en la respiración [...]:*
> *su substancia sin ruido equipa de pronto,*
> *su alimento profético propaga tenazmente.*

> *Reconozco a menudo sus guerreros,*
> *sus piezas corroídas por el aire [...]:*
> *de noche rompe mi piel su ácido aéreo*
> *y escucho en mi interior temblar su instrumento.*

En discrepancia con la simbología tradicional, *negro* no está aquí por 'siniestro' o 'funesto' sino por *nocturno*, y tampoco *sal* tiene que ver con 'salmuera' (como supuso a ratos Alonso) o con 'sabor ingrato' o con 'amargura' sino con *fermento* (o sustancia) activante, estimulante, generador de disposición creativa o entusiasta (como en las fórmulas 'la sal de la vida' o 'la sal de la tierra' o 'qué sal tiene esa mujer'). De modo que «canasto *negro*» y «multitud de *sal*» convocan resonancias positivas. Ya lo sabíamos por lo que respecta a *negro* = *nocturno*, y en cuanto a *sal* remito a "Infancia y poesía", conferencia de 1954 en la que Neruda evoca uno de sus máximos placeres de niño: el de trepar a un árbol a comer en paz «hasta cien ciruelas» espolvoreadas *con sal* (*OC*, IV, 924). De ahí, muy probablemente, el valor positivo del símbolo.

Las frases «las cosas del *cielo*» y «él *galopa* en la respiración» retoman imágenes de "Caballo de los sueños", donde el verso «Hay un país extenso en el *cielo*» aludía justamente a un espacio de fábula o sueños, vale decir, al horizonte de esperanzas que el nombramiento consular había abierto a Pablo. Aquí, y en el sentido que expliqué más arriba, «las cosas del cielo» (de ese particular *cielo*) aparecen sacudidas o revueltas por el «viento que agita los meses» con su «alimento *profético* [que] propaga tenazmente». La feroz agresividad con que la *memoria* ataca al poeta desterrado determina la insistencia sobre imágenes bélicas conexas («su ejército entreabierto», «sus guerreros») y sobre las consecuentes abrasiones o heridas que el recuerdo (= *ácido*) produce: «de noche rompe mi piel su ácido aéreo». En este último ejemplo, el adjetivo *aéreo* alude a las distancias que la nostalgia ha debido recorrer *por el aire*, sobrevolando océanos y continentes (cfr. igual configuración —muy nerudianamente concreta— del vuelo transoceánico del recuerdo: «días negros... apenas sostenidos *por el aire* y por los sueños» en "Sistema sombrío"; «sangres *aéreas*» en "Trabajo frío").

Al relatar este trabajo de la *memoria* sobre su actual circunstancia, el poeta introduce de pronto el motivo del *soñar ajeno* vinculándolo precisamente a figuras del espacio dejado atrás: «Yo *oigo el sueño* de viejos compañeros y mujeres amadas, / sueños cuyos latidos me quebrantan: / su material de alfombra piso en silencio, / su luz de amapola muerdo con delirio». Amigos y amores, con evidente recurso a imágenes asociadas: la *alfombra* de la bohemia, de lo trágico cotidiano en Santiago; la *amapola* erótica de Puerto Saavedra. [Sobre *alfombra*, cfr. estos versos de "Alturas de Macchu Picchu": «sumérgela en la alfombra cotidiana...» (ii); «sin auroral alfombra de cercado silencio» (iv).] En compañía de estos sueños ajenos que desde el pasado llegan a reanimarlo, a estimularlo, a sostenerlo en su porfía 'profética', el poeta atraviesa espacios extranjeros deprimentes o incomprensibles (opacos):

> *Cadáveres dormidos que a menudo*
> *danzan asidos al peso de mi corazón,*
> *qué ciudades opacas recorremos!*

> *Mi pardo corcel de sombra se agiganta,*
> *y sobre envejecidos tahúres, sobre lenocinios de escaleras gastadas,*
> *sobre lechos de niñas desnudas, entre jugadores de football,*
> *del viento ceñidos pasamos:*
> *y entonces caen a nuestra boca esos frutos blandos del cielo,*
> *los pájaros, las campanas conventuales, los cometas:*
> *aquél que se nutrió de geografía pura y estremecimiento,*
> *ése tal vez nos vio pasar centelleando.*

Mi pardo corcel de sombra se agiganta: este nuevo 'caballo de los sueños', acrecido y acicateado por el soñar de viejos amigos y mujeres amadas, se ofrece menos brillante que su antecesor, a comenzar por el color: no rojo como aquél, sino pardo. Pero es siempre un *corcel de sombra*, vale decir, conexo a la nocturnidad, a los sueños, a lo oscuro. Y así como el rojo *caballo de los sueños* galopaba sobrevolando los espacios de la norma (iglesias, cuarteles), así también este *pardo corcel de sombra* sobrevuela grises y escuálidas zonas de realidad inmediata (mesas de juego, lenocinios, prostíbulos u hoteles celestinos, estadios). La cabalgata expansiva procura al poeta satisfacción y orgullo, y le consiente gozar sus propios sueños (frutos celestes, campanas, etcétera). Los dos versos finales del fragmento citado me plantean el problema de la identidad de *aquél que se nutrió de geografía pura y estremecimiento*. Alguna vez supuse que se trataba de una alusión a Álvaro Hinojosa en cuanto prototipo del hombre de acción y de viajes que había vivido en espacios extranjeros. Ahora tiendo más bien a leer esos versos como una autorreferencia: aludirían al poeta mismo en pretérito, en su pasado de residente en el ámbito Noche-Sur, cuando su escritura se nutría del mundo natural de la Frontera (*geografía pura*) y de los sentimientos de amor y sueños eróticos allí actuados —o allí 'metabolizados' en verso (*estremecimiento*)—. Aquel pausado provinciano quizás se sorprendería de los efímeros paisajes y de la variedad de veloces asuntos y figuras que últimamente han interesado la pluma (o la fantasía proyectual) del poeta que está renaciendo.

"COLECCIÓN NOCTURNA" (III): EL HERMANO MAYOR

> C'est Yves qui est aux fers, étendu sur les
> planches humides, la tête appuyée sur son coude,
> le pied dans l'anneau à cadenas de la *barre de justice*.
> [Pierre Loti, *Mon frère Yves*, 1883, chap. XXXIV]

En este punto, pasado y presente se superponen o confunden. Del soñar de los amigos lejanos el texto se desliza al soñar de los marineros sobre el puente del *Elsinor*: «Camaradas cuyas cabezas reposan sobre barriles, / en un desmantelado buque prófugo, lejos», conectándose así con la crónica "El sueño de la tripulación". Por esta vía la *colección nocturna* engloba a figuras del ayer y del hoy en la tentativa de un nuevo fundamento para la misión poética.

> *Hay en la boca el sabor, la sal del dormido.*
> *Fiel como una condena a cada cuerpo*
> *la palidez del distrito letárgico acude:*
> *una sonrisa fría, sumergida,*
> *unos ojos cubiertos como fatigados boxeadores,*
> *una respiración que sordamente devora fantasmas.*

El material onírico deviene ahora degradado, en confusa asociación con las lóbregas bodegas o cabinas del barco, o bien con espacios de la ciudad si esta parte del poema fue escrita en tierra, allí donde «las paredes tienen un triste color de cocodrilo, / una contextura de araña siniestra: / se pisa en lo blando como sobre un monstruo muerto: / las uvas negras, inmensas, repletas, / cuelgan de entre las ruinas como odres». Si estos versos son de problemática lectura, los que siguen van catalogados entre los más enigmáticos —y por ello generadores de curiosidad— de todo el libro:

> *oh Capitán, en nuestra hora de reparto*
> *abre los mudos cerrojos y espérame:*
> *allí debemos cenar vestidos de luto:*
> *el enfermo de malaria guardará las puertas.*

Lozada (1971: 226-227) lee este oscurísimo pasaje como proyección de figuras y situaciones de "La cité dormante" de Schwob, texto traducido por Pablo y Romeo Murga en 1923. Yo lo interpreto, en cambio, como una compleja elaboración de lecturas y experiencias más inmediatas. El apóstrofe a un Capitán provendría más directamente de *Mon frère Yves*, la novela de Pierre Loti, donde el marinero Yves Kermadec (con quien parece identificarse en alguna medida nuestro poeta) manifiesta su problema de no saber bien con qué formula deberá encabezar sus cartas al 'hermano mayor' adoptivo, maestro-guía y protector, y a la vez personaje-narrador de la novela, quien le aclara: «En effet, les appellations de *capitaine*, *cher capitaine* et autres du même genre, ne pourraient plus nous aller. Alors, quoi? ... C'est très simple, tu mettras... tu mettras: *Mon frère*, ce sera vrai...» (capítulo XXXV).

Ya sabemos que una cita de *Mon frère Yves* figura como epígrafe al capítulo XIV de *El habitante y su esperanza*, lo cual es claro indicio de que Pablo leyó la novela de Loti en clave de relación entre 'hermanos' electivos, similar a la que su propio relato establece entre Florencio Rivas y el narrador-protagonista. Sólo que los roles de la enunciación narrativa se invierten: en la novela de Loti el narrador es el 'hermano mayor' y el marinero Yves el 'hermano menor', mientras en *Habitante* las funciones son las opuestas: el narrador es el 'hermano menor' y Florencio Rivas es el 'mayor'.

Pero lo importante aquí es que el relato de Pablo evoluciona desde la fraternidad inicial (que el adulterio Narrador-Irene no altera en Florencio, implacable con su mujer pero 'superior' a tal debilidad del hermano menor —debilidad asimilable a las borracheras de Yves—) hasta la rebelión y tentativa de venganza del narrador-protagonista. Ya hemos visto que en el trasfondo de *Habitante* (en esto muy lejos de Loti) bullía el conflicto *sueños/acción*.

Sobre esta base fundo la hipótesis de que ese «oh Capitán» del oscuro fragmento haya sido otra cifrada interpelación al 'hermano mayor' Álvaro Hinojosa (ya convocado en *Habitante* bajo la investidura de Florencio Rivas), en quien Pablo veía el maestro de vida, el hombre de mundo, el «antiprovinciano de los sueños, que todos los provincianos habíamos querido ser», razón por la cual lo había elegido (o aceptado) como compañero de viaje. Y en efecto, la presencia y la experiencia de Álvaro no fueron de poca ayuda para el novato Pablo durante las escalas de la larga travesía. Pero al cabo de los meses transcurridos, también las diferencias caracteriales entre ambos amigos comenzaron a pesar. Teniendo cuenta de ello, podría ser que el verso «oh Capitán, en nuestra hora de reparto» aludiera, crípticamente como de costumbre, a la futura cuanto inevitable hora de separación de los amigos-hermanos, y de repartición de la *colección nocturna*: hora ya vislumbrada por Pablo.

El verso «abre los mudos cerrojos, y espérame» (originalmente era «*duros cerrojos*») podría también provenir de la lectura de *Mon frère Yves*, si asimilamos *cerrojos* a *grilletes*, cepo (en francés, *les fers*). En la novela de Loti, más de una vez el 'hermano mayor' (el Capitán) debe liberar a Yves del cepo o grilletes de hierro a que ha sido condenado por sus extravíos de embriaguez: «Ses *nuits de fer*, ses jours de prison ne se comptaient plus» (VIII); «C'est Yves, qui est *aux fers*, étendu sur les planches humides» (XXXIV); o por el contrario debe ordenar que le pongan grilletes para impedir esos extravíos: «à moins de me mettre *aux fers* aujourd'hui... Aux fers? Eh bien, oui, Yves, tu iras!» (LXVI). En el poema, «los mudos [duros] cerrojos» aludirían simbólicamente a la prisión o cepo del *propio soñar*, a los límites de la propia condición que Pablo querría superar con su nueva poética del *soñar ajeno*. O con más probabilidad a la presión autoritaria del 'hermano mayor', quien seguramente pretendía dirigir también la vida del inexperto Pablo según su ritmo y criterios.

Lo mismo para el verso «allí debemos cenar vestidos de luto». ¿Cena simbólica de despedida y conciliación? En la hora del reparto (o balance) los 'hermanos' deberán admitir que el dolor y la muerte se verifican igualmente en el ámbito de los *sueños* (espacio del poeta) y en el de la *acción* (espacio del Capitán): por eso deberán cenar «vestidos de luto», ambos, en paridad. En *Mon frère Yves* hay un episodio en que el Capitán (hermano mayor), luego de haber ordenado *mettre aux fers* (poner al cepo, engrillar) a Yves para evitarle una recaída en la embriaguez, lo invita a una cena de reconciliación (LXVII), que en realidad habría festejado (no se realiza) el restablecimiento de la relación de dependencia o subordinación. En el poema de Neruda, la cena debería sancionar la autoafirmación de Pablo frente al Capitán: cena entre pares.

Con la críptica figura del «enfermo de malaria», al cierre de la estrofa, el texto parece proponer un 'portero de ceremonias' (¿o un ángel guardián?) a tono con la lóbrega atmósfera del barco y con el luto de la cena auspiciada. Pero al mismo tiempo es una probable autorreferencia del poeta, con alusión a las fiebres —«felizmente benignas»— que sufrió durante sus primeras semanas en Rangoon.

> *Mi corazón, es tarde y sin orillas,*
> *el día como un pobre mantel puesto a secar*
> *oscila rodeado de seres y extensión:*
> *de cada ser viviente hay algo en la atmósfera:*
> *mirando mucho el aire aparecerían mendigos,*
> *abogados, bandidos, carteros, costureras,*
> *y un poco de cada oficio, un resto humillado*
> *quiere trabajar su parte en nuestro interior.*
> *Yo busco desde antaño, yo examino sin arrogancia,*
> *conquistado, sin duda, por lo vespertino.*

Cambio de registro en esta estrofa final, anticlimática como en los poemas escritos en Chile. Al cabo de su 'recolección nocturna' el poeta establece una distancia para la verificación conclusiva. La escenografía parece corresponder a la del barco que oscila en una extensión sin orillas. Estos versos finales confirman con cuánto afán Pablo busca un modo auténtico, honesto y convincente —para él— de hacer *alocéntrica* su poesía. Su atención hacia el *soñar ajeno* parece la vía de acceso a sus versos para los seres humanos no privilegiados por la sociedad. Notar que el elenco incluye ciertas categorías caras al anarquismo por su marginalidad social (mendigos, bandidos), pero también algunas estructuradas dentro del sistema (abogados, carteros, costureras). La noción de *oficio* —trabajo regular y organizado— asoma aquí en un contexto implícito de desigualdades y conflictos sociales, generador de ese «resto humillado [que] quiere trabajar su parte en nuestro interior», vale decir, que busca espacio y expresión en 'mi poesía'. Destaco el empeñamiento de Pablo en buscar su válido camino poético, incluso en las penosas condiciones de su viaje a Rangoon.

TRAJES: FORMAS Y COLORES DEL VESTUARIO ORIENTAL

> Hay fronteras del planeta en que los trajes florecen. Hay una estación para ellos: una primavera detenida, un verano fantástico. El vestido, compañero gris de la acción, ángel cotidiano, sonríe. [...] Con frecuencia en este tumultuoso jardín de los trajes, en esta abigarrada estación vestuaria, cruzan las mezclas de lo grotesco y de lo arbitrario. Éste es el parque de las sorpresas, el hervidero de las formas vivas, y se pierde la observación en un océano de inesperadas variaciones, tentativas excelentes y momentáneas de osadía y, a veces, bellas gentes desnudas.
>
> ["Contribución al dominio de los trajes" en *OC*, IV, 345 y 348]

Pablo y Álvaro pasan en Rangoon casi todo diciembre 1927 y los primeros días de enero del nuevo año 1928. Tiempo más que suficiente para confirmar la imposibilidad de establecerse allí, según escribe Pablo a Pino Saavedra ya a comienzos de diciembre (el día 7), al regresar del viaje a Madrás, y según reitera a

Joaquín Edwards Bello el día 12 de ese mismo mes: «Estoy viejo en Birmania, con tres meses en que comienza a verse el aburrimiento. Pronto se fatiga uno de ver raras costumbres, de acostarse sólo con mujeres de color, de ver un diario espectáculo de interior inaccesible. Tal vez muy pronto acuda a ti a ver si me hallas otro destino. Ahora, en tanto pueda reunir algunas *rupees*, trataré de viajar por China y Japón, y conocer el norte de la India. Sólo que escasea el dinero. Has visto alguna de mis crónicas? Me dirás si te gustan. Las he hecho sacrificando bastante mi libertad, sin embargo el diario [*La Nación*] no ha cumplido, y hasta aquí no he recibido ningún pago. Aquí se vive caramente y debo pagar 700 chilepesos por una pensión modesta. El clima es caluroso pero me gusta. Hay un color verde vivo por todas partes, y un inmenso hormigueo de gente a todas horas. [...] Por qué reniegas del juego en tus artículos? Por qué destruir tan hermosa fuente de absurdo? No quiero disminuir la alegría de verte fuera de lo establecido. Por mi parte, yo cada día trato de alimentar más eficazmente mi propia locura, y ése es el camino de la salvación» (Schidlowsky, 124; *EPV*, 51-52). Al cierre, la dirección en una calle central de la ciudad: Dalhousie Street 295, Rangoon, que supongo corresponde a la aludida «pensión modesta».

La carta a Edwards Bello reafirma la ideología anarquista («la alegría de verte fuera de lo establecido», «alimentar... mi propia locura») como «camino de la salvación». El poeta lucha contra el desánimo, se niega a la derrota. A pesar de todas las dificultades y del aburrimiento, la admirable vitalidad espiritual de Pablo logra que incluso ese funesto período inicial en Rangoon devenga una fase importante de su formación estética y poética. Y también política. Invito a leer en esta perspectiva la magnífica crónica "Contribución al dominio de los trajes" (*OC*, IV, 345-348), escrita a caballo entre el final de 1927 y el comienzo de 1928, y publicada en *La Nación* el 4 de marzo. De los párrafos iniciales:

> Era en verdad eterna aquella agonía de colores: mano a mano no había diferencia entre multitudes de la España abrasadora y de la lluviosa Gran Bretaña. Multitudes confusas, ennegrecidas; añoradoras del impermeable, idólatras del tongo; formadas en lúgubres vestimentas burocráticas, uniformadas bajo el mandato del casimir.
>
> Esta oscuridad vestuaria, aparentemente sin consecuencias, ha ido dañando profundamente el sentido de lo histórico, ha detenido el sentimiento popular de grandeza. Revolución, destronamiento, conspirador, motín, todo este magnífico rosario de efectos aún actuales hoy suena a hueco, a difunto, ahogado en las profundidades del pantalón, sometido al *smoking* y al paraguas.
>
> Esas palabras, sus grandes significaciones, abandonan el mundo expulsadas por un vestuario sin grandeza. Pero sin duda sobrevendrán futuramente acompañando al Dictador del Vestido que, con corazón de dictador, amará la mágica ópera italiana y restituirá los bellos borceguíes de terciopelo, el calzón encarrujado, la manga azul turquí.

«Era en verdad eterna aquella agonía de colores», etcétera: alusión a la reciente travesía europea, sobre todo al terrible viaje entre Madrid y París y a las estadías en grandes ciudades. Aunque Pablo no pasó por Gran Bretaña, ahora la tiene a su alrededor en Rangoon, y bajo su forma peor: la del colonialismo arrogante, hipócrita y despiadado; la de los funcionarios ingleses desprovistos de cualquier interés por la vida concreta y cotidiana de la comunidad sometida (salvo excepciones como Leonard Woolf en Ceylán 1904-1911, o Eric Arthur Blair, más conocido como George Orwell, que deja Birmania el 14.07.1927, un par de meses antes de la llegada de Pablo. Lástima, porque habrían hecho buenas migas los dos).

Desilusión quizás respecto a la imagen literaria de Europa que desde Chile traía. Pero lo esencial es la crítica al mundo burgués europeo que ha impuesto a la modernidad una «oscuridad vestuaria», un tono grisáceo y lúgubre que «ha ido dañando profundamente el sentido de lo histórico». El cronista no rechaza las conquistas de la burguesía y del progreso sino su revestimiento gris, esa pérdida de colorido y de belleza que amenaza anular su significado profundo. La historia necesita avanzar en correspondencia y armonía con la belleza del vestuario, con ese colorido vital que los pueblos saben dar a su existencia. Haría falta un Dictador del Vestido. El anarquista se proclama de improviso (irónicamente, claro) restaurador monárquico y autoritario, propiciador del retorno al borceguí de terciopelo y al «calzón encarrujado», a las hermosas vestimentas de antaño. Punto de vista precozmente posmoderno, que hoy día no alarmaría a nadie, pero que entonces Pablo barajó sin pestañear con la 'neomodernidad' (tercera fase) de sus críticas al colonialismo inglés y a las aberraciones de la praxis religiosa en Oriente. Fue una de sus modulaciones de la vanguardia.

Es sorprendente la mezcla de aplomo y de irónica desenvoltura con que estas líneas iniciales de la crónica relacionan la historia con la estética de los trajes. Tras el juego retórico hay sin embargo una proclividad de fondo, latente, que la cultura oriental ha solicitado. **Este sentido del color, de la gracia dinámica de las formas, del resplandor callejero, no se encuentra en la obra anterior de Neruda.** Incluso las prosas de *Anillos*, tan ricas de coloración y brillos de la naturaleza del Sur chileno, palidecen frente a la estupefaciente turbulencia descriptiva de estas crónicas, escritas además con notable precisión y exactitud de lenguaje. Muy lejos del entusiasta exotismo de un viajero maravillado, lo más sorprendente en ellas es la naturalidad con que Pablo se apropia de los detalles, la convincente autoridad con que nos aproxima y visualiza aspectos culturales que hasta entonces él mismo desconocía. Su residencia en Oriente es para Pablo —sobre todo— una formidable escuela de formación estética, complementaria a aquella primaria y decisiva del bosque chileno. Escuela de formación política también, aunque —por falta de instrumentos teóricos— de modo menos neto pero siempre inteligente. Esos casi seis años de capilar experiencia del colonialismo —o sea, de *otra* modulación del subdesarrollo capitalista, diferente de la que había vivido en Chile— dejarán en Pablo huellas que no mucho después se integrarán y organizarán en una visión de conjunto. En 1932 regresará a su país derrotado, infeliz y pobre, pero enriquecido y maduro en su oficio poético.

Su entusiasmo frente al vestuario oriental se había desencadenado ya en la crónica sobre el Acuario de Madrás: «Pero quiero celebrar con grandes palabras las túnicas, el traje de las mujeres hindúes, que aquí encuentro por primera vez. Una sola pieza que luego de hacerse falda se tercia al dorso con gracia sobrenatural, envolviéndolas en una sola llama de seda fulgurante, verde, purpúrea, violeta, subiendo desde los anillos del pie hasta las joyas de los brazos y del cuello. Es la antigüedad griega o romana, el mismo aire, igual majestuosa actitud: las grecas doradas del vestido, la severidad del rostro ario, parecen hacerlas resurgir el mundo sepultado, criaturas purísimas, hechas de gravedad, de tiempo» (*OC*, IV, 343). Ahora, en Rangoon, la "Contribución al dominio de los trajes" describe con minucia de gestos y colores un espectáculo del Teatro Chino (hay miles de chinos en la ciudad), cuyo «objetivo teatral se ha indudablemente logrado exaltando la importancia vestuaria». Lo cual significa que el espectáculo tendría una función compensatoria de la uniformidad y de la gris inexistencia de los individuos: «el traje callejero chino es simple y sin belleza: una chaquetilla, un pantalón. El chino, laborioso, hormiguesco, desaparece en su común vestido [...]. Por eso, esa fantasmagoría escénica le abre la vida y ese fantoche prodigioso parece favorecer sus sueños» (*OC*, IV, 347).

Pero el color no basta. Las crónicas no traducen una perspectiva de turista sino una auténtica interiorización del cromatismo oriental. Hay una solidez, una fuerte disponibilidad íntima en este poeta que escribe sobre aspectos de un mundo en fresca exploración como si lo hubiera penetrado desde hace tiempo, con familiaridad inmediata y segura. Hay autenticidad. A él no interesa lo exótico en cuanto tal, según lo demuestran sus observaciones en torno a templos y religiones y pobreza. Al contrario, sus escritos denuncian con vigor y nitidez la degradación humana que la mezcla del colonialismo europeo con los prejuicios y aberraciones de la tradición local ha impuesto como contrapunto a tanta belleza. El criterio de fondo así afirmado restará latente en Neruda incluso durante el período de su mayor adhesión a la causa comunista. Siempre auspiciará que la fachada grisácea del *socialismo real* fuera sustituida por la alegría y los colores correspondientes a lo que para él era la vida profunda del sistema. Convergencia de forma y sustancia en la construcción de la utopía moderna: ése será su más acariciado sueño.

VIAJES (I): INDOCHINA

> Yo estoy bastante aburrido en Rangoon y pienso
> irme de allí en corto tiempo. No te puedo
> describir el calor que hace, es como vivir en un
> horno día y noche. Toda la gente termina por
> enfermarse de malaria, pero por suerte las fiebres
> que he tenido hasta ahora se fueron pronto.
>
> [Carta a Laura desde Shanghai, 22.02.1928, en *OC*, V, 806]

Los últimos días de 1927 o los primeros de 1928 nuestro cónsul en Rangoon los pasa revisando, timbrando y firmando los papeles relativos al cargamento de té y parafina sólida (¿material para fabricar velas?) que cada tres meses parte con destino a Valparaíso. El barco desde Calcutta o Singapore ha llegado puntualmente según el calendario previsto. Una vez despachado el cargamento, y con otros tres meses de inactividad consular por delante, Pablo y Álvaro parten de nuevo entre el 5 y el 10 de enero, esta vez rumbo a China y Japón. Mejor pasar esos meses viajando que aburrirse en Rangoon. Y hasta puede resultarles más barato, considerando el alto costo del vivir en la capital birmana y los magros ingresos del cónsul. Único problema: es invierno en ese hemisferio, y en el Extremo Oriente el frío es cosa particularmente seria. Pero haciendo camino se verá.

¿Cómo viajaron? ¿Cuál fue el itinerario? No sin dificultad intento reconstruir la fase inicial a través de la antigua Indochina. Por documentos que menciono a continuación sabemos que el 20.01.1928 Pablo está en Bangkok y que desde allí atravesará en autobús Siam y Camboya (pasando por Battambang) hasta llegar a Saigón en Vietnam. En algún puerto cercano (tal vez Phuoc Le) toma un barco que lo lleva a Kowloon (o sea, a Hong Kong) y luego a Shanghai y a Tokio.

Pero ¿cómo llegó a Bangkok? "Imágenes de la selva" se titula el primer apartado o capítulo de la sección 4 de *Confieso que he vivido* (*OC*, V, 480-484). Ese capítulo inicial de la sección dedicada al Oriente recoge episodios del período Rangoon-Calcutta (1927-1928), pero en desorden topológico y «sin cronología», o con errada cronología (sitúa en 1929 el episodio del 'mago' musulmán que camina sobre las brasas sin quemarse, lo cual, según veremos, acaece en Rangoon 1928). El capítulo incluye el «recuerdo del orangután Rango» (*ibíd.*, 482) que viene a abrirle a Pablo la puerta del jardín botánico en Medán, Sumatra, y con quien se sienta a beber una cerveza: un episodio que, como el de la «pareja de danzarines malayos» en las afueras de Samarang (Java), había ocurrido en octubre 1927 cuando los dos amigos chilenos recorrieron el archipiélago de la Sonda mientras esperaban embarcarse en Singapore para completar el viaje hasta Rangoon.

Ahora bien, otros dos episodios incluidos en el mismo capítulo tienen que ver con un viaje de Pablo a Penang, en la Malasia peninsular. El asunto del primer episodio es una visita al célebre templo de la Serpiente, construido hacia 1850 en memoria de Chor Soo Kong, el carismático monje budista que amaba las serpientes y cuyo cumpleaños (el sexto día del primer mes lunar) atrae hasta hoy a creyentes que vienen a Penang desde tan lejos como Singapore, Surabaya, Manila o Taiwán. Ese templo con fuerte olor a incienso y con centenares o miles de serpientes: «Las hay pequeñas enroscadas a los candelabros, las hay oscuras, metálicas y delgadas, todas parecen adormecidas y saciadas». El segundo episodio se refiere a la continuación del mismo viaje que trajo a Pablo hasta el templo de la Serpiente. El doble relato (*ibíd.*, 482-484) no trae indicaciones cronológicas, ni referencia alguna que permita situarlo, pero el segundo comienza así: «*El autobús salía de Penang y debía cruzar la selva y las aldeas de Indochina para llegar a Saigón*». Puesto que entre Penang y Saigón se interponían los territorios de Siam y Camboya —que Pablo no volvió a recorrer—, el episodio va colocado entre el 10 y el 15 de enero, y referido al mismo periplo que llevará a nuestros dos amigos hasta Shanghai y Tokio, y luego de regreso a Rangoon. Neruda recordará en otras ocasiones ese viaje en autobús que las memorias evocan así:

> Nadie entendía mi idioma ni yo entendía el de nadie. Nos parábamos en recodos de la selva virgen, a lo largo del interminable camino, y descendían los viajeros, campesinos de extrañas vestiduras, taciturna dignidad y ojos oblicuos. Ya

quedaban sólo tres o cuatro dentro del imperturbable carromato que chirriaba y amenazaba desintegrarse bajo la noche caliente.

De repente me sentí presa de pánico. Dónde estaba? Adónde iba? Por qué pasaba esa noche larguísima entre desconocidos? Atravesábamos Laos y Camboya. Observé los rostros impenetrables de mis últimos compañeros de viaje. Iban con los ojos abiertos. Sus facciones me parecieron patibularias. Me hallaba, sin duda, entre típicos bandidos de un cuento oriental.

Se cambiaban miradas de inteligencia y me observaban de soslayo. En ese mismo momento el autobús se detuvo silenciosamente en plena selva. Escogí mi sitio para morir. No permitiría que me llevaran a ser sacrificado bajo aquellos árboles ignotos cuya sombra oscura ocultaba el cielo. Moriría allí, en un banco del desvencijado autobús, entre cestas de vegetales y jaulas de gallinas que eran lo único familiar dentro de aquel minuto terrible. Miré a mi alrededor, decidido a enfrentar la saña de mis verdugos, y advertí que también ellos habían desaparecido.

Esperé largo tiempo, solo, con el corazón acongojado por la oscuridad intensa de la noche extranjera. Iba a morir sin que nadie lo supiera! Tan lejos de mi pequeño país amado! Tan separado de todos mis amores y de mis libros!

De pronto apareció una luz y otra luz. El camino se llenó de luces. Sonó un tambor; estallaron las notas estridentes de la música camboyana. Flautas, tamboriles y antorchas llenaron de claridades y sonidos el camino. Subió un hombre que me dijo en inglés:

—El autobús ha sufrido un desperfecto. Como será larga la espera, tal vez hasta el amanecer, y no hay aquí donde dormir, los pasajeros han ido a buscar una *troupe* de músicos y bailarines para que usted se entretenga.

Durante horas, bajo aquellos árboles que ya no me amenazaban, presencié las maravillosas danzas rituales de una noble y antigua cultura y escuché hasta que salió el sol la deliciosa música que invadía el camino.

El poeta no puede temer del pueblo. Me pareció que la vida me hacía una advertencia y me enseñaba para siempre una lección: la lección del honor escondido, de la fraternidad que no conocemos, de la belleza que florece en la oscuridad.

Relato tardío de una experiencia almacenada en la memoria, cuya lectura definitiva la hará Neruda en la madurez de su lenguaje autobiográfico (en *VDP*, 1962, de donde pasa a *CHV*). Pero la conservación misma del recuerdo es índice de cómo el poeta va registrando determinados y selectivos momentos de su transcurrir.

Notar que en este episodio Pablo se autoevoca solo, sin la compañía de Álvaro. ¿Dónde quedó el amigo? Este detalle me desorientó por un tiempo, hasta que comprendí que se trata sólo de una intermitente elección estilística del narrador. En efecto, sucede también en otros episodios de la serie en que igualmente omite a Álvaro, cuya presencia, sin embargo, consta por otras fuentes. Así, el narrador del episodio del 'mago' musulmán que camina sobre las brasas es en las memorias una figura solitaria en primera persona singular («Me acerco. Me enciende la cara el vigor de las brasas...»), mientras Tomás Lago recoge de Neruda una versión en que Álvaro y un amigo hindú son también espectadores de la proeza (1999: 51-52).

Finalmente, y retornando aún más atrás: ¿cómo llegaron a Penang los viajeros? Por el conjunto de indicios y datos reunidos, presumo que Pablo y Álvaro iniciaron el viaje por mar, navegando desde Rangoon a Penang (o a Singapore), donde toman el autobús que los lleva través de la selva por una ruta que avanza hasta Bangkok bordeando el golfo de Siam (hoy, de Thailandia).

De una postal a Laura fechada precisamente en Bangkok el 20 de enero: «Voy al Japón y he pasado dos días en Siam. En dos meses volveré a Rangoon.» La toponimia y la geografía política han cambiado mucho desde entonces. La crónica "Invierno en los puertos" (*OC*, IV, 349-352), escrita el 7-8 de febrero durante la escala en Shanghai o poco después en el barco rumbo a Japón, y publicada en *La Nación* el 8 de abril, condensará admirablemente aspectos del viaje hasta allí. El cronista evoca la primera fase en la afinidad climática y cultural de «la tierra indochina de dulces nombres, Battambang, Berenbeng, Saigón», recordando en conjunto sus rápidos días en territorios que entonces eran de dominio francés y que después constituirán Thailandia (Muang T'hai), Camboya (Kampuchea), Vietnam. Evocado desde el frío terrible de Shanghai, aquel invierno indochino era paradisíaco: «Qué difícil es dejar Siam, perder jamás la etérea, murmurante noche de Bangkok... Qué sufrimiento dejar las ciudades de Cambodge, que cada una tiene su gota de miel, su ruina khmer en lo monumental, su cuerpo de bailarina en la gracia. Pero aún más imposible es dejar Saigón, la suave y llena de encanto.»

Sobre todo Saigón. Sin duda la colonización francesa aparece más alegre y cálida que la inglesa de Rangoon, y parece armonizar mejor con la cultura y las costumbres locales. A Pablo le quedan impresos «un olor de café caliente, una temperatura suave como piel femenina y en la naturaleza cierta vocación paradisíaca», elementos que, sumándose al opio de venta en las esquinas y al vino tinto del risueño y rumoroso restorán francés, hacen de Saigón «una ciudad de sangre mestiza, de atracción turbadora». Sin olvidar obviamente los trajes de las «muchachas anamitas, ataviadas de seda, con un pañuelo hecho deliciosa toca sobre la cabeza, muñecas de finísima feminidad, impregnadas sutilmente de una atmósfera de gineceo, gráciles como apariciones florales, accesibles y amorosas».

VIAJES (II): HONG KONG, SHANGHAI, TOKIO

> ... *la peste, el hambre,*
> *los norteamericanos,*
> *los japoneses, los banqueros*
> *de Londres y de Francia,*
> *todos venían a civilizar*
> *a China sacándole las entrañas,*
> *vendiéndola en las Bolsas del Mundo,*
> *prostituyéndola en Shanghai*
>
> [de "Todo es tan simple", *UVT*, en *OC*, I, 935]

Aquello cambia bruscamente en la costa china: «Se cruza bajo una implacable constelación de hielo, un terrible frío rasca los huesos.» Es el inicio de febrero. Nuestros viajeros desembarcan en Kowloon, y de allí un obligado recorrido por Hong Kong, «ciudad hormigueante, alta y gris de paredes, sin más carácter chino que los avisos de alfabeto enigmático; una violencia de gran ciudad de Occidente —Buenos Aires, Londres— cuyos habitantes hubieran adquirido los ojos oblicuos y la piel pálida... Cada mañana amanece una docena de muertos por el frío de la terrible noche de Hong Kong, noche de extensión hostil que necesita cadáveres, y a la que hay que sacrificar puntualmente esas víctimas...». La condición glacial del dominio inglés se suma pavorosamente al frío del invierno.

Shanghai, por comparación, les parece al comienzo hospitalaria y confortable «con su vida de trasnochada metrópoli y su visible desorden moral», con su denso tumulto humano. Aquí la prosa de Pablo, no obstante la prisa y alguna repetición, nos maravilla de nuevo al entregarnos en pocas pinceladas un dinámico escorzo de la ciudad-hormiguero: «En sus calles se pierde el control, la atención se despedaza repartiéndose en millones de vías, queriendo captar la circulación ruidosa, oceánica, el tráfico agitándose millonariamente. Las innumerables callejas chinas desembocan en las avenidas europeas como barcas de extraordinarios velámenes coloreados. En ellos, es decir en la selva de tela que adorna el exterior de los bazares, se encuentran a cada paso el león de seda y el loro de jade, el vestido del mandarín y la pipa de los soñadores. Estas callejas repletas de multitud, hechas de un gentío compacto, parecen la ruta de un solo gran animal vivo, de un dragón chillón, lento y largo.»

Pero no sólo la fisonomía y el movimiento de la ciudad: el joven Neruda registra también la atmósfera de las transformaciones históricas —revolucionarias— que en China ya se han puesto en marcha [justamente en 1927 los nacionalistas del Kuomintang (Guomindang) han establecido su capital en Nankín, tras haber atacado y obligado a la defensiva a sus ex aliados, los comunistas de Mao Tse-tung (Mao Zedong), quienes a su vez, durante aquel mismo 1927, han creado ya algunas 'bases rojas' en el Jinggang Shan]:

> Dentro del límite de las Concesiones, el *Bund* o *City* bancaria se extiende a la orilla del río; y a menos de cincuenta metros los grandes barcos de guerra ingleses, americanos, franceses, parecen sentados en el agua, bajos y grises de silueta. Estas presencias severas y amenazantes imponen la seguridad sobre el gran puerto. Sin embargo, en ninguna parte se advierte más la proximidad, la atmósfera de la revolución. Las puertas de hierro que cada noche cierran la entrada de las Concesiones, parecen demasiado débiles ante una avalancha desencadenada. A cada momento se ostenta la agresividad contra el forastero, y el transeúnte chino, súbdito antiguo de Nankín y Londres, se hace más altanero y audaz. Mi compañero de viaje, el chileno Álvaro Hinojosa, es asaltado y robado en su primera excursión nocturna. El coolí de Shanghai toma ante el blanco un aire de definida insolencia: su ferocidad mongólica le pide alimento en este tiempo de ferocidad y sangre. Ese ofrecimiento que el viajero oye en Oriente mil veces al día: *Girls! Girls!*, toma en Shanghai un aire de imposición; el *rickshaman*, el conductor de coches, se disputan al cliente con aire de ferocidad contenida, desvalijándolo desde luego con los ojos.

Este párrafo bastaría para demostrar el temprano interés y la capacidad de análisis que el joven poeta de los todavía frescos *Veinte poemas de amor* es capaz de manejar y exponer, con segura pertinencia, en el campo de la política internacional diez años antes de *España en el corazón*. En particular la conexión que establece la crónica entre el asalto de que fue víctima Álvaro y la violencia xenófoba de los chinos de baja condición social y económica, determinada en parte por las transformaciones —a menudo confusas y contradictorias— que la situación política está operando en la conciencia popular. Pablo ve con lucidez el ánimo de oscura revancha que un pueblo largamente humillado y explotado descarga con agresividad —en todos los terrenos y con diversos grados y modalidades— sobre el extranjero.

En un fragmento antes inédito de sus memorias (*OC*, V, 474-476) Neruda evoca detalladamente el episodio del robo en Shanghai, pero incluyéndose esta vez en la penosa desventura. Álvaro no había salido solo «en su primera excursión nocturna», sino, como era lógico, con su compañero de viaje, y también a éste los chinos asaltantes (en acuerdo con los dos *rickshamen*) golpearon en la nuca cuando Hinojosa «esbozó el ademán de buscarse un arma en el bolsillo del pantalón». El tardío relato subraya curiosamente un detalle: «Yo caí de espaldas, pero los chinos me tomaron la cabeza en el aire para impedir el encontronazo, y *con suavidad* me dejaron tendido sobre la tierra mojada», para luego proceder rápidamente, «con destreza de malabaristas», a trajinar sus ropas hasta dejarlo sin un céntimo del poco dinero que tenía.

La diferencia entre los dos relatos es significativa en dos sentidos: en la crónica de 1928 el joven cónsul tiene interés en no aparecer implicado en la desafortunada «excursión nocturna» de su amigo; tampoco el joven (y orgulloso) poeta quiere aparecer bajo una luz desmedrada, pero además pretendía dar a su correspondencia un alcance por encima de la simple anécdota. En sus memorias, por el contrario, como será habitual en su escritura autobiográfica posmoderna (desde 1957 en adelante), Neruda quiere ante todo rescatar el episodio en sí mismo, por su valor puramente anecdótico, sin ulteriores pretensiones.

Pero el factor dominante en esta parte del viaje es el frío: «aquí en China hace un frío que nunca había sentido, un invierno con nieve, lluvia y viento», escribe Pablo a Laura desde Shanghai el 7 de febrero. Y desde la misma ciudad, pero con fecha 22, al volver: «en Japón hacía un frío del demonio y quise regresar a Rangoon cuanto antes por temor de las pulmonías y de los estornudos». Al robo de Shanghai se suma en Yokohama la criminal negligencia del cónsul chileno que sólo tardíamente entrega a Pablo unos dineros que habían llegado antes de que los dos viajeros pusieran pie en Japón. Pero ellos alcanzan a reparar el daño: «Aquella noche nos fuimos al mejor café de Tokio, el Kuroncko, en la Ghinza. Se comía bien por esos tiempos en Tokio, amén de la semana de hambre que sazonaba los manjares. En la buena compañía de deliciosas muchachas japonesas, brindamos muchas veces en honor de todos los viajeros desdichados, desatendidos por los cónsules perversos que andan desparramados por el mundo» (*CHV*, en *OC*, V, 477). Una tarjeta postal con la imagen de una muchacha en kimono, enviada a Laura desde Tokio entre el 15 y el 20 de febrero, testimonia aquel justo desquite contra la desventura:

> Aquí te mando una japonesita. Hay muchas así en Tokio y son muy, pero muy simpáticas y sonrientes. Siempre me acordaré de ellas. Son las más femeninas, las más lindas del mundo. Yo aprendí algunas palabras en japonés, comía en un restaurante puramente japonés, y a poco andar me habría casado con alguna de estas muñecas. Mírala, porque habría podido ser tu cuñada.
>
> — *OC, V, 805*

Como se ve, Pablo no es hombre de prejuicios raciales (aunque también ésta es una broma afectuosa). Pero las japonesitas ya han sido olvidadas en la carta a Laura del 22 de febrero desde Shanghai, en la que Pablo retorna sobre el tema del aburrimiento en Rangoon y agrega el propósito de transferirse a Europa para terminar allí sus estudios universitarios. «Ahora, qué haré para vivir en Europa? Con muy poco dinero podría comer y dormir allí, pero, dónde conseguir ese poco? Para mí todo es difícil y me siento cansado y enfermo. En fin, creo que te cuento inútilmente estas cosas que no pueden interesar gran cosa a ustedes.»

Al pasar por Singapore, durante el viaje de regreso a Rangoon, se entera Pablo de la muerte de Augusto Winter (después confirmada por una carta de Laura). Allí pergeña una crónica (fechada «Singapore, febrero de 1928») en memoria del bibliotecario de sus veranos en Puerto Saavedra. «Yo lo conocí a Winter en su puerto, en su escondrijo de Bajo Imperial. Lo conocí de leyenda, lo conocí luego de vista, y al fin de profundidad. [...] Don Augusto era el hombre de manos minúsculas, de ojos de agua azul, el hombre aristocrático del norte, el viejo caballero auténtico. Llegó al sur a contrastar, a una tierra de mestizos revoltosos, de colonos oscuros, a un semillero de indios sin ley. Allí vivió don Augusto, delicado, envejeciendo. En su cercanía más próxima había libracos, sabidurías, y a su alrededor, un cortinaje denso de lluvia y alcoholismo. Hasta mis recuerdos se asustan de aquellas soledades! Cuando el mal tiempo se desamarra por allí, las aguas parecen parientes del demonio, y las del río, las del mar, las del cielo, se acoplan, bramando. País abandonado en que hasta las cartas llegan sin frescura, ajadas por las distancias, y en que los corazones se petrifican y alteran. [...] Yo recuerdo su casa, su tabaco, su teosofía, su catolicismo, su ateísmo, y lo veo tendido, durmiendo, escoltado por tales costumbres y ansiedades. Yo admiro su figura y con horror me persigno ante ella, para que me favorezca: apártate, soledad tan tremenda!»

De modo similar a lo sucedido con "Playa del Sur" de 1923, en esta evocación de la zona costera de Bajo Imperial se proyectan los temores y ansiedades con que Pablo está viviendo su situación en Oriente. El rechazo del mundo al que la ignorancia y un mal destino lo han traído como a una trampa sin salida, por analogía inconsciente lo hace recordar el territorio de sus sueños de adolescencia a través de un prisma degradante y destituidor. La soledad de Winter amenaza ser también su propia soledad en acecho. De ahí la vehemencia del exorcismo: «apártate, soledad tan tremenda!»

"SISTEMA SOMBRÍO": EL VIGÍA CIEGO

> His first six months in Burma he had spent in Rangoon, where he was supposed to be learning the office side of his business. He had lived in a 'chummery' with four other youths who devoted their entire energies to debauchery.
> And what debauchery! They swilled whisky which they privately hated, they stood round the piano bawling songs of insane filthiness and silliness, they squandered rupees by the hundred on aged

> Jewish whores with the faces of crocodiles. That
> too had been a formative period.
>
> [George Orwell, *Burmese Days*, 1934, chapter V]

> Así, pues, me veo con camaradas estúpidos y alegres,
> que fuman y escupen y horrendamente beben,
> y que de repente caen, enfermos de muerte.
>
> ["La noche del soldado", Rangoon 1928, en *OC*, I, 278]

«Recién he vuelto, y empiezo otra vez con Rangoon, quizás hasta cuándo... Aquí no se sale a la calle sino después de las cinco de la tarde: antes el sol pega como fuego. A esa hora ya se puede respirar... No sé cuándo saldré de aquí, ni en qué estado. A veces, como te decía, me aburro demasiado. Mi interés mayor está en Europa: solamente allí quiero vivir. Mientras más pronto, mejor» (carta a Laura del 31.03.1928, en *OC*, V, 807). Helos aquí nuestros dos viajeros, de nuevo en Rangoon a fines de marzo. Pablo regresa sin duda con la urgencia de volver a lo suyo, a su misión 'profética', a la poesía. Y mal soportando ahora la presencia de Álvaro, cuyas manías y trajines disturbantes aumentan cada día la dificultad de retomar el ímpetu creativo. En vano reitera la plegaria a la Noche del poema "Tiranía", presumiblemente escrito meses atrás (octubre o noviembre) cuando recién había desembarcado en Rangoon, y en un estado similar de desolación del ánimo: «Oh dama sin corazón, hija del cielo, / auxíliame en esta solitaria hora / con tu directa indiferencia de arma / y tu frío sentido del olvido.» A este propósito de lealtad hacia el espíritu de Cantalao, hacia el transoceánico fundamento de su poesía, obedecen sin duda los versos iniciales del poema "Sistema sombrío", que presumo escrito en las primeras semanas de abril 1928:

> *De cada uno de estos días negros como viejos hierros,*
> *y abiertos por el sol como grandes bueyes rojos,*
> *y apenas sostenidos por el aire y por los sueños,*
> *y desaparecidos irremediablemente y de pronto,*
> *nada ha substituido mis perturbados orígenes,*
> *y las desiguales medidas que circulan en mi corazón*
> *allí se fraguan de día y de noche, solitariamente,*
> *y abarcan desordenadas y tristes cantidades.*

Percepciones contrastantes y paradójicas. Días negros, no como la Noche sino como oscuros hierros de puerto o de barco, o sea inertes, minerales; al mismo tiempo, días en que «el sol pega como fuego», días exuberantes de vida orgánica tumultuosa, excesiva, como la selva tropical o como «grandes bueyes rojos» (la imagen *bueyes* convoca en ámbito animal, por sus atributos y volumen, valores simbólicos de acumulación y densidad orgánica sustancial, afines a los que en ámbito vegetal convocan los enormes *zapallos* de "Galope muerto", esas cucurbitáceas que a escala de frutos son grandes como los bueyes). Y sin embargo se trata de días efímeros, vacíos, «apenas sostenidos» por el ímpetu de los sueños que todavía llegan desde lejos (viajando «por el aire», atravesando distancias *aéreas*, como el *ácido aéreo* de "Colección nocturna" y como las *sangres aéreas* del poema "Trabajo frío"). Aquel lejano fundamento, aquellos «perturbados orígenes» (el término *orígenes* alude a la memoria fundacional, a Cantalao) persisten, insisten, no han sido sustituidos. Sólo que no funcionan dentro de la nueva situación, por lo cual el autorretrato que Pablo venía diseñando en sus poemas escritos en Chile, ya muy limitadamente activo y eficaz en sus propósitos, sufre en Rangoon la ulterior degradación que admite la estrofa final de "Sistema sombrío":

> *Así, pues, como un vigía tornado insensible y ciego,*
> *incrédulo y condenado a un doloroso acecho,*
> *frente a la pared en que cada día del tiempo se une,*
> *mis rostros diferentes se arriman y encadenan*
> *como grandes flores pálidas y pesadas*
> *tenazmente substituidas y difuntas.*

Un *vigía ciego*, y además sin convicción (*incrédulo*), es evidente imagen de la inutilidad y de la impotencia. El vigía ha perdido su espacio de referencia y con ello el sentido unitario de su misión. Es ahora un protagonista fragmentado que cada día cambia máscaras en sustitución vacía y permanente. Lo cual equivale a vivir la homogeneidad de un tiempo inmóvil. La pérdida de todo horizonte vital ha traído el cumplimiento cabal de los temibles «días blancos de espacio», exorcizados en "Alianza (sonata)", y de ese «tiempo uniforme, sin medidas» que el poeta de "Caballo de los sueños" aguardaba con temor.

En términos de realidad cotidiana: la monotonía, el funesto aburrimiento generado por aquel inmóvil mundo colonial. Para sobrevivir al tedio Pablo y Álvaro recorren los mercados y templos de Rangoon, o quizás como John Flory —protagonista de la novela *Burmese Days*, de George Orwell— pasan horas en la librería Smart & Mookerdum hojeando las novedades recién llegadas desde Inglaterra, o se permiten un buen *beefsteak* donde Anderson's de vez en cuando, o un *drink* en el bar del Strand Hotel. Por las noches no faltan tabernas y locales nocturnos, como sugiere la prosa "La noche del soldado". Pero eso no resuelve el problema crucial de Pablo: ¿cómo reactivar su poesía? Aquí tocamos un aspecto fundamental. Para Pablo la escritura poética necesita un espacio de referencia, una conexión visceral *con la realidad circundante*. Su segunda carta a Héctor Eandi, del 11.05.1928, describe justamente la íntima parálisis que está tratando de superar:

> Querido amigo: Quiero salir ahora de un estado de espíritu verdaderamente miserable escribiéndole en contestación a su carta... A medida que he ido viviendo he hecho más y más difícil mi trabajo literario, *he ido rechazando y enterrando cosas que me eran bien queridas*, de tal manera que me lo paso en preocupaciones pobres, en pensamientos escasos, influenciado por esas súbitas salidas, cuyo contenido *voy reemplazando* muy lentamente...
> A veces por largo tiempo estoy así tan vacío, sin poder expresar nada ni verificar nada en mi interior, y una violenta disposición poética que no deja de existir en mí me va dando cada vez una vía más inaccesible, de modo que gran parte de mi labor se cumple con sufrimiento, por la necesidad de ocupar un dominio un poco remoto con una fuerza seguramente demasiado débil. No le hablo de duda o de pensamientos desorientados, no, sino de una aspiración que no se satisface, de una conciencia exasperada. Mis libros son ese hacinamiento de ansiedades sin salida.

— OC, V, 937

No es muy claro aún (en la próxima sección lo aclararé) a qué se refiere lo de «he ido rechazando y enterrando cosas que me eran bien queridas», pero en combinación con esa «violenta disposición poética» que sin tregua, y quizá sin fuerza suficiente, busca salida por vías difíciles, inaccesibles, tenemos el cuadro de un poeta desolado y sin embargo en movimiento, poniendo en juego toda su voluntad de ser, «rechazando y enterrando» los viejos estímulos para inaugurar y establecer algo nuevo. Pablo sabe que ése es el precio que debe pagar para sobrevivir —como poeta y como individuo— en ese mundo tan diverso. Al parecer la temática del *sueño ajeno* ha agotado sus posibilidades de ulterior desarrollo. Pero «la necesidad de ocupar un dominio un poco remoto» podría referirse a una nueva estrategia que se estaba abriendo paso, vinculada a la exigencia nerudiana de conectar la escritura poética al entorno concreto del Yo protagonista, a su territorio de residencia: «*Yo adonde llego asumo un sueño vegetal, me fijo un sitio y trato de echar alguna raíz, para pensar, para existir...*» (*OC*, V, 479). No por casualidad estas palabras de sus memorias las escribirá Neruda evocando a su amigo Álvaro como una presencia que devino cada vez más incompatible con su única vía de salvación: el arraigo.

Pero el arraigo requiere un elemento que aún falta. Digámoslo de una vez: Pablo necesita urgentemente una mujer de la cual enamorarse en algún modo. Una compañera de cama y —en lo posible— de casa. En otros términos: un amor. Es entonces que aparece Josie Bliss.

VI
RANGOON: JOSIE BLISS
1928

> *Y tú como un mes de estrella, como un beso fijo,*
> *como estructura de ala, o comienzos de otoño,*
> *niña, mi partidaria, mi amorosa,*
> *la luz hace su lecho bajo tus grandes párpados*
> *dorados como bueyes, y la paloma redonda*
> *hace sus nidos blancos frecuentemente en ti.*
>
> — "Juntos nosotros", *1928*

> **Many poets have felt liberated by the East; the most notable Latin American example is Octavio Paz... Such poets for Neruda are ultimately phoney, pseudomystics, who in the end concoct bad parodies of the real thing. And what is the real thing? Not the dazzlingly liberating Buddha, not he wisdom of Confucius, but rapacious poverty, jaded English colonialists, and as far as mysticism is concerned, the same priestly treachery and inhumanity that he had witnessed in the West.**
>
> — *D. P. Gallagher, 1973*

***BURMESE DAYS:* ORWELL Y NERUDA**

> ... *los espantosos ingleses que odio todavía*
> ["Tango del viudo" en *OC*, I, 291]

> And as to the English of the East, the *sahiblog*,
> Flory had come so to hate them from living in
> their society, that he was quite incapable of
> being fair to them.
> [George Orwell, *Burmese Days*, 1934, chapter V]

Gracias a su correspondencia con Eandi y a los textos del período podemos seguir con bastante aproximación la trayectoria íntima de Pablo durante su residencia en Rangoon. Difícil en cambio reconstruir los detalles de su vida exterior, sobre la cual dejó poca información. Ello se debe, paradójicamente, a que con rapidez alcanza una definida visión de ese mundo y elige vivir, dentro de él, aquello que le interesa de veras, teniendo bien poca cuenta de las convenciones dominantes en los terrenos político, social, cultural... y sobre todo racial, que es la dimensión clave en el plano de la convivencia y de la vida práctica cotidiana. La necesidad de afirmar su presencia en Rangoon aun cuando la siente fruto de una elección equivocada —actitud que en verdad no es tanto una forma de orgullo cuanto una forma de autodefensa psicológica— busca una vía positiva a través de la inmersión en ese mundo extraño (con modalidad influida por la ideología anarquista y anticolonial). Lo mismo hace en el plano de la escritura literaria, optando por extraer de la difícil circunstancia en que se ha metido (y no de la nostalgia) los materiales de su poesía.

Pablo comprende bien pronto que el subdesarrollo colonial en esa región es la resultante de una doble opresión: la del imperialismo económico inglés, ejercida mediante el poder militar y administrativo, y la de la tradición cultural-religiosa autóctona, ejercida por los ministros del culto a varios niveles. Ambas dimensiones de la opresión funcionan a través de modulaciones jerarquizadas. «Las castas tenían clasificada la población india como en un coliseo paralelepípedo de galerías superpuestas en cuyo tope se sentaban los dioses. Los ingleses mantenían a su vez su escalafón de castas que iba desde el pequeño empleado de tienda, pasaba por los profesionales e intelectuales, seguía con los exportadores, y culminaba con la azotea del aparato en la cual se sentaban cómodamente los aristócratas del Civil Service y los banqueros del *empire*» (*CHV*, en *OC*, V, 490).

Su experiencia del subdesarrollo chileno —también determinado hasta entonces, en importante medida pero con modulación diferente, por el imperialismo inglés— consiente a Pablo examinar la situación birmana desde una perspectiva diversa de aquélla, no menos crítica, que George Orwell alcanza entre 1922 y 1927 y que despliega a lo largo de su novela *Burmese Days* de 1934 (de modo explícito e incluso discursivo en varios capítulos, sobre todo en el tercero y en el quinto). La de Orwell es obviamente la perspectiva de un inglés cuya visión crítica, no del todo libre de prejuicios o contaminaciones imperiales, como él mismo admite, es sin embargo bastante afín a la de Pablo. Incluyendo el análisis de la condición misma de los ingleses, administradores de la opresión colonial, a través de la conciencia del protagonista John Flory, comerciante maderero:

> Desde entonces, cada año había sido más solitario y más amargo que el anterior. Lo que ahora estaba en el centro de todos sus pensamientos, envenenándolo todo, era su odio cada vez más intenso hacia la atmósfera de imperialismo en que vivía [pues] al cabo había aferrado la verdad sobre los ingleses y su Imperio. El *Indian Empire* es un despotismo —benévolo sin duda, pero siempre un despotismo— con el robo como objetivo final. En cuanto a los ingleses de Oriente, los *sahiblog*, Flory había llegado a odiarlos tanto viviendo entre ellos que ya no era capaz de ninguna objetividad al juzgarlos. Porque, después de todo, esos pobres diablos no eran peores que tantos otros. Hacían una vida bien poco envidiable. No era por cierto un negocio brillante transcurrir treinta años mal pagados en tierra extranjera, y después volver a casa con el hígado a pedazos y la espalda como piña de tanto sentarse en sillas de bambú, para terminar como el latoso de turno en algún Club de segunda categoría. Por otro lado los *sahiblog*, mejor no idealizarlos... Pocos de ellos trabajan con el empeño y la inteligencia del jefe de correos de cualquier ciudad provinciana en Inglaterra. El verdadero trabajo administrativo lo cumplen principalmente los subordinados nativos; y el verdadero pilar del despotismo no es la burocracia sino el ejército. Con el respaldo del ejército, tanto los funcionarios como los empresarios pueden ir tirando con bastante tranquilidad aunque sean tontos. Y *son* tontos, la mayoría de ellos. Un montón de respetables estúpidos que cultivan y refuerzan su estupidez bajo la protección de un cuarto de millón de bayonetas.
>
> — *Orwell*, BD, 68-69, *trad. mía*

Eric Arthur Blair (más tarde George Orwell) había nacido el 25.06.1903 en Motihari, Bengala, bajo el signo de Cáncer como Neruda. Su padre —Richard Walmesley Blair— era entonces funcionario del Opium Department, cuya tarea no era la de proteger de la droga a la población colonizada (como se lee en algunas biografías de Orwell), sino simplemente el control de los *standards* cualitativos del opio, producto destinado en su mayor parte al rico mercado chino. En 1904 la madre, Ida Blair, torna a Inglaterra con Eric y con Marjorie, la hija cinco años mayor. En octubre de 1922, a sus 19 años, Eric se enrola en la policía imperial indiana y pide ser enviado a Birmania (provincia anexada en 1886), donde permanece hasta julio de 1927, un par de meses antes del arribo de Pablo. Durante aquellos cinco años Blair vive las laceraciones de un opresor cada vez más consciente de tal condición. Ese tormento se revela productivo en el plano literario, puesto que de él surgirán la novela *Burmese Days* (Días birmanos) y dos excelentes relatos autobiográficos: *A Hanging* (Un ahorcamiento) y *Shooting an Elephant* (Matando a un elefante). Pero el efecto de la experiencia alcanza más amplia proyección: el mismo Orwell admitirá que de ese período provienen el sentimiento de culpa y los afanes de solidaridad respecto a los desheredados del mundo, que desde entonces marcan su comportamiento político y su literatura

En *Burmese Days*, novela muy representativa de la tendencia democrática y de izquierdas que domina la literatura de la última (tercera) modernidad en los años treinta, Orwell muestra interesantes zonas de afinidad y contacto con Pablo, tanto por su crítica a los ingleses coloniales como por su atención hacia algunos aspectos de la cultura popular birmana. Su lectura me parece muy útil para reconstruir y comprender ciertos aspectos de la circunstancia en que fueron escritos (y que reflejan) los textos birmanos de *Residencia en la tierra*, aunque el escenario de la historia narrada por la novela no es Rangoon sino una pequeña ciudad de Birmania septentrional.

En neta oposición a la figura de Ellis, personificación del racismo y de una política imperial represiva contra los nativos fundada (según la ideología de la novela) más en la mala conciencia que en el desprecio real, John Flory realiza en el decurso del relato un descarnado análisis de la degradación y del deterioro (espiritual y físico) que el sistema colonial impone a sus administradores, o sea a los ingleses mismos, tanto uniformados como civiles. Flory se incluye en esta visión crítica, en rigor más ética que política. Valga como muestra su conversación con el doctor Veraswami, médico hindú que admira sinceramente a los ingleses portadores del progreso, aunque ellos le niegan el ingreso al European Club, «the spiritual citadel, the real seat of the British power, the Nirvana for which native officials and millionaires pine in vain» (chapter II):

> El doctor sacudió la cabeza... '¿Cómo puede usted, un gentilhombre de altas cualidades y carácter, emitir opiniones sediciosas más bien propias del *Burmese Patriot?*'
> '¿Sedicioso yo?' —dijo Flory—. '¡Por favor! Yo no quiero absolutamente que los birmanos nos echen de aquí. ¡No lo permita Dios! Estoy aquí para ganar dinero, como todos los demás. Lo que no soporto es el viscoso cuento de la responsabilidad del hombre blanco. La farsa del *pukka sahib*. Qué cosa insufrible. Hasta esos malditos idiotas del Club serían una más agradable compañía si no tuviéramos que vivir en la mentira todo el tiempo.'
> 'Pero, mi querido amigo, ¿qué mentira viven ustedes?'
> 'Obviamente la mentira de que estamos aquí para civilizar a nuestros pobres hermanos negros, y no para robarles. Es una mentira bastante normal, supongo. Pero ella nos corrompe, nos corrompe en modos que usted no puede siquiera imaginar. Uno vive bajo la constante sensación de ser un farsante, un mentiroso. Y este tormento, que nos obliga a justificarnos ante nosotros mismos día y noche, es la base de casi toda nuestra pérfida brutalidad hacia los nativos. Nosotros los anglo-indianos podríamos ser casi soportables si sólo admitiéramos que somos ladrones y siguiéramos robando simplemente, sin tanta historia. [...] Mi querido doctor... ¿cómo puede usted sostener que estamos en este país para otra finalidad que no sea el robo? Es tan simple. El funcionario aferra e inmoviliza al birmano mientras el empresario le vacía los bolsillos. ¿Cree usted que mi empresa, por ejemplo, conseguiría acaparar los contratos madereros si el país no estuviera en manos de los ingleses?'
>
> — Orwell, BD, *37-38, trad. mía*

La simpatía de Flory hacia el doctor Veraswami y sus tentativas por incorporarlo al Club chocan con los dos rostros de la *mentira*: la mala conciencia de los ingleses y el sentimiento de inferioridad de los nativos de cierta posición (sentimiento sincero en el doctor Veraswami, oportunista y calculador en el pérfido magistrado U Po Kyin). «Estos dos mundos no se tocaban —escribe Neruda en sus memorias—. La gente del país no podía entrar a los sitios destinados a los ingleses, y los ingleses vivían ausentes de la palpitación del país. Tal situación me trajo dificultades» (*OC*, V, 490). Las respectivas relaciones del cónsul Neruda y del comerciante Flory con mujeres nativas portarán tales 'dificultades' a su nivel extremo. Eso significará para Pablo un aislamiento que no lo afecta demasiado pues su compañía femenina le basta y además aquellos «europeos prejuiciosos no eran muy interesantes que digamos» (*ibíd.*). Para el protagonista inglés de la novela de Orwell, en cambio, la agudización del conflicto desembocará en un trágico desenlace.

OPIO Y RELIGIÓN EN EL ESTE

> El opio no era el paraíso de los exotistas que me habían pintado, sino la escapatoria de los explotados... Todos aquellos del fumadero eran pobres diablos... No había ningún cojín bordado, ningún indicio de la menor riqueza... Nada brillaba en el recinto, ni siquiera los semicerrados ojos de los fumadores... Descansaban, dormían?... Nunca lo supe... Nadie hablaba... Nadie hablaba nunca... No había muebles, alfombras, nada... Sobre las tarimas gastadas, suavísimas de tanto tacto humano, se veían unas pequeñas almohadas de madera... Nada más sino el silencio y el aroma del opio, extrañamente repulsivo y poderoso...
>
> ["El opio", *CHV*, en *OC*, V, 492-493]

> *Allí en Rangoon comprendí que los dioses*
> *eran tan enemigos como Dios*
> *del pobre ser humano. Dioses*
> *de alabastro tendidos*
> *como ballenas blancas,*
> *dioses dorados como las espigas,*
> *dioses serpientes enroscados*
> *al crimen de nacer,*
> *budhas desnudos y elegantes*
> *sonriendo en el cocktail*
> *de la vacía eternidad*
> . . . .
> *y allí todo era así,*
> *toda la tierra olía a cielo,*
> *a mercadería celeste.*
>
> ["Religión en el Este", *MIN*, en *OC*, II, 1199]

Retrospectivamente, en *Memorial de Isla Negra* (1964) y en sus memorias póstumas, Neruda concentra su evocación crítica del período birmano sobre dos aspectos: el opio y la religión. A cada uno de ellos dedica un poema de *Memorial* ("El opio en el Este" y "Religión en el Este") y a cada uno, también, un entero 'medallón' de *Confieso que he vivido*: "Los dioses recostados" y "El opio". Este último comienza así: «Había calles enteras dedicadas al opio... Sobre bajas tarimas se extendían los fumadores... Eran los verdaderos lugares religiosos de la India... No tenían ningún lujo, ni tapicerías, ni cojines de seda... Todo era tablas sin pintar, pipas de bambú y almohadas de loza china... Flotaba un aire de decoro y austeridad que no existía en los templos... Los hombres adormecidos no hacían movimiento ni ruido...» (*OC*, V, 492).

Neruda traza una sucinta pero eficaz representación de su personal experiencia, tras vencer el rechazo inicial: «Debía conocer el opio, saber el opio, para dar mi testimonio... Fumé muchas pipas, hasta que conocí... No hay sueños, no hay imágenes, no hay paroxismo... Hay un debilitamiento melódico, como si una nota infinitamente suave se prolongara en la atmósfera... Un desvanecimiento, una oquedad dentro de uno... Cualquier movimiento, del codo, de la nuca, cualquier sonido lejano de carruaje, un bocinazo o un grito callejero, entran a formar parte de un todo, de una reposante delicia...» (*ibíd.*). Una sugestiva variación sobre el mismo tema se puede leer en los versos de "El opio en el Este" (*OC*, II, 1196).

La otra cara del opio es su hipócrita comercialización: «El opio de los magnates, de los colonizadores, se destinaba a los colonizados... Los fumaderos tenían a la puerta su expendio autorizado, su número y su patente...» (*OC*, V, 493). Más claramente en *Memorial de Isla Negra*:

> *El buen inglés sabía lo que hacía.*
> *En Ginebra tronaba*
> *contra los mercaderes clandestinos*
> *y en las Colonias cada puerto*
> *echaba un tufo de humo autorizado*
> *con número oficial y licencia jugosa.*
> *El gentleman oficial de Londres*
> *vestido de impecable ruiseñor*
> *(con pantalón rayado y almidón de armadura)*
> *trinaba contra el vendedor de sombras,*
> *pero aquí en el Oriente*
> *se desenmascaraba*
> *y vendía el letargo en cada esquina.*
>
> [*OC*, II, 1195-1196]

Tras haberlo fumado Pablo comprende por qué el opio es tan importante y necesario para esos pobres diablos que todo el día tiran la *ricksha*, para los peones de plantación y los jornaleros: «perros de calle, / pobres maltratados /.../ después de ser no seres sino pies, / después de no ser hombres sino brutos de carga, / después de andar y andar y sudar y sudar / y sudar sangre y ya no tener alma, / aquí estaban ahora, / solitarios, / tendidos, / los yacentes por fin, los pata dura: /.../ por fin en el reposo que busca toda vida, / respetados, por fin, en una estrella.»

Emparentada con el opio ve Neruda la religión, negando que «el esoterismo filosófico de los países orientales» haya penetrado su poesía residenciaria: «El Oriente me impresionó como una grande y desventurada familia humana, sin destinar sitio en mi conciencia para sus ritos ni para sus dioses» (*OC*, V, 488). Aquí calza bien este fragmento de los apuntes de Tomás Lago, de julio 1944 en Santiago:

Pablo estaba en cama y a última hora resolvimos ir hasta la casa de [avenida] Lynch... Los eternos resfríos de Pablo. Se pone un pañuelo en la cara, sobre los ojos, que maneja con dedos muy sutiles, y se suena y resuena. Feliz de que llegáramos. Estaban allí Rubén [Azócar] y María Izquierdo y Uribe. Había vino caliente con naranjas y azúcar, mal tiempo, barro en las calles.

Quiero anotar sólo una historia curiosa de Pablo para que no se olvide. En Rangoon, con Álvaro Hinojosa, dice que un sastre hindú, muy europeo, muy leído, escéptico, los había invitado a la fiesta del fuego que se celebraba en honor de Alí Hussein, sobrino y discípulo de Mahoma. Preparaban un día un gran fuego que ocupaba un camino con varios metros de largo, a todo lo ancho de la senda habitual: revolvían el fuego largamente y le sacaban con gran cuidado las impurezas, es decir, los carboncillos, los trozos refractarios, etc. Por fin, cuando se acercaba el momento de la ceremonia que presenciaban cientos de personas, todos hindúes menos estos americanos del Sur, le sacaban con unas especies de escobas también las pavesas para que quedara sólo lo rojo de aquel fuego cuya proximidad de algunos metros quemaba de manera casi insoportable el rostro de los espectadores. Y aparecía una corte de gente oficiante mahometana, trayendo casi en brazos a un hombre a quien le cantaban y que él mismo gritaba extrañas palabras en estado de semiinconsciencia, a quien le dejaban la delantera al llegar al camino de fuego. El hombre, sin dudar un momento, entraba pisando con los pies desnudos. Entraba como un sonámbulo por ese camino de brasas sin que ocurriese lo natural en estos casos: sin que se quemase en lo más mínimo, contrariando por un milagro las leyes de la física.

Todos los asistentes, y los oficiantes que lo habían traído en primer lugar, movidos por la fe de aquello que veían, seguían también con los pies desnudos detrás de él. Pero lo mejor viene ahora: el sastre aquel, tan escéptico, que los había traído lleno de reservas, no pudo resistirse y en un momento dado, con los ojos dilatados, se descalzó y atravesó el fuego. Dice Pablo, entre sonada y sonada de su romadizo, que Álvaro estaba como loco y que le decía, con los ojos fuera de las órbitas: ahora nosotros, pues, hombre.

No llegó el caso, por supuesto. Cuando alguien pregunta cuál es la explicación que el narrador da a este hecho, responde: —Me imagino que será la fe ciega, no sé. *Es lo único misterioso y verdaderamente raro que he visto en la India*, termina.

— *Lago 1999: 51-52.* Ver también CHV, 4, en OC, V, 480-481

Ese esoterismo que a tantos escritores ha atraído, para Pablo es «un subproducto de la inquietud, de la neurosis, de la desorientación y del oportunismo occidentales». En efecto, esa atmósfera exótica que de todos modos impregna los poemas birmanos de *Residencia* no proviene de una asimilación de elementos 'filosóficos' del esoterismo oriental, sino, por el contrario, del acercamiento de Pablo a lo real concreto de su mundo circundante.

LA CALLE BIRMANA (I): EL ARRAIGO

La calle era mi religión. La calle birmana, la ciudad
china con sus teatros al aire libre y sus dragones
de papel y sus espléndidas linternas. La calle
hindú, la más humilde, con sus templos que eran
el negocio de una casta, y la gente pobre
prosternada afuera en el barro. Los mercados
donde las hojas de betel se levantaban en

> pirámides verdes como montañas de malaquita.
> Las pajarerías, los sitios de venta de fieras y
> pájaros salvajes. Las calles ensortijadas por las que
> transitaban las birmanas cimbreantes con un largo
> cigarro en la boca. Todo eso me absorbía y me iba
> sumergiendo poco a poco en el sortilegio de la
> vida real.
>
> [*OC*, V, 490]

Pablo y Álvaro ordenan y amueblan un poco mejor la casa de Dalhousie Street 295 al regresar a Rangoon tras el periplo por China y Japón, disponiéndose a permanecer allí más tiempo del que preferirían. Pero la convivencia de los amigos se hace cada vez más difícil. Los caracteres y los proyectos de vida son demasiado diversos. Llega un momento en que Pablo ya no soporta a Álvaro «comiendo naranjas a horas insultantes, quemando con el fósforo el papel de los cigarrillos, haciendo preguntas vejatorias a medio mundo... Siempre comiendo naranjas, pelando manzanas, insoportable dietético, asombrosamente entrometido en todo... Llegó a hacerme la vida imposible... *Yo adonde llego asumo un sueño vegetal, me fijo un sitio y trato de echar alguna raíz, para pensar, para existir...*» (*OC*, V, 478-479, énfasis mío).

La dificultad principal está allí. Pablo necesita volver a la poesía, salir del marasmo, y ello requiere paz a su alrededor. Eso es imposible con Álvaro en casa. Pero el malhumor creciente de Pablo se debe sobre todo a que la presencia de Álvaro le hace difícil vivir con tranquilidad, a modo suyo, su relación con las mujeres y, más en particular, la búsqueda de una amante estable con la cual compartir su espacio doméstico. A Álvaro parece bastarle el activismo erótico pasajero, casual, y con seguridad está muy lejos de comprender la necesidad de un arraigo también sexual (y posiblemente sentimental) en su amigo poeta.

La aparición de Josie Bliss acentúa hasta un grado extremo la impaciencia de Pablo. Algunas de las páginas salvadas de Hinojosa aluden a dos mujeres birmanas, amigas entre sí, empleadas en alguna tienda o en alguna oficina de la administración colonial, que visitan a los jóvenes chilenos. Tras referirse al deterioro de su relación con una de ellas (¿la otra es Josie Bliss?), Álvaro admite el paralelo deterioro de su amistad con Pablo:

«Esto se ponía decididamente malo. Gracias a que Mamea era tanto más joven que yo, la sujetaba pero no sin gran esfuerzo. En todo caso era ya cuestión de días para que me repudiara por falta de paisa o de rupias. Al mismo tiempo nuestra amistad con Pablo se enfriaba visiblemente. Sobre todo por parte de él. Había llegado a convertirse en mi antagonista declarado. En las cosas que nos afectaban a los dos, obraba como si yo no existiera. Una noche llegué algo alegre y dispuesto a conversar. Pablo tomó un libro y contestándome de mala gana buscaba manera de acabar con mi charla superficial y algo alcohólica. Intenté varios temas para interesarlo. Nada. Entonces le dije: 'Me voy mañana a Calcutta.' No tenía la menor idea de semejante resolución para ejecutarla de un día para otro. Pero mi objetivo era obligarlo a hablar. Todo su comentario fue: 'Es un disparate'. Y siguió su lectura. Por lo demás no tenía yo ningún dinero» (cito por Olivares, 151-152).

Pero de algún lado sale el dinero cuando la separación de los amigos deviene inevitable. Presumo que a fines de mayo o comienzos de junio Álvaro parte rumbo a Calcutta, activísimo puerto que «no puede dejar de ofrecerle —según cree— vías más o menos expeditas para hacer fortuna, algo bastante necesario porque, al fin de cuentas, es Neruda y no él quien tiene aquí un puesto que desempeñar y una misión que cumplir... Sin embargo, cuando se despiden lo hacen como buenos amigos, como viejos compañeros de muchas y muy extravagantes peripecias» (Olivares, 131). Con la partida de su compañero de destierro, Pablo encuentra la fuerza y la concentración para reemprender la escritura. Seguramente porque no queda solo.

El camino hacia Josie Bliss fue la inmersión de Pablo en la vida de los birmanos. Los ingleses lo ven circular por la ciudad en *gharry*, ese pequeño vehículo que los nativos usan sobre todo para encuentros galantes, o bien sentado en el animadísimo restorán persa donde bebe «el mejor té del mundo en pequeñas tazas transparentes», o curioseando por mercados y bazares, o entrando al Teatro Chino. Actividades no compatibles con el decoro consular y occidental, según le advierten los ingleses con discreción pero sin éxito, por lo cual se alejan. «Yo me sentí feliz con el boicot. Aquellos europeos prejuiciosos no eran muy interesantes que digamos y, a fin de cuentas, yo no había venido a Oriente a convivir con colonizadores transeúntes, sino con el antiguo espíritu de aquel mundo, con aquella grande y desventurada familia humana» (*OC*, V, 490). El interés de Pablo por la calle birmana obedece por un lado a su curiosidad, estimulada por la fiesta de colores de la vestimenta popular, y por otro al anarquismo que lo lleva a preferir «el antiguo espíritu de aquel mundo» a los artificiosos ritos sociales de los ingleses.

«Me adentré tanto en el alma y la vida de esa gente, que me enamoré de una nativa» (*ibíd.*). De ello emerge una contradicción que Pablo resolverá con la fuga. Pero antes de entrar en esa historia, y para mejor entenderla, señalo sus contrastes y afinidades con la de John Flory en *Burmese Days*. Esta novela incluye una secuencia (en varias fases) que me interesa aislar para confrontarla con la secuencia que propone Pablo a lo largo de la primera *Residencia*, a comenzar por "La noche del soldado".

El primer momento es el *flash-back* del capítulo V, donde Flory recuerda que, al cabo de diez años en Birmania, había intentado un viaje a Inglaterra. Ya no soportaba más el mundo de los *sahibs*. Hablar en serio con ellos era sólo fuente de problemas, por lo cual «había aprendido a vivir para adentro, íntimamente escondido en libros y en secretos pensamientos que no podía comunicar» (Orwell, *BD*, 70). Su viaje había obedecido entonces a la necesidad de olvidar Birmania, «el horrible país que lo estaba destruyendo», y al propósito de encontrar en su tierra a una mujer culta, inteligente, y que lo amara a pesar de su *birthmark*, su enorme verruga morada en la mejilla. Con esa mujer a su lado quizás podría soportar otros diez o quince años de Birmania. Pero un telegrama que lo esperaba en Colombo (informándolo de un imprevisto desastre en la sede de su empresa) hizo abortar el viaje y debió regresar. Otra vez Rangoon, y de allí hacia el norte en tren. Los criados lo esperaban en el andén con voces de alegría y con presentes, incluso con una guirnalda que le colgaron al cuello, y un niño le traía una ardilla en una jaula, y los coolíes negros se peleaban por hacerse cargo de las valijas mientras el carretero birmano azuzaba con gritos a sus bueyes.

Entonces Flory advierte en lo profundo de sí que está contento de haber vuelto, lo que es signo de «un vasto cambio y deterioro»: este país extranjero que odia se ha vuelto su terruño, su casa. Ha echado raíces. Y no intentará siquiera un nuevo viaje a Inglaterra. Sin darse cuenta, por lenta infiltración, las formas de la cultura popular, de la tradición, costumbres y comportamiento de los birmanos se le han hecho familiares. Pero su núcleo consciente y racional sigue siendo inglés.

LA CALLE BIRMANA (II): LA DANZA

> Con frecuencia en este tumultuoso jardín de los trajes, en esta abigarrada estación vestuaria, cruzan las mezclas de lo grotesco y de lo arbitrario. Éste es el parque de las sorpresas, el hervidero de las formas vivas, y se pierde la observación en un océano de inesperadas variaciones, tentativas excelentes y momentáneas de osadía y, a veces, bellas gentes desnudas.
>
> ["Contribución al dominio de los trajes", 1928, en *OC*, IV, 348]

El desajuste de Flory se manifiesta normalmente como desasosiego que lo conduce cada noche al Club para emborracharse. Su inmersión en el mundo birmano tiene límites raciales y culturales que emergen en la relación con su concubina Ma Hla May, joven birmana inculta, irascible y poco fiable, a la cual lo une sólo la rutina sexual. Ambos se usan mutuamente. No se aman. El sistema colonial —la tiranía del Club— determina que ninguno de los dos pueda pensar al otro como compañía entrañable, auténtica. A pesar de su adhesión física a esa tierra, Flory no consigue dejar de pensar como un inglés colonialista para integrarse verdaderamente. En el capítulo IV hay al respecto un episodio emblemático, sucesivo a un enésimo insatisfactorio acoplamiento con Ma Hla May («'¿Por qué mi señor se enoja conmigo cada vez que me hace el amor?', dijo ella»). El disgusto lleva a Flory hasta un lagunilla en un rincón de la selva, bajo las ramas de un enorme *peepul*, y se sumerge en un baño purificador. La belleza de la foresta y el rumor de los pájaros (en especial el vuelo de una paloma verde) exasperan su conciencia de aislamiento: «¡Solo, solo, la amargura de estar solo! Cuántas veces, en lugares solitarios de la selva, había topado con algo —pájaro, flor, árbol— hermoso más allá de todos los elogios posibles... si sólo hubiera tenido alguien con quien compartir aquella visión. La belleza no tiene sentido si no se comparte. ¡Una persona, sólo una junto a él bastaría para remediar su soledad!» (Orwell, *BD*, 57, trad. mía).

La contradicción estalla finalmente cuando llega al pueblo Elizabeth, joven y hermosa cuanto ignorante y calculadora. En verdad es una figura casi especularmente simétrica a Ma Hla May, sólo que inglesa y rubia. Por eso Flory se enamora de ella ciegamente —es justo el caso de decirlo— y trata de ayudarla a comprender la realidad birmana que él conoce bien, sin advertir que Elizabeth detesta por anticipado esa realidad y que sólo le interesa encontrar marido en la comunidad inglesa local e identificarse con la farsa de los *sahibs* sabios, fuertes y civilizadores.

El episodio de la bailarina durante el *pwe* (una especie de espectáculo teatral al aire libre, mezcla de drama histórico y revista musical) es un momento clave de la contradicción. Flory propone a Elizabeth acercarse al lugar de la representación, donde el magistrado U Po Kyin, solícito y servil, ordena que la mejor bailarina del grupo anticipe su actuación en honor de la muchacha inglesa. Vale la pena citar los párrafos en que Orwell describe con notable precisión y vivacidad la *performance* de la muchacha birmana (recuérdese, por afinidad, la atención de las crónicas de Pablo hacia las danzas de la graciosa negra desnuda en Djibouti y de la pareja malaya en Samarang):

> Una muchacha que había estado encuclillada al fondo del escenario, fumando, avanzó hacia el foco de luz. Era muy joven, enjuta de hombros y sin seno, vestida con un *longyi* de satén azul pálido que le escondía los pies. Los faldones de su *ingyi* se adensaban en las caderas como pequeñas alforjas, según la antigua tradición birmana. Eran como los pétalos de una flor invertida. La muchacha entregó lánguidamente su cigarro a uno de los hombres de la orquesta y entonces, estirando un delgado brazo, lo contorsionó como para aflojar los músculos.
>
> La orquesta estalló de improviso con agudos sonidos y gritos. Había flautas que sonaban como gaitas y un extraño instrumento con plaquetas de bambú que un hombre golpeaba con un pequeño martillo [¿una especie de marimba?]. En el centro, un músico circundado por doce altos tambores de diferentes tamaños pasaba velozmente de uno a otro golpeándolos con las palmas de sus manos. De pronto la muchacha comenzó a danzar. Pero al comienzo no era propiamente una danza sino más bien una rítmica coordinación de ondulaciones de la cabeza, de posturas del cuerpo y de torsiones de los codos, algo similar al movimiento articulado de esas figuras de madera en algún carrusel de antaño. Los movimientos del cuello y de los codos eran exactamente los de un muñeco articulado, y sin embargo resultaban increíblemente sinuosos. Sus manos, con los dedos juntos, giraban como cabezas de serpientes y podían plegarse hacia atrás hasta casi alcanzar los antebrazos. Sus movimientos se hacían cada vez más rápidos. Empezó a brincar de un lado a otro, dejándose caer de improviso como en una reverencia para alzarse de nuevo con extraordinaria agilidad, a pesar del largo *longyi* que aprisionaba sus pies. Luego siguió danzando en una grotesca postura, como sentándose con las rodillas plegadas y el cuerpo inclinado hacia adelante, contorsionándose con los brazos extendidos y moviendo al mismo tiempo la cabeza al ritmo de los tambores. La música aceleró hacia el clímax. La muchacha se alzó de pronto y empezó a girar sobre sí misma, veloz como un trompo, mientras los faldones del *ingyi* volaban en torno a ella envolviéndola como pétalos de una enorme flor de color azul pálido. Entonces la música cesó tan abruptamente como había comenzado, y la muchacha precipitó de nuevo en una reverencia, entre los gritos roncos del público.
>
> — *Orwell*, BD, *106-107, trad. mía*

«Yo sabía que esto le interesaría a usted, por eso la traje aquí», dice Flory a Elizabeth, patéticamente, mientras en voz baja le susurra comentarios al baile que revelan, como la descripción precedente, la inserción de Orwell en la cultura popular birmana: «Mire usted los movimientos de la muchacha, observe esa extraña postura con el cuerpo hacia adelante, como una marioneta, y el modo en que sus brazos giran desde el codo, en contorsión de cobras que se enderezan para atacar. Es grotesco, incluso feo, pero con fealdad deliberada. Y con algo de siniestro, también. Hay un toque de diabólico en estos mongoles. Y sin embargo, si miramos bien, ¡qué arte, cuántos siglos de cultura se manifiestan en todo esto! Cada movimiento de la muchacha ha sido estudiado y transmitido por innumerables generaciones. Dondequiera usted observe de cerca el arte de estos pueblos orientales podrá ver la misma cosa: una civilización que remonta los siglos siempre idéntica, hasta épocas arcaicas en que nosotros, en cambio, vestíamos como salvajes. En algún modo que no sé explicarle, toda la vida y todo el espíritu de Birmania están condensados en el modo en que la muchacha hace girar y retorcer sus brazos. Mirándola, usted puede ver en ella los arrozales, las aldeas protegidas por tecas [enormes árboles de madera incorruptible], las pagodas, los sacerdotes de túnicas amarillas, los búfalos nadando en los ríos al amanecer, el palacio de Thibaw...» (Orwell, *BD*, 107-108, trad. mía).

Naturalmente, Elizabeth no sólo no ha comprendido nada sino que ha entrado en franca alarma. «*What* **was** *the man talking about? – was her first thought.*» Además él ha pronunciado la palabra *arte*, que ella detesta porque la asocia al delirio neurótico de su madre. Y la muchacha se pregunta qué está haciendo ella aquí. ¿Por qué este hombre la ha traído a ver tan horrendo espectáculo en lugar de acompañarla al Club? La desafortunada iniciativa de Flory marca así el inicio de su propia ruina.

También Pablo dedica un momento de sus crónicas a los colores y movimientos del mismo espectáculo que Orwell inserta en su novela: «Venida a tierra la dinastía birmana, las bailarinas visten el traje de las princesas, blanco de joyas y con aristas inexplicables en las caderas. Estas aletas entraban la gimnástica dureza de las *pwe* populares y hacen más extraños esos encogimientos indescriptibles de que están hechas sus tensiones mortales» (*OC*, IV, 348).

Pablo atravesará de hecho las mismas fases de Flory pero a modo suyo y en otro orden. Y si bien no desemboca en tragedia clásica, como la del comerciante maderero, su vida sentimental en Oriente tendrá un desenlace también desdichado. En Rangoon va más allá de Flory, pues no sólo se adentra en la vida y en la cultura populares, sino que incluso se enamora de una nativa y vive con ella una relación intensa y auténtica, aunque difícil; de esa relación finalmente huye por considerarla imposible a pesar de la mutua atracción erótica. En Colombo muestra menos interés por la cultura autóctona y rechaza a su ex amante nativa que desde Rangoon llega a recuperarlo. En Batavia participará más (aunque sin convicción ni interés real) en la vida social de los colonialistas holandeses. Allí encontrará a su propia Elizabeth, la europea (criolla) blanca, rubia, también desprovista de curiosidad cultural pero en cambio disponible al matrimonio que Pablo le propondrá, no por amor auténtico sino por las mismas razones de soledad que Flory reconoce mientras se sumerge en las aguas de la lagunilla, bajo las ramas del enorme *peepul*. Pablo vivirá *en la realidad* el desengaño que el suicidio ahorra a Flory en la ficción («Para qué me casé en Batavia?», *ETV*; véase *infra*, sección VIII). Años más tarde, en Madrid 1935, el círculo se cerrará cuando Pablo reconozca dentro de sí la verdad de su experiencia con aquella nativa de Rangoon (a través del poema "Josie Bliss" con que concluye *Residencia en la tierra*).

"LA NOCHE DEL SOLDADO" (I): CRISIS

> Qué gran alegría de soldado en el frente
> o niño en los pensionados, sus paquetes
> de diarios, que usted, con su gran corazón,
> me envía, Eandi.
> [de la carta del 24.04.1929 a Eandi, en *OC*, V, 943-944]

> Yo hago la noche del soldado, el tiempo del hombre
> sin melancolía ni exterminio, del tipo tirado lejos
> por el océano y una ola, y que no sabe que el agua
> amarga lo ha separado y que envejece,
> paulatinamente y sin miedo, dedicado a lo normal
> de la vida, sin cataclismos, sin ausencias, viviendo
> dentro de su piel y de su traje, sinceramente oscuro.
> [íncipit de "La noche del soldado", *RST*-1, en *OC*, I, 278]

Nada es casual en Neruda, y la prosa "La noche del soldado" está llena de intencionadas implicaciones. La presumo escrita hacia fines de junio de 1928, antes de que «un trueno / desperta[ra] la lluvia, / la verdadera lluvia / [del] monzón verde» (*OC*, II, 1237). Álvaro ha partido y el poeta solitario recomienza sus tentativas de volver al proyecto que en una carta de diciembre 1927 llama *Colección nocturna*, pero volver con modalidad y espíritu nuevos, determinados por una nueva circunstancia en desarrollo. "La noche del soldado" sería el primer producto de tales tentativas. Escribirlo en prosa (y no en verso) podría ser un signo de prudencia. ¿Merece el ingreso en su poesía aquel estímulo que lo está devolviendo a la escritura?

Porque ese conexo estímulo existe de verdad. Pablo ha comenzado a visitar de preferencia, y regularmente, a una joven birmana. «Se vestía como una inglesa y su nombre de calle era Josie Bliss. Pero en la intimidad de su casa, que pronto compartí, se despojaba de tales prendas y de tal nombre para usar su deslumbrante *sarong* y su recóndito nombre birmano» (*CHV*, en *OC*, V, 490-491). El memorialista se equivoca pues, como ya hemos visto, las mujeres birmanas no visten el *sarong* (de las mujeres malayas) sino el *longyi*, una larga camisa cilíndrica en satén o muselina, recogida por delante en un único pliegue, y el *ingyi* que sería una camisa (o chaquetilla) corta y decorativa, también en tela ligera de colores intensos.

Volvamos a las dos muchachas birmanas mencionadas por Álvaro Hinojosa en sus míticos papeles (véase *supra* el apartado "La calle birmana", I). La más joven es su amante, y Álvaro la nombra *Mamea*. Ahora bien, en la transcripción inglesa del período colonial el elemento *Ma* (separado) es el prefijo birmano para todos los nombres femeninos (según Giovanna Caràcciolo en su traducción italiana de *Burmese Days*, 1975, p. 39, nota 2). De modo que el nombre *Mamea* de la novia de Álvaro tal vez Orwell lo habría transcrito *Ma May*, similarmente a como transcribe *Ma Hla May* el nombre de la amante birmana de Flory en su propia novela (la cual registra también otros nombres femeninos, como Ma Yi o Ma Kin).

El nombre de la amiga de Mamea, y amante de Pablo, los papeles de Álvaro Hinojosa (según me informa su actual poseedor, Manuel Basoalto) lo transcriben **Mañoté**, que en versión inglesa de entonces pudo ser **Ma Nyo Teh** o **Ma Njoteh** o algo parecido. ¿Es ella Josie Bliss? ¿Suena así «su recóndito nombre birmano»? Quizás no lo sabremos nunca con certeza. Pablo mismo no dejará información ni indicios al respecto. En cambio, Hinojosa escribe que las dos birmanas tienen regulares recursos económicos, sin duda superiores a los de nuestros amigos (lo que no era difícil), porque «seguramente tenían algún trabajo [que Álvaro no precisó, tal vez conexo a la administración colonial... ¿o eran algo así como 'geishas' birmanas?] para el que era muy importante tener una identidad como inglesas» (Basoalto), vale decir un nombre inglés y el manejo del idioma. Álvaro escribe también que a Pablo su novia birmana, llamémosla Ma Nyo Teh, «lo trataba como a un esclavo», agregando que tanto ella como su propia Ma May dan buena muestra del temperamento terrible y dominante de las mujeres birmanas. Volveré sobre este tema. Más allá de la óptica donjuanesca de Álvaro, desenvuelto y despreocupado 'macho latino', sus observaciones parecen, de todos modos, individuar en la figura de Ma Nyo Teh a la misma mujer que Pablo llama Josie Bliss.

La alusión a «las venenosas fiebres que me hicieron tanto daño» ("Tango del viudo") remite al período inicial de acostumbramiento. Los primeros cinco o seis meses son en verdad de mucho riesgo para la salud de Pablo, que en Rangoon debe enfrentar un violento proceso de adaptación a nuevas costumbres alimenticias y a un clima muy insidioso, y que durante el periplo por China y Japón soportará entre otras pruebas, y en condiciones harto inadecuadas, temperaturas de fuerte severidad. Buscando escapar de la miseria, de la bohemia y de las enfermedades que ya han matado a Romeo Murga, a Aliro Oyarzún, a Raimundo Echeverría y a otros escritores de su generación (y que poco después eliminarán también a Cifuentes Sepúlveda, a Rojas Giménez y a Paschín Bustamante), Pablo no anda lejos de caer, en cambio, en la trampa exótica que mató a Rimbaud. Pero nuestro enfermizo poeta revela —por mérito de la *mamadre* Trinidad— una inesperada capacidad de resistencia a las agresiones bacterianas y virales, si bien al precio de fiebres y diarreas y tal vez de algún principio de malaria.

A partir de tan inevitables períodos de enfermedad y cama, la novela *Tango del viudo* de Cristián Barros (2003) supone que Josie Bliss es la hermana del joven médico birmano que viene a curar al cónsul. Ella es enfermera y resta en casa para vigilar el régimen alimenticio y terapéutico del enfermo. Por esta vía surgirá entre ambos la pasión. Es una aceptable hipótesis acerca de quién pudo ser Josie Bliss. «Y las enfermeras que nos amaban», recordará Neruda a propósito de Álvaro (*OC*, V, 479). Las páginas salvadas del dactiloscrito de Hinojosa —según vimos— no sugieren una hipótesis precisa. Por su lado, Tomás Lago toma nota, el 6 de noviembre de 1944, de algunos escuetos datos que el propio Neruda introduce mientras cuenta una anécdota (relacionada con otro personaje) de su vida en Rangoon:

> Yo llevaba una vida un poco retirada de los ingleses, sólo de tarde en tarde iba a alguna fiesta de ellos, porque no había allí entre los coloniales gente interesante. Eran monótonos y hasta ignorantes. Me había ido a vivir a otro barrio más popular y mezclado con los indios [esto es, había dejado la casa o apartamento de Dalhousie Street 295, calle principal donde habitaban ingleses y extranjeros blancos]. Vivía con Josie Bliss que había sido mi secretaria y con quien me peleaba de vez en cuando. [...] Pues ocurrió que estando yo separado de Josie Bliss me recompuse con ella y cambié de barrio, es decir, me fui a vivir a su casa, dejando la habitación que tenía, una pieza más o menos amplia donde solamente estaba mi cama.
>
> — *Lago 1999: 60*

¿Cómo Josie llega a ser la secretaria de Pablo, o sea del cónsul? No hay noticias sobre su vida precedente ni sobre su grado de educación y actividades. Esta breve transcripción hecha por Tomás confirma sólo que Pablo tiene que elegir entre los ingleses y Josie, porque en Dalhousie Street no puede vivir con la muchacha nativa. Y que ello significa cambiar de barrio y vivir entre birmanos, primero, y luego incluso trasladarse a la casa de una nativa. Evidentemente la atracción que esa muchacha suscita en Pablo es más fuerte que cualquiera convención o prudencia diplomática. Pero seguimos sin saber quién es el objeto de tanta pasión.

Al parecer tendremos que aceptar la imposibilidad de reconstruir la identidad pública de Josie Bliss. Sólo sobre el perfil privado de su 'doble vida' nos dejó Pablo alguna información contemporánea en sus textos residenciarios, ampliándola y precisándola —decenios más tarde— en poemas de *Estravagario* (1958) y *Memorial de Isla Negra* (1964), y sobre todo en las crónicas autobiográficas de 1962 (publicadas por *O Cruzeiro Internacional* en Río de Janeiro) recogidas después en *Confieso que he vivido* (1974). Para mi propósito es suficiente, por ahora, saber que habla inglés, lo que permite al cónsul chileno una comunicación inmediata con ella. Y presumir que su condición social e intelectual es muy superior a la de Ma Hla May, la esclava-concubina que Flory «había comprado a sus padres dos años atrás por trescientas rupias» (Orwell, *BD*, 52). Josie Bliss tiene (o ha tenido) en cambio alguna relación de trabajo con la administración colonial, para la cual adopta su nombre inglés. Es independiente, tiene su propia casa (en la que por un tiempo se instala Pablo) y le gusta escuchar los discos del gran cantante negro Paul Robeson.

Propongo leer "La noche del soldado" como una representación oblicua del enamoramiento de Pablo, en el marco de una crónica poética sobre su situación de soledad y de parálisis creativa. No hay propensión al lamento. Retomando la línea y configuración de los poemas residenciarios escritos en Chile, el texto tiende en cambio al exorcismo de la negatividad presente, en función de una esperanza. La estructura reitera las fases que conocemos: 1, el cuadro actual de desolación y extravío en que se encuentra el Yo protagonista; 2, interrogación adolorida sobre el efecto de degradación y sobre las dificultades para superar tal estado; 3, tentativa de actividad compensadora de consuelo o, mejor, de revitalización; 4, comentario conclusivo, anticlimático y abierto. El propósito evidente y axial del texto es el de conectar las dimensiones poética y erótica, explorando el camino hacia la reactivación de la escritura.

Yo hago la noche del soldado: la imagen del soldado conlleva un sentido autorreferencial de heroísmo degradado, de misión 'profética' reducida a obediencia. Pero obediencia aceptada, si bien con dificultad y conciencia del riesgo. Una vez más el material poético con que Pablo opera son las dificultades mismas. Lo cual significa, en el caso presente, que esta prosa renuncia de hecho a la abstracción defensiva que advertíamos en "Sistema sombrío", escrito algunas semanas antes, y en vez de insistir en que «nada ha substituido mis perturbados orígenes» se enfrenta con la circunstancia real que vive el Sujeto y busca trabajar con ella.

Hacer «la noche del soldado» es entonces un modo atenuado, prudente, de reformular la tarea 'profética' a la que Pablo no puede renunciar, pero que tampoco puede realizar en condiciones inauténticas. La figura del *soldado* procede del *vigía* de "Sistema sombrío", que a su vez reconoce antecedentes en *Tentativa del hombre infinito* y que cristalizará en la figura del *testigo* residenciario. Pero a diferencia del «vigía tornado insensible y ciego», nuestro soldado ya no se siente «incrédulo y *condenado* a un doloroso acecho». Lo más significativo es que ahora Pablo no habla más de «*días* negros como viejos hierros... apenas sostenidos por el aire y por los sueños», sino de una *noche* nueva y diversa. Desde la opuesta perspectiva del ayer, importa notar que esta *noche* actual no es la de Cantalao, no es la de sus viejos *sueños*, pero es de todos modos una *noche* que logra vivir «sin melancolía ni exterminio», desentendiéndose de ('no sabe') «que el agua amarga lo ha separado» y verificando «que envejece, paulatinamente y sin miedo, dedicado a lo normal de la vida, sin cataclismos, sin ausencias». ¿Qué está sucediendo? Vamos por partes. Pero sin olvidar que la Noche es el símbolo del fundamento poético en *Residencia*.

Por su colocación en la jerarquía militar, el actual *soldado* supone la degradación del *alférez* de la prosa de *Anillos* ("La querida del alférez") y se sitúa lejos de la ideal figura del *capitán*. Pero es una degradación *táctica* que en la situación presente permite al Sujeto un cierto margen de autoafirmación operativa, improponible a nivel de alférez, y tanto menos a nivel de capitán (niveles que exigirían una modulación altiva, orgullosa, incluso 'épica' del héroe). Tampoco olvidemos que nuestro Sujeto protagonista rechaza la inautenticidad. Necesita autoproponerse bajo una configuración aceptable, con la cual pueda identificarse. Así, el texto desarrolla la circunstancia del soldado como cumplimiento de una tarea oscura, modesta («viviendo dentro de su piel y de su traje, *sinceramente oscuro*»), en compañía de «camaradas estúpidos y alegres, que fuman y escupen y horrendamente beben, y que de repente caen, enfermos de muerte». Alude tal vez a los amigos ingleses de la administración colonial y a otros diplomáticos. ¿O a Álvaro antes de su partida, con alusión en plural? La primera *Residencia* asocia más de una vez imágenes de ambiente castrense con figuras de amistad viril, como esos «viejos compañeros» y camaradas «cuyas cabezas reposan sobre barriles» del poema "Colección nocturna", o como el poeta mismo desplazándose «entre guarniciones y doncellas» en "Arte poética".

"LA NOCHE DEL SOLDADO" (II): TRANSICIÓN

> Por cada día que cae, con su obligación vesperal de sucumbir, paseo, haciendo una guardia innecesaria, y paso entre mercaderes mahometanos, entre gentes que adoran la vaca y la cobra, paso yo, inadorable y común de rostro. Los meses no son inalterables, y a veces llueve: cae del calor del cielo una impregnación callada como el sudor... Aguas de la noche, lágrimas del viento monzón... Ahora, dónde está esa curiosidad profesional, esa ternura abatida que sólo con su reposo abría brecha, esa conciencia resplandeciente cuyo destello me vestía de ultra-azul?
> [de "La noche del soldado", *RST*-1, en *OC*, I, 278-279]

La aceptación de esta específica *noche del soldado* hace también posible la incursión en el Día correspondiente, y entonces verificamos cómo Pablo, superando la parálisis y la impotencia de "Sistema sombrío", introduce por primera vez en su escritura *poética* —vale decir: no sólo en sus crónicas para *La Nación*— el mundo birmano. Es verdad que el poeta se autorrepresenta en servicio degradado, *«haciendo una guardia innecesaria»*, y con los característicos verbos de desplazamiento que suele usar para imágenes de extravío o pérdida de horizontes vitales (paseo, paso, cruzo, vago de un punto a otro) en poemas como "Caballo de los sueños" y "Walking around", o en la afín prosa "Comunicaciones desmentidas".

Pero aparte que ya no se trata de la *condena* «a un doloroso acecho» sino de una 'misión' aceptada, la importante novedad del texto es la configuración del Día neruadiano con materiales de la realidad birmana, tratados no como elementos exóticos sino *normales* en su diversidad: «paso entre mercaderes mahometanos, entre gentes que adoran la vaca y la cobra»; y luego la precisa referencia a la modulación de la lluvia y del viento monzón en un determinado período del año (referencia que, por lo demás, ayuda a datar la escritura del texto mismo): «Los meses no son inalterables, y a veces llueve: cae del calor del cielo una impregnación callada como el sudor, y sobre los grandes vegetales, sobre el lomo de las bestias feroces, a lo largo de cierto silencio, estas plumas húmedas se entretejen y alargan. Aguas de la noche, lágrimas del viento monzón, saliva salada caía como la espuma del caballo, y lenta de aumento, pobre de salpicadura, atónita de vuelo» (*OC*, I, 278).

Esta forma débil de la lluvia («impregnación callada... plumas húmedas... lágrimas... saliva...») correspondería al mes de junio, pues en julio y agosto las lluvias devienen violentas, incesantes, difícilmente soportables. «Cada año, de febrero a mayo, el sol [nos] enceguecía desde el cielo como un dios furioso, hasta que de improviso el monzón soplaba hacia el este [*eastward*], primero en ráfagas agudas y luego en aguaceros interminables que empapaban todo... Y un calor sofocante y denso, siempre... Durante julio y agosto la lluvia casi no daba tregua» (Orwell, *BD*, 66, trad. mía). Neruda evocará en esas lluvias el marco climático de su pasión por Josie Bliss:

> *Otras veces la lluvia*
> *cayó sobre la tímida comarca:*
> *cayó tan lenta como las medusas*
> *sobre niños, mercados y pagodas:*
> *era otra lluvia...*
>
> *todos*
> *esperábamos:*
> *sudaba el cielo del Este...*
> *plumas mojadas,*
> *lento sudor celeste,*
> *y de tanto esperar lloraba el mundo*
>
> *hasta que un trueno*
> *despertaba la lluvia,*
> *la verdadera lluvia,*
> *y entonces se desnudaba el agua...*
>
> *Llovía como llueve Dios,*
> *como cae el océano,*
> *como el tambor de la batalla,*
> *llovía el monzón verde*
> *con ojos y con manos,*
> *con abismos,*
> *con nuevas cataratas*
> *que se abrían*
> *sobre los cocoteros y las cúpulas...*

["Amores: Josie Bliss (II)", *MIN*, en *OC*, II, 1236-1237]

El texto pasa entonces a la fase interrogativa, ya presente en algunos de los últimos poemas chilenos: «Ahora bien, de qué está hecho ese surgir de palomas...?» ("Galope muerto"); «Quién puede jactarse de paciencia más sólida?» ("Sabor"). Se trata de una fase retórica de transición, que prepara y potencia las fases sucesivas, que son la búsqueda de una salida o solución, y la dura reafirmación del propósito 'profético'. En "La noche del soldado": «Ahora, dónde está esa curiosidad profesional, esa ternura abatida que sólo con su reposo abría brecha, esa conciencia resplandeciente cuyo destello me vestía de ultra-azul?»

El material de estas preguntas tiene que ver con el pasado distante, transcontinental, del poeta. Lo mismo en la anterior y más doméstica interrogación: «dónde están la tía, la novia, la suegra, la cuñada del soldado?», que alude con modulación deliberadamente prosaica, familiar, al contexto humano que hasta pocos meses antes sostenía su escritura. En particular a *la novia* (o sea el amor, los sueños, Albertina, Laura Arrué), disimulada dentro de la 'foto de grupo' de los parientes. Ahora bien, puesto que el texto mismo atestigua que la «curiosidad profesional» de Pablo sigue viva, esas preguntas sólo en apariencia denuncian la pérdida o mengua de una relación viva (sensorial, cultural) con el mundo. Por el contrario, introducen un propósito de persistencia cuyas dificultades de actuación Pablo subraya: «Voy respirando *como hijo* hasta el corazón de un método obligatorio, de una tenaz paciencia física...»

¿Qué significa esta última declaración? Para interpretarla recordemos aquella «sustancia de color común, silenciosa / como una *vieja madre*» del poema "Sabor" y, para no ir tan lejos, la frase «Sobre esta región sin inclinaciones de madre el sol cae vertical», de la crónica "Danza de África" (*OC*, IV, 333), donde la fórmula *esta región sin inclinaciones de madre* significaba 'esta región implacable, inmisericorde, sin la piedad que cabría esperar de la *madre tierra* '. Tres años más adelante la periodista Elvira Santa Cruz (Roxane), en una crónica sobre su paso por la isla de Java, evocará palabras del poeta chileno que allí encontró: «Jungla traidora —dice Neruda con nostalgia—, quien se recuesta bajo su sombra debe temer la picadura del insecto, el veneno del reptil o la urticaria de sus árboles. En Chile *la naturaleza es madre*, no enemiga» (cito por Cardone, 104).

Por todo lo anterior creo que en nuestro texto la fórmula *voy respirando como hijo* hay que leerla en relación a la *madre-naturaleza*, inscrita en la propia condición natural o física del poeta, quien estaría declarando entonces que en su difícil circunstancia actual no sólo sobrevive, sino que sigue adelante y hasta crece como una criatura (hijo) en el vientre de su madre, obligado a respirar y a desarrollarse por simple exigencia biológica. Dentro de esta microalegoría las nociones de *método obligatorio* y de *tenaz paciencia física* varían o reiteran figuras características del período, cuales «un *pájaro de rigor* cuida mi cabeza» y «*paciencia*... sólida» o «una *paciencia* fija», todas del poema "Sabor".

En conclusión, entonces: las preguntas aquí encabezadas por un temible «dónde está...?» no denuncian pérdida sino que indican la vía del rescate: son la forma de una tentativa de resolución del conflicto y la enunciación de un propósito. Al final del párrafo hay una frase digna de atención: «un día de formas diurnas y nocturnas está casi siempre detenido sobre mí». ¿De pronto el Día (= la Realidad) engloba también a la Noche (= los Sueños)?

"LA NOCHE DEL SOLDADO" (III): ENAMORAMIENTO

> Entonces, de cuando en cuando, visito muchachas
> de ojos y caderas jóvenes, seres en cuyo peinado
> brilla una flor amarilla como el relámpago. Ellas
> llevan anillos en cada dedo del pie, y brazaletes, y
> ajorcas en los tobillos, y además collares de color,
> collares que retiro y examino, porque yo quiero
> sorprenderme ante un cuerpo ininterrumpido y
> compacto, y no mitigar mi beso.
>
> [de "La noche del soldado", *RST*-1, en *OC*, I, 279]

El uso del *plural por el singular* es una sinécdoque característicamente residenciaria, tendiente a desrealizar imágenes, a atenuar o neutralizar efectos que pudieran sonar sentimentales, a hacer menos explícitas ciertas alusiones. Neruda recurre a ella sobre todo en los títulos de los textos: "Sonata y destrucciones", "Establecimientos nocturnos", "Comunicaciones desmentidas", "Cantares", "Enfermedades en mi casa", "Melancolía en las familias". En el fragmento arriba citado, la alusión a *muchachas de ojos y caderas jóvenes* es un modo nerudianamente cauto de introducir en el nivel alto de la escritura poética a una cierta —y *única*, no plural— figura femenina. Sin nombre. A partir de aquí, esa figura recorrerá —siempre innominada— todo el restante itinerario de *Residencia en la tierra* hasta cerrarlo con un poema cuyo título será precisamente el nombre por años omitido: "Josie Bliss".

En una de sus crónicas Pablo traza un rápido bosquejo de figura femenina: «Hablo de Burmah, país en que las mujeres sobrellevan largos peinados cilíndricos, en los que nunca falta la dorada flor del *padaúk*, y fuman cigarros gigantescos» (*OC*, IV, 348). Pero aquí, en "La noche del soldado", la descripción externa no es sólo registro y enumeración sino el calculado inicio de una secuencia de intensa y controlada sensualidad, en la que la flor amarilla, las ajorcas y brazaletes y collares están allí para ser *retirados*, para que ese *ellas* genérico y plural devenga un único *cuerpo ininterrumpido y compacto*. Despojándolas gradualmente de sus adornos el texto consigue un efecto de deslizamiento hacia la desnudez de una sola muchacha, aquella buscada y deseada.

Pero no olvidemos ese *entonces* que introduce la secuencia y la conecta al discurso precedente (soledad, extravío, íntima parálisis del poeta) y en particular a las preguntas acerca de la condición degradada a que las circunstancias lo han traído. Aquel *entonces* indica claramente, en el encuentro amoroso así introducido, una vía de solución, la restitución de lo perdido. ¿Un regreso al comportamiento del Hondero, a la búsqueda de un fundamento erótico para la escritura? En modo alguno. En el erotismo perseguido por el Hondero dominaba una suerte de abstracta y arrogante frialdad. La actual secuencia supone, por el contrario, un notable grado de explicitación de la sensualidad concreta que los *Veinte poemas* se limitaron a sugerir.

> Yo peso con mis brazos cada nueva estatua, y bebo su remedio vivo con sed masculina y en silencio. Tendido, mirando desde abajo la fugitiva criatura, trepando por su ser desnudo hasta su sonrisa: gigantesca y triangular hacia arriba, levantada en el aire por dos senos globales, fijos ante mis ojos como dos lámparas con luz de aceite blanco y dulces energías. Yo me encomiendo a su estrella morena, a su calidez de piel, e inmóvil bajo mi pecho como un adversario desgraciado, de miembros demasiado espesos y débiles, de ondulación indefensa; o bien girando sobre sí misma como una rueda pálida, dividida de aspas y dedos, rápida, profunda, circular, como una estrella en desorden.

A decir verdad, una narración poética tan directa y explícitamente sugestiva de una relación sexual fue rara en Neruda, y, en cierto modo, incluso única. Aunque modulada bajo velos de imágenes alusivas (como un film en que las escenas de erotismo *hard* estuvieran trabajadas con pretensiones artísticas, o como ese pasaje de *Cien años de soledad* en que Amaranta Úrsula se rinde, jugando, a los apasionados requerimientos de Aureliano Babilonia), la secuencia visualiza claramente el desarrollo, los matices y la intensidad del encuentro desde la perspectiva del Sujeto. Para ubicar un antecedente a esta insólita operación hay que remontar al capítulo VI de *El habitante y su esperanza* (en *OC*, I, 222-223), que relata morosamente el reencuentro erótico del Narrador, recién salido de la cárcel, con Irene, su amante, en la habitación de ésta. Pero aquella narración era mucho más refinada y deliberadamente menos explícita en los detalles.

Mucho tiene que haber amado y/o deseado Pablo a esta muchacha para escribir —si bien bajo algunos velos residuales— un texto tan audaz en relación a sus parámetros. No lo hará ni siquiera con Matilde al comienzo de la pasión. Entre otras razones porque en 1951-1952 Pablo se sentirá finalmente promovido al grado de Capitán. El Soldado de 1928 podía permitirse la transgresiva representación de un erotismo directo, inmediato, sin ulteriores fines. No el Capitán de 1952. Pero aquélla será otra historia, en muy diferentes condiciones.

En 1928 Pablo es un joven de 24 años para quien no hay nada más importante que su actividad literaria. Profesión: poeta. Ninguna duda al respecto. Convicción sincera y total sobre su propia identidad artística. Cree verdaderamente en ella. Por lo mismo, y a diferencia de otros poetas y escritores chilenos que aparecen no menos convencidos, Neruda será siempre muy consciente de las dificultades que debe vencer, de sus límites por superar, y nunca pretenderá de los demás sino el reconocimiento del valor literario que él mismo siente haber conquistado de veras. Nunca hará trampas en ese terreno. Apuntará muy alto —en verdad, al máximo— pero estará siempre dispuesto a sudar las metas que se propone. En 1928 es todavía un joven escritor en ascenso, de altísimas ambiciones pero a la vez muy riguroso y exigente consigo mismo. A la vez orgulloso y humilde. Extremadamente cuidadoso de no dar pasos falsos, pero capaz de admitir un error y de rectificar en consecuencia, sin complejos, como lo ha hecho desde 1924 al percatarse de que la publicación de los *Veinte poemas de amor* (que íntimamente había vivido como una maniobra de repliegue, forzada por la carta de Sabat Ercasty) lo ha salvado de una macroscópica equivocación.

Ahora bien, para este joven poeta que de modo natural ha hecho suya la aristocracia *estilística* de la última (tercera) modernidad literaria, la representación poética de los temas o asuntos sexuales es una cuestión artística particularmente delicada. Lo erótico: materia peligrosa por el riesgo de precipitar en lo vulgar o en lo 'picante', posibilidades inaceptables para el aristocratismo literario moderno que Pablo persigue. Pero además, como ya hemos tenido ocasión de verificar, la temática sexual le es siempre difícil de tratar en sus escritos, debido a complicadas razones personales (literarias y psicológicas) que me esforzaré por seguir enfrentando a medida que se manifiesten en los textos. Por lo mismo, "La noche del soldado" es un texto excepcional, por no decir único en tal terreno.

Al escribirlo Pablo usa al mismo tiempo cautela y audacia. Cautela porque no puede arriesgar, y por ello cuida bien sus pasos. Lo erótico es de difícil manejo. Pero la cautela siempre favorece la eficacia poética de los poemas eróticos de Pablo. En el caso de los *Veinte poemas*, la cautela consiste en operar de modo tal que las varias Marisol y Marisombra crean, cada una, ser la destinataria única de todos los poemas del libro. Por ello, una de las formas de la cautela es el uso decisivo de la tercera persona (en clave de 'narración' poética) para referirse a la figura femenina, por ejemplo en el poema 20: «*Ella* me quiso, a veces yo también la quería. /.../ La noche está estrellada y *ella* no está conmigo.»

La cautela asume, también en "La noche del soldado", la forma de la tercera persona: «mirando desde abajo *la fugitiva criatura*». Los poemas de forma apostrófica, en los que Pablo se dirige a la amada en segunda persona a través del *tú* (como los del *Hondero entusiasta* o muchos de los *Cien sonetos de amor*) suelen ser menos eficaces. La cautela, en suma, es la norma durante la juventud del poeta y lo obliga, permanentemente, al ejercicio de sus recursos mejores. Ya lo dije: no puede darse el lujo de arriesgar pasos falsos.

El instinto de prudencia decide tal vez la elección del lenguaje prosístico y el empleo del plural por el singular, pero una vez lanzado a escribir la 'crónica' de su experiencia amorosa en vínculo con la reactivación de su escritura, el fervor del poeta lo empuja más allá del umbral de seguridad. Y se abandona a la 'narración' de un acto sexual, operando con modalidad explícita en un grado hasta entonces no sólo inédito sino, al parecer, improponible en su escritura alta (aunque también en aquella menor o de circunstancias). Tal abandonarse viene motivado por la excepcionalidad del encuentro erótico 'narrado', pero también por la orientación que Pablo ha decidido para su poesía. Así se explica el abrupto tránsito al último párrafo de la 'crónica', que da cuenta de experiencias aparentemente desvinculadas:

> Ay, de cada noche que sucede, hay algo de brasa abandonada que se gasta sola, y cae envuelta en ruinas, en medio de cosas funerales. Yo asisto comúnmente a esos términos, cubierto de armas inútiles, lleno de objeciones destruidas. Guardo la ropa y los huesos levemente impregnados de esa materia seminocturna: es un polvo temporal que se me va uniendo, y el dios de la substitución vela a veces a mi lado, respirando tenazmente, levantando la espada.

Después del éxtasis sexual, este último párrafo parece volver al tema inicial de la degradación. No explica el nexo con el interludio erótico precedente. A primera lectura parece incluso proponer una repetida sensación de decaimiento o tristeza que vive el poeta tras sus encuentros con «cada nueva estatua [en] cada noche que sucede», acentuada con alusiones a desgaste, a ruinas, a muerte. Pareciera algo similar al ya mencionado disgusto de Flory, sucesivo a su enésima relación sexual insatisfactoria con Ma Hla May, que lo porta al baño purificador en la lagunilla bajo el *peepul*. Sólo que tal lectura no cuadra con la evidente complacencia de nuestro Sujeto en la relación sexual apenas 'narrada'. Por lo cual propongo otra lectura, *de sentido opuesto*, fundada sobre la implícita conexión entre los textos de *Residencia* relacionados con la figura de Josie Bliss. **Ay, de cada noche que sucede, hay algo de brasa abandonada que se gasta sola:** esta brasa en deterioro, consumiéndose, cayendo en ruinas, muriendo «en medio de cosas funerales», no procede del actual fuego nocturno, no concierne a «la fugitiva criatura»; al contrario, es la brasa resultante de un fuego que viene de lejos y del pasado, el fuego de Cantalao, los viejos *sueños* queridos. Lo que Pablo está sugiriendo, con lenguaje cifrado y enigmático, es el debilitamiento de los estímulos que provienen desde la muy distante base original de operaciones.

Yo asisto comúnmente a esos términos, cubierto de armas inútiles, lleno de objeciones destruidas. El poeta está consciente de lo que sucede, pero puede oponerse cada vez menos. Lo ha intentado, y cuánto, según testimonia el precedente poema "Sistema sombrío" («De cada uno de estos días negros... / apenas sostenidos por el aire y por los sueños, / y desaparecidos irremediablemente y de pronto, / *nada ha substituido mis perturbados orígenes*»). Pero ha sido inútil reafirmar su lealtad. Pablo necesita estímulos próximos, vinculados a su realidad presente y circundante, al Día que está viviendo. Tal urgencia es capaz de destruir todas sus íntimas objeciones.

... y el dios de la substitución vela a veces a mi lado, respirando tenazmente, levantando la espada. Momento de máximo riesgo para la tarea profética del Sujeto, radicada en un cierto espacio y en una cierta memoria personal. La *substitución* corresponde a la fase culmen de la tentación a aceptar un nuevo arraigo, un nuevo fundamento para su identidad-poesía. Incapaz de vivir en escisión, y acorralado por la soledad y el desaliento, Pablo declara al final del texto (en modo cifrado y cauteloso) estar cediendo al asedio persistente («respirando tenazmente») de una *seducción* agresiva («levantando la espada»), a la que no logra oponer sino una débil y muy poco convencida resistencia (armas inútiles, objeciones destruidas).

El espacio de la *seducción* se ofrece así al poeta con las posibilidades de un Día (= la Realidad) que incluye una Noche alternativa, o sustitutiva («un día de formas *diurnas y nocturnas* está casi siempre detenido sobre mí», «la ropa y los huesos levemente impregnados de esa materia *seminocturna*: es un polvo temporal que se me va uniendo»). La Realidad, o sea el Día que ahora está viviendo (en cuanto ajeno a la Noche de Cantalao), no excluye un diverso espacio de Sueños (o sea, una diversa Noche). ¿Por qué no *substituir* la antigua y lejana Noche con este Día presente y seductor, hecho «de formas diurnas y nocturnas»?

"JUNTOS NOSOTROS" (I): EPITALAMIO

Qué pura eres de sol o de noche caída
["Juntos nosotros", *RST*-1, en *OC*, I, 269]

Tus ojos aguerridos,
tus pies desnudos
dibujando un rayo,
tu rencor de puñal, tu beso duro
como los frutos del desfiladero
["Amores: Josie Bliss (II)", *MIN*, en *OC*, II, 1238]

Faltan muchos datos para reconstruir la historia de la pareja Pablo-Josie. Supongo que comienza en Dalhousie Street 295, cuando algún encuentro casual hace de Josie Bliss la secretaria (e intérprete, imagino) del cónsul chileno. Dada la poquedad de los ingresos de Pablo, aquello es más bien un juego de fachada, tal vez necesario para justificar la frecuente presencia de Josie en una casa o apartamento del sector europeo de la ciudad. Cuando Álvaro ya ha partido hacia Calcutta, Pablo se traslada a otra habitación en un barrio de birmanos donde los amantes establecen una convivencia decidida. Pero no fácil, pues a poco andar Josie vuelve a su propia casa, donde al parecer vive sola. Hasta allá llega Pablo: «en la intimidad de su casa, que pronto compartí», referirán sus memorias, presentando inicialmente a una «*dulce* Josie Bliss» que más tarde cambió (*OC*, V, 491). Todo esto ocurre en el arco de pocos meses, digamos entre mayo y comienzos de noviembre, vividos la mayor parte en la casa de Josie.

Si leemos "La noche del soldado" como la crónica del enamoramiento, "Juntos nosotros" es la oda a la pareja constituida, la celebración del vivir juntos, mientras "Sonata y destrucciones" mezcla la elegía (del fundamento poético dejado atrás) a la proclama de propósitos (poética de la *substitución*). Los tres textos son escritos entre junio y agosto de 1928, los tres son enviados a Eandi con la carta del 8 de septiembre: los une secretamente la relación de Pablo con Josie en su fase de máxima plenitud.

"Juntos nosotros" es el epitalamio que Pablo escribe a su Ma Nyo Teh, sólo comparable al poema que con ese título ("Epitalamio") dedicará a Matilde Urrutia en *Los versos del Capitán* (*OC*, I, 897-902). Su carácter solar y jubiloso (único en *Residencia*) es tan significativo cuanto el pasaje mismo de la figura femenina de "La noche del soldado" desde la prosa al verso. Con una sola pero importante reserva o cautela, sin embargo: no la nombra. (Pasarán casi siete años antes de que consiga nombrarla en un poema: también ello será muy significativo, como veremos.) Seguramente a Pablo no le faltan ganas de nombrarla, y hasta imagino algún borrador de "Juntos nosotros" en que se desliza más de un *Josie*, si no algún *Ma Nyo Teh*, o *Ma Njoteh*, el «recóndito nombre birmano».

Téngase cuenta además de otra novedad entre las varias que vengo señalando a propósito de la 'experiencia Rangoon': es la primera vez que Pablo *convive* con una mujer. ¡Cuánto había deseado una tal situación con Albertina! Pero los indicios dicen a las claras que para Pablo —a la hora de la verdad que cuenta, y a pesar de futuras apariencias— Josie es una amante más deliciosa e inolvidable, en breve más importante, que Albertina (lo que entonces no es poco decir). Sobre todo porque Josie al parecer lo ama de veras. Tanto que será capaz de atravesar el golfo de Bengala —desde Rangoon a Colombo— para recuperarlo, mientras Albertina cuántas veces ni siquiera osa tomar el tren de Concepción a Santiago o a Temuco, tanto menos viajar a Ancud, para hacer el amor con el poeta que la deseó y la requirió como quizás ningún otro hombre en su vida.

Entre los muchos poemas amorosos de forma apostrófica que escribió Neruda, "Juntos nosotros" es, a mi juicio, el más logrado. Mérito, en buena parte, de la singular y controlada enunciación, así como de la estructura tripartita del texto: un autorretrato como bloque central, entre dos bloques dedicados al retrato de la amada (esquema: Ella-Yo-Ella). "Juntos nosotros" es una rara proeza poética: la comunicación eficaz de un estado de extrema felicidad. Tarea literaria de muy difícil realización, que en este caso Pablo trabaja con maestría, guiado por la sinceridad total de su entrega al enamoramiento. Hay en el texto un bien administrado juego: por un lado, explicitaciones normales dentro de un epitalamio (una entusiasta letanía de elogios a la esposa); por otro, yuxtapuestas explicitaciones menos previsibles e incluso insólitas (una letanía igualmente entusiasta de autoelogios por parte del esposo). Operación que aquí funciona bien, aunque no es de fácil 'lectura', como verifica Neruda mismo según carta a Eandi de octubre 1929: «Pero, vea usted, Eandi, recuerda mis versos de "Juntos nosotros"? Se publicaron en Chile también [en *Atenea* 9, noviembre 1928], e inmediatamente tres o cuatro críticas en los diarios llenas de los más tristes denuestos, hablando como cosa establecida de mi 'imbecilidad', y así en el tono. Doloroso» (*OC*, V, 947, con particular referencia al crítico *Omer Emeth* = Emilio Vaisse). Examinemos el bloque inicial:

Qué pura eres de sol o de noche caída,
qué triunfal desmedida tu órbita de blanco,
y tu pecho de pan, alto de clima,
tu corona de árboles negros, bienamada,
y tu nariz de animal solitario, de oveja salvaje,
que huele a sombra y a precipitada fuga tiránica.

El primer verso confirma la condición dual de la amada: Sol (Día) y Noche, realidad y sueños. Y su *órbita de blanco*: «Sentía ternura hacia sus pies desnudos, hacia las *flores blancas* que brillaban sobre su cabellera oscura... Era ella, *vestida de blanco*...» (*OC*, V, 491). El poema insiste en diversos lugares sobre el color blanco asociado a la figura femenina, por ejemplo: «... y la paloma redonda / hace sus nidos blancos frecuentemente en ti». Por contraste, la cabellera oscura, *tu corona de árboles negros*, será también focalizada en otros textos: «Amor de niña de pie pequeño y gran cigarro, flores de ámbar en el puro y cilíndrico peinado, y de andar en peligro, como un lirio de pesada cabeza, de gruesa consistencia... Su enrollado cabello negro entonces beso...» ("El joven monarca"). Igualmente la novela *Burmese Days* reclama atención hacia el peinado de Ma Hla May: «Su cabellera se enrollaba en un rígido cilindro, negro como el ébano, y adornado con flores de jazmín» (Orwell, *BD*, 51). Mezcla de dulzura y furias, ya desde el comienzo Josie aparece como una «oveja salvaje» de difícil trato, que tiraniza a su enamorado con alejamientos repentinos («huele... a precipitada fuga tiránica»).

"JUNTOS NOSOTROS" (II): EL HÉROE Y SU DAMA

Ahora, qué armas espléndidas mis manos,
digna su pala de hueso y su lirio de uñas,
y el puesto de mi rostro, y el arriendo de mi alma
están situados en lo justo de la fuerza terrestre.
Qué pura mi mirada de nocturna influencia,
caída de ojos oscuros y feroz acicate,
mi simétrica estatua de piernas gemelas
que sube hacia estrellas húmedas cada mañana,
y mi boca de exilio muerde la carne y la uva,
mis brazos de varón...

Así comienza la larga e insólita letanía autorreferencial que constituye el segundo bloque, abruptamente introducida y desplegada en yuxtaposición respecto a los bloques contiguos, vale decir, sin explícita conexión, dispuesta como si fuera una narcisista serie autónoma. ¿Cómo explicar este bloque de entusiastas autoelogios? En verdad se trata de una particular manifestación de la constante tendencia de Neruda a buscar la confirmación o sello de su identidad de poeta a través del amor de una mujer especial, provista a sus ojos de títulos y atributos adecuados. Neruda interioriza desde muy joven una especie de representación mítica de sí mismo como un héroe caballeresco en misión, y, en cuanto tal, siempre en búsqueda del espaldarazo consagrador de una Dama o Princesa elegida. Esa imagen de sí ha dado origen a la figura del Hondero con sus neuróticas exigencias a la Amada. Con variantes y ajustes según las fases de su vida, el mito personal del caballero errante en misión (poética) funcionará más adelante: en edad madura cuando aparece Matilde, y hasta en tardía edad respecto a la Rosía (Alicia Urrutia) de *La espada encendida*. Neruda se tomó siempre muy en serio como personaje-poeta y vivió con grande y sincera convicción las autorrepresentaciones que sucesivamente lo sostuvieron en su solitaria tarea de escritor, pero —atención— a las cuales él correspondió también, siempre, con responsabilidad, coherencia y dignidad indeclinables. Para fastidio de sus detractores literarios y políticos.

En el caso de "Juntos nosotros", la letanía autorreferencial expresa la alegría infinita de haber encontrado a la Princesa o Dama consagratoria. ¿Cómo dar forma a este sentimiento de orgullo y de plenitud sin caer en lo ridículo, o en lo patético? Puesto que en este nivel la experiencia íntima es inefable, imposible de comunicar, Pablo intenta la vía oblicua o indirecta del autorretrato orgulloso. El elogio del resultado. ¿Qué mejor modo de manifestar la potencia e intensidad del amor cumplido que elencar en el amante los efectos del sentirse finalmente amado por la mujer que siempre buscó? Notar que el primer verso del bloque pone en evidencia, desde el inicio, cómo el amor (los *sueños*) confirma en el caballero errante los instrumentos de *la acción* («Qué *armas* espléndidas mis *manos*»). Y cómo los versos «mi simétrica estatua de piernas gemelas / sube hacia estrellas húmedas cada mañana, / y mi boca de exilio muerde la carne y la uva» reproponen elementos eróticos de "La noche del soldado" (estatua, estrellas) mezclándolos con símbolos que vienen desde textos del pasado (uva).

Y tú como un mes de estrella, como un beso fijo,
como estructura de ala, o comienzos de otoño,
niña, mi partidaria, mi amorosa,
la luz hace su lecho bajo tus grandes párpados
dorados como bueyes, y la paloma redonda
hace sus nidos blancos frecuentemente en ti.

Retorno a Ella. La letanía apostrófica fue en Neruda la máxima modalidad retórica con que dio forma a variados propósitos de dignificación poética (por ejemplo, en "Alturas de Macchu Picchu" el fragmento IX, que es la invocación solemne de la ciudadela: «Águila sideral, viña de bruma. / Bastión perdido, cimitarra ciega. / Cinturón estrellado, pan solemne. / Escala torrencial, párpado inmenso. / ...»). El tercer bloque vuelve al elogio múltiple de la amada, con variaciones que proseguirán hasta el final del texto y cuyo detalle no es posible comentar en esta sede. Los versos citados operan con modulación diversa de aquella del primer bloque, como queriendo transferir a Josie cualidades míticas del mundo de Cantalao. Así esos *comienzos de otoño*, fórmula que difícilmente aludiría al otoño birmano que a Pablo era extraño; o bien «tus grandes párpados dorados como *bueyes*» y la «*paloma* redonda», que también provienen de experiencias distantes, y donde *bueyes* simboliza condición de dulzura y mansedumbre (valor tradicional) asociada a blanda acumulación de vida animal, a compleja densidad de estructura orgánica y sustancial (valor nerudiano conexo a la sensualidad de la vida, como en la variante vegetal, los grandes *zapallos*); mientras la *paloma* «me parece la expresión más acabada de la vida, por su perfección formal», dicho con palabras de Neruda mismo (Alonso, 210).

Aunque no nombran a Josie Bliss, los versos de arte mayor (los hay desde 11 hasta 16 sílabas) le rinden por sí solos un homenaje al situarla en el nivel 'profético' de la escritura de Neruda. Albertina misma no supera en *Residencia* el nivel de las *canciones* eneasílabas ("Madrigal escrito en invierno", "Fantasma", "Lamento lento"). Decir *juntos nosotros* es una declaración muy comprometedora en el código de Neruda: supone la asunción textual, es decir solemne, de un ligamen amoroso con graves implicaciones poéticas: nada menos que un nuevo fundamento para su escritura. El júbilo del texto traduce entonces el júbilo de la integración y de la reunificación interiores, el júbilo de un poeta que no se concibe dividido (por un lado *el amor = los sueños*, por otro *la poesía = la acción*) y que gracias al amor de Josie Bliss se siente por fin en íntimo acuerdo consigo mismo. En toda la obra anterior de Neruda no hay un poema con semejantes implicaciones. Y para que en su obra futura surja otro poema con el significado del título "Juntos nosotros", será necesario que en la vida del poeta aparezca Matilde Urrutia.

"SONATA Y DESTRUCCIONES": LA SUSTITUCIÓN

Hay entre ciencias de llanto un altar confuso,
y en mi sesión de atardeceres sin perfume,
en mis abandonados dormitorios donde habita la luna,
y arañas de mi propiedad, y destrucciones que me son queridas,
adoro mi propio ser perdido, mi substancia imperfecta,
mi golpe de plata y mi pérdida eterna.
Ardió la uva húmeda, y su agua funeral
aún vacila, aún reside,
y el patrimonio estéril, y el domicilio traidor.
["Sonata y destrucciones", *RST*-1, en *OC*, I, 276]

Pero, verdaderamente, no se halla usted rodeado
de destrucciones, de muertes, de cosas aniquiladas?
En su trabajo, no se siente obstruido por dificultades
e imposibilidades? Verdad que sí? Bueno,

> yo he decidido formar mi fuerza en este peligro,
> sacar provecho de esta lucha, utilizar estas debilidades.
> Sí, este momento depresivo, funesto para muchos,
> es una noble materia para mí.
>
> [carta a Eandi del 08.09.1928, en *OC*, V, 938]

> Tal vez debería agregar que, para mí,
> un motivo repetido en el arco de toda
> la vida ha sido recuperar mis fuerzas
> desde una posición de extrema debilidad:
> justo cuando me sentía al borde de la
> sofocación, de pronto descubría
> que respiraba mejor que nunca.
>
> [Saul Bellow, carta a Philip Roth, 1998]

"Sonata y destrucciones" es el tercer texto de la tríada que Pablo envía a Eandi en septiembre 1928, con "La noche del soldado" y "Juntos nosotros". Es la versión elegíaca y programática de la *substitución*. Una vez más el término *sonata* en el título de un poema anuncia la referencia a algo dejado atrás por necesidad pero con dolor, así como "Alianza (sonata)" había sido el canto con que Pablo se despidió de la Noche en 1926, si bien restando en contacto —como aliados, obviamente—. Esta vez la ruptura es radical. El término clave: *destrucciones*. Se trata ahora del lejano Cantalao, del espacio sentimental y familiar de la Frontera, del fundamento mismo que hasta entonces ha dado sentido y orientación a su poesía. El término *destrucciones* alude a ese mismo espacio en cuanto cenizas y renuncias sobre las cuales Pablo pretende ahora construir una nueva perspectiva poética.

Lo escribe con nitidez a Eandi en estas líneas de su carta del 8 septiembre (que vale la pena volver a citar, aunque recién anticipadas en el epígrafe): «Pero, verdaderamente, no se halla usted rodeado de *destrucciones*, de muertes, de cosas aniquiladas? En su trabajo, no se siente obstruido por dificultades e imposibilidades? Verdad que sí? Bueno, yo he decidido *formar mi fuerza en este peligro*, sacar provecho de esta lucha, utilizar estas debilidades. Sí, ese momento depresivo, funesto para muchos, es una noble materia para mí» (*OC*, V, 938, énfasis míos).

Hemos visto que Pablo siempre ha elaborado las dificultades, desde cuando era niño y escribía «nosotros los buenos». Pero esta vez lo hace a plena conciencia, primero para sobrevivir, y luego porque su poesía sólo sabe nutrirse del concreto mundo circundante. Su escritura es antinostálgica y además Cantalao se está revelando carente de poderes nutricios a distancia. La *substitución* es la otra faz del abandono por parte del antiguo fundamento. A esta queja apunta el verso: «y el patrimonio estéril, y el domicilio traidor». (Sólo algunos años más tarde, en la soledad de Batavia, y después en Madrid, a raíz del dolor infinito por la enfermedad de su hija, comenzará Pablo a recuperar y a reelaborar en su poesía —desde lejos— el Sur de la infancia.)

Pero el mundo birmano le es tan extraño que el bloqueo y la esterilidad eran inevitables para Pablo si no aparece Josie Bliss en su horizonte vital. Ella es el puente erótico y doméstico que lo conecta a la experiencia oriental, y no sólo en 1928 sino incluso después, cuando ella desaparecerá de su vida. Como puede verse, un modo de conexión al Oriente muy distante de los esoterismos filosóficos que seducen a otros poetas americanos. De hecho, todos los textos que escribe en Rangoon y en Calcutta entre junio y diciembre tienen que ver con Josie: en modo directo los tres ya mencionados, más "El joven monarca", "Diurno doliente" y "Tango del viudo"; en modo indirecto "Entierro en el Este" y "Arte poética". Pero hay más. El 6 agosto, un mes antes de la carta a Eandi, Pablo ha escrito otra, no menos importante, a su amigo José Santos González Vera, cuyo núcleo reproduzco:

> [...] Más de un año de vida en estos destierros, en estas tierras fantásticas, entre hombres que adoran la cobra y la vaca. Hace falta en este panorama versátil su aguda complacencia, su fresca imparcialidad. Yo sufro, me angustio con hallazgos horribles, me quema el clima, maldigo a mi madre y a mi abuela, converso días enteros con mi cacatúa, pago por mensualidades un elefante. Los días me caen en la cabeza como palos, no escribo, no leo, vestido de blanco y con casco de corcho, auténtico fantasma, mis deseos están influenciados por la tempestad y las limonadas. [...]
>
> Ya le he contado, grandes inactividades, pero exteriores únicamente; en mi profundo no dejo de solucionarme, ya que mi cuestión literaria es un problema de ansiedades, de ambiciones expresivas bastante sobrehumanas. Ahora bien, mis escasos trabajos últimos, desde hace un año, han alcanzado gran perfección (o imperfección, pero dentro de lo ambicionado). Es decir, he pasado un límite literario que nunca creí capaz de sobrepasar, y en verdad mis resultados me sorprenden y me consuelan. Mi nuevo libro se llamará *Residencia en la tierra* y serán cuarenta poemas en verso que deseo publicar en España. Todo tiene igual movimiento, igual presión, y está desarrollado en la misma región de mi cabeza, como una misma clase de insistentes olas. Ya verá usted en qué equidistancia de lo abstracto y lo viviente consigo mantenerme, y qué lenguaje tan agudamente adecuado utilizo. [...]
>
> — OC, V, 1026-1027

Los lamentos iniciales, frecuentes en las cartas del período, asumen aquí un aire irónico tal vez porque van dirigidos a ese maestro en ironía (y humor) que es González Vera. Atención a la frase «entre hombres que adoran la cobra y la vaca», que ya leímos en "La noche del soldado" («entre gentes que adoran la vaca y la cobra, paso yo»), prosa de algunas semanas anterior. *Los días me caen en la cabeza como palos, no escribo, no leo*: en 1946 Tomás Lago recuerda a Pablo sus cartas desde la India asegurando que 'no volvería a escribir' y que 'cada día le costaba más hacerlo porque ya no tenía qué decir', y entonces el poeta lo mira sorprendido: «Sin embargo, cuando yo le escribí eso, trabajaba más que nunca» (en Lago 1999: 72). Para Pablo, los años vividos en Oriente (y en particular en Rangoon) no fueron sólo *une saison en enfer*, sino también un período de mucha creatividad y de fuerte crecimiento literario.

Ahora bien, esta carta a González Vera es muy especial porque documenta **por primera vez** el título *Residencia en la tierra* para la compilación de poemas que pocos meses antes (en carta a Yolando Pino Saavedra, diciembre 1927) ha titulado *Colección nocturna*. La invención es reciente, según sugieren la fórmula «Mi nuevo libro» y el tono mismo de la declaración, que trae el énfasis de quien acaba de resolver un problema y de quien ha encontrado el camino a seguir.

El orgullo y el entusiasmo con que Pablo alude a sus «trabajos últimos» son de asociar al júbilo de "Juntos nosotros". Detalle sintomático: asegura que su nuevo libro tendrá «cuarenta poemas» cuando lleva escritos, hasta ese momento, no más de quince o dieciséis. ¿Por qué exactamente *cuarenta*? A mi entender, porque para Pablo en ese momento el íntimo desafío y el parámetro de éxito por superar es el de los *Veinte poemas*: y cuarenta es el doble de veinte. Índice de la conquista de un fuerte grado de seguridad y de optimismo. Un mes después, la ya citada carta a Eandi del 8 de septiembre insiste en la confianza con que está desarrollando su proyecto:

> He completado casi un libro de versos: *Residencia en la tierra*, y ya verá usted cómo consigo aislar mi expresión, haciéndola vacilar constantemente entre peligros, y con qué sustancia sólida y uniforme hago aparecer insistentemente una misma fuerza.
>
> — OC, V, 938

Pero digámoslo de una buena vez: Josie Bliss inspira a Pablo no sólo una pasión trastornante sino también el nombre definitivo de su nuevo libro. Aunque parezca extraño, es a Josie Bliss que debemos el espléndido título *Residencia en la tierra*. Los documentos prueban que fue inventado por Pablo durante el período de máxima comunión amorosa con la muchacha birmana. Y en correspondencia con el espíritu de la *substitución*.

¿POR QUÉ "RESIDENCIA EN LA TIERRA"? (I)

> *Quién hizo ceremonia de cenizas?*
> *Quién amó lo perdido, quién protegió lo último?*
> *El hueso del padre, la madera del buque muerto,*
> *y su propio final, su misma huida,*
> *su fuerza triste, su dios miserable?*
> *Acecho, pues, lo inanimado y lo doliente,*
> *y el testimonio extraño que sostengo*
> *con eficiencia cruel y escrito en cenizas,*
> *es la forma de olvido que prefiero,*
> *el nombre que doy a la tierra, el valor de mis sueños,*
> *la cantidad interminable que divido*
> *con mis ojos de invierno, durante cada día de este mundo.*
>
> ["Sonata y destrucciones", *RST*-1, en *OC*, I, 277]

Esta estrofa final condensa la *substitución*. En los primeros versos el poeta denuncia (bajo forma interrogativa) su lealtad inútil y no correspondida, que es la razón por la cual abandona *Cantalao* (= el sistema Noche-Sur) en cuanto fundamento de su poesía. Obviamente hay que subentender «Quién [como yo] hizo ceremonia...? Quién [como yo] amó lo perdido...? [Quién como yo amó y protegió el] hueso del padre...?» El elenco remite a elementos representativos de lo dejado atrás, de aquello que ahora es el objeto de íntimas *destrucciones* con sus resultantes *cenizas*. Entiendo *lo perdido* y *lo último* como alusiones al mundo originario de Pablo, en cierto modo su Chile del sur, por antonomasia el *último* rincón del mundo, tan remoto y extremo en el tiempo-espacio. *El hueso del padre* sería una imagen global y muy condensada de la filiación individual, esto es, de la infancia y de la casa familiar gobernadas por la figura del padre (y del ámbito conexo por extensión: trenes, bosques, Temuco, ríos, océano, miedos, lluvia, inviernos...); *la madera del buque muerto* sería en cambio la cifra simbólica de la adolescencia y primera juventud (con sus sueños y en particular con los amores), en cuanto probabilísima alusión al mítico *bote salvavidas* abandonado en el no menos mítico *patio de las amapolas*, allá en Puerto Saavedra (ver *supra*, secciones I y II).

El resto de la estrofa es *la poética de la substitución*: una declaración de propósitos, un programa. *Acecho lo inanimado y lo doliente*: la realidad circundante, el mundo colonial, *inanimado* porque inmovilizado, porque puesto al margen de la historia por el *Indian Empire* (lo escribirá claramente a Eandi desde Batavia); *lo doliente*, en el doble sentido del propio y del ajeno sufrimiento (en el primer sentido, también el título "Diurno doliente"). En correspondencia con *acecho*, los versos «*y el testimonio extraño que sostengo / con eficiencia cruel y escrito en cenizas*» sitúan al Sujeto entre la *degradación* y la *profecía*. Es una transacción entre dos extremos: el amor de Josie Bliss lo rescata del 'servicio degradado', pero la circundante realidad birmana no solicita su propensión 'profética'. Sin embargo, el poeta-testigo rinde con rigor heroico (*con eficiencia cruel*) su testimonio, el cual es *extraño* porque se refiere a un mundo ajeno a él y también porque está *escrito en cenizas*, esto es, sobre las ruinas del antiguo fundamento para afirmar uno nuevo.

Éste es un punto crucial que espero sea claro para el lector que me haya seguido hasta aquí. El cambio de título, de *Colección nocturna* (fines de 1927) a *Residencia en la tierra* (mediados de 1928), quiere marcar un cambio de perspectiva (y con ello, de conducta) en la vida y en la escritura respecto a la imagen conjunta que de ellas tiene Pablo y que hasta entonces, desde los *Veinte poemas de amor* en adelante, ha inspirado su axiología y su comportamiento poéticos. Me refiero a ese fundamento simbólico y emotivo que en los capítulos precedentes he llamado *sistema Noche-Sur*, y que el mismo Neruda condensó espacialmente a través del topónimo ficticio *Cantalao*. Es la proyección combinada de: la selva austral, el río Imperial, el puerto fluvial, la costa oceánica de Puerto Saavedra, el patio de las amapolas, el mundo familiar y comunitario de la Frontera con centro en Temuco, las mujeres amadas. Pero la clave de esa proyección no es la provincia en sí, o el terruño (como lo es para los escritores mundonovistas), sino algo que Pablo mismo llama *los sueños*.

Lo cual no quiere decir evasión ni ensueños. Neruda fue siempre un poeta 'realista', o 'materialista' si se prefiere, en el sentido ya dicho de que su escritura tiende porfiadamente a nutrirse de elementos concretos (episodios, personas, objetos, materiales varios) de su circunstancia biográfica. Al inicio filtrados por lecturas, por poéticas y modelos ajenos o por programas abstractos en *Los Cuadernos de Neftalí Reyes*, en *Crepusculario* y en *El hondero entusiasta*. Desde 1924, con los *Veinte poemas*, el filtro deja de ser prestado y deviene propio, personal.

El fundamento del poetizar cambia entonces radicalmente, tanto que Neruda mismo deja de sentir suyos los primeros libros ya mencionados, anteriores a *Veinte poemas*, y habría preferido no reeditarlos (incluso sacarlos de sus *obras completas*, como me dijo alguna vez). Ahora bien, y tratando de condensar una compleja cuestión, los poemas escritos por Pablo entre 1924 y 1928 tienen un fundamento simbólico y axiológico común que es el *imaginario* básico acuñado en Cantalao. Es el parámetro de referencia, subyacente a cuanto escribe.

Esto que afirmo podría parecer cosa descontada o evidente si consideramos, además de los *Veinte poemas*, los libros publicados en 1926: *Tentativa del hombre infinito, El habitante y su esperanza, Anillos*, todos ellos de ambientación rural, 'fronteriza'. Pero es menos evidente de lo que parece. En 1961 Neruda admite: «Aunque escritos a veces en Santiago de Chile, los *Veinte poemas* tienen como fondo el paisaje del Sur, especialmente los bosques de Temuco, las grandes lluvias frías, los ríos, y el salvaje litoral sureño» (*OC*, IV, 1054). El amor con Albertina, vivido en los escondrijos de la metrópoli, se impregna sin embargo del espíritu de Cantalao hasta ser indistinguible —en los poemas— de los amores vividos con Teresa Vásquez y con María Parodi en Bajo Imperial. Lo mismo ocurre en los otros libros con la misma Albertina y con Laura Arrué. Porque en verdad no se trata de un *escenario* sino de un espíritu, de una axiología literaria, en suma, de una *poética* que abarca también las prosas y poemas publicados en *Claridad* y en otras revistas o periódicos durante esos años.

Ello se hace aún más visible cuando en 1926 Pablo da por terminada su *travesía de la Noche* e inicia su *retorno al Día*. Pablo abandona la protección del *sistema Noche-Sur* para volver al desamparo del *Día-Urbe*, buscando el espacio del riesgo donde ejercer su misión 'profética'. Los poemas residenciarios que escribe en Chile antes de viajar a Oriente, aquellos que intentó hacer leer a Guillermo de Torre en Madrid, se explican unitariamente a partir de la común *ideología* poética que los sostiene y anima, es decir, del fundamento desarrollado en Cantalao. El manifiesto de tal 'ideología', y la prueba explícita de su existencia, es el poema "Alianza (sonata)", según vimos ya. No teniendo espacio aquí para una exposición analítica y detallada de esta tesis, invito a leer, desde la perspectiva unitaria en que fueron escritos, poemas aparentemente tan dispares como "Galope muerto" y "Débil del alba", o como "Caballo de los sueños" y "Unidad".

Esa perspectiva es la que Neruda llama *los sueños*, cuyo núcleo originario es el patio de las amapolas con su bote salvavidas. De ahí que cuando Pablo trata de retomar la escritura poética lejos de Chile, el tema para su primer poema extranjero es el *soñar ajeno*. Y también por eso el primer título para el conjunto de los poemas recientes es *Colección nocturna*. Pudo haber sido *Residencia en los sueños*.

Nos hemos habituado a leer el título *Residencia en la tierra* asociándolo al poeta que regresa a Chile en 1937 con España en su corazón y que desde entonces destina mucho espacio en sus libros a problemas y conflictos muy terrestres. Sobre todo políticos. El mismo Neruda contribuirá a esa lectura sobrepuesta al titular *Tercera residencia* un libro caracterizado por el reclamo antifascista. La fórmula *Residencia en la tierra* parecía anunciar tal comportamiento. Pero la intención originaria había sido otra. Una vez más Neruda (al titular *Tercera residencia*) habrá olvidado el origen y el significado primordial de algo que tuvo una influencia muy importante en su vida y en la evolución de su poesía.

¿POR QUÉ "RESIDENCIA EN LA TIERRA"? (II)

Yo trabajo de noche, rodeado de ciudad,
de pescadores, de alfareros, de difuntos quemados
con azafrán y frutas, envueltos en muselina escarlata:
bajo mi balcón esos muertos terribles
pasan sonando cadenas y flautas de cobre,
estridentes y finas y lúgubres silban
entre el color de las pesadas flores envenenadas
y el grito de los cenicientos danzarines
y el creciente monótomo de los tam-tam
y el humo de las maderas que arden y huelen.
[íncipit de "Entierro en el Este", *RST*-1, en *OC*, I, 283]

Desde la perspectiva del joven Neruda en Rangoon, 1928, el título *Residencia en la tierra* sólo quiere indicar la refundación de su escritura a partir de la realidad *real* (en lugar de la realidad filtrada por los *sueños*). La más evidente señal de esa voluntad es el poema "Entierro en el Este", compuesto a mediados de 1928 en la casa de Josie Bliss —situada muy en proximidad del Irrawaddy—, desde cuyo balcón del piso alto Pablo vio más de una vez la celebración de los ritos fúnebres en la ribera del río, las extrañas cremaciones fluviales.

A propósito de "El joven monarca" y demás textos de la correspondiente sección —todos en prosa salvo "Entierro en el Este"—, escribe Cardona Peña: «En *Residencia en la tierra* advertimos... un sabor lejano, un delicioso exotismo... la presencia de lo lejano, cierto cultivo a la geografía maravillosa. Cuadritos poéticos de encanto indecible, equivalentes al Gauguin que dormita en Neruda... No todo es amable. *Residencia en la tierra* no es —nunca lo ha sido— un libro influenciado por el paisaje oriental. Estas decoraciones son minoritarias y como advenedizas» (1955: 29). Cardona Peña, al situarse en el extremo opuesto a los críticos o cronistas que buscan en *Residencia* huellas de exóticas honduras, como ellos igualmente se equivoca. Ni filosofía esotérica ni decoración advenediza. Simplemente, coherencia y fidelidad a una cierta concepción realista de la poesía, sólo que —en este caso— elaborada sobre un nuevo fundamento o código de base, en correspondencia con nuevas condiciones de trabajo poético, singulares o extrañas además. Condiciones que, como de costumbre en Neruda, forman parte del asunto por escribir.

Así, el fragmento citado comienza con modalidad que conocemos, situándonos en la circunstancia misma de la escritura: «Yo trabajo de noche, rodeado de ciudad, / de pescadores, de alfareros, de difuntos quemados / con azafrán y frutas...» Notar la acentuada *centralidad* del Yo (*rodeado de ciudad, de pescadores...*) cuyo trabajo nocturno (nutrido por el Día erótico y doméstico de Josie) inicia con un elenco descriptivo del acontecer. Ningún énfasis folclórico ni exótico. Sólo un sobrio y escueto registro poético de los actores y oficiantes, de los colores y sonidos del rito fúnebre, así como llegan a los sentidos del poeta, quien marca sin embargo una distancia de conjunto a través de toques adjetivos: muertos *terribles*, flautas *lúgubres*, *pesadas* flores *envenenadas*, danzarines *cenicientos*, creciente *monótono* de los tam-tam...

> *Porque una vez doblado el camino, junto al turbio río,*
> *sus corazones, detenidos o iniciando un mayor movimiento,*
> *rodarán quemados, con la pierna y el pie hechos fuego,*
> *y la trémula ceniza caerá sobre el agua,*
> *flotará como ramo de flores calcinadas*
> *o como extinto fuego dejado por tan poderosos viajeros*
> *que hicieron arder algo sobre las negras aguas, y devoraron*
> *un alimento desaparecido y un licor extremo.*

Este segundo fragmento del poema es una reflexión sobre la muerte, o mejor sobre la vida cuyo fuego extinguiéndose en las aguas venía exaltado, y a la vez aniquilado, por el rito. Para Pablo, que viene de un territorio donde *los cementerios eran frescos*, y de una cultura con notorias y antiguas dificultades para enfrentar la muerte, aquella exótica ceremonia fluvial se conecta secretamente a la corriente profunda de su íntima visión dialéctica de la Vida y de la Muerte (a la que "Galope muerto" nos hizo asomar). La desfachatada espectacularidad desplegada por el rito fúnebre birmano impacta a Neruda, generando en su poesía un desplazamiento de perspectiva respecto al tema. Por un tiempo, al menos hasta "Entrada a la madera" de 1935, su visión dialéctica tenderá a acentuar el polo de la muerte, según evidencian entre otros los textos "Trabajo frío", "Significa sombras", "El fantasma del buque de carga", y más adelante "El Sur del océano", "Sólo la muerte", "Walking around", "La calle destruida" y por cierto "Enfermedades en mi casa". Rangoon y la *substitución* introducen entonces una novedad más: "Entierro en el Este" inaugura la larga y célebre serie de las reflexiones nerudianas sobre la Muerte.

Pero lo real de la vida en Rangoon es ante todo Josie Bliss. Trabajar con la realidad *real* significa elaborarla poéticamente sin otros filtros que el rigor y la exigencia expresiva. Se tiende a pensar (reitero) que el título *Residencia en la tierra* no hace otra cosa que dar feliz formulación al 'materialismo' constante en Neruda. En cambio es una novedad en ese momento. Sobre todo en el modo de la representación del amor. Dentro del 'realismo' de su poesía precedente, la atracción sexual que le inspiraba Albertina y sus encuentros eróticos con ella no tenían espacio propio, directo, o bien se configuraban a través de una especie de sublimación. No por puritanismo, claro, sino por una concepción *aristocrática* del 'realismo' poético, en consonancia con la jerarquización temática impuesta por el espíritu de Cantalao.

Ahora, en Rangoon, Pablo decide que si a Josie Bliss no puede sublimarla como a Albertina, por no vinculable a ningún Cantalao, pues al diablo Cantalao. Así, *Residencia en la tierra* es originalmente un título de protesta y rebelión contra la modulación precedente de su poesía. Al parecer, Pablo no se daba bien cuenta del 'realismo' de su propia escritura (porque eso le venía natural), pero sí la sabía dependiente de un cierto código de los *sueños*. Dentro de ese código no había lugar para Josie Bliss. Entonces Pablo —por presión del enamoramiento pero también por voluntad de sobrevivir— decide hacer *bajar* su vida-poesía desde la altura 'aristocrática' de los sueños al *territorio* de su concreta (e incluso doméstica) circunstancia real.

Residir con los pies en la tierra. Residir en Rangoon con Josie Bliss. En algún preciso momento Pablo decide que éste sería el nuevo fundamento de su poesía. Adelante con la *substitución*. En última instancia se trata de un nuevo modo de instalar el amor (y con el amor el entorno circunstante) en su escritura. No es una banalización reductora ni responde a un comportamiento extraño o inusitado en nuestro poeta. Algo similar había ocurrido en 1924 cuando la conjunción Teresa-Albertina en el espacio Cantalao había determinado el pasaje desde la poética de *Crepusculario* y del *Hondero* (con fundamento ritual) a los *Veinte poemas* (con fundamento individual). En sí mismo el factor *Josie Bliss-en-Rangoon* (es decir, la *substitución*) no durará cuanto Pablo previó y deseaba, muy luego entrará en crisis, pero sí durarán sus efectos, las transformaciones en su poesía.

Textos como "El joven monarca", "Diurno doliente", "Tango del viudo", "Arte poética" y más adelante "Caballero solo" o "Ritual de mis piernas" suponen un notable cambio de perspectiva y de lenguaje poéticos si se les compara con los textos residenciarios escritos en Chile, e incluso con "Tiranía" y "Colección nocturna". Lo cual significa que la escritura de Pablo no volverá atrás, ni siquiera después de la ruptura con la muchacha birmana. *Residencia en la tierra* le deberá a Josie Bliss no sólo la invención del título, sino un decisivo salto de cualidad.

VIVIR CON JOSIE BLISS (I)

> Patria limitada por dos largos brazos cálidos,
> de larga pasión paralela, y un sitio de oros
> defendidos por sistema y matemática
> ciencia guerrera. Sí, quiero casarme con la más bella
> de Mandalay, quiero encomendar mi envoltura
> terrestre a ese ruido de la mujer cocinando, a
> ese aleteo de falda y pie desnudo que se mueven
> y mezclan como viento y hojas.
>
> ["El joven monarca", *RST*-1, en *OC*, I, 282]

No sabemos quién fue Josie Bliss, ni una imagen o foto se conserva de ella. Sólo la prosa "El joven monarca" nos deja algunos indicios sobre su aspecto y sobre la convivencia de los amantes. También, por supuesto, sobre cómo vive Pablo, íntimamente, su residir junto a Josie Bliss. El párrafo recién citado en epígrafe viene introducido por el íncipit del texto: «Como continuación de lo leído y precedente de la página que sigue debo encaminar mi estrella al territorio amoroso.» Pareciera que nos asomamos a una escena continuativa de vida doméstica, en la que el placer intelectual y el placer erótico se suceden, deslizando del uno al otro. En correspondencia con *territorio amoroso*, ella viene definida *pa-*

tria. Alusión espacial que es elocuente sobre el significado de *substitución* que alcanza Josie Bliss. Ella, al encarnar el espacio de la *seducción*, concentra en sí los valores del espacio de *arraigo*, sustitutivo del que Pablo ha perdido. (También Albertina, Teresa y Laura Arrué habían sido *patrias* sucesivas o alternativas al identificarse con el espacio Cantalao. Matilde lo será al máximo nivel.)

Patria limitada por dos largos brazos cálidos...: esto permite presumir una mujer más bien alta y de cuerpo delgado, cimbreante al caminar (*de andar en peligro*). El chileno y la birmana se aman y se gustan de veras. Los brazos de ella son *cálidos*, y largos como la pasión paralela que expresan al rodear el cuello del poeta. Juega a defender con excitante astucia y con precisa cuanto sabia energía (*matemática ciencia guerrera*) las delicias de su sexo (*sitio de oros*) antes de rendirlo al amante. Todos los indicios sugieren que en esta relación la muchacha pone en juego lo mejor y lo más refinado de su sapiencia erótica oriental, si bien estimulada por un *partner* no menos activo e interesado. Tomás Lago (1999: 43) refiere que «en Oriente las chinas llaman *panchat* a los europeos, que significa sexo desabrido, y es que la mujer china estima el amor como la cocina, lleno de matices y de voluptuosidad». Para Josie Bliss, que no es china pero sí portadora del ardor mongólico de los nativos birmanos, seguramente Pablo no es un *panchat* a juzgar por la tenacidad con que lo perseguirá. Y por el otro lado veremos indicios abundantes de que Josie significa para Pablo un sacudón erótico inimaginable, una experiencia tan rica e intensa que le llevará años metabolizarla, y sólo a medias.

Neruda no menciona, al evocar a Josie Bliss, ciertas características de las mujeres birmanas (¿de entonces?) relacionadas con la vida erótica, que en cambio señala Orwell en su novela. El rechazo del beso en la boca, por ejemplo, o el ideal de no tener pechos. Hay un pasaje de *Burmese Days* en que Ma Hla May, sintiendo que Flory no responde a su tentativa de seducción, le dice:

> 'Al menos tócame con tus labios, entonces.' (No hay una palabra birmana que signifique 'besar'.) 'Todos los hombres blancos hacen eso a sus mujeres'... Ella volvió a rodearlo con sus brazos y lo besó [en la boca], esa costumbre europea que él le había enseñado.
>
> — Orwell, BD, 52, trad. mía

El personaje Neruda de Cristián Barros (*Tango del viudo*) asignará al beso en la boca la causa del cambio desde la dulce a la animalesca Josie Bliss de la ficción: «Yo, Neruda, desconocía el tabú: las birmanas besan rozando su nariz sobre la mejilla del amante... La besé, sólo por un momento, y ella se impulsó atrás, abiertamente asqueada» (85); «Josie tenía la convicción de que si la besaba le robaría el alma» (100); «Besarla fue como romper su única castidad, su único himen... Dijo: me has besado, Neruda. ¿Es posible? ¿Es deseable siquiera? Me has robado el alma, Neruda... Nada será igual desde hoy. Has tomado mi espíritu de rehén, ¿lo sabes? Significa que tendré que estar contigo porque soy tu cuerpo. Me has besado y desde hoy todo cambiará» (107).

En cuanto a los pechos: «[Flory] puso su mano sobre el pecho de Ma Hla May. A ella, íntimamente, esa caricia no le gustaba nada porque le recordaba que sus pechos existían. Y el ideal de una mujer birmana era justamente no tener pechos. Pero, tendida en la cama, lo dejaba hacer con ella lo que quisiera...» (Orwell, *BD*, 53). El mismo prejuicio femenino juega un papel importante en la configuración que de Josie Bliss propone la novela de Cristián Barros: «Josie no tenía más blindaje que una faja alrededor del tórax... La faja comprimía sus mamas; la hacía ver como un eunuco, innecesariamente asexual. Para una mujer birmana, como posteriormente supe, tener senos así era un atributo pernicioso. Los ocultan, los solapan; sobre todo Josie, que los tiene redondos y enteros. [...] Había agarrado a Josie de la cintura, y... advertí que la muchacha no se había quitado la faja de los senos. No estaba tan ceñida como otras veces, pero todavía era incómodo saber de aquel blindaje, de aquella defensa. Se lo mencioné a Josie, sin comprometer mi estilo de caballero, y al punto traté de soltarla con dedos de carterista... Desata el capullo si quieres, dijo Josie, aludiendo a la faja pectoral. Pero no me beses...» (Barros 2003: 84 y 103).

No hay testimonios de tales costumbres en la Josie Bliss de Pablo. Antes bien, ciertas precisiones de "La noche del soldado" sugieren una muchacha sin zonas vedadas para su amante, quien declara: «yo quiero sorprenderme ante un cuerpo ininterrumpido y compacto, y no mitigar mi beso», sin excluir la boca; y al parecer el amante tampoco se propone excluir de sus caricias los pechos de la *fugitiva criatura* a la que él, tendido en el lecho, mira desde abajo y con sus manos *«trepando por su ser desnudo* hasta su sonrisa: gigantesca y triangular hacia arriba, levantada en el aire *por dos senos globales*, fijos ante mis ojos como dos lámparas con luz de aceite blanco y dulces energías». Y en "Juntos nosotros" hay una comparación inequívoca: «Qué parecida eres *al más largo beso*», que habría sido impertinente en vigencia de prohibición o rechazo, como impertinente habría sido elogiar «*tu pecho de pan, alto de clima*» a una mujer cuyo ideal de belleza le exigiera no tener senos. Sin duda Josie Bliss no era una nativa birmana tradicional. No del todo, al menos (como veremos en la sección VII).

Sí, quiero casarme... quiero encomendar mi envoltura terrestre a ese ruido de la mujer cocinando... Pablo no miente, su pasión es auténtica. Esa mujer lo ha embrujado. Pero aquí aparece la otra cara de la seducción: la cocina, el hogar, los ritos domésticos. Establecerse junto a una mujer atractiva para él, y diestra en la cama como en la cocina, fue un horizonte bien poco original pero siempre ambicionado por ese convencional 'chileno medio' que (en parte, al menos) fue Neruda. Josie y Matilde fueron las más completas realizadoras de ese sueño del poeta. En casa de Josie encuentra Pablo la *substitución* (incluso mejorada en el aspecto sexual) de la patria-hogar que ha dejado atrás. Algunos años o decenios después escribirá poemas recordando ángulos, ambientes u objetos de aquel espacio. Por ejemplo, en *Estravagario* de 1958:

> *Las casas frescas y el verandah*
> *en que dormí sobre una hamaca,*
> *las plantas rosadas, las hojas*
> *con formas de manos gigantes,*
> *las chimeneas, las marimbas*
>
> [de "La desdichada", *ETV*, en *OC*, II, 664]

Una vez más el plural por el singular: «Las casas frescas» es *la fresca casa* de Josie, aquí evocada con algunas plantas y objetos que devienen familiares al huésped. Casa con jardín o entorno verde donde está el *cocotero* inmortalizado por "Tango del viudo" («Enterrado junto al cocotero hallarás más tarde / el cuchillo que escondí allí...»), y también aquel «fondo de la casa» donde Pablo oía a Josie «orinar, en la oscuridad» (*ibíd.*). Casa próxima al río Irrawaddy, que Pablo ve desde el balcón del dormitorio, en el piso alto. Pero ya en Madrid 1935, poco antes de que el asedio de la nostalgia obligue a la escritura del poema "Josie Bliss", otro poema elabora desgarradamente la memoria de un cierto ámbito dentro de aquella casa:

No es sino el paso de un día hacia otro,
una sola botella
andando por los mares,
y un comedor adonde llegan rosas,
un comedor abandonado
como una espina: me refiero
a una copa trizada, a una cortina, al fondo
de una sala desierta por donde pasa un río
arrastrando las piedras. Es una casa
situada en los cimientos de la lluvia,
una casa de dos pisos con ventanas obligatorias
y enredaderas estrictamente fieles.
....
Pero por sobre todo hay un terrible,
un terrible comedor abandonado,
con las alcuzas rotas
y el vinagre corriendo debajo de las sillas,
un rayo detenido de la luna,
algo oscuro...

[de "Melancolía en las familias", *RST*-2, en *OC*, I, 313-314]

Pablo propone en estos versos el oblicuo, dramático desahogo de una obsesión de culpa y de nostalgia por haber huido de Josie Bliss seis años antes. La imagen del *comedor* abandonado (y de la *copa* trizada) volverán en un poema de 1964 y de título inequívoco: «... a través del mundo me esperaba. / Yo no llegué jamás, pero en las *copas* / vacías, / en el *comedor muerto* / tal vez se consumía mi silencio, / mis más lejanos pasos / ...» ("Amores: Josie Bliss", I, en *OC*, II, 1233). Ese comedor es sin duda el espacio central de la vida cotidiana, con su mesa, sus sillas, alfombras, muebles, plantas. Allí Pablo lee y escribe, allí conversan y vacían copas de whisky o algún otro *drink* antes de almorzar, allí beben juntos «el té del atardecer» ("Tango del viudo") y allí, de noche, Josie pone en el gramófono sus discos de Paul Robeson (famoso barítono negro de aquellos años, norteamericano y comunista militante). Más de una vez, por cierto, incluso hacen el amor sobre aquella mesa del comedor. Por todas estas razones, y por otras que nunca sabremos, ese ámbito de la casa quedará realmente marcado a fuego en la memoria de Pablo.

Esta lectura del poema de 1935 permite conjugar las fórmulas «adonde llegan rosas» y «como una espina», referidas al *comedor* en cuanto espacio de la memoria erótica (*rosas*) y del dolor presente (*espina*). La imagen «sala desierta» parece referirse en cambio a Rangoon, a la ciudad de la cual sólo queda el recuerdo de aquella casa de dos pisos circundada por enredaderas (el término *sala* con sentido amplio de espacio o territorio: *sala oscura* en "Oda con un lamento", *sala decaída* en "Entrada a la madera").

Que en el fragmento Pablo aluda a «una casa / situada *en los cimientos de la lluvia,* / una casa de dos pisos con ventanas obligatorias / y enredaderas...», podría hacer pensar en la casa familiar de Temuco, también de dos pisos y próxima al río. Pero en su escritura de 1935 la fórmula *en los cimientos de la lluvia* no está todavía conectada al *Sur de la infancia*. En apoyo a mi lectura de este fragmento acude, en cambio, incluso el mencionado poema "Josie Bliss", al cierre de *Residencia*, con sus afines referencias a «estrellas de *cristal desquiciado*» (copa trizada), a «*enredaderas* sollozantes» y al «color que *el río* cava».

VIVIR CON JOSIE BLISS (II)

> Amor de niña de pie pequeño y gran cigarro,
> flores de ámbar en el puro y cilíndrico peinado, y
> de andar en peligro, como un lirio de pesada
> cabeza, de gruesa consistencia. / Y mi esposa a mi
> orilla, al lado de mi rumor tan venido de lejos, mi
> esposa birmana, hija del rey. / Su enrollado
> cabello negro entonces beso, y su pie dulce y
> perpetuo: y acercada ya la noche, desencadenado
> su molino, escucho a mi tigre y lloro a mi ausente.
>
> [de "El joven monarca", *RST*-1, en *OC*, I, 282]

El nuevo 'realismo' poético de Pablo, producto de la *substitución*, alcanza en esta prosa su momento extremo. Placer 'de lecho y pan' (o de mesa), el poeta se reconoce en la situación erótico-doméstica que está viviendo y le asigna carácter conyugal. La «niña de pie pequeño y gran cigarro» es su *esposa birmana*. Pablo busca un estatuto poético para su amor, porque idealizándolo en términos locales ya que no puede referirlo a la Noche ni al Cantalao lejanos: ella es «la más bella de Mandalay... hija del rey». Muy otras eran las formas de idealización de las amadas chilenas, por algunas obvias razones, pero también porque con ninguna de ellas había convivido establemente. El amor doméstico es la mayor legitimación poética de Josie Bliss y Pablo no miente al sostenerlo: «... *tal vez yo hubiera continuado indefinidamente junto a ella. Sentía ternura hacia sus pies desnudos, hacia las blancas flores que brillaban sobre su cabellera oscura*»: así la recordarán sus memorias, confirmando los detalles del presente texto («aleteo de falda y pie desnudo... niña de pie pequeño... flores de ámbar... beso... su pie dulce y perpetuo»). Como siempre, su escritura elabora la circunstancia real.

El final, sin embargo, llega sorpresivamente fuera de tono: «y acercada ya la noche, desencadenado su molino, escucho a mi tigre y lloro a mi ausente». Entonces percibimos el desgarramiento de Pablo. Porque esa mujer es realmente maravillosa: no sólo pone en fuga la soledad, y además cocina con entusiasmo y pericia, sino que sabe ser una continua fiesta para sus sentidos. Una mujer que sabe tenerlo en excitación permanente y con la cual hacen el amor a todas horas. La vida con ella es por un tiempo la más increíble luna de miel, a pesar de los litigios (y también *con ellos*, si recordamos las reconciliaciones que Tomás anotó y que con toda seguridad fueron incandescentes).

Índice del encantamiento es la tentativa de configurarla poéticamente en clave mágica, fabulosa, como a un personaje de *Las mil y una noches* («la más bella de Mandalay... hija del rey»). Y sobre todo a él mismo, desde el título: "El joven monarca", en sintonía con el bloque autocelebrativo de "Juntos nosotros". Como Pablo no suele mentir, no me extrañaría que Josie descendiera realmente de alguna dinastía noble y principal de Mandalay, venida a menos tras la colonización inglesa. Pablo lo habrá indagado viajando con Josie a aquella ciudad de sus antepasados. Sin olvidar que a nuestro poeta las máscaras y la fabulación lo encantan: figurarse su entusiasmo de vivir con un personaje de fábula. Ella lo es para él, en todo caso, y al texto importa sugerir precisamente eso.

Pero desgraciadamente algo falta a la fiesta. A través de estas últimas líneas del texto, Pablo nos deja ver la grieta que se está insinuando en la *substitución*. La *noche*, sede de la memoria, contrasta la *seducción diurna* al recordar al poeta la misión que las circunstancias lo han hecho dejar atrás y que los encantos de Josie Bliss arriesgan hacer olvidar del todo. He aquí la Noche que vuelve para obstaculizar el abandono total. La fórmula *escucho a mi tigre* podría haber sido sugerida por otra que seguramente Pablo conocía: *escuchar el llamado de la selva*, del notorio título de la novela de Jack London (*The Call of the Wild*, 1903). La figura simbólica del *tigre* aludiría, en el contexto de la *substitución*, a la tarea 'profética' abandonada: sea por sus feroces exigencias de lealtad, sea porque ella representa la fuerza agresiva del poeta, la acción *predatoria* irrenunciable. (Esto se verá con mayor claridad en el apartado sucesivo, dedicado al poema "Diurno doliente" que trae un verso de análogo sentido: «tú, fantasma coral con pies de *tigre*», etcétera.)

Por cuanto concierne a la segunda de las dos fórmulas coordinadas, *y lloro a mi ausente*, a mi entender ella no se refiere a una persona determinada (Albertina habría sido la candidata con mayor opción), sino al más importante personaje que viene del pasado: la Noche.

"DIURNO DOLIENTE": LA CRISIS DE LA SUSTITUCIÓN

De pasión sobrante y sueños de ceniza
un pálido palio llevo, un cortejo evidente,
un viento de metal que vive solo,
un sirviente mortal que vive de hambre,
y en lo fresco que baja del árbol, en la esencia del sol
que su salud de astro implanta en las flores,
cuando a mi piel parecida al oro llega el placer,
tú, fantasma coral con pies de tigre,
tú, ocasión funeral, reunión ígnea,
acechando la patria en que sobrevivo
con tus lanzas lunares que tiemblan un poco.

[íncipit de "Diurno doliente", *RST*-1, en *OC*, I, 272]

Escrito en octubre de 1928, el poema "Diurno doliente" registra la crisis de la *substitución*. Las memorias de Neruda evocan la causa externa o tangible de esa crisis: los enfermizos, peligrosos celos de Josie Bliss. Causa real pero no única, y quizás ni siquiera la más importante. Una vez más esos recuerdos callan involuntariamente la motivación interna al poeta. Digo que tal silencio es involuntario porque se debe a la habitual dificultad de Neruda para explicar o comentar racionalmente, e incluso para sólo narrar, sus íntimos procesos y conflictos. Su vía (¡y qué vía!) para comunicarlos es la escritura poética.

"Diurno doliente": título decidor porque para Pablo, lo sabemos, Josie es encarnación del Día. El texto parece volver a la modulación de los poemas escritos en Chile, como "Sabor", pero en realidad la *substitución* no ha transcurrido en vano y ello se manifiesta en la abundancia de materiales concretos (aunque fuertemente cifrados) de la circunstancia inmediata y también de la memoria. Los cuatro primeros versos traen un elenco de elementos *previos* al estado actual del Sujeto, un material de arrastre, un *cortejo evidente* de antiguos entusiasmos y sueños ahora en desuso (*pasión sobrante*) o difuntos (*de ceniza*), energías sin objeto (*un viento de metal que vive solo*) y lealtades o adhesiones no correspondidas (*un sirviente mortal vestido de hambre*). Estas imágenes del *previo* servicio degradado —que reaparecerán en "Arte poética" y en otros poemas— configuran una situación indeseable para el Sujeto, un extravío previo o inicial. Corresponden, en el extratexto, a la fase incierta y deprimente vivida por Pablo en Rangoon antes de la aparición de Ma Nyo Teh.

Ahora bien, los tres versos siguientes refieren una posibilidad de mejoramiento o salida a tal situación. Ellos cifran una imagen muy condensada de la vida de Pablo con Josie Bliss. Si leemos la conjunción «y» del verso 5 como el «cuando» del verso 7, tenemos una virtual serie anafórica: «[*cuando*] en lo fresco que baja del árbol, [*cuando*] en la esencia del sol / que su salud de astro implanta en las flores, / *cuando* a mi piel parecida al oro llega el placer, / ...». Descifrando los tres momentos de la secuencia tenemos: (1) la *fresca casa* de Josie con sus árboles; (2) Josie misma es el Día, ella es solar, ella es la *esencia del sol* con la *salud* de ese *astro* diurno; y (3) ella trae el *placer* a la *piel* del poeta, *parecida al oro* («mi piel de oro», en "La noche del soldado", que entiendo como metáfora de la privilegiada condición poética).

Hasta aquí el texto cifra una compacta síntesis de la historia que conocemos: la difícil situación en que Pablo se ha metido (el exilio en Rangoon) ha encontrado una vía satisfactoria y placentera de resolución (vivir con Josie Bliss). Pero los sucesivos cuatro versos, que cierran la estrofa, introducen la (re)aparición de un obstáculo o impedimento, que viene apostrofado por el poeta bajo triple fórmula, subentendiendo: ahora que encontré por fortuna el antídoto al desamparo y a la esterilidad, justo ahora, maldición, reaparece «tú, fantasma coral con pies de tigre, / tú, ocasión funeral, reunión ígnea».

¿A quién van enderezados tales apóstrofes? A algún «acechador fantasma sexual», supone Lozada (1971: 231). Yo creo en cambio que apuntan en dirección opuesta: al fantasma de Cantalao, al deber 'profético', a la tarea (des)cifradora dejada atrás. Ese *fantasma* vuelve con sus muchos rostros y nostalgias (por eso es *coral*, como en «ese *coro* de sombras» de "Tango del viudo") y con sus feroces exigencias de acción (de ahí sus *pies de tigre*; recuérdese aquel *escucho a mi tigre* de "El joven monarca"). Lo apostrofa también con invocaciones contrastantes entre sí: «tú, ocasión funeral, reunión ígnea». En efecto, *tú, ocasión funeral* aludiría a un evento (*ocasión*) inesperado, a la imprevista reaparición de lo ya muerto, pues aquí el término *funeral* tiene sentido afín al que vimos en «algo de brasa abandonada que... cae envuelta en ruinas, en medio de cosas *funerales*» ("La noche del soldado"). Por el contrario, *tú, reunión ígnea* aludiría al fantasma de Cantalao como concentración de fuegos (pasiones, amores, estímulos, afectos familiares, amigos, territorios lejanos) cuyo calor de improviso el poeta vuelve a sentir.

El apóstrofe acusa por último al fantasma de reaparecer «acechando la patria en que sobrevivo / con tus lanzas lunares que tiemblan un poco». Puesto que en "El joven monarca" la amada (Josie Bliss) venía definida como **patria** limitada *por dos largos brazos cálidos*, el sentido de estos dos versos sería: los atributos del *fantasma coral* se manifiestan como agudos signos (*lanzas*) nocturnos (*lunares*) que perturban los efectos restauradores de la 'seducción diurna' —o sea de Josie Bliss, *la patria en que sobrevivo*— con exhortaciones intermitentes y fugaces (*que tiemblan un poco*) a no abandonar la vieja causa 'profética' conexa a Cantalao.

> *Porque la ventana que el mediodía vacío atraviesa*
> *tiene un día cualquiera mayor aire en sus alas,*
> *el frenesí hincha el traje y el sueño al sombrero,*
> *una abeja extremada arde sin tregua.*
> *Ahora, qué imprevisto paso hace crujir los caminos?*
> *Qué vapor de estación lúgubre, qué rostro de cristal,*
> *y aún más, qué sonido de carro viejo con espigas?*

Variación sobre el mismo tema. Los cuatro primeros versos asedian desde varios ángulos la imagen de la *substitución* bajo la forma de un *día especial*, de un recorte privilegiado dentro del tiempo uniforme y desolado (*el mediodía vacío*); un día que desarrolla entusiasmo, pasión, exaltación, vibración vital (*el frenesí hincha el traje...*); un día en que *una abeja extremada arde sin tregua*, donde la muy nerudiana *abeja* es «símbolo del ardor de la vida, del frenesí amoroso o báquico o dionisíaco» (Alonso, 217). Pero he aquí que dentro de esta jornada feliz (o sea, dentro de este período de plenitud y enamoramiento que Pablo está viviendo) se insinúa el 'enemigo', el fantasma coral, la memoria. Los tres versos sucesivos re-proponen materiales de la memoria —imágenes del país lejano y de Cantalao en particular—, afines a ese *hueso del padre* y a la *madera del buque muerto* que vimos en "Sonata y destrucciones", pero que aquí asumen una funcionalidad de sentido opuesto porque ya no justifican sino obstaculizan la *substitución*.

Tiendo a descifrar las imágenes *vapor de estación lúgubre* y *rostro de cristal* en clave nostálgica y urbana, en conexión con escenas de despedida entre el humo y el vapor de las locomotoras de la Estación Central de Santiago, con un hermoso rostro de muchacha tras la ventanilla del tren a San Fernando (según recordará Laura Arrué, 61 y 112). Y en cuanto al *sonido de carro viejo con espi-*

gas, se trata en cambio de una recurrente imagen rural, ícono de la infancia: «mirando cada carreta que cruza hacia el pueblo con comerciantes, indios y trabajadores y viajeros» (*Habitante*, en *OC*, I, 219); «Frente a mi casa el agua austral cavaba / hondas derrotas, ciénagas de arcillas enlutadas, / que en el verano eran atmósfera amarilla / por donde *las carretas crujían y lloraban / embarazadas con nueve meses de trigo*» (*Canto general*, en *OC*, I, 807); «Frente a mi casa, la calle se convirtió en un inmenso mar de lodo. A través de la lluvia veo por la ventana que una carreta se ha empantanado en medio de la calle. Un campesino, con manta de Castilla negra, hostiga a los bueyes que no pueden más entre la lluvia y el barro» (*OC*, V, 401). Ya dicho: el hermetismo del lenguaje simbólico de *Residencia* depende de su carácter contextual.

¿Por qué litigan Pablo y Josie? ¿Por qué no pueden convivir? Verdaderamente, ¿por qué huye Pablo? Todo parece indicar que los celos de Josie Bliss no tienen motivos reales. A Pablo en Rangoon difícilmente puede interesarle otra mujer fuera de Josie. Ya sabemos que con ella es feliz en la cama y en la mesa. Y Josie ama a Pablo de veras, y obviamente no está con él por dinero (a diferencia de Ma Hla May, cuyo apego a John Flory lo guía el cálculo). Muy al contrario. El 08.06.1928 Pablo envía al ministro de Relaciones Exteriores este desesperado telegrama: «Dos meses totalmente sin fondos. Ruégole devolución cablegráfica 669 dólares primer trimestre remitidos New York o autorización girar Tesorería.—*Reyes*» (cito por Schidlowsky, 129, que agrega enseguida: «Esta situación se prolongará por otros dos meses. En total casi cinco meses sin sueldo»). Lo cual significa que de hecho Pablo sobrevivirá en Rangoon —hasta el día de su fuga— gracias a la ayuda económica (no sólo erótica y doméstica) de Josie Bliss.

> Pero su temperamento la conducía hasta un paroxismo salvaje. Tenía celos y aversión a las cartas que me llegaban de lejos; escondía mis telegramas sin abrirlos; miraba con rencor el aire que yo respiraba.
>
> — *CHV, en* OC, *V, 491*

El problema es entonces de tipo cultural. No por presumibles diferencias de nivel (que en definitiva el amor compensa, como sucederá con Matilde), sino por diferencias de historia y tradiciones. El verdadero objeto de los celos de Josie Bliss es Cantalao. Sin duda Josie intuye que Pablo está unido a aquel mundo lejano —y ajeno a ella totalmente— no tanto por la comprensible nostalgia del terruño, sino por algo que va más allá, algo inasible, fuera de su alcance. De ahí su «aversión a las cartas que me llegaban de lejos».

La diferencia cultural es también la causa secreta del temor de Pablo y de su fuga. Podemos intuir qué fuegos alimentan la pasión de Pablo y he intentado hasta aquí dar cuenta de ellos. Pero en la pasión de Ma Nyo Teh hacia el poeta chileno hay una suerte de exceso que ni siquiera la atracción sexual (o la destreza erótica de Pablo) consigue explicar del todo. Exceso que determinará el miedo, la fuga e incluso el rechazo del joven cónsul cuando la 'pantera birmana' atravesará el golfo de Bengala para recuperarlo. [Sobre este enigma volveré durante la sección sucesiva, a propósito del desencuentro de los amantes en Wellawatta, isla de Ceylán.]

"TANGO DEL VIUDO" (I): LA FUGA

> ... un país donde mandan las mujeres, las damas
> elegantes de la aristocracia local, que se ceñían
> rápidamente al cuerpo sus *saharis* de colores
> encendidos, con predominio del dorado brillante, o
> con telas azules floreadas de blanco. Algunas
> fumaban grandes puros. Esas mujeres estaban en
> todas partes. Habían obtenido de los colonizadores
> ingleses el derecho a voto cuando aún las
> sufragistas británicas luchaban por él en las calles
> de Londres y escandalizaban en la plaza Trafalgar.
>
> [Teitelboim, 138]

La figura emblemática de la actual resistencia al régimen militar instaurado desde 1962 en Birmania (hoy Myanmar) es una mujer, Ang Sang Suu Ky (1946), Premio Nobel por la Paz, tan temida por la dictadura que hasta hoy (2006) ha debido pasar largos períodos de prisión o de arresto domiciliario. Al parecer no se trata de una casualidad: las mujeres birmanas han sido secularmente moldeadas por una tradición de altivez y de orgullosa afirmación de sus derechos y exigencias, sea dentro de la sociedad como en sus relaciones privadas de familia o de pareja. Álvaro Hinojosa, en sus páginas salvadas, se refiere a *Mamea* (Ma May) y a *Mañoté* (Ma Nyo Teh) como encarnaciones del temperamento terrible y dominante de la mujer birmana.

Josie Bliss parece ejemplificar con rigor ese modelo que, combinado con su propia condición pasional, entra en conflicto con las ambiciones y exigencias de Pablo, cuyo pacífico trato cela un carácter fuerte y determinado en todo lo que se refiere a su actividad poética. Intentemos desarrollar una primera interpretación del conflicto según la clave de los *celos* que propone Neruda en sus memorias. Siendo poco probables los celos respecto a otras mujeres, lo que quizás Josie no comprende es por qué Pablo dedica a sus tentativas de escritura tanto tiempo precioso que en cambio debería compartir con ella. Ni entiende que la nueva figura central de esa escritura es ella misma. Seguramente Pablo, por la dificultad autoanalítica que ya le conocemos, no sabe explicar a su amante cuánto, hasta qué punto a ella pertenece y concierne lo que él está haciendo. O bien, más simplemente, para Josie es incomprensible que el comedor funcione cada vez más como espacio de trabajo. En breve: el verdadero objeto de los celos de Josie sería el coral fantasma de ultramar, cuyos pies de tigre intuye. Tal vez porque también hay en ella un local 'fantasma coral' (enemigo del que recuerda a Pablo su misión 'profética') que guía y condiciona sus sentimientos y su acción, que motiva y nutre sus celos (al respecto, véase sección VII, "Josie Bliss en Wellawatta"):

> A veces me desperté una luz, un fantasma que se movía detrás del mosquitero. Era ella, vestida de blanco, blandiendo un largo y afilado cuchillo indígena. Era ella paseando horas enteras alrededor de mi cama sin decidirse a matarme. 'Cuando te mueras se acabarán mis temores', me decía. Al día siguiente celebraba misteriosos ritos en resguardo a mi fidelidad. / Acabaría por matarme.
>
> — *CHV*, en *OC*, V, 491

Ni los celos, ni las demasías del carácter de Josie («la furiosa» la llamará Neruda al evocarla treinta años después) explican tanto exceso. Suena demasiado a escenografía esta maniobra con que Josie Bliss, buena conocedora de los puntos vulnerables del carácter de su amante, quiere tal vez sólo asustarlo para bloquear sus intermitentes respingos centrífugos (esas rupturas que refiere Tomás Lago). Y Pablo a su vez, al narrar treinta y cuatro años después la historia de su fuga, concentra también el relato sobre esa dimensión espectacular, sin ningún intento de profundizar en las oscuras motivaciones de Josie y sin duda 'olvidando' más de algún dato o detalle significativo.

¿No es curioso que en sus memorias Neruda declare haber huido de Rangoon sólo por miedo a una amante celosa con cuchillo, como esos personajes caricaturales de la *commedia all'italiana* de los años '60? Es verdad que con ello obedece a un nuevo lenguaje autobiográfico, muy distante del que ha manejado hasta el *Estravagario* de 1958. Lo prueba el hecho mismo de haber dejado pasar 34 años antes de revelar por primera vez, y muy (demasiado) escuetamente, el trasfondo privado de "Tango del viudo", o sea su historia con Josie Bliss, a la que por cierto no faltan elementos de atracción popular que otro escritor, menos auténtico, habría agitado mucho más y mucho antes. Neruda lo hace sobriamente en sus crónicas autobiográficas de *O Cruzeiro Internacional* (1962). Pero eso bastará para que ciertos detalles se impongan y para que así todo termine reducido a un asunto de celos terribles —infaltable tema del folclore nerudiano cada vez que entra en juego el exilio en Oriente.

Moviéndome por ahora dentro de esta clave de los celos, y sin restar a la historia del cuchillo indígena veracidad dramática (o cómica, según cuál sea la perspectiva escenográfica), la razón profunda de la fuga de Pablo tendría que ver con las inesperadas y crecientes dificultades que la convivencia con Josie Bliss opone a su actividad poética. «La dulce Josie Bliss fue reconcentrándose y apasionándose hasta enfermar de celos» (*ibíd.*). Es la misma muchacha birmana quien hace fracasar la tentativa de *substitución* con probables requerimientos de atención exclusiva (o casi) por parte de su amante, lo que termina por sofocar a Pablo. Como ya sugerí, no creo que se trate de otras mujeres, pues a eventuales rivales de carne y hueso, Josie —por lo que sabemos de su carácter— no habría vacilado en alejarlas, o de algún modo eliminarlas, blandiendo contra ellas y no contra Pablo el famoso cuchillo indígena. Se trata en cambio de esa rival inaferrable que era la dedicación profesional del poeta a su escritura. Era una rival fantasma, era aquella *ausente* de "El joven monarca", o sea la Noche. De ahí la cólera y la violencia de Josie, que quizás se vio obligada a inventar indicios de rivales concretas para dar forma a sus celos impotentes. [En la sucesiva sección de este libro examinaré desde otro ángulo el comportamiento de Josie.]

Si Pablo fuera capaz de explicar y Josie capaz de comprender la situación, tal vez todo sería diverso pues ambos tienen interés en estar juntos. Pablo teme el cuchillo indígena por oscuros síntomas que advierte en Josie y que calla tal vez por dificultad para representarlos (volveré sobre esto). Pero también tiene miedo de venir devorado por su propia pasión amorosa, que desgraciadamente (por falta de comunicación adecuada) no logra vivir en compatibilidad con la que siente ser su misión literaria irrenunciable. Sus memorias renunciarán a penetrar esta doble profundidad y preferirán limitarse a la versión 'ligera' de los celos para explicar la contradicción (de veras dramática) vivida en 1928: «De no ser por eso, tal vez yo hubiera continuado indefinidamente junto a ella. Sentía ternura hacia sus pies desnudos, hacia las blancas flores que brillaban sobre su cabellera oscura» (*ibíd.*).

En octubre madura Pablo la fuga que se ha hecho inevitable. Siempre le será difícil romper las convivencias establecidas, pero esta vez, además, tiene que armarse de coraje frente al temor real que le inspiran la particular modulación pasional y el irascible carácter de su amante. Probablemente ha contactado vía telégrafo al cónsul general de Chile en Calcutta, su directo superior, con el apoyo de Álvaro Hinojosa que vive en esa ciudad, y así se entera de la posibilidad de trasladarse a Colombo. Y así, una vez despachado el envío trimestral de té y parafina sólida a Valparaíso (como el año anterior, antes de viajar a Madrás), y cobrados los dólares del estipendio correspondiente, y recuperados los que el ministerio le adeuda, durante la segunda semana de noviembre se embarca rumbo a Calcutta.

«Preparé mi viaje en secreto, y un día, abandonando mi ropa y mis libros, salí de la casa como de costumbre y subí al barco que me llevaría lejos. / Dejaba a Josie Bliss, especie de pantera birmana, con el más grande dolor. Apenas comenzó el barco a sacudirse en las olas del golfo de Bengala, me puse a escribir el poema "Tango del viudo", trágico trozo de mi poesía destinado a la mujer que perdí y me perdió porque en su sangre crepitaba sin descanso el volcán de la cólera. Qué noche tan grande, qué tierra tan sola!» (*ibíd.*).

"TANGO DEL VIUDO" (II): ELEGÍA DE LA SUSTITUCIÓN

Oh Maligna, ya habrás hallado la carta, ya habrás llorado de furia,
y habrás insultado el recuerdo de mi madre
llamándola perra podrida y madre de perros,
ya habrás bebido sola, solitaria, el té del atardecer
mirando mis viejos zapatos vacíos para siempre
....
Maligna, la verdad, qué noche tan grande, qué tierra tan sola!
He llegado otra vez a los dormitorios solitarios,
a almorzar en los restaurantes comida fría,
y otra vez tiro al suelo los pantalones y las camisas,
no hay perchas en mi habitación, ni retratos de nadie en las paredes.

["Tango del viudo", de *RST*-1, en *OC*, I, 291]

Entre las piezas curiosas y divertidas del vasto repertorio antineurudiano —aparte los arañazos de rutina del sempiterno enemigo con sus parientes—, recuerdo haber leído hace mucho tiempo algún artículo o nota que muy seriamente pretendía demostrar, con detallados argumentos y definiciones, y hasta con citas de Borges, que este "Tango del viudo" no es un tango. Más exactamente, que no es un texto para tango. Esfuerzos inútiles cuanto despistados, porque el poema no es ni quiso ser jamás un tango al modo canónico. Por lo demás, Neruda no sabía nada de tangos, ni le interesaban, y como tenía pésimo oído musical nunca supo cantarlos ni bailarlos (así como no sabía conducir automóviles). Declaración de un testigo autorizado (en Lafourcade, 70):

[Enrique Lafourcade]   —¿Lo vio usted alguna vez bailar tango?
[Margarita Aguirre]   —No. Creo que no sabía hacerlo.

Las conocidas escenas del film *Il postino* de Massimo Troisi, que muestran a Philippe Noiret (Neruda) bailando tango con Anna Bonaiuto (Matilde), pretenden sólo actualizar el *cliché* europeo del amante latinoamericano. No menos improbables me parecen ciertos pasajes de la novela *Tango del viudo*, de Barros, que tal vez para justificar el título introducen a un joven 'compadrito' Neruda enamorando a Josie Bliss a son de tangos. Y ya que estamos, declaro que me es aún más difícil imaginar a Josie Bliss bailando tangos, que a Neruda.

El título del poema responde por supuesto a un particular uso del término *tango*, con toda probabilidad ya vigente en Chile durante los años de la bohemia santiaguina de Pablo. Entre chilenos el término *tango* asume en efecto (aparte su acepción musical) un sentido irónico, o burlón, para aludir al lamento o desahogo sentimental (indebidamente explícito) de un *varón* respecto a su desgraciada situación amorosa, teniendo cuenta de que lamentos de tal tipo constituyen asunto muy frecuente y reiterado en los tangos argentinos.

Es obvio entonces que con el título "Tango del viudo" Pablo quiere justificar o legitimar, por vía *(auto)irónica*, la impúdica introducción de un desgarramiento sentimental, o privado llanto de amor, en el nivel *alto* de su escritura poética. Ya sabemos que el aristocratismo literario de Pablo, resultante de su específica adhesión a los códigos operativos de la (tercera) modernidad artística, veda la exhibición abierta del *pathos* sentimental y/o sexual (exhibición propia de formas 'inferiores', como el tango). "Tango del viudo" es, así, una infracción al código que el fugitivo se concede, tanto es su dolor. El término *viudo* confirma por su lado, implícitamente, el estatuto que ha alcanzado Josie Bliss en la vida del poeta. Y el entero texto es un homenaje a la poética de la *substitución* por su abundancia de concretos materiales autobiográficos y de prosaicas referencias.

El poema se compone de cinco estrofas en versos de arte mayor pero de varia medida, oscilantes entre las 13 y las 24 sílabas métricas. No sigue un esquema reconocible, ni exhibe esa cadenciosa voluntad narrativa que muchos años después ensayarán los largos versos darianos de *La Barcarola* (1967). La desmesura métrica y el ritmo obsesivo acentúan el tono elegíaco. En conjunto, el texto obedece a un diseño de pérdida lacerante y de angustiada solemnidad.

El apóstrofe *Maligna* rige el desarrollo del poema dándole la forma interna de una carta que comienza aludiendo a otra carta. Se alternan dos espacios: el *allá* de la amante abandonada y el *acá* del amante fugitivo (que es el punto de enunciación del texto). Éste imagina en el *allá* las reacciones de la mujer ante el hallazgo de su carta de despedida, y a través de ese elenco la reconstruye, la revive. En el *acá* el Yo enunciador lamenta la propia pérdida enumerando las consecuencias que deberá afrontar.

Sin conocer los antecedentes extratextuales del poema (que así, sin ellos, fue leído hasta 1962), el lector percibe la paradoja de un enunciador lamentándose de una pérdida que no sólo él mismo ha determinado y buscado, sino que actualmente afirma, puesto que no declara intenciones de volver atrás. Con lo cual el texto sigue y a la vez contraría la línea de los tangos canónicos sobre el tema del amante traidor arrepentido, que retorna en busca de la amante que él había abandonado.

> *Enterrado junto al cocotero hallarás más tarde*
> *el cuchillo que escondí allí por temor de que me mataras,*
> *y ahora repentinamente quisiera oler su acero de cocina*
> *acostumbrado al peso de tu mano y al brillo de tu pie:*
> *bajo la humedad de la tierra, entre las sordas raíces,*
> *de los lenguajes humanos el pobre sólo sabría tu nombre,*
> *y la espesa tierra no comprende tu nombre*
> *hecho de impenetrables substancias divinas.*

En el centro del poema, esta compleja estrofa dedicada al cuchillo indígena. El objeto concentra la sensación de desgarramiento en cuanto deviene, al mismo tiempo, cifra de la nostalgia y del temor, materialización del amor y de la amenaza. Dentro de la simbología general de los instrumentos cortantes, el cuchillo es por excelencia el principio activo que modifica la materia pasiva. El cuchillo simboliza aquí el aspecto masculino y dominante de Josie Bliss, pero representa también su activa fantasía sexual, base de la fascinación que ejerce sobre el tímido (y en el fondo inexperto) Pablo. De ahí la reacción contradictoria del poeta, hecha de miedo y de atracción. Su exigencia creativa, de fuerte signo masculino, forjada en su batalla con el padre, termina por rechazar los excesos de la energía centrípeta de Josie, energía que sin embargo sabe ser adorable en dosis controladas (como lo fue «la *dulce* Josie Bliss» al comienzo de la relación).

Por eso enterrar el cuchillo de Josie es un gesto de indirecta y oblicua autoafirmación al arrebatar a su amante el cetro del dominio y, contra la voluntad de ella, hundirlo en la tierra (penetración simbólica). Importa notar que en este poema y en sus memorias Neruda exhibe su miedo (y su implícita sumisión) a Josie, así como la fuga misma, sin la menor reticencia ni pudor (machistas). Índice evidente de seguridad sustancial y de atención al verdadero sentido de la experiencia vivida, que el poema roza en la muy compleja segunda mitad de la estrofa.

Tengo la impresión de que Pablo construye esta segunda mitad en sintonía con la modulación irónica del título, esto es, evitando la visión y el lenguaje sentimentales a través de un enfoque invertido. El cuchillo arrebatado a Josie penetra «bajo la humedad de la tierra, entre las sordas raíces», llevando consigo algo de ella y restituyéndolo a la Naturaleza. Pero «de los lenguajes humanos el *pobre* [el pobre cuchillo, o sea el poeta mismo con su conflicto] sólo sabría tu *nombre*», es decir tu identidad individual, aquello que me hace distinguirte dentro del *número* de las mujeres, aquello por lo cual no eres para mí sólo la hembra indiferenciada. [La oposición *nombre/número* es central en el lenguaje poético de Neruda.]

La fórmula «y la espesa tierra no comprende tu *nombre* / hecho de impenetrables substancias divinas», a mi entender expresa en modo invertido la idea poética de Pablo, que sería: no pude vivirte sólo como un *número* más entre las hembras de la especie, según basta a la Naturaleza, la cual *no puede comprender* lo que en cambio a mí, hombre y poeta, es decir Naturaleza y Cultura, me fue dado *conocer*: me refiero a «tu *nombre*», a eso que sin embargo tampoco yo pude descifrar ni armonizar con *mi nombre*, porque el tuyo está «hecho de *impenetrables* substancias divinas».

De ahí que enunciar, explicitar el nombre *Josie Bliss* en su poesía le llevará a Pablo más de seis años, hasta que en 1935 logrará titular con ese nombre el último poema de *Residencia*. Porque sólo entonces arribará a un primer descifre de aquel *conocer* de 1928, según veremos. Por ahora insisto sólo en que la estrofa examinada asocia el gesto de enterrar el cuchillo (con su simbolismo de penetración, incluso de estupro o violación en este caso porque privado del consentimiento de la *partner*) a la experiencia *cognoscitiva*, a la forma primordial de *conocimiento* que la convivencia con Josie Bliss significó para Pablo. Dejo que sea el mismo Neruda quien lo confirme (y a modo suyo lo explique) a través de estos otros, y también notorios, cuatro versos de casi veinte años después: «más abajo, en el oro de la geología, / como una *espada* envuelta en meteoros, / *hundí la mano* turbulenta y dulce / *en lo más genital de lo terrestre*» ("Alturas de Macchu Picchu", I, en *OC*, I, 434).

"TANGO DEL VIUDO" (III): EXALTACIÓN

Cuánta sombra de la que hay en mi alma daría por recobrarte,
y qué amenazadores me parecen los nombres de los meses,
y la palabra invierno qué sonido de tambor lúgubre tiene.

A los niveles del *allá* y del *acá* se sobrepone en el poema el nivel de la *exaltación* de la pérdida, donde está la clave del conflicto irresoluble: aquello que el Sujeto *daría* por recobrar a esa Maligna que *él mismo* está abandonando. El lenguaje hipotético descubre y jerarquiza los elementos de la contradicción, y de este modo la explica y resuelve (cifradamente) en el plano poético. Porque la hipótesis se despliega en tres grados ascendentes. Los versos apenas citados (a modo de epígrafe) desarrollan, en el centro del poema, el primer grado: «Cuánta *sombra* de la que hay en mi alma daría por recobrarte». La sombra es la tristeza, la propensión a lo oscuro, la *nocturnidad* del alma de Pablo. O sea el núcleo de su intimidad, de su estructura personal antes de que la diurna Maligna inundara de sol erótico y doméstico su existencia.

De ahí que la renuncia a ese Día tan especial (y el retorno al código nocturno, a la sombra) comporte la perspectiva de un *tiempo* inéditamente temible («qué amenazadores me parecen los nombres de los meses») y la distorsión o deformación de un *espacio* entrañable a través de este verso maravilloso: «y la palabra *invierno* qué sonido de tambor *lúgubre* tiene» (verso comparable al gongorino «infame turba de nocturnas aves», célebre por la eficacia de la sugestión sonora), donde el término *invierno* es la cifra del Sur de la infancia, ahora incapaz de exorcizar la pérdida.

> *Daría este viento del mar gigante por tu brusca respiración*
> *oída en largas noches sin mezcla de olvido,*
> *uniéndose a la atmósfera como el látigo a la piel del caballo.*

El segundo grado de la hipótesis concierne al ámbito físico. El Sujeto *daría* su necesaria y personal relación de poeta con la Naturaleza («este viento del mar gigante») por recuperar la convivencia con Josie. Relación íntima sugerida a través de signos sensoriales: quisiera otra vez esas largas noches en que sólo *oía* tu brusca respiración, sin las interferencias de la memoria, vale decir, esas noches en que para mí sólo existías tú, tu ser físico, tu cuerpo. Los adjetivos y comparaciones reconstruyen claramente a Josie, *brusca* como su respiración, intensa y dominante, deliciosa invasora de la vida del amante (así como el aire respirado por ella invadía la atmósfera de la habitación en que ambos dormían) con la violencia autoritaria del látigo sobre la piel del caballo. Puesto que, como sabemos, la figura del *caballo* fue desde temprano símbolo de *libertad* en la conciencia y en la escritura de Neruda, me parece entender que estos versos cifran la ambivalencia de su conflicto: por un lado la nostalgia de una sumisión erótica gratificante en grado extremo; por otro el necesario rechazo de una invasión intransigente, inflexible, sofocante, contraria a la ambición 'profética' sin la cual el poeta no puede vivir.

> *Y por oírte orinar, en la oscuridad, en el fondo de la casa,*
> *como vertiendo una miel delgada, trémula, obstinada,*
> *cuántas veces entregaría este coro de sombras que poseo,*
> *y el ruido de espadas inútiles que se oye en mi alma,*
> *y la paloma de sangre que está solitaria en mi frente*
> *llamando cosas desaparecidas, seres desaparecidos,*
> *substancias extrañamente inseparables y perdidas.*

La formulación del tercer grado de la hipótesis lleva al extremo la voluntad irónica del texto. Pablo cambiaría lo más preciado (como actividad poética) por lo más humilde (como actividad fisiológica). Así como esta elegía —«este trágico trozo de mi poesía»— viene llamada *tango*, así la máxima aspiración del amante, aquello por lo cual trocaría su condición misma de poeta, su misión 'profética', es oír *orinar* a su amada en el fondo de la casa. El mismo principio aristocrático opera en ambos casos: eludir la exhibición abierta del desgarramiento sentimental, enmascararlo, incluso 'afearlo' *para ser más fiel*. La aspiración a oír de nuevo la brusca respiración de Josie, su aliento, la emanación de su espíritu, de su alma dormida, expresa más arriba la dimensión *física*, sexual y sensual del amor. Aquí, al final de la escala ascendente, la aspiración a oír el rumor de Josie orinando expresa —por vía sólo en apariencia insólita y provocatoria— *el amor como sentimiento*, la ternura infinita con que el amante la evoca. Lo que el poeta permutaría viene por ello formulado al nivel más alto, acumulando signos muy prestigiosos de su repertorio simbólico: el «coro de *sombras*», «el ruido de *espadas* inútiles», «la *paloma* de sangre».

Desde el doble punto de vista del desarrollo psicológico y literario de Neruda, "Tango del viudo" marca el comienzo de la larga y difícil —y al mismo tiempo ejemplarmente honesta— elaboración de un luto, el inicio de aquel *working through* o excavación en la memoria que atravesará la segunda *Residencia* y que culminará en 1935 con la escritura del poema "Josie Bliss".

CALCUTTA

> Hoy es un día de esplendor. Estamos en el Congreso de la India. Una nación en plena lucha por su liberación. Miles de delegados llenan las galerías. Conozco personalmente a Gandhi. Y al Pandit Motilal Nehru, también patriarca del movimiento. Y a su hijo, el elegante joven Jawaharlal, recién llegado de Inglaterra. Nehru es partidario de la independencia, mientras que Gandhi sostiene la simple autonomía como paso necesario.
>
> [*CHV*, en *OC*, V, 485]

Pablo comienza a escribir "Tango del viudo" en el barco de la fuga, según sugiere la alusión a «este viento del mar gigante», pero lo completa en Calcutta, a poco de haber «llegado otra vez a los dormitorios solitarios, / a almorzar en los restaurantes comida fría...». Desembarca a mediados de noviembre 1928. Lo espera Álvaro Hinojosa, que al parecer sobrevive allí con sus trajines de moderno pícaro, y en los que naturalmente involucrará a Pablo. Su principal campo de acción: la industria cinematográfica, ya floreciente en la India colonial. El archivo nerudiano de Nurieldín Hermosilla conserva un contrato de Álvaro con *Indian Kinema Arts – Film Producers, 8 Baghmari Road, Calcuta,* fechado «9, September 1928», que a título de inédita curiosidad reproduzco en su texto original:

> Sirs,
> I hereby agree to act as a cinema actor in your new social photo play *Kanthabar* in the roles of "Gourikanta" and the "Assistant Sup. Of Police" and shall help your director in other ways if possible.
> You shall pay me Rs. 400-only as my total remuneration. I shall be always present regularly for any work in your appointed time and place, and shall discharge my duties under the direction and to the satisfaction of your director. In any case, I will not leave your company without completing my roles. I shall obey the discipline of your Company.
> I receive today Rs. 100-only as an advance payment of my remuneration. The remaining Rs. 300 (three hundred)-only you will pay me after the completion of my work.
>
> *Álvaro Hinojosa*
>
> Confirmed. G. D. Chokhany / Indian Kinema Arts. 9.9.1928.

«Álvaro andaba de una electricidad a otra, fascinado con los filmes en que podríamos trabajar, vistiéndonos inmediatamente de musulmanes para ir a los estudios... Por ahí andan retratos míos en traje bengalí (como me quedaba sin hablar creyeron en la cigarrería, en Calcutta, que yo era de la familia de Tagore) cuando acudíamos a los estudios Dum-Dum para ver si nos contrataban... Y luego había que salir corriendo de la YMCA porque no habíamos pagado el alojamiento...» (*CHV*, en *OC*, V, 479).

Schidlowsky ha establecido que sólo el 22 de noviembre, en Calcutta, Pablo decide su traslado a Ceylán (su fuga de Rangoon había sido entonces, en cierta medida, un salto en la oscuridad). Con esa fecha el cónsul general de Chile en Calcutta, Marcos G. Huidobro, responsable de todos los consulados en el *British Empire*, cablegrafía a Santiago: «Reyes aceptaría Colombo. Espera instrucciones. Huidobro.» Dos días después, el 24, llega la respuesta del Ministerio de Relaciones Exteriores: «Sírvase comunicar cónsul Reyes... remesa 20 libras cable a fin de trasladarse Colombo. *Ríos*.» Y el 5 diciembre viene oficializado el nombramiento: «Por Decreto nº 1395 se traslada al cónsul de elección en Rangoon, don Neftalí Ricardo Reyes, para que preste sus servicios en Colombo» (todas las citas de documentos según Schidlowsky, 131-132). Transcurrida una semana más, el 12 diciembre Pablo escribe a su hermana Laura:

> ... el Gobierno me ha trasladado a Colombo, en la isla de Ceylán, al sur de la India. Llevo el mismo sueldo que en Rangoon, y el clima es allí tan malo o peor que allá, pero ya se me estaba haciendo insoportable y cansado vivir en la misma parte por tanto tiempo y he aceptado con alegría mi traslado. Te escribo desde Calcutta, la más grande ciudad de la India, donde ando paseando desde hace un mes. Aquí he vuelto a encontrar a Álvaro Hinojosa, mi viejo amigo y compadre, y eso contribuye a que lo pasemos muy bien. Pronto te mandaré algunos retratos míos vestido de bengalí, para que veas lo viejo que estoy. Tengo tantas ganas de ver a mi mamá, y al caballero veterano... Los diarios de aquí han publicado cosas desastrosas de un terremoto, aunque en ninguna información se nombraba a Temuco [el catastrófico terremoto del 1° diciembre tuvo su epicentro un poco más al norte, en Talca]... Yo creo que estaré largo tiempo en el extranjero. Si puedo iré a Europa este año... Aquí todas las cabras [*muchachas*, en jerga chilena] tratan de casarme, resisto heroicamente. Son demasiado inteligentes, saben demasiado, lo que para mí es un inconveniente...
>
> — carta fechada en Colombo (en realidad: Calcutta) el 12.12.1928, en OC, V, 808-809

Aun teniendo cuenta de su escasa fiabilidad en materia de fechas, Pablo nos hace saber por esta carta que llegó a Calcutta a mediados de noviembre, o algo antes («ando paseando *desde hace un mes*»), y nos lo confirmará un mes después, en carta a Eandi del 16 enero 1929: «... dentro de tres horas llegará el barco a Colombo. Vengo de Calcuta, *dos meses de vida*» (*OC*, V, 939). A su hermana Laura le comunica sólo verdades a medias («ya se me estaba haciendo insoportable y cansado vivir en la misma parte por tanto tiempo») o bien disfrazadas humorísticamente («todas las *cabras* tratan de casarme, resisto heroicamente»). Ha comprendido que le será difícil mejorar su situación consular y volver a Chile en buenas condiciones. Por lo demás, su obsesión sigue siendo Europa.

Tras los complicados meses de Rangoon, reencontrar a Álvaro en Calcutta es una fiesta, un intervalo de vacaciones («eso contribuye a que lo pasemos muy bien»). Aparte algunas vagas noticias acerca de su fugaz y modesta carrera como actores de cine, no conozco otros detalles de las peripecias vividas por los dos amigos durante esos dos meses. Sólo sobre el gran Congreso de la India que tiene lugar justamente aquel diciembre en Calcutta entregará, años más tarde, alguna información el mismo Pablo.

Información que parte con un neto error de fecha que ha despistado a los biógrafos del poeta. La primera vez que Neruda evoca aquel Congreso es en un pasaje de su conferencia "Viaje por las costas del mundo" de 1942 (véase *OC*, IV, 512-513). Todas las publicaciones de ese texto anteriores a la de *OC*, IV (498-522), e incluyendo la preciosa versión original que conservó y publicó Ángel Augier (*La Gaceta de Cuba*, 180, La Habana, julio 1979), traían: «Llegué a Calcutta en el mes de diciembre de 1929. Se celebraba allí el Congreso de toda la India.» Pero el Congreso de Calcutta tiene lugar en diciembre **1928**, no 1929: es por eso que Pablo puede presenciarlo y conocer a Gandhi y a los Nehru, padre e hijo.

Ese Congreso de 1928 es el último que preside Pandit Motilal Nehru, y el primero en que brilla fuerte la estrella de su hijo Jawaharlal, quien por ello dirigirá el sucesivo Congreso panindio —más importante aún— de diciembre 1929. Sólo que éste no se realiza en Calcutta sino a 2.000 kilómetros de distancia, en la ciudad de Lahore (hoy perteneciente a Pakistán). Y además, a falta de pruebas directas, las cartas de Pablo a Eandi, a Laura y sobre todo a Albertina (de quien nerviosamente espera, justo en ese período, que viaje desde Europa para reunirse con él) me dicen que en diciembre 1929 Neruda no se moverá de Wellawatta. Al menos, no en dirección a Calcutta, de donde por lo demás su amigo Álvaro se ha marchado ya. No creo que Pablo tuviera motivo alguno, ni dinero suficiente, para hacerlo.

Volviendo al Congreso de 1928, Pablo ve cómo a veces el viejo Gandhi se pone a dormir en la calle misma, a la intemperie, breves sueños que le restituyen «esa inmensa energía mística que se ha enfrentado al gran imperio», mientras en el joven Jawaharlal Nehru, apuesto y bien vestido, «se veía ya la nueva sangre que volvía a llenar el cauce milenario». Se enfrentan allí las corrientes extremas: los moderados, que exigen de los ingleses sólo el *Dominion Status*, y los radicales de la *Independence for India League*, encabezados por Subhash Chandra Bose y por el propio Jawaharlal. Pero en medio de esta batalla surge la vía intermedia que de improviso propone Gandhi: si los ingleses no conceden el Dominion Status en el plazo de un año, el Congreso exigirá la completa independencia y luchará por ella. Así evocará Neruda en 1942 la fase decisiva:

> Yo vi la lucha ganada por Gandhi en un minuto dramático... Todo el Congreso estaba por la independencia. Y, al aproximarse la votación, un murmullo recorre el Congreso: Gandhi quiere romper su silencio de tres días, que practica como un ayuno, y quiere decir algo.
>
> Sube, el cuerpo ligero, la entrepierna blanca, las gafas, la nariz puntiaguda. Sólo quiere decir que, si se aprueba la moción contraria [la independencia total], él, Gandhi, el Gandhiji, dejará de comer hasta morirse. Y no hay más discusión. Se ha aprobado su tesis, su tesis tímida y vegetariana, y la India rezará por el santo, y su voz, su silencio saldrá a la calle, a las ciudades, a la selva, a los cañaverales, a los parias, al bazar: 'el Gandhi quiere nuestra salvación, él nos guía'.
>
> — *"Viaje por las costas del mundo"*, 1942, en OC, IV, 513

Sigue un comentario de Neruda que, si bien posterior al Congreso en casi quince años, es indicador de un peculiar desarrollo político que la experiencia asiática profundizó: «Aquel Congreso, como muchos aspectos de la India, me dejaba un regusto salobre, mezcla de disgusto y de incertidumbre. Me producen igual rechazo el santo y el vicioso, y tiemblo por el futuro que se apoya sobre una sola cabeza humana.»

"ARTE POÉTICA": EXORCIZANDO A JOSIE BLISS

Entre sombra y espacio, entre guarniciones y doncellas,
dotado de corazón singular y sueños funestos,
precipitadamente pálido, marchito en la frente,
y con luto de viudo furioso por cada día de vida
. . . .
como un camarero humillado, como una campana un poco ronca,
como un espejo viejo, como un olor de casa sola
en la que los huéspedes entran de noche perdidamente ebrios,
y hay un olor de ropa tirada al suelo, y una ausencia de flores,
posiblemente de otro modo aún menos melancólico,
pero la verdad, de pronto, el viento que azota mi pecho,
las noches de substancia infinita caídas en mi dormitorio,
el ruido de un día que arde con sacrificio,
me piden lo profético que hay en mí...

[de "Arte poética", *RST*-1, en *OC*, I, 274]

Aunque carezco de pruebas documentales, tengo la más absoluta seguridad de que este importante poema (inédito hasta la edición 1933 de *Residencia* 1) fue escrito en Calcutta entre noviembre y diciembre de 1928, poco después de "Tango del viudo". Hay entre ambos textos un ligamen secreto y subterráneo que se manifiesta a través de indicios (simbolismo común) y de una notoria vecindad de imágenes, de tono emotivo y, sobre todo, de respiración rítmica y métrica: variados versos de arte mayor, a partir de 13 sílabas y con una cierta insistencia en los de 16 (a comenzar por los tres primeros arriba citados), 18 y 19. Leer ambos poemas en voz alta, mezclando las estrofas o los versos, denuncia la familiaridad musical entre ellos.

Hay afinidades de *imaginario* que incluso parecen deliberadas, como si Pablo hubiera querido dejar pistas sobre la secreta, nunca declarada conexión: (1) *con luto de viudo furioso*: obvio eco, mimético además, del título "Tango del viudo" —pero con un explícito *luto* en lugar del irónico *tango*— y de la figura de Josie, asociada a *furias* y siempre evocada como «la furiosa»; (2) *como un olor de casa sola... y hay un olor de ropa tirada al suelo, y una ausencia de flores*: clara resonancia de «He llegado otra vez a los dormitorios solitarios, / ... y otra vez / tiro al suelo los pantalones y las camisas, / no hay perchas en mi habitación, ni retratos de nadie en las paredes», y nostalgia de las flores en el peinado de Josie; (3) *el viento que azota mi pecho*: «este viento del mar gigante»; (4) *las noches de substancia infinita caídas en mi dormitorio*: «... tu brusca respiración / oída en largas *noches* sin mezcla de olvido», «impenetrables *substancias* divinas», «*substancias* extrañamente inseparables y perdidas».

Los dos meses en Calcutta son «dos meses de vida», como escribirá a Eandi, y seguramente el dinamismo infatigable de Álvaro ayuda a Pablo a superar el trauma de la fuga, que sólo en parte ha significado una liberación. Con el paso de las semanas, las noches sin Josie son cada vez más amargas y los días, sobre todo los días, cada vez más solitarios sin el calor doméstico de la fresca casa con *verandah*... y aquel comedor inolvidable. Es así que Pablo asume crecientemente la necesidad de equilibrar ante sí mismo el duro y autolesivo gesto de haber renunciado a Josie Bliss, gesto tan contrario a su más honda sinceridad sexual, con la reafirmación solemne de su misión (des)cifradora y profética.

Ello explica por qué Pablo escribe *en este momento*, en Calcutta, poco después de haber dejado Rangoon, un **"Arte poética"**. Es su primer poema con ese título clásico tan comprometedor, que hasta entonces ha evitado justamente por tradicional. Aunque, por cierto, no es la primera vez que su poesía intenta el autoexamen. Por la índole misma de su escritura (según hemos visto en las secciones precedentes), toda la producción anterior de Pablo abunda en intentos de *ars poetica* como el quinto de los *Veinte poemas* o el undécimo de *Tentativa del hombre infinito*. Pero esta vez se trata de algo diverso.

El título "Arte poética" quiere subrayar en efecto una intención particularmente solemne. La *contra-substitución*. Afirmar el principio del *deber* a expensas del principio del *placer*. El esfuerzo de precisión simbólica y emotiva es en este poema deliberadamente proporcional a la gravedad de la pérdida a que Pablo se ha autoconstreñido. Aplicarse a trazar con exactitud y cuidado la fisonomía lírica de la propia *tarea* equivale a un melancólico pero resuelto llamarse al orden, al rigor, a la *Haltung*, como única vía para contrarrestar y exorcizar los todavía fascinantes reclamos de la *Seducción* dejada atrás. El sacrificio del *destino erótico* en favor del *destino profético*, implícito en "Tango del viudo", es lo que en "Arte poética" viene explícitamente afirmado desde el título mismo. No sólo *Residencia en la tierra*: también el título "Arte poética" es en la escritura de Neruda una exigencia de Josie Bliss.

Y lo es además aquel 'realismo' concreto, inventarial y hasta anecdótico del *imaginario* poético, afinado durante el período de la *substitución*, que perdura en este poema como en "Tango del viudo". **Entre sombra y espacio, entre guarniciones y doncellas:** entre tristeza y desplazamientos, entre amistad viril y amoríos fugaces, podría ser una glosa explicativa del verso. *Guarniciones* es una variante de las imágenes militares (*guarnición*: «tropa que guarnece una plaza, castillo o buque de guerra», *DRAE*) con que Neruda suele aludir a amigos en la acción o en la poesía, o simplemente a camaradas de aventura y/o de parranda. O sea a Hinojosa, en el caso presente. No me extrañaría que la específica elección del término *guarniciones* (en Chile, 'cuarteles') responda además a una asociación con el ya referido alojamiento de los dos amigos en el muy disciplinado albergue de la YMCA en Calcutta. Cabe imaginar que se trata de un alojamiento sin duda transitorio, luego sustituido por una habitación de aquella «casa sola / en la que los huéspedes [los dos amigos] entran de noche perdidamente ebrios, / y [donde] hay un olor de ropa tirada al suelo, y una ausencia de flores».

... *como un camarero humillado, como una campana un poco ronca, / como un espejo viejo...* Ráfaga de imágenes del *servicio degradado*: figura constante y característica de la primera *Residencia,* siempre elaborada en dialéctica oposición a *lo profético*, que funciona como constante compensatoria y como horizonte de resolución, según lo demuestra este mismo poema en versos sucesivos.

... *posiblemente de otro modo aún menos melancólico...* «Este verso representa en el poema un doble fondo, como el teatro dentro del teatro [...], pues es un comentario y censura del poeta a su propia fantasía: para sugerir con más exactitud el sentimiento que se quiere expresar, habría que haber dado con imágenes que no añadieran a la degradación un coeficiente de melancolía» (Alonso, 63). Ambigüedad: ¿*aun* o *aún*? Con la forma *aun* habría que entender: 'de otro modo *incluso* menos melancólico', mientras la forma *aún* daría al verso una impostación que suena irónica: 'de otro modo *todavía* menos melancólico'. La acentuación *aun/aún* es muy insegura en las primeras ediciones de *Residencia* 1 (1933 y 1935), por lo cual no sirve como criterio definitorio. En cuanto paréntesis metadiscursivo el verso incluye, sí, un nivel de comentario retórico-estético al material utilizado, como lee Alonso, pero incluye sobre todo un nivel autoirónico de raíz emotiva, como si el poeta quisiera excusar ante sí mismo, bromeando, el haberse abandonado a la melancolía de las imágenes precedentes por 'debilidad' sentimental: autoironía aristocrática, orgullosa, similar a la del título "Tango del viudo". Por lo cual prefiero la forma ***aún***, que me parece más apta a incluir ambas lecturas posibles.

... *pero, la verdad, de pronto...* Gozne sintáctico que introduce un 'profético' contrapunto al 'servicio degradado' de los versos precedentes.

... *el viento que azota mi pecho, / las noches de substancia infinita caídas en mi dormitorio, / el ruido de un día que arde con sacrificio, / me piden lo profético que hay en mí, con melancolía...* Esta opuesta ráfaga de motivaciones y reclamos a reaccionar, a persistir en la tarea, pareciera provenir paradójicamente de la experiencia de la *substitución*, del mundo de Josie Bliss dejado atrás. Ya he señalado cómo en estos versos resuenan imágenes de "Tango del viudo": «este viento del mar gigante», «... tu brusca respiración, / oída en largas noches sin mezcla de olvido». Pero más significativo aún sería leer *el ruido de un día que arde con sacrificio* como una metáfora de la renuncia (con sacrificio) de Pablo a la diurna y solar Josie Bliss (recordar «*Ardió* la uva húmeda» y «una abeja extremada *arde* sin tregua» en poemas precedentes). Sería entonces la intensa verdad de lo vivido en Rangoon lo que ahora está dando al poeta una dolorosa carga de energía (para contrastar la degradación), y es por ello que aquí sus signos —el viento, las noches de sustancia infinita, el día que arde— le solicitan *con melancolía* lo profético que hay en él.

Y es también por ello que al cierre del texto **un golpe de objetos que llaman sin ser respondidos / hay, y un movimiento sin tregua, y un nombre confuso.** Ya hemos visto que la experiencia de Rangoon —vivida en continuo dinamismo (*movimiento*) de cuerpos y almas— estuvo poblada de *objetos* ligados a la convivencia y a la pasión, como la hamaca, la copa trizada, plantas y enredaderas, y sobre todo el cuchillo de la cocina, ese objeto que «de los lenguajes humanos... sólo sabría *tu nombre*». Josie Bliss. Nombre que, a mi entender, es el mismo *nombre confuso* (no dicho, silenciado, omitido) que clausura y reabre esta "Arte poética".

VII
WELLAWATTA (COLOMBO)
1929-1930

> *Esta luz de Ceylán me dio la vida,*
> *me dio la muerte cuando yo vivía,*
> *porque vivir adentro de un diamante*
> *es solitaria escuela de enterrado,*
> *es ser ave de pronto transparente,*
> *araña que hila el cielo y se despide.*
>
> *Esta luz de las islas me hizo daño,*
> *me dejó para siempre circunspecto*
> *como si el rayo de la miel remota*
> *me sujetara al polvo de la tierra.*

— Neruda, "Aquella luz", *MIN-2,* en *OC,* II, 1200

Ceylon always did have too many foreigners... The 'Karapothas' as my niece calls them—the beetles with white spots who never grew ancient here, who stepped in and admired the landscape, disliked the 'inquisitive natives' and left. [...]
This island was a paradise to be sacked. Ever conceivable thing was collected and shipped back to Europe: cardamons, pepper, silk, ginger, sandalwood, mustard oil, palmyrah root, tamarind, wild indigo, deers' horns, elephant tusks, hog lard, calamander, coral, seven kinds of cinnamon, pearl and cochineal. *A perfumed sea.*

— M. Ondaatje, *Running in the Family,* 1993: 80-81

Llegué a Ceylán a desempeñar mi rol imperialista: era uno más entre los blancos administradores de nuestro imperio asiático. Lo curioso es que yo no me daba cuenta de eso. Aquella horrible urgencia de política que tras la guerra de 1914 contagió apasionadamente a toda persona inteligente, fue algo desconocido para mi generación en Cambridge.
Salvo el caso Dreyfus y uno o dos asuntos más, la política no nos interesaba en absoluto. De ahí que pude asumir un puesto en el Ceylon Civil Service sin tener la más mínima conciencia de sus implicaciones políticas. Viajando hacia Jaffna en enero 1905, yo era un imperialista de veras inocente, ignaro. Quizás lo mas interesante de mi experiencia durante los seis años que siguieron fue haber visto desde adentro el imperialismo británico en su apogeo, y haber alcanzado gradualmente una conciencia plena, total, de su naturaleza y de sus problemas.

— Leonard Woolf, *Growing,* 1964: 25, trad. mía

«A PENDANT OFF THE EAR OF INDIA»

> ... vivo a la orilla del mar, en las afueras de esta
> gran ciudad [Colombo], en una aldea que
> se llama Wellawatta y que tiene cierto parecido
> con el nunca olvidado Puerto Saavedra.
>
> [carta a doña Trinidad, 14.03.1929, en *OC*, V, 811]

> On my brother's wall in Toronto are the false maps.
> Old portraits of Ceylon. The results of sightings,
> glances from trading vassels, the theories of sextant.
> The shapes differ so much they seem to be
> translations —by Ptolemy, Mercator, François
> Valentyn, Mortier, and Heydt— growing from
> mythic shapes into eventual accuracy. Amoeba,
> then stout rectangle, and then the island as we
> know it now, a pendant off the ear of India. [...]
> This pendant, once its shape stood still, became
> a mirror. It pretended to reflect each European
> power till newer ships arrived and spilled their
> nationalities, some of whom stayed and intermarried...
> [...]
> Ceylon falls on a map and its outline is the shape
> of a tear. After the spaces of India and Canada
> it is so small. A miniature.
>
> [M. Ondaatje, 63-64, 147]

El 8 enero 1929, en Calcutta, se embarca Pablo sobre una nave de nombre *Merkara* con destino a Colombo, capital de la isla de Ceylán (Ceylon, hoy Sri Lanka), que entonces era un fragmento del *British Empire*, como Birmania. Pero que, a diferencia de Birmania, no formaba parte de la *British India*. Ceylon poseía el estatuto de una *Crown Colony* con su propio gobernador inglés, responsable ante Londres directamente, no a través de India.

Una semana después, el día 16, Pablo escribe a su *pen pal* Eandi: «Tengo que decirle, huyo de Birmania y espero que sea para siempre. No voy muy lejos: Ceylán, distante para usted, para mí la misma latitud, el mismo clima, la misma suerte. Ahora, dentro de tres horas llegará el barco a Colombo. Vengo de Calcutta, dos meses de vida. Ahora, preparémonos al horror de estas colonias de abandono, tomemos el primer *whisky and soda* o *chota pegg* a su honor de buen amigo, Eandi» (*OC*, V, 939).

Ceylán, una isla con forma de lágrima («the shape of a tear») o de arete («a pendant off the ear of India»): 65.000 km^2, distantes 50 km del extremo S.E. de la costa peninsular. Pablo ya estuvo aquí en septiembre de 1927, de paso hacia Rangoon, según registra la crónica "Colombo dormido y despierto" (*OC*, IV, 334-337) en la que su atracción por los mercados entra por primera vez en su escritura. Como entonces, lo acompaña también ahora su compadre Álvaro Hinojosa, recién reencontrado en Calcutta, que restará en Colombo por algunas semanas antes de trasladarse a Bombay para continuar su inquieto itinerario. La experiencia de Rangoon y la escasez de recursos inducen a Pablo a buscar casa en un barrio periférico, lejos de los ingleses y de su oneroso cuanto aburrido protocolo.

> Me fui a vivir a un pequeño *bungalow*, recién edificado en el suburbio de Wellawatta, junto al mar. Era una zona despoblada y el oleaje rompía contra los arrecifes. De noche crecía la música marina.
> Por la mañana, el milagro de aquella naturaleza recién lavada me sobrecogía. Desde temprano estaba yo con los pescadores. Las embarcaciones provistas de larguísimos flotadores parecían arañas del mar. Los hombres extraían peces de violentos colores, peces como pájaros de la selva infinita, unos de oscuro azul fosforescente como intenso terciopelo vivo, otros en forma de globo punzante que se desinflaba hasta convertirse en una pobre bolsita de espinas.
>
> — CHV, en OC, V, 494

El 14.03.1929 Pablo escribe a doña Trinidad muchos indicios acerca de su nueva vida cotidiana, a comenzar por sus dos horas de paseo en traje de baño por la playa, más o menos temprano en las mañanas, pues más tarde el calor se hace insoportable. Luego entra en agua y trata de aprender a nadar. Por fin. El agua siempre tibia lo ayuda a superar aquel viejo temor, varias veces señalado por Laurita, al mar gélido de Puerto Saavedra. La fascinación del océano chileno no había sido suficiente para estimular la inmersión en el oleaje. Aquí en cambio el mar y el calor son invitantes. El baño matutino (o vespertino) será un motivo recurrente en sus cartas. «Le escribo envuelto en una bata de baño...: en veinte minutos, si consigo finalizar esta comunicación, me envolveré de olas y trataré de nadar haciendo un verdadero escándalo» (a Raúl Silva Castro, 30.07.1929, en *EPV*, 53). Después del baño vuelve al *bungalow* y se sienta en la *verandah* a beber whisky con so-

El bungalow junto al mar, Wellawatta, 1929: "mi casa el día de Wesak, la gran fiesta budista. Los sirvientes y aún Patsy y el niño Wanú, mi vecino". Fundación Pablo Neruda.

da, en espera del almuerzo —probablemente modesto dado el nivel de sus recursos económicos— que le están preparando sus servidores.

Sus servidores: significativa novedad respecto a Rangoon, donde al comienzo la falta de dinero, y después la presencia de Josie Bliss, seguramente los ahorró o los alejó. Sin descartar, además, la influencia del riguroso democratismo anarquista —residuo del aún reciente pasado juvenil en Chile— sobre el comportamiento social de Pablo durante la primera fase de su exilio en Oriente. No hay registro de ningún servidor en los textos y documentos de 1928.

Al desembarcar en Colombo, en alguna medida la mentalidad de Pablo ha cambiado. Como si la experiencia de Rangoon lo hubiera dejado receloso e inseguro. Parece más tolerante o menos rígido respecto a la norma consular. Y así le cuenta a doña Trinidad:

> Tengo dos sirvientes, un cocinero y un mozo. Son bastante listos, muy serviciales y muy ladrones. Se roban la tercera parte del dinero de las compras, pero ya se acostumbra uno a esto. Todos los sirvientes roban en la India, y no se puede prescindir de ellos porque es mal mirado que la gente blanca haga cualquier cosa por sí misma. El blanco no debe comprar nada en el mercado o en la calle, de otra manera los nativos perderían el respeto. Bueno, esto me parece enteramente mal, pero sucede que mi conocida flojera se ha acrecentado con el calor de estos países, y si usted, mi querida mamá, pasara por mi casa en Colombo, oiría cómo grito de la mañana a la noche al mozo para que me pase cigarrillos, papel, limonada, y me tenga listos los pantalones, las camisas y todos los artefactos necesarios para vivir.
>
> Usted se estará imaginando que soy un gran millonario con tanta historia que le cuento, y no puedo negarle que a veces me parece que lo soy, aunque la realidad es algo diferente. A veces me siento pobre y abandonado, y es que a menudo tengo preocupaciones y molestias que antes no conocía. Pero la vida se debe emprender con valentía, y si me quejo no es para que nadie me escuche sino para desahogarme solo.
>
> — OC, V, 810-811

La carta es prudente en información y lamentos, sabiendo Pablo que también va a ser leída por don José del Carmen, pero como todas las suyas sabe ser concreta y vivaz. Al final de la cita deja ver, sin embargo, un poco de su desolación, seguro de que su *mamadre* sabe leerlo entre líneas. Mientras le escribe, muy probablemente no está bebiendo limonada sino whisky, por lo cual se le escapa un «no es para que *nadie* me escuche» donde la intención pide 'para que *alguien* me escuche', más correcto gramaticalmente pero de menor eficacia expresiva (pues bajo el alarde «la vida se debe emprender con valentía» se esconde el niño que busca el consuelo de su madre porque '*nadie* lo escucha' en aquella isla lejana).

LA VERDADERA SOLEDAD

> Entre los ingleses vestidos de *smoking* todas las noches, y los hindúes inalcanzables en su fabulosa inmensidad, yo no podía elegir sino la soledad, y de ese modo aquella época ha sido la más

> solitaria de mi vida. Pero la recuerdo igualmente como la más luminosa, como si un relámpago de fulgor extraordinario se hubiera detenido en mi ventana para iluminar mi destino por dentro y por fuera.
> [...]
> La verdadera soledad la conocí en aquellos días y años de Wellawatta. Dormí todo aquel tiempo en un catre de campaña como un soldado, como un explorador. No tuve más compañía que una mesa y dos sillas, mi trabajo, mi mangosta y el *boy* que me servía y regresaba a su aldea por la noche.
>
> [*CHV*, en *OC*, V, 493, 496]

Por entonces Wellawatta (o Wellawatte) es un villorrio costero, un enclave de la discriminada etnia tamil en el sur de la isla. (Por lo cual, en Colombo, el suburbio Wellawatta viene tradicionalmente llamado Little Jaffna, aludiendo a la más importante ciudad del extremo norte, Jaffna, con predominio de población tamil.) Junto a la desembocadura del río, por la mañana y por la tarde es posible ver cada día el baño de los elefantes. Este espectáculo intranquiliza y hace ladrar furiosamente a Kuthaka, el perro que acompaña a Pablo en sus largos paseos por la playa. No así la repentina visión del gran velero blanco que, proveniente de las islas Maldivas, en ciertos días del año «amanecía clavado casi a la puerta de mi casa» para cumplir un rito secular de vasallaje, «trayendo todavía al rey que no existía un carnero, unas ramas de coral y un inmenso pescado tricolor [...]. Poco después del mediodía bajaban los misteriosos tripulantes y, entre música y perfume quemado, avanzaban por las calles de Colombo hasta la casa del gobernador inglés a depositar aún su antigua ofrenda de sumisión» (*OC*, IV, 510-511). La luz exuberante y la cálida vegetación —sobre una playa extensa como la de Puerto Saavedra, pero iluminada por un sol inmisericorde— no compensan sin embargo la soledad del desterrado. Su carta del 24 abril a Eandi es, al respecto, muy elocuente en su sinceridad entre irónica y dramática, en su lenguaje vacilante y entrecortado, a momentos inconexo, reiterativo o incoherente por efecto del alcohol, y, tal vez por ello mismo, de notable eficacia:

> Estoy solo: cada diez minutos viene mi sirviente, Ratnaigh, viene cada diez minutos a llenar mi vaso. Me siento intranquilo, desterrado, moribundo. [...] Le he hablado de Wellawatta, el barrio en que vivo? Mar y palmeras, aguas, hojas. El mar me rodea violentamente, sin dejar nada a mi alrededor. Mi más próximo vecino cingalés hace danzar en este instante (Mr. Fernando) la *Devil Dance*, y los largos, angustiosos gritos, esta música infernal de cada noche, espero que han de influenciar esta carta con un sentido sobrenatural. El canto es prolongado, en cada frase (conoce, Eandi, el cante jondo o flamenco, así es), de una monotonía tiránica, y un ritmo en anillos, sin fin. La señora está enferma, parece, y cada atardecer me golpea esta cadencia mortal. Es igual a la muerte.
> Eandi, nadie hay más solo que yo. Recojo perros de la calle para acompañarme, pero luego se van, los malignos. [...] Se acuerda de esas novelas de José Conrads [*sic*, por Joseph Conrad] en que salen extraños seres de destierro, exterminados, sin compensación posible? A veces me siento como ellos, solamente que; este 'solamente que' es tan largo, yo siento algunas virtudes en esta vida. [...]

Hace dos días interrumpí esta carta, me caía, lleno de alcoholes. Tiene usted una carta que hace tiempo le envié desde Ceylán? Mi compañero de tantas leguas, me ha dejado: Álvaro Hinojosa está en Bombay. Estoy, pues, solo. Le habré ya hablado de mi casa al borde del agua, de mi vida entre las palmeras? [...]
My English is perfect, as you may tell by the faultlessness of this sentence. (Esta frase es de Boyd, un amigo inglés de aquí, con notable inteligencia y cierto conocimiento de las almas.) [...]
Yo simplemente caigo: no tengo ni deseos ni proyecto nada: existo cada día un poco menos. Qué gran alegría de soldado en el frente o niño en los pensionados, sus paquetes de diarios, que usted, con su gran corazón, me envía, Eandi. Entonces me tiendo sobre la estera, y desaparecen el mar y los cocoteros y la gran Isla, y mi perpetuo aburrimiento, y sólo siento el olor de la tinta de imprenta, el deseo de las ciudades. [...]

— OC, V, 942-944

Pablo con lugareños y con su perro Kuthaka. Wellawatta, 1929. Fundación Pablo Neruda.

Los animales acuden privilegiadamente al recuerdo de Wellawatta en *Confieso que he vivido*: el perro Kuthaka, así llamado en memoria de los «cinco horribles perros de Pomerania» que Pablo hace morir de hambre (o casi) por ignorancia del idioma hindú (cfr. *OC*, IV, 509-510); Kiria, la dulce mangosta domesticada; y los elefantes, a cuyo baño asiste Pablo cada día: «Elefantes que acompañaron / mi camino en las soledades, / trompas grises de la pureza, / pantalones pobres del tiempo, / oh bestias de la neblina / acorraladas en la cárcel / de las taciturnas tinieblas / mientras algo se acerca y huye, / tambor, pavor, fusil o fuego» ("Lejos, muy lejos", *MIN*-4, en *OC*, II, 1255). Porque también traen sus memorias el conmovedor recuerdo de una cacería de elefantes (*OC*, V, 498-499), breve relato comparable —por su dramática fuerza de evocación y denuncia— al espléndido *Shooting an elephant* de Eric Blair, alias George Orwell.

CHARLES & KIRIA: DOS HISTORIAS SIMILARES... Y OPUESTAS

> Charles was an extremely intelligent and affectionate dog, his one fault being that he was an inveterate fighter and hunter. It was, however, his faults which brought me fame and respect in Jaffna. On the very day of my arrival there he helped me to create a good impression, to develop my façade, and to do something to counteract Voltaire.
>
> [L. Woolf 1964: 38]

> Mis únicas compañías fueron mi perro [Kuthaka] y mi mangosta [Kiria]. Ésta, recién salida de la selva, creció a mi lado, dormía en mi cama y comía en mi mesa. Nadie puede imaginarse la ternura de una mangosta. Mi pequeño animalito conocía cada minuto de mi existencia, se paseaba por mis papeles y corría detrás de mí todo el día. Se enrollaba entre mi hombro y mi cabeza a la hora de la siesta y dormía allí con el sueño sobresaltado y eléctrico de los animales salvajes. [Pero por causa de Kiria] perdí mi prestigio en el suburbio de Wellawatta hace ya más de treinta años.
>
> [Neruda, *CHV*, en *OC*, V, 494-495]

En Londres, 1966, adquirió Neruda un ejemplar de *Growing*, el volumen que la autobiografía de Leonard Woolf dedicó a sus años en Ceylán (1904-1911). Era una reimpresión (1964) de la primera edición (1961). En ese ejemplar Neruda marcó al margen algunos párrafos mientras leía y escribió breves anotaciones. Uno de los párrafos marcados es el que acabo de citar en el epígrafe y que da inicio a la secuencia de las proezas de Charles, el perro del joven *civil servant*, 24 años de edad, que en octubre 1904 había zarpado «from Tilbury Docks in the P. & O. *Syria* for Ceylon» (11), donde desembarcó al cabo de tres semanas de viaje.

Según recuerda Woolf, entonces, Charles era un perro extremadamente afectuoso e inteligente que tenía como único defecto el ser un inveterado luchador y cazador. Pero fue precisamente este 'defecto' del perro (señala con elegante humor el autobiógrafo) lo que confirió fama y respeto a su amo en Jaffna, su primera ciudad de destino. Las tempranísimas 'hazañas' del animal fueron decisivas para crear de inmediato una buena imagen del recién llegado y contribuyeron «a contrarrestar a Voltaire». Esto último es alusión a los 90 volúmenes de la magnífica edición 1784 de las obras del filósofo francés, «printed in Baskerville type», que formaban parte del equipaje del joven Woolf y que causaron notable extrañeza a los burócratas, militares, comerciantes, empresarios y demás miembros del aparato colonial en Jaffna. «El mero hecho de haber traído un perro conmigo —algo rara vez o nunca intentado antes por un *civil servant*— se reveló una buena idea que pronto empezó a equilibrar lo de Voltaire, en modo tal que las dos cosas, una tan obviamente correcta y la otra tan obviamente equivocada, juntas establecieron para mí el privilegio —que el más convencional de los ingleses está siempre y sorprendentemente dispuesto a permitir o tolerar en otros— de ser un personaje ligeramente excéntrico» (38, trad. mía).

Ese día algunos funcionarios acompañaron a Woolf (y a Charles) a recorrer la ciudad y su entorno, en particular el antiguo Portuguese Fort. Cuando estaban llegando a las murallas del fuerte, un enorme gato cruzó repentinamente el sendero ante ellos y saltando por sobre el inmediato cerco de piedra se introdujo en un desordenado jardín interior. «En Inglaterra Charles sabía que no le era permitido cazar gatos, pero supongo que, imbuido ya del espíritu imperialista anglo-hindú, pensó que en todo caso un gato nativo era diferente.» Ignorando los gritos del amo saltó también al jardín y poco después todo fue un rechinar de maullidos, gruñidos y chillidos, un alboroto de polvo y agitación entre los arbustos, hasta que al cabo de unos minutos reapareció Charles, magullado y sangrante, pero arrastrando triunfalmente con el hocico al enorme y muerto gato gris.

La rapidez y eficacia del operativo bélico iluminó los ojos de los acompañantes de Woolf, efecto que se vio potenciado al extremo diez minutos después, cuando no un gato sino una serpiente de considerable tamaño atravesó el sendero del retorno y Charles no vaciló en lanzarse sobre ella, aferrarla por la parte posterior de la cabeza (con instintiva destreza) y sacudirla enérgicamente, soportando los latigazos de la cola del reptil, gruñendo sin cesar hasta que se aseguró de la inmovilidad y muerte de su nueva víctima. Y como si estos diez fulmíneos minutos no hubieran sido suficientes, algunas horas más tarde, tras el ingreso de Woolf en la ritualidad local de un match de tenis, Charles se dio el lujo de poner en fuga, muy maltrechos, a tres perros vagos de pelaje amarillento que casi lo doblaban en tamaño. «Lo curioso es que nunca más Charles volvió a ser atacado en Jaffna. Fue como si por toda la sociedad canina se hubiera divulgado la noticia de que era mejor dejar en paz al forastero, y como Charles era uno de esos combatientes que nunca combaten si no son atacados o provocados, vivió el resto de su breve vida en honorable paz» (51-52).

¿Por qué marcó Neruda las líneas correspondientes al inicio de la historia de Charles? Sin duda porque en 1966 estaba en pleno desarrollo su nueva escritura autobiográfica, iniciada en 1958 con *Estravagario* y que ya incluía textos de *Navegaciones y regresos* (1959) y de *Canción de gesta* (1960), las diez crónicas publicadas por *O Cruzeiro Internacional* (1962) y los cinco volúmenes del *Memorial de Isla Negra* (1964). Y porque en esa nueva escritura tenían cabida historias como la de Charles, vale decir, recuerdos ahora privilegiados por su simple valor anecdótico y pintoresco, no ya en función de trascendencias o significaciones épico-políticas (como en *Canto general*). Más concretamente, estoy cierto de que estas páginas de Woolf hicieron recordar a Neruda las que algunos años antes había escrito sobre la mangosta Kiria, incluidas en la serie de crónicas de *O Cruzeiro Internacional* y después recogidas en *Confieso que he vivido* (véase *OC*, V, 494-495). Y es muy probable que la lectura de *Growing* dio un nuevo impulso a la escritura de las *memorias* (por entonces en curso discontinuo) y de otros volúmenes de poesía de evocación, como *La barcarola* (1967).

La historia de la mangosta Kiria participa del humor y de la afectuosa ironía del relato de Woolf, aunque pa-

Pablo y su mangosta Kiria en la playa de Wellawatta, 1929. Fundación Pablo Neruda.

ra el amo los efectos del desenlace fueron opuestos. Cuenta Neruda que en Wellawatta todos lo conocían por la mangosta que siempre lo acompañaba. Siendo público el prestigio (algo mitológico) de estos animales capaces de combatir con éxito contra cobras, víboras y otros ofidios, no extrañó a Pablo que una tarde «todos los niños del arrabal se dirigieran a mi casa en imponente procesión» para demandar a Kiria que eliminase a una «temible *pollongha*, o víbora de Russell, de mortífero poder» que había aparecido en un solar del barrio. «Seguido por mis admiradores —bandas enteras de chiquillos tamiles y cingaleses, sin más trajes que sus taparrabos—, encabecé el desfile guerrero con mi mangosta en los brazos.»

La serpiente, de color negro, tomaba el sol sobre una cañería blanca. «Se quedaron atrás, silenciosos, mis seguidores. Yo avancé por la cañería. A unos dos metros de distancia, frente a la víbora, largué mi mangosta. Kiria olfateó el peligro en el aire y se dirigió con lentos pasos hacia la serpiente. Yo y mis pequeños acompañantes contuvimos la respiración. La gran batalla iba a comenzar. La serpiente se enrolló, levantó la cabeza, abrió las fauces y dirigió su hipnótica mirada al animalito. La mangosta siguió avanzando. Pero a escasos centímetros de la boca del monstruo se dio cuenta exacta de lo que iba a pasar. Entonces dio un gran salto, emprendió vertiginosa carrera en sentido contrario, y dejó atrás serpiente y espectadores. No paró de correr hasta llegar a mi dormitorio» (*OC*, V, 495).

El relato había comenzado creando una expectativa épica, como la de *Growing* al introducir a Charles: «Mi mangosta domesticada se hizo famosa en el suburbio» (494). En el otro extremo, al concluir la narración, un resultado opuesto a la gloria que regaló Charles al joven Woolf: «Así perdí mi prestigio en el suburbio de Wellawatta hace ya más de treinta años» (495). Notar el uso de los términos *arrabal* y *suburbio* con que el memorialista se refiere al sector de Colombo en que vivió entre comienzos de 1929 y mediados de 1930.

AQUELLAS VIDAS

> Sentir que usted me recuerda, me piensa, en este fantasma por completo ausente, por completo lejano, ya pariente de la nada. Le iré escribiendo hoy día, y bebiendo, a medida; de qué otra manera llenar ese inmedible vacío de distancia e intimidad? Mañana corregiré esta carta cuya puntuación y ortografía irán desapareciendo más y más, siento que se llenará de alcohol y de pensamientos confusos como en una verdadera compañía.
>
> [carta a Eandi, 24.04.1929, en *OC*, V, 941]

> *Pasan los rostros —Patsy, Ellen, Artiyha—*
> *los busco entre la red y huyen nadando*
> *devueltos a su océano,*
> *peces del frío, efímeras mujeres.*
>
> ["Territorios", *MIN*-2, en *OC*, II, 1202]

«La verdad es que la soledad de Colombo no sólo era pesada, sino letárgica. Tenía algunos escasos amigos en la calleja en que vivía. Amigas de varios colores pasaban por mi cama de campaña sin dejar más historia que el relámpago físico. Mi cuerpo era una hoguera solitaria encendida noche y día en aquella costa tropical. Mi amiga Patsy [cingalesa] llegaba frecuentemente con algunas de sus compañeras, muchachas morenas y doradas, con sangre de bóers, de ingleses, de dravidios. Se acostaban conmigo deportiva y desinteresadamente» (*CHV*, en *OC*, V, 504).

En campo sexual el tránsito desde Rangoon a Wellawatta viene marcado por curiosas contradicciones. A pesar de Patsy y su banda de *jeunes filles en fleurs* (o quizás no tan en flor), la varia memoria de Neruda insiste sobre el tema de la soledad —erótica, ante todo— que vive en la gran isla. Y que será creciente, según registran en progresión los textos residenciarios del período (desde "Ángela Adónica" a "Caballero solo" y "Ritual de mis piernas"). ¿Se debe a que Josie Bliss ha establecido un nivel de estímulos y de calidad amorosa muy arduo de superar? ¿Temor a caer en nuevos riesgos para los propósitos recién reafirmados en "Arte poética"? Lo cierto es que, a diferencia de lo ocurrido durante los primeros meses en Rangoon, Pablo no busca en Colombo una amante estable. O simplemente no encuentra a ninguna mujer que le interese cuanto Josie Bliss, ni entre las criollas ni entre las inglesas. O él no logró interesar a ninguna.

Sin embargo, sus memorias registran algo que acaece a poco de haber alquilado el *bungalow* junto al mar, en la calle 42nd Lane de Wellawatta. Es un episodio afín al 'cuento de puertos' de 1927 —me refiero a aquel encuentro con la anónima mujer sola en los muelles de Rangoon la misma tarde del día en que habían desembarcado con Álvaro Hinojosa (ver *supra*, sección V)—. Esta vez se trata de la mujer que cada mañana, muy temprano, retira el cubo del retrete situado al fondo de la casa, «una caja de madera con un agujero al centro, muy similar al artefacto que conocí en mi infancia campesina, en mi país». Pero aquí la caja de madera no está situada sobre un pozo profundo o sobre una corriente de agua: incluye sólo ese cubo que misteriosamente aparece limpio cada mañana. Hasta que un día Pablo se levanta más temprano y la ve.

> Entró por el fondo de la casa, como una estatua oscura que caminara, la mujer más bella que había visto hasta entonces en Ceylán, de la raza tamil, de la casta de los parias. Iba vestida con un sari rojo y dorado, de la tela más burda. En los pies descalzos llevaba pesadas ajorcas. A cada lado de la nariz le brillaban dos puntitos rojos. Serían vidrios ordinarios, pero en ella parecían rubíes.
>
> Se dirigió con paso solemne hacia el retrete, sin mirarme siquiera, sin darse por aludida de mi existencia, y desapareció con el sórdido receptáculo sobre la cabeza, alejándose con su paso de diosa.
>
> Era tan bella que a pesar de su humilde oficio me dejó preocupado. Como si se tratara de un animal huraño, llegado de la jungla, pertenecía a otra existencia, a un mundo separado. La llamé sin resultado. Después alguna vez le dejé en su camino algún regalo, seda o fruta. Ella pasaba sin oír ni mirar. Aquel trayecto miserable había sido convertido por su oscura belleza en la obligatoria ceremonia de una reina indiferente.
>
> Una mañana, decidido a todo, la tomé fuertemente de la muñeca y la miré cara a cara. No había idioma alguno en que pudiera hablarle. Se dejó conducir

por mí sin una sonrisa y pronto estuvo desnuda sobre mi cama. Su delgadísima cintura, sus plenas caderas, las desbordantes copas de sus senos, la hacían igual a las milenarias esculturas del sur de la India. El encuentro fue el de un hombre con una estatua. Permaneció todo el tiempo con sus ojos abiertos, impasible. Hacía bien en despreciarme. No se repitió la experiencia.

— *CHV*, en OC, V, 505

Este trozo era inédito. Como otros episodios de la memoria sexual del poeta, según ya hemos visto y veremos aún, también éste viene escrito durante la última fase de su vida. ¿Por qué lo aísla y lo silencia entre sus recuerdos, trayéndole a la superficie textual sólo en época tardía? ¿Por qué, en cambio, no se extiende entonces sobre sus relaciones con Patsy y su banda, o con otras mujeres, limitándose a mencionar las visitas que ellas le hacen de cuando en cuando? ¿Por qué ni siquiera alude en sus escritos de 1929 o en posteriores crónicas autobiográficas como las de 1942 ó 1954 —sino sólo póstumamente, en sus memorias— a las visitas que las mismas muchachas hacían a las *chummeries*, o sea a «los *bungalows* en que grupos de jóvenes ingleses, pequeños empleados de tiendas y compañías, vivían en común para economizar alquileres y alimentos»?

Sólo en sus memorias —no en escritos anteriores— recuerda Neruda a aquella muchacha que sin ningún cinismo, como algo natural, le relata una fiesta en una *chummery* durante la cual ha hecho el amor con catorce jóvenes. «'Estaba sola con ellos aquella noche... Pusieron un gramófono y yo bailaba unos pasos con cada uno, y nos perdíamos durante el baile en alguno de los dormitorios. Así quedaron todos contentos'.» Sucesivo comentario de Neruda: «No era prostituta. Era más bien un producto colonial, una fruta cándida y generosa. Su cuento me impresionó y nunca tuve por ella sino simpatía» (*CHV*, en OC, V, 504).

Neruda no registra su nombre, pero de las tres muchachas evocadas en "Territorios" (*MIN*-2) podría ser Ellen, pues sabemos que Patsy es cingalesa y Artihya sin duda es también nativa. Presumo en cambio que la muchacha del relato es inglesa y blanca, y hasta imagino que ella es la figura femenina del madrigal "Ángela Adónica", escrito en los primeros meses de 1929: figura caracterizada por atributos de pureza —inocente como un ángel—, de blancura y claridad:

> *Hoy me he tendido junto a una joven pura*
> *como a la orilla de un océano blanco,*
> *como en el centro de una ardiente estrella*
> *de lento espacio.*

La muchacha está dotada de una «mirada largamente verde», de «pies grandes y claros» y un «clima de oro maduraba apenas / las diurnas longitudes de su cuerpo». El título del poema nombra a la muchacha según tales atributos —*ángela*— y con evidente referencia al esquema métrico usado en el texto: la estrofa sáfico-*adónica* (tres endecasílabos y un pentasílabo). Pero ¿por qué Pablo hará llegar una copia de este poema, sin fecha ni firma, a manos de Albertina Azócar (reapareció entre los documentos nerudianos por ella conservados), cuyas iniciales son las mismas de *Ángela Adónica*? ¿Simple coincidencia o sueño erótico con sobreposición de figuras? ¿O sólo una pequeña astucia deliberada?

AMIGOS INGLESES Y 'BURGHERS' (I): LIONEL WENDT

> Two miles away from Buller's Road lived another foreigner, Pablo Neruda. For two years during the [twenties] he lived in Wellawatta [...].
> An aunt of mine remembers his coming to dinner and continually breaking into song, but many of his dark claustrophobic pieces in *Residence on Earth* were written here...
>
> [M. Ondaatje, 80]

> Sri Lanka is a polity, a state which has been in existence since about the 3rd century BC... Even in the period from the late 16th to the early 19th century when parts of the island were forcibly occupied by the Portuguese, the Dutch and finally the English, the king of 'emperor' of Sri Lanka remained the nominal overlord. It is only with the invasion and occupation of the kingdom of Kandy in 1815 that the whole of Sri Lanka came under the British occupation. Thus, all inhabitants of Sri Lanka were Sri Lankans, whether under their own kings or under the British. In 1948 Sri Lanka REGAINED its independence, and this regained state is one we consider [...] the same entity that existed under the kings in successive capitals, such as Anuradhapura (briefly Sigiriya), Polonaruwa, Kandy [...].
> The name of this entity was always Sri Lanka at least from late BC centuries. The name 'Sri Lan[ka]' was modified in Arabic into 'Si-lan', 'Zey-lan' and then in various European languages into 'Ceylan' and 'Ceylon'. Thus the inhabitants of the country were always Sri Lankans or Ceylonese.
>
> [Senake Bandaranayake, archeologist & historian: e-mail from Colombo, January 2006]

> ... the wonderful, long days I spent there with Paul and **Lionel [Wendt]** and Aunt Peggy who would casually object to my climbing all over her bookcases in my naked and dirty feet. Bookcases I stood under again this week which were full of signed first editions of poems by **Neruda** and Lawrence and **George Keyt**.
>
> [M. Ondaatje, 203]

Por sus relatos pareciera que Wellawatta es para Pablo sólo un desierto de mar, sol y palmeras. En realidad no le faltan amigas ni, sobre todo, algunos buenos amigos ingleses (y *srilankans* de la *élite* colonial) que conoce en las recepciones oficiales y en las reuniones del Club Service a que es invitado con frecuencia, o a través de encuentros en fiestas privadas o meriendas familiares. Encuentros como aquellos mencionados por Michael Ondaatje (el autor de *The*

English Patient nació en Colombo el 12.09.1943 y vivió en Ceylán hasta 1954), cuya tía Peggy recordaba a Pablo viniendo a cenar a casa suya, siempre rompiendo a cantar, o a canturrear, alguna canción en español (ver M. Ondaatje, *Running in the Family*, 80). La tía Peggy era hermana del pintor George Keyt, que con Lionel Wendt y Andrew Boyd fueron un óptimo trío de amigos para Pablo en Ceylán.

Sólo a fines de 2005 supe del libro *Running in the Family* de 1982 y (por mediación de nuestro común amigo Ariel Dorfman) me apresuré a escribir a Michael Ondaatje en Toronto, quien a su vez tuvo la gentileza de ponerme en contacto con su amiga Manel Fonseka, residente en Sri Lanka. Ella es una apasionada estudiosa de la compleja historia socio-cultural de la isla, por lo cual conoce bien las trayectorias de cada uno de los integrantes del trío de amigos de Pablo. Desde Colombo me ha transmitido al respecto una notable cantidad de información que por desgracia (en razón de plazos editoriales) sólo muy parcialmente alcanzo a procesar en este volumen. Lo que a Manel Fonseka más interesa precisar es que de los tres amigos de Pablo sólo Andrew Boyd era inglés, mientras Wendt y Keyt, amigos entre sí desde la infancia, habían nacido y crecido en la isla, y eran de ascendencia mezclada, asiática y europea. «Ambos —me escribe Fonseka— son generalmente considerados como *burghers*, pero la madre de Wendt provenía de una antigua y bien conocida familia cingalesa, mientras la filiación de su padre arrancaba del antecesor prusiano que se instaló en Ceylán a fines del siglo XVIII.» Y agrega: «So they were Sri Lankans or *Ceylonese*, as was the term used during British rule.»

Lionel Wendt nace en Colombo el 03.12.1900, dentro de una acaudalada y culta familia 'criolla'. A pesar de no ser inglés, su padre alcanza una alta posición colonial como juez de la Corte Suprema y como miembro del Consejo Legislativo de la isla. Desde 1919 Lionel estudia Derecho en Cambridge, como suponen algunos (según Fonseka no hay evidencias de ello), o más probablemente en Londres, donde por vocación ingresa también a la Royal Academy of Music. Regresa a Colombo en 1924 y por un corto tiempo ejerce la abogacía, que abandona para dedicarse a la música hasta 1935, volcándose desde entonces, finalmente por entero, a la que fue su verdadera y obsesiva actividad: la fotografía. Por pocos años, sin embargo, porque muere en Colombo el 19.12.1944.

Cuando en 1929 traba amistad con Pablo, la actividad principal de Lionel Wendt son sus conciertos de piano, que espacian desde la música barroca a la moderna, sin faltar compositores ibéricos. Se conserva el programa de un concierto suyo de 1925, que incluye piezas de Debussy, Ravel, Poulenc, Albéniz, Manuel de Falla, Granados. Su espíritu abierto acogerá con atención las *tonadas* del compositor chileno Pedro Humberto Allende que su amigo Pablo le hace conocer, proponiéndolas después con frecuencia en sus conciertos de piano solo.

Pero además de pianista, Wendt ejerce como crítico de arte y de literatura, como conocedor de fotografía y cine, en suma, algo así como un activista cultural en Colombo. Entre los jóvenes coloniales, a quienes sólo interesan las novedades que llegan desde Inglaterra, Wendt es un espíritu abierto a todas las novedades de la tercera modernidad (incluyendo las tendencias políticas de izquierda) y en particular los años 1928 a 1932 lo verán como un gran organizador de novedosas actividades culturales. En enero 1930 impulsa una exposición independiente de los pintores *burghers* George Keyt y Geoffrey Beling, que fue la primera dedicada al nuevo arte 'modernista' en Ceylán y a la que el cónsul chileno Pablo Neruda dedicó una entusiasta nota en un periódico local: «the Future... the Polar Land, the inevitable country of exploration for all true artists» (cito por Fonseka 2003).

Crece así entre el pianista y el poeta una gran amistad. Pero Wendt era también un grande y *aggiornato* lector. Habiendo advertido y apreciado la avidez literaria de Pablo, «tomó la extravagante y buena costumbre de mandar a mi casa, situada lejos de la ciudad, un ciclista cargado con un saco de libros cada semana... durante aquel tiempo leí kilómetros de novelas inglesas, entre ellas *Lady Chatterley* en su primera edición privada publicada en Florencia» (*OC*, V, 498). En esos sacos que viajan todos los sábados en bicicleta desde Colombo al suburbio tamil de Wellawatta (sobre la ruta hacia Mount Lavinia) «se amontonaban Compton Mackenzie con D. H. Lawrence, Michael Arlen (*The Green Hat*) con el *Point Counter Point* de Aldous Huxley, o los versos de T. S. Eliot recién salidos en Londres, o el *Farewell to Arms* del joven Hemingway» (*ibíd.*, 162). Y muy probablemente *The Village in the Jungle*, de Leonard Woolf, publicado en 1913. Quedan evidencias (ver Fonseka 2003) de que Wendt conocía también a escritores modernos como Arnold Bennett, Shaw, Joyce y Auden, cuyas obras prestó a Pablo además del inevitable Proust. Difícil exagerar cuánto contribuyen tales lecturas al desarrollo de la escritura de *Residencia* —o sea, a la inmersión de Pablo dentro del espíritu y del lenguaje de la nueva (tercera) modernidad—, según mostrarán sucesivos poemas de la fase de Wellawatta, como "Ritual de mis piernas".

A veces llega al *bungalow* el mismo Wendt para conversar tardes enteras con su amigo chileno. Trata, con éxito más bien modesto, de iniciar a Pablo en la cultura musical: «Tengo un gramófono y una dosis de felicidad; la *Sonata para piano y violín* de César Franck... es triste y dulce», leemos en una carta de febrero 1930 a Eandi (*ibíd.*, 952). El más importante efecto que logra Wendt, sin buscarlo, es literario. En una crónica publicada por *Ercilla* 1.718 (del 22.05.1968) y después recogida por sus memorias, Neruda recordará cómo con su amigo músico y musicólogo concluyen, por cuenta propia, que en esa sonata está 'la frase de Vinteuil':

> Quise ver en la frase musical el relato mágico literario de Proust y adopté o fui adoptado por las alas de la música.
> La frase se envuelve en la gravedad de la sombra, enronqueciéndose, agravando y dilatando su agonía. Parece edificar su congoja como una estructura gótica que las volutas repiten llevadas por el ritmo que eleva sin cesar la misma flecha. El elemento nacido del dolor busca una salida triunfante que no reniega en la altura su origen trastornado por la tristeza. Parece enroscarse en una patética espiral, mientras el piano oscuro acompaña una y otra vez la muerte y la resurrección del sonido. La intimidad sombría del piano da una y otra vez a luz el serpentino nacimiento, hasta que amor y dolor se enlazan en la agonizante victoria.
> No había ninguna duda para mí de que éstas eran la frase y la sonata.
> La sombra brusca caía como un puño sobre mi casa perdida entre los cocoteros de Wellawatta, pero cada noche la sonata vivía conmigo, conduciéndome y envolviéndome, dándome su perpetua tristeza, su victoriosa melancolía.

> Los críticos que tanto han escarmenado mis trabajos no han visto hasta ahora esta secreta influencia que aquí va confesada. Porque allí en Wellawatta escribí yo gran parte de *Residencia en la tierra*. Aunque mi poesía no es 'olorosa ni aérea', sino tristemente terrenal, me parece que esos temas, tan repetidamente enlutados, tienen que ver con la intimidad retórica de aquella música que convivió conmigo.
>
> — OC, V, 163-164 y 502-503

Más allá de este reconocimiento, la influencia cultural (artístico-literaria) de Wendt sobre Pablo alcanzó un nivel muy alto, hasta ahora no advertido. Téngase cuenta, además, de que los intereses intelectuales del amigo *burgher* no eran, como podría creerse, sólo metropolitanos o europeos dominantes (anglosajones, franceses, alemanes). Conocía bastante bien la lengua castellana (seguramente él mismo tradujo el texto de Pablo sobre su exposición de enero 1930) y de su filohispanismo fue evidente testimonio el hecho de haber bautizado su hermosa casa en Colombo con el nombre *Alborada*. ¿De él tomó Pablo la costumbre de bautizar sus propias casas?

Nuestro poeta verificó, en particular, que Wendt no fue un modernista cosmopolita o extranjerizante al modo de algunos chilenos o americanos. Apasionadamente *Sri Lankan*, usó el léxico, las técnicas e innovaciones del *modernism* aprendido en Londres y en otras ciudades europeas para documentar, explorar, celebrar e interpretar la realidad contemporánea y la tradición de su isla. Esta lección de Wendt, como otras similares del período ceylanés que señalaré más adelante, fue almacenada por Pablo hasta que nuevas circunstancias las hicieron emerger y fructificar durante los años treinta.

AMIGOS INGLESES Y 'BURGHERS' (II): BOYD Y KEYT

> Each morning the men departed for the club to play a game of billiards. They would arrive around eleven in buggy carts pulled by bulls and play until the afternoon rest hours while the *punkah*, the large cloth fan, floated and waved above them and the twenty or so bulls snorted in a circle around the clubhouse. Major Robinson, who ran the prison, would officiate at the tournaments.
>
> [M. Ondaatje, 40]

> The British were divided into four well-defined classes: civil servants, army officers, planters and business men. There was in the last three classes an embryonic feeling against the first. [...] But there is no doubt that generally the social position and prospects of a civil servant were counted to be a good deal higher than those of a planter. The attitude of planters' wives with nubile daughters to potential sons-in-law left one in no doubts of this,

> for the marriage market is an infallible test of
> social values.
>
> [L. Woolf 1964, 16-17]

> The Dutch Burghers are the most prominent sub-sub-group… amongst the mixed European Asian Sri Lankans to whom the generic term **Burghers** is still applied. But Wendt's mother came from an old elite Sinhalese family and his distant paternal ancestor was German, while Keyt vehemently and romantically claimed that he was descended from an Indian Brahmin ancestor whose name was Kaytan!
>
> [Senake Bandaranayake, January 2006]

Acerca del inglés Andrew Boyd (1905-1962), hay sólo algunas alusiones en las cartas de Pablo a Eandi: «notable inteligencia y cierto conocimiento de las almas» (desde Wellawatta, 24.04.1929); «mi verdaderamente amigo Andrew, que hizo mi vida tan agradable en los últimos meses» (desde Sabang, Sumatra, 09.06.1930, poco después de dejar Ceylán).

La amistad con Andrew, profunda sin embargo, nace poco después del arribo de Pablo a la isla. Probablemente los pone en contacto el comercio del té, en el que Boyd trabaja y quizás es él quien se ocupa de los despachos a Chile junto con el cónsul. Por esta vía Pablo conoce a los miembros del círculo de Wendt, pues Boyd es uno de ellos. Parece también probable que la poderosa influencia intelectual e ideológica de Lionel dentro del grupo determinará que por un lado Boyd devenga comunista, y por otro un *modernist* arquitecto de relieve. Años más tarde, tras haber contribuido a renovar la edificación en Ceylán, Boyd forma parte en Londres de un equipo progresista de arquitectos británicos que aplicarán las ideas de Le Corbusier y del Bauhaus a la construcción de viviendas para obreros al término de la Segunda Guerra Mundial.

Un testimonio interesante que une a los tres amigos es la entusiasta reseña que publica Andrew en un periódico local sobre el concierto de piano solo que en 1931 ofrece Lionel en Colombo. El programa incluye varias de las *tonadas* de Pedro Humberto Allende que Pablo le había hecho conocer —aunque la nota de Andrew señala que las obras del músico chileno «had seldom yet been played in England» (cito por Fonseka 2003)—. Un ulterior testimonio de amistad: la traducción de Boyd para "Walking around" de Pablo, incluida en la antología inglesa *New Verse 1933-1938* (London, Faber & Faber, 1939).

Los *burghers* George Keyt (1901-1993) y Lionel Wendt fueron muy amigos desde la infancia. Keyt había nacido y creció en Kandy, ciudad central, la última capital de los reyes *Sri Lankans* en el siglo XIX, donde se impregnó de las milenarias tradiciones culturales de la isla precolonial que tan fuerte rol alcanzarán en su pintura. Los hermanos Wendt pasaban sus vacaciones escolares en los alrededores de Kandy con la familia cingalesa de la madre, y fue durante esos períodos que George y Lionel se hicieron amigos para siempre. El *modernism* de Wendt y el tradicionalismo de Keyt se infiltraron recíprocamente a lo largo del desarrollo de las respectivas obras. Por lo que concierne al modernista Wendt, esta conexión con la capital histórica de la isla y con su *hinterland* rural, o sea con el territorio nuclear de la cultura y de la tradición budistas, devino ingrediente fundamental en su trayectoria intelectual, artística y política. Keyt, por su lado, asimiló a través de su amigo Lionel técnicas y perspectivas contemporáneas que confirieron inédita actualidad a su imaginería tradicional. Por lo demás, fue Wendt quien incitó a Keyt a concentrarse sobre su producción pictórica, a expensas de la poesía que era su actividad preferida en años juveniles.

A la amistad de Pablo con George Keyt se refiere un testimonio del pintor chileno Julio Escámez que yo transcribí para la revista *Aurora*, 3-4, Santiago (1964). Escámez había buscado a su colega *burgher* en 1959, para entregarle un mensaje que Neruda le había confiado. Hasta que logró encontrarlo en una aislada montaña de Ceylán: «Cuando llegamos a la rústica casa de madera en que vivía el pintor, durante un rato no vimos a nadie. Esperamos. Al cabo apareció a lo lejos, desde el fondo de un corredor, un individuo vestido con ropajes nativos y que se detuvo a cierta distancia de nosotros, en actitud evidentemente hostil... "¡Váyase!" me gritó en inglés. Cuando estuve a una distancia suficiente para hacerme oír le grité a mi vez: "¡Traigo para usted un mensaje de su amigo Pablo Neruda!" Estas palabras tuvieron un efecto mágico. El tipo se quedó inmóvil un momento, y luego comenzó a acercarse, interrogándome con la mirada. Le alargué un libro autografiado por Pablo y una carta. El hombre miró, leyó, y de pronto comenzó a caminar de un lado a otro, como un enajenado, exclamando sin cesar: "¡Pablo! ¡Pablo! ¡Mi amigo Pablo!" Al cabo se detuvo y se acercó a mí bombardeándome con preguntas... En los días que siguieron le conté todo lo que pude recordar acerca de Pablo... El hombre tenía entre sus libros un pequeño volumen con traducciones al inglés de poemas de Neruda...» (Escámez, 227). [Una versión más detallada de este encuentro, en *Los sueños del pintor / sobre la base de conversaciones con Julio Escámez*, de José Miguel Varas (Santiago, Alfaguara, 2005), 328-334, donde por error de Escámez se transcribe *Keats* en vez de *Keyt*.]

Pero Wendt, Boyd y Keyt son personajes excepcionales en aquel ambiente. Los ingleses de Colombo no son, en su mayoría, menos *espantosos* que los de Rangoon. Tampoco en Ceylon escapan a Pablo los efectos oscuros y alienantes de la política colonial sobre los colonizadores mismos. Al respecto, ya vimos en la sección VI las observaciones de George Orwell dentro de su *Burmese Days* de 1934. Señalo ahora un par de testimonios entre los que dejó escritos otro famoso funcionario del *British Empire*, Leonard Woolf. Y que nuestro poeta leyó. Al margen de una página de su ejemplar de *Growing*, Neruda marcó en 1966 un párrafo en que Woolf se refiere a la fase culminante de la rutina diaria de los colonizadores en Jaffna: después de dos horas de tenis, ponerse los *sweaters* y, sentados en círculo, beber whisky & soda y conversar:

> This was socially the peak of the Jaffna day, the ritual of British conversation which inevitably followed British exercise. It fascinated me and, in a curious way, I never got tired of its humdrum melancholy and monotony, for it revealed not only the characters of my companions, but the strange quality of our imperialist isolation.
>
> — *Woolf 1964: 44*

He preferido transcribir el texto original de los testimonios marcados por Neruda, de breve y simple eficacia. Poco más adelante Woolf insistirá desde otro ángulo sobre el tema al señalar cómo la densidad de población determinaba que el tránsito entre la ciudad misma y las rurales aldeas tamiles, contiguas o cercanas, no parecía tener fronteras netas. Lo cual daba a Jaffna el aire de una gran urbe. «These topographical details —comenta Woolf— are not unimportant psychologically. They made the feeling of life in Jaffna quite different from anything that I have known elsewhere.» Y aquí Neruda marcó al margen las líneas sucesivas: «And they increased, in a curious way, one's sense of imperialist isolation from the life of the surrounding country, even though at the time one was not really aware of this» (49).

"MONZÓN DE MAYO" (I): OTRA VEZ EL DÍA ESPECIAL

> Ceylán, hoy Sri Lanka. Clima tropical húmedo determinado por la topografía, presentando un patrón pluviométrico binario. Dos monzones, el suroeste y el noroeste, soplan aproximadamente medio año cada uno. Dada la topografía, el cuadrante suroeste recibe lluvia de ambos monzones.
>
> [fuente: *Google*]

> Luego me sentaré en mi *verandah* y tomaré a su salud, Fernando Ossorio, un whisky y soda, otro, tres. Luego comeré, habrá una lujosa noche tropical ecuatorial, saldré *for a walk*, y volveré. Estoy solo, desde hace seis meses vivo solo en mi casa con un sirviente. Álvaro Hinojosa estuvo en Ceylán sólo algunos días, luego regresó a la India, y luego a Nueva York. Me llegan a veces diarios muy viejos, de Chile, irrespirables, no tengo libros en castellano, no hablo en este extravagante idioma, sólo recibo cartas oficiales de horrible contenido.
> Llámeme, pues, Pablo Crusoe... Aquí le envío cuatro poemas míos, he escogido voluntariamente los más diferenciados. Pienso que "Ángela Adónica" y "Monzón de mayo" servirían para *Atenea*, los otros le ruego a usted leerlos y amarlos.
>
> [carta a Raúl Silva Castro, 30.07.1929, en *EPV*, 54]

En la posdata de su carta a Silva Castro (30.07.1929) Pablo precisa que el poema "Monzón de mayo" ha sido escrito en 1928, en Birmania (*EPV*, 56). Creo sea un error más de su frágil memoria cronológica. Error evidenciado por la versión, fechada «*Colombo, 1928*», que publicará La Nación en Santiago el 22.12.1929 y en la que Pablo equivoca otra vez el año pero no el lugar. Y sabemos que nuestro joven cónsul llega a Colombo en enero de 1929. En todo caso, por el tono y lenguaje del texto a mí sigue pareciendo más probable una fecha de composición situada en la primera mitad de 1929 en Wellawatta (ver Loyola 1987: 14 y 319). Sólo así se explica que Pablo no lo haya enviado antes de julio 1929 a Eandi o a González Vera o al mismo Silva Castro, como acostumbraba hacer desde Rangoon, y que no haya sido publicado sino a fines de 1929 en *Atenea* de Concepción (fecha nominal: octubre, pero fecha real seguramente posterior) y en *La Nación* de Santiago (22.12). Esta versión del diario de la capital, si bien publicada con aparente posterioridad a la de *Atenea*, con toda probabilidad la precede, pues trae el título "Monzón de junio" que no subsistirá (excepto en la antología *La nueva poesía chilena*, compilada y editada por Rubén Azócar en 1931). La vacilación del título podría deberse a incertezas del poeta sobre el régimen temporal o periódico de los monzones, o bien a simples razones de eufonía.

Puesto que Pablo desembarca en Ceylon el 16.01.1929, la fecha "Colombo, 1928" del texto publicado por *La Nación* resultaría de una enésima distracción del poeta respecto a fechas. Distracción atribuible en este caso a que Pablo dactilografía —en Colombo— un original y copias de "Tango del viudo" que ha bien fechado "Calcutta, 1928" (así la copia que envía a Eandi: ver *AGR*, 171-172) e inmediatamente después dactilografía también un original y copias de "Monzón de junio", que fecha "Colombo, 1928". La distracción habría determinado, por contagio, la repetición del año en el segundo poema. Se puede presumir entonces que un cierto día, hacia fines de julio de 1929, Pablo despacha por correo una copia de "Monzón de junio" a *La Nación* (con ese título), y que al día siguiente o pocos días después envía otra copia a Raúl Silva Castro, tras haber reconsiderado y corregido el título, pero no aquel "Colombo, 1928" (cuyo "1928" es quizás lo que le provoca la suposición de haber escrito el poema en Birmania). Esta última copia y las de "Tango del viudo" y "Ángela Adónica", las tres simultáneamente expedidas a Silva Castro, serán publicadas en el número 58 de *Atenea* sin las fechas indicadas por el autor.

> *El viento de la estación, el viento verde,*
> *cargado de espacio y aguas, entendido en desdichas,*
> *arrolla su bandera de lúgubre cuero:*
> *y de una desvanecida substancia, como dinero de limosna,*
> *así, plateado, frío, se ha cobijado un día [...]*
> [*RST* 1987, 129, y *OC*, I, 273]

Este difícil comienzo de "Monzón de mayo" es leído así por Alonso (117): «El verde viento tormentoso y agorero gira, se arrolla como bandera, 'arrolla su bandera de lúgubre cuero' y de substancia desvanecida, desvanecida como dinero de limosna (hay que poner aquí punto y coma o dos puntos); así, plateado y frío, se ha cobijado un día, etc.» Propone en alternativa un audaz nexo sintáctico entre el verso 1 y el verso 4: «el viento de la estación y... de una desvanecida substancia» (117n).

No estoy de acuerdo con esta lectura ni con su correlativa puntuación, que se deben a una errada interpretación del verso 4. Apoyándome en el texto publicado por *La Nación*, que traía punto y coma (o sea, una pausa fuerte) al fin del verso 3, propongo en cambio mi propia lectura: «El viento verde de la estación, habitualmente cargado de lluvias que cubren el espacio a mi alrededor, y habitual dispensador de (o conocedor de mis) desdichas, ese viento ahora recoge (arrolla) su bandera de lúgubre cuero: es decir, se calma; y entonces (así), en ese hueco o vacío dejado por el viento en reposo ha venido a cobijarse un día singular, luminoso y fresco, pero hecho de una substancia débil, de poca (desvanecida) consistencia; por ello ese día ha caído en mi existir sólo como una moneda de limosna, luciente y fría pero demasiado escasa en relación a mis necesidades y ambiciones.» Más en breve, propongo poner dos puntos al final del verso 3 (como hago en *RST* 1987, 129, y en *OC*, I, 273), resolviendo así el problema de los versos 4 y 5 al leerlos como una construcción sintáctica unitaria: «y [constituido o hecho] de una desvanecida substancia, [escaso] como dinero de limosna, / así, plateado y frío, se ha cobijado un día».

Dentro de una escritura poética que se concibe a sí misma como el registro del duro avanzar del Sujeto protagonista en misión a través de un territorio hostil (desierto o jungla) y erizado de obstáculos o deterioros (pérdida de incentivos), la figura del frágil *día especial* es un previsible motivo recurrente. Reitera su aparición en *Residencia* 1 con variables contenidos y a partir de diversas circunstancias extratextuales. Vimos ya, por ejemplo, cómo en "Diurno doliente" la configuración del *día especial* coincidía con la de una estimulante situación amorosa (léase Josie Bliss) conexa al placer, a «lo fresco que baja del árbol», a «la esencia del sol / que su salud de astro implanta en las flores»; en suma, «un día cualquiera [con] mayor aire en sus alas», un día en que «el frenesí hincha el traje y el sueño al sombrero», un día en que «una abeja extremada arde sin tregua». Un *día especial* (una situación) cuya fuerza de propulsión no lograba, sin embargo, constituirse cual nuevo fundamento del hacer poético porque amenazado y debilitado por la tenaz, indeseada reaparición de un «fantasma coral con pies de tigre», o sea, por la incancelable nostalgia del viejo fundamento (conexo al mítico espacio Cantalao): «Ahora, qué imprevisto paso hace crujir los caminos? / Qué vapor de estación lúgubre, qué rostro de cristal, / y aún más, qué sonido de carro viejo con espigas?» (cfr. *supra*, sección VI). Notar que la nostalgia no se refería al terruño en sí mismo sino a su capacidad para funcionar como fundamento del poetizar.

En "Diurno doliente", entonces, el *día especial* era la imagen de una situación favorable, determinada por la presencia y sostén de una fuerte figura femenina, pero que, a pesar de ello, se revelaba insuficiente para contrarrestar la entropía poética. En "Monzón de mayo", en cambio, el *día especial* es la imagen de algún estímulo aislado (o la imagen global de los estímulos intermitentes) dentro de la batalla —ahora solitaria, sin apoyo femenino— que libra el Yo protagonista en las nuevas condiciones que ha elegido al abandonar a la Maligna, «la más bella de Mandalay», su «esposa birmana, hija del rey» ("El joven monarca"), al renunciar con ello a la *substitución* del fundamento y al reafirmar así su antigua misión profética a través de "Arte poética" (cfr. *supra*, sección VI).

"MONZÓN DE MAYO" (II): UN FULGOR MORIBUNDO

> Llueve aquí activamente. Ha llegado el Monzón
> Noroeste, la época más triste del trópico. Truenos
> y rayos y agua sin parar, y calor y una mala
> humedad que penetra hasta los huesos. Desde
> hace semanas no voy a la ciudad [...].
> A veces soy feliz aquí, pero qué demoníaca
> soledad, como una sala húmeda a mi alrededor,
> me envenena en verdad, porque las pequeñas
> heridas pasajeras se hacen desmesuradas: no hay
> cómo atajarlas y hemorragian hasta el alma. Pero
> hoy qué hermoso día fresco, después de una
> terrible tempestad de anoche, en que mi casa se
> llenó de agua y dos cocoteros cayeron quemados
> del rayo, en el jardín. Hoy es verde y transparente:
> el mar está espeso, detenido, azul. [...]
> Aquí el Monzón ha hecho los días más frescos y
> soportables, siento cierta felicidad en mi
> epidermis, hace un nuevo bello día.
>
> [carta a Eandi, 31.10 y 21.11.1929, en *OC*, V, 948-951]

Como de costumbre, Pablo elabora en "Monzón de mayo" una simbología contextual a partir de estas circunstancias naturales o físicas que constituyen lo vertebral de su vida cotidiana, sin la compañía estable de una mujer. La figura del *día especial* se inserta así en la alegoría de su combate solitario, escandida por imágenes bélicas degradadas o de perfil irónico (versos 6-12): «frágil como la espada de cristal de un gigante / entre tantas fuerzas que amparan su suspiro que teme, / su lágrima al caer, su arena inútil, / rodeado de poderes que cruzan y crujen, / como un hombre desnudo en una batalla, / levantando su ramo blanco, su certidumbre incierta, / su gota de sal trémula entre lo invadido» (*OC*, I, 273). La imagen de la *espada* ya la vimos aparecer, siempre en vínculo con la acción poética, en "Galope muerto" de 1926: «para mí que entro cantando / como con una espada entre indefensos». Lo que entonces era símbolo de un privilegio, imagen optimista de fuerza y poder, ahora lo es de fragilidad (espada de cristal) a pesar de ser el don de un gigante (el viento).

De nuevo la inseguridad se traduce a reducción irónica y contrastante: la potencia del *viento* se degrada en el poeta a «su *suspiro* que teme», y de la fuerza de las *lluvias* resulta sólo «su *lágrima* al caer». En "Diurno doliente" el espacio de la seducción y del placer (forma del *día especial* en ese poema) era todavía, al menos, «la *patria* en que sobrevivo». El nuevo *día especial*, en cambio, revela sólo «su *arena* inútil», vale decir, es inservible como patria, como territorio de sustentación y anclaje, como fundamento (*arena* = patria: cfr. «sin tocar mi verdadera *arena*» en "La copa de sangre", *OC*, IV, 417; "La *arena* traicionada", título del capítulo V de *Canto general*).

En esta serie de reducciones autoirónicas la más dolorosa viene al final. Dentro de la tendencia a una visión épica o heroica de su tarea literaria, de su combate solitario, la máxima ambición de Pablo fue siempre la de autorrepresentarse con las galas y prestancia del *capitán* (y no paró hasta que se sintió digno de tal título en 1952). Antes de 1929 había probado tímidamente vestir el uniforme de *alférez* ("La querida del alférez", *Anillos,* en *OC,* I, 250), para después autodegradarse —por honestidad defensiva y operativa, según quedó dicho en la sección VI— a la condición de *soldado* simple ("La noche del soldado", *OC,* I, 278).

Ahora su ambición precipita a un nivel todavía más bajo, a su nadir: «como un *hombre desnudo* en una batalla», ni siquiera *como un soldado*. En "Diurno doliente" (1928) el Sujeto aún era capaz de oponer a la crisis algunos ímpetus residuales («Un esfuerzo que salta, una flecha de trigo / tengo, y un arco en mi pecho manifiestamente espera, / y un latido delgado...»). En este "Monzón de mayo" no le quedan sino armas inútiles: (1) *su ramo blanco,* donde 'blanco' está por 'pálido, débil', como en «los días blancos de espacio» (*OC,* I, 259), o por 'derrotado'; (2) *su certidumbre incierta,* donde 'certidumbre' alude al grado de convicción con que el poeta desarrolla su tarea profética, con resonancia de «Hay algo enemigo temblando en mi certidumbre» ("Tiranía", 1928); (3) *su gota de sal trémula entre lo invadido,* 'los ímpetus proféticos del Yo, ahora escasos y vacilantes (reducidos a una gota trémula), en franca crisis', donde el símbolo 'sal' funciona con la connotación *positiva* que le es habitual en *Residencia,* y donde 'lo invadido' se refiere a la circunstancia humana que rodea al Sujeto, a la realidad inmediata, como en «Yo lloro en medio de lo invadido, entre lo confuso» ("Débil del alba", 1926). Entonces:

> *Qué reposo emprender, qué pobre esperanza amar,*
> *con tan débil llama y tan fugitivo fuego?*
> *Contra qué levantar el hacha hambrienta?*
> *De qué materia desposeer, huir de qué rayo?*

Frente a esta nueva serie de interrogaciones (vía retórica muy frecuente en *Residencia* 1), las respuestas del texto son de creciente desánimo: el antiguo impulso profético arrastra su luz «como cola de traje de novia triste / aderezada de sueño mortal y palidez». Y, más aún, «aquello que la *sombra* tocó y ambicionó el *desorden*» ha devenido inmovilidad, suspensión, angustia. Ha devenido algo «desprovisto de paz, / indefenso entre espacios, vencido de muerte»: algo amenazado, entonces, de crisis radical. [En este contexto *la sombra* significa la noche, los sueños, lo inconsciente (las oscuras aguas profundas), la tristeza, las emociones y sentimientos, la melancolía opuesta a lo solar y luminoso del ánimo (en el trasfondo, el mítico Cantalao, el patio de las amapolas, el bote salvavidas); mientras, por su lado, la fórmula *el desorden* sugiere lo anárquico, lo irracional, el desvarío, la libertad, la embriaguez, la ilusión anticonformista, la utopía, los deseos, la sensualidad, el sexo, la expansión de la propia individualidad, por oposición al orden, a la norma reguladora.]

¿Y en esto vienen a desembocar las ilusiones que el joven Pablo había expresado en su poema "Caballo de los sueños" de 1927, al regresar a su habitación de García Reyes 25 con un nombramiento de cónsul en Oriente? ¿Es que «morir, sedentario y húmedo, sin su propio cielo» es «el destino de *un día* que fue esperado, / hacia el que corrían cartas, embarcaciones, negocios»? El pobre *día especial* encarna esta vez al poeta en derrota, muriendo de tristeza y soledad y desaliento, lejos de la patria.

«Dónde está su toldo de olor, su profundo follaje, / su rápido celaje de brasa, su respiración viva?» Este preguntar por los estímulos perdidos o frustrados recuerda un interrogatorio similar de un año atrás: «Ahora, dónde está esa curiosidad profesional, esa ternura abatida que sólo con su reposo abría brecha, esa conciencia resplandeciente cuyo destello me vestía de ultra-azul?» ("La noche del soldado"). Pero la prosa de 1928 traía las preguntas en su primera mitad, pues la función retórica de ellas (según vimos en la sección VI) era la de preparar y justificar la salvadora *substitución* del fundamento poético que la parte final del texto insinuará. Las preguntas de "Monzón de mayo", en cambio, vienen colocadas *al cierre* del poema sin prospectar ninguna salida visible. Se abren sólo a la desolación de un poeta que, inmóvil y «vestido [por mitades] de un fulgor moribundo y [de] una escama opaca, / verá partir la lluvia sus mitades [i.e., verá cómo la lluvia divide, separa o contrapone esas mitades] / y al viento nutrido de aguas atacarlas». Escindido entre una creatividad extinguiéndose («un fulgor moribundo») y una impasibilidad defensiva o protectora («una escama opaca», sin luz), el poeta se declara sin escapatoria: la agresión del viento (i.e., la violenta exigencia de una naturaleza extraña, ilegible, no solidaria) desintegra ambas opciones.

JOSIE BLISS EN WELLAWATTA (I)

> *Yo me fugué de la deshabitada.*
> *Huí como inasible marinero,*
> *ascendí por el golfo de Bengala*
> *hasta las casas sucias de la orilla*
> *y me perdí*
> *de corazón y sombra.*
>
> *Pero no bastó el mar inapelable:*
> *Josie Bliss me alcanzó revolviendo*
> *mi amor y su martirio.*
>
> *Lanzas de ayer, espadas del pasado!*
>
> [de "Amores: Josie Bliss (II)", *MIN*-3, en *OC*, II, 1234-1235]

«Algo vino a turbar aquellos días consumidos por el sol. Inesperadamente, mi amor birmano, la torrencial Josie Bliss, se estableció frente a mi casa. Había viajado allí desde su lejano país. Como pensaba que no existía arroz sino en Rangoon, llegó con un saco de arroz a cuestas, con nuestros discos favoritos de Paul Robeson y con una larga alfombra enrollada. Desde la puerta de enfrente se dedicó a observar y luego a insultar y a agredir a cuanta gente me visitaba, Josie Bliss consumida por sus celos devoradores, al mismo tiempo que amenazaba con incendiar mi casa. Recuerdo que atacó con un largo cuchillo a una dulce muchacha eurasiática que vino a visitarme. / La policía colonial consideró que su presencia incontrolada era un foco de desorden en la tranquila calle. Me dijeron que la expulsarían del país si yo no la recogía. Yo sufrí varios días, oscilando entre la ternura que me inspiraba su desdichado amor y el terror que le tenía. No podía dejarla poner un pie en mi casa. Era una terrorista amorosa, capaz de todo» (*CHV*, en *OC*, V, 501).

En vez de disminuir con la distancia interpuesta por Pablo, la pasión de Josie Bliss crece al punto de impulsarla a atravesar el golfo de Bengala. Ahí la tenemos otra vez. Sin menoscabo de las virtudes amatorias de Pablo, que por lo visto fueron capaces de generar y nutrir la obsesión de Josie, hay en esa porfía de la birmana algo de singularmente extremo que invita a un examen más detenido. También merece mayor atención el comportamiento de Pablo. ¿Por qué insiste en rechazar a una mujer cuyas caricias tanto añora según "Tango del viudo"? ¿Por qué la tan proclamada soledad (incluso erótica) de Wellawatta no es suficiente para derribar sus defensas frente al tentador asedio de la Maligna? ¿Cuál es su verdadero temor?

Desde Bielefeld el doctor Enrique Robertson viene otra vez en mi ayuda y me invita a explorar una hipótesis que hasta ahora no he considerado: ¿y si en este asunto hubiera intervenido de soslayo el esoterismo oriental? Ya sabemos que en definitiva eso no llega a interesar a Pablo como a otros escritores de lengua hispana. Pero así como probó el opio, no se puede excluir que —por curiosidad o por solicitación de Josie— haya intentado alguna experiencia menor, vinculada a las prácticas de Yoga o de Tantra (budismo tántrico).

Recuérdese, como anterior índice de curiosidad en tal terreno, el pseudónimo *Kundalini* que usa Neftalí Reyes en 1919, a los 15 años de edad, para firmar el poema "Comunión ideal" que envía al concurso de los Juegos Florales del Maule. ¿Sólo efímera resonancia de *orientalismos* por entonces de moda en la literatura chilena? ¿O el muchacho explora también esa vía para superar su íntima precariedad frente a las presiones de su padre, su general conciencia de debilidad, o sea para fortalecerse? La elección del pseudónimo presupone que Neftalí conoce —a través de sus lecturas de libros, de magazines o de otras publicaciones de la época— nociones como las que uno encuentra hoy en *Google.es* o en *Virgilio.it*, por ejemplo: «Kundalini Maha Yoga se basa en un principio muy simple: en cada ser humano hay una fuente de energía divina. El término sánscrito para esa fuente de energía es *Kundalini*... Cuando esa energía duerme, inactiva, la persona conduce una vida incompleta. Cuando está despierta y activa, la persona realiza la plena potencialidad de cuerpo y mente, alcanza paz interior, armonía e integración... Esa divina energía se manifiesta bajo forma cósmica y bajo forma personal...»

Pero además Neftalí, al informarse de estas cosas en 1919, topa muy probablemente con el término *Niruddha* (¿o *Niruda*?) que nombra al quinto (máximo o supremo) estado de conciencia al que se puede aspirar en la práctica del Yoga. Transcribo desde un sitio *internet* (el texto, igual en *Google.es* y en *Virgilio.it*, s.v. *niruddha*, fue tomado de *LifePositive.com* website): «The last stage —or *Niruddha*— is that rare state of being, where the mind is totally undisturbed and purified by the flow of positive energy. *Niruddha* is the ultimate desired mental stage in yogic practices. It is at this pristine state alone that we are able to realize the true nature of our souls.» Y en otro lugar: «*Niruddha* is the state where the Yogi merges with Cosmic Consciousness». Ahora bien, creo también muy probable que cuando Neftalí (octubre 1920) ve en la partitura de las *Danzas Espa-*

ñolas de Sarasate la dedicatoria a Frau Norman-*Neruda*, haya resonado en su memoria el esotérico término *Niruddha* (fascinante como *Kundalini*) del año anterior, y que ello haya reforzado la elección del apellido que busca para el ya elegido nombre Pablo (cfr. *supra*, sección I: "¿Por qué Pablo Neruda?").

Sería extraordinario, pero no imposible, que Neftalí —en el curso de sus indagaciones esotéricas de 1919— haya conocido alguna publicación que mencionara en inglés otra importante noción ligada al panteísmo sexual de los textos budistas tántricos: *the Supreme Bliss* (se puede consultar esta expresión en *Google.es* o en *Virgilio.it*). Al respecto, Robertson imagina incluso que Pablo, motivado por Baudelaire, Loti, D'Halmar y otros escritores viajeros (y por su propia curiosidad), no habría elegido casualmente —como afirmó siempre— su primera sede consular: «No me logro convencer de que Neruda haya ido a Rangoon sólo porque el puesto estaba vacante, o por aquel agujero en el mapamundi. Yo creo que también él, en algún modo oscuro y no consciente, peregrinó hasta allí» (mensaje vía e-mail).

Hay un episodio que parece confirmar esta hipótesis de Robertson. Al comienzo de su periplo por Indochina y Extremo Oriente (enero-febrero 1928) Pablo y Álvaro llegan hasta Penang, en lo que es hoy la Malasia peninsular (ver *supra*, sección V). Las memorias de Neruda registran su visita al templo de la Serpiente (*CHV*, en *OC*, V, 482-483). Extrañamente, nada dicen esas páginas acerca de otro templo de Penang, cuya construcción —todavía incompleta cuando Pablo estuvo allí— había sido iniciada en 1893, y que gozaba (y goza) de la fama de ser uno de los más grandes y hermosos complejos arquitectónicos budistas del sudeste asiático. Lo cual torna imposible que Pablo no lo haya visitado. Los folletos turísticos en inglés lo llaman Kek Lok Si Temple, y traducen: *Temple of Supreme Bliss*.

JOSIE BLISS EN WELLAWATTA (II)

Here is no beginning, no middle, no end,
Neither samsara nor nirvana.
In this state of highest bliss
There is neither self nor other...

The supreme bliss of orgasm...

Even as the moon makes light in black darkness,
So in one moment the supreme bliss removes all defilement...

When the sun of suffering has set,
Then arises the bliss, this lord of the stars...

Gain purification in bliss supreme,
For here lies final perfection...

[de "The Treasury of Songs by Saraha",
en Edward Conze *et al*, eds., *Buddhist Texts through the Ages*, 1964 –
según *virgilio.it*, s.v. Supreme Bliss]

Ahí están, ahí están
los besos arrastrados por el polvo junto a un triste navío
[de "Josie Bliss", 1935, *RST*-2, en *OC*, I, 345]

Todavía: ¿quién es Josie Bliss? Los diccionarios traducen *bliss* al castellano como 'gloria, bienaventuranza, felicidad, delicia, dicha, beatitud'. Puesto que habla inglés, Ma Nyo Teh (o Ma Njoteh) no ignora que en el ámbito del budismo tántrico —o del panteísmo sexual— el término *bliss* traduce conceptos como *joy* o *delight* acentuando la dimensión física. Y que el verbo *to bliss* significaba también *to give joy*. Cabe suponer entonces que su pseudónimo inglés (o 'nombre de calle') es intencionado. ¿Una especie de *geisha* birmana? Quizás ello explica su independencia económica, la casa y la ayuda que pudo ofrecer a su amante chileno.

Lo que aquí interesa, sin embargo, es la intensidad y la porfía de su pasión... y el violento contraste *atracción/rechazo* que ejerce sobre nuestro poeta. Creo muy probable que desde el comienzo, en Rangoon, cada uno de los amantes haya encarnado para el otro la posibilidad del cumplimiento de oscuros y profundos deseos. Ya hemos visto cómo en 1928 Josie repropone a los ojos de Pablo, pero a un nivel supremo (cfr. "Juntos nosotros"), el modelo de la Hembra capaz de ser fundamento, raíz y fuente de energía para su escritura. Por un breve tiempo Josie ha sido para Pablo la realización efectiva, y por fin perfecta, de la figura erótica en vano impostada y perseguida por el voluntarismo del Hondero Entusiasta en 1923. A tal punto que Pablo intenta en Rangoon, afirmando al extremo su pasión por Josie Bliss, incluso la *substitución* misma del antiguo fundamento de su poetizar, vale decir, la refundación de su escritura. Nada menos. Aquella tentativa ha dejado como secreta huella testimonial el título *Residencia en la tierra* (al respecto, véase *supra*, sección VI).

Pero ¿qué decir desde la ladera de Josie? ¿Qué de extraordinario tenía Pablo para ella, al punto de hacerla atravesar el golfo de Bengala en su busca? La clave es una palabra: *Neruda*. El empeño pasional y las dotes amatorias del joven diplomático venido del otro extremo del mundo quizás no habrían sido suficientes para suscitar una obsesión en Josie sin el respaldo del apellido Neruda. Eso, llamarse *Neruda*, lo tornó especial a sus ojos. Así como nuestro poeta, no ignorando el significado de *bliss*, quizás fue predispuesto al embrujamiento por la resonancia erótica que el término emanaba desde el 'nombre de calle' de la muchacha, así Josie debió quedar enormemente impresionada al verificar la intensidad de su entendimiento sexual con un extranjero de nombre Neruda. ¿Y si por algún designio divino este hombre llamado Neruda había atravesado los mares para ser su camino a *Niruddha*? ¿Y si la llegada de este hombre significaba que ella era una elegida? Porque su condición de birmana supersticiosa y ritual —según la describe Neruda en sus memorias— y la asunción misma del apellido Bliss autorizan a suponer que Josie no ignoraba el significado de *Niruddha* en la práctica yoga (ver apartado precedente).

Ahora bien, la experiencia del *supreme bliss* podía ser la vía suprema para acceder a la perfección de *Niruddha*. Y en este punto Eros y Tánatos se encuentran. Porque la Muerte y la Bienaventuranza (o Delicia) Absoluta están en muy estrecha y recíproca relación según el dictamen tántrico: «Kabeer, the death that the world is afraid of, that death fills my mind with bliss. It is only by death that perfect, supreme bliss is obtained» (de *Bhagat Kabir*, p. 1365, Sri Guru Granth Sahib, según *virgilio.it*, s.v. Supreme Bliss); «One who dies while yet alive, truly lives, and embellishes his death» (de *Guru Amar Das Ji*, p. 1174, Sri Guru Granth Sahib, *ibíd.*); «One who dies while yet alive, understands the Lord's Will. / O Nanak, one who dies such a death, lives forever» (de *Guru Amar Das Ji*, p. 555, Sri Guru Granth Sahib, *ibíd.*). De lo cual deriva que morir en el orgasmo absoluto (*the supreme bliss of orgasm*) sería la doble faz de una victoria sobre la muerte, abriría las puertas de la inmortalidad. Porque —como me escribe Robertson con su característico estilo— «en tal estado de *supreme bliss* la muerte no existe, aunque te separes del ya inservible cuerpo».

En suma: los amenazadores celos y el cuchillo de Josie Bliss en Rangoon, ¿fueron también el oblicuo índice de una obsesión místico-erótica? La verdadera razón de la fuga de Pablo a Calcutta, como de su rechazar a Josie en Wellawatta, ¿fue quizás el miedo a la tentación que de pronto advirtió en la muchacha a matarlo (y a suicidarse luego) durante el éxtasis sexual para alcanzar así —'juntos nosotros'— la eternidad del *supreme bliss*? ¿Le propuso ella esa mortal vía hacia lo Absoluto? Tras unos meses de convivencia, ¿empezó Pablo a temer que su deliciosa amante fuese de veras una especie de *mantis religiosa*?

La fuga de Pablo, entonces, vista desde la perspectiva de Josie, habría significado para ella no sólo la pérdida de un amante espléndido a sus ojos y a su piel, sino además —porque ese amante se llamaba Neruda— la pérdida de una oportunidad única (excepcional y privilegiada) para lograr el estado de perfección que sus creencias religiosas le indicaban como ideal supremo. ¿Fue la insoportable fusión de estas dos pérdidas —vividas como una sola— lo que empujó a Josie a atravesar el golfo de Bengala para instalarse frente a la puerta de la casa de Pablo, al otro lado de la calle?

Ello explicaría por qué el poeta se encierra a piedra y lodo en su *bungalow*, negando el ingreso a una amante que sabe deliciosa pero inaceptable (su delicia supone un riesgo mortal), y prefiriendo en cambio la soledad terrible que sus cartas maldicen. Y ello explicaría mejor, también, la furia desatada de Josie y los violentos excesos de su impotencia, que duran hasta que, al cabo, probablemente el vecino que la ha acogido en su casa, Mr. Fernando (o Mr. Boya Pieres, según Teitelboim, 163), con el apoyo de sus familiares logra convencerla de la inutilidad y riesgos de su cólera.

> Por fin un día se decidió a partir. Me rogó que la acompañara hasta el barco. Cuando éste estaba por salir y yo debía abandonarlo, se desprendió de sus acompañantes y, besándome en un arrebato de dolor y amor, me llenó la cara de lágrimas. Como en un rito me besaba los brazos, el traje y, de pronto, bajó hasta mis zapatos, sin que yo pudiera evitarlo. Cuando se alzó de nuevo, su rostro estaba enharinado con la tiza de mis zapatos blancos. No podía pedirle que desistiera del viaje, que abandonara conmigo el barco que se la llevaba para siempre. La razón me lo impedía, pero mi corazón adquirió allí una cicatriz que no se ha borrado. Aquel dolor turbulento, aquellas lágrimas terribles rodando sobre el rostro enharinado, continúan en mi memoria.
>
> — CHV, *en* OC, V, 501

Pablo y Josie nunca más volverán a encontrarse. La relación parece finalmente conclusa. Por algunos años, ningún signo de nostalgia en la escritura del poeta. Pero el rescoldo sigue vivo y quemante bajo las cenizas. El íntimo sacudón que esta experiencia significó para Pablo sigue trabajando y perturbando, en modo —digamos— subterráneo, la exigencia (siempre inquieta e insatisfecha) de alcanzar la propia sinceridad sexual. Hasta que el fantasma de Josie Bliss comienza a reaparecer gradualmente en la memoria (y en los versos) a partir del breve período de Buenos Aires, a inicios de 1934. Esa reaparición —en la que intervendrá García Lorca, según veremos— culmina en 1935 con la escritura del poema "Josie Bliss" que Neruda, y no por azar, colocará exactamente al cierre de su libro *Residencia en la tierra*.

«ME GUSTAN LOS GRANDES VINOS, EL AMOR, LOS SUFRIMIENTOS...»

> Litoral feliz! Una barrera de coral se alarga,
> paralela a la playa, y el océano interrumpe allí
> sus azules en una gorguera rizada y blanca
> y perpetua de plumas y espumas; las triangulares
> velas rojas de los *sampangs*; la longitud pura
> de la costa en que, como estallidos, ascienden
> sus rectos troncos las palmas cocoteras,
> reuniendo casi en el cielo
> sus brillantes y verdes peinetas.
>
> ["Ceylán espeso", julio 1929, en *OC*, IV, 354]

Estas líneas de julio 1929 se refieren al mismo litoral de Colombo hacia el sur (Wellawatta, Mount Lavinia, Galle) que el apocalíptico tsunami de la Navidad 2004 devastará con su ola terrible. Si un maremoto como éste hubiera también golpeado de improviso la costa de Wellawatta en aquel 1929, con toda probabilidad habríamos tenido que contentarnos con leer los *Veinte poemas de amor*, un tercio de *Residencia* y apenas algo más del malogrado (y tan prometedor) poeta de 24 años, desaparecido bajo las aguas que sepultaron su modesto *bungalow* mientras escribía, a pocos metros del mar. Si aún viviera hoy, en cambio, Neruda habría escrito seguramente una elegía a esa playa cuyo esplendor evocó hasta en sus últimos años, por ejemplo en una crónica para *Ercilla* 1.816 (del 08.04.1970): «Wellawatta, un suburbio entre la ciudad de Colombo y Mount Lavinia. Allí, a plena costa reverberante, había alquilado un pobre *bungalow*. Frente a mí los arrecifes de coral, en los que se estrellaba la fosforescencia marina. Las barcas conocían los caminos y canales que debían cruzar para sobrepasar los floridos arrecifes blancos. La espuma estallaba en el cercano horizonte azul» ("Las casas perdidas", en *OC*, V, 279).

Exactamente 41 años antes, en abril de 1929, Pablo sigue escribiendo allí en soledad, cada vez más obsesionado por publicar su «largo tiempo detenido libro de versos», según comunica a Eandi: «Se llama *Residencia en la tierra*, y ya usted conoce parte de él. Son unas pocas hojas. Yo hubiera querido publicarlo en España, pero tendría que ir a Europa, cosa que veo lejana. En Chile tengo editor [Nascimento] que me paga, y cuida mucho mis ediciones, pero no quiero. / Es un montón de versos de gran monotonía, casi rituales, con misterio y dolores como los hacían los viejos poetas. Es algo muy uniforme, como una sola cosa comenzada y recomenzada, como eternamente ensayada sin éxito» (carta del 24.04.1929, en *OC*, V, 944).

El desánimo ha mudado la imagen que Pablo tiene de su propio libro. Desde Rangoon había escrito a González Vera en 1928 —con el repentino entusiasmo que le inyectó Josie Bliss— acerca de un proyecto de cuarenta poemas. Ahora alude sólo a «unas pocas hojas» que junto a los poemas de Calcutta ("Tango del viudo" y "Arte poética") quizás incluyen ya un reciente "Ángela Adónica" y pronto agregarán "Monzón de mayo". En total, el proyecto de libro cuenta en abril 1929 con unos veinte poemas. No es mucho. Pero en cambio se ha venido precisando el perfil del contenido. Al punto que, a pesar de la desolación en que vive, Pablo es capaz de afirmar en la misma carta a Eandi, con inesperado cuanto seguro énfasis, importantes aspectos de su poética en evolución:

> Se acuerda de esas novelas de José Conrads [*sic*, por Joseph Conrad] en que salen extraños seres de destierro, exterminados, sin compensación posible? A veces me siento como ellos, solamente que; este 'solamente que' es tan largo, yo siento algunas virtudes en esta vida.
>
> Borges, que usted me menciona, me parece más preocupado de problemas de la cultura y de la sociedad, que no me seducen, que no son humanos. A mí me gustan los grandes vinos, el amor, los sufrimientos, y los libros como consuelo a la inevitable soledad. Tengo hasta cierto desprecio por la cultura como interpretación de las cosas, me parece mejor un conocimiento sin antecedentes, una absorción física del mundo, a pesar y en contra de nosotros. La historia, los problemas 'del conocimiento' como los llaman, me parecen despojados de dimensión. Cuántos de ellos llenarían el vacío? Cada vez veo menos ideas en torno mío, y más cuerpos, sol y sudor. Estoy fatigado.
>
> — OC, V, 942-943

Más que la observación sobre la obra de Borges, que conoce sólo en superficie y de lejos (ver *supra*, sección V), importa subrayar la seguridad con que Pablo se refiere a las motivaciones de su propia escritura. O mejor, la neta afirmación de la peculiaridad de un trabajo poético cuyos límites son negados bajo pretexto de desinterés o descalificación. Digo 'bajo pretexto' porque sus ya lejanas prosas en *Claridad*, sus recientes crónicas viajeras para *La Nación* e incluso las cartas mismas que escribirá poco después a Eandi (acerca de los nuevos escritores ingleses), atestiguan que los «problemas de la cultura y de la sociedad… y 'del conocimiento'», así como la historia, no le son nada indiferentes ni extraños a Pablo en 1929. Sólo que carece todavía de una clave propia, interiorizada, personal, para introducir esos 'problemas' en su escritura central. De hecho, la clave anarquista sigue siendo para él, en su fondo íntimo y no confesado, insuficiente, más allá de sostener el auténtico vitalismo radical y la base romántica de su antropología y (en general) de toda su cosmovisión poética: «me gustan los grandes vinos, el amor, los sufrimientos… desprecio por la cultura como interpretación de las cosas… una absorción física del mundo…».

Pero, por las razones psicológico-caracteriales (constantes y a la vez variables en el tiempo) con que defendió y afirmó siempre lo suyo, esta carencia de una clave interiorizada para leer la Historia (la sociedad, la cultura) Pablo no la puede admitir ahora. De ahí su declaración en negativo: «problemas de la cultura y de la sociedad que no me seducen, que no son humanos». Esta crítica a Borges hay que leerla, a mi juicio, como un inevitable y defensivo —pero transitorio— *las uvas están verdes*. Paradójicamente, hay que leerla también como índice de sinceridad y de honestidad intelectuales, como signo de autenticidad en un poeta que en 1929 sigue siendo muy poco proclive a la humildad y muy ambicioso, pero que también sigue fiel a su máxima ley: «no me corresponde lo que no llega profundamente a mi sensibilidad» (prólogo a *HYE*).

En sus memorias nunca falta (tampoco al recordar aquel 1929 en Wellawatta) ese nivel de los «problemas de la cultura y de la sociedad que no me seducen», lo cual significa que en aquellos años la Historia no pasa (y nunca pasará) inadvertida a sus ojos, pero, al mismo tiempo, que no se siente en grado de traducirla o integrarla a su escritura. Lo hará más tarde. Sólo posteriores experiencias le permitirán verbalizar en 1962 lo que en Oriente sus ojos ven y registran, y lo que su memoria almacena, por ejemplo: «En Colombo no se advertía aparentemente ningún síntoma revolucionario. El clima político difería del de la India [que ha observado de cerca y con atención en Calcutta pocos meses antes]. Todo estaba sumido en una tranquilidad opresiva. El país daba para los ingleses el té más fino del mundo» (*OC*, V, 499).

No se le escapa por cierto la estratificación social en Colombo, desde los ingleses en lo alto de la pirámide, con sus mansiones y jardines, hasta los tamiles (de religión hindú) en la base, que hacen los peores trabajos, pasando por los *burghers* de clase media y por los cingaleses mayoritarios, distribuidos entre Buda y Mahoma. En 1966, leyendo su ejemplar (comprado en Londres ese año) de *Growing*, el volumen que la autobiografía de Leonard Woolf dedica a los años de Ceylán (1904-1911), Neruda topa con estas líneas: «In those days, of course, no 'natives' were members of the Jaffna tennis club. Our society was exclusively white. The only Tamils admitted were the podyans, the small boys who picked up the tennis balls and handed them to us when we were serving...» (1964: 45). Frente a *In those days* (En aquellos días) Neruda anota al margen en inglés: *Nor in 1928* ('Tampoco en 1928', si bien lo que corresponde es '1929'). La situación, sin embargo, se ha vuelto más compleja o matizada en el año y medio de Pablo en Wellawatta, si nos atenemos a lo que refiere Michael Ondaatje en una de sus crónicas de *Running in the Family*:

> Esto era Nuwara Eliya [ciudad del interior] en los años '20 y '30. Todos estaban vagamente relacionados entre sí, y una mezcla de sangre cingalesa, tamil, holandesa, inglesa y *burgher* les venía desde muchas generaciones atrás. Había una amplia disparidad social entre este círculo y el de los europeos e ingleses que nunca fueron parte de la comunidad ceylanesa. A los ingleses se los veía como transeúntes, *snobs*, y racistas, completamente separados de quienes en cambio se habían mezclado y vivían aquí de modo permanente. Mi padre siempre proclamó ser un tamil ceylanés, aunque eso había sido probablemente más válido unos tres siglos antes.
>
> — M. Ondaatje, 41, trad. mía

Dentro de este mosaico Pablo traba amistades que algo atenúan su soledad. Ya vimos sus contactos con Wendt, Boyd y Keyt. Otro amigo singular es Charles F. Winzer, un anglo-polaco ingenioso y cínico cuanto agudo conocedor del mundo, quien, desde su cargo de 'conservador del tesoro cultural y arqueológico', invita a Pablo a acompañarlo en una de sus expediciones oficiales al interior de la isla. Con toda seguridad Pablo es para Winzer (y viceversa) un extranjero mucho más interesante, más curioso y mejor interlocutor (porque más culto y divertido) que la mayoría de los funcionarios ingleses.

"CEYLÁN ESPESO": LA SELVA Y LAS RUINAS

>Leafless trees, hot humid air, rigid branches,
>and spider leg stems [...]. The air is heavy
>with the heat beating up from the earth.
>There is a fear everywhere: in the silence
>and in the shrill calls and the wild cries, in
>the stir of the scattered leaves and the granting
>of branches, in the gloom, in the startled,
>slinking, and peering beasts.
>
>[Leonard Woolf, *The Village in the Jungle*, 1913]

>Hay en la espesa selva un silencio igual
>al de las bibliotecas, abstracto, húmedo.
>A veces se oye el trompetear de los
>elefantes salvajes, o el familiar aullido de
>los chacales. A veces un disparo de cazador
>estalla y cesa, tragado por el silencio,
>como el agua traga una piedra.
>
>[Neruda, "Ceylán espeso", julio 1929, en *OC*, IV, 355]

>In the 5th Century B.C. graffiti poems were
>scratched onto the rock face of Sigiriya-the rock
>fortress of a despot king. Short verses to the
>painted women in the frescoes which spoke of love
>in all its confusions and brokenness. Poems to
>mythological women who consumed and overcame
>mundane lives. The phrases saw breasts as perfect
>swans; eyes were long and clean as horizons. The
>anonymous poets returned again and again to the
>same metaphors. Beautiful *false compare*.
>These were the first folk poems of the country.
>
>[M. Ondaatje, 84]

Esto sucede a comienzos de julio 1929. Josie Bliss ya ha partido. La camioneta de Winzer debe recorrer, como ruta de base, la carretera que en diagonal une a Colombo con Trincomalee, ciudad situada sobre la costa nororiental de Ceylán (y que será literalmente sepultada y destruida por el tsunami de 2004), pero desviándose en determinados puntos hacia Anuradhapura, Polonaruwa, Mihintala, Dambulla y Sigiriya, lugares célebres por sus ruinas de antiguas y misteriosas ciudades cingalesas. Es un viaje desde el mar hacia la selva, dirección opuesta a la que, en febrero de 1920, había recorrido Neftalí desde la selva del interior hacia la costa de Bajo Imperial (costa en cierto modo similar a la de Wellawatta, según ha escrito a doña Trinidad). Este retorno a la selva —aunque muy diversa selva— impacta a Pablo a tal punto que lo hace interrumpir el silencio de sus crónicas para *La Nación* (silencio que dura desde febrero 1928) con un hermoso texto que titula "Ceylán espeso", fechado en julio 1929 y publicado en Santiago el 17 noviembre (y en *OC*, IV, 354-356).

El adjetivo *espeso* se refiere, claro, a la espesura forestal del corazón de la isla. Dejando atrás el 'litoral feliz' y la barrera coralina y las triangulares velas rojas de los *sampangs*; alejándose del *bungalow,* de los pescadores y del tren a Mount Lavinia, «el paisaje se hace denso, terrestre, los seres y cosas muebles desaparecen; la inmutable, sólida selva lo reemplaza todo. Los árboles se anudan ayudándose o destruyéndose, y mezclándose pierden sus contornos y así se camina como bajo un túnel de bajos y espesos vegetales, entre un pavoroso mundo de coles caóticas y violentas». De cuando en cuando la camioneta debe detenerse ante rebaños de elefantes que de uno en uno cruzan la carretera, o ante bandadas de gallinas y gallos silvestres, cuando no de frágiles y azules aves del Paraíso, o de veloces liebres, asomando desde la selva y huyendo espantadas del rumoroso vehículo.

Casi un cuarto de siglo antes, en los primeros días de 1905, un joven funcionario del *British Empire* había atravesado también la isla desde Colombo en dirección a Jaffna, en el extremo norte, recorriendo en parte la misma trayectoria de Pablo… pero en carreta tirada por bueyes. Era nuestro ya mencionado Leonard Woolf, quien —dicho sea de paso— merece venir recordado por sus propios méritos de escritor y no sólo como Mr. Virginia Woolf. El volumen *Growing* de su autobiografía incluye estas imágenes de Ceylán espeso:

> Como en muchas otras partes, es principalmente una cuestión de lluvias. En las colinas y montañas que conforman el centro de Ceylán, y en las zonas bajas del oeste y del suroeste, la cantidad de aguaceros es abundante o muy abundante, y el clima es tropical. En esta zona se encuentra Anuradhapura y nada en todo el universo podría ser menos semejante a una calle de Londres que la avenida [*bund*] que bordea el estanque en Anuradhapura. Todo brilla y resplandece bajo la ferocidad del sol, la gran sabana de agua, las mariposas, los pájaros, los cuerpos de la gente bañándose o golpeando su lavado sobre las piedras, sus ropas de brillantes colores. A lo largo de la avenida orillera crecen inmensos árboles que de cuando en cuando dejan ver el aleteo de un pájaro de vivaces colores. Y sin tregua en torno al estanque se ven arbustos, flores, plantas y sobre todo árboles, árbol tras árbol tras árbol. Más aún: durante mis sucesivas 36 horas sobre la carreta tirada por bueyes, todo el camino que subía desde Anuradhapura hasta Elephant Pass fue sólo árbol tras árbol tras árbol a ambos lados de la carretera rectilínea. Era un mundo de árboles y de hojas mudables, y todas las vidas de toda la gente que vivía en ese mundo eran, por encima de todo, vidas llenas de árboles y de mudables hojas.
>
> — *L. Woolf 1964: 28, trad. mía*

Pero volvamos a la crónica de Pablo y a la camioneta de Winzer, en 1929. La expedición dura al menos tres o cuatro días, pues el cronista alude a la fase nocturna del viaje, mientras la máquina atraviesa los perfumes y las sombras de la jungla, y los faros hipnotizan y hacen relampaguear los ojos de los animales: «es la noche selvática, poblada de instintos, hambres y amores, y disparamos constantemente a los cerdos salvajes, a los bellos leopardos, a los ciervos. Bajo las lámparas del automóvil se detienen sin intentar huir, como desconcertados, y luego caen desapareciendo entre los ramajes, y se trae un moribundo todo húmedo y magnífico de rocío y sangre, con olor a follaje y a la vez a muerte». Aunque el texto no lo señala, para Pablo seguramente no es agradable este aspecto del viaje, en cuyo relato el uso del plural («disparamos constantemente») quizás declara de veras su ambigua participación o complicidad en la matanza de las bestias.

A diferencia de la selva austral de la Frontera, la jungla de Ceylán esconde, invade y hasta protege ruinas milenarias. Entre la vegetación asoman «capiteles de piedra enterrados por veinte siglos», estatuas, escalinatas, palacios derribados. «Todavía junto a esas piedras dispersas, a la sombra de las inmensas pagodas de Anuradhapura, la noche de luna llena se llena de budistas arrodillados y las viejas oraciones vuelven a los labios cingaleses.» Esta conjugación de selva y piedra, de jungla y misticismo, de construcción humana y salvaje foresta, de exuberante naturaleza y refinada cultura, es para Pablo una experiencia nueva, profunda pero inexpresada, que su memoria almacena hasta que, poco más de un decenio después, el afín impacto de las ruinas americanas de Teotihuacán, de Chichén-Itzá y sobre todo de Machu Picchu, la hará florecer —enriquecida y actualizada— en su prosa y en sus versos. (Notar en cambio la distancia que siempre hubo entre la sensibilidad de Neruda y las ruinas babilónicas, egipcias, griegas o romanas, admiradas pero ininfluyentes y sin presencia fuerte en su escritura. La diferencia la hizo la selva.)

La camioneta de Winzer lleva a Pablo también hasta las ruinas de Polonaruwa y Dambulla, pero nada lo impresiona como Sigiriya: «En el espeso centro de la jungla, un inmenso y abrupto cerro de roca, accesible tan sólo por inseguras, arriesgadas graderías talladas en la gran piedra; y en su altura las ruinas de un palacio y los maravillosos frescos sigiriyos, intactos a pesar de los siglos.»

La leyenda dice que en la cima de esa terrible montaña de piedra, sobre esa enorme roca aislada había buscado refugio, mil quinientos años antes, un príncipe de Ceylán que había asesinado a su propio padre, y que allí había edificado, «a su imagen y semejanza, su castillo aislado y remordido» donde alcanzó a vivir todavía veinte años, recluido con sus mujeres, sus guerreros, sus esclavos, e incluso con sus elefantes, pero sobre todo con los artistas que trazaron los fabulosos frescos. Hasta que a la cima terrible, venciendo todos los obstáculos, logró trepar también su hermano, el vengador implacable. Creo advertir que esta leyenda (ver también las líneas de Ondaatje en el epígrafe del apartado) tocó algunas fibras personales de Pablo, por el dramático comentario con que concluye tanto el relato como la crónica:

> No hay en el planeta sitio tan desolado como Sigiriya. La gigantesca roca con sus tenues escalerillas talladas, interminables, y sus garitas ya para siempre desiertas de centinelas; arriba, los restos del palacio, la sala de audiencias del monarca con su trono de piedra negra, y por todas partes ruinas de lo desaparecido, cu-

briéndose de vegetales y de olvido; y desde la altura, a nuestro alrededor, nada sino la impenetrable jungla, por leguas y leguas, nada, ni un ser humano, ni una cabaña, ni un movimiento de vida, nada sino la oscura, espesa y oceánica selva.

Pareciera una imagen de sí mismo en la soledad de Wellawatta, con la obsesión del libro sin publicar y con la pérdida de una ilusión erótica que creyó salvadora de su desarrollo. Otra vez, como en 1923, el autorretrato (aquí implícito) es un castillo maldito «sin ventanas y sin puertas», o sea sin salidas, bloqueado. Como el poeta en su *bungalow*, con sólo el océano a su alrededor. Y quizás con el secreto dolor y temor (nunca confesado) de que su fracaso en la vida le impida demostrar a su padre la validez de su elección profesional, la de poeta, confirmándole con ello el derrumbe de sus expectativas paternas, tal vez acelerándole la muerte. Porque el recuerdo del padre severo y vigilante lo acompaña siempre. Con rencor pero también con amor.

Naturalmente Pablo no puede dejar de observar el trabajo de Winzer, que consiste en seleccionar y embalar todo lo que es transportable, entre los antiguos tesoros de Ceylán, hacia el British Museum de Londres. Y hay que decir —recuerda Neruda— que era un funcionario muy eficiente. «Llegaba a los remotos monasterios y, con gran complacencia de los monjes budistas, trasladaba a la camioneta oficial las portentosas esculturas de piedra milenaria que concluirían su destino en los museos de Inglaterra. Había que ver la cara de satisfacción de los monjes vestidos color de azafrán cuando Winzer les dejaba, en sustitución de sus antigüedades, unas pintarrajeadas figuras budistas de celuloide japonés. Las miraban con reverencia y las depositaban en los mismos altares donde habían sonreído por varios siglos las estatuas de jaspe y granito. / Mi amigo Winzer era un excelente producto del imperio, es decir, un elegante sinvergüenza» (*CHV*, en *OC*, V, 500).

Manel Fonseka se encarga de rescatar la otra faz del funcionario:

«El *modernism* de Wendt y el de los pintores de los años '20 (tardíos) y '30, como Keyt, Däraniyagla y Geoffrey Beling [...], debe ser examinado no sólo en relación con el *modernist art* originado primero en Europa y después desarrollado en Asia y en otras regiones, sino también en el contexto de la praxis artística en Sri Lanka mismo. El arte del *establishment* estaba dominado en Sri Lanka por el 'estéril academicismo' de la *Ceylon Society of Arts*, que gozaba del patrocinio oficial de la administración colonial. Paradójicamente, algunas de las más tempranas manifestaciones de *modernism* en Sri Lanka surgieron gracias al inesperado impulso burocrático del *Inspector of Arts in Schools*, Charles Freegrove Winzer (1886-1940), pintor anglo-polaco. No siendo él mismo un *modernist*, fue sin embargo íntimo amigo de Modigliani, André Derain y Claudel, y formó parte del grupo en torno a Picasso, Matisse y Braque. El mismo Wendt reconoció que Winzer —residente en la isla durante los críticos años 1921 a 1932— liberó la educación artística en Sri Lanka de las desvitalizadas fórmulas de la academia.

»Winzer incluso estableció y animó el *Ceylon Art Club* en abierta alternativa a la *Ceylon Society of Arts*. Dio apoyo a los jóvenes artistas emergentes y fue amigo de Wendt, Keyt y Beling. Este último lo sucedió en el cargo de *Inspector of Art*. Tras su muerte, Wendt escribió un reconocimiento a sus méritos y aportes, hizo publicar algunos de sus trabajos y organizó una exposición conmemorativa de homenaje» (Fonseka 2003, trad. mía).

«ESPERO ANSIOSAMENTE»

> The most comfortable hours are from 4 A.M. until about nine in the morning: the rest of the day heat walks the house as an animal hugging everybody. No one moves too far from the circumference of the fan. Rich Sinhalese families go up-country during April. Most of the events in the erotic literature of Asia, one suspects, must take place in the mountains, for sex is almost impossible in Colombo except in the early morning hours, and very few have been conceived during this month for the last hundred years.
>
> [M. Ondaatje, 79]

> Aceptaría cualquier traslado pero ruégole insistir en consulado de profesión porque actual salario elección hace vida imposible.
> Gracias de corazón. –*Neruda*.
>
> [cable a Eandi, 03.08.1929, en *OC*, V, 944]

> ... Ceylon is an experience, but heavens, not a permanence.
>
> [D. H. Lawrence]

En su carta del 24 abril Pablo traza una situación personal que sin duda conmueve a Eandi: «... este fantasma por completo ausente, por completo lejano, ya pariente de la nada. Le iré escribiendo hoy día, y bebiendo, a medida; de qué otra manera llenar este inmedible vacío de distancia e intimidad?... Me he criado inválido de expresión comunicable, me he rodeado de una cierta atmósfera secreta, y sufro una verdadera angustia por decir algo, aun solo conmigo mismo, como si ninguna palabra me representara... Eandi, nadie hay más solo que yo. Recojo perros de la calle, para acompañarme, pero luego se van, los malignos» (*OC*, V, 941-942).

Es a raíz de esta carta que Eandi, en la primera ocasión de encuentro que ofrece algún evento artístico, se apresura a conversar con Alfonso Reyes sobre la desesperada situación de Neruda. El gran polígrafo, escritor consagrado, reconocido estudioso de Góngora y Mallarmé como de teoría literaria, es el embajador de México en Buenos Aires, donde naturalmente suele reunirse con Victoria Ocampo y Borges, entre otros intelectuales argentinos, pero donde debe también gastar muchas horas de rutina y aburrimiento en recepciones diplomáticas, o de fútil diversión en el hipódromo o en los campos de golf. Una vida de múltiples solicitaciones, «un mundo, digámoslo con cierta incomodidad —escribe Marco Antonio Campos—, de sibarita aplacado, de burgués complicado; un mundo que era la clara negación de los años pobres vividos en Madrid».

Cuarenta años tiene don Alfonso, es famoso, estimado, requerido para conferencias y lecciones. Mientras Pablo en Wellawatta vive en soledad, frecuentando apenas a unos pocos amigos, don Alfonso vive bajo un asedio permanente de actividades y encuentros. Pero al parecer no es feliz en la capital argentina. El 24 abril Pablo daría cualquier cosa por estar en la situación del sabio mexicano: «Buenos Aires, no es éste el nombre del paraíso?», así le escribe a Eandi aquel día. En cambio una página del *Diario* de Reyes, fechada el 24.07.1929, trae unas líneas terribles y amargas, sorprendentes en un personaje tan equilibrado: «Nunca comprenderá nadie hasta qué punto estos años de Buenos Aires van siendo para mí —en todos los órdenes— una escuela de sufrimiento, paciencia, tristeza, aburrimiento y penuria material. ¡Mil veces mejores mis peores instantes de dolor y pobreza en mis días heroicos y claros de Madrid!» (cito por Campos, 2-3).

En esos mismos días Eandi encuentra al embajador Reyes en una exposición de pintura y le habla de su *pen pal* chileno en remota desesperación. Don Alfonso manifiesta su disponibilidad a ayudar. Es «la persona más amable y más cordial que usted pueda imaginarse», escribe Eandi a Pablo. Porque la petición debe ser formalizada por escrito, Eandi hace llegar al embajador Reyes una misiva sin fecha: «Como le dije en ese momento de conversación precipitada, Neruda es actualmente cónsul de Chile en Colombo-Ceylán, donde lleva una vida malísima, castigado por la soledad y el clima» (cito por Campos, 4). Transcribiendo párrafos de la carta del 24 abril, Eandi comunica a don Alfonso que Pablo querría ir a Europa, pero que siendo ello difícil aceptaría trasladarse a México o a Argentina, insistiendo en un consulado de profesión porque su cargo actual no le permite vivir con dignidad.

Reyes responde a Eandi el 29 julio. El embajador chileno en Buenos Aires, Enrique Bermúdez, se ha mostrado favorable a resolver el caso, pero pide que Neruda defina su decisión de traslado. Eandi telegrafía de inmediato y la respuesta por cable es del 3 agosto: «Aceptaría cualquier traslado, pero ruégole insistir en consulado de profesión porque actual salario elección hace vida imposible. Gracias de corazón. *Neruda*» (*OC*, V, 944).

Ya sabemos cuán mísero es su cargo. El diplomático Abraham Quezada nos entrega información más precisa en su prólogo al *Epistolario viajero* (*EPV*, 2004) de Neruda: «Es necesario hacer notar que, hasta ese momento, la Sección o Departamento Consular de la Cancillería chilena contaba con dos tipos de cónsules. Los de Profesión, que estaban incorporados a la carrera y recibían renta fija; y los otros, los de Elección, que no estaban incorporados a la carrera y que recibían un sueldo eventual que dependía del intercambio comercial que existiera entre Chile y el país donde dicho funcionario realizaba su trabajo. De hecho, los Cónsules de Elección, como Neruda, no percibían sueldos regulares sino que tenían el derecho a retener de las entradas consulares hasta un monto máximo de 166,6 dólares mensuales» (*EPV*, 24n). Sobran los comentarios. Con razón Neruda, en los años '60, sonríe no sin amargura cuando algún periodista o estudioso (para no mencionar las tantas mezquindades de sus enemigos políticos y literarios) alude a su período de joven diplomático en Oriente, dando por descontada una temprana situación de privilegio.

El 7 agosto don Alfonso comunica a Eandi palabras reconfortantes del embajador Bermúdez, quien estaría moviéndose «para servir al poeta Neruda» (Campos, 4). Pero pasan los días y no sucede nada. Podemos bien imaginar a Pablo en su destierro de sol y palmeras, seguramente inquieto, agitadísimo, sin poder concentrarse en nada, sólo bebiendo y quizás caminando por la playa o bañándose para calmar los nervios. Hasta que el 27 agosto no puede más y despacha a Eandi un cable con sólo dos explícitas palabras: «Espero ansiosamente» (en *OC*, V, 945).

Por lo cual el generoso argentino (cuya adhesión a la causa de su desconocido amigo chileno es cada día más admirable) torna a la carga y pregunta a Reyes si hay novedades. Hay una, e importante. Justo al día siguiente, el 28, Bermúdez deja su cargo de embajador y regresa a Chile para asumir el Ministerio del Interior en el gobierno Ibáñez. De ahí que don Alfonso escriba a Eandi «hay derecho a la esperanza» y luego a Bermúdez mismo reiterándole las palabras del argentino: el poeta Neruda languidece en Colombo, donde «lleva una vida malísima, castigado por la soledad y el clima», y aunque no lo conoce personalmente hace suya la solicitud de un grupo de escritores argentinos en favor del colega chileno.

Las gestiones de Eandi y Reyes estimulan a Pablo a escribir a doña Trinidad y a restablecer contacto con Rudecindo Ortega Masson para solicitar su apoyo al traslado. La respuesta tarda pero la esperanza ha renacido. No durará mucho, sin embargo. Cito a Marco Antonio Campos, que ha estudiado los detalles de la gestión Reyes:

«El 17 de septiembre el ministro Bermúdez había escrito al ministro de Exteriores de su país, [Manuel] Barros, quien a su vez le había contestado una semana más tarde, informándole que ya antes se ha ocupado del asunto y que actuará cuando mejor pueda, subrayando que la petición de traslado le parece del todo justa. En la carta que Bermúdez expide a Reyes el 26 de septiembre adjunta el oficio del ministro. 'Creo con esto haber dejado satisfechos los deseos del buen amigo y de todas aquellas personas que junto con usted se interesan por la suerte de tan meritorio funcionario'. Más claro, ni el agua: Bermúdez deja entender que ya ha hecho lo que estaba al alcance de sus posibilidades y no se ocuparía más del asunto» (p. 4).

En las oficinas del Ministerio de Relaciones Exteriores se arena el caso Neruda. Tras la retórica habitual que sin duda intercambian los ministros (o sus secretarios), silencio absoluto. Campos (*ibíd.*) sugiere que tampoco a don Alfonso parece haberle interesado mucho el asunto Neruda, sobre el cual su *Diario* no registra ninguna anotación entre el 29 julio y el 26 septiembre de 1929, y sólo una vez menciona a Bermúdez, pero a propósito de rutina diplomática: «Banquete para despedir al embajador de Chile, Bermúdez, que va a su país de ministro de Gobernación. Lo ofrecí yo como más antiguo embajador presente.»

«UN DESEO ANGUSTIOSO DE ESTABLECERME»

>Tal vez si mi salario fuese justo e inmutable —es decir, que yo tuviera la seguridad de recibirlo a cada fin de mes— acaso me importaría poco

> seguir mi vida en cualquier rincón, frío o caliente.
> Sí, yo que continuamente hice doctrina de
> irresponsabilidad y movimiento para mi propia
> vida y las ajenas, ahora siento un deseo
> angustioso de establecerme, de fijarme algo, de
> vivir o morir tranquilo. Quiero también casarme,
> pero pronto, mañana mismo, y vivir en una gran
> ciudad.
>
> [carta a Eandi, 05.10.1929, en *OC*, V, 946]

El 5 octubre Pablo comienza una larga carta que escribirá por etapas, intermitente, hasta el 21 noviembre. Primer párrafo: «Eandi, querido amigo, ya estoy tranquilo y puedo escribirle pacientemente. A raíz de su telegrama perdí toda compostura mental, me iba oh Dios, su cable me latía en la cabeza de día y de noche» (*OC*, V, 945). No queda claro si el párrafo alude al cable de comienzos de agosto o a uno reciente en que Eandi lamenta que sus gestiones no procedan como él querría, pero procurando también ser tranquilizador. En su respuesta Pablo manifiesta sentir el deber de justificarse —y de sincerarse— ante su *pen pal*. Porque hasta ahora no ha sido explícito sobre uno de los dos motivos centrales de su petición de traslado. Se ha extendido en torno a su soledad y al desánimo determinado por el clima, a sus dificultades íntimas. Ahora, tras admitir: «Ya he perdido la mayoría de las esperanzas», pues ha comprendido que en el ministerio no hay interés por ayudarlo, y tras agradecer al amigo su adhesión increíble («es en verdad usted así desmedido, o es que me he vuelto repentinamente débil, sin fuerzas siquiera en el corazón?»), decide pasar sobre su orgullo, herido por la permanente humillación de un trato económico insoportable, y aclarar este punto.

Más atrás reproduje la precisa descripción técnica (escrita por Abraham Quezada, diplomático de profesión) de la situación consular de Pablo. Leamos otra vez la descripción, pero ahora según las palabras y la experiencia del poeta mismo, no sin hacer notar en la dolorosa explicación esa constante de autenticidad y de sobria dignidad con que siempre verbalizó Neruda sus problemas y dificultades.

> Debo explicarle mi primer cable. Los cónsules de mi categoría —cónsules de elección u honorarios— tenemos un miserable sueldo, el más reducido de todo el personal. La falta de dinero me ha hecho sufrir inmensamente hasta ahora, y aun en este momento vivo lleno de innobles conflictos. Tengo 166 dólares americanos por mes, por aquí éste es el sueldo de un tercer dependiente de botica. Y aún peor: este sueldo depende de las entradas que se reúnan en el Consulado, es decir que si no hay en un mes dado exportaciones a Chile no hay tampoco sueldo para mí. Es en verdad tan penoso y humillante todo eso: en Birmania estuve cinco meses sin salario, es decir sin nada. Y aún peor: los gastos que sean necesarios, escritorio, muebles, franqueo, arriendo de la oficina debo pagarlos yo. Y aún peor: no tengo derecho a pasajes, así que si no le hubiera puntualizado mi deseo en mi cable ['ruégole insistir en consulado de profesión'], habría estado desesperado con el pensamiento de un repentino traslado sin medios de pagar mi transporte.

A lo cual agrega una declaración de extremo interés en cuanto signo de su íntima evolución y por las consecuencias que tendrá en el futuro próximo:

> Gracias, miles de veces, Eandi, y perdone estos detalles funestos que son la verdad y el tormento de cada día. Tal vez si mi salario fuese justo e inmutable —es decir, que yo tuviese la seguridad de recibirlo— acaso me importaría poco seguir mi vida en cualquier rincón, frío o caliente. Sí, yo que continuamente hice doctrina de irresponsabilidad y movimiento para mi propia vida y las ajenas, ahora siento un deseo angustioso de establecerme, de fijarme algo, de vivir o morir tranquilo. Quiero también casarme, pero pronto, mañana mismo, y vivir en una gran ciudad. Son mis únicos deseos persistentes, tal vez no podré cumplirlos nunca.

— OC, V, 945-946

En el fragmento escrito el 11 octubre Pablo acusa recibo de la carta enviada por Eandi, «tan cordial y bondadosa, pero, así y todo, tan desalentadora», mientras el 24 informa al amigo de la caída del ministro que lo había apoyado inicialmente (Conrado Ríos Gallardo): «desde ahora mis probabilidades de evasión son aún menores». *Evasión*: Wellawatta como cárcel de sol y palmeras, su Isla del Diablo. Pero una vez más la certeza de la derrota lo estimula a repechar: «No importa, trataré de ahorrar un poco de dinero e ir a Europa en 1931 [ese año le corresponderían vacaciones pagadas], los primeros seis meses». No cree que en Buenos Aires le paguen por editar su *Residencia en la tierra*, lo estima muy poco probable. «Voy a decirle, mi mayor deseo es editar en España, Argentina me parece aún provincial, Madrid es bien diferente. Pero, cómo? He escrito a uno de mis compatriotas, ha pasado el tiempo de la respuesta, y nada. Sin embargo me parece posible tener allí cierta gota de éxito, cierta débil aprobación que me bastarían. He estado escribiendo por cerca de cinco años estas poesías, ya ve usted son bien pocas, solamente 19, sin embargo me parece haber alcanzado esa esencia obligatoria: un estilo, me parece que cada una de mis frases está bien impregnada de mí mismo, gotean» (*ibíd.*, 946-947).

Para nuestro poeta, el horizonte de posibilidades evoluciona con las circunstancias. La confianza en el valor de su poesía, y la ambición, crecen con la adversidad. Y no es sólo poner buena cara al mal tiempo. Es como si las dificultades lo obligaran a ser más sincero al afrontarlas, al reafirmar su tarea. Y, por lo mismo, a ser más exigente y ambicioso. Pocos meses antes Buenos Aires le sonaba «el nombre del paraíso», ahora le parece «aún provincial». ¿Quién es el compatriota a quien ha escrito —sin respuesta— a mediados de 1929? Seguramente Alfredo Condon, secretario de la Embajada chilena en Madrid (a quien conoció en París, 1927), cuya respuesta habría llegado a Pablo con posterioridad a estas líneas a Eandi, invitándolo a enviarle sus poemas. Imagino que es un mensaje de Condon lo que de improviso estimula a Pablo a reordenar, corregir y poner a punto la «nueva copia de mi nuevo libro», incluso a redactar la versión definitiva de "Colección nocturna" y a agregar un nuevo poema de cierre o conclusión ("Significa sombras"), como veremos más adelante. De ahí que la larga carta a Eandi se interrumpe el 31 octubre para recomenzar el 21 noviembre con la explicación del trabajo realizado y del libro despachado por correo a Madrid el día anterior. Y con un ánimo muy diverso de Pablo, satisfecho y lleno de optimismo respecto a la publicación de su *Residencia*.

Pero volvamos al fragmento de la 'carta larga' fechado el 24 octubre, impregnado todavía de la desesperanza del traslado, aunque también de la capacidad de Pablo para reaccionar y repechar. Una vez más la adversidad, en lugar de abatirlo, lo reafirma en su poética: *«me parece que cada una de mis frases está bien impregnada de mí mismo, gotean»*. Ello supone que, para Pablo, el parámetro del valor de sus nuevos poemas es el grado en que lo expresan o retratan, a él mismo, en su específica y personal circunstancia.

Singular posición teórica en un escritor que, nada conservador en su praxis y tan abierto a las novedades (como las que proponía entonces la narrativa inglesa), parece defender una concepción tradicionalista de la poesía —de sesgo neorromántico— en un mundo literario donde las vanguardias, la 'poesía pura', los surrealismos, están imponiendo predominio y seducción: «ya ve usted qué pobreza existe en la poesía en castellano, las gentes han perdido todo temperamento y se dedican al ejercicio intelectual, con placer, como si se tratara de un *sport*, y aun en esa calidad todos me parecen bien mediocres jugadores. El Lugones, tan denigrado, me parece en verdad rico de dotes, su poesía me parece casi siempre poética, es decir legítima, aunque anacrónica y barroca. Los jóvenes poetas de España son pobres como mendigos, pobres y sin ninguna grandeza» (*OC*, V, 947).

En esta crítica a los mismos jóvenes poetas del '27 que pocos años más tarde serán sus amigos y admiradores, y que entonces mal conocía y muy en superficie, más bien sigue resonando la antipatía hacia Guillermo de Torre como vía secreta (u oblicua) a la reafirmación de los versos que fueron ignorados en Madrid precisamente aquel año '27.

"SIGNIFICA SOMBRAS" (I): NIVEL AUTORREFERENCIAL

Qué esperanza considerar, qué presagio puro,
qué definitivo beso enterrar en el corazón,
someter en los orígenes del desamparo y la inteligencia,
suave y seguro sobre las aguas eternamente turbadas?

Qué vitales, rápidas alas de un nuevo ángel de sueños
instalar en mis hombros desnudos para seguridad perpetua,
de tal manera que el camino entre las estrellas de la muerte
sea un violento vuelo comenzado desde hace muchos días y meses y siglos?

[de "Significa sombras", 1929, *RST*-1, en *OC*, I, 295]

Más adelante, en la última parte (21 noviembre) de su larga carta a Eandi, Pablo justifica varias semanas de silencio con «una nueva copia de mi nuevo libro que he estado poniendo a máquina y corrigiendo y ordenando trabajosamente, y que ayer [20 noviembre] he enviado a España, donde he decidido que se publique, pero no sé de seguro si se puede» (*OC*, V, 948). Se trata de la copia que llegará a Rafael Alberti a través de Alfredo Condon y que no tendrá más fortuna que la publicación de tres poemas —"Galope muerto", "Serenata" y "Caballo de los sueños"— en la *Revista de Occidente* (marzo 1930). Y eso gracias a la insistencia de Pedro Salinas, quien no pudo lograr, sin embargo, que las ediciones de la revista de Ortega y Gasset publicaran el libro entero.

Durante esas semanas de silencio epistolar Pablo trabaja la versión definitiva de "Colección nocturna" (pendiente desde fines de 1927) y escribe el poema "Significa sombras" a modo de cierre o epílogo conclusivo para el bloque de originales que está por enviar a Rafael Alberti (colocación que en 1933 la edición Nascimento de *Residencia* 1 confirmará). Este último poema, en efecto, ofrece una cierta semejanza —por solemnidad de tono, de imágenes y de propósitos— con "Sonata y destrucciones", texto que Pablo había destinado a cerrar la precedente tentativa de estructuración y ordenación del libro en Rangoon, a mediados de 1928 (ver sección VI). Pero aún más interesantes son las diferencias, que hablan del camino recorrido entre dos momentos análogos del proceso de escritura de *Residencia*.

El poema de 1928 cerraba el proyecto de libro con una formulación cuyo sentido era opuesto al de la actual. En efecto, un *nuevo ángel de sueños* se había instalado entonces en la vida y en la poesía de Pablo a través de Josie Bliss. Un nuevo fundamento para la escritura estaba *sustituyendo* al antiguo, al originario, a Cantalao. A ese antiguo fundamento del poetizar se referían las preguntas de entonces: «Quién hizo ceremonia de cenizas? / Quién amó lo perdido, quién protegió lo último? / El hueso del padre, la madera del buque muerto, / y su propio final, su misma huida, / su fuerza triste, su dios miserable?» ("Sonata y destrucciones"). El sentido de esas preguntas había sido precisamente el de justificar la *sustitución*: ¿a qué sirvió todo aquello? [Notar la modulación chilena de la queja: ¿quién, si no yo, fue el que se esforzó, el que se preocupó de ello, quién fue el que amó, el que hizo el gasto? ¿Y todo eso, para qué?] En el título mismo del poema, la *sonata* era la elegía de las *destrucciones*, de lo sustituido, de lo que el poeta dejaba atrás —con dolor— para afirmar a su *nuevo ángel de sueños*. Que la sustitución no duró mucho al revelarse una operación ilusoria, eso —naturalmente— es otro cuento.

Recordemos además que las preguntas de 1928 coherentemente tendían a resolverse en un testimonio conexo a la realidad inmediata del mundo aceptado, a la calle birmana y al río próximo a la casa de Josie Bliss, a 'mis abandonados dormitorios', a ceremonias fúnebres y mercados: «Acecho, pues, lo inanimado y lo doliente, / y el *testimonio extraño* que sostengo / con eficiencia cruel y escrito en cenizas, / es la forma de olvido que prefiero...» Realismo optimista, afirmación de lo inmediato y concreto (el mundo de Josie Bliss) como *forma de olvido* o negación de lo pasado y lejano (Cantalao). Todo ello fundado sobre el enamoramiento.

Las preguntas de 1929, las de "Significa sombras", carecen en cambio de base erótica o «beso definitivo», carecen de horizonte reconocible, se refieren a un futuro incierto («Qué esperanza considerar... qué definitivo beso enterrar en el corazón...?»). No pudiendo esta vez afirmar el presente inmediato, la concreta circunstancia en que vive, Pablo opta por resolver su ambición y su voluntad poéticas en un plano de temporalidad abstracta y de cósmico (o mejor, cosmogónico) realismo, como un viejo Hondero devenido humilde y deseoso de estabilidad, pero no renunciatario: «Qué vitales, rápidas alas de un nuevo ángel de sueños / instalar en mis hombros desnudos *para seguridad perpetua*, / *de tal manera que el camino entre las estrellas de la muerte / sea un violento vuelo comenzado desde hace muchos días y meses y siglos?*»

Obligado a instalar sobre sus propios hombros (por falta de otra Josie Bliss) las alas del ambicionado *nuevo ángel de sueños*, Pablo utiliza una modalidad 'cosmogónica' para aludir oblicuamente, sin que se note, a su desolada y concreta circunstancia, al 'deseo angustioso de establecerme' recién confesado a Eandi. De ahí la insistencia sobre el motivo de la *seguridad* anhelada, que la tercera estrofa incluso tematiza:

> *Tal vez la debilidad natural de los seres recelosos y ansiosos*
> *busca de súbito permanencia en el tiempo y límites en la tierra,*
> *tal vez las fatigas y las edades acumuladas implacablemente*
> *se extienden como la ola lunar de un océano recién creado*
> *sobre litorales y tierras angustiosamente desiertas.*

Esta estrofa me parece muy característica del modo operativo en *Residencia*, a comenzar por el uso de la sinécdoque 'plural por singular': esos «seres recelosos y ansiosos» cuya «debilidad natural» busca permanencia y límites, o sea seguridad, son una críptica autorreferencia del autor, que a su vez viene amplificada y ulteriormente cifrada —por los versos sucesivos— según la orientación 'cósmica' o 'cosmogónica' ya lanzada por la estrofa anterior. Y entonces «las fatigas y las edades acumuladas implacablemente» sobre paisajes lunares y solitarios espacios de primer día de la creación (o sea, angustiosamente desiertos), no son en origen sino una secreta alegoría de la situación que está viviendo nuestro poeta en Wellawatta, al cabo de tanto agitarse y viajar ('fatigas') y envejecer ('edades acumuladas').

Ahora bien: Pablo trabaja, sí, con material autobiográfico o autorreferencial (porque no sabe, ni le interesa, trabajar con otro material), pero no quiere que su poesía *suene* autobiográfica o autorreferencial. Ni siquiera cuando ese material es decididamente anecdótico, como en "Tango del viudo", poema de 1928 que hasta 1962 (crónicas en *O Cruzeiro Internacional*) fue leído sin que Neruda hubiera informado a sus lectores sobre la dramática historia del trasfondo. Otro poeta difícilmente habría desechado explicitar tan picante (y de verdad exótico, o folclórico) atractivo. A pesar de las apariencias, no hay sustanciales diferencias de origen ni de elaboración entre "Tango del viudo" y "Significa sombras". En ambos casos Pablo busca proyectar la verbalización de su personal e intransferible experiencia hacia el más alto y ambicioso nivel de trascendencia poética. Pero *cifrando* en ambos casos lo autorreferencial, lo individual autobiográfico, esos ingredientes únicos e irrepetibles que constituyen la materia, la argamasa de los poemas, y que sin embargo deben restar ocultos, secretos: signos crípticos que están en la base del hermetismo de *Residencia*.

Por lo cual tenía razón (y a la vez no la tenía) Tomás Lago cuando me decía que *Residencia en la tierra* no era un libro hermético. Todo lo que en esos poemas se leía era reconocible, verificable, se refería a algo identificable: a cosas y hechos que de algún modo le habían sucedido a su amigo Pablo. Todo, o casi todo, era claro en ese libro para Tomás desde un punto de vista sólo genético, porque él conocía mucho de sus circunstancias de escritura. Seguramente Pablo le contó muchos detalles que Tomás anotó en papeles que desgraciadamente se perdieron tras su muerte. Pero una lectura genética de *Residencia* (y de toda la obra de Pablo) adquiere pleno sentido sólo si se indaga más allá de las circunstancias de escritura: vale decir, si se indaga qué se logró con ellas y por cuáles vías concretas fue elaborada en cada caso la materia autorreferencial. A eso apunta la imprescindible afirmación de Jaime Concha: la simbología en *Residencia* es siempre contextual. Y por eso es tan significativo que, según señalé, Pablo escriba a Eandi de este modo la satisfacción por sus nuevos poemas: «me parece haber alcanzado esa esencia obligatoria: un estilo, me parece que *cada una de mis frases está bien impregnada de mí mismo, gotean*».

"SIGNIFICA SOMBRAS" (II): ECOS DE SCHOPENHAUER

> ... porque verdaderamente nunca hubo cosa más estéril
> que un deseo de encaramar metáforas en cada verso
> como en una percha: ésa es labor de *sportman* o de
> humorista. El poeta no debe ejercitarse, hay un mandato
> para él y es penetrar la vida y hacerla **profética**:
> el poeta debe ser una superstición, un ser mítico.
>
> [carta a Eandi, 21.11.1929, en *OC*, V, 949]

Por supuesto, hay diferencias (y extremas) de modulación entre los poemas mencionados, pero incluso tales diferencias de 'formato' traen origen de la circunstancia privada de Pablo. La proyección trascendente de "Tango del viudo" (pruebo a formularla: la intensidad con que los seres humanos, hombres o mujeres, pueden vivir pulsiones contradictorias de atracción y rechazo; la lucha lacerante entre razones de vida incompatibles) no podía venir modulada sino a través de un concreto despliegue de alusiones a figuras o personajes, circunstancias, espacios, objetos, gestos de violencia o pasión, signos de nostalgia: una modulación lírico-narrativa (incluyendo un estrato de forma epistolar, una carta dentro de otra carta) que Pablo elaboró casi con *pathos* épico por la importancia de lo que estaba en juego (a nivel autorreferencial secreto, no explicitado en el texto).

En "Tango del viudo", para alcanzar la trascendencia ambicionada Pablo debió, sin embargo, y paradójicamente, atenuar las posibilidades dramático-emotivas y disminuir el abundante detalle virtual de los materiales autobiográficos y autorreferenciales a su disposición. Modulación controlada, reductora, entonces. En el caso de "Significa sombras", la búsqueda de la trascendencia viene modulada en dirección opuesta. Se trata, como sabemos, de construir un texto que funcione como solemne epílogo del nuevo libro. Pero igual Pablo debe echar mano —por método instintivo, digámoslo así— a su circunstancia biográfica, a sus materiales vivos de autorreferencia. Sólo que, comparados con los que nutrieron "Sonata y destrucciones", o "Tango del viudo", los actuales materiales son modestos, deprimentes, incluso prosaicos. Soledad entre mar y palmeras, 'deseo angustioso de establecerme', y bien poco más, aparte la voluntad 'profética' irrenunciable. ¿Cómo construir la trascendencia con tanta escasez de ingredientes habituales? Para "Significa sombras", Pablo opta entonces por la vía de la amplificación alegórica, por una proyección cosmogónica.

En todos estos casos los resultados son extraordinarios. Con sus materiales de autorreferencia Pablo consigue elaborar textos que han suscitado y estimulado, legítimamente, variadas lecturas y comentarios críticos al más alto nivel. Sobre "Tango del viudo" y "Sonata y destrucciones" se ha escrito mucho, incluyendo mis comentarios en este mismo libro (ver sección VI). Sobre "Significa sombras", basta considerar la observación de Amado Alonso (a propósito de la tercera estrofa arriba citada: *Tal vez la debilidad natural...*) para verificar la eficacia operativa del método de Pablo en *Residencia*:

«Hay aquí como un eco del *principium individuationis* de Schopenhauer», escribe Alonso (300), agregando en nota al pie: «Tengo vehementes sospechas de que Pablo Neruda ha leído a Schopenhauer: la individuación (limitación en el tiempo y en el espacio) de las fuerzas generales y eternas es un extravío; la manifestación de la esencia de la realidad —esencia que, como es sabido, Schopenhauer ve como voluntad universal de vivir, de la que el individuo no es más que un ejemplar o espécimen— es un eterno fluir y devenir: el devenir da pasos de muerte. [...] Sobre todo parece haber influido en Neruda la visión schopenhaueriana del vivir como 'un constante morir, porque su vida pasada, si hacemos abstracción de sus consecuencias para la presente y del testimonio que representa de la Voluntad que en ella se imprime, está definitivamente terminada y muerta, ya no existe' (*El mundo como Voluntad y como Representación*, Libro IV, Consideración Segunda). 'Por lo cual, su existencia, si la consideramos sólo desde el punto de vista formal, es un constante caer del presente en el pasado muerto, un constante morir' (*íd.*).» [Las citas de Schopenhauer parecen aquí traducidas por el mismo Alonso, pues no traen otra indicación al respecto.]

Haciendo abstracción de las referencias a la reencarnación ('su vida pasada... la presente'), doctrina que no parece haber interesado a Neruda, invito a integrar esta nota de Alonso con lo que atrás quedó dicho sobre la relación Neruda-Schopenhauer a propósito de "Galope muerto" (sección IV). Mi punto de vista concuerda en pleno con lo que el filólogo español puntualiza en la misma nota ya citada, líneas más abajo: «La influencia de Schopenhauer en el pensamiento de Neruda parece directa, y no sólo a través del también schopenhaueriano Sabat Ercasty (en quien sí puede ser indirecta, por lo vaga); primero, porque el pensamiento de Schopenhauer tiene en *Residencia* un eco más claro que en el poeta uruguayo, y, segundo, porque Sabat Ercasty influyó en Neruda en sus versos juveniles [...], mientras que lo schopenhaueriano de Neruda corresponde, al revés, a la época madura de *Residencia en la tierra*, y no a la juvenil de *El hondero entusiasta*. Esta influencia, casi segura, confluye aquí con la de Quevedo...» (Alonso, 301n).

> *Ay, que lo que yo soy siga existiendo y cesando de existir,*
> *y que mi obediencia se ordene con tales condiciones de hierro*
> *que el temblor de las muertes y de los nacimientos no conmueva*
> *el profundo sitio que quiero reservar para mí eternamente.*

Aquí «hay también un eco del *principium individuationis* [...]; lo más significativo es que el pasaje se deja interpretar con la filosofía de Schopenhauer hasta en sus más aparentes enigmas: 'existiendo y cesando de existir' es [equivale a] perdiendo la individuación para vivir eternamente en el principio general de la vida» (Alonso, 301n).

A propósito de los versos *'que el temblor de las muertes y de los nacimientos no conmueva / el sitio que quiero reservar para mí eternamente'*, Lozada (209n) reproduce también esta específica cita de Schopenhauer: «Así como la noche hace desaparecer al mundo, sin que éste deje por esto de existir un solo instante, el hombre y el animal desaparecen con su muerte, permaneciendo, sin menoscabo alguno, su verdadera esencia. Representémonos esas alternativas de nacimiento y muerte por vibraciones íntimamente aceleradas, y tendremos la imagen de la objetivación permanente de la Voluntad, de las Ideas eternas de los seres, inmóviles como el arco iris que corona una cascada» (*El Mundo como Voluntad y Representación*, traducción de Eduardo Ovejero, Buenos Aires 1942, p. 869).

"SIGNIFICA SOMBRAS" (III): EL TESTIGO

> *Así, pues, como un vigía tornado insensible y ciego,*
> *incrédulo y condenado a un doloroso acecho*
> [de "Sistema sombrío", *RST*-1, en *OC*, I, 275]

> ... paseo, haciendo una guardia innecesaria...
> [de "La noche del soldado", *RST*-1, en *OC*, I, 278]

> Estoy tan feliz de haber terminado y enviado mi libro, y también no sé qué pensar de él. Es tal vez demasiado lúgubre? Es tal vez monótono? Pero ésta es una falta de acuerdo sólo con las ideas de este siglo: los viejos libros son todos monótonos, lo que no les impide otras cualidades. Ahora, por qué hacer cosas alegres cuando uno no lo es grandemente? Pienso que mi libro tiene una cierta atmósfera arrulladora, embriagadora, que me agrada.
> [carta a Eandi, 21.11.1929, en *OC*, V, 950]

Sin duda hay influencia schopenhaueriana en la configuración del texto, pero su rol en el proceso elaborativo no es, a mi juicio, de sustancia: no implica la adhesión ideológica o filosófica de Pablo. Simplemente, los ecos de Schopenhauer confieren al poema ese tono y ese estilo 'sinfónicos' que Pablo elige —esta vez— para modular el nivel autorreferencial y autobiográfico que está en la raíz, vale decir, para amplificar y proyectar hacia una significación universal ese nivel individual y privado. Porque '*mi obediencia*' (ver estrofa citada al fin del apartado precedente) no sólo tiene poco que ver con rendirse a la Voluntad, sino que en cierto modo es lo opuesto, es la afirmación del extravío, de la Individuación. Pablo tiende a inscribir su *obediencia* en el quehacer social de los hombres, en la existencia colectiva, en una Historia que para Schopenhauer —ya lo vimos— no existe. ¿Y la fórmula '*el temblor de las muertes y de los nacimientos*'? A su proyección cosmogónica (universal) corresponden en el otro extremo, simétricamente, las fases recientes del desarrollo personal (individual) de Pablo: muertes y nacimientos implicados, por ejemplo, en la aparición y en el abandono-rechazo de Josie Bliss, en la tentativa y fracaso de una *substitución* de Cantalao como fundamento del poetizar, en el actual desesperado y desolado renacer que el poema mismo propone.

Por el momento, la *obediencia* de Pablo se refiere al cumplimiento de una misión 'profética' (remito al epígrafe del apartado anterior) que le ordena descubrir y revelar en la comunidad humana —aun contra toda evidencia visible y aun contra su propia experiencia de dolor y soledad— los signos de la misma vocación de armonía y plenitud, de la misma lógica vital que reina en el seno de la Naturaleza. De ahí que la conclusión de "Significa sombras" confirme la figura del *testigo* ya presente en la conclusión de "Sonata y destrucciones". Es significativa su colocación misma, al cierre de ambos poemas-epílogos.

> *Sea, pues, lo que soy, en alguna parte y en todo tiempo,*
> *establecido y asegurado y ardiente testigo,*
> *cuidadosamente destruyéndose y preservándose incesantemente,*
> *evidentemente empeñado en su deber original.*

Así enfatizado, el *testigo* deviene la suprema figura autoalusiva en *Residencia* 1. Situado entre la degradación y la profecía, en el *testimonio* convergen por un lado las categorías *paciencia* y *obediencia*, ligadas al 'servicio degradado' (recuérdese por ejemplo el «camarero humillado» de "Arte poética": ver sección VI), y por otro las figuras *guardia* o *ceremonia* o *galope* o *amor*, actividades 'proféticas'.

Servicio degradado. La retórica del autorretrato incluye en *Residencia* 1 una constante de alienación y dependencia, similar a la fervorosa porfía de un amante tenazmente rechazado. No hay respuesta gratificante ni consoladora a los propósitos de descifre y afirmación del Día. El Sujeto se sitúa en el mundo con sumisión (*obediencia, paciencia*), sin ilusiones, sin desesperación, antes bien obstinándose en sostener un servicio de amor no correspondido, con radical cuanto desolada confianza (*certidumbre*) en el valor y significado de su adhesión, aunque la miseria y tristeza del Día parecen no justificarla sino como locura. Ya vimos esta temprana y paradigmática comparación clave: «Estoy solo entre materias desvencijadas, / la *lluvia* cae sobre mí, y se me parece, / *se me parece con su desvarío*, solitaria en el mundo muerto, / *rechazada* al caer, y sin forma *obstinada*» ("Débil del alba", 1926).

Profecía. Cada vez que en *Residencia* 1 el Sujeto se autodescribe en los términos del servicio degradado, de inmediato o sucesivamente su discurso reintroduce, sin desmentir lo anterior, la dignidad y el orgullo del propio operar. Lo *profético* alude en efecto a un deber, a una tarea irrenunciable, a una misión cifradora/descifradora del mundo, a una actividad de revelación que, sin embargo, se ofrece al Sujeto como un horizonte a contrapelo, difícil, duro, de problemática consecución, y por ello amenazado por insidias y asechanzas y por la tentación a renunciar. Según lo que hasta aquí he venido desarrollando, el lector advertirá que mi punto de vista concuerda sólo parcialmente con esta definición que Enrico Mario Santí propone de la *profecía* residenciaria: «Thus by providing a secular, or at least nonbiblical, context, [the poem] views prophecy as a vision: not a speaking *before* or prediction, but a speaking *forth* or revelation, a mission with more a rethorical than an exclusively religious sense. [...] Prophecy is, finally, the fiction that identifies the visionary act» (1982: 42). Estoy de acuerdo, pero siempre que el acento de *lo profético* residenciario se ponga más sobre la *acción* que sobre la *visión*. Notar que, en cambio, Amado Alonso no ve la vocación *profética* del poeta, no advierte este constante y decisivo contrapunto dialéctico a la angustia, a la desesperación, a esa terrible disgregación del mundo que él tan magistralmente analiza en *Residencia*.

Testimonio. Figura de transacción o *compromesso*. Puesto que la realidad diurna (el Día como objeto del poetizar, de la escritura) parece rechazar los empeños del Sujeto, quien sin embargo no puede ni quiere renunciar a su vocación profética, el *testimonio* es así su único posible comportamiento, su única poética honesta y digna frente a tan «largo rechazo» ("Sabor", verso 12). Dicho en otros términos: la tensión que gobierna los textos de *Residencia* 1 es el resultado de un *control* expresivo que a nivel de autorrepresentación se formaliza precisamente a través de la figura del *testigo*, último eslabón del proceso desacralizador de la imagen del Yo iniciado en *Veinte poemas de amor* y en *Tentativa del hombre infinito*.

El testigo, entonces, no es el simple espectador, neutro y pasivo, de su propio drama (como entiende Sicard 1981: 109). Por el contrario, es el empecinado *manifestante* (el que rinde testimonio) de una difícil relación Yo/Mundo. Neutro, sí, el testigo, pero sólo en el sentido de un Sujeto que, no pudiendo ni celebrar ni renegar el objeto de su amor (que es la Realidad, el Mundo: el Día), se limita a rendir un controlado pero ardiente testimonio de él. Es a través de la figura del *testigo* que la primera *Residencia* resuelve el conflicto dialéctico entre la *degradación* y la *profecía* del Yo enunciador.

ALBERTINA REAPARECE (I)

La inteligencia de los poetas desde hace tiempo
ha apartado toda relación humana de lo que dicen,
y toda cordialidad y amistad para el mensaje poético
han huido del mundo, cuando en verdad, qué otro objeto
el de la poesía que el de consolar y hacer soñar?
Hablo como una niña de sociedad,
pero en este punto ella es razonable, la poesía debe
cargarse de sustancia universal, de pasiones y cosas.

[carta a Eandi, 21.11.1929, en *OC*, V, 949]

> **Decroly, Ovide** (Bélgica, 1871-1932). Es considerado
> entre los iniciadores de la pedagogía experimental.
> Su didáctica se funda sobre el método global
> y sobre la teoría de los *centros de interés*:
> el niño capta la realidad en todos sus elementos
> con el concurso no sólo de la actividad
> perceptiva sino también de aquella emotiva...
>
> [*Enciclopedia Virgilio*]

«Quiero también casarme, pero pronto, mañana mismo, y vivir en una gran ciudad». Esto lo escribe Pablo el 5 octubre 1929, en carta a Eandi. Aquel día ¿sabe ya que el 28 agosto ha sido emitido en Chile el pasaporte número 41 a nombre de Albertina Rosa de las Nieves Azócar Soto, de 27 años (rasgo particular: una cicatriz vertical de 2 cm bajo el labio inferior, al lado izquierdo)? ¿Y que el 12 septiembre Albertina ha obtenido una visa para estudiar en Bélgica el método Decroly por encargo de la Escuela de Educación de la Universidad de Concepción, habiéndose embarcado con tal destino algunos días después, en Valparaíso? Es poco probable que Pablo esté enterado de todo esto aquel día. Y sin embargo hay una secreta convergencia entre sus palabras al amigo argentino y el desplazamiento intercontinental de su ex amante.

Albertina desembarca en La Rochelle-Pallice el 16 octubre y tal vez en los días siguientes, desde Bruselas, envía a Pablo alguna breve carta o al menos una lacónica tarjeta postal. Por Rubén conoce sus señas. Con menos probabilidad, también pudo haberle escrito desde Chile antes de embarcarse a mediados de septiembre. ¿Sabe Pablo del viaje de Albertina y de su presencia en Europa antes del 21 noviembre? Ningún indicio o señal deja traslucir al respecto el fragmento —con esa fecha— de su carta a Eandi. Puedo comprender que esa carta no incluya información sobre una cuestión tan privada, pero creo que el tono del mensaje habría denunciado alguna ansiedad.

Durante la segunda mitad de 1923 Albertina había regresado a la casa de sus padres en Lota Alto para convalecer de la operación de peritonitis que le fue practicada en Santiago. No volverá a la capital. Desde marzo 1924 se inscribe en la Universidad de Concepción, que en el entretanto ha activado la carrera de pedagogía en Francés. Ya sabemos que eso la alejó de Pablo. En vano nuestro joven poeta trata de mantener viva la apasionada relación que los ha unido en Santiago. Entre mediados de 1923 y los primeros meses de 1927, antes de dejar Chile, Pablo escribe numerosas cartas a su Netocha tan deseada y le prospecta variados planes de reunión, particularmente durante aquellos meses que vive en Ancud con Rubén Azócar. Todo es inútil. No logra sacar a Albertina de su inercia o inmovilidad. Ni siquiera consigue que ella viaje desde Concepción a Santiago o a Valparaíso para despedirse en junio 1927. Profundamente herido, desde que sale de Chile ha dejado de escribirle.

A mediados de 1929 Albertina está haciendo carrera de investigación y docencia en el campo de la metodología de la educación. Por ello el director de la escuela la envía en misión a Bruselas para estudiar a fondo la propuesta pedagógica del belga Ovide Decroly (Renaix, 26.06.1871 - Bruselas, 12.09.1932) en la ya célebre École de l'Ermitage, centro experimental situado junto al inmenso y maravilloso bosque de Soignes, y que funciona allí de reciente pues el edificio —una antigua torre— ha sido adquirido sólo en 1927. En ese centro sigue Albertina por dos meses un compacto pero variado plan de estudios. El 4 diciembre le viene otorgada visa para viajar a Inglaterra, hacia donde se embarca desde Dunkerque diez días después. El 15 diciembre la encontramos en Londres, donde vive las fiestas de Navidad y del nuevo año 1930 en compañía de una amiga (Teitelboim, 130), luego vuelve por unos días a Bruselas y después transcurre en París buena parte del mes de enero. El 01.02.1930 se reembarca en La Rochelle-Pallice rumbo a Valparaíso.

De Pablo a su Albertina en Europa, la primera carta que le conocemos trae fecha 17.12.1929 y comienza: «Mi niña Netocha, no pensaba escribirte hasta que me contestaras mis cartas anteriores, pero es de noche, hace calor, no puedo dormir.» Nada que hacer: el deseo es más fuerte que el orgullo. Albertina sigue siendo irresistible para él. Ya le ha escrito al menos dos «cartas anteriores» en respuesta a la postal desde Bruselas. En ellas, junto con manifestar su grata sorpresa por la noticia (que seguramente le debe haber parecido providencial), se ha apresurado a rogarle y a proyectarle que viaje hasta Colombo para casarse con él. Y sin duda le ha sugerido el modo de cambiar el pasaje de regreso a Chile por otro hasta Ceylán. La inesperada posibilidad de realizar lo que unos siete o diez días antes había escrito a Eandi («Quiero también casarme...») lo ha puesto en agitación, por lo cual es conmovedor su esfuerzo para que la carta no denuncie ni su irritación por el nuevo silencio de Albertina ni su ansiedad por la decisión que ella tomará. Le escribe en modo visiblemente controlado, si bien claro y hasta enérgico, para ser más persuasivo:

> Tu bello retrato está sobre mi mesa de noche: le hice hacer un marco de madera preciosa: tamarindo, y tus ojos que creí no irían a verme nunca más me miran noche y día.
> Es extraño que vuelva a escribirte de esta manera cuando no sé nada de ti, ni de qué piensas de mí. Pero, en verdad, todo este largo tiempo has estado cerca de mí, y tu recuerdo me dolía a veces como una herida.
> Además, no quiero que te falte mi compañía ahora que ya tienes mi proyecto. Porque será ésta la última vez en nuestras vidas que tratemos de juntarnos. Me estoy cansando de la soledad, y si tú no vienes trataré de casarme con alguna otra.
> Te parece esto brutal? No, lo brutal sería que tú no vinieras.
> Sabes que tengo cierta pequeña situación social anexa al 'Señor Cónsul' y me es fácil notar que esto produce cierta expectación en las mamás (que a veces tienen lindas hijas).
> Pero, óyeme!
> Nunca he querido a nadie sino a ti, Albertina.
> A mis ojos ninguna mujer puede compararse contigo. Estás contenta?

Tras este preámbulo entusiasta y deseoso (y hasta humorístico en lo de «cierta pequeña situación social anexa al 'Señor Cónsul'») del poeta otra vez enamorado, toma la palabra el hombre práctico, el pragmático que también existió siempre en Neruda. Pide a Albertina que le detalle su «situación financiera» pues necesita saber si debe o no enviarle dinero, aunque «[me] aliviaría mucho si tú lo consiguieras». Al final, como ya la conoce, se mueve con cautela entre el ruego apasionado y las declaraciones autoafirmativas de defensa: «Naturalmente, harás lo que puedas y lo que quieras... Cada día, y cada hora de cada día me pregunto: vendrá?... Espero recibir pronto tus cartas y estar tranquilo contigo o sin ti... No es verdad, tranquilo sólo contigo y si me quieres» (*OC*, V, 916-917).

Más indicaciones prácticas agrega Pablo en un suplemento a la misma carta, con direcciones de la compañía naviera en Bruselas, en París y en Marsella. Luego, seguramente inquieto y fatigado por la ansiedad, se abandona a comentar con fastidio la misión que ha traído a Europa a Albertina, sus compromisos pedagógicos con la universidad. «Pero yo detesto con mi corazón a todas las profesoras y profesores de este mundo... Se deberá a tu 'profesorado' que hay aún cierta insuficiencia, cierta sequedad en tus cartas, aun en ésta que me trajo tanta alegría?... Sé más comunicativa, más amorosa, más preguntona, más femenina en tus cartas: la vida no puede serlo más, te conozco tanto como te amo y sé que estás llena de infinita ternura. Cuando escribas —y escríbeme más largo— di todo, todo lo que sientas y creas y sufras y goces» (*ibíd.*, 918). Ahí lo tenemos otra vez a Pablo, como en 1924-1926, tratando en vano de sacudir el centro activo y emocional de Albertina.

ALBERTINA REAPARECE (II)

> Eso quiero hacer yo: una poesía poética. De mis curiosidades científicas, de mi admiración por los automóviles, de mi atracción por esta naturaleza exótica, bien poco queda cuando de noche me siento a escribir, solo, frente a un papel. Sólo yo mismo existo entonces, y mis aflicciones, mis felicidades, mis pasiones privadas. No es verdad?
>
> [carta a Eandi, 21.11.1929, en *OC*, V, 949]

> En la época de la fundación [del Centro Decroly] esta zona de Bruselas constituía un paraje semirrural, en el que los moradores se dedicaban a la agricultura y a la artesanía. Aún hoy perviven algunos artesanos, hortelanos y pequeños ganaderos, así como el mercado de los lunes y una feria de ganado en septiembre...
> Este medio natural y social constituye un valioso recurso educativo que la escuela aprovecha. La Escuela Decroly cuenta con tres amplias torres antiguas, ubicadas en zonas vecinas, una de las cuales, el Ermitage, que da nombre a la escuela, fue adquirida por la familia Decroly en 1927.
>
> [*Enciclopedia Virgilio*]

Sigue una frenética serie de cartas y cables para convencer a Albertina. Recién despachada la carta del día 17, el 18.12.1929 Pablo recibe una respuesta a las precedentes, en la que Albertina, desde su alojamiento en calle Jourdan, argumenta no poder faltar a su compromiso con la universidad que la ha enviado en misión. Pablo le contesta ese mismo día por correo aéreo («Nunca un aeroplano llevó tantos besos!», escribe encima de la fecha) reiterándole que no le es posible viajar a Europa e incitándola en cambio a atravesar los mares hasta Colombo: «Mi idea es ésta: que te vengas como humanamente puedas, y si es posible empleando el pasaje de regreso a Chile, que podrías cambiar en la compañía. Sé perfectamente lo que esto quiere decir, no te asustes, cuando ya nos hayamos casado escribiré a Molina [Enrique Molina, rector de la Universidad de Concepción] o al que sea y trataré de pagar tus pasajes y tus gastos hasta el último centavo. [...] Una vez que estés conmigo todo irá bien. Además, si te fueras a Chile de una u otra manera, yo no podría prometerte nada. [...] Estoy fatigado de vivir solo, y si esta vez desapareces no volveré a verte nunca. De esto puedes estar segura. Las distancias y el tiempo cuentan para algo en esta vida. Mi casa te gustará mucho. Es pequeña, y está casi sobre el mar, y el fresco olor del mar la llena. Espero, mi novia, que harás lo que tu corazón te mande» (*OC*, V, 918-919).

A esta carta añade Pablo un largo y vario apéndice que al trasluz denuncia sus problemas, más allá de comprensibles deformaciones de la verdad para no asustar a su 'novia', como cuando escribe: «He vivido hasta ahora gastando mucho dinero [!], y por primera vez [!] paso por una crisis: debo pagar al banco hasta marzo casi la mitad de mi salario. Comprendes?» Por lo cual le sugiere viajar a principios de marzo «a pesar de que no me gusta ese mes libre que tendrás: febrero». Compárese esta imagen de su situación financiera con la triste y descarnada que acaba de confesarle a Eandi en la carta del 5 octubre. La impotencia para costear el viaje de su amante, unida a la inesperada oportunidad de que ella se encuentra en Europa (o sea, a una distancia relativamente accesible), pero unida también al conocimiento de cuán poco activa es, todo ello sin duda lo hace vivir aquellos días con extremos sentimientos de humillación y angustia.

Ya sabemos que Albertina tenía pasaje de regreso a Chile con fecha 01.02.1930. Pablo le pide cambiar ese pasaje por otro a Colombo y restar en Europa un mes más, por cuenta propia, para poder recibirla con algún decoro en marzo. «Si tienes en tus manos el dinero de tus gastos, y si decides venirte, gástalo en el viaje: ya lo repondremos después. Pienso que dentro de poco mejoraré mi situación.» También lo preocupa la eventualidad de deber afrontar un traslado mientras Albertina se encontrara en alta mar, rumbo a Ceylán.

El apéndice se cierra con el tono enamorado del preámbulo: «Es verdad que aún me quieres? Sientes las caricias que van a recibirte? Te sientes desnuda en mis brazos? Vida mía, verdad que nos hemos amado, querido, adorado como nadie? Verdad que nuestro amor ha sido grande? Me quieres? Yo pienso en ti con tanta pasión, casi con dolor! Y me parece que es la primera vez que te confieso que te he querido tanto. Pero tú lo sabías ya.» Y más abajo aún, en una breve coda, Pablo ya no se controla y retorna sin pudor al lenguaje de sus cartas de 1924-1926: «Hace tiempo llamé a un fakir y entre otras cosas —que no te diré— me dijo que podía adivinar el nombre de la que yo quería y a mí me quería. Y en ese trozo de papel escribió el querido nombre.»

Ya el 19 diciembre Pablo presiente que la inercia de Albertina impondrá de nuevo su ley y se cura en salud ironizando con amargura en una breve carta despachada ese día: «pienso que tal vez es impropio ponerte en conflicto con tus 'deberes'... perdóname si he trastornado un poco tu estadía *autrement* apacible... te dejo en libertad para que hagas lo que creas más cuerdo y más conveniente... De ningún modo quiero forzarte... después de leer tu única carta por centésima vez noto que tal vez deseas irte a Chile... junto con tu viaje tendrías que aceptar tu parte de sufrimientos y miserias, que existen en mi vida en mayor cantidad que en la de otros hombres. Harás como desees» (*OC*, V, 920-921).

Se controla hasta la víspera de Navidad para enviar unas pocas líneas de reproche, patéticamente semejantes a las de años atrás: «Aún algunos besos para ti y para que veas que no te olvido. *Ni una palabra tuya en el último correo.*»

¿Cómo habrá pasado Pablo la noche del Año Nuevo 1930, sin noticias de Albertina? Tal vez aburriéndose en alguna fiesta diplomática... o bebiendo *whisky and soda* hasta caer, borracho y solo en su *verandah* de 42nd Lane, frente al mar. Durante diciembre, como sabemos, Albertina viaja a Londres (sin informar de ello a Pablo) y al parecer regresa a Bruselas a comienzos de 1930 para formalizar su curso y despedirse de sus compañeros y amigos de l'École de l'Ermitage. Luego se establece en París hasta su embarque de regreso a Chile. Desde Londres ha enviado a Pablo una postal que decía sólo «tu silencio me inquieta» (!!!) y apenas otras dos líneas que incluían una nueva dirección en Bruselas. Como no dejó instrucciones en su anterior domicilio de la calle Jourdan, una carta certificada de Pablo volvió a las manos del poeta con la nota *Parti sans laisser adresse*. No les falta razón (pero tampoco les falta ingenuidad, ceguera y patética porfía) a estas líneas de una carta fechada el 12.01.1930:

> Mi Albertina, apenas puedo contener mi furia y escribirte con calma. [...] He estado pensando locamente en ti todo este tiempo, pensando en cómo debo solucionar los mil conflictos que tu venida podría traer, y esperando con angustia una palabra tuya, y cuando la creía llegada, tengo mi carta devuelta, porque tú no te has dignado dar instrucciones al respecto.
> Ayer creí volverme loco de rabia, decepción, tristeza. Supongo que mis otras seis o siete cartas enviadas a la misma dirección se perderán también. [...] Y naturalmente una pequeña postal en un mes. Después de cinco años de absoluta mudez, lo que tienes que decirme cabe en una postal!
> Dime, Albertina, debo dudar de ti?

Pablo está enterado de que Albertina debe partir de regreso a Chile el primer día de febrero. Le queda poco tiempo aún para convencerla. De ahí que su carta vacila entre la furia y el halago, entre el reproche y el razonamiento que lo obliga a pensar en los problemas que le supondrá la eventual llegada de Albertina y el eventual matrimonio. Su situación financiera es desastrosa, pero ya encontrará remedio. Su deseo de Albertina está por encima de todo. Incluso por encima de la desidia o indiferencia de Albertina misma, para quien, dando por perdidas las cartas anteriores, las resume así al concluir la presente: «No puedo en ningún caso ir a Europa. Tú debes venirte. Si te es posible trata tú misma de pagar tu pasaje, o cambiar el que tengas por uno a Ceylán. Después pagaremos *absolutamente* todo a tu universidad. En todo caso me comunicas tu deseo, y me explicas tus planes. Descarta todo plan que necesite mucho tiempo. *Todo debe pasar ahora o nunca*» (*OC*, V, 922-923).

Nada es tan indicador de la desesperación y de la angustiosa ansiedad de Pablo durante ese enero de 1930 como el breve mensaje que agrega (separadamente) a la carta anterior: «Mi mocosa bienamada, quiero que perdones en algo la carta que va con ésta, y lo desagradable que pueda parecerte. Mira, hago una vida muy solitaria, en general no hablo con nadie a excepción de mi sirviente, por semanas y semanas. Comprenderás por qué, si es que vienes, como espero. Así, pues, de la gran alegría que he tenido al saber de ti de nuevo, a nadie puedo decir nada, ni en nadie puedo desahogar mis furias por algún contratiempo. Tú sabes que no tengo muy buen genio... Y cuando algo pasa debo tragarme solo toda la alegría y la pena de lo que sucede. Así, pues, perdona a tu viejo mocoso si hay reproche o amargura de vez en cuando en sus palabras. Vienen de mi corazón, como mi gran amor por ti, querida mía» (*OC*, V, 921-922).

En este mensaje complementario Pablo cede algo de su orgullo para justificar la 'agresividad' de su otra carta, la principal, con algo que hasta ahora no ha confesado a Albertina (pero sí a Eandi): la soledad en que vive. La aflicción lo lleva a ser más sincero de lo que quizás debería. Lejos está de comprender, en ese momento, que la confesión de su vida solitaria no sólo no logrará conmover a la impertérrita Albertina, sino a lo más podrá quitarle las pocas ganas que quizás tuvo, en algún minuto, de acceder al enésimo reclamo de amor de su Pablo. Reclamo que a ella esta vez le llega desde mucho más lejos que aquel de Ancud, y en condiciones no mucho más alentadoras.

ALBERTINA REAPARECE (III)... Y DESAPARECE

> La cuestión sexual es otro asunto trágico, que le explicaré en otra carta. (Éste es tal vez el más importante motivo de miseria.) Y una mujer a quien mucho he querido (para ella escribí casi todos mis *Veinte poemas*) me escribió hace tres meses, y arreglamos su venida, nos íbamos a casar, y por un tiempo viví lleno de su llegada, arreglando mi *bungalow*, pensando en la cocina, bueno, en todas las cosas. Y ella no pudo venir, o por lo menos no por el momento, por circunstancias razonables tal vez, pero yo estuve una semana enfermo, con fiebre y sin comer, fue como si me hubieran quemado algo adentro, un terrible dolor.
> Esto ha pasado sin siquiera poder decírselo a alguien, y así aliviarse; se ha enterrado con los otros días.
> Al diablo con la historia!
>
> [carta a Eandi, 27.02.1930, en *OC*, V, 953]

Las cartas que entre 1922 y 1932 escribió Pablo a Albertina han tenido tres editores, independientes entre sí: Sergio Fernández Larraín (*CMR*, 1974), Juan Ignacio Poveda (*NJV*, 1983, 2000) y Francisco Cruchaga Azócar (*PAR*, 1992). [Para las siglas, ver la *Bibliografía*.] Las ediciones: *CMR*, no autorizada, 111 cartas, modesta en la impresión y descuidada en los textos; *NJV*, 35 cartas, de lujosa factura, con espléndida y realista reproducción facsimilar de los documentos; *PAR*, 109 cartas, bastante cuidada en la dimensión gráfica, facsímiles a color, más numerosos que en *NJV*. Hay una cuarta edición, a mi cargo, en *OC*, V, que se diferencia de las anteriores por su tentativa de disponer los textos en un orden cronológico aproximado, allí donde la omisión del año en las fechas (frecuente en las cartas de Pablo) y la precariedad de indicios hacen muy difícil tal tarea.

Traigo a colación estos datos a propósito de la carta 101 (*OC*, V, 923-924), con la cual Pablo responde al muy previsible NO de Albertina. O sea, la ruptura definitiva. El comienzo de esa carta generó un curioso error de lectura en los tres editores arriba mencionados. (1) Fernández Larraín, *CMR*, p. 365, lee así: «Muchacha huiría, así es que trataré de seguir viviendo en la hora»; (2) Poveda, *NJV*, p. 64, lee aún peor: «Muchacha, huisteis, así es que trataré de seguir viviendo en la sidra»; (3) Cruchaga Azócar, *PAR*, p. 362, repite a Fernández Larraín: «Muchacha huiría, así es que trataré de seguir viviendo en la hora».

Ninguno de los tres editores tiene cuenta de que el original conservado, claramente no escrito por mano de Pablo, trae el membrete *Universidad de Concepción/Escuela de Educación*. Por lo tanto, no puede tratarse del original de la carta despachada por Pablo hacia el 20 enero 1930, sino de una transcripción o copia hecha sin duda por Albertina misma (con grafía desgarbada, de difícil lectura) y conservada en lugar del original de la carta (por motivos que ignoro). Pero, sobre todo, ninguno de los tres editores se percata de que falta la primera hoja de esa copia, por lo cual, obviamente, *el comienzo del texto conservado no es el comienzo de la carta*. Y entonces el término *muchacha* en este caso no es (como evidentemente suponen los tres editores) el vocativo con que Pablo se habría dirigido a Albertina, sino un elemento de una frase comenzada en la página que falta.

La lectura correcta es: «[...] **muchacha hindú, así es que trataré de seguir viviendo en la India**». No es cosa temeraria ni difícil suponer que en la página perdida, Pablo, despechado por el rechazo a su propuesta de reunión y matrimonio, informa a Albertina de una (ficticia) relación amorosa o noviazgo con una «muchacha hindú», y que por tal motivo decide seguir viviendo en la India. El orgullo de Pablo, definitivamente vapuleado por Albertina, ensaya una comprensible aunque patética vía de rescate. Por su carta a Eandi del 27.02.1930 (citada en el epígrafe a este apartado) conocemos cuánto sufrió en verdad. De Albertina se despide con la mayor dignidad que la decepción y el dolor le permiten: «No quiero hablarte del daño que me has causado, no serías capaz de comprender. [...] He querido hacerte mi esposa en recuerdo de nuestro amor.» Notar el matiz: no por amor actual, sino *en recuerdo* de un amor pasado. Triste astucia del despechado.

> Deseo además que destruyas las cartas originales y cosas mías que aún tienes y me envíes los retratos que te he dado. No quiero que ellos vayan a parar en manos de tus amigos de Concepción (estoy informado).
> Especialmente necesito que me envíes a vuelta de correo el retrato que te envié dos veces a Bruselas, en cartas certificadas. Es un retrato en traje de Bengala que necesito con urgencia y te ruego como grande y último favor que me lo devuelvas inmediatamente.
> Adiós, Albertina, para siempre. Olvídame y créeme que sólo he querido tu felicidad.

La petición del retrato ¿es quizás una vía para obtener una ulterior reacción o respuesta? Inconscientemente, podría ser. Porque este definitivo fracaso —vivido en la peor circunstancia imaginable— hace aún más difícil a Pablo arrancar de su piel la memoria viva de Albertina, quien al respecto, muchos años más tarde (agosto 1982), se limitará a declarar a Inés María Cardone:

«¿Se habría casado usted? —Claro que sí, pero como estaba en Bruselas no podía cambiar el pasaje de la universidad para irme a Rangoon [debió decir: a Colombo]. Realmente no me atreví a hacer una cosa así. Nunca me atreví a partir sola sin casarme antes. Una vez una adivina me dijo que yo le había torcido la mano al destino» (Cardone, 52).

Al regresar de su viaje, en marzo 1930, Albertina viene convocada por el moralista director de la escuela, el que la había enviado a Bruselas, para recriminarla por el contenido de la última carta de Pablo que acaba de abrir. Furiosa frente a este abuso de poder con violación de correspondencia, Albertina reacciona por fin abandonando sus actividades de investigación en la universidad y con ello el proyecto mismo de aplicación del método Decroly a la enseñanza del francés, motivo de su viaje a Bruselas... *y por el cual no pudo viajar a Colombo,* según había asegurado a Pablo. «Volví a Santiago a casa de mi hermano Rubén, que estaba casado, y ahí conocí a Ángel Cruchaga» (declaración de Albertina, en Teitelboim, 130).

ANTES DE QUE LA GRAN CATÁSTROFE ALCANCE A PABLO

> Ninguna asamblea del Congreso de los Estados Unidos, convocada para examinar el estado de la Unión, se ha encontrado jamás ante una situación tan favorable como la actual... La enorme riqueza creada por nuestro espíritu de iniciativa... ha sido distribuida entre nuestro pueblo en el modo más amplio y ha salido de nuestras fronteras para beneficio y progreso del mundo entero. Los consumos cotidianos han superado el umbral de la necesidad para entrar en los dominios del lujo. Una producción en crecimiento viene consumida por una demanda interna cada vez más alta y por un comercio exterior en expansión. El país puede mirar al presente con satisfacción y al futuro con optimismo.
>
> [Calvin Coolidge, Presidente de los EE.UU., Mensaje al Congreso, 04.12.1928]

Hacia fines del año se produce —el 29 de octubre de 1929— la más grave noticia de la década: en Nueva York se desploman las cotizaciones de la Bolsa de Valores, causando de inmediato pérdidas catastróficas a los accionistas y poniendo en crisis todo el sistema financiero de los Estados Unidos.

[Olivares, 158]

La Primera Guerra Mundial devastó sólo algunas partes del viejo mundo, principalmente en Europa. La revolución mundial, que fue el aspecto más vistoso del derrumbe de la civilización burguesa del siglo XIX, tuvo una difusión harto más vasta: desde México a China y, bajo forma de movimientos de liberación colonial, desde Maghreb a Indonesia. Y sin embargo habría sido facilísimo encontrar áreas del mundo que no fueron tocadas ni por la guerra ni por la revolución, a comenzar por los Estados Unidos de América e incluyendo también a amplias regiones del África colonial subsahariana.
En cambio, el derrumbe económico que siguió a la Primera Guerra Mundial alcanzó de veras extensión mundial, porque afectó a todos los hombres y mujeres cuya existencia transcurría atrapada, por algún lado, en la red de los mecanismos impersonales del mercado capitalista. En efecto, precisamente los Estados Unidos, tan orgullosos de sí mismos, lejos de ser un puerto seguro y al reparo de las tempestades económicas que sacudían a continentes menos afortunados, devinieron el epicentro de lo que fue el más grande terremoto mundial que haya sido medido por la escala Richter de los historiadores de la economía: la Gran Crisis entre las dos guerras.
Dicho en una frase: entre las dos guerras la economía mundial capitalista pareció precipitar al abismo. Nadie sabía cómo habría podido recuperarse.

[Hobsbawm, 108]

El espectáculo de Wall Street... era inenarrable. Yo estuve más de siete horas entre la muchedumbre en los momentos del gran pánico financiero. No me podía retirar de allí. Los hombres gritaban y discutían como fieras y las mujeres lloraban en todas partes; algunos grupos de judíos daban grandes gritos y lamentaciones por las escaleras y las esquinas. Ésta era la gente que se quedaba en la miseria de la noche a la mañana... Las calles, o mejor los terribles desfiladeros de los rascacielos, estaban en un desorden y en un histerismo que solamente viéndolo se podía comprender el sufrimiento y la angustia de la muchedumbre.

[Federico García Lorca]

Mientras el 29 octubre estalla en los Estados Unidos la gran catástrofe económica que como un pavoroso tsunami alcanzará con su ola todas las costas del mundo (las de Chile hacia fines de 1930), y antes de que Albertina desencadene desde Bruselas la pequeña catástrofe privada en Colombo, todavía Pablo cultiva, si bien con menos fe cada día, la ilusión de desplazarse a una sede consular más estimulante, ojalá en Europa o en América. «Aún no llega nada de Chile que me anuncie remotamente mi traslado. Pierdo las esperanzas.» Así escribe a Eandi el 21 noviembre, pero sintiéndose en deber de agregar a renglón seguido: «Qué bueno ha sido ese Alfonso Reyes. Debo escribirle dándole las gracias? Mejor será que cuando aparezca mi nuevo libro se lo mande con algunas líneas.»

Dos días después escribe a su hermana Laura: «Recibí la carta de mi mamá en que me habla de cierta idea de Rudecindo [Ortega Masson] para trasladarme a Europa. Naturalmente la apruebo calurosamente, y en consecuencia le envié un cable a dicho simpático diputado (supongo que todavía lo será) diciéndole que me gustaría irme de aquí. Sucede que mis amigos de Buenos Aires estaban haciendo gestiones en mi favor al mismo tiempo, por intermedio del embajador de México en Argentina, don Alfonso Reyes. Como las gestiones que Rudecindo habrá tenido la bondad de empezar coincidirían con éstas que te digo, las cosas podrían salir muy bien, pero hasta ahora no he recibido ni contestación a mi cable, ni ninguna noticia» (*OC*, V, 813).

No tengo información sobre las gestiones que hizo Rudecindo, si las hizo. La relación de Neruda con su 'primo' Rudecindo, al menos hasta 1935, parece próxima y distante a la vez. Se estiman, pero los respectivos caminos que recorren nunca se cruzan. Rudecindo ha emprendido con éxito la carrera política institucional. Tiene 30 años en 1929. Desde marzo 1926 es diputado del Partido Radical por la circunscripción de Llaima, Imperial y Temuco (reelegido en 1930, 1933 y 1937, renunciará en 1939 para asumir como ministro de Educación del gobierno Aguirre Cerda). En suma, es el joven profesional de altas expectativas que don José del Carmen habría querido ver encarnado en su hijo Neftalí. Quien en cambio se limita a ser un poeta que en algún lugar del planeta, más allá de varios océanos, vive una vaga y oscura condición consular. «Deseo irme, no puedo más con este país. Pero no quiero volver a Chile todavía» (*ibíd.*).

A fines de octubre (el día 31), dentro de su larga carta Pablo ha preguntado a Eandi si sabe algo de Joaquín Cifuentes Sepúlveda, chileno y poeta amigo suyo que acaba de morir en Buenos Aires. «Me dicen que se había casado allí, seguramente pensaba tranquilizarse, porque en verdad hizo una dolorosa, desventurada vida. Tristeza!» Tal vez Tomás Lago, o Laura misma, le han comunicado la noticia. Ocho años antes, ya lo sabemos, Pablo había escrito su primer llamado público "A los poetas de Chile" (*Juventud* nº 16, septiembre-octubre 1921), reclamando un gesto de solidaridad hacia Joaquín, quien cumplía condena por homicidio en la cárcel de Talca. Y dos años después había escrito "El acento rodante de algunas poesías de JCS", nota-comentario a *La Torre*, libro de poemas de su amigo (*Claridad* nº 87, del 12.05.1923).

«Era el más generoso y el más irresponsable de los hombres, y una gran amistad nos unió y juntos nos dedicamos a cierta clase de vida infernal. Luego, sin ningún incidente ni explicación, conscientes lentamente de nuestras diferencias, nos separamos por completo y, ahora lo veo, para siempre. Mi triste y buen compañero! De qué habrá muerto, le pregunto? Cómo habrá vivido sus últimos días, semanas, meses? Sus trabajos, dónde están?» (*OC*, V, 947). De modo irregular, intermitente, Pablo comienza a componer una elegía en memoria de su amigo. Se trata de un poema breve que sin embargo logra terminar sólo algunos meses después. La tensión —esperando a Albertina— le impide concentrarse en el texto. Finalmente lo despacha a Eandi bajo el título "Muerte de Joaquín" y fechándolo «Wellawatta, Ceylán, enero de 1930». Con título nuevo y definitivo, "Ausencia de Joaquín", lo envía después a Raúl Silva Castro en Chile, quien lo hace publicar primero en la revista *Letras* (julio 1930) y, más tarde, a modo de prefacio para el volumen *El adolescente sensual* (Santiago, Imp. El Esfuerzo, 1930), compilación de los últimos poemas de Joaquín, enviados desde Buenos Aires por su viuda.

Jorge Sanhueza hizo notar cuánto la fraternidad del quehacer poético fue en Neruda una preocupación constante, casi un rasgo caracterial, y cómo empleó todos los medios a su alcance «para promover la lectura de aquellos poetas cuyo conocimiento o mayor difusión ha estimado necesarios, fueran éstos clásicos y ensombrecidos por su propio brillo o fueran inéditos u olvidados. [...] En cuanto a los poetas americanos y chilenos, su actividad por difundirlos ha sido sostenida. A no mediar la fraternal actitud de Neruda, es improbable que hubiesen sido rescatados del olvido poetas como Alberto Rojas Giménez, Joaquín Cifuentes Sepúlveda, Aliro Oyarzún, y otros muchos» (1964: 29-30). Incluso, agregó Sanhueza, hay «escritores que, sin mediar acción voluntaria o involuntaria de parte de Neruda, han conseguido, al declararse antinerudistas confesos, una mayor difusión para sus obras» (*ibíd.*).

Entretanto, los originales de *Residencia* empiezan a ser conocidos en España. Alfredo Condon los ha recibido y, a diferencia de Guillermo de Torre, advierte de inmediato la importancia de esos poemas. Antes de entregarlos a Rafael Alberti, los lee con atención y escribe acerca de ellos una breve nota que será publicada por la revista *Bolívar* en su número 2 (Madrid, 15.02.1930): es «la primera noticia pública que se conoce [acerca] de la existencia de un libro llamado *Residencia en la tierra*» (Olivares, 244).

Como sabemos, Pablo había conocido a Condon durante aquellos días de 1927 en Europa: «De pronto surgió de las sombras de París ese mecenas que siempre estuvimos esperando y que nunca llegaba. Era un chileno, escritor, amigo de Rafael Alberti, de los franceses, de medio mundo. También, y como cualidad aún más importante, era el hijo del dueño de la compañía naviera más grande de Chile. Y famoso por su prodigalidad. / Aquel mesías recién caído del cielo quería festejarme y nos condujo a todos a una *boîte* de rusos blancos llamada La Bodega Caucasiana. [...] Condon, que así se llamaba nuestro anfitrión, parecía el último ruso de la decadencia. Frágil y rubio, pedía inagotablemente champaña y daba saltos enloquecidos, imitando los bailes de cosacos que no había visto jamás.» Aquel jolgorio había terminado con el joven millonario intoxicado de tanto vodka y champaña... y con Pablo y Álvaro transportándolo en taxi hasta su fastuoso hotel. «Lo dejamos en brazos de dos inmensos porteros de libreas rojas que se lo llevaron como si trasladaran a un almirante caído en el puente de su navío» (*CHV*, en *OC*, V, 471-472). Sabedor de que Condon es secretario de la Embajada de Chile en Madrid, a mediados de 1929 Pablo le escribe pidiéndole ayuda, y, tras su respuesta acogedora, le confía los originales de su libro para hacerlos llegar a Rafael Alberti. (No creo que los haya enviado a Carlos Morla Lynch, como supone Teitelboim, 176, pues en tal caso el diplomático no habría faltado de registrarlo en su diario.)

La nota de Condon publicada en *Bolívar* (y rescatada del olvido por Edmundo Olivares) anuncia por primera vez: «Las minorías españolas van a conocer, dentro de poco, a este gran poeta chileno. Su deseo es editar en España su último libro *Residencia en la tierra*, sin duda una de las obras más importantes de la poesía moderna... Ante todo, hay que elogiar en Neruda su resuelta vocación barroca... Tiene Neruda, para vivir en la sombra, en el misterio, la aptitud justa, y nunca teme sumergirse en lo dramático de la vida. Se aparta así, resueltamente, de casi toda la literatura exquisita que está envenenando la actualidad poética. La obra de Neruda está llena de sobresalto, de preocupación y de angustia humanas, y esto le concede su alto rango, su universalidad, y abre con persistencia su herida metafísica» (cito por Olivares, 244).

Residencia no será publicada «dentro de poco» en España, pero igual con esta nota Condon pone en marcha, visionariamente, la historia crítica de un libro que devendrá el clásico supremo de la poesía hispánica del siglo XX y uno de los más importantes a escala mundial. Temprana cuanto extraordinaria, una cumbre de esa historia crítica será la primera edición del estudio de Amado Alonso, *Poesía y estilo de Pablo Neruda*, centrado precisamente en *Residencia* y publicado por la editora Losada de Buenos Aires en 1940.

Rafael Alberti recordará así su primer encuentro con *Residencia*: «Una noche de invierno —llovía de verdad— un libro, un raro manuscrito vino a dar a mis manos. (Era en el sótano del Hotel Nacional y ante varias botellas, vacías ya todas menos una, de jerez.) El título: *Residencia en la tierra*. El autor: Pablo Neruda, un poeta chileno apenas conocido entre nosotros. Me lo traía Alfredo Condon, secretario de la Embajada de Chile, amigo mío por Bebé [Vicuña] y Carlos Morla [Lynch], ministro consejero de esa misma embajada, muy amigos también de García Lorca. Desde su primera lectura me sorprendieron y admiraron aquellos poemas, tan lejos del acento y el clima de nuestra poesía. Supe que Neruda era cónsul en Java [error: en Colombo], donde vivía muy solo, escribiendo cartas desesperadas, distanciado del mundo y de su propio idioma. Paseé el libro por todo Madrid. No hubo tertulia literaria que no lo conociera, adhiriéndose ya a mi entusiasmo Julio Herrera Petere, Arturo Serrano Plaja, Luis Felipe Vivanco y otros jóvenes escritores nacientes. Quise que se publicara. Tan extraordinaria revelación tenía que aparecer en España. Lo propuse a los pocos editores amigos. Fracaso. Y entonces se lo di a Pedro Salinas para que él mismo tanteara a la *Revista de Occidente*, ya que yo, desde mi conferencia en el Lyceum, no podía portar por allí.»

Líneas más abajo, en el mismo lugar de su libro de memorias: «Nunca olvidaré a Alfredo Condon, inteligente, muy alocado, muy bebedor, como buen chileno, y al que deberé siempre el primer contacto con la poesía de Neruda. ¿Cómo no recordarlo en esta *Arboleda*? Salimos juntos muchas noches. Bebimos juntos muchas noches, hasta la madrugada. Y juntos, la noche de más copas, nos detuvo la policía. Era muy desgraciado. De regreso a su patria se suicidó, volándose de un tiro la cabeza» (Alberti 1959: 299-300).

Ya sabemos que la gestión de Salinas no logra que la revista de Ortega y Gasset edite el libro completo, sino sólo que publique tres poemas en su número de marzo 1930: "Galope muerto", "Serenata" y "Caballo de los sueños". Lo que en verdad no es poco entonces, dado el prestigio internacional de la revista, y ello determina ecos en Chile. Raúl Silva Castro, siempre atento a la trayectoria de Pablo, escribe en *El Mercurio* del 01.06.1930: «Es notable el honor que con esta publicación se tributa a Neruda. La *Revista de Occidente* ha permanecido durante toda su existencia casi constantemente cerrada a la inserción de colaboraciones americanas. La excepción que se ha hecho en este caso significa, pues, una consagración» (cito por Olivares I, 246). A pesar de ello, la difícil pero rica trayectoria de *Residencia* está lejos de haber llegado a puerto: el libro seguirá agregando nuevos e importantes poemas. Y seguirá inédito hasta 1933.

"CABALLERO SOLO" (I): LA CENTRALIDAD DEL YO

> Así, durante aquel tiempo, leí kilómetros de novelas inglesas,
> entre ellas *Lady Chatterley* en su primera edición privada
> publicada en Florencia [1928]. Las obras de Lawrence
> me impresionaron por su aproximación poética
> y cierto magnetismo vital dirigido a las
> relaciones escondidas entre los seres.
>
> [*CHV*, en *OC*, V, 498]

> La cuestión sexual es otro asunto trágico,
> que le explicaré en otra carta.
> (Éste tal vez es el más importante
> motivo de miseria.)
>
> [carta a Eandi, 27.02.1930, en OC, V, 953]

> Ours is essentially a tragic age, so we refuse to
> take it tragically. The cataclysm has happened, we
> are among the ruins, we start to build up new
> little habitats, to have new little hopes. It is rather
> hard work: there is no smooth road into the future
> but we go round, or scramble over the obstacles.
> We've got to live, no matter how many skies have
> fallen.
>
> [D.H. Lawrence, *Lady Chatterley's Lover*, 1928, *íncipit*]

Una vez más, el fracaso de una tentativa revitalizadora (en este caso, reunirse con Albertina) obliga a Pablo a convocar todas sus reservas de energía para repechar y salir adelante. En carta del 27.02.1930 confiesa a Eandi su tragedia privada, ya conclusa en enero: «una mujer a quien mucho he querido... arreglamos su venida, nos íbamos a casar, y por un tiempo viví lleno de su llegada, arreglando mi *bungalow*, pensando en la cocina... Y ella no pudo venir, o por lo menos no por el momento, por circunstancias razonables tal vez, pero yo estuve una semana enfermo, con fiebre y sin comer, fue como si me hubieran quemado algo adentro, un terrible dolor. / Esto ha pasado sin siquiera poder decírselo a alguien, y así aliviarse; se ha enterrado con los otros días. Al diablo con la historia!» (*OC*, V, 953).

En las líneas siguientes Pablo declara: «Me paso el día leyendo sin cesar, y encuentro cada vez más que el único placer que me va quedando es leer. Leo casi solamente en inglés, toda clase de cosas, especialmente los nuevos ingleses», y aquí añade en nota al pie: «Hace tres días ha muerto el más grande entre ellos, D. H. Lawrence.» Ha leído ya *Lady Chatterley's Lover* en su edición príncipe, de autor, publicada en Italia (Florencia, 1928): claro índice de lo muy *aggiornato* que es el material que Lionel Wendt le envía en sacos cada sábado con su ciclista. El *íncipit* de esa novela le parece haber sido escrito adrede como metáfora de su esfuerzo hacia la recuperación tras su catástrofe privada: «La nuestra es esencialmente una época trágica, por lo cual nos negamos a tomarla trágicamente. El cataclismo ya pasó, aquí estamos entre las ruinas, comenzamos a construir nuevas pequeñas viviendas, a tener nuevas pequeñas esperanzas. Es un trabajo más bien arduo: no hay ahora ninguna amable ruta hacia el futuro, pero avanzamos superando con rodeos o argucias los obstáculos. Hay que vivir, no importa cuántos cielos hayan caído» (cap. I).

En efecto, al comienzo de la misma carta del 27.02.1930 escribe: «Sí, naturalmente, a veces estoy locamente alegre, no por culpa de Patsy y sus similares, sino por resolución de mi salud, de mi piel aún joven. Tendido en la arena, solo, en las mañanas grito EANDIIIII! y todo lo que se me ocurre, los pescadores me miran asombrados, y les ayudo a tirar las redes. Qué joyas sacan del mar, parece increíble. Pescados dorados con rayas de violeta, y el rojo, el verde, el ultramarino pintados tan violentamente, y los extraños hocicos convulsionando y muriendo, es un placer extremo ver las redes recién sacadas. Los pescadores (aunque budistas) son muy brutales, y cortan los bellos animales aún vivos, cosa terrible» (*ibíd.*). En su propia naturaleza física, en el ejercicio de sus sentidos (sensibilidad frente al color y al movimiento) busca Pablo, inicialmente, la ruta del retorno a la vida. (¿Por qué excluye a 'Patsy y sus similares' de la lección de Lawrence? Lo veremos.)

No durará mucho el entusiasmo de Pablo por una obra que le parecerá, a poco andar, sofocada por el prurito pedagógico. «D. H. Lawrence sienta una cátedra de educación sexual que tiene poco que ver con nuestro espontáneo aprendizaje de la vida y del amor. Terminó por aburrirme, decididamente, sin que se haya menoscabado mi admiración hacia su torturada búsqueda místico-sexual, más dolorosa cuanto más inútil» (*CHV*, en *OC*, V, 498). Pero, en aquellos primeros meses de 1930, es la lectura de Lawrence (y también de Joyce y T. S. Eliot) lo que principalmente sostiene la elaboración de los últimos textos que Pablo escribe en Wellawatta: "Caballero solo", "Ritual de mis piernas" y "Establecimientos nocturnos".

El poema "Caballero solo" trae origen de la situación que vive Pablo tras la negativa de Albertina. La conexión viene claramente establecida por la ya citada carta a Eandi: «En fin. La *cuestión sexual* es otro asunto trágico, que le explicaré en otra carta. (Éste tal vez es *el más importante motivo de miseria*.) Y *una mujer* a quien mucho he querido... me escribió hace tres meses... nos íbamos a casar... ella no pudo venir...» Pablo marcó así, en modo inequívoco, la relación entre los dos asuntos sucesivamente enunciados (y unidos por la conjunción 'Y').

En sentido estricto, la aludida *miseria* es bien poco absoluta: al desterrado no le faltan oportunidades ni *partners* sexuales. Dejando aparte la ocasión de Josie Bliss en Wellawatta, rechazada, allí están a su alcance por lo menos 'Patsy y sus similares', Ellen, Artihya, o sea la banda de muchachas amigas, todas dispuestas a acostarse con él «deportiva y desinteresadamente» (*OC*, V, 504). De ellas, y en particular de Patsy, escribió a Eandi en alguna carta a la que éste alude, pero que desgraciadamente parece haberse perdido. Y sin embargo resulta evidente que en las cartas al amigo argentino, como en las evocaciones tardías, los dominantes temas de la soledad y de la 'miseria sexual' en Ceylán tienden a sobreponerse, a confundirse. No ocurre así en Rangoon ni en Batavia. Pero ¿a qué aluden realmente?

> *Los jóvenes homosexuales y las muchachas amorosas,*
> *y las largas viudas que sufren el delirante insomnio,*
> *y las jóvenes señoras preñadas hace treinta horas,*
> *y los roncos gatos que cruzan mi jardín en tinieblas,*
> *como un collar de palpitantes ostras sexuales*
> *rodean mi residencia solitaria,*
> *como enemigos establecidos contra mi alma,*
> *como conspiradores en traje de dormitorio*
> *que cambiaran largos besos espesos por consigna.*

Esta centralidad del Yo («rodean mi residencia solitaria») no es nueva en los espacios de *Residencia*. Había nacido con el libro mismo en "Serenata", a fines de 1925: «El joven sin recuerdos te saluda, te pregunta por su olvidada voluntad, / las manos de él se mueven en tu atmósfera como pájaros, / *la humedad es grande a su alrededor.*» Pero el salto hacia un sentido fuerte lo da —como en otros terrenos— el poema "Galope muerto" de 1926: «El *rodeo* constante, incierto, tan mudo, / como las lilas *alrededor* del convento», donde la referencia egocéntrica a las lilas conventuales del amor infantil, bien conocida desde *Crepusculario* (aquella «Fragancia / de lilas» en "Sensación de olor"), aquí funciona como término de comparación para otro *rodeo* de muy diversa trascendencia, según vimos.

Antes de *Residencia*, más precisamente desde *Veinte poemas de amor*, el Yo no se veía a sí mismo (o no se quería) central sino centrífugo, en movimiento hacia un afuera de sí: «es hora de seguir otro camino, donde ella no sonría» (poema 11); «Ah más allá de todo. Ah más allá de todo. / Es la hora de partir. Oh abandonado!» ("La canción desesperada"); «pensar que estás ahí navío blanco listo para partir / y que tenemos juntas las manos en la proa navío siempre en viaje» (*THI*, poema 9); «Una especie de fuerza de esperanza se pone en mi manera de vivir aquel día... No es raro que esas veces *vaya a casa de Irene*» (*HYE*, I); «Yo escogí *la huida*, y a través de pueblos lluviosos incendiados, solitarios... su retrato me acompañaba» (*HYE*, X).

La figura del Viajero atravesando la Noche es una autorrepresentación dominante entre 1924 y 1926, hasta el nuevo ingreso en el Día con "Galope muerto" y, obviamente, con "Débil del alba", donde la centralidad del Yo —ahora inmóvil Testigo— aparece propuesta en modo explícito por primera vez: «Yo lloro *en medio de lo invadido*, entre lo confuso, / entre el sabor creciente, poniendo el oído / en la pura circulación, en el aumento, / cediendo *sin rumbo* el paso *a lo que arriba*, / a lo que surge vestido de cadenas y claveles, / yo sueño...» A partir de entonces, la experiencia extrema del Yo vendrá asimilada a un asedio, a una convergencia de energías a su alrededor. Así, el desgarramiento de la soledad tras la ruptura con Josie Bliss: «el largo, solitario *espacio que me rodea* para siempre» ("Tango del viudo"); o, por el contrario, la frágil consistencia de un día feliz o sereno, «*rodeado* de poderes que cruzan y crujen» ("Monzón de mayo"). Pero en ningún otro poema la condición central del Yo había sido propuesta con modalidad tan similar a la de "Caballero solo" —a través de un elenco de entidades que rodean y asedian— como en "Unidad" (poema escrito en Chile a comienzos de 1927):

> *Me rodea una misma cosa, un solo movimiento:*
> *el peso del mineral, la luz de la piel,*
> *se pegan al sonido de la palabra noche:*
> *la tinta del trigo, del marfil, del llanto,*
> *las cosas de cuero, de madera, de lana,*
> *envejecidas, desteñidas, uniformes,*
> *se unen en torno a mí como paredes.*
>
> *Trabajo sordamente, girando sobre mí mismo,*
> *como el cuervo sobre la muerte, el cuervo de luto.*
> *Pienso, aislado en lo extenso de las estaciones,*
> *central, rodeado de geografía silenciosa:*
> *una temperatura parcial cae del cielo,*
> *un extremo imperio de confusas unidades*
> *se reúne rodeándome.*

La transición del Yo Viajero al Yo Central había marcado una nueva fase en la relación del poeta con el mundo. La figura del Viajero aún traducía, si bien atenuadamente, esa íntima inseguridad del Hondero, ese voluntarismo de la acción poética *viril*, ese querer penetrar (ir hacia) una realidad —que se suponía ya conocida o comprendida— para modificarla o transformarla según horizontes de estirpe anarco-romántica. El Yo central se sitúa en cambio en medio del mundo aceptando su misterio, admitiendo desconocer la constitución última e íntima de Algo que sin embargo le aparece —y lo atrae— como determinante para su propio existir. Ese Algo, frente al cual desaparece la pretensión transformadora, asume por el contrario la forma de un entorno activo que rodea al Yo definiéndolo. Pero no se trata de un entorno metafísico sino de un asedio concreto, *físico*, cuyo misterioso designio es el objeto de la tarea descifradora —'profética'— del poeta.

De ahí que el Yo central asuma la figura de un Testigo que no se limita a ser espectador neutro, sino que busca explorar y manifestar esta relación activa (física) con el mundo. Pero en la representación del entorno físico que asediando al Yo central lo define, notemos el camino transcurrido desde el coro material de objetos y geografía en "Unidad" hasta el ballet erótico de solistas y parejas en "Caballero solo". D. H. Lawrence ha sugerido a Pablo la humanización del cerco en clave de *naturaleza*: de este modo la dimensión *sexo* —en sí misma— entra *por primera vez en el nivel alto* de la escritura poética de Neruda. Y aunque el asedio físico natural alcanza ya en "Unidad" una presión inquietante («las cosas... / se unen en torno a mí como paredes»), en "Caballero solo" el ingrediente humano, social, introduce factores percibidos como violencia, hostilidad y dolor, justo en un terreno en que no deberían existir: «como enemigos establecidos contra mi alma, / como conspiradores en traje de dormitorio / que cambiaran largos besos espesos por consigna».

"CABALLERO SOLO" (II): EL ASEDIO

> Definitivamente, me decía, no hay duda de que en nuestra sociedad el sexo representa un segundo sistema de diferenciación, con completa independencia del dinero; y se comporta como un sistema de diferenciación tan implacable, al menos, como éste. Por otra parte, los efectos de ambos sistemas son estrictamente equivalentes. Igual que el liberalismo económico desenfrenado, y por motivos análogos, el liberalismo sexual produce fenómenos de *empobrecimiento absoluto*. Algunos hacen el amor todos los días; otros, cinco o seis veces en su vida, o nunca. Algunos hacen el amor con docenas de mujeres; otros con ninguna. Es lo que se llama 'la ley del mercado'. En un sistema económico que prohíbe el despido libre, cada cual consigue, más o menos, encontrar su hueco. En un sistema sexual que prohíbe el adulterio, cada cual se las arregla, más o menos, para encontrar su compañero de cama.
> En un sistema económico perfectamente liberal, algunos acumulan considerables fortunas; otros se hunden en el paro y la miseria. En un sistema sexual perfectamente liberal, algunos tienen una vida erótica variada y excitante; otros se ven reducidos a la masturbación y a la soledad.
> El liberalismo económico es la ampliación del campo de batalla, su extensión a todas las edades de la vida y a todas las clases de la sociedad.
>
> [Houellebecq, 112-113]

Alonso ve en el «hacinamiento de *membra disjecta* y de objetos heterogéneos» uno de los rasgos que unen la poesía de *Residencia* a la moderna literatura de vanguardia. Pero en "Caballero solo" tal efecto no proviene de una 'enumeración caótica' de elementos heterogéneos, sino de un elenco bien deliberado y coherente de imágenes *afines*. El poema consiste precisamente en este desfile de personajes y situaciones que giran en torno al Yo central como feroces pieles rojas cabalgando amenazantes alrededor de la caravana. La presión del asedio erótico es percibida por Pablo como algo enemigo o doloroso. ¿Por qué?

Porque en la situación que vive, Eros y Soledad le aparecen indisolubles: son una sola cosa. Lo que Pablo busca y necesita es una pareja estable, una compañera de cama y de mesa, una 'dueña de casa': en suma, una esposa. Una esposa en sentido convencional, pero a la vez idealizado a través del prisma de Rangoon. Lo decisivo de la experiencia vivida con Josie Bliss —por lo demás, su primera convivencia efectiva— había sido justamente la convergencia del entusiasmo erótico y del calor de hogar, como Pablo escribe con su habitual sinceridad poética: «Sí, quiero casarme con la más bella de Mandalay, quiero encomendar mi envoltura terrestre a ese ruido de la mujer cocinando, a ese aleteo de falda y pie desnudo... Y mi esposa a mi orilla, al lado de mi rumor tan venido de lejos, mi esposa birmana, hija del rey» ("El joven monarca"). Y como confirma incluso al abandonar a Josie, acentuando su nostalgia a través de prosaicos detalles domésticos: «ya habrás bebido sola, solitaria, el té del atardecer / mirando mis viejos zapatos vacíos para siempre /.../ He llegado otra vez a los dormitorios solitarios, / a almorzar en los restaurantes comida fría, y otra vez / tiro al suelo los pantalones y las camisas /.../ Y por sentirte orinar, en la oscuridad, en el fondo de la casa, /.../ cuántas veces entregaría este coro de sombras que poseo / ...» ("Tango del viudo").

Josie Bliss lo marca en esa dirección, mezclando las nostalgias de Albertina (el sexo) y de doña Trinidad (la infancia en la casa de tablas). Por eso Patsy y su banda de *jeunes filles en fleurs* no satisfacen su necesidad ni resuelven su «cuestión sexual», que confiesa a Eandi incluso como problema trágico: «tal vez es el más importante motivo de miseria» (carta del 27.02.1930). Resulta así pintoresco verificar que la convivencia con la 'pantera birmana' —leída comúnmente por el folclore pseudonerudiano sólo como un episodio exótico, transgresivo, irregular, de alto y picante voltaje erótico— manifiesta su principal legado inmediato en la nueva propensión del poeta a la vida 'regular' y familiar. Es la apasionada y volcánica Josie Bliss quien, involuntariamente por cierto, comienza a alejar a Pablo del anarquismo y propicia una precoz modulación de lo que más adelante los siempre activos enemigos del poeta llamarán el 'aburguesamiento' de Neruda. Ignorando y por supuesto no comprendiendo, esos infatigables, que es el propio poeta quien primero declara y describe con honestidad tal proceso. Inevitable es citar una vez más este pasaje de su carta del 05.10.1929 a Eandi:

> Tal vez si mi salario fuese justo e inmutable —es decir, que yo tuviera la seguridad de recibirlo a cada fin de mes— acaso me importaría poco seguir mi vida en cualquier rincón, frío o caliente. Sí, yo que continuamente hice doctrina de irresponsabilidad y movimiento para mi propia vida y las ajenas, ahora siento un

deseo angustioso de establecerme, de fijarme algo, de vivir o morir tranquilo. Quiero también casarme, pero pronto, mañana mismo, y vivir en una gran ciudad. Son mis únicos deseos persistentes, tal vez no podré cumplirlos nunca.

— OC, V, 946

De ahí el título "Caballero solo" que con ambigüedad parece aludir a un Sujeto privado de las experiencias o «palpitantes ostras sexuales» que lo asedian, presionan y obsesionan, cuando en realidad configura secretamente la soledad total del *single*. Algunos años más tarde, Pablo escribirá en Buenos Aires un poema con un afín desarrollo o tematización de solicitaciones o presiones eróticas. Pero el título de ese poema se referirá directamente a dicho asunto: "Agua sexual" (comienzos de 1934). En cambio el título "Caballero solo" denuncia que el verdadero tema del texto es la soledad total —no sólo sexual— del Yo sitiado.

En la primera estrofa el elenco de sitiadores comienza con categorías genéricas de sectores o grupos o especies (los jóvenes homosexuales, las muchachas amorosas, las viudas, las jóvenes señoras preñadas, los gatos) que el texto trata como unidades colectivas. A partir de la segunda estrofa predomina la dialéctica de las parejas a través de figuras binarias (en modo implícito: «los enamorados»; o explícito: «hay una continua vida de pantalones y polleras»). La tercera estrofa, en el centro del poema, enfoca y amplifica la historia de un empleado que seduce a su vecina y la lleva al cine donde, con la colaboración de estimulantes películas, consigue practicar con ella burdos ritos eróticos. En relación a esta estrofa, Lozada (205, nota 12) señala que «la imagen del pequeño empleado estuprador de "Caballero solo" establece un puente de referencia ética entre el mundo que ve Neruda a su alrededor y parte del reflejado en *The Waste Land* (1922)», y para probarlo cita estos versos del texto de Eliot:

> *A small house agent's clerk, with one bold stare*
> *[...]*
> *The time is now propitious, as he guesses.*
> *The meal is ended, she is bored and tired,*
> *Endeavours to engage her in caresses*
> *Which still are unreproved, if undesired.*
> *Flushed and decided, he assaults at once:*
> *Exploring hands encounter no defence*

«Los atardeceres del seductor y las noches de los esposos / se unen como dos sábanas sepultándome»: este comienzo de la secuencia final resume la 'cuestión sexual' de Pablo en Wellawatta. Su timidez y su pobreza le impiden aquí (más que en Santiago) ser un seductor en el nivel social y cultural (por lo demás estrecho) donde le gustaría encontrar una compañera estable y posiblemente una esposa. Ya ha excluido a las nativas y mestizas: la experiencia con Josie Bliss le parece ahora irrepetible, para bien y para mal. Pero tampoco encuentra dentro del mundo colonial inglés a ninguna mujer disponible o accesible (capaz de verlo más allá de sus escasos recursos económicos) que le interese o atraiga de verdad. Con la posible excepción de Ellen, no hay noticias ni quedan indicios de ninguna inglesa que haya impresionado a Pablo y con la cual haya tenido alguna relación amorosa (tampoco amistosa). Ni siquiera una bella ignorante y superficial, como aquella Elizabeth que fascina a John Flory en *Burmese Days* de Orwell.

Hacia el final del poema el elenco de actividades sexuales circundantes aumenta en cantidad e intensidad, como un acelerado desfile expresionista dentro de un film cuyo héroe protagónico, en estado febril, fuera víctima de un metralleo de imágenes lacerantes, de pesadillas obsesivas y terroríficas: muchachos y muchachas y sacerdotes masturbándose, animales e insectos (abejas y moscas) en frenético celo, pero también médicos y profesores oficiando ritos eróticos ya establecidos, y adúlteros alcanzando la convergencia sexo-amor a través de la transgresión:

> *seguramente, eternamente me rodea*
> *este gran bosque respiratorio y enredado*
> *con grandes flores como bocas y dentaduras*
> *y negras raíces en forma de uñas y zapatos.*

El recurso a imágenes hostiles y agresivas (dentaduras, uñas) pareciera proponer una visión conflictiva, si no negativa, del sexo. Pero en verdad lo que hace Pablo —con procedimiento de oblicuidad alusiva que ya le conocemos— es transferir o circunscribir a este específico plano sus sentimientos de rabia e impotencia frente al conjunto de los obstáculos que le impiden resolver su vida satisfactoriamente.

"RITUAL DE MIS PIERNAS" (I): NATURALEZA Y SOCIEDAD

> It was not woman's fault, nor even love's fault,
> nor the fault of sex. The fault lay there, out there,
> in those evil electric lights and diabolical rattlings
> of engines. There, in the world of the mechanical
> greedy, greedy mechanism and mechanized greed,
> sparkling with lights and gushing hot metal and
> roaring with traffic, there lay the vast evil thing,
> ready to destroy whatever did not conform. Soon
> it would destroy the wood, and the bluebells
> would spring no more. All vulnerable things must
> perish under the rolling and running of iron.
>
> [D. H. Lawrence, *Lady Chatterley's Lover*, 1928, chapter 10]

"Ritual de mis piernas" es otro de los textos escritos en el *bungalow* de 42nd Lane durante la primera mitad de 1930, determinados por la negativa de Albertina y por la lectura de los «nuevos ingleses», en especial D. H. Lawrence. En cierto modo, el poema es la otra cara de la centralidad del "Caballero solo", cuya figura asediada elabora y despliega ahora su contraataque. El Yo axial se celebra a sí mismo en cuanto *naturaleza* mientras desarrolla la crítica de la *civilización* circundante y enemiga.

Alonso, una vez más: «el ritmo del verso es esencialmente emocional, consiste en la emoción expresándose con movimientos estéticamente regulados; el ritmo de la prosa es esencialmente intelectual, es el pensamiento articulándose y manifestándose con una distribución de sus miembros estéticamente organizada. Y este ritmo prósico es el de "Ritual de mis piernas". Naturalmente, los ritmos de la prosa o del verso, como racional y emocional respectivamente (aparte ahora la mera maestría, o facultad de reproducir moldes rítmicos aprendidos), están inscritos en la divergente actitud general de espíritu creador...: predominio del contenido racional o del emocional, del discurso o de la intuición, de la expresión social o de la solitaria, de la explicación o de la sugestión, de la transmisión de pensamientos o de la efusión contagiosa de la emoción» (138).

La actitud íntima de Pablo en este poema parece, en efecto, de prosa, como buscando la adhesión del lector a una determinada argumentación. Y el discurso poético adopta los prosismos sintácticos propios del discurso explicativo que busca convencer: «y es que, *la verdad*, cuando el tiempo, el tiempo pasa», «*entonces*, extrañas, oscuras cosas», «y *así, pues*, miro mis piernas», «*Bueno*, mis rodillas», «y *en realidad* dos mundos diferentes», etcétera.

Y sin embargo este "Ritual de mis piernas" no es menos poético que "Caballero solo" o "Tango del viudo" o "Significa sombras", o que las prosas mismas de *Residencia*, cuales "La noche del soldado" o "El joven monarca". Neruda nunca pierde oportunidad para introducir en su poesía elementos de explícita racionalidad y especulación teórica, cuando le parece que es el caso. Se siente estimulado a hacerlo cada vez que percibe que su desarrollo emocional e intuitivo ha alcanzado ciertas cristalizaciones o condensaciones racionales, ciertos nudos lógicos, cierta ordenación de ideas que le parece importante. (Fue una constante y secreta aspiración de Neruda la de lograr resultados de ese tipo a través de sus versos, pero sin jamás teorizar ni especular más allá de sus personales límites cognoscitivos y poéticos.) Quedan incluso declaraciones con ese preciso significado, a propósito de "Galope muerto" (en carta a Eandi: «es lo más serio y perfecto que he hecho») y de "Alturas de Macchu Picchu" (conversando con Inés Figueroa Tagle a fines de 1945 o comienzos de 1946: «he terminado de escribir algo muy importante»).

La ideología subyacente a *Lady Chatterley's Lover* y a otras novelas de Lawrence ofrece una coincidencia tangencial con la órbita de las antiguas intuiciones y de las nuevas experiencias de Pablo, quien desarrolla el encuentro bajo la forma muy original (aunque tal vez inspirada desde lejos por Whitman) de una sinécdoque poética: la parte por el todo, las piernas por el entero cuerpo (= *naturaleza*) del Yo. El texto aparece estructurado como un contrapunto central Piernas/Mundo, enmarcado por un preámbulo y una conclusión.

El preámbulo introduce la circunstancia privada (a la vez ficticia y real) de la cual surge el texto: la soledad *nocturna* del poeta: «cuando el tiempo, el tiempo pasa, / [...] y en mi lecho no siento de noche que / una mujer está respirando, durmiendo, desnuda y a mi lado», entonces lo invaden «viciosos, melancólicos pensamientos / [...] y así, pues, miro mis piernas como si pertenecieran a otro cuerpo, / y fuerte y dulcemente estuvieran pegadas a mis entrañas». Notar que la nostalgia no se refiere a la ausencia de actividad sexual en sí misma, sino a la compañía de una mujer que *respire y duerma de noche* (desnuda = sexo incluido) junto al poeta. Vale decir: ausencia de una compañera estable. De aquí parte la línea de la descripción poética de las piernas del Yo, que en sucesión enfocará los muslos, las rodillas, las pantorrillas, los tobillos y los pies, en dos bloques separados entre sí por una reflexión sobre el conflicto *naturaleza/sociedad* y sobre el opresivo asedio al que se siente sometido el Sujeto central. He aquí el primer bloque:

Como tallos o femeninas, adorables cosas,
desde las rodillas suben, cilíndricas y espesas,
con turbado y compacto material de existencia:
como brutales, gruesos brazos de diosa,
como árboles monstruosamente vestidos de seres humanos,
como fatales, inmensos labios sedientos y tranquilos,
son allí la mejor parte de mi cuerpo:
lo enteramente substancial, sin complicado contenido
de sentidos o tráqueas o intestinos o ganglios:
nada, sino lo puro, lo dulce y espeso de mi propia vida,
nada, sino la forma y el volumen existiendo,
guardando la vida, sin embargo, de una manera completa.

Esta visión de los propios *muslos* como imagen-secuencia de blanda acumulación de vida, por sus rasgos de densidad y volumen se sitúa en la misma serie simbólica que, a lo largo de *Residencia* 1, enlaza a 'bueyes' y 'palomas' (animales) por un lado, a 'zapallos' y 'uvas' (vegetales) por otro. Los segmentos atributivos y comparativos que aquí se refieren a los *muslos* podrían valer, con las variantes de cada caso, para toda la serie. La figura del *buey* apareció en "Galope muerto", "Sistema sombrío" y "Juntos nosotros", donde su carga simbólica incluye el alcance tradicional de dulzura, mansedumbre, indefensión, y, simultáneamente, el valor específicamente nerudiano de mórbida acumulación de vida animal, de compleja densidad orgánica y sustancial. La *paloma* (en "Juntos nosotros" y en otros poemas) «me parece la expresión más acabada de la vida, por su perfección formal» (P.N., en Alonso, 210).

Desde el ámbito vegetal, los *grandes zapallos* convocan en "Galope muerto" (por sus rasgos de consistencia y volumen) valores simbólicos afines a los que Neruda asigna a *bueyes*, mientras una similar afinidad, basada en sus tamaños relativos, conecta las pequeñas *uvas* a las *palomas* en el imaginario de *Residencia*. Estas afinidades cruzadas ponen de manifiesto la tenaz búsqueda, en *Residencia* 1, de una figura-símbolo que sugiera (o represente) una condensación de vida sustancial dentro de una forma acabada. Con importantes novedades en este poema.

A través de la celebración de las propias piernas Pablo está intentando, una vez más, la refundación del Yo (a nivel retórico: una nueva propuesta de autorretrato). La tentativa del "Ritual" supone afirmar en modo inédito el propio *ser naturaleza* del poeta, su conexión con la sustancia viva del mundo. La otra novedad es el (primer) ajuste de cuentas con la *sociedad moderna* que limita su disfrute de la vida. Hasta entonces el espacio social circundante ha sido en los poemas de *Residencia* (salvo en los textos de ambientación oriental más inmediata, como "La noche del soldado" o "Entierro en el Este") sólo un vago escenario para la íntima peripecia del Yo. Según ya vimos en "Caballero solo", ahora hay un acercamiento más detallado y concreto, con la irrupción de un contrapunto *social* al individuo *natural*:

> Las gentes cruzan el mundo en la actualidad
> sin apenas recordar que poseen un cuerpo y en él la vida,
> y hay miedo, hay miedo en el mundo de las palabras que designan el cuerpo [...].
> Tienen existencia los trajes, color, forma, designio,
> y profundo lugar en nuestros mitos, demasiado lugar,
> demasiados muebles y demasiadas habitaciones hay en el mundo,
> y mi cuerpo vive entre y bajo tantas cosas abatido,
> con un pensamiento fijo de esclavitud y de cadenas.

El Testigo *manifestante* deviene de improviso Testigo *crítico*, acusador. Cierta influencia de las ideas de D. H. Lawrence parece evidente, si consideramos pasajes como esta reflexión de Mellors: «No era culpa de la mujer, ni siquiera era culpa del amor o del sexo. La culpa estaba allí, allí fuera, en aquellas luces malignas y en el traqueteo diabólico de las máquinas. Allí, en aquel mundo de lo mecánicamente avaricioso, el avaricioso mecanismo y la avaricia mecanizada, cuajado de luces, vomitando metal caliente, y ensordecido por el tráfico; allí estaba el interminable mal dispuesto a devorar a quien no se ajustara a sus normas. Pronto destruiría el bosque y las campanillas dejarían de brotar. Todas las cosas vulnerables deben perecer bajo el paso y el peso del acero» (*Lady Chatterley's Lover*, cap. 10, trad. B. Fernández: ver original inglés, *supra*, en epígrafe). Pero al tematizar el conflicto *naturaleza/civilización* el poema de Pablo no pone el acento en el progreso tecnológico ni en la invasión de las máquinas, sino en el olvido o encubrimiento o negación del origen natural de lo humano. En la frase «las gentes cruzan el mundo» el nombre *gentes* no alude a la especie sino a su alienación.

"RITUAL DE MIS PIERNAS" (II): LA GUERRA GRIS DEL ESPACIO

> Oh, if only there were other men to be with,
> to fight that sparkling electric Thing outside
> there, to preserve the tenderness of life, the
> tenderness of women, and the the natural
> riches of desire. If only there were men to fight
> side by side with! But the men were all
> outside there, glorying in the Thing, triumphing
> or being trodden down in the rush of mechanized
> greed or of greedy mechanism.
>
> [D. H. Lawrence, *Lady Chatterley's Lover*, 1928, chapter 10]

La descripción de las piernas prosigue con las *rodillas*, nudos o goznes divisorios entre el mórbido muslo y la *pantorrilla*, esa «forma dura, / mineral, fríamente útil..., / una criatura de hueso y persistencia» que precede, hacia abajo, a los *tobillos* indispensables y exactos. La sensualidad, la morbidez, la simple y femenina abundancia de los muslos desaparecen bajo las rodillas: «cortas y duras, y masculinas, / son allí mis piernas», pero «allí también una vida, una sólida, sutil, aguda vida / sin temblar permanece, aguardando y actuando». La secuencia descriptiva concluye obviamente en los *pies*, esos «perpetuos, magníficos soldados / en la guerra gris del espacio», y con ello explicita su intención:

> *todo termina, la vida termina definitivamente en mis pies,*
> *lo extranjero y hostil allí comienza,*
> *los nombres del mundo, lo fronterizo y lo remoto,*
> *lo sustantivo y lo adjetivo que no caben en mi corazón,*
> *con densa y fría constancia allí se originan.*

Este fragmento denuncia un estado de extremo desaliento al proponer el cuerpo del Sujeto como último refugio. Nunca antes la piel ha representado la final frontera entre Pablo y el mundo. Aunque rechazado y sufriente, hasta entonces el poeta se siente parte de ese mundo que solicita su vocación profética. Ahora la soledad y la desesperanza lo constriñen al repliegue hacia el propio ser biológico como extremo espacio de seguridad. [Téngase presente, sin embargo, que en "Caballero solo" y en "Ritual de mis piernas", por primera vez el Sujeto se confronta en modo explícito y directo con el entorno social, vale decir con el concreto sistema (organización política y económica) que rige la convivencia humana.]

El dicho repliegue se manifiesta incluso en el simbolismo de las oposiciones que el poema establece entre las partes *superior* e *inferior* de las piernas; respectivamente: sensual/austero (riguroso); femenino/masculino; simple (sustancia) / complejo (músculos, ganglios, huesos); fluido/sólido; blando/duro; gratuito/útil; cerrado/abierto; inmóvil/móvil; pasivo/activo; manso (dulce) / bélico (soldados). El diseño simbólico general semeja más a una esfera que a una figura lineal (como las piernas). El núcleo central de la esfera (muslos) corresponde al *ser naturaleza* del Yo, ámbito blando e indefenso, mientras el estrato periférico es zona de frontera con el mundo, ámbito de carácter defensivo (en relación al núcleo) y al mismo tiempo agresivo (en relación al mundo, a lo externo): «aguardando y actuando».

Por lo cual este *ritual de mis piernas* se resuelve en un autorretrato simbólico: la parte superior es el núcleo constante del Yo, su fundamento, su *ser naturaleza*; la parte inferior es imagen de la única *acción* posible de ese Yo, vale decir su poesía, definida por rasgos de tenacidad y rigor, y por su propensión (siempre incumplida) a *ser historia*, a trascender lo individual sin dejar de serlo.

> *Siempre,*
> *productos manufacturados, medias, zapatos,*
> *o simplemente aire infinito,*
> *habrá entre mis pies y la tierra*
> *extremando lo aislado y lo solitario de mi ser,*
> *algo tenazmente supuesto entre mi vida y la tierra,*
> *algo abiertamente invencible y enemigo.*

La crisis de Wellawatta, en los primeros meses de 1930, supone a través de este poema una enérgica tentativa de reafirmación (más aún: de refundación) del Yo, acorralado por la soledad. Y acorralado también por la hostilidad del mundo, particularmente manifiesta en el terreno de los prejuicios sexuales, según escribe Pablo a su amigo Eandi en carta del 27 febrero (que va más allá de las resonancias de Lawrence):

«Mis vecinos más próximos son tamiles o cingaleses o *burghers* (criollos holandeses) y se han puesto muy mezquinos y desagradables este último tiempo, atribuyéndome grandes perversidades y haciéndome enemistad, todo porque vienen algunas muchachas a verme, ellas mismas muy asustadas, porque esta gente ha aprendido todos los cristianos escrúpulos de mierda, y hacen tabú de todo acto sexual. Los infelices vivieron en la más deliciosa putrefacción antes de la llegada de los portugueses, eran homosexuales (todavía), incestuosos, en fin carecían de moral: los portugueses trajeron el veneno contra la herejía ambiente, los holandeses ayudaron cristianamente, y los actuales gringos les han terminado de matar el gusano. Ahora son hipócritas y enfermos sexuales, cristianos fatales, y perseguidores asiduos de la vida. Al diablo con ellos!» (*OC*, V, 954).

La refundación del Yo en "Ritual de mis piernas" es una curiosa y singular operación: en lugar de maldecir o repudiar la fuente de su miseria existencial (el cuerpo, el sexo, su ser naturaleza), el poeta la erige base de su propia reafirmación. Pero importa sobre todo notar que al afirmar su *ser naturaleza* el poeta busca representar a la especie más que a sí mismo en cuanto individuo. Esto es: la reafirmación extremada del propio Yo quiere ser —en paradoja sólo aparente— una forma de recuperación del contacto y de la comunidad con *el otro*: reafirmación de lo auténticamente humano, por lo tanto, como bien lo ejemplifica a contraluz el citado fragmento de la carta a Eandi.

Porque un importante resultado de la experiencia cotidiana de Pablo en Oriente, mezclada a sus lecturas, fue profundizar su conciencia acerca de cuánto la civilización occidental (a diferencia de las culturas precoloniales del Oriente medio) ha alejado al hombre de su primigenia condición natural, perjudicando gravemente con ello sus expectativas de felicidad y plenitud. Por esta vía conexa a la sexualidad, y desarrollando una personal lectura de Lawrence que superará la del Baroja anarquista (ver sección II), Pablo avanza un paso decisivo hacia una nueva visión crítica de la sociedad capitalista de Occidente. Visión crítica que, latente e incluso olvidada o negada durante los años sucesivos, reaparecerá más adelante en Buenos Aires y estallará en Madrid.

"ESTABLECIMIENTOS NOCTURNOS": ADIÓS A WELLAWATTA

oh Ceylán
oh isla
sagrada,
cofre
en donde palpitó
mi joven, mi perdido

corazón
desterrado!
....
Aquí,
en la pobre calle
de la isla
me
esperó, todo:
palmeras, arrecifes,
siempre supieron
que yo volvería,
sólo yo no lo supe

[de "Oda frente a la isla de Ceylán", 1957, en *NYR* y en *OC*, II, 798]

A comienzos de febrero 1930 Pablo comunica a Eandi (y a su hermana Laura) la posibilidad de venir trasladado a Singapore, con jurisdicción sobre Java y las islas de la Sonda: «El cónsul general [Marcos Huidobro, sede Calcutta] me ha propuesto en esa vacante, y aceptaré, estoy cansado de Ceylán, de esta inactividad de muerte» (*OC*, V, 952). Dos meses más tarde la posibilidad asume forma concreta. El 10 abril el ministro Barros Castañón envía al cónsul Huidobro este mensaje: «Proponga a Neftalí Reyes traslado a Singapore y Batavia con derecho a retención separada por cada consulado. Ministerio no abonaría pasajes ni instalación de oficina. BARROS» (cito por Schidlowsky, 146).

Teóricamente el traslado supone la duplicación del pobre estipendio y con toda seguridad ello decide que Pablo lo acepte, aunque sabe que el clima es peor y que la vida es aún más cara que en Ceylán (y aunque le mezquinan los gastos del traslado mismo). «Esto me ascendía del primer círculo de la pobreza para hacerme ingresar en el segundo. En Colombo tenía derecho a retener (si entraban) la suma de ciento sesenta y seis dólares con sesenta y seis centavos. Ahora, siendo cónsul en dos colonias a la vez, podría retener (si entraban) dos veces ciento sesenta y seis dólares con sesenta y seis centavos, es decir, la suma de trescientos treinta y tres dólares con treinta y dos centavos (si entraban). Lo cual significaba, por de pronto, que dejaría de dormir en un catre de campaña. Mis aspiraciones materiales no eran excesivas» (*CHV*, en *OC*, V, 505-506). La ironía retrospectiva de estas líneas, escritas por Neruda en sus últimos años, evidencia la dura huella de la memoria y a la vez responde *in extremis* a las sempiternas acusaciones de vida fácil y 'aburguesada' que debió soportar hasta el final de sus días (como la de haber comprado un principesco 'castillo' en Normandía).

Dejar la isla supone el problema de Kiria, la mangosta. ¿Qué hacer con ella? Se ha creado un enorme ligamen de cariño y confianza entre el poeta y el animal. Kiria es la única verdadera compañía para Pablo en Wellawatta. No es siquiera pensable regalarla a gentes que la descuidarían, que «no la dejarían comer en la mesa como era su costumbre conmigo», ni tampoco devolverla a la selva, porque ha perdido sus primitivos instintos y sería fácil presa para las aves de rapiña. Pablo toma entonces una decisión que comunica así a Eandi: «Me acompañará[n] mi buen sirviente Dom Brampy, y mi *mangoose* que es sumamente amigable».

En sus primeras cartas desde la isla Pablo alude a dos servidores —un cocinero y un mozo— y menciona a uno, Ratnaigh, que cada diez minutos viene a llenarle el vaso de whisky. Después, al parecer, queda sólo el otro, el *boy* cingalés «que me servía y regresaba a su aldea por la noche. Este hombre no era propiamente compañía —recordará Neruda en sus memorias—; su condición de servidor oriental lo obligaba a ser más silencioso que una sombra. Se llamaba o se llama Brampy. No era preciso ordenarle nada, pues todo lo tenía listo: mi comida en la mesa, mi ropa acabada de planchar, la botella de whisky en la *verandah*. Parecía que se le había olvidado el lenguaje. Sólo sabía sonreír con grandes dientes de caballo» (*OC*, V, 496).

Viajar con Brampy y con la mangosta es una locura, en primer lugar porque van hacia territorios cuyos idiomas (malayo, holandés) el *boy* desconoce totalmente. Pero sobre todo porque supone gastos notables, cuya asunción es índice elocuente de los temores con que Pablo afronta su desplazamiento hacia un nuevo destino. «Nunca más quiero hacer gestiones de traslado, hay que resignarse», confiesa a Eandi el 23 abril. La misma carta prosigue: «Mis últimos días en la isla son casi felices, pensando que esto tiene un término, y gozo del sol y del mar que no tendré en Malasia», pero líneas más adelante torna a sincerarse: «La perspectiva de irme me tiene algo nervioso, con frecuente insomnio» (*OC*, V, 956).

Durante este período su buen amigo Andrew Boyd lo acompaña en la espera. Probablemente se divierten juntos frecuentando esos *establecimientos nocturnos* que dan título al último texto de *Residencia* que Pablo escribe en Wellawatta. Se trata de una enigmática prosa vanguardista. Quiero imaginar a Pablo en la fase final de una noche de juerga en algún 'establecimiento nocturno' de Colombo, en estado de lúcida y melancólica embriaguez al cabo de algunas horas de alcohol y música, de humo, conversación y mujeres, aislándose en cualquier rincón o mesa de una *verandah* abierta a las estrellas, entre clientes adormecidos, para escribir estas líneas exaltadas. O bien ya de regreso a su *bungalow* en Wellawatta, después de una caminata por la extensa playa, sentado en la terraza que da al jardín, solo ante la noche inmensa.

> Difícilmente llamo a la realidad, como el perro, y también aúllo. Cómo amaría establecer el diálogo del hidalgo y el barquero, pintar la jirafa, describir los acordeones, celebrar mi musa desnuda y enroscada a mi cintura de asalto y resistencia. Así es mi cintura, mi cuerpo en general, una lucha despierta y larga, y mis riñones escuchan.

En lo agudo de la noche el poeta se confronta con su propio ser *diferente*: incapacidad para superar su íntimo aislamiento a través de un integrarse desenvueltamente a la 'realidad', a la prosa cotidiana, como hacen los demás; y, en particular, incapacidad para traducir literariamente su experiencia en términos de realismo convencional —melodramático o exótico, pintoresco o erótico— que tal vez haría más comunicable su escritura. Claro que no saber 'llamar a la realidad' se paga al precio de estar 'solo como un perro' y de aullar por las noches (no sería extraño a la índole del lenguaje nerudiano que la frase común haya sido estimulada por los aullidos de algún lejano perro en vigilia, o de su propio perro cingalés). *Así es mi cintura, mi cuerpo...* Como se ve, esta prosa reitera la atención de Pablo hacia su propio cuerpo, hacia su naturaleza biológica, que ya vimos en "Caballero solo" y en "Ritual de mis piernas" por influencia de D. H. Lawrence y otros escritores ingleses.

> Oh Dios, cuántas ranas habituadas a la noche, silbando y roncando con gargantas de seres humanos a los cuarenta años, y qué angosta y sideral es la curva que hasta lo más lejos me rodea! Llorarían en mi caso los cantores italianos, los doctores de astronomía ceñidos por esta alba negra, definidos hasta el corazón por esta aguda espada.
> Y luego esta condensación, esa unidad de elementos de la noche, esa suposición puesta detrás de cada cosa, y ese frío tan claramente sostenido por estrellas.

El poeta no consigue hacer de la noche un hábito o costumbre, a diferencia de tantos exhaustos parroquianos del 'establecimiento nocturno' que reposan los excesos de aquella noche como «ranas... silbando y roncando». Para Pablo, la noche sigue siendo el espacio sagrado de los sueños y de la expansión fraterna. Todo ello lejano y perdido, por lo cual en su caso llorarían hasta los *cantores italianos* y los *doctores de astronomía*, alusiones que leo como figuras irónicas de ponderación: si por un instante pudieran identificarse con la singular situación del poeta, oprimido y traspasado por la soledad feroz de esta madrugada, llorarían de tristeza incluso los negados a ello por definición, como los (alegres y desaprensivos) cantores italianos o como los (fríos y racionalistas) doctores de astronomía.

> Execración para tanto muerto que no mira, para tanto herido de alcohol o infelicidad, y loor al nochero, al inteligente que soy yo, sobreviviente adorador de los cielos.

Aquí *nochero* es una precoz anticipación irónica de la autorreferencia *nocturno*, término con que muchos años más tarde Neruda habitualmente aludirá al Sujeto residenciario, por ejemplo: «y no serví sino para nocturno» (*CGN*, XV, xv). El tono de ironía dolorosa, dominante en este texto como lenguaje de poeta ebrio, culmina con un «loor al nochero, al inteligente que soy yo, sobreviviente adorador de los cielos», vale decir, viva el empecinado, el anacrónico perseguidor de sueños y utopías personales de felicidad (recuérdense los versos «Hay un país extenso en el *cielo*», de "Caballo de los sueños", y «su multitud de sal, su ejército entreabierto / recorren y revuelven las cosas del *cielo*», de "Colección nocturna").

RUMBO A SINGAPORE

> A mí me parece extraño que los escritores "exotistas" hablen en términos ardientes de las regiones tropicales orientales. No hay tierra que se preste menos para las efusiones panegíricas o alegóricas. Estos dominios requieren solamente constante conocimiento e implacable atención.
> ....

> Yo no tengo apuro por escribir sobre la India y
> sobre Birmania y Ceylán, porque muchas causas y
> orígenes me aparecen ocultos y muchos
> fenómenos aún inexplicables.
> Todo parece en ruinas y despedazándose, pero en
> verdad fuertes ligamentos elementales y vivientes
> unen estas apariencias con vínculos casi secretos y
> casi imperecederos.
>
> [de "Oriente y Oriente", Wellawatta 1930, en *OC*, IV, 356-357]

Estos párrafos son el comienzo y el final de la crónica "Oriente y Oriente", la 12ª y última de la serie enviada a *La Nación*, escrita en Wellawatta pocas semanas antes de que Pablo abandone la isla rumbo a Singapore (y publicada en Santiago el 03.08.1930). A diferencia de las anteriores, ésta no es una crónica de eventos o lugares, sino una reflexión antropológico-cultural, ciertamente influida también por la lectura de D. H. Lawrence como "Caballero solo" y "Ritual de mis piernas". Sus párrafos centrales:

> Un gran aire de fuego, de deslumbrantes vidas vegetales ha reducido al hombre a un estado minúsculo. En la India el ser humano forma parte del paisaje, y no hay discontinuidad entre él y la naturaleza como en el Occidente contemporáneo. Las grandes épocas culturales del Oriente intermedio o brahmánico, no destruyen la raíz del hombre ni suplantan su florescencia como lo hizo el cristianismo, se levantan más bien como grandes paredes monumentales, sin gran atingencia con las dolencias del ser, pero sí con poderoso tributo al misterio circundante.
>
> Siempre ha existido un remoto pasado detrás de los cultos y ceremonias del Este, y este pasado permanece vivo y cargado de influencias. Los dioses son, pues, sólo una casta superior desaparecida, pero actuando y ordenando desde ese activo pasado, como una ciudad invisible pero próxima, poblada de seres puramente directores. El poder los llena de venenos infernales, como sucede en la humanidad, tales dioses son sexuales y sangrientos.
>
> Sí: el tiempo sólo puede construir ídolos, y lo remoto es directamente divino. Origen y perpetuación son antagónicas virtudes, el ser original está aún sumergido en lo espontáneo, en lo creador y destructor; mientras que las vidas persistentes sobreviven abandonadas, sin poder de principio o de final. Sin perderse, y perdiéndose, vuelve el ser a su origen creador, «como una gota de agua marina vuelve al mar», dice el *Katha Upanishad*. Participar en lo divino, regresar a esa actividad inquebrantable: no es éste un germen de imposible y de fatales oscuridades doctrinarias?
>
> Así, pues, como súbitamente herido por estas distancias abrumadoras, el hombre ha caído reduciendo sus inteligencias individuales y acrecentando sus fuerzas instintivas, atemorizado ante una posible evasión o destello creativo que atrajera nuevos conflictos y desorden a su existencia. Las sociedades hindúes son un descompuesto detritus, pero su descomposición es natural, vegetal y animal: fermentación, reproducción y muertes.
>
> En contraste, nada más frenético, grandioso y cruel que los dioses; y es desesperante ver en los templos hindúes a los brahmanes encargados que, miserables y oscuros, se arrastran debajo de las idolatrías sobrehumanas, bajo las enormes puertas y columnas de piedra. El pasado los ha mordido en el corazón, haciéndolos insignificantes.
>
> De ahí esa apariencia repulsiva de las sociedades indias. El hombre no ha asumido lo divino, como el moderno occidental, sino que lo ha dejado por completo a los dioses, en una trágica división del trabajo mortal.

Así pasan las semanas, hasta que a comienzos de junio llega el momento de embarcarse: «Amigo mío, voy en camino a Singapore, he hecho mis despedidas a Ceylán para siempre, casi con gran pena, a mi casa en el mar, a mis perros y gatos, a mi verdaderamente amigo Andrew [Boyd], que hizo mi vida tan agradable en los últimos meses. [...] Viajo en un barco holandés, la gente es muy alegre y muy libre, muy diferentes de los ingleses que hacen la vida tan desagradable. En tres días más toparemos Singapore y no sé cómo voy a vivir allí, si en hoteles o en *bungalows* o qué cosa. No entiendo una palabra de holandés, pero sé pedir ginebra y *ginpahit*. Éste es un *cocktail* muy bebido en Malaya y Java. Los viajeros van todos a Java y Borneo, son plantadores o empleados de gobierno, se quejan del calor y es la primera vez de Oriente para ellos. Yo tengo ya tres años de esto, y ningún entusiasmo» (carta del 09.06.1930 a Eandi, en *OC*, V, 957-958). Además, Brampy se ha enfermado porque éste es su primer viaje por mar, y como era de prever «los *boys* del vapor sólo hablan malayo, de modo que el pobre está muy triste».

A mediados de junio, Pablo, Brampy y la mangosta desembarcan en Singapore y se dirigen de inmediato al Raffles Hotel. «Allí mandé lavar mi ropa que no era poca, y luego me senté en la *verandah*. Me extendí perezosamente en un *easychair* y pedí uno, dos y hasta tres *ginpahit*.» Al cabo de un rato Pablo busca en la guía de teléfonos la sede del consulado. No está registrada. Llama a las oficinas del gobierno colonial y entonces se entera con sorpresa y alarma que desde hace años el Consulado de Chile ha dejado de existir en la ciudad. Del inefable cónsul Mansilla, conocido (desagradablemente) en su primer paso por Singapore, ninguna noticia.

Con apenas los recursos para pagar un día de hotel (y el lavado de la ropa), la única esperanza es que la sede del consulado fantasma esté en Batavia, y entonces Pablo decide seguir viaje en el mismo barco que lo trajo desde Colombo y cuyo destino final es precisamente Batavia. Para fortuna suya, la nave está todavía en el puerto, a punto de zarpar. El frustrado cónsul, el criado con maletas y con un gran bulto de ropa húmeda que no habían terminado de lavar en el hotel, y la mangosta escondida en un canasto, logran llegar al muelle —corriendo desesperados— justo en el último minuto disponible para el embarque.

«Ya levantaban la escalera de a bordo. Jadeante subí los peldaños. Mis ex compañeros de viaje y los oficiales del buque me miraron sorprendidos. Me metí en la misma cabina que había dejado en la mañana y, tendido de espaldas en la litera, cerré los ojos mientras el vapor se alejaba del fatídico puerto» (*CHV*, en *OC*, V, 507).

En efecto, Singapore nunca ha acogido bien a nuestro poeta. La antipatía es recíproca, según ha registrado la ya citada carta del 23.04.1930 a Eandi: «Mis últimos días en la isla son casi felices, pensando que esto tiene un término, y gozo del sol y del mar que no tendré en Malasia. *Singapore* [en cambio] *es muy urbana, muy llena de ruido y polvo y cafés chinos.*» Por lo cual, y contrariamente a lo que algunos biógrafos han supuesto, Pablo nunca fue cónsul con sede en esa ciudad. Anticipando, sin pretenderlo, el curso de su trayectoria, la carta a Eandi prosigue así: «*De Java sé poco, pero tengo ansiedad de ella.* Además mi jurisdicción comprende las islas de la Sonda. No sé dónde están esas islas, y eso me gusta.»

VIII
WELTEVREDEN (BATAVIA)
1930-1932

> El Neruda de este libro [*Residencia*] es realmente una fuerza de la naturaleza, un elegido de los dioses del abismo, un profeta de esas infinitas generaciones y corrupciones [con] que allá en el Oriente se intenta evadir hacia el Nirvana. Muchos poetas europeos visitaron esas tierras e incorporaron su sabor a la poesía —así Claudel y Saint-John Perse—, pero el resultado fue encantadoramente europeo, es decir, "artístico". Sólo este hijo de los bosques australes de la América telúrica pudo incorporarse él mismo, casi sin la distancia de la objetivación, a ese horrible desintegrarse de las sustancias terrestres. [...] No, un europeo no es capaz de arrancar a la materia tales acentos, y por eso digo que la etiqueta de surrealismo suena a malamente literaria frente a esa lucidez, a ese sentimiento angustioso de la desintegración cósmica...
>
> — *José Miguel Ibáñez Langlois, 1981*

EN BATAVIA / LA HISTORIA DE KRUZI

>Java [*Djawa*]. Isla del archipiélago de la Sonda, superficie 126.717 km², forma rectangular, longitud máxima 1.000 km, anchura máxima 200 km, 27° C temperatura media anual.
>
>Batavia. Nombre dado en 1619 al fuerte construido junto a la desembocadura del río Tji Livong por Jan Pieterszoon Coen, agente de la Compañía Holandesa de las Indias Orientales. Devino muy pronto la sede del depósito de la Compañía y puerto activísimo. A comienzos del siglo XIX los holandeses se transfirieron a una localidad más salubre llamada Weltevreden, dejando Batavia a los javaneses y a los chinos.
>
>[*Enciclopedia Europea*]

>Batavia. Nombre latino de Holanda. Lugar habitado por bátavos. *Insula batavorum* llamó César a la isla situada entre los ríos Maas y Rhin. Los holandeses pusieron este nombre a varios lugares del imperio colonial, pero el más famoso fue Batavia en la isla de Java [hoy Yakarta].

>Enclavada al fondo de una espaciosa bahía sembrada de islas y arrecifes de coral, a orillas del río Tji Livong, Batavia fue considerada antiguamente como una de las ciudades más insalubres del Extremo Oriente. Fundada como plaza militar, enorme rectángulo cercado por muros y atravesada por infinitas vías de agua, apenas dejaba circular el aire entre las calles limitadas por altas casas de varios pisos, y cada año los miasmas infectos producían millares de víctimas. El general Daendels echó a tierra las murallas y la ciudadela, saneando la población antigua y trasladando los cuarteles a 5 ó 6 km al interior, en una pequeña meseta de 10 m de elevación, donde estableció las oficinas de la administración. Esta ciudad militar tomó el nombre de Weltevreden (La Paz del Mundo, en holandés).
>
>[*Enciclopedia Espasa*]

Un mes antes de cumplir sus 26 años de edad, al amanecer del 13 junio 1930, Pablo desembarca en Batavia y se instala con Brampy y la *mangoose* Kiria en el Hotel der Nederlanden, situado en el barrio Weltevreden (nombre que en holandés alude a un lugar donde reina el bienestar: un oasis de paz). A diferencia de los que ya conoce, la estructura de este hotel anticipa la de los actuales *moteles*. «Tenía un gran cuerpo central, destinado al comedor y las oficinas, y luego un *bungalow* para cada viajero, separados entre sí por pequeños jardines y árboles poderosos. En sus altas copas vivían infinidad de pájaros, ardillas membranosas que volaban de un ramaje a otro e insectos que chirriaban como en la selva. Brampy se esmeró en su tarea de cuidar la mangosta, cada vez más inquieta en su nueva residencia» (*CHV*, en *OC*, V, 510). Si la experiencia y los recuerdos de Wellawatta aparecen desde el comienzo asociados al océano, los primeros de Weltevreden evocan en cambio vegetación y fauna.

Algunas horas más tarde Pablo se dispone a almorzar, sin mucho apetito por causa de la ansiedad y de un poco de fiebre (y a pesar de la atractiva *rice-table* del hotel), cuando reaparece Kruzi, la muchacha judía que ha conocido en el barco holandés durante la fiesta final de la travesía y con la cual, después de haber bailado y bebido, ha compartido confidencias y el lecho de su cabina. Esta historia de Kruzi la contará Neruda de modo insuperable, «muy Somerset Maugham», en uno de los mejores fragmentos inéditos de sus memorias (*OC*, V, 507-510). Intentaré sólo resumirla. Para comenzar, la muchacha es «rubia, gordezuela, de ojos color naranja y alegría rebosante. Me dijo que tenía una buena colocación en Batavia... Aquella última noche nos dedicamos a hacer el amor en mi cabina, amistosamente, conscientes de que nuestros destinos se juntaban al azar y por una sola vez. Le conté mis desventuras. Ella me compadeció suavemente y su pasajera ternura me llegó al alma».

Este casual episodio de sexo parece completar, con tonalidad menos dramática, una tríada o triángulo que enlaza las tres ciudades orientales del exilio: Rangoon, Colombo y Batavia. Primer episodio: el 'cuento de puertos', el encuentro silencioso e intenso de dos desesperados solitarios en el muelle, la tarde del desembarco en Rangoon 1927 (ver *supra*, sección V). Segundo episodio: Colombo 1929, la cópula forzada con la muchacha tamil que limpiaba los retretes (ver *supra*, sección VII). Tercer episodio: repetición del primero pero en clave ligera, en tono de comedia: el amistoso, bebido, bailado y conversado desahogo, por vía sexual y verbal, de dos desesperados viajeros errantes, Pablo y Kruzi, a pocas horas del desembarco en Batavia. Los tres episodios aparecen acomunados por haber sido fugaces experiencias de la esfera sexual cuya traducción a la escritura fue difícil para Neruda: experiencias significativamente secretas, o silenciadas, por lo cual su revelación fue críptica y/o tardía (incluso póstuma, la de las dos últimas).

Kruzi había confiado a Pablo, finalmente, la verdadera 'colocación' que la esperaba en Java. Una organización internacional la había destinado a ser la concubina europea de un rico comerciante chino que se aburría en Batavia. Al desembarcar Pablo había divisado el Rolls Royce del magnate. Ahora en el hotel, llorando, humillada y ofendida (aparte la pérdida de una ocasión dorada), Kruzi le revela que no alcanzó a subir al Rolls Royce porque la policía colonial de inmigración la había arrestado y, considerando un grave delito el concubinato de una europea con un chino en territorio holandés, había decretado su expulsión dentro de las próximas 24 horas. Al día siguiente, pues, debía reembarcarse en la misma nave en que ambos habían llegado. Pablo le aconseja visitar de todos modos a su acaudalado galán: «No tienes nada que perder. Anda a ver a ese hombre que ha pensado en ti sin conocerte. Le debes por lo menos algunas palabras. Qué pueden importarte ya los policías holandeses? Véngate de ellos. Anda a ver a tu chino. Toma tus precauciones, burla a tus humilladores y te sentirás mejor» (*OC*, V, 509).

Así lo hace Kruzi aquella tarde, y puede verificar que su pretendiente oriental le había preparado un magnífico *bungalow* con jardín, suntuosamente amoblado a la francesa en estilo Luis XIV, con refinados detalles de cristalería, cubertería de plata, refrigerador y un bar repleto de licores y bebidas europeos. Una residencia de fábula que bien valía el viaje de la pobre Kruzi. Qué frustración. Al final, el magnate abrió para ella un gran baúl que contenía «el más extraño de los tesoros: centenares de calzones femeninos, sutiles pantaletas, mínimas bragas. Íntimas prendas de mujer, por centenares o millares, colmaban aquel mueble santificado por el ácido aroma del sándalo. Allí estaban reunidas todas las sedas, todos los colores. La gama se desplazaba del violeta al amarillo, de los múltiples rosados a los verdes secretos, de los violentos rojos a los negros refulgentes, de los eléctricos celestes a los blancos nupciales. Todo el arco iris de la concupiscencia masculina de un fetichista que, sin duda, coleccionó aquel florilegio para deleite de su propia voluptuosidad» (*ibíd.*).

Kruzi, deslumbrada, tomó al azar una cierta cantidad de esas prendas que ahora pone sobre la mesa para asombro (y deleite) de Pablo. «Déjame uno... y dedícamelo, Kruzi, por favor», le pide a su amiga. Ella escoge un primoroso calzón blanco y verde, lo estira cuidadosamente y escribe su nombre y el de Pablo sobre la superficie de seda. Hasta seca sus lágrimas con la prenda antes de ponerla en manos de su amigo.

«Al día siguiente partió sin que yo la viera, como no he vuelto a verla nunca más. Los vaporosos calzones, con su dedicatoria y sus lágrimas, anduvieron en mis valijas, mezclados con mi ropa y mis libros, por muchísimos años. No supe ni cuándo ni cómo alguna visitante abusadora se marchó de mi casa con ellos puestos» (*ibíd.*, 510).

CONDENACIÓN Y HORROR!

> Querido Eandi, vivo y vivo en Java, por días y siglos por venir. Horror! Condenación y horror, y vida al suspiro! Escríbame, sus cartas son necesarias como el agua. [...]
> [carta a Eandi desde Weltevreden, 02.07.1930, en *OC*, V, 958]

Pablo verifica, mediante la guía de teléfonos, que en Batavia el Consulado de Chile no es un fantasma como en Singapore, y luego descansa hasta el día siguiente. No se siente bien de salud ni de ánimo, afectado por el largo viaje y por el cambio de clima, y también por la conciencia del error de haber traído consigo a Dom Brampy y a la mangosta, pero igual se levanta temprano y endereza sus pasos hacia el centro de la ciudad. La sede del consulado resulta ser la de una compañía de navegación: un gran edificio —con muchas oficinas y tanta gente circulando por escalas y corredores— en cuya fachada el escudo chileno luce entre varias placas comerciales. Pablo logra llegar por fin, no sin dificultades, a la oficina de un robusto y sanguíneo holandés que lo recibe con bruscos modales y masticando «un pésimo *cheruto* que emponzoñaba el aire». Funcionario de la compañía, su nombre es J. [¿Johannes?] Hofstede, reconocido por el Ministerio de Relaciones Exteriores de Chile como cónsul encargado, es decir honorario, en Singapore y Batavia (cfr. Schidlowsky, 150n).

Pablo comienza por agradecer a Hofstede su gestión de los asuntos chilenos en Batavia y luego le pide toda la información necesaria para asumir de inmediato sus funciones de cónsul. El holandés, cada vez más furioso a medida que Pablo habla, replica con atropellada rabia, entre esputos y toses provocados por el *cheruto*, que el único cónsul allí es él, y que sólo entregará los documentos del cargo contra el pago de lo que se le adeuda. El vociferante energúmeno no escucha razones. Pablo se esfuerza por recordarle que oficialmente su gestión la ha cumplido *ad honorem*, pero todo en vano, por lo cual deberá retirarse sin ningún resultado concreto.

Sin embargo, a través de la marea de groserías del holandés Pablo comprende que el responsable de tanta furia es el mismo cónsul Mansilla que años atrás ha encontrado en Singapore y que se ha negado a darle ayuda económica para llegar a Rangoon, su ciudad de destino, cediendo sólo ante la 'amenaza' de unas conferencias sobre Chile. Mansilla nunca había ejercido sus responsabilidades de cónsul en Batavia (y sólo de modo precario en Singapore). En algún momento conoció a Hofstede, funcionario de la compañía naviera que embarcaba el té y la parafina sólida hacia Chile, y lo comprometió a que, bajo la investidura de cónsul encargado (honorario), se ocupara efectivamente de los asuntos consulares enviándole los documentos y los dineros recaudados a París, donde habitualmente vivía, para protocolizarlos con firmas y sellos. Por tales servicios Mansilla se comprometió a su vez a enviarle una cierta cantidad de dinero cada mes o cada trimestre. Lo cual no había sucedido hasta el momento de la aparición de Pablo. «De ahí la indignación de este holandés terrestre [y no *volante*, ironizando sobre el legendario *Flying Dutchman*] que cayó sobre mi cabeza como el derrumbamiento de una cornisa» (*CHV*, en *OC*, V, 511).

Abrumado por este imprevisto incidente que acrecienta a nivel insoportable su desánimo, Pablo envía al ministerio un cable fechado 15.06.1930: «Cónsul interino niégase a entregar consulado haciendo graves cargos Mansilla suplícole dirigirme giro telegráfico cien libras Hotel Nederlanden situación angustiosa. *Reyes*.» Dos días después el ministro Barros Castañón despacha desde Santiago este cable al cónsul chileno en La Haya: «Encargado Consulado Batavia niégase entregar oficina a titular Neftalí Reyes, a quien ordenósele solicitar auxilio autoridades. Sírvase obtener ese Gobierno imparta las instrucciones necesarias. *Barros*.» Al día siguiente, 18.06, el encargado de negocios de Chile en La Haya, Alfredo Ewing, informa a Barros Castañón: «Ministro del Interior [holandés] solicitó ministro Colonias den instrucciones gobernador general Batavia para ayudar cónsul Reyes. *Ewing*.»

Tan tempestivo cruce de cables (que he podido citar gracias a Schidlowsky, 149-150) resuelve en pocos días el problema creado por el 'holandés terrestre', no así el del dinero que Pablo sigue reclamando al ministerio durante las semanas sucesivas. «Llegó el momento en que se me restituyó el derecho de instalarme consularmente. Mi disputado patrimonio eran: un sello de goma carcomido, una almohadilla para entintarlo y unas cuantas carpetas de documentos que contenían sumas y restas. Las restas habían ido a parar a los bolsillos del pícaro cónsul que operaba desde París. El holandés burlado me entregó el envoltorio insignificante, sin dejar de masticar su *cheruto*, con una sonrisa fría de mastodonte decepcionado» (*CHV*, en *OC*, V, 513).

Pero su regreso al hotel, aquella mañana del primer encuentro con Hofstede el iracundo, Pablo lo recordará con ironía («en el lenguaje de 1900») durante una de sus conferencias de 1942 en La Habana: «a las once del día, un joven con cara de expedicionario entraba con gesto fatigado en una habitación de un hotel de una ciudad de Java. Joven aún, su rostro denotaba largos trayectos pasados a la intemperie. Su casco blanco no parecía recién comprado. Ya tenía conocimiento esa cabeza de otros climas y de otras latitudes…: ese viajero era yo, y estamos en Batavia, en la isla de Java. / Tiritando de fiebre, me tendí en la cama, bajo la gasa. Había gastado ya todos mis pañuelos a causa de una hemorragia nasal y me sentía morir de cansancio y de fiebre, desorientado y solo» ("Viaje por las costas del mundo", en *OC*, IV, 508).

Lo anterior introduce en 1942 la anécdota de la tinta que (en Weltevreden 1930) necesitaba Pablo para escribir el telegrama al ministerio. La ha pedido en inglés, pero los camareros que acuden desconocen esa lengua. No pudiendo expresarse en holandés ni en malayo, Pablo se alza de la cama —furioso además de afiebrado— y pone en acto una complicada pantomima para darse a entender, hasta que finalmente los camareros en coro, «con una sonrisa angelical y mirándose unos a otros, exclamaron: 'Aaah!... Tinta!' Desde entonces aprendí que en Java y en idioma malayo, la tinta se llama tinta» (*ibíd.*, 509). Sus memorias evocarán la penosa crisis con menos palabras pero agregando un detalle significativo: «Fiebre maligna, gripe, soledad y hemorragia. Hacía calor y sudor. La nariz me sangraba como en mi infancia, en Temuco.»

Todavía enfermo y débil, con gran esfuerzo se levanta temprano al día siguiente para presentar sus credenciales y solicitar el auxilio de la autoridad colonial.

La residencia del gobernador general de las Indias Holandesas, o sea el palacio de gobierno de la colonia, está situado en el distrito de Buitenzorg, más o menos a una hora en tren desde Batavia, sobre una hermosa y fresca colina a los pies del volcán Sakal. La temperatura media es allí notablemente inferior a la del nivel del mar. El palacio original, que había sido edificado a mediados del siglo XVIII por el gobernador Van Imhoff, fue destruido por el terremoto de 1834 y reconstruido a imitación del maravilloso *Sanssouci* (palacio ideado y realizado por Federico II el Grande, entre 1744 y 1757, a diez minutos de Potsdam y a media hora de Berlín).

De ahí el nombre Buitenzorg, que en holandés equivale a *sans souci* (= sin penas o sin preocupaciones). Nombre justificado por el parque natural que circundaba al palacio y que con los años devino el espectacular y espléndido Jardín Botánico de Buitenzorg, uno de los más famosos del mundo. Célebres entre sus miles de especies son hasta hoy los gigantescos árboles *kanari*, las flores de loto y la magnífica colección de doscientas o más variedades de orquídeas. En 1868 el jardín había sido reconocido como institución estatal con un director. En los decenios siguientes la administración colonial instaló allí una escuela de agricultura, un museo, una biblioteca, laboratorios químicos y farmacológicos, y un *herbarium*. Hoy día el Jardín Botánico de Bogor —recuperación del antiguo nombre nativo del lugar, Bogor, en vez del colonial Buitenzorg— es una de las principales atracciones turísticas de Java y de toda Indonesia.

Hasta allí llegó Pablo aquel día de junio 1930, en muy malas condiciones físicas. Al entrar en el palacio sus energías apenas logran tenerlo en pie, a tal punto decaído que casi no repara en la formidable vegetación circundante. Y encima debe esperar a que la burocracia colonial desarrolle con fría parsimonia el ritual de su inscripción en el registro diplomático.

> Salí más enfermo que cuando entré. Anduve por las avenidas [del jardín] hasta sentarme bajo un árbol inmenso. Aquí todo era sano y fresco: la vida respiraba tranquila y poderosa. Los árboles gigantescos elevaban frente a mí sus troncos rectos, lisos y plateados, hasta cien metros de altura. Leí la placa esmaltada que los clasificaba. Eran variedades del eucaliptus, desconocidas para mí. Hasta mi nariz bajó, desde la inmensa altura, una ola fría de perfume. Aquel emperador entre los árboles se había apiadado de mí, y una ráfaga de su aroma me había devuelto la salud.
>
> O tal vez sería la solemnidad verde del Jardín Botánico, la infinita variedad de las hojas, el entrecruzamiento de las lianas, las orquídeas que estallaban como estrellas de mar entre el follaje, la profundidad submarina de aquel recinto forestal, el grito de los guacamayos, el chillido de los monos, todo esto me devolvió la confianza en mi destino y mi alegría de vivir, que se iban apagando como una vela gastada.
>
> Volví reconfortado al hotel, me senté en la *verandah* de mi *bungalow* con papel de escribir y mi mangosta encima de la mesa, y decidí enviar un telegrama al gobierno de Chile.
>
> — CHV, *en OC, V, 512*

Estas líneas —además de reintroducir en modo diverso la anécdota de la tinta— constituyen un momento particularmente conmovedor y significativo de las memorias de Neruda. En una situación de extremo decaimiento, al borde del colapso físico y anímico, el poeta viene salvado por una divinidad de la naturaleza (aquel «emperador entre los árboles») que lo acoge y restaura en su templo forestal, en su verde recinto, sagrado y materno como la selva de la infancia en la Frontera. No casualmente le sangra la nariz, somatizando así su aflicción como solía de niño en Temuco.

"EL DESHABITADO" (I): UNA SOLA GOTA OSCURA

> Estación invencible! En los lados del cielo un pálido cierzo se acumulaba, un aire desteñido e invasor, y hacia todo lo que los ojos abarcaban, como una espesa leche, como una cortina endurecida existía, continuamente.
>
> De modo que el ser se sentía aislado, sometido a esa extraña substancia, rodeado de un cielo próximo, con el mástil quebrado frente a un litoral blanquecino, abandonado de lo sólido, frente a un transcurso impenetrable y en una casa de niebla.

> Condenación y horror! De haber estado herido y
> abandonado, o haber escogido las arañas, el luto
> y la sotana. De haberse emboscado, fuertemente
> ahíto de este mundo, y de haber conversado sobre
> esfinges y oros y fatídicos destinos. De haber
> amarrado la ceniza al traje cotidiano, y haber
> besado el origen terrestre con su sabor a olvido.
> Pero no. No.
>
> ["El deshabitado", *RST*, en *OC*, I, 281]

Estos párrafos abren "El deshabitado", uno de los textos del bloque prosístico de la primera *Residencia*. No tengo noticia de que haya sido publicado antes de la edición 1933, ni el autor parece haberlo aludido o comentado alguna vez. Lo presumo escrito en Weltevreden, a fines de junio o comienzos de julio 1930, quizás el mismo día 02.07.1930 en que Pablo fechó la carta a Eandi que incluye la exclamación «Horror! *Condenación y horror*, y vida al suspiro!» (*OC*, V, 958), parcialmente compartida por el fragmento arriba citado.

Aparte tan evidente indicio, el tono del texto y específicos detalles (a comenzar por el título mismo) manifiestan el estado de desánimo que vive Pablo al comenzar su vida en Batavia, ya cansado de desplazamientos que lo llevan de un exilio a otro, de una soledad a otra peor, cada vez más vacío de estímulos, contactos y raíces. Notar la ausencia de esa luz resplandeciente, característica de Wellawatta, sustituida por la palidez lechosa del cielo javanés. Probablemente desde la altura de Weltevreden, quizás desde la *verandah* misma de su *bungalow* en el Hotel der Nederlanden, o desde algún café, Pablo sólo divisa el mar a lo lejos.

La *deshabitación* del título reintroduce en el itinerario de *Residencia* la nostalgia de Cantalao, esto es, del sistema Noche-Sur, esa antigua base/motor del quehacer poético. Durante sus últimos meses en Wellawatta, Pablo había logrado por fin —con gran esfuerzo y en circunstancias difíciles— inaugurar una línea de escritura que parecía prescindir del espíritu de Cantalao y que alcanzó objetivación en los poemas "Caballero solo" y "Ritual de mis piernas". La lectura de los *nuevos ingleses*, en particular Aldous Huxley y D. H. Lawrence, había auspiciado esa tentativa que, sin embargo, pierde su fuerza de propulsión cuando Pablo se traslada a Batavia. Ni siquiera intenta escribir en versos el poema del desánimo, como "Tiranía" en Rangoon o "Monzón de mayo" en Wellawatta. La prosa de "El deshabitado", en cuanto modulación de repliegue, sentida como menos exigente, es en sí misma un índice del abatimiento. Pero igual el texto resulta muy bueno, y el poeta no lo excluirá de *Residencia*.

Estación invencible!... un pálido cierzo... un aire desteñido e invasor... Pablo recurre a los signos de una naturaleza extraña —como antes la lenta llovizna de Rangoon, o el sol enceguecedor y el viento verde de Wellawatta— para configurar en clave expresionista el estado de vacío existencial y de abatimiento en que se encuentra. Retornan los términos que denuncian la carencia o debilidad de estímulos vitales, o bien la inmovilidad y la homogeneidad letales del tiempo-espacio. Así, «un *pálido* cierzo... un aire *desteñido*» evocan «el día *pálido*» de "Débil del alba", mientras en «como una *espesa leche*» y en «frente a un litoral *blan-*

quecino» resuenan «los días *blancos* de espacio» de "Alianza (sonata)" o la imagen «teniendo esa *consistencia de la leche*, de las semanas muertas» que leíamos en "Sabor": fórmulas que parecían dejadas atrás, junto con la tristeza santiaguina. El inicio mismo, «Estación invencible!», alude a la agobiadora persistencia del clima en los trópicos, indiferente a los desplazamientos del poeta.

De modo que el ser se sentía aislado... El término *ser* en función autorreferencial no es nuevo en el lenguaje de Pablo («te asalta un *ser* sin recuerdos», *THI*, poema 5) y reaparecerá en "Cantares" de 1931 («con espesas garras sujeta / el tiempo al fatigado *ser*»). Más tarde volverá, pero no como autoalusión en tercera persona (alternando con 'joven' u 'hombre' en *Tentativa* y en *Residencia*), sino con referencia al Hombre genérico en "Alturas de Macchu Picchu" («El *ser* como el maíz se desgranaba...»). Los módulos en imperfecto que rigen esta primera parte del texto (*se sentía*, y antes *se acumulaba, abarcaban, existía*) juegan un rol distanciador y pudoroso, como buscando neutralizar o filtrar resonancias demasiado íntimas o personales, negándose así a los dramáticos tonos emotivos que la situación solicitaría.

... con el mástil quebrado frente a un litoral blanquecino... Como un barco a la deriva: imagen de la pérdida del rumbo, de la inmovilidad en medio del océano o del naufragio frente a una costa incierta y estéril. Esta representación náutica de un momento de crisis, o de extravío, no es ajena a los modelos literarios de antaño, como Loti o Baroja, o como aquel Conrad que Pablo y Álvaro habían intentado traducir en Chile, 1927: «Se acuerda de esas novelas de José Conrads [*sic*] en que salen extraños seres de destierro, exterminados, sin compensación posible? A veces me siento como ellos...» (carta a Eandi desde Wellawatta, 24.04.1929, en *OC*, V, 942). Pero más probablemente estas líneas son deudoras de las recientes lecturas inglesas de Pablo en Ceylán.

Condenación y horror! De haber estado herido y abandonado... Pero no. No. De difícil lectura esta secuencia (hecha de tres momentos binarios) y su coda adversativa. La obstinada reiteración del infinitivo *haber(se)* parece regida por el sintagma *'el ser'* del párrafo precedente, pero ¿a qué núcleo remiten las preposiciones *de* que encabezan cada uno de los tres períodos de la secuencia? La vía más simple podría ser referirlas a «Condenación y horror!» y, ayudándonos con la carta a Eandi, leer tentativamente así las fórmulas binarias: (1) al cabo de *sufrir* la herida y el abandono [Albertina] o de haber *escogido* una circunstancia mísera y doliente (cfr. «arañas de mi propiedad» en "Sonata y destrucciones"), de haber escogido también la muerte del amor y la sotana del fraile —¿o sea la abstinencia, la renuncia sexual?— respecto a Josie Bliss; (2) al cabo de tanto huir, por cansancio, de mundos propios y extranjeros, y de haber vivido en ellos, sin embargo, intensos contactos y deslumbrantes experiencias; (3) al cabo de haber atravesado tantos días y meses en la uniformidad letal [ceniza] del vacío y del tedio, y de haber contactado personalmente [besado] primordiales misterios y ritos de culturas remotas [pero degradadas por el tiempo y la colonización, olvidadas de sí mismas y del propio alcance humano]. Al construir este pasaje Pablo retorna a las aparentes anomalías sintácticas de los comienzos de "Galope muerto" y —sobre todo— de "Alianza (sonata)", estudiadas por Alonso (122-123).

Otras lecturas o interpretaciones son posibles, naturalmente, pero puesto que la secuencia parece trazar un balance de tres años de exilio mediante un contrapunto de experiencias y decisiones que —entre errores y revelaciones— jalonan el largo esfuerzo de Pablo por preservar e incluso desarrollar la tarea 'profética'; y puesto que un temible desierto («vivo y vivo en Java, por días y siglos por venir!») amenaza anular lo defendido, liquidando las últimas reservas de entusiasmo y obstinación del poeta, por todo ello me parece legítimo leer la adversación al cierre (*Pero no. No.*) como una extrema reacción del moribundo, como una desesperada reafirmación de su identidad y de sus propósitos poéticos: 'pero no me rindo, resisto' [cfr. el final de la última carta a Teresa Vásquez en 1924: «Mi Andaluza, todo se terminó? *Di que no, que no, que no.*» — *OC*, V, 851].

> Materias frías de la lluvia que caen sombríamente, pesares sin resurrección, olvido. En mi alcoba sin retratos, en mi traje sin luz, cuánta cabida eternamente permanece, y el lento rayo recto del día cómo se condensa hasta llegar a ser una sola gota oscura.
> Movimientos tenaces, senderos verticales a cuya flor final a veces se asciende, compañías suaves o brutales, puertas ausentes! Como cada día un pan letárgico, bebo de un agua aislada!

En mi alcoba sin retratos: resonancia de otro desplazamiento o fuga: «y otra vez /.../ no hay perchas en mi habitación, ni retratos de nadie en las paredes» ("Tango del viudo"); — ***en mi traje sin luz***: con sentido similar, cfr. «dónde está... esa conciencia resplandeciente *cuyo destello me vestía de ultra azul?*» ("La noche del soldado"); — ***cuánta cabida...***: ¿cuánto vacío, o cuánta disponibilidad, o quizás ambas cosas?; — ***y el lento rayo recto del día cómo se condensa hasta llegar a ser una sola gota oscura.*** Estupenda imagen de una fuente de vida (la luz del sol) que viene percibida por Pablo como un haz de dolor que por un proceso de condensación se instala en su ánimo como una gota de muerte, como un esférico proyectil negro. [Cfr. «Tal vez los peores años de mi vida fueron aquellos en que me vi obligado a convivir con un verano perenne que *me fusilaba con fuego de sol cada día*. Fueron mis años indianos, cingaleses, indonesios» ("Manual del otoño", *Ercilla* 1.818, Santiago 22.04.1970, en *OC*, V, 281).]

En este fragmento de "El deshabitado" leemos la versión negativa de la temática de la *gota* y del *caer*, como también de la *acumulación*, que aquí es *condensación* (restricción, endurecimiento). Una versión de sentido opuesto la encontraremos a poco andar en el poema "Duelo decorativo" (= "Lamento lento"), donde la *gota* es un nombre secreto de mujer que cae desde la altura de la memoria erótica, y donde la *acumulación*, al contrario que en la presente *condensación*, significa aumento, expansión, *desarrollo*: «En la noche del corazón / la gota de tu nombre lento / en silencio circula y cae / y rompe y desarrolla su agua» (*OC*, I, 265). Nombre *lento*, *lento* rayo, pero Pablo asocia *ese nombre* a la *noche* del corazón (los sueños), mientras el *rayo* pertenece al sol del *día* inclemente (la realidad) que está viviendo. Por eso aquí el rayo de luz diurna se compacta en una pesada *gota oscura* (densa y letal como un *black hole*), mientras allá la gota nocturna se expande, circula, desarrolla *agua* transparente y luminosa, leve y vitalizadora: poesía.

Movimientos tenaces... En este párrafo Pablo alude quizás a la repetición de antesalas y trajines burocráticos para oficializar su investidura consular y, en sentido más general, a la estratificación administrativa y social de las colonias inglesas y holandesas en Oriente, donde tanto los colonizadores como los nativos se comportan según el estricto «escalafón de castas» (*CHV*). — ***senderos verticales a cuya flor final a veces se asciende...*** Esta alusión a la verticalidad jerárquica podría no ser irónica si para el poeta la «flor final» no era el gobernador (con su palacio en lo alto de Buitenzorg, circundado por el Jardín Botánico), sino las mujeres europeas de «la azotea del aparato» colonial.

"EL DESHABITADO" (II): QUÉ MAR DE INVIERNO...

> Aúlla el cerrajero, trota el caballo, el caballejo empapado en lluvia, y el cochero de largo látigo tose, el condenado! Lo demás, hasta muy larga distancia permanece inmóvil, cubierto por el mes de junio, y sus vegetaciones mojadas, sus animales callados, se unen como olas. Sí, qué mar de invierno, qué dominio sumergido trata de sobrevivir, y, aparentemente muerto, cruza de largos velámenes mortuorios esta densa superficie?
>
> A menudo, de atardecer acaecido, arrimo la luz a la ventana, y me miro, sostenido por maderas miserables, tendido en la humedad como un ataúd envejecido, entre paredes bruscamente débiles. Sueño, de una ausencia a otra, y a otra distancia, recibido y amargo.
>
> ["El deshabitado", *RST*, en *OC*, I, 281-282]

Neruda fue siempre un *voyeur*, un mirón, un observador curioso y atento de todo lo que sucedía a su alrededor, de todo movimiento de los seres humanos y animales, en la calle o donde fuese. Especialmente si podía ejercer tal actividad desde un punto fijo. He reportado (sección I) los recuerdos adolescentes de Laura en Temuco, cuando asomada a la ventana del dormitorio, desde el piso alto, refería a su hermano —enfermo en cama— los pormenores y comportamientos de los pasantes, incluyendo los de algún perro vago. La escritura de "El deshabitado" supone un Sujeto que recorta el diseño verbal de su íntima situación contra un amplio escenario exótico, ajeno, cuyos rasgos nos llegan como trazados con impresionista pincel. La mirada del Sujeto se desplaza abarcadora, panorámica. Pero de pronto la 'cámara' focaliza su atención sobre una escena callejera próxima.

Imagino a Pablo escribiendo esta prosa en la *verandah* de su *bungalow*, o en la terraza del hotel, o más probablemente en algún café de la ciudad. Un recuerdo de Batavia: «Me sentaba a veces, casi siempre solo, en los repletos cafés al aire libre, junto a los anchos canales, a tomar la cerveza o el *ginpahit*. Es decir, reanudé mi vida de tranquilidad desesperada» (*CHV*, en *OC*, V, 513).

Aúlla el cerrajero, trota el caballo... y el cochero de largo látigo tose, el condenado! Únicos signos de vida, movimiento y relieve en el horizonte homogéneo y letal, estableciendo un fuerte contraste con la imagen sucesiva: «Lo demás, hasta muy larga distancia permanece inmóvil, cubierto por el mes de junio...» Con gran sabiduría estilística, Pablo ha interrumpido el ritmo pausado de una prosa enrarecida y surreal con el enérgico dinamismo de un breve paréntesis 'costumbrista'. Detalles inmediatos y concretos de movimiento, color y sonido recortan de improviso un anclaje realista, vivaz, dentro de la atmósfera de inmovilidad y silencio, de lentitud y sopor que domina en el texto.

... cubierto por el mes de junio y sus vegetaciones mojadas, sus animales callados, se unen como olas... La referencia cronológica («mes de junio», que de paso confirma la datación del texto) la veo conexa a presencias locales de vegetación y fauna que —por asociación— precipitan sobre el poeta un oleaje de recuerdos, el ataque de la memoria lejana. Al instalarse en Wellawatta, más de un año antes, Pablo había escrito a doña Trinidad señalándole una cierta semejanza entre ese lugar y Puerto Saavedra. La cercanía del océano, sin embargo, mantuvo a raya la nostalgia y —durante 1929 y comienzos de 1930— permitió a Pablo un cierto margen de desarrollo poético estimulado por la lectura de los *nuevos ingleses*, según he insistido ya. La situación actual en Batavia, sin las ilusiones o estímulos 'proféticos' que ofrecieron las precedentes experiencias del exilio (Josie Bliss en Rangoon, D. H. Lawrence en Colombo), le prospecta un desértico horizonte que por contraste agudiza la nostalgia de Cantalao.

Sí, qué mar de invierno, qué dominio sumergido trata de sobrevivir... aparentemente muerto... Ahí está el océano de Puerto Saavedra, o sea de Cantalao, que por fin se ha abierto un camino hasta la memoria explícita. Antes señalé la presencia cifrada del Sur de la infancia (y del país lejano) en un par de textos escritos en Rangoon, pero con intención opuesta a éste de Batavia: «Ahora, qué imprevisto paso hace crujir los caminos? / Qué vapor de estación lúgubre, qué rostro de cristal, / y aún más, qué sonido de carro viejo con espigas?» ("Diurno doliente"); — «Quién hizo ceremonia de cenizas? / Quién amó lo perdido, quién protegió lo último? / El hueso del padre, la madera del buque muerto, / ... su dios miserable?» ("Sonata y destrucciones"). Quejas del poeta en ambos casos, porque el asalto de los recuerdos obstaculizaba, hacía difícil la *sustitución* del nocturno Cantalao con el ímpetu diurno de la Seducción (Josie Bliss). Ímpetu que entonces la escritura de Pablo necesitaba para sobrevivir.

Ahora, en cambio, lo que intenta sobrevivir en la escritura es algún *mar de invierno* y algún *dominio sumergido* no identificados que el poeta convoca, también crípticamente como en Rangoon, pero esta vez no para exorcizarlos, sino para obtener su auxilio. Viviendo una situación extrema de desánimo y abatimiento, ante un mar extraño («esta densa superficie»), el poeta *deshabitado* invoca el océano de Puerto Saavedra entonces en invierno (corre «el mes de junio») y, en general, ese Sur de la infancia («dominio sumergido... aparentemente muerto») que en otros textos llamó los *orígenes* ("Caballo de los sueños", "Sistema sombrío").

El recuerdo del espacio chileno reemerge desde la profundidad en que dormía, introduciendo en el presente muerto algunos signos de consuelo y sostén para el Sujeto: el dulce movimiento de esos «largos velámenes» que (si bien «mortuorios», tristes) complementan simétricamente la vivacidad de las imágenes 'costumbristas' del comienzo del párrafo («Aúlla el cerrajero», etcétera). Dos registros del imaginario, dos fuentes de interés y energía: la realidad inmediata del presente (figuras y dinamismos sociales del territorio colonial) y la memoria de ciertos materiales del pasado.

Esta prosa residenciaria inaugura así, oblicuamente, una notable constante nerudiana. La invocación del espacio mítico fundacional (Cantalao, el centro sagrado) en situaciones de extremo peligro devendrá, en efecto, uno de los ritos poéticos más persistentes de toda la obra del poeta agnóstico, sin otras divinidades personales que el bosque y el océano del Sur chileno. Anticipemos algunos ejemplos futuros, distanciados entre sí: «Ayudadme, hojas que mi corazón ha adorado en silencio, / ásperas travesías, inviernos del sur... / venid a mí con un día sin dolor...» ("Enfermedades en mi casa", Madrid 1934); — «Enfermo en Veracruz, recuerdo un día / del Sur, mi tierra, un día de plata / como un rápido pez en el agua del cielo /.../ Océano, tráeme / un día del Sur, un día agarrado a tus olas, / un día de árbol mojado, trae un viento / azul polar a mi bandera fría!» ("Quiero volver al Sur", México 1941); — y, un año antes de morir, transcribirá así su angustia el enfermo terminal: «No salgo al mar este verano: estoy / encerrado, enterrado, y a lo largo / del túnel que me lleva prisionero / oigo remotamente un trueno verde, / un cataclismo de botellas rotas, / un susurro de sal y de agonía. / Es el libertador. Es el océano, / lejos, allá, en mi patria, que me espera» ("Llama el océano", París 1972).

«TUVE QUE COMPRARME UN *SMOKING* BLANCO Y UN FRAC»

Y después de eso, Java, a seis grados Sur. Lluvias desde noviembre hasta abril. Aire húmedo y caliente y aquella desesperante psicosis que describe Somerset Maugham de esos individuos enloquecidos por el aire. Y borrascas terribles en que los ríos salen de madre y los lagartos y las serpientes invaden las viviendas. Todos los objetos están empapados de humedad y la atmósfera pesa sobre los hombros. Estamos en el hotel. Los verdes animalitos, de ojos saltones, ocupan el suelo, y los lagartos oscuros, de piel rugosa, se pasean por el techo y las paredes. Y así entre la aprensión y la luz de la noche tropical, temblorosa de fosforescencias, se escuchan marchas guerreras que vienen de lejos. En las Indias Holandesas los volcanes aparecen en medio de tapices de flores. Es la hora de la siesta: 35 millones de javaneses velan el sueño y accionan los ventiladores que refrescan a 135.000 europeos. Pero la vida se desliza tranquila. Una casa con techo de estera basta en medio de los bosques de bambú. No tienen ni siquiera el accidente del amor. Sus

> mujeres son esbeltas y flexibles y sonríen siempre.
> La pasión es cosa desconocida. Un crimen de
> amor los dejaría tan perplejos como si de pronto
> vieran caer el cielo sobre el mar. Es allí donde
> Pablo Neruda va a madurar su espíritu de
> ciudadano chileno nacido en Temuco.
>
> [Rojas Paz 1944: 112-113]

Los tránsitos desde Rangoon a Colombo, y desde Colombo a Batavia, han debilitado progresivamente el ímpetu anárquico con que Pablo salió de Chile en 1927. En Rangoon 1928 su convivencia con los nativos en cafés y restoranes, y en particular su cohabitación con Josie Bliss, fueron todavía gestos de abierto desafío a las convenciones de «los espantosos ingleses que odio todavía» (verso no por casualidad inscrito en un poema de amor a una nativa birmana). En Wellawatta (1929-1930) su comportamiento se volvió menos heterodoxo, con visible tendencia a la adaptación. No sólo rechazó allí a una Josie Bliss enloquecida de amor y de furia, que había atravesado el océano en su busca, sino que sus contactos con mujeres locales (nativas o criollas o inglesas) ocurrieron ahora dentro de las reglas del juego colonial, sin ir más allá de las 'trangresiones' de los jóvenes ingleses en sus *chummeries* (ver *supra*, sección VII, y *OC*, V, 504).

Escaldado por la experiencia birmana, Pablo en Wellawatta no intentó siquiera (no conozco testimonios suyos o ajenos en contrario) una relación permanente o estable con ninguna mujer. Vivió siempre solo en su *bungalow* de 42nd Lane, con su catre de campaña, Brampy y la mangosta. Que el joven diplomático chileno no se haya acercado a ninguna graciosa (y soltera) muchacha de la casta dominante, es decir, de «la azotea del aparato» colonial, es cosa bastante improbable. Pero, o bien las señoritas inglesas de sociedad ignoraron a nuestro cónsul, tras haberse informado de su nivel de ingresos y de su exótico cuanto modesto domicilio junto al mar, o bien Pablo no logró compartir la propensión erótica (aunque sí la gastronómica) de Erasmo de Rotterdam, quien prefería «entre todas [las mujeres] a las inglesas, cuya frescura de tez lo entusiasmaba» (según cuenta Funck-Brentano, 86). Lo cierto es que ni Patsy, ni Ellen, ni Artiyha, ni las demás amigas que frecuentó en Colombo llenaron el vacío afectivo de Pablo durante ese año y medio vivido en la isla. Tampoco, a decir verdad, el vacío sexual que le dejaron la imposible Josie Bliss y la impasible Albertina, según sugiere la escritura misma de los poemas "Caballero solo" y "Ritual de mis piernas". Ceylán fue para Pablo, sobre todo, dos cosas: una experiencia física de sí mismo, un intensificado contacto y reconocimiento de su propio cuerpo, de su realidad biológica, de su *ser naturaleza*; y, en la otra ladera, una experiencia de importantes lecturas en inglés, o sea de crecimiento intelectual. Todo ello vivido dentro de un marco de luminosa soledad.

La tendencia a la adaptación se acentúa en la isla de Java, su tercer destino consular. Ya hemos visto que Pablo llegó a Batavia en condiciones anímicas desastrosas. La íntima fatiga, el desaliento y la soledad lo hacen más vulnerable a los signos sociales del mundo colonial holandés. A fines de julio comunica a su hermana Laura: «He llegado aquí hace un mes, vivo en un hotel, y traje de Ceylán un sirviente y una especie de quirquincho amaestrado muy simpático, y se llama Kiria. Estoy bien en lo que se refiere a dinero, tengo un sueldo mayor que en Colombo, pero la vida es cara. La pensión solamente me cuesta más de $1.600 [en chilepesos], y después el sirviente, ropa, zapatos, traguitos, se gasta todo. Pero voy a tratar de economizar para ver si puedo ir a Chile en octubre del año próximo, mes en que cumpliré cuatro años de carrera, y tengo derecho a cuatro meses de permiso» (*OC*, V, 816). En sus memorias Neruda recordará también que sus ingresos bastaban apenas para su propia subsistencia, la de Brampy y la de Kiria «que crecía ostensiblemente y se comía tres o cuatro huevos al día», pero agregando un significativo índice de adaptación que no había sido registrado antes de Batavia: «Además, tuve que comprarme un *smoking* blanco y un frac que me comprometí a pagar por mensualidades» (*ibíd.*, 513). No menos significativo, con relación a la obligada austeridad de Rangoon y Colombo, aparece este recuerdo gastronómico:

> La *rice-table* del restaurante del hotel era majestuosa. Entraba al comedor una procesión de diez a quince servidores que iban desfilando frente a uno con sus respectivas fuentes en alto. Cada una de esas fuentes estaba dividida en compartimentos y en cada uno de esos compartimentos brillaba un manjar misterioso. Sobre una base de arroz erigía su substancia aquella infinidad comestible. Yo, que he sido siempre glotón y por mucho tiempo desnutrido, elegía algo de cada una de las fuentes, de cada uno de los quince o dieciocho servidores, hasta que mi plato se convertía en una pequeña montaña donde los pescados exóticos, los huevos indescifrables, los vegetales inesperados, los pollos inexplicables y las carnes insólitas, cubrían como una bandera la cumbre de mi almuerzo. Los chinos dicen que la comida debe tener tres excelencias: sabor, olor y color. La *rice-table* de mi hotel juntaba esas tres virtudes, y una más: abundancia.
>
> — CHV, *en* OC, V, *513-514*

«Hacía más de un año que no hablaba en castellano», escribe a Laura en su carta recién citada. Durante sus primeras semanas javanesas Pablo conoce a algunos españoles residentes y al cónsul cubano, cuyo nombre es Gustavo Enrique Mustelier y Galán (según Schidlowsky, 154), «y ellos se divertían mucho porque a mí me costaba hablar. La lengua se acostumbra a los idiomas extranjeros y uno se pone muy gringo para hablar, y tartamudo» (*OC*, V, 816).

Desde que desembarca en Batavia y pone pie en el Hotel der Nederlanden, la obsesión del libro por publicar cobra nueva fuerza, proporcional a su desgano por escribir. Enterado de que tres de esos poemas —"Galope muerto", "Serenata" y "Caballo de los sueños"— han aparecido en España, no disimula su satisfacción en la carta a Eandi del 02.07.1930: «Ha visto usted mis versos en el número de marzo de la *Revista de Occidente*? / Le gustan? / "Galope muerto" es lo más serio y perfecto que he hecho» (*OC*, V, 959). Esta última observación —que ya comenté más atrás a propósito del poema nombrado— introduce en la correspondencia de Pablo una nueva fase de interés y reflexión sobre su propia producción poética, conexa a la conciencia que crece en él acerca del valor de su nuevo libro y de su desesperación por publicarlo.

Digna de señalar al respecto es la carta del 15.07.1930 dirigida a Alone (Hernán Díaz Arrieta), el cronista literario que desde su columna semanal (primero en *La Nación* y después en *El Mercurio*) por varios decenios decidió lo que valía o no valía la pena leer en Chile. Mantuvo con Neruda una relación normalmente amistosa y de recíproca estimación, a ratos interrumpida por comentarios del crítico que el poeta no apreciaba (el caso de *Veinte poemas*) o por diferencias políticas. Al final de un mensaje de 1935 Neruda saludará a Alone con esta frase, auténtico emblema de la relación entre el poeta y el crítico: «Disponga de mí hasta que nos peleemos de nuevo» (en *OC*, V, 931).

Ahora bien, Laura le ha enviado recientemente desde Temuco un ejemplar de *La Nación* (mayo 1930) con un comentario de Alone a un libro de Carlos Sabat Ercasty, «conocido entre nosotros por su influencia sobre Pablo Neruda y, a través de él, sobre los jóvenes escritores de Chile». Esta afirmación de Alone determina una reacción de Pablo cuyo singular énfasis es índice de una renovada ansiedad por afirmar su situación de poeta dentro del panorama literario chileno, bajo el acicate de la publicación madrileña de los tres poemas residenciarios. Sólo así se explica su repentino interés por aclarar un asunto no sólo superado en su trayectoria sino, además, relativo a un libro abortado, *El hondero entusiasta*, que restará inédito hasta 1933. La carta de Pablo se publicará en *La Nación* de Santiago el 19.10.1930 bajo el título "Refuta influencias indirectas". Sus párrafos centrales:

> Es muy cierta esta influencia de Sabat sobre cierto período de mi producción; pero es vagamente audaz decir que indirectamente Sabat ha influenciado a los nuevos poetas. Fuera de mí, ningún poeta chileno ha sufrido esta influencia.
> A través de mí no pudo haberse ejercitado este poder de Ercasty y después de haberla sufrido, yo rechacé con violencia la actitud de Ercasty y destruí el libro que la mostraba. Este libro fue de sesenta o setenta largos poemas y, fuera de cuatro publicados en *Dionysos* y uno salido en *Atenea*, los demás murieron inéditos. Ésta es la verdad y no hay otra verdad.
> Nunca he hallado un poeta joven de Chile que sintiera simpatía por la obra de Ercasty o por la situación intelectual de sus trabajos. Con la excepción de Cifuentes Sepúlveda. Y de él nadie dirá que tuvo influencias mías o de Ercasty.

Al final, un párrafo irónico sobre su escritura actual, que en verdad desliza un mensaje tendiente a crear algunas mínimas expectativas en el país lejano:

> Mi lenguaje literario de este último tiempo comienza a oler a decretos e informes del Ministerio de Relaciones Exteriores. Quiero prevenir a usted de este hecho siniestro, y que de antemano mis amigos se salven.
>
> — *OC, V, 930*

Como respondiendo a la ansiedad de Pablo por su inédita *Residencia*, la situación no está inmóvil en Chile. Esos primeros meses en Weltevreden coinciden con la publicación de diversos textos: "Significa sombras" y "Ausencia de Joaquín" en *Letras* 22, Santiago, julio 1930; "Colección nocturna" en *Atenea* 66, Concepción, agosto 1930; "Ritual de mis piernas" y "Significa sombras" en *Índice* 9, Santiago, diciembre 1930; además, la crónica "Oriente y Oriente" en *La Nación*, Santiago, 03.08.1930, y un volumen con poemas de Joaquín Cifuentes Sepúlveda bajo el título *El adolescente sensual* (Santiago, Imprenta El Esfuerzo, 1930), encabezado por un prólogo de Jorge González Bastías y por el poema "Ausencia de Joaquín". También hay publicaciones en el extranjero: "Colección nocturna" en *Cartel* 7, Montevideo, julio 1930; y, aparte los tres poemas acogidos por *Revista de Occidente* en Madrid (marzo 1930), cabría señalar aquí dos precedentes y raras publicaciones —muy poco conocidas en efecto— en la revista dirigida por José Carlos Mariátegui en Perú: "Sonata y destrucciones", *Amauta* 20, Lima, enero 1929, y "Monzón de mayo", *Amauta* 28, Lima, enero 1930.

UNA MANGOSTA EXTRAVIADA Y UN CÓNSUL INGENUO

> The PKI [Partido Comunista de Indonesia], once it had committed itself to independent action, began to move toward a policy of unilateral opposition to the colonial regime. Without the support of the Comintern, and even without complete unanimity within its own ranks, it launched to revolt in Java to the end of 1926 and in Western Sumatra at the beginning of 1927. These movements, which had elements of traditional protest as well as of genuine Communist insurrection, were easily crushed by the Indies government, and Communist activity was effectively ended for the remainder of the colonial period.
>
> [*Encyclopedia Britannica*]

Pablo vivía aún en el hotel cuando Kiria desapareció. Habituada a la tranquilidad que reinaba alrededor del *bungalow* en Wellawatta, la turbulencia de gentes y vehículos en Batavia la desconcertó. Un día, al volver Pablo al hotel, la mangosta no viene a su encuentro ni salta sobre sus rodillas cuando se sienta en la *verandah*. Hasta pone un aviso en los periódicos, pero en vano: Kiria no regresará. «Brampy, su guardián, se sintió tan deshonrado que por mucho tiempo no se mostró ante mi vista. Mi ropa, mis zapatos, eran atendidos por un fantasma. A veces creía yo escuchar el chillido de Kiria que me llamaba desde algún árbol nocturno. Encendía la luz, abría las ventanas y las puertas, escrutaba los cocoteros. No era ella. El mundo que Kiria conocía se había transformado en una gran estafa; su confianza se había desmoronado en la selva amenazante de la ciudad. Me sentí por mucho tiempo traspasado de melancolía. / Brampy, avergonzado, decidió volver a su país. Lo sentí mucho pero, en realidad, era aquella mangosta lo único que nos unía» (*OC*, V, 514).

En septiembre u octubre Pablo deja el hotel y arrienda una casa en calle Probolingo, dentro del mismo Weltevreden. Es «una casa encantadora», según escribe a su padre, «un pequeño chalet en un barrio muy tranquilo» (*ibíd.*, 818). «Era una sala, un dormitorio, una cocina, un baño» (*ibíd.*, 515). Con garaje pero sin automóvil. Mientras vivirá solo, aquel espacio es más que suficiente. Una anciana campesina en la cocina, y un muchacho en las tareas de camarero, ambos javaneses, sustituirán más tarde a Brampy. La periodista chilena Elvira Santa Cruz (Roxane), que en 1931 pasa unos días en Batavia, escribirá para *El Mercurio* del

03.01.1932: «La casa de Pablo Neruda está en Weltevreden; sólo dos habitaciones son cerradas (...) y tienen pequeños agujeros en los muros para que los pájaros hagan allí sus nidos» (cito por Cardone, 104).

A la redoblada soledad se agregan el aburrimiento y el desgano de escribir. Percibe con creciente asfixia la inmovilidad de la vida pública colonial. La agitación independentista, incluso revolucionaria, que conoció durante sus dos meses en Calcutta, no había atravesado el estrecho que separa a la India de Ceylán, donde Pablo no advirtió signos de rebelión contra los ingleses. Aún más aletargada y más sometida a los holandeses le parece en Batavia la sociedad criolla y nativa. Pero en verdad se engaña: sucede sólo que ha llegado tarde, cuando las explosiones nacionalistas y comunistas de 1926-1927 y de 1929 ya han sido sofocadas y sus resonancias parecen desvanecidas.

[En julio 1927 surge la Asociación Nacional Indonesia, que poco después da origen al Partido Nacionalista Indonesio (PNI) bajo la conducción de Akmed Sukarno. Nacido en 1901, este joven líder logra constituir en 1927 un frente único anticolonial, agrupando las varias organizaciones nacionalistas y dando inicio a una serie de agitaciones violentas contra la dominación holandesa. Sukarno viene arrestado a fines de 1929 y sometido a juicio. El tribunal lo condena a cuatro años de prisión. Será puesto en libertad a fines de 1931, cuando el movimiento unitario que ha contribuido a formar se está ya desintegrando.]

Decidido sin embargo a no repetir la experiencia de soledad y aislamiento vivida en Wellawatta, Pablo trata de inserirse en la vida gregaria de la comunidad diplomática, y a través de ella intenta contactar los estratos accesibles de la sociedad local. Más atrás aún queda aquel comportamiento desafiante y anticonvencional —de raíz anárquica— que había practicado en Rangoon. Esta diversa tentativa de Java cuenta con la ayuda del cubano Mustelier y Galán, quien le abre las puertas de su casa y suele invitarlo a cenar en compañía de otros diplomáticos y de variados personajes que ha venido conociendo durante su ya prolongado ejercicio consular en Batavia. El cubano es locuaz y, aunque oficialmente representa al gobierno del dictador Machado, en privado refiere al colega chileno muchos abominables detalles de lo que sucede en su país: «me contaba que las prendas de los presos políticos, relojes, anillos y a veces dientes de oro, aparecían en el vientre de los tiburones pescados en la bahía de La Habana» (*OC*, V, 515). Durante estas reuniones, en las que naturalmente se bebe óptimo ron, aparece de vez en cuando el vicecónsul alemán en Batavia y Singapore, Richard Hertz, a quien Neruda recordará así en sus memorias:

> El cónsul alemán Hertz adoraba la plástica moderna, los caballos azules de Franz Marc, las alargadas figuras de Wilhelm Lehmbruck. Era una persona sensitiva y romántica, un judío con siglos de herencia cultural. Le pregunté una vez:
> —Y ese Hitler cuyo nombre aparece de cuando en cuando en los diarios, ese cabecilla antisemita y anticomunista, no cree usted que pueda llegar al poder?
> —Imposible —me dijo.
> —Cómo imposible, cuando todo lo más absurdo se ve en la historia?
> —Es que usted no conoce a Alemania —sentenció—. Allí sí que es totalmente imposible que un agitador loco como ése pueda gobernar siquiera en una aldea.

> Pobre amigo mío, pobre cónsul Hertz! Aquel agitador loco por poco no gobernó al mundo. Y el ingenuo Hertz debe haber terminado en una anónima y monstruosa cámara de gas, con toda su cultura y su noble romanticismo.
>
> — CHV, *en* OC, V, 515-516

Este fragmento consigue atraer, una vez más, la severa crítica de Schidlowsky (160-161) hacia presuntos prejuicios antisemitas de Neruda, incluso atribuyéndole al párrafo final «un tono irónico *inhumano*» y agregando que una «corta investigación le habría evitado [a Neruda] aquella *penosa* parte de sus memorias escrita poco antes de su muerte, cuando el Holocausto comenzaba a formar parte de la conciencia humana» (161, énfasis míos). Schidlowsky llevó a cabo esa investigación y expone así los resultados en apoyo a su crítico enjuiciamiento de Neruda:

«Hertz provenía de una prestigiosa familia judía de Hamburgo. Su abuelo se había convertido al protestantismo y había sido un conocido senador en esa ciudad. Su tío Heinrich Hertz logra fama como físico al producir las ondas eléctricas largas que llevan su nombre y constituyen el fundamento de la radiotécnica y radiofonía. Fue el primer alemán en recibir el Premio Nobel de Física. La madre del cónsul Richard Hertz, Carmen Eggert, había vivido tiempo en Inglaterra y Chile, donde se habían radicado partes de su familia. Pudiera ser ésta una de las razones de la amistad con un cónsul chileno. Su padre había sido un conocido médico. Al entrar Richard Hertz al servicio diplomático alemán, declara ser de religión evangélica luterana. Después de volver del Oriente asume la secretaría de la II Sección del Ministerio del Exterior alemán en noviembre de 1932. En agosto 1933, poco después de subir Hitler al poder, jura junto con todos los miembros del servicio diplomático alemán, *fidelidad* y *obediencia* al nuevo líder. En febrero de 1937 es nombrado cónsul general en Chicago. Dos meses más tarde es llamado a retiro por no "ser descendiente de sangre alemana" y "no ser ario puro según las leyes de la raza". Luego de ser expulsado de su cargo permanece en los Estados Unidos. Allí trabaja como profesor en la Universidad de Dubuque, Iowa. En los años '50 regresa a Alemania, reingresa al servicio diplomático y es nombrado cónsul y embajador en Seúl y México. En esta última ciudad fallece de una conmoción cerebral en 1961. Al fallecer, los diarios mexicanos publican largos artículos en su memoria. Se destaca su vasta cultura y personalidad. Su fama había sobrepasado los márgenes del cuerpo diplomático» (161, énfasis del autor).

A la luz de este relato de las venturas del cónsul Hertz, juzgue el lector la pertinencia de la lectura que hace Schidlowsky del fragmento de *CHV* arriba citado, así como su ácida crítica al poeta mismo. A mí me parece que en esta historia el único ingenuo es Neruda. La escasísima ingenuidad del cónsul Hertz no sólo lo salvó del destino que Neruda le presumió (por obvia analogía con el destino de tantos miles de judíos en Alemania), sino que le permitió jurar *fidelidad y obediencia* a su «agitador loco» de 1930 y practicarlas —tranquilamente y al parecer sin problemas de conciencia— desde 1933 a 1937 (¡cuatro años!) hasta que le llegó su turno, antes esquivado (supongo) porque había declarado ser de religión evangélica luterana. Si no entiendo mal a Schidlowsky, Hertz había camuflado con éxito su condición judía originaria y se salvó del destino que Neruda le presumió (y que por cierto no le auguró) porque en 1937 se encontraba en Chicago —al servicio de Hitler y de su régimen, sea claro, y no por haberse negado a colaborar, o por haber huido a tiempo, como hicieron no pocos alemanes (judíos y no) que en 1937 se encontraban también en Estados Unidos o en otros lugares de América. No sólo se salvó por afortunada coyuntura (y no por convicción), sino que cambió tranquila y fructuosamente de trinchera, cosa que Neruda nunca hizo.

Por lo cual confieso no comprender qué hay de reprochable, de *inhumano* o de *penoso* en el fragmento nerudiano, desde cualquier punto de vista ideológico o ético que se le considere, ni qué hay de particularmente defendible o loable en ese antisemita de hecho (en cuanto colaborador del gobierno de Hitler) que fue el cónsul Hertz entre 1933 y 1937, y que tal vez lo habría seguido siendo (¿al menos hasta el 1941 de Pearl Harbor?) si algún acucioso funcionario nazi no hubiera rastreado su ascendencia judía. (Dicho sea de paso, esa ascendencia judía al parecer no la niega ni oculta —antes bien la exhibe— en Batavia 1930 a Pablo, pues éste recordará en sus memorias a un cónsul judío, no a un diplomático alemán de religión evangélica luterana.)

CONTACTO CON MORLA LYNCH

> Carlos Morla, de sentirme solo, me siento solo. Quisiera que me llevaran a España. Hay por allí algún consulado en perspectiva? Qué debo hacer para que el Departamento [Consular del Ministerio] me traslade? La vida es aquí tan terriblemente oscura. Hace años que muero de asfixia, de disgusto. Dónde está el remedio? Quisiera vivir en algún pequeño pueblo de Europa, tan eternamente como el cuerpo me asista. Es esto posible? Usted y el embajador podrían hacer algo por mí? Le ruego que me conteste muy pronto. Ojalá que su respuesta tienda a reunirnos algún día, en que le pueda expresar tantas cosas que van anonadándose en mí mismo en una destrucción tenaz.
>
> [carta del 08.11.1930 a Carlos Morla Lynch, en *EPV*, 61-62, y en Macías, 24]

El 08.11.1930 Pablo escribe a Carlos Morla Lynch agradeciéndole una carta, «que espero le sea considerada en el juicio y recuento de sus buenas acciones. Su acento me parece definitivamente amigable, su bondad me parece muy valiosa» (*EPV*, 61). Morla Lynch tiene entonces 45 años y a partir de 1928 ocupará diversos cargos en la Embajada de Chile en Madrid, hasta 1939. Ésta sería la primera de una serie de cartas de Pablo al diplomático, antes de confirmar personalmente la amistad epistolar en 1934 (lo nombrará, junto a su mujer Bebé Vicuña, en la "Oda a Federico García Lorca").

Al parecer, Morla Lynch le había escrito por sugerencia de Rafael Alberti, al que a su vez Pablo se habría dirigido para saber noticias de los originales de *Residencia*, desesperado al no recibir respuestas de Alfredo Condon a 14 mensajes. Desde Wellawatta en noviembre de 1929, como se recordará, Pablo había enviado esos originales a Condon, quien, por propia iniciativa o a petición del autor, los hizo llegar a Alberti. Éste a su vez instó a Pedro Salinas a intervenir ante las ediciones de la *Revista de Occidente* (Alberti no podía hacerlo directamente por su enemistad con Ortega y Gasset) para publicar en volumen los poemas de Pablo, pero sólo se obtuvo —lo sabemos ya— que tres textos de *Residencia* aparecieran en el número de marzo 1930 de la revista.

De seguro, Morla Lynch excusaba a Condon en su carta, puesto que Pablo le aclara que nada tiene contra él, y que «solamente la sorpresa, la ansiedad y el aislamiento me hicieron escribir a Alberti, sin saber una sola palabra del destino de mi aventurero libro» (*ibíd.*). En verdad, Condon se había interesado más que Alberti por colocar los originales, pero su dispersión de vida le impedía escribir a Pablo sobre qué sucedió con ellos. Probablemente no le fueron devueltos a Salinas y, olvidados, se extraviaron en alguna oficina o en algún cajón de escritorio de la *Revista de Occidente*. O tal vez Salinas se desentendió de ellos y Alberti andaba en asuntos de otro orden, según informará Morla Lynch al acusar recibo, en su diario, de una sucesiva carta de Pablo y de algunos poemas:

> Esta noche —a la hora de la tertulia diaria— he recibido una carta de Pablo Neruda... Poeta inmenso. No es la primera que de él recibo. Lo conozco tan sólo a través de sus obras; pero, a pesar de la distancia y de la ausencia que nos separa, me siento amigo de él. Creo que nos comprenderemos el día que nuestras rutas se crucen.
>
> Su mayor anhelo es obtener un cargo en España y la preocupación que lo obsesiona un manuscrito de versos que le había entregado a Rafael Alberti y con el cual no ha podido volver a reunirse. Pero el amigo Alberti es hoy un mito. Anda en unos amoríos que lo absorben [con María Teresa León] y no hay medio de dar con él. Como todos los hombres que se enamoran, se ha puesto indiferente con los demás... y un poco egoísta.
>
> Pablo Neruda es conmigo —por correo— afectuoso y comunicativo, y me interesa serle útil sin esfuerzo ni sacrificio. Sus poemas son arrebatadores y de un dinamismo incomparable. Hacen sufrir y embelesan conjuntamente. Tiene 'una manera suya' que no se asemeja a ninguna otra, como ocurre con las creaciones de Federico. Estilo personal inconfundible. Es violento, realista y emotivo a un tiempo, y sus poemas poseen una fuerza sugestiva que penetra hasta las entrañas.
>
> — Morla Lynch 1958: 117

En su carta de noviembre 1930 Pablo cuenta que Condon finalmente le ha escrito, pero «entiendo menos que nunca», por lo cual agrega con intención: «Creo que me será necesario ir a España, y pagar allí la impresión de mi libro, ya que no tengo relaciones con ningún editor. Supongo que en el rechazo de mi trabajo habrá contado el antisudamericanismo de Ortega y Gasset, ese vampiro escolástico» (*ibíd.*). Por Condon supo entonces, tal vez demasiado escuetamente, que la publicación de los tres poemas en marzo había sido sólo la otra cara de la negativa de las ediciones Revista de Occidente a incluir *Residencia* en su catálogo.

Más adelante, en marzo 1931, Pablo escribe acongojado a Morla Lynch: «Alberti ha perdido mi libro que le he enviado. Quieres hablar con él?» (*EPV*, 64). Pero sacando fuerzas de su desesperación, Pablo enviará al poeta andaluz otra copia de sus originales, aumentada con los textos de 1930: "Caballero solo", "Ritual de mis piernas" y las prosas escritas en Wellawatta ("Establecimientos nocturnos") y en Weltevreden ("El deshabitado" y "Comunicaciones desmentidas").

"COMUNICACIONES DESMENTIDAS" (I): CORTEJANDO A MARYKA

*j'eusse aimé vivre auprès d'une jeune géante,
comme aux pieds d'une reine un chat voluptueux*
[Baudelaire, *Les Fleurs du Mal*, "La Géante"]

¿Cuándo y dónde, en qué circunstancia conoce Pablo a Maryka (o Marietje) Antonia Hagenaar Vogelzang? No tengo datos precisos, salvo lo que la javanesa misma confiará a María Teresa León en Madrid 1934: «Había conocido a Pablo jugando al tenis, sonriente holandesa rubia, en una aburridísima isla lejana...» (León 1982: 93). La información es significativa en cuanto índice del nuevo espíritu de adaptación de Pablo a la socialidad colonial. Se sabe que nuestro poeta nunca fue un entusiasta practicante de deportes, por lo cual cabe suponer que el tenis había funcionado como una vía entre otras para conocer gente y, en este caso, para cortejar.

Maryka (era su nombre holandés, según Feinstein, 77) había nacido en Batavia el 05.03.1900, hija de Richard Pieter Fedor Hagenaar y de Antonia Helena Vogelzang, también ellos 'criollos' javaneses (o sea, de ascendencia holandesa pero nacidos en territorio colonial). «When Neruda met her, she was an employee at the Bataviascha Afdelingsbank» (*ibíd*.). Siguiendo otra fuente, Schidlowsky informa: «Ella había vivido anteriormente en Surabaja, donde participaba en la vida social de la base naval. Se la llamaba Marietje, se pronuncia Maritje... Cuando Neruda la conoce, ella trabajaba en una casa de comercio inglesa, en Batavia. Hablaba un buen inglés y la relación con un cónsul le posibilitaba mejorar su posición social. Portaba siempre consigo una foto del cónsul-poeta» (153). El apellido paterno **Hagenaar** (y no *Agenaar*, como transcriben Aguirre, Teitelboim y otros, ni *Haagenar*, como transcribe Olivares) parece ser bastante común en Holanda y deriva del topónimo Den Haag (La Haya): significa, en origen, 'habitante de La Haya'.

«Pensé en casarme —recordará Neruda en *CHV*—. Había conocido a una criolla, vale decir holandesa con algunas gotas de sangre malaya, que me gustaba mucho. Era una mujer alta y suave, extraña totalmente al mundo de las artes y las letras» (*OC*, V, 515). Pablo la llamará siempre *Maruca*, asimilando el holandés Maryka o Marietje —con su habitual humor lúdico— a uno de los hipocorísticos populares (Maruca, Maruja) del nombre María en Chile. En una carta del 15.12.1930 a su padre la describe así: «es un poco más alta que yo, rubia y de ojos azules. Como yo no hablo todavía el holandés, ni ella el castellano, nos entendemos en inglés, lengua que ambos hablamos perfectamente. / Ella carece de fortuna personal: su padre se arruinó a causa de algunas especulaciones arriesgadas... María tiene muy buen carácter y nos entendemos a las mil maravillas» (*OC*, V, 818).

No le dirá todavía a don José del Carmen que ella es cuatro años mayor... y no un poco sino bastante más alta que él, lo que más tarde será motivo de un cierto embarazo. En Madrid 1934, al llamar por primera vez a la puerta de la casa de Rafael Alberti y María Teresa León en calle Marqués de Urquijo: «A esa puerta llamó Pablo Neruda. Entra. Se detuvo con el dedo en los labios: Chist. Por favor se lo pido. Abajo está mi mujer. Que no se les note el asombro cuando la vean. ¡Es tan alta!» (León, 92). Una giganta, recordarán Alberti y Diego Muñoz.

Para Maryka, «este recién llegado cónsul bien podría representar la respuesta adecuada a sueños y aspiraciones que siempre le parecieron difíciles de concretar. / No abundaban ciertamente —en esas latitudes, en ese tiempo— los hombres casaderos, los 'buenos partidos' que siendo jóvenes y de raza blanca y de situación prometedora estuvieran disponibles para el matrimonio. Porque con los holandeses de Batavia ocurre algo muy parecido a lo que ocurre con los ingleses de Singapore y de Colombo: para proveer los grandes y medianos puestos en la administración colonial o en los negocios, se trae desde Europa a funcionarios casados, acompañados de toda su familia. Es una manera de asegurarse la eficiencia, la permanencia. Es una manera de asentar y reforzar la presencia colonial en estas tierras» (Olivares, 272).

Durante un plazo en verdad muy breve —entre agosto y noviembre— Pablo corteja a Maruca y ella corresponde, o bien ella lo sedujo y él aceptó el juego. Lo cierto es que, entre partidos de tenis y paseos y encuentros íntimos en el hotel o en calle Probolingo, deciden casarse a comienzos de diciembre, a cinco meses apenas del arribo de Pablo a Batavia, de los cuales no más de tres ocupó el noviazgo. ¿Por qué tanta prisa? En la ya mencionada carta a don José del Carmen, Pablo escribirá con evidente temor: «Mi deseo fue comunicarle a usted mi decisión de casarme y esperar su consentimiento, pero debido a numerosas circunstancias nuestro enlace se verificó mucho antes de la fecha que pensábamos» (*OC*, V, 817).

¿Cuáles son esas «numerosas circunstancias», si existen? ¿Ha quedado encinta Maruca de un hijo que después perderá espontáneamente? Podría ser, según indicios que nos da una carta de marzo 1931 a Laura, que examinaremos más adelante. Pero yo creo que este probable factor externo viene sólo a sumarse a la íntima predisposición de Pablo al arraigo y a tomar pareja, cansado de su larga soledad y en coherencia con lo que había escrito a Eandi el 05.11.1929 desde Wellawatta: «Sí, yo que continuamente hice doctrina de irresponsabilidad y movimiento para mi propia vida y las ajenas, ahora siento un deseo angustioso de establecerme, de fijarme algo, de vivir o morir tranquilo. *Quiero también casarme, pero pronto, mañana mismo, y vivir en una gran ciudad*. Son mis únicos deseos persistentes, tal vez no podré cumplirlos nunca» (*OC*, V, 946).

De modo que si Maruca ha quedado encinta, ello no es problema: no hace sino precipitar la propensión de Pablo. El verdadero problema que vive nuestro poeta es el matrimonio en sí, en cuanto solución institucional para su deseo, o necesidad, de emparejarse y establecerse. Problema similar al que había vivido en Santiago, 1927, cuando al aceptar un cargo consular devino funcionario y cómplice del Estado. Ahora, en Batavia, otra vez el ángel custodio de su anarquismo residual lo llama secretamente al orden (valga la paradoja): ¿matrimonio?, ¿casarte tú?, ¿y qué fue de tus ideales de "amor libre" y sexualidad natural, sin sujeción a ritos legales?, ¿otra vez rindiendo pleitesía al Estado? Así como en Santiago 1927 Pablo había exorcizado sus escrúpulos anarquistas a través del poema "Caballo de los sueños" (ver *supra*, sección IV), así en Batavia 1930 el texto del exorcismo es "Comunicaciones desmentidas" (*RST*, en *OC*, I, 280-281), que presumo escrito en Weltevreden poco antes del matrimonio: digamos, durante la segunda mitad de noviembre.

Esta prosa resta inédita hasta la edición Nascimento de *Residencia* I (1933), que la incluirá en el mismo bloque de las poco anteriores "Establecimientos nocturnos" y "El deshabitado". No siendo de fácil interpretación (antes bien, siendo aun más hermética que las dos mencionadas), ella admite ser leída como la doble configuración de un desplazamiento o tránsito sentido como necesario, en primer lugar desde un espacio a otro (en el extratexto: desde Colombo a Batavia), en segundo lugar desde una situación de riesgo y precariedad a otra de asentamiento y estabilidad. Un conjunto de circunstancias insatisfactorias, causantes de deterioro en el *pasado*, aparece convocado desde la perspectiva de una favorable modificación que emerge en el *presente*.

"Comunicaciones desmentidas" repropone, así, el conflicto *libertad/norma* ya tematizado en "Caballo de los sueños", pero lo repropone en términos diferentes y en cierto modo opuestos: esta vez la intención crítica del texto va enderezada al espacio de la *libertad* (en el pasado), mientras el espacio de la *norma* (en el presente y en el futuro) se colora de resignada sumisión, si no de neta aceptación. El título de la prosa implicaría la descalificación de precedentes experiencias de contacto-comunicación, o de alguna en particular (si el plural *comunicaciones* equivale aquí al singular, sinécdoque frecuente en *Residencia* como ya sabemos). En otras palabras: el título subraya la crítica al ilusorio espacio pretérito de la libertad, vale decir, al espacio donde las *comunicaciones* determinaban deterioro y extravío (del 'sentido profético') y por lo cual ahora el Sujeto las *ha desmentido*, o se propone *desmentirlas*, con el acatamiento de la norma (el matrimonio).

> Aquellos días extraviaron mi sentido profético, a mi casa entraban los coleccionistas de sellos, y emboscados, a altas horas de la estación, asaltaban mis cartas, arrancaban de ellas besos frescos, besos sometidos a una larga residencia marina, y conjuros que protegían mi suerte con ciencia femenina y defensiva caligrafía.
> Vivía al lado de otras casas, otras personas y árboles tendientes a lo grandioso, pabellones de follaje pasional, raíces emergidas, palas vegetales, cocoteros directos, y en medio de estas espumas verdes...

El texto comienza aludiendo a un cierto pasado (*aquellos días*) definido por episodios problemáticos de degradación y malestar. Aquel *tiempo* procedía dentro de un cierto *espacio* cuyas características (que el texto marca: «al lado de otras casas, otras personas y árboles tendientes a lo grandioso... follaje pasional... cocoteros... espumas verdes...») remiten a Wellawatta. El primer párrafo propone una secuencia narrativa cuyo referente podrían ser los desmanes de Josie Bliss (ver sección VII) o más probablemente las impertinencias del vecindario, con invasión de la vida privada de Pablo, aludidas en un pasaje —ya citado *supra*, sección VII— de la carta a Eandi del 27.02.1930: «Mis vecinos más próximos son tamiles o cingaleses o *burghers* (criollos holandeses), y se han puesto muy mezquinos y desagradables este último tiempo, atribuyéndome grandes perversidades, y haciéndome enemistad, todo porque vienen algunas muchachas a verme, ellas mismas muy asustadas, porque esta gente ha aprendido todos los cristianos escrúpulos de mierda, y hacen tabú de todo acto sexual» (*OC*, V, 954). Cabe suponer que tras la ficción —«los coleccionistas de sellos... asaltaban mis cartas»— hay referencias realistas (según costumbre nerudiana) al período de la correspondencia entre Pablo y Albertina en diciembre 1929 y enero 1930, a las cartas no improbables de otras enamoradas desde Chile, aparte las de Laura o de otros familiares o amigos/amigas.

"COMUNICACIONES DESMENTIDAS" (II): DE LA LIBERTAD A LA NORMA

> ... y en medio de estas espumas verdes, pasaba con mi sombrero puntiagudo y un corazón por completo novelesco, con tranco pesado de esplendor, porque a medida que mis poderes se roían, y destruidos en polvo buscaban simetría como los muertos en los cementerios, los lugares conocidos, las extensiones hasta esa hora despreciadas, y los rostros que como plantas lentas brotaban en mi abandono, variaban a mi alrededor con terror y sigilo, como cantidades de hojas que un otoño súbito trastorna.
>
> ["Comunicaciones desmentidas", *RST*, en *OC*, I, 280]

El segundo párrafo acentúa la semejanza entre este comienzo del texto y el de "La noche del soldado", dos años anterior (Rangoon). Quizás Neruda advirtió cierta afinidad estructural entre las dos prosas y por ello las dispondrá en sucesión, una tras la otra, al organizar el orden de los textos de *Residencia* 1 en 1933. Después de configurar la respectiva circunstancia exterior, ambos textos introducen la figura del Sujeto mismo en movimiento, en trance de desplazamiento, a través de verbos (*pasar* y *pasear*, otras veces usará *cruzar* o *vagar* sin rumbo) caracterizantes de situaciones de extravío o desconcierto o pérdida de orientación, pero en búsqueda de una salida o solución. «Por cada día que cae, con su obligación vesperal de sucumbir, *paseo*, haciendo una guardia innecesaria, y *paso* entre mercaderes mahometanos, entre gentes que adoran la vaca y la cobra, *paso yo*, inadorable y común de rostro»: así había escrito Pablo en Rangoon ("La noche del soldado", *OC*, I, 278). Ahora en Weltevreden, pero recordando sus últimos meses en Wellawatta: «Vivía al lado de otras casas, otras personas y árboles... y en medio de estas espumas verdes, *pasaba* con mi sombrero puntiagudo y un corazón por completo novelesco, con tranco pesado de esplendor.» En el primer texto, el de Rangoon: verbo en *presente* (crítica del *ahora*) apuntando a una resolución en el *futuro* (inminente cohabitación con Josie Bliss); en el segundo texto, el actual: verbo en *pretérito imperfecto* (crítica del *pasado* vivido en Wellawatta) apuntando a una resolución en el *presente* (matrimonio ya decidido y programado en Batavia).

En Rangoon, el Sujeto se autorrepresentaba «inadorable y *común de rostro*», alguien «que envejece, paulatinamente y sin miedo, dedicado *a lo normal de la vida*, sin cataclismos, sin ausencias, viviendo dentro de su piel de su traje, *sinceramente oscuro*», propiciando el tránsito hacia una situación extraordinaria de mejoramiento junto a Josie Bliss. Desde el presente de Batavia, en cambio, el Sujeto reivindica dentro de un cierto pasado de degradación (en Wellawatta) una autorrepresentación singular, *fuera de lo común y de lo normal*: «pasaba con mi sombrero puntiagudo y mi corazón por completo novelesco, con tranco pesado de esplendor», sugiriendo el tránsito de ese personaje especial hacia un cumplimiento de destino en Batavia, dentro de un *presente normalizado y armónico*.

... porque a medida que mis poderes se roían, y destruidos en polvo buscaban simetría como los muertos en los cementerios... Esta segunda mitad del párrafo alude al proceso de deterioro anímico y literario vivido por Pablo en Wellawatta y que las cartas a Eandi documentaron, a comenzar por la del 24.04.1929: «Estoy solo: cada diez minutos viene mi sirviente, Ratnaigh, viene cada diez minutos a llenar mi vaso... Hace dos días interrumpí esta carta, me caía, lleno de alcoholes... Yo simplemente caigo: no tengo ni deseos ni proyecto nada: existo cada día un poco menos» (*OC*, V, 942-943). Pero véase en particular otro pasaje de la citada carta del 27.02.1930, escrita en Wellawatta:

> Me lo paso el día leyendo sin cesar, y encuentro cada vez más que el único placer que me va quedando es leer. Leo casi solamente en inglés, toda clase de cosas, especialmente los nuevos ingleses, que tienen esto de curioso, que no se preocupan de ser ingleses *nuevos* (a excepción de Joyce) sino de relatar directamente, con cierta virilidad y descuido exteriores que es bastante agradable e inesperado para hombres como yo cuya sola noción literaria ha sido modificar la forma, problema cutáneo que me parece sin sentido. Demasiado tarde, para mí, tengo en los huesos esta clase de destino superficial de la condición poética y, naturalmente, como mal camino conduce a la esterilidad y a la gran fatiga. **Actualmente no siento nada que pueda escribir, todas las cosas me parecen no faltas de sentido sino muy abundantes de él, sí, siento que todas las cosas han hallado su expresión por sí solas, y que yo no formo parte de ellas ni tengo poder para penetrarlas**.
> En cambio qué bueno es leer, oír música, y bañarse en el mar.
> — *OC, V, 953-954, énfasis mío*

Esta extraña renuncia a escribir se explica porque la lectura de los *nuevos ingleses* ha provocado en Pablo una auténtica crisis durante los primeros meses de 1930 en Wellawatta. Aquel «relatar directamente, con cierta virilidad y descuido exteriores» significa mezclar inteligencia y fantasía, lirismo y racionalidad, saber y sueños dentro de una modulación aparentemente desaliñada y suelta de la escritura. Pablo, que había hecho alarde de su desprecio hacia la narrativa en 1926 (prólogo de *HYE*), se siente paralizado de admiración hacia los relatos de Aldous Huxley, D. H. Lawrence y compañía. Su propia escritura poética le parece de pronto unilateral, limitada, incapaz de elaborar la imagen de la realidad que sus nuevas experiencias (incluyendo esas lecturas) le sugieren.

Ya señalé (sección VII) que desde su adolescencia Pablo anhela esa mezcla de 'razón y extravío' para su poesía, ambiciona una escritura totalizadora, *im-*

portante, pero al leer a los *nuevos ingleses* se siente provinciano e inadecuado. Hasta que, con posterioridad a esa carta a Eandi, logra reunir la dosis de coraje y orgullo que necesitaba para escribir los poemas "Caballero solo" y "Ritual de mis piernas" (este último lo envía a Eandi desde Sabang, Sumatra, en viaje hacia Singapur-Batavia, con carta del 09.06.1930: «Le gustan estos versos que le mando?»). Así supera momentáneamente la parálisis y al llegar a Java puede escribirle a su amigo argentino: «"Galope muerto" es lo más serio y perfecto que he hecho», lo cual supone una revalorización de su trayectoria. Pero ya hemos visto que la línea 'inglesa' iniciada con aquellos últimos poemas de Wellawatta no tendrá continuación en Weltevreden. Una nueva crisis se manifiesta con el repliegue a la prosa que "El deshabitado" y estas "Comunicaciones desmentidas" actúan.

"COMUNICACIONES DESMENTIDAS" (III): EL SILLÓN DE CEMENTO

> Loros, estrellas, y además el sol oficial, y una brusca humedad, hicieron nacer en mí un gusto ensimismado por la tierra y cuanta cosa la cubría, y una satisfacción de casa vieja por sus murciélagos, una delicadeza de mujer desnuda por sus uñas, dispusieron en mí como de armas débiles y tenaces de mis facultades vergonzosas, y la melancolía puso su estría en mi tejido, y la carta de amor, pálida de papel y temor, sustrajo su araña trémula que apenas teje y sin cesar desteje y teje.
>
> ["Comunicaciones desmentidas", *RST*, en *OC*, I, 280]

Las imágenes de este párrafo (como las últimas del precedente: «los lugares conocidos, las extensiones... y los rostros... variaban a mi alrededor... hojas que un otoño súbito trastorna») apuntan a verbalizar las modificaciones de perspectiva y los desplazamientos de valores, intereses, temores y necesidades que la experiencia del exilio (extrañamiento, soledad) ha venido produciendo en la conciencia y en la escritura del poeta. Al menos, así como él las vive y las ve.

El texto prosigue la evocación de Wellawatta con sus loros en los árboles, con las estrellas de sus noches puras, límpidas, con su sol *oficial* (vale decir: obvio, inevitable, característico del lugar) y su humedad: una cierta *naturaleza* en la cual, más que en la sociedad, su cuerpo se autorreconoció a pesar del verano perenne que lo 'fusilaba' cada día. No por casualidad las cartas a Eandi desde Wellawatta habían insistido en pasajes del tipo: «Tengo hasta cierto desprecio por la cultura como interpretación de las cosas, me parece mejor un conocimiento sin antecedentes, una absorción física del mundo, a pesar y en contra de nosotros» (24.04.1929); «hoy qué hermoso día fresco, después de una terrible tempestad de anoche» (31.10.1929); «el monzón ha hecho los días más frescos y soportables, siento cierta felicidad en mi epidermis» (21.11.1929); «a veces estoy locamente alegre... por resolución de mi salud, de mi piel aún joven» (27.02.1930).

Que todo ello hizo «*nacer en mí un gusto ensimismado por la tierra*» es una fórmula ambigua, incluso críptica, pero indicadora de un cambio en el discurso. Este párrafo, en efecto, ya no critica, antes bien rescata un aspecto central de la herencia del pasado inmediato, puesto que la alusión a «un gusto ensimismado por *la tierra*» (asociado al «sol oficial», vale decir al Día) ahora no puede ser emitida sin relación con el libro cuya publicación tanto preocupa a Pablo. Si recordamos que la invención del título **Residencia en la tierra** había precedido al (o coincidido con el) establecimiento y actuación de la convivencia hogareña con Josie Bliss (ver *supra*, sección VI), no es extraño que la fórmula *un gusto ensimismado por la tierra* aparezca vinculada a un proyecto de matrimonio. Ni que al mismo tiempo reitere una oposición con el *espacio nocturno de los sueños* (es decir, Cantalao) que había gobernado la escritura poética de Pablo antes del exilio.

En el código secreto de nuestro cónsul, el nacimiento y desarrollo de *un gusto ensimismado por la tierra* supone la aceptación de la prosaica realidad, incluyendo las exigencias del vivir cotidiano, las gratificaciones sensoriales, las comodidades del cuerpo, la estabilidad y el bienestar material, todo aquello que en la infancia resolvía para él doña Trinidad, eso que desde su llegada a Santiago había perdido, compensado sólo en parte por la poesía, el sexo y la amistad, por la libertad y la bohemia de aquellos años, aunque vividas en tan triste pobreza; supone, en suma, un cierto grado de acatamiento de la *norma*. Esta contraposición **los sueños/la tierra** es la clave de un código reciente, que no existía mientras Pablo vivió en Chile: se ha venido constituyendo con dificultad y contradicciones durante los años del exilio en Oriente. Las experiencias de amor (Josie Bliss) y de antropología socio-cultural (popular) vividas en Rangoon y en sus viajes durante 1928, así como las experiencias de extrema soledad (intensa convivencia consigo mismo y con la naturaleza circundante) y de crecimiento intelectual (lecturas inglesas) vividas en Wellawatta, han sido ingredientes decisivos que Pablo está aún metabolizando, en clave muy personal, con dificultades y con riesgos de error, pero también con su habitual honestidad íntima, al desembarcar en Batavia. El nuevo código sufrirá paulatinas modificaciones cuando Pablo regrese a Chile y sobre todo durante sus meses en Buenos Aires. Y por cierto cambiará más profundamente aún en España (aunque no en el modo radical que supone Alonso) cuando *residencia en la tierra* pase a significar también *residencia en la historia*. Pero faltan algunos años para que ello suceda.

> Naturalmente, de la luz lunar, de su circunstancial prolongación, y más aún, de su eje frío, que los pájaros (golondrinas, ocas) no pueden pisar ni en los delirios de la emigración, de su piel azul, lisa, delgada y sin alhajas, caí hacia el duelo, como quien cae herido de arma blanca. Yo soy sujeto de sangre especial, y esa substancia a la vez nocturna y marítima me hacía alterar y padecer, y esas aguas subcelestes degradaban mi energía y lo comercial de mi disposición.

Oscuro pasaje que tiendo a leer como un comentario al anterior, en el sentido de señalar el precio que paga el Sujeto por haber dejado «nacer en mí un gusto ensimismado por la tierra»; por haber permitido que ciertas debilidades (satisfacción, placer) o 'superficialidades' (refinamiento, delicadeza), antes sentidas como inferiores, dispusieran de sus «facultades vergonzosas» (concupiscencias, apetitos, exigencias de variado tipo); por haber cedido a la melancolía y a las cavilaciones determinadas por «la carta de amor, pálida de papel y temor» (en esto último creo advertir referencias dolorosas a las cartas cruzadas con Albertina pocos meses antes).

Lo cual, naturalmente, implica que desde el dominio de la Noche con su «luz lunar»; desde la escritura poética que eventualmente ese dominio emanaba, o que lo prolongaba; más aún, desde el central y glacial orgullo (eje frío de la Noche) que antaño sostenía al Sujeto y que era impermeable a categorías líricas convencionales, de esas que admiten —dicho sea irónicamente— figuras de golondrinas (¿oscuras, becquerianas?) o de ocas (léase: cisnes); en fin, desde aquel territorio de la Noche, de oscuridad resplandeciente, de piel luminosa «cuyo destello me vestía de ultra-azul» ("La noche del soldado"), y sin embargo austero, sin gratificaciones ni lujos, desde ese dominio el Sujeto precipitó en el dolor, en la nostalgia, como si lo hubieran apuñalado. Aquella «substancia a la vez nocturna y marítima» (Cantalao) y aquellas «aguas subcelestes» (cfr. «Voy lleno de esas aguas dispuestas profundamente», verso del poema "Sabor") restaban fuerzas al Sujeto («degradaban mi energía») y obstaculizaban su propensión gregaria, sus apetencias prosaicas y terrestres, su avidez de sociabilidad, de contactos, de convivencia desenvuelta y alegre: bloqueaban «lo comercial de mi disposición» (donde *lo comercial* se contrapone a lo literario, a lo artístico, a la condición aristocrática de la poesía).

> De ese modo histórico mis huesos adquirieron gran preponderancia en mis intenciones: el reposo, las mansiones a la orilla del mar me atraían sin seguridad, pero con destino, y una vez llegado al recinto, rodeado del coro mudo y más inmóvil, sometido a la hora postrera y sus perfumes, injusto con las geografías inexactas y partidario mortal del sillón de cemento, aguardo el tiempo militarmente, y con el florete de la aventura manchado de sangre olvidada.

De ese modo histórico: 'como resultado de lo realmente vivido, sin inventar nada', fórmula irónica que anticipa la más famosa «Hablo de cosas que existen, Dios me libre / de inventar cosas cuando estoy cantando!» ("Estatuto del vino", 1935). — ... ***mis huesos adquirieron gran preponderancia en mis intenciones...*** Con «mis huesos» Pablo alude a su cuerpo, a su realidad física, y al mismo tiempo, por natural conexión, a sus apetencias biológicas y materiales de bienestar, confirmando lo que le escribía a Eandi el 05.10.1929: «... si mi salario fuese justo, e inmutable —es decir que yo tuviera la seguridad de recibirlo a cada fin de mes—, acaso me importaría poco seguir mi vida en cualquier rincón, frío o caliente... siento un deseo angustioso de establecerme, de fijarme algo, de vivir o morir tranquilo...» (*OC*, V, 946).

... *y una vez llegado al recinto...*, vale decir, una vez llegado al espacio (reglamentado, circunscrito) de la *norma*. — ... ***rodeado del coro mudo y más inmóvil***, por oposición al *coro* rumoroso, activo y exigente del deber profético: «tú, fantasma *coral* con pies de tigre» ("Diurno doliente"); «este *coro* de sombras que poseo» ("Tango del viudo"); «hacen falta los tonos sobrehumanos, algunos *coros solemnes y desinteresados*» (carta a Eandi, 16.01.1929). — **... *sometido a la hora postrera y sus perfumes...*** Me atrevo a leer «*la hora postrera*» como fórmula irónica, con gracejo de sabor popular, aludiendo al matrimonio inminente como pérdida o 'muerte' (por eso *postrera*) de la libertad personal.

... *injusto con las geografías inexactas*, harto de desplazamientos y de residencias precarias, pero tal vez *injusto* con esta inestabilidad o *inexactitud* geográfica, en cuanto para otros ella podría ser incluso deseable. — **... *y partidario mortal del sillón de cemento...*,** esto es, deseoso de estabilidad a toda costa, extremadamente ávido de arraigo, de un asiento inconmovible; cfr. «un deseo angustioso de establecerme, de fijarme algo, de vivir o morir tranquilo»; «adonde llego asumo un sueño vegetal, me fijo un sitio y trato de echar alguna raíz, para pensar, para existir...» (*OC,* V, 946 y 479). También la figura *sillón de cemento*, como *la hora postrera*, me parece una metáfora desenvuelta, pero más en línea con ciertas locuciones chilenas de sabor criollo y popular, corrientes hasta los años '60, del tipo «le pusieron el piyama de palo [de madera]» (lo pusieron en el ataúd, o sea, se murió) o «lo sentaron en el cajón con vidrios» (lo sometieron a duro interrogatorio).

... *aguardo el tiempo militarmente, y con el florete de la aventura manchado de sangre olvidada.* "Caballo de los sueños" de 1927 es el antecedente temático de esta prosa, y también formal, incluyendo la impostación de un Sujeto ambulatorio como este actual con sombrero puntiagudo y con tranco pesado de esplendor: «*Vago* de un punto a otro... *Paso* entre documentos disfrutados, entre orígenes». En ese poema, como vimos (sección IV), la tentación de la norma había sido reconocida en modo similar al de esta prosa, si bien más explícito: «amo la miel gastada del respeto, / el dulce catecismo entre cuyas hojas / duermen violetas envejecidas, desvanecidas, / y las escobas, conmovedoras de auxilio, / ...». A este reconocimiento seguía, sin embargo, la formulación de un conflicto, de una resignación a lo inevitable, con términos iniciales casi idénticos a los de nuestra prosa en examen: «*aguardo el tiempo* uniforme, sin medida: / un sabor que tengo en el alma me deprime».

Pero el poema de 1927 no concluía ahí. Los versos sucesivos (y finales) oponían a la resignación un improviso y entusiasta contrapunto de acción, de vuelo en libertad, de aventura: «Qué día ha sobrevenido!... / He oído relinchar su rojo caballo, / desnudo, sin herraduras y radiante. / Atravieso con él sobre las iglesias, / galopo los cuarteles desiertos de soldados / y un ejército impuro me persigue» (*OC,* I, 260). Pablo proponía de este modo un *compromesso*: la aceptación de la norma no excluiría la libertad, el desvarío, la transgresión. Lo que el texto defendía (de la amenaza de la norma) era *un gusto ensimismado por los sueños*, por el vuelo, por la altura, por la libertad: no por *la tierra*, entendida según el código del exilio.

En cambio la prosa de 1930 concluye precisamente aquí. La norma —el inminente tiempo del *recinto*— aparece aceptada no con resignación sino con obediencia y disciplina, *militarmente*. Notar que la condición militar no conlleva aquí la prestancia y gallardía que hasta ahora, en grados diversos, habían supuesto en la escritura de Pablo las figuras del húsar, del alférez, incluso la del soldado simple. Basta ya de precariedad y riesgo, de gratuitos y épicos dinamismos. El *florete de la aventura* —conexo a esas heroicas autorrepresentaciones— yace en merecido reposo. Y con él, en olvido, *la sangre* (las pasiones, el desvarío) que conoció.

«PARA QUÉ ME CASÉ EN BATAVIA?»

> No más solo! Querido Eandi: me he casado hace un mes.
> [postal del 31.01.1931, en *OC*, V, 959]

> *Para qué me casé en Batavia?*
> *Fui caballero sin castillo,*
> *improcedente pasajero,*
> *persona sin ropa y sin oro,*
> *idiota puro y errante.*
> [de "Itinerarios", *ETV* 1958, en *OC*, II, 687]

> ... wooing, wedding, and repenting...
> [Shakespeare, *Much Ado About Nothing*, II, 1]

Según estos indicios textuales, Pablo habría decidido su matrimonio como un 'entrar en filas' (*aguardo el tiempo militarmente*), como un necesario y disciplinado acatamiento de la norma. Tal es mi lectura del texto y de la situación que vive Pablo. Hay lecturas opuestas. Según Hendriks (1985), desde el punto de vista de la norma local la decisión habría sido apenas menos transgresiva de la convivencia con Josie Bliss en Rangoon: «La colonia holandesa de la Batavia de entonces de ninguna manera podía valorar positivamente que uno de los diplomáticos contrajera matrimonio con una "criolla" [...]; el hecho era más bien escandaloso e hizo daño a la posición social de Neruda en los círculos diplomáticos» (cito por Schidlowsky, 154). No conozco las bases de esta deducción de Hendriks, que me parece exagerada por decir lo menos, o muy improbable, porque Maruca, según escribió Pablo a su padre, «es holandesa de nacionalidad y pertenece a una distinguida familia radicada en Java desde hace muchos años» (*OC*, V, 817). Además era rubia, de piel clara y ojos azules, y hablaba un buen inglés; en suma, era pasablemente 'europea', si bien careciera de fortuna personal —como reconoce Pablo en su carta— y aunque «la relación con un cónsul le posibilitaba mejorar su posición social», según Schidlowsky (153).

Aun suponiendo que Pablo haya querido ocultar algo a su padre, o disfrazar la situación, seguramente no lo habría escondido a Eandi, ni lo habría callado en sus memorias, como no calló el boicot a que lo sometieron los ingleses por su *ménage* con Josie Bliss. De veras no advierto motivos de escándalo ni de transgresión en su matrimonio. Sus planes de vida iban en dirección opuesta a los de Rangoon. Si hubieran existido esos motivos, además, difícilmente el cónsul Mustelier y Galán habría aceptado ser testigo de la boda que tuvo lugar el 06.12.1930. La partida de matrimonio precisa que el cubano tiene 49 años, mientras el otro testigo, el holandés Barend van Tricht, cuenta 45 (Schidlowsky, 154n).

Van Tricht es sin duda amigo personal de Maruca o de la familia Hagenaar, porque exactamente seis años más tarde, en carta despachada el 10.12.1936 desde Marsella a Delia del Carril (entonces en Barcelona), Neruda mencionará (siempre en relación con Maruca) a un Van Tricht que con mucha probabilidad es la misma persona: «He llevado anteayer a Maruca a Montecarlo, he vuelto ayer a las cinco de la mañana. La situación no está arreglada con su ida, los Van Tricht tienen un departamento muy bien puesto pero chico, tendrá que buscar pensión a 25 francos diarios mínimo, sin contar los gastos de la chica [se refiere a su hija Malva Marina]: por suerte la niñita estaba repuesta, y la dejé cantando y riendo como antes. La cuestión es luchar para que Maruca pueda tener mensualmente esa suma, así se estaría tranquila. [...] Van Tricht me dio por primera vez desde mi llegada la idea de lo que pueden ser los seres humanos: inteligentes y finos. Sabes que la mujer de Jef Last es prima hermana de Van Tricht?» (*OC*, V, 976-977).

Pablo y Maruca durante su luna de miel. Ngamplang, Java, diciembre 1930. Colección Nurieldín Hermosilla.

Así, Van Tricht aparece al comienzo y al final del matrimonio. Y sobre Jef Last —importante escritor holandés y comunista de los años '30— ya tendremos ocasión de tornar. Pero ahora volvamos al inicio. El 06.12.1930 Pablo tiene 26 años cumplidos y Maruca 30. Todo parece indicar que nuestro joven cónsul se casa razonablemente convencido y contento, a pesar de un significativo indicio: no parece haber escrito ningún epitalamio de poeta enamorado. No conozco poemas de amor a Maruca ni huellas literarias de su vida matrimonial en Batavia, con excepción de algunas cartas a Laura, a Eandi y a otros amigos.

Al comunicar la boda a su padre, con mensaje despachado nueve días después (probablemente al regresar de la luna de miel), Pablo le explica —y no le explica— que «debido a numerosas circunstancias» el enlace se verificó antes de lo previsto, por lo cual no hubo tiempo para solicitar el consentimiento paterno. Conociendo bien los hábitos patriarcales y autoritarios de su padre, la aclaración es de rigor. Pero es también indicativa del ánimo conciliador que la lejanía dicta a Pablo. De todos modos el gesto no funcionará. Don José del Carmen no acusará recibo ni augurará felicidad al hijo recién casado. Y seguramente prohíbe a doña Trinidad hacerlo. Sólo Laura prosigue en correspondencia con su hermano, pero también sus cartas acatan el veto paterno, o evitan dar información ingrata, a juzgar por lo que Pablo le escribirá ocho meses después de la boda (carta del 28.07.1931):

> No me dices nada de mi padre. Seguramente el caballero se ha enojado por mi casamiento. No sé cómo agradarles a ustedes. Deben alegrarse porque me haya casado, no sólo por lo buena que es mi mujer, sino también por lo triste que es la vida de un hombre solo en estos países. No les avisé antes porque nos casamos repentinamente. Los tiempos han cambiado y no hay para qué asustarse de eso.
>
> — OC, V, 820

Pero Pablo ha iniciado su vida matrimonial con decisión y buen ánimo. A fines de enero 1931 escribe una breve carta al amigo Ángel Cruchaga Santa María, poeta al que siempre manifestará admiración y afecto particulares. Pablo había recibido, poco antes de dejar Wellawatta, una carta de Ángel anunciándole el envío de su libro *La ciudad invisible* (1928). Le respondió el 08.06.1930 desde Jabanq' (Sabang), Sumatra, donde había hecho escala el barco holandés de la Rotterdamsche Lloyd que lo llevaba a Singapore, y después a Batavia. Con aquella carta iban «algunos versos, y un retrato», y también protestas contra *La Nación* que nunca le había pagado sus crónicas («Ladrones!») y palabras de tristeza porque el libro de Ángel no le había llegado antes de su viaje: «me habría consolado tanta soledad haberme impregnado de tus impresionantes poemas» (*OC*, V, 1027). Ahora, desde su casa en Probolinggoweg 5, Pablo acusa recibo de «tu libro perfecto» y anuncia a Ángel que su lectura le ha suscitado escribir una nota —«algo sobre ti»— para *Atenea*. Agrega una curiosa petición:

> Me he casado. Hazme el favor de hacer publicar en buena forma este retrato de mi mujer en *Zig-Zag*. Allí tienen un cliché mío.
> Para qué decirte que esto es para complacerla a ella. Ella te conoce ya mucho. Eres un ser familiar en esta casa.
> Te ruego me envíes dos copias del *Zig-Zag* en que aparezca.
> Pero no te olvides, que acaso pudieras destruir la paz de un hogar!
>
> — *carta del 26.01.1931, en* OC, V, 1028

Pablo y Maruca en Buitenzorg. "De paseo. ¡La pareja feliz!", escribió Maruca al pie. Batavia, 1931.
Colección Nurieldín Hermosilla.

Pocas semanas más tarde Pablo envía a su amigo el texto anunciado, "Introducción a la poética de Ángel Cruchaga Santa María", que efectivamente vendrá publicado en *Atenea*, número 75-76, mayo-junio 1931 (y en *OC*, IV, 361-363), y que comienza con enunciados de cierta severidad, aplicables al arte del amigo pero también al propio estado de ánimo:

«Ni el que impreca con salud de forajido, ni el que llora con gran sometimiento quedan fuera de la casa de las musas poesías. Pero aquel que ríe, ése está fuera. / La residencia de las señoras musas está acolchada de tapices agrios y comúnmente van las damas aderezadas de doloroso organdí. Duras y cristalinas, como verticales y sólidas aguas son las murallas de la vivienda solemne. Y las cosechas de sus jardines no dan el resultado del verano sino que exponen la oscuridad de su misterio.»

En carta anexa le escribe: «Si deseas publicarlo en otra parte naturalmente puedes hacerlo, pero te ruego enviarme la revista donde salga. Si eres muy bueno quieres enviarme también la *Atenea* donde salió mi trabajo titulado "Colección nocturna", aquí no recibo nada, estoy tan celestemente arrinconado.» Y luego insiste en el asunto que realmente le interesa, vale decir, lo del retrato de Maruca: «Me has enviado esa foto de mi mujer a *Zig-Zag*? Te ruego me envíes dos copias de esa revista dorada» (*OC*, V, 1028).

No hace falta mucha fantasía para conjeturar que el verdadero motivo de este repentino interés mundano de Pablo es comunicar la noticia de su matrimonio a Albertina (y secundariamente a Laura Arrué, de cuyo silencio ignora la causa) mediante la foto de la atractiva rubia extranjera que la ha sustituido en su corazón y en el lecho. «¿Sorprendida? Cosas que suceden cuando no se tiene el coraje para arriesgar, si el amor lo requiere», le habrá dicho muy secretamente el rencoroso despechado a través de los mares, imaginando la reacción de su ex amante. Lo curioso del caso es que algunos años más tarde, en 1936, el ignaro ejecutor de la 'operación *Zig-Zag*' devendrá marido de Albertina.

CALAMIDADES

> Marry in haste and repent at leisure.
> [Tilley, H196]

> Me he casado hace cuatro meses, mi mujer es holandesa y tu nombre le es ya familiar. Te he contado en mi última carta la catástrofe que me ha enviado el Departamento. Empezaba a vivir tranquilo, ahora hasta duermo desesperado.
> [carta del 21.04.1931 a Morla Lynch, en *EPV*, 67]

La primera carta a Laura tras la boda la despacha Pablo con fecha 23.03.1931 (en *OC*, V, 818-820). Como hasta entonces la familia de Temuco no ha reaccionado, al cabo de tres meses y medio Pablo se decide a escribir a su hermana (no lo había hecho aún por razones de 'protocolo', esperando la respuesta del padre): «Supongo que ya habrán recibido hace tiempo la carta y las fotografías de mi casamiento. Espero que todo les habrá parecido bien, no puede ser de otro modo si ustedes saben que soy feliz.»

Pero a continuación informa a Laura de dos calamidades recientes. La primera tiene que ver con Maruca: «Mi mujer ha estado muy enferma y he tenido que llamar una cantidad de doctores y especialistas en enfermedades de señoras, pero por suerte no la operaron. Aquí un doctor cuesta a veces $100 la visita. Todo es muy caro.» ¿Se trata de un aborto espontáneo o de un incidente ginecológico de otro tipo? No hay noticias al respecto. Pero se sabe que nuevas indisposiciones conexas a la zona genital acrecentarán, más adelante, las tristezas de Maruca.

La segunda calamidad es de carácter económico. La ola gigante de la catástrofe de Wall Street en 1929, si bien con relativo retraso, se ha precipitado también sobre Chile, país del Occidente subdesarrollado, y el gobierno Ibáñez comienza a reaccionar desde el inicio de 1931 con severos cortes a los gastos públicos. El Ministerio de Relaciones Exteriores no es una excepción y opera sobre todo en los niveles más débiles, allí donde se sitúan los cónsules de elección.

«Me ha sucedido en estos días algo terrible e inesperado —escribe Pablo un poco antes (19.03.1931) a su nuevo amigo Morla Lynch—: han cortado mi salario en la mitad, dejándome a ración de hambre. Yo tenía 333,32 dólares y me han reducido a 166,66 y te escribo con la muerte en el alma, pues me he casado hace tres meses solamente y no sé qué hacer. Con lo que tenía érame muy difícil vivir, ahora es imposible. Y el Departamento [Consular del Ministerio] me ha comunicado esto por cable y me ha negado también por cable derecho a pasaje de regreso para mí y mi mujer, así es que no puedo quedarme ni puedo irme. Llamemos a esto, bestialidad nacional. Hace cuatro años que llevo de trópicos, y a enfermedades y fiebres mi salud tambaleaba, y ahora este puntapié» (*EPV*, 63). Al respecto Quezada precisa: «En estricto rigor a los cónsules de elección como Neruda no les correspondían pasajes de ida y/o regreso u otras expensas» (*ibíd.*, nota).

A Laura agrega Pablo días después, en su ya citada carta del 23 marzo, detalles que a Morla Lynch no necesita explicar: «Mi sueldo de aquí era ridículo para un blanco (porque los indios de aquí viven con muy poco, pero uno no puede comer en el suelo como ellos, ni mucho menos un cónsul). Así es que estaba empezando a pagar mis deudas cuando la mala noticia ha llegado. Ahora no tenemos ni con qué comer y no sé qué hacer. Pedí pasaje de vuelta a Chile para mí y mi mujer, pero me lo negaron. Ella es muy buena y me da valor, pero la situación es desesperante. [...] No sé qué hacer, a menos que me consigan un traslado, pero si mi padre quiere hacer algo es mejor no mover un dedo sino cuando tenga seguridad de conseguir algo. Las diligencias que no tienen éxito son más bien perjudiciales.»

Estas últimas observaciones son dignas de notar porque denotan la conciencia que Pablo tiene, ya con 26 años, de su propia capacidad para operar racional y organizadamente, para moverse con sentido práctico y con eficacia en la jungla chilena de la realidad social, administrativa o pública en general. En efecto, su vida posterior demostrará que eso es verdad y que será muy hábil para resolver problemas de organización, fuesen de carácter artístico (montar un espectáculo o recital) o político (desde un mitin a la campaña de González Videla) o simplemente burocrático.

De ahí que su carta a Laura prosigue con estas indicaciones: «Creo que podrían consultarle a Rudecindo [Ortega Masson] y decirle a él que lo único que me salvaría sería un consulado de profesión en cualquier parte, y en caso contrario una licencia de 4 meses con pasaje para mí y mi mujer, *porque si yo voy a Chile las cosas cambiarían y podría conseguir algo*. Ahora no puedo pensar en un viaje a Chile que costaría por lo menos 9 mil pesos de aquí a Valparaíso y no tengo un centavo, y todavía las deudas de mi casamiento. De más está decirles que cuando me casé no me imaginé que podría suceder tal cosa.»

Esa seguridad de que su intervención directa podría cambiar las cosas, esa confianza en su habilidad para manejar situaciones es un rasgo de la personalidad que Pablo desarrolló, creo, durante sus años de bohemia santiaguina. Había verificado más de una vez su ascendiente sobre amigos e incluso sobre desconocidos que se le acercaban en el bar (varias anécdotas al respecto en Diego Muñoz, 1999). Además vio cómo su amigo Manuel Bianchi resolvió el problema de su nombramiento consular en 1927, y, si bien los resultados no han sido hasta ahora brillantes, aquel *blitz* fue una lección para él. De ahí que su carta del 28.07.1931 a Laura trae otro ejemplo de esa confianza en sus capacidades operativas: «Mi querida hermanita, muchas gracias por tus cartas. Me han dado mucha pena por el accidente de Rodolfo [el hermano mayor, víctima tal vez de una caída durante sus actividades ciclistas]. Tiene tan mala suerte el pobre. No dejes de contarme si lo han operado: sería terrible si llega a perder su brazo. *Siento no estar allí para mover a mis amigos doctores*, pero confío en que todo le salga bien. *Debiera también cambiar de negocio: no hay que insistir cuando algo le sale mal*» (*OC*, V, 820).

No se trata de fanfarronería. Le gusta que las cosas se hagan bien y ha aprendido que el conocimiento de la situación y la capacidad para interesar a las personas en el problema por resolver es importante cuanto el problema mismo. Con el tiempo demostrará muchas veces la responsabilidad, el minucioso cuidado y la atención con que seguía las tareas en que se había empeñado, hasta verlas realizadas. Lo que su habilidad generalmente lograba.

Imagino por ello cuánto lo habrá hecho sufrir, no sólo la catástrofe económica en sí misma, sino además la sensación de impotencia en un país cuyo código y reglas de interrelación humana no conoce suficientemente ni maneja, a comenzar por la lengua. Aparte la distancia que lo separa del centro administrativo del que su vida depende.

1931: CAMBIOS POLÍTICOS EN ESPAÑA Y EN CHILE

> Bajo los embates de la crisis estalla el movimiento social. Los obreros, los estudiantes y los maestros ganan la calle. La crisis económica da origen a una profunda crisis política. El sector probritánico de la oligarquía y la burguesía, agazapado hasta entonces, maniobra para recuperar el poder e impedir que el pueblo lo tome en sus manos. Se celebran conciliábulos

> secretos en el Club de la Unión. Algunos grupos
> burgueses que han colaborado con Ibáñez, empiezan a
> abandonarlo. La agitación y la lucha callejera crecen
> día a día. El dictador ya no puede sostenerse. Y cae
> el 26 de julio de 1931 en medio de la repulsa unánime.
> El pueblo se concentra en todo el país para celebrar
> el fin de la tiranía.
> [PCCh 1952: 59-60]

«He pensado en ti en estos trastornados días de España, y espero que las cosas hayan pasado sin molestia para ti», escribe Pablo a Morla Lynch el 21.04.1931 (*EPV*, 67). Nada menos que la Segunda República había sido proclamada en Madrid una semana antes, el 14 abril, como consecuencia de los adversos resultados de las candidaturas monárquicas en las elecciones municipales del día 12. (Era la segunda vez que los españoles podían elegir democráticamente al Jefe del Estado y al Jefe del Gobierno. La Primera República había durado sólo once meses, entre los años 1873 y 1874.) Al verificar la falta de apoyo no sólo popular sino también de los sectores conservadores e incluso de las fuerzas armadas, el rey Alfonso XIII optó por el exilio. El día 14 la República fue proclamada espontáneamente en varias ciudades de la península. Niceto Alcalá-Zamora la proclamó para toda España desde Madrid, constituyendo al mismo tiempo un gobierno provisional. Dos meses después Pablo vuelve sobre el tema en otra carta al diplomático chileno (con quien, según se ve, ha pasado al tuteo de amistad):

> Querido amigo, acabo de recibir tu carta. España parece no terminar aún sus convulsiones, te toca vivir un momento no sin tragedia. Por los telegramas en la prensa holandesa (cada vez más raros) sobre España, me parece que han hecho el error de hacer una república conservadora perdiéndose así para las masas la agitación de la revolución. Allí pasará lo que a Kerensky en Rusia: un pueblo largamente esclavizado no puede contentarse con mezquinas concesiones. Si los actuales gobernantes no se amparan en la extrema izquierda, serán, posiblemente, barridos con tremenda violencia.
> — *carta manuscrita a Morla Lynch, 23.06.1931: facsímil en Macías, 26*

Pablo se refiere a los días que precedieron a las primeras elecciones generales a Cortes Constituyentes (28.06.1931). Hay en sus palabras al menos dos aspectos de interés. Uno es el enfoque político mismo, muy seguro y, desde su perspectiva (más práctica que anárquica), bastante certero: aquel momento histórico, de inmenso entusiasmo popular y de simétrica debilidad de las minorías oligárquicas y clericales (y sin la hostilidad manifiesta de las fuerzas armadas), era más propicio a una radical transformación económico-social que el triunfo electoral de febrero 1936, porque en el entretanto la derecha monárquico-clerical tuvo tiempo para reorganizarse en clave fascista y antisocialista.

Habría sido necesaria entonces, en 1931, una fuerte y disciplinada organización de la «extrema izquierda» (socialista y comunista, en el lenguaje del tiempo) para ir más allá de las «mezquinas concesiones» y de las zancadillas de la derecha y aliados contra las elementales y hasta modestas leyes de reforma laboral, educacional, tributaria, y en particular de Reforma Agraria, mal planeadas y peor defendidas por una burguesía iluminada y por una extrema izquierda anarcoide. Se concedió, en cambio, excesivo espacio al anticlericalismo popular, típicamente español, «según el cual el juego político se define siempre en favor o en contra de 'curas y frailes'» (Vilar, 101), y se pretendió acelerar la implantación de un gobierno según el modelo laico francés sin prestar la debida atención a los problemas reales del pueblo, cuyos sueños de solución republicana venían defraudados. El choque fue demasiado violento, y la República inicial, reformista y jacobina, morirá por haber creído ser capaz de cambiar a España «sin dar inmediata satisfacción a las masas agrarias y luchando abiertamente contra el más fuerte sector obrero» (*ibíd.*, 105), permitiendo así el regreso de las derechas al poder y el rabioso desencadenamiento del Bienio Negro (1934-1936).

Pero, prescindiendo de que haya sido o no certero, me resulta casi prodigioso que uno de los primeros, si no el primero de los pronunciamientos políticos *concretos* de Pablo se refiera precisamente a un país y a una situación (entonces naciente) donde algunos años más tarde se definirá para siempre su vida en ese terreno. En las palabras de Pablo a Morla Lynch está el embrión de su futura adhesión al partido de los comunistas españoles, en quienes le parecerá advertir aquella energía revolucionaria que ya echa de menos en 1931, energía transformadora y poderosa cuanto (y porque) encanalada por la organización y la disciplina. En términos nerudianos: confluencia de razón y extravío.

El segundo aspecto notable de la carta de Pablo es la franqueza misma con que escribe a Morla Lynch, el carácter explícito y neto de sus tomas de posición, tanto en el terreno político como en el literario. Si se tiene cuenta de que está escribiendo a un diplomático, a quien no conoce personalmente, para que lo ayude a encontrar un puesto estable en el servicio exterior (mejor si en la propia España), sus opiniones sobre Ortega y Gasset o sobre la timidez revolucionaria de la Segunda República podían ser arriesgadas o poco prudentes. Pero así es Pablo. Expresa sus puntos de vista sin ambigüedades, y a la vez con inteligencia y con seguridad desarmantes. Veremos, por ejemplo, que no se dejará condicionar por el ministerio al estallar la guerra civil en España. Es probable que Condon o Alberti le hayan transmitido una imagen favorable de Morla Lynch, pero ciertamente no dependen de ello las opiniones que le escribe.

Mientras tanto, cambio de gobierno también en Chile. El 26.07.1931 el dictador Carlos Ibáñez del Campo se ve obligado a abandonar su rol de Presidente y al día siguiente toma el tren transandino rumbo al exilio en Argentina. El colapso de Wall Street, 1929, ha erosionado tardía pero velozmente la economía chilena. El precio del cobre cae desde 14,17 centavos de dólar la libra en 1929 a 5,06 centavos en 1932, y las exportaciones de ese metal a Estados Unidos bajan de 87.000 a 5.000 libras entre 1931 y 1933. La crisis internacional da el golpe de gracia a las ya debilitadas salitreras. La producción cae a menos de la mitad y las exportaciones bajan en más de un 90%. Desde fines de 1930, una marea de cesantes de las minas del norte —unos 30.000 obreros con sus familias antes de la caída de Ibáñez— baja hasta la capital. (Los datos son de Collier & Sater, 197 ss.)

> Desde las pampas del salitre se habían venido, hacia el sur, decenas de miles de familias que deambulaban por las calles con sus niños harapientos y famélicos, solicitando en cada casa un poco de comida. Centenares de seres humanos, sucios, piojosos, se agolpaban a las puertas de los regimientos o de los internados educacionales, haciendo filas con sus tarros oxidados, para recibir las sobras del almuerzo. Algunos viejos obreros del salitre se fueron a los fundos a trabajar por una galleta y un plato de porotos, portando, junto a su miseria, una conciencia de clase formada en las grandes concentraciones obreras de la pampa. Otros ingresaron a los inmundos albergues —creados desde las postrimerías del Gobierno de Ibáñez— donde se les daba una escasa alimentación que consistía en legumbres añejas, en sobrantes de pasadas cosechas que los terratenientes vendían al Estado, mientras el buen poroto y la buena lenteja los colocaban en los mercados exteriores. Otros, en fin, cayeron a los bajos fondos, engrosando el lumpen.
>
> — *PCCh 1952: 64*

Pablo se casa con Maruca el 06.12.1930, justo cuando el tsunami de la crisis se precipita sobre Chile, pero la reducción de sus ingresos le viene comunicada sólo algunos meses más tarde. El retardo de la información es decisivo. Seguramente Pablo no habría osado contraer matrimonio si hubiera conocido mejor la situación de su país, o si la hubiera intuido a partir de lo que ya sabía sobre la crisis internacional. ¿Por qué no le llegaron oportunas señales o avisos del peligro inminente? ¿Por qué no lo advirtió? He aquí una explicación autorizada: «Ibáñez no tuvo que hacerle frente a esta crisis [la de 1929] de forma inmediata. El dinero de los préstamos externos todavía estaba llegando. Durante algunos meses, los negocios se mantuvieron como siempre. En 1930, de hecho, las importaciones aumentaron. *A comienzos de 1931*, con sus principales exportaciones postradas y sin los banqueros de Wall Street para que lo socorrieran, el hombre de La Moneda finalmente tuvo que enfrentarse a la realidad. Ibáñez y sus consejeros probaron primero con las tradicionales panaceas: *reducción de los gastos* [y sólo entonces la crisis alcanza a Pablo] junto con un aumento de los impuestos a las exportaciones (aproximadamente del 71%). No obstante, sin importar cuán rápido y profundamente recortara los gastos, Ibáñez no podía cubrir el déficit. Los pagos de la deuda externa y la compra de productos importados esenciales pronto se tragaron las reservas de oro. El gobierno abandonó el patrón oro y dejó de pagar a sus acreedores extranjeros» (Collier & Sater, 198, énfasis míos).

La situación económica revienta durante los primeros días de julio 1931 y el día 13 Ibáñez, desesperado, nombra un Gabinete de Salvación Nacional con Pedro Blanquier en Hacienda y Juan Esteban Montero (radical) en Interior. Lo cual empeora las cosas. Blanquier denuncia el colosal déficit del presupuesto, Montero abroga las restricciones de prensa, y es como abrir una libertaria caja de Pandora. «De pronto la multitud se lanzó a las calles. Los estudiantes de la Universidad de Chile y de la Universidad Católica comenzaron una huelga. Las asociaciones profesionales, partiendo desde los médicos y los abogados, les declararon su solidaridad. Los inevitables desórdenes callejeros fueron controlados duramente por la policía: cerca de una docena de personas fueron asesinadas [incluyendo a los estudiantes Jaime Pinto Riesco y Jaime Ortúzar]. El movimiento se volvió incontrolable y el régimen se vio obligado a rendirse ante las protestas civiles» (*ibíd.*).

El 28.07.1931 Pablo escribe a Laura: «Recién he recibido, ayer, la noticia de la renuncia de Ibáñez. Me he alegrado de que no haya habido necesidad de revolución para que se fuera el paco [alusión a Ibáñez a través del término *paco*, que hasta hoy, en Chile, es la denominación popular de los carabineros o policías uniformados]. Me alegro también por mis amigos desterrados que podrán volver a Chile. (Son amigos míos Carlos Vicuña Fuentes, Pedro León Ugalde, Enrique Matta Figueroa, el hijo de don Eliodoro Yáñez [Juan Emar] y muchos otros.)» [en *OC*, V, 821].

«MI LIBRO DEBE APARECER, POR CRISTO PADRE, SE ESTÁ AÑEJANDO...»

> Alberti me escribió una carta muy cordial, pidiéndome mis originales, que le enviaré. Supongo que tu amistad me haya valido en la bondad de su apreciación, y no es esto lo único que tan profundamente te agradezco. A ver si mi libro ahora se publica. Estoy tan cansado de pensar en esto. Te ruego me comuniques cualquier dato que conozcas por Alberti, y si puedes usar tu influencia con la C.I.A.P. en bien de este desterrado amigo tuyo.
>
> [carta del 21.04.1931 a Morla Lynch, en *EPV*, 67]

Pasando a la preocupación principal, la carta del 23 junio a Morla Lynch dice más adelante: «Es asombroso, increíble lo que pasa con mi libro, la "jetta" del pobre [Pablo quiere decir *iella*, mala suerte, o *iettatura*, maleficio]. Condon no me contestó una palabra por un año. Ahora Alberti no me acusa siquiera recibo de él, y han pasado tres meses desde que se lo envié. Parece haber cierta falta de responsabilidad en nuestra raza, a la que no puedo acostumbrarme después de mis años entre anglosajones y holandeses. Si Alberti ha tenido un gesto tan amigable al pedirme mis originales, para qué empobrecer ese gesto al no darme una sola noticia de ellos? Alfredo Condon, con tan buena voluntad y cariño hacia mis cosas me hizo sufrir más que ningún enemigo. (Figúrate que no contestó a 14 de mis cartas!) Y es legítimo mi deseo de saber qué pasa con mi colección de versos: un libro es un pariente próximo de uno, en trance de muerte, cuando en las manos del editor» (facsímil del manuscrito en Macías, 28-32). Poco después volverá sobre el problema: «Te escribí hace unos días una carta. Has hablado ya con Alberti? Qué raras gentes! Figúrate que ni acusarme recibo! Lo mismo que el buen amigo Condon» (carta del 01.07.1931 a Morla Lynch; facsímil en Macías, 41).

Así nos enteramos de que Pablo había enviado la nueva copia de originales a Alberti a fines de abril, más de un mes después de la carta del 19 marzo a Morla Lynch (con la posdata: «Alberti ha perdido mi libro...»). Pronto sabrá que otro desdichado capítulo de la odisea de *Residencia* está en curso. El destino que había pensado para los originales solicitados, el mismo Alberti lo contará así en sus memorias:

> Comencé entonces a cartearme con Pablo. Sus respuestas eran angustiosas. Recuerdo que en una de sus cartas me pedía un diccionario y disculpas por los errores gramaticales que pudiese encontrar en ellas. (En París —ya 1931—, intenté todavía la publicación de *Residencia*. Una muchacha argentina —Elvira de Alvear— sería la editora. Conseguí de Elvira la promesa de un adelanto. Con el escritor cubano Alejo Carpentier, secretario suyo, yo mismo fui a ponerle a Neruda el cable anunciador: 5.000 francos. *Residencia en la tierra* tampoco esta vez tuvo fortuna. No se publicó. Y, cuando dos [en verdad fueron tres] años más tarde conocí a Pablo en Madrid, me dijo que el cable sí lo había recibido, pero el dinero jamás. Desde entonces decidí no batallar por libros ajenos. Cosa que, naturalmente, no he cumplido.)
>
> — *Alberti 1959: 300*

A fines de 1973 o al inicio de 1974 Alejo Carpentier escribe, al parecer directamente en francés, un artículo para el número especial 527-528 [*Neruda présent*] con que la revista *Europe* (Paris, Janvier-Février 1974) rinde homenaje póstumo a nuestro poeta. En ese artículo, que no me resulta publicado en castellano (y que no oso traducir aquí), el escritor cubano recuerda: «Ce fut Rafael Alberti qui, en 1930, me révéla le génie de Pablo Neruda: 'Il y a, à Java où il est consul de son pays, un poète absolument extraordinaire. Il est inconnu en Europe. Il serait bon de le faire publier ici.' Comme je dirigeais alors, à Paris, une petite entreprise d'édition de livres en espagnol —entreprise vouée à un prompt échec par la déconfiture d'un bailleur de fonds dont la fortune avait sombré dans la grande crise économique de l'époque— j'écrivis à Java pour avoir un manuscrit de Neruda. Par retour de courrier, il m'envoya rien de moins que *Residencia en la tierra* —peut-être son œuvre de base—. Émerveillé par la révélation d'un tel univers poétique et, ne pouvant plus l'éditer moi-même, je remis le texte à José Bergamín, qui s'empressa de le publier, à Madrid, dans les éditions de sa revue *Cruz y Raya*... Dès lors, Pablo Neruda fut célèbre» (Carpentier 1974: 134).

Curioso testimonio. Carpentier, por decir lo menos, mezcla tiempos muy distantes, 1931 y 1935, abultando demasiado sus reales méritos en esta historia. Se recuerde que Neruda murió particularmente enemistado con Carpentier y con Nicolás Guillén, de su misma generación, porque ambos habían firmado en 1966 la infeliz "Carta abierta a Pablo Neruda" de los intelectuales cubanos (ver *OC*, V, 99-106 y 1388-1397), documento que el destinatario retuvo —hasta su muerte— una grave y gratuita ofensa que el gobierno de Cuba (verdadero mandante de la *carta abierta* según Roberto Fernández Retamar, uno de sus redactores) no ha remediado hasta hoy con el correspondiente gesto póstumo de desagravio (ver Loyola 2004). Yo creo que, queriendo tal vez neutralizar los ataques que le endereza Neruda en un poema-apéndice a *Canción de gesta* (*OC*, II, 972) y en sus memorias (*OC*, V, 534), Carpentier confunde en sus recuerdos los originales de 1931 (primera *Residencia*, incompleta) con los de 1935 (las dos *Residencias*, completas y definitivas) que serán entregados a Bergamín por Neruda en persona, puesto que entonces vive en Madrid.

Una versión más próxima de los hechos la escribe Pablo mismo en septiembre 1931:

Eandi, vea usted cómo es la vida. Mi libro fue de nuevo a España, porque el poeta Rafael Alberti me lo pidió para editarlo. Nuevas peripecias, la Ibero-Americana, que lo aceptaba, quebró. Silencio de cinco meses de Alberti (que se ofreció de su propia iniciativa para hacer las gestiones de edición). Cartas mías, sin respuesta. Mi libro grandemente admirado, varios artículos en Madrid, J. Bergamín habla de mí en el prólogo a *Trilce*. (Qué desgraciado soy.) Luego, hace tres meses, carta de Alberti. Excúseme, etc... Que el libro está en París, que lo tiene una chica Alvear, o de Alvear, que saca una revista en París. Que allí (la revista parece llamarse *Imán*, si existe, lo que dudo) van a aparecer algunos de mis poemas, que ella me mandará el cheque, y luego, el contrato para la publicación de mi libro. Ese *Imán* no me atrae, pero qué diablos. Lo peor es que nunca he oído hablar de esa revista, ni la tal chica me ha escrito, ni sé si mi libro ha sido aceptado por la República Argentina, o no. Ha visto cosas? Es para ponerse a tomar whisky por tres meses. Dígame algo, déme un consejo. Siento que mi libro debe aparecer, por Cristo Padre, se está añejando y envejeciendo inédito. Y además, mis amigos, entre los cuales usted, a quienes he defraudado y estafado por años con tal promesa.

— *carta del 05.09.1931 a Eandi, en* OC, V, 962

La Ibero-Americana era la C.I.A.P. = Compañía Ibero-Americana de Publicaciones, «proyecto editorial iniciado en 1928 en España con presencia en todo el país» y definitivamente abandonado en 1931 (*EPV*, 68n). La «petite entreprise d'édition de livres en espagnol... vouée à un prompt échec» a que aludió Carpentier, tal vez no logró ser sino una buena intención editorial del escritor cubano, conexa a la revista *Imán*, la cual sí existió, en cambio, aunque sólo por un número, financiada y dirigida en París por la millonaria argentina Elvira de Alvear (la frase «ni sé si mi libro ha sido aceptado *por la República Argentina*, o no», incomprensible a una lectura literal, es una especie de eufemismo o juego verbal de corte criollo que esconde una palabrota, producto de la rabia del poeta). El secretario personal de doña Elvira, precisamente Alejo Carpentier, fue el editor efectivo de aquel número único (abril 1931) en el que, por lo demás, anticipó un fragmento de su *¡Ecue-Yamba-O! Historia afrocubana*, la novela que venía escribiendo desde su encarcelamiento en La Habana (1927) y que se publicará finalmente en Madrid (y en el año 1933, el mismo de *Residencia* 1). La *chica Alvear, o de Alvear*, era el *bailleur de fonds* que la crisis económica puso en retirada, arrastrando en su *déconfiture* no sólo la revista *Imán* sino también el conexo proyecto editorial de Carpentier... y la publicación de *Residencia*.

EL PRÓLOGO DE BERGAMÍN A *TRILCE* DE VALLEJO

He visto un poema de Vallejo sobre la Catedral de
Chartres, muy digno.

[carta a Eandi desde Wellawatta, 11.02.1930, en *OC*, V, 952]

Un verso de Neruda, de Borges o de Maples Arce
no se diferencia en nada de uno de Tzara,
Ribemont o de Reverdy.

[César Vallejo, París 1927]

> Haz el favor de conseguirme un ejemplar de César
> Vallejo's *Trilce* en cuyo prefacio se habla de mí, o
> si quieres transcribirme lo que allí se dice.
> [carta del 21.04.1931 a Morla Lynch, en *EPV*, 68]

Desde la carta del 21 abril Pablo ha comenzado a pedirle a Morla Lynch el envío de un ejemplar de la segunda edición de *Trilce* de Vallejo (Madrid, C.I.A.P., 1930 —la primera: Lima 1922—), que trae una 'salutación' de Gerardo Diego y un prólogo de José Bergamín. Tal vez por Alfredo Condon (en carta mencionada a Morla Lynch en noviembre 1930) sabe Pablo que la "Noticia" de Bergamín hace referencia a su poesía. Su comprensible curiosidad se torna aguda a medida que la situación económica empeora y que Alberti calla. Finalmente alguien en Europa se ocupa de su poesía. Quizás no todo es catástrofe. Insiste ante su nuevo amigo Carlos en carta del 01.06.1931, con unas pocas líneas dedicadas a asuntos literarios: «A Huidobro no lo quiero. Me parece histriónico e impuro todo lo que hace. Te escribo especialmente para que tengas la gran bondad de enviarme el libro *Trilce* de César Vallejo, en cuyo prólogo se habla de mí. Por favor entérate de la gestión de mi libro, recomiéndalo a la C.I.A.P. — qué le pasa a Alberti?» (*EPV*, 69). Durante los últimos días de junio le llega el ansiado libro, y naturalmente va derecho al prólogo de Bergamín, que a un cierto punto propone:

> El libro de Alberti: *Sobre los Ángeles*, con las poesías de Juan Larrea o las de Neruda y aquellas de Gerardo Diego, que él incluye en su forma *creadora*, pueden servirnos para sistematizar por referencia el sentido y valor poético de este libro *Trilce*. [...] La poesía de *Trilce* es seca, ardorosa, como retorcida duramente por un sufrimiento animal que se deshace en un grito alegre o dolorido, casi salvaje. Esto la aproxima y la aparta, a su vez, del poeta americano Neruda, también oscuramente dolorido y hosco, pero con distinta sensualidad: la poesía de Neruda es más jugosa, más blanda, más densa y, acaso, más rica de tonalidades, pero más monótona en conjunto, menos inventiva, menos flexible, menos ágil.
>
> — *Bergamín 1991: 379-380*

Desilusión. Demasiados *menos* para el orgullo de Pablo, ya herido por la inseguridad y por la impotencia que su situación le impone en ese período. El enjuiciamiento comparativo de Bergamín, al asignarle un nivel de relativa inferioridad respecto a Vallejo, le bloquea o enturbia en ese momento su lectura de *Trilce*. Controlando a medias su despecho, o fastidio, responde a Morla Lynch ejercitando primero la retórica de la *concessio* frente a la crítica de Bergamín, aceptándola en apariencia, para luego embestir contra el libro de Vallejo:

> Mi muy querido amigo, cuánto tengo que agradecerte el envío del libro *Trilce*. Lo que Bergamín me critica me parece justo, pero irremediable: temperamento. El libro de Vallejo me parece seco y espantoso. No veo qué objeto tenga producir una literatura así. Es un libro cruel, literario y estéril. Mi poesía me parece que ampara un poco más el alma de uno, quiere abrir una puerta de salida al corazón. Me parece que tú también estás conmigo.
>
> — *carta del 01.07.1931 a Morla Lynch: facsímil en Macías, 41*

Reacción visceral, un desahogo similar a cuando recibió la respuesta de Sabat Ercasty a comienzos de 1924. De contragolpe había escrito su última carta al poeta uruguayo, con lenguaje mesurado de aparente aceptación del mensaje recibido (*concessio*) y disimulando a duras penas el furor de la desilusión. Los platos rotos los pagó su propio libro *El hondero entusiasta*, cuya publicación fue abruptamente descartada y sus originales olvidados en algún rincón de la pieza del conventillo. Ahora la desilusión que le provoca Bergamín se proyecta a *Trilce*.

Pablo ignora que en 1931 Vallejo mismo, a pesar de esta segunda edición, está atravesando una fase de implícita crítica a *Trilce* (por razones similares a las de Neruda cuando en 1949 censurará, explícitamente, su propia *Residencia en la tierra*). Al respecto José Miguel Oviedo, tras citar la invocación «Hacedores de imágenes, devolved la palabra a los hombres» que Vallejo publicó en *Favorables-París-Poema* (núm. 2, París 1926), comenta:

> Estas manifestaciones de profunda insatisfacción con los caminos por los que la vanguardia estaba llevando al lenguaje poético de su tiempo culminan [en Vallejo] con su —a todas luces— prematura "Autopsia del surrealismo", publicada en diversas revistas en 1930. Respondiendo al *Segundo Manifiesto* de Breton y al contramanifiesto *Un cadáver* firmado por Ribemont-Dessaignes y otros miembros del grupo para atacarlo, Vallejo declara que el surrealismo «acaba de morir oficialmente»; niega que haya hecho ningún aporte «constructivo» más allá de «inteligentes juegos de salón»; sobre todo descree de la sinceridad de su viraje revolucionario porque no cumple «con las grandes directivas marxistas» y porque «Breton ignora que no hay sino una sola revolución: la proletaria y que esta revolución la harán los obreros con la acción y no los intelectuales con sus "crisis de conciencia"».
> Estas expresiones de fiel militancia marxista implican una abjuración del campo estético en el que se había movido hasta entonces y del mismo lenguaje poético que había usado en *Trilce*, cuyo nihilismo y negro pesimismo ahora lo horrorizaban. Pese a ello la segunda edición de este libro... le sirvió para darse a conocer como poeta en Europa.
>
> — Oviedo, 337

Pero Pablo nada sabe (y saberlo, en este momento, quizás no le habría interesado favorablemente) de cómo ha venido evolucionando la poética de Vallejo desde el encuentro en París 1927. Por lo cual su duro juicio sobre *Trilce* hay que leerlo sólo en el contexto de la personal frustración que vive en 1931. La apelación a un juicio 'solidario' de Morla Lynch («Me parece que tú también estás conmigo»), por lo insólita en el orgulloso Pablo, no sólo es signo de inseguridad sino un indirecto reconocimiento de Vallejo. A diferencia de Huidobro o de Rokha, el poeta peruano siempre inspiró respeto a Neruda y una sincera valoración de su escritura. Aunque la amistad entre ellos se manifestó, según parece, en forma menos intensa o explícita o frecuente que (por ejemplo) la de Pablo con García Lorca, lo cierto es que una formulación del tipo «A Huidobro no lo quiero. Me parece histriónico e impuro todo lo que hace» (que acabo de citar), o algo equivalente, no es siquiera imaginable respecto a Vallejo. Más aún. He tenido siempre la exacta impresión de que el peruano fue el único poeta hispanoamericano al que Neruda consideró de su misma categoría o nivel, su auténtico par. Y poniéndome en la perspectiva de Neruda, nada humilde como él mismo confesó, no es poco afirmar.

«FUIR! LÀ-BAS FUIR!»

> Los holandeses son buenos colonizadores —dice Pablo—. El gobernador general tiene el rango de virrey. Las ceremonias son las de una corte real y por consiguiente nuestras obligaciones diplomáticas son costosísimas. Nadie se imagina la intensa vida social que hay en este país...
>
> [Roxane, en *El Mercurio*, 03.01.1932: cito por Cardone, 104-105]

> Sobre mi situación consular, un millón de gracias por tus consejos. Esperaré. Veo que la situación es muy mala pero quiero que comprendas que mi sueldo es de $166 dólares que pueden *o no pueden* colectarse en el consulado. Si se recogen es demasiado poco, si no se recogen es simplemente la catástrofe.
>
> [carta del 23.06.1931 a Morla Lynch: facsímil en Macías, 32]

«No te olvides, estoy tan aburrido de esta vida en destierro, si ves algo para mí en España, aunque sea un reemplazo, quieres recomendarme?», insiste Pablo en su carta del 01.07.1931 a Morla Lynch, con ningún resultado práctico. Dos meses más tarde vuelve a la carga:

«Tengo una gran cosa que decirte, me escriben de Francia que Alessandri va a volver de nuevo, y que, consecuentemente, el Consulado de Madrid va a vacar (por vieja enemistad de don Arturo y V. D. Silva). Imagínate qué oportunidad para mí, para recompensarme estos largos años de infierno. A ti te escribo con toda mi esperanza. Tú crees? Habría que hacer una gestión simultánea. Quieres ayudarme? / Te mando de nuevo mi corta hoja de servicio. Sería tan increíblemente maravilloso. Quieres decirme rápidamente qué debo hacer, si es preciso por cable? Pero no dejes de obrar, sin consultarme, con esa u otra oportunidad, para cualquier cosa en España, especialmente me interesa el Servicio Consular. No dudo que con tu gran bondad me ayudarás con energía, esta vez. Cada día tiemblo aquí por la estabilidad de mi casa, ya que debo pagarme de lo que el consulado recibe y hace dos meses que no hay nada. Figúrate» (carta del 08.09.1931 a Morla Lynch, en *EPV*, 71-72).

¿Quién le escribe desde Francia? Tal vez Pilo Yáñez. La predicción en todo caso se revelará exacta porque al año siguiente (1932) Arturo Alessandri Palma, exiliado en París durante la dictadura de Ibáñez, devendrá por segunda vez Presidente de Chile, y el escritor Víctor Domingo Silva (1882-1960) dejará el cargo de cónsul en Madrid que ocupaba desde 1928. En ese momento, además, Madrid era consulado de elección como Colombo o Batavia, por lo cual habría sido accesible al sueño de Pablo (sólo que para entonces ya estará de regreso en Chile). Un detalle curioso del *curriculum* adjunto a la carta: Pablo declara que posee los siguientes idiomas: francés, inglés, holandés, italiano, indostaní y malayo. (Datos de A. Quezada Vergara en *EPV*, 71-72, notas.) El *Diario* de Morla

Lynch no registra ni comenta estas varias y angustiosas cartas de 1931 que Macías y Quezada Vergara (*EPV*) han rescatado, ni da cuenta de sus gestiones en favor del amigo desterrado, si las hizo.

A comienzos de septiembre (tres días antes de la última citada a Morla Lynch) Pablo escribe a Eandi una carta de tono muy diferente, como si la situación se hubiera normalizado, o como si él se hubiera adaptado a una vida precaria. Es el primer mensaje al amigo argentino después de la postal con dos líneas anunciándole su matrimonio (enero 31). Documento muy importante, sin embargo. No contiene alusiones a la brutal caída de sus ya pobres ingresos, ni protestas contra el ministerio. A Eandi le ahorra, con orgullosa dignidad, sus miserias cotidianas. Por el contrario, le anuncia el envío de un paquete con un exótico piyama para la pequeña Violna Elsa, un abanico para la señora Eandi (Juanita), más «una piel de serpiente para usted y un cortapapel javanés». Pero a la vez, sin referirse a su propia situación, advierte a Eandi de los riesgos que corre su hermano, intencionado a probar fortuna en Oriente:

«Me parece arriesgado un viaje a estas tierras. Crisis espantosa. Miles de europeos sin trabajo. Por primera vez en la historia gente blanca mendigando en la calle. Las firmas cerrando cada día. Además las policías de inmigración son terribles en todo el Oriente, en todo el mundo ven a un comunista, y no dejan desembarcar a ninguna persona que no muestre un contrato con una firma local. Singapore es un mal país. Desagradable. La vida inglesa es horrible. [...] La única ciudad encantadora [*en nota al pie:* Exagerado!] en todo este mundo es Batavia, pero creo que aquí hay menos chance, porque hay más europeos que en ninguna otra parte. Ésta es la única ciudad con pobreza entre los blancos, con clases pobres, tal vez eso le da atractivo a la ciudad, a diferencia de los países ingleses tan herméticos, y tan caros para vivir» (carta del 05.09.1931, en *OC*, V, 961)

La carta es extensa y espacia con aparente serenidad por diversos territorios que a Pablo interesan, en particular asuntos literarios que con Eandi discurre en libertad, como con ningún otro corresponsal de ese tiempo. Por ejemplo (ya lo vimos *supra* a propósito de Guillermo de Torre), le pide noticias sobre la revista *Sur* de Victoria Ocampo, quien «consulta a Ortega y Gasset hasta para arreglarse los refajos», ese Ortega y Gasset que «es el enemigo, el vampiro escolástico [con] esa postura de *bacán* de la literatura y de las artes, de Apolo y Atenea, señor protector, con oficina en el Olimpo» (*ibíd*.). Evidentemente no le es simpático el autor de *La rebelión de las masas*, libro de reciente publicación (1930). Muestra en cambio amistoso interés por los trabajos narrativos de Eandi, aunque en ese interés resuenan oblicuamente sus propios conflictos: «Cómo se ve en ellos su ansiedad de escaparse de la ciudad, y qué terrible esfuerzo para salir de la realidad. Esas canciones que hay en sus cuentos, y esos nombres dulces, atractivos, sortilegios, misterios. Ese sentimiento constante de movimiento, huida, sueños.» Aquí la carta, sin más, con motivación sólo implícita, inserta unos versos célebres de Mallarmé que ya Neftalí conocía (recuérdese su soneto de 1920 "La chair est triste, hélas!", título tomado del verso que precede a los que ahora cita). Confirmaremos pronto que el retorno a estos versos del poeta francés tiene más relación con nuevos problemas en la intimidad de Pablo —prisionero entre *les vieux jardins* de Weltevreden y Buitenzorg— que con la temática de los cuentos de Eandi:

> *Fuir! Là-bas fuir! Je sens que des oiseaux sont ivres*
> *d'être parmi l'écume inconnue et les cieux!*
> *Rien, ni les vieux jardins reflétés par les yeux*
> *ne retiendra ce cœur qui dans la mer se trempe*
> *ô nuits!*
>
> [de "Brise marine"]

Otro asunto de sesgo literario tiene que ver con Alfonso Reyes, a quien Pablo debe una carta de agradecimiento por sus gestiones en Buenos Aires: carta postergada —a pesar de la insistencia de Eandi— no por desidia o desinterés sino porque nuestro poeta quería (según explica al amigo) «enviarle mi libro, que un libro expresa más que una carta, y mis cartas son tan estúpidas. Y así, esperando día tras día, y el libro nada, y esperando. Al fin Reyes se enojó, y me lo dijo en algunas líneas, dedicándome un libro, y yo, mi amigo, qué vergüenza, qué gran vergüenza. Entonces le envié algunos poemas míos a máquina, y una carta corta explicando lo inexplicable» (*ibíd.*, 962). Pero la parte más interesante, o significativa, de la carta a Eandi es aquella en que Pablo se refiere a su vida en Batavia:

> Mi mujer es holandesa, vivimos sumamente juntos, sumamente felices en una casa más chica que un dedal. Leo, ella cose. La vida consular, el protocolo, las comidas, *smokings*, fracs, chaqués, uniformes, bailes, *cocktails*, todo el tiempo: un infierno. La casa es un refugio pero los piratas nos rodean. Rompemos el sitio y huimos en automóvil, con termos y cognac y libros hacia las montañas y la costa. Nos tendemos en la arena, mirando la isla negra, Sumatra, y el volcán submarino Krakatau. Comemos *sandwichs*. Regresamos. No escribo. Leo todo Proust por cuarta vez. Me gusta más que antes. He descubierto un pintor surrealista. Salimos con él a comer en los restaurants chinos, bebemos cerveza.
>
> Hasta lo más extraño o lo más entrañable se convierte en rutina. Cada día es igual a otro en esta tierra. Libros. Films.
>
> — *OC*, V, 960

(¿Fue recordando a Sumatra que Pablo bautizará Isla Negra al lugar costero donde edifica su primera casa?) Lo característico del período: rutina, monotonía, tiempo uniforme. Como los «días blancos de espacio» de Santiago 1926-1927. Pero con una diferencia preocupante: «No escribo», aunque más abajo aconseja a Eandi no dejar de lado la literatura, y agrega: «Yo me moriría si no pudiera escribir más.» Pablo percibe el tiempo colonial como ausencia de historia. Y su tiempo personal como ausencia de estímulos. De ahí que en los cuentos de Eandi subraye ese «sentimiento constante de movimiento, huida, sueños» y que a su carta acuda espontáneo el grito de Mallarmé: **«Fuir! Là-bas fuir!»** El desquite de la *libertad* sobre la *norma*. El *caballo de los sueños* torna a cabalgar.

UN "DUELO DECORATIVO"

> Es mala palabra ésa de dejar de lado la literatura,
> por qué? Cuáles son esas circunstancias? Uno cree
> haber terminado, pero hay algo acumulándose
> adentro de uno, gota a gota. Yo me moriría
> si no pudiera escribir más.
> [carta del 05.09.1931 a Eandi, en *OC*, V, 960]

La larga carta de septiembre a Eandi se cierra con un anuncio que ya cité y comenté al comienzo de la sección IV: «Le envío unos versos que tienen algo de curioso, por su paralelismo que pudiera parecer deliberado, pero que no lo es. "Madrigal escrito en invierno" fue escrito en 1925, publicado en 1926, y "Duelo decorativo" lo escribí hace unos días, sin recordar absolutamente la otra cosa. Sin embargo se parecen tanto. Ambos son producto de mi viejo deseo de hacer una poesía del corazón, que consuele aflicciones, como las canciones y tonadas populares, como la música de las ciudades, pero sin elementos populares, lo que sería error, ya que no podemos forzar nuestra cabeza intelectual con expresiones ajenas» (*ibíd.*, 962-963).

Vimos que "Duelo decorativo" completa en 1931, con "Dolencia" (1925) y "Tormentas" (1926), el tríptico de madrigales que la edición príncipe de la primera *Residencia* (Nascimento, 1933) publicará con los nuevos títulos adquiridos durante los años del exilio, respectivamente "Lamento lento", "Madrigal escrito en invierno" y "Fantasma". Los tres madrigales tienen en común la estructura estilística y métrica (estrofas breves con dominio del eneasílabo) y la secreta conexión con la figura de Albertina. Por eso es cuanto menos curioso que Pablo se declare sorprendido de la similitud formal entre dos de los tres textos, obviamente propiciada en 1931 por el común estímulo extratextual. (Para detalles remito al primer apartado, "Poesía del corazón", de la sección IV del presente libro, y a mi edición de *RST*, 1987.)

Si la carta a Eandi está fechada el 05.09.1931, el poema "Duelo decorativo" habría que datarlo a fines de agosto. Su escritura denuncia un rebrote de nostalgia por Albertina y, con ello, una grieta en su relación con Maruca, sugerida además por la fórmula «vivimos sumamente juntos, sumamente felices», que no corresponde al lenguaje nerudiano de la sinceridad profunda. Todo ese párrafo de la carta trasuda tedio, inmovilidad letal: «*Leo, ella cose* [recuérdese: ella era 'extraña totalmente al mundo de las artes y de las letras']... *No escribo. Leo todo Proust por cuarta vez. Me gusta más que antes... Hasta lo más extraño o lo más entrañable se convierte en rutina. Cada día es igual a otro en esta tierra. Libros. Films.*» Es probable, sobre todo, algún deterioro de la convivencia sexual, vulnerable como era Maruca a disturbios ginecológicos que acaso la tornaban poco disponible. O simplemente, tal vez, los meses han puesto ya de manifiesto que en esta dimensión falta esa afinidad, esa "química" que había entre Pablo y Albertina. «*Leo todo Proust por cuarta vez*»: sin ánimo de especular en demasía, recordemos que leer a Proust (= leer la *Recherche*) significa la inmersión en el mundo de un personaje cuya obsesión erótica mayor es una figura con un nombre inolvidable: Albertine.

Entre los indicios que autorizan asociar la escritura de "Duelo decorativo" a la nostalgia de Albertina está el título mismo, irónicamente amargo. El *duelo* (por la ruptura al final de 1929, por la definitiva pérdida o muerte del amor) es *decorativo* en la situación actual porque es inútil, carente de sentido y de sustancia: *ergo*, sentimentalismo puramente ornamental. Ulterior indicio es la agrupación con los otros dos madrigales, que sabemos albertinianos. Hay, en fin, una versión manuscrita por Neruda sobre papel apergaminado, con el nuevo título "Lamento lento", entre los originales que conservaba Albertina. Un facsímil 'realista' de esa versión manuscrita (que trae pequeñas variantes respecto a la versión canónica) viene en el volumen *Neruda joven* (*NJV*, 1983) y en su reedición (*CYP*, 2000).

Puesto que con seguridad (por razón de orgullo) Pablo no envió en 1931 a Albertina el "Duelo decorativo" que en cambio envió a Eandi, presumo que el facsímil de *NJV & CYP* corresponde a un elegante original en papel pergamino (de procedencia javanesa), manuscrito en Chile 1932 por Neruda mismo, quien lo habría entregado personalmente a su destinataria. Por eso trae el nuevo título, "Lamento lento", y las variantes no son en realidad variantes sino errores de transcripción: porque Pablo habría manuscrito el texto a memoria, durante algún encuentro furtivo con Albertina, en su presencia, a modo de recuerdo o de reproche final, pero el juego de rimas y consonancias del poema le habría jugado una mala pasada a la memoria del autor, determinando pequeñas confusiones e intercambios (ver mis notas al texto en *RST* 1987). Cito la versión canónica:

En la noche del corazón
la gota de tu nombre lento
en silencio circula y cae
y rompe y desarrolla su agua.

En la noche del corazón... Imagen que juega con una doble significación: aquella convencional de la tristeza o melancolía amorosa (en oposición al solar amor feliz) por un lado, y por otro la nocturnidad de Cantalao que retorna con sus sueños. — **la gota de tu nombre lento**: «Uno cree haber terminado, pero hay algo *acumulándose* adentro de uno, gota a gota», esto leemos en la carta a Eandi, con evidente resonancia del poema escrito «hace unos días» y mezclando la literatura con la nostalgia. Otra vez el *nombre* (no dicho) de Albertina, como en el "Madrigal escrito en invierno", que comenzaba:

En el fondo del mar profundo,
en la noche de largas listas,
como un caballo cruza corriendo
tu callado callado nombre.

La Noche y el Mar: las claves simbólicas de Cantalao. El *callado callado nombre* aparecía asimilado al *caballo* galopando sobre la playa, vale decir, al dinamismo de los sueños en libertad, sueños de esperanza, estímulo o refugio. En el poema de 1931 el *nombre* en cambio es *lento*, pero es todavía un *callado callado nombre*: su lentitud actúa *en silencio*. La dinámica horizontal y externa de

1925 (tu nombre *como un caballo cruza corriendo* allá afuera) deviene vertical e interior en 1931: el nombre *cae* a la profundidad secreta, a la intimidad del poeta, allí circula y suelta su *agua*. Agua subterránea y fecunda, de cuya *acumulación*, gota a gota, renace la voluntad de poesía.

"Lamento lento" unifica en una red de entrecruzamientos dialécticos las figuras de la *gota de agua*, del *caer* y de la *acumulación* (crecimiento, aumento, desarrollo), preexistentes de modo aislado o parcial en la obra de Pablo, y en su vida, pues el tema raigal de la *gota que cae y resuena y acumula su agua* viene de muy lejos:

> Para escribir también me hicieron falta por el mundo las goteras. Las goteras son el piano de mi infancia. [...] Pero el gran piano de las goteras duraba todo el invierno. A la primera lluvia se descubrían nuevas goteras de voz dulce que acompañaban a las viejas goteras. Mi madre repartía sus cacharros, lavatorios, jarros lecheros y otros artefactos. Cada uno daba un sonido distinto, a cada uno le llegaba del cielo tempestuoso un mensaje diferente y yo distinguía el sonido claro de un lavatorio de fierro enlozado, del opaco y amargo de un balde abollado. Ésa es casi toda la música, el piano de mi infancia, y sus notas, digamos sus goteras, me han acompañado donde me ha tocado vivir, cayendo sobre mi corazón y mi poesía.
>
> — *"Viaje por las costas del mundo"*, 1942, en OC, IV, 505-506

Esta fundamental temática nerudiana ha sido analizada con minucia, en relación a la experiencia temporal, por Alain Sicard (1981: 212-226). Para mi intención actual señalo un antecedente de 1925: «el cielo era *una gota que sonaba* cayendo en la gran soledad / *pongo el oído* y el tiempo como un eucaliptus / frenéticamente *canta* de lado a lado / en el que estuviera *silbando* un ladrón /.../ pobre hombre que aíslas temblando como una *gota* / un cuadrado de tiempo completamente inmóvil» (de *THI*, en *OC*, I, 210 y 212). Adviértase la relación constante: *gota-caer-sonido-tiempo*, red a la que "Galope muerto" agregará en 1926 el motivo de la *acumulación* o *crecimiento*: «Adentro del anillo del verano / una vez los grandes zapallos escuchan, / estirando sus plantas conmovedoras, / de eso, de lo que solicitándose mucho, / de lo lleno, obscuros de pesadas gotas» (en *OC*, I, 258). A estos zapallos *obscuros de pesadas gotas* (imagen admirativa del desarrollo orgánico vegetal) opondrá Pablo en "El deshabitado" de 1930 un rayo de luz solar que por un proceso de condensación (restricción, endurecimiento, negación del desarrollo) deviene «una sola *gota obscura*», densa, pesada, letal, en correspondencia con el extremo desánimo del poeta al desembarcar en Batavia (ver *supra*, apartado sobre el texto).

En "Duelo decorativo" el *nombre lento* de Albertina, *gota* que cae con *silencio*, se manifiesta también como *sonoridad* cuya *insistencia* invasora (aumento) alcanza de pronto al poeta:

> *Algo quiere su leve daño*
> *y su estima infinita y corta,*
> *como el paso de un ser perdido*
> *de pronto oído.*

> *De pronto, de pronto escuchado*
> *y repartido en el corazón*
> *con triste insistencia y aumento*
> *como un sueño frío de otoño.*

Algo quiere su leve daño... Esta proposición hay que leerla según el orden 'su leve daño quiere algo', cuyo sujeto es *su leve daño*, o sea el *nombre lento* cuya evocación equivale a dolor o daño, y que *algo quiere* o pretende. Pablo configura bajo esta autorrepresentación pasiva el regreso de un *fantasma* doloroso que al mismo tiempo, sin embargo, es un estímulo que su desgana poética está necesitando para reaccionar. [A propósito de *ese fantasma*, hago notar que el albertiniano poema "Tormentas" de 1926 acaba de cambiar su título a "Fantasma", muy probablemente en el bloque de originales que Pablo ha enviado a Alberti a fines de abril.] Leído en esta clave, "Duelo decorativo" no ofrece muchos misterios de interpretación. Incluso la distancia temporal y espacial que separa a Pablo de una Albertina que vive en el otro extremo del planeta, legible en la estrofa sucesiva:

> *La espesa rueda de la tierra*
> *su llanta húmeda de olvido*
> *hace rodar, cortando el tiempo*
> *en mitades inaccesibles.*

Lozada (152) lee en esta estrofa «la ciclópea imagen schopenhaueriana del tiempo, asimilada y puesta al día futuristamente». A propósito de esta «imagen de la rueda en rotación y las dos mitades del tiempo», el mismo Lozada había citado antes (141n) el siguiente símil de Schopenhauer: «Podemos comparar el tiempo con un círculo que diera vueltas eternamente; la mitad que desciende sería el pasado; la otra mitad que asciende, el futuro.» Aunque me parece dudosa su relación con el texto, la asociación no carece de interés.

"ODA TÓRRIDA": INVOCACIÓN DE LOS SABORES

> La casa de Pablo Neruda está en Weltevreden; sólo dos habitaciones son cerradas y aun éstas tienen pequeños agujeros en los muros para que los pájaros hagan allí sus nidos. Nido de amor es aquella minúscula vivienda del cónsul chileno. Un muchacho cingalés, compañero de andanzas del poeta, nos sirve un almuerzo javanés. El curry criollo forma todo el menú. En un mismo plato se van acumulando trozos de pollo, de pescado, legumbres, coco, arroz, etcétera, y sobre todo esto la salsa picante con diversas especias que sólo un paladar curtido puede soportar.
>
> [Roxane, "La isla de Java. Batavia, 1931", en *El Mercurio*, Santiago, 03.01.1932. Cito por Olivares, 309.]

La carta del 28.07.1931 a Laurita, como la de septiembre a Eandi, no trae quejas ni protestas contra el ministerio. Pareciera que la penuria económica se ha hecho más soportable. Tal vez Maruca ha vuelto a su trabajo en el banco. La vida transcurre plácida, aunque monótona y aburrida, y a juzgar por la carta el poeta y su esposa no pasan hambre: «Maruca te manda también la semana próxima una cantidad de nuevas fotografías en un álbum muy lindo: espero que lo celebrarás con grandes brincos de liebre [recuérdese que Pablo, afectuosamente, solía llamar *coneja* o *conejita* a su hermana]. Te manda también las fotos que perdiste por 'pava'. Vivo muy feliz y he engordado mucho. Peso 80 kilos. La comida aquí hace engordar demasiado (el arroz!). El arroz se sirve cocido, sin sal, blanco, y los condimentos se ponen al lado, en platitos, más de veinte (gallina, carne de vaca, ají, escabeche y muchas cosas raras). Es un gran causeo» (*OC*, V, 821). Las fotos, en efecto, muestran a la pareja muy contenta, con signos de buen comer y bien vestir (él con traje y zapatos blancos; ella con vestido claro, ajustado, y sombrero de alas anchas), paseando por la montaña y recorriendo el Jardín Botánico de Buitenzorg.

Por ese tiempo Pablo escribe un poema, "Oda tórrida", que en 1933 será descartado de la edición final de *Residencia* 1 (Nascimento) y que —fechado «Isla de Java, 1931»— restará inédito hasta su publicación en la *Revista del Pacífico*, número 1, Santiago, junio 1935 (y ahora en *OC*, IV, 363-364). El texto propone una vez más el conflicto central de Pablo durante el exilio: cómo entrar en sintonía (o, mejor, en empatía) con una realidad circundante que le es extraña, para extraer de ella los materiales de su poetizar. Sabemos que Pablo no puede escribir sino a partir de la circunstancia inmediata y concreta que está viviendo. Esta vez le es más difícil aún que en Wellawatta y muchísimo más que en Rangoon. En sí misma la normalización de su existencia (la vida matrimonial) no parece ofrecerle los estímulos que necesita para recomenzar su misión poética (y 'profética'). De ahí que la "Oda tórrida" asuma la forma, no habitual en ese período, de una plegaria o requerimiento de auxilio dirigido a los signos del territorio. Una letanía petitoria que comienza así:

> *Venid con vuestro cargamento de direcciones rojas,*
> *veranos duros, permanentes, agrios de estas zonas de la tierra,*
> *cargad sobre mis sienes sacos de sudor blanco,*
> *cegadme de luz loca, de relámpagos viejos,*
> *heridme el corazón con vuestros besos de brasa y vidrio,*
> *entrad en mis materias intestinales, mordiendo*
> *mi blando ser interior con alimentos devoradores,*
> *pimienta, ají, jengibre, marisco, nueces ardientes,*
> *alimentos que atenazan como cangrejos y aún*
> *corred, zona infinita, vuestras influencias líquidas,*
> *en mi garganta extrañamente exasperada,*
> *vuestros espesos manantiales de azúcar,*
> *vuestros infinitos espermas, oh tierra creadora de la vida...*

No conozco otro poeta con un símil drama de vida y escritura. Para Pablo, como ya sabemos, la empatía con la circunstancia que vive es insustituible. Lo cual significa que en esta etapa no puede echar mano a experiencias pasadas o lejanas, ni a abstracciones, sino a título complementario, reforzativo o integrativo de un núcleo o impulso *que debe ser actual*, o bien para configurar el texto como vimos en "Significa sombras". El cónsul no es un poeta de "temas" sino de experiencias vivas (de cualquier orden: emocional, perceptivo o intelectual). Incluyendo los productos de la memoria. Así, lo que Pablo tematiza en "Duelo decorativo" no es su experiencia de Albertina años atrás, en Santiago, sino la invasión *presente* de Albertina en su vida de exilio, el efecto inmediato y actual de cierto *nombre lento* cayendo en su intimidad de hogaño. El asunto del poema es, entonces, la evocación —o convocación— en sí misma. Su propósito no es el viaje íntimo del Yo hacia el pasado para mantener en vida un *recuerdo*, sino, por el contrario, hacer que el *recuerdo* de Albertina —ay, demasiado vivo— viaje hacia la circunstancia presente del Yo y se inscriba en ella, revitalizándola con su energía.

Pablo advierte, naturalmente, que tal tema ofrece limitadas posibilidades de desarrollo. Y que ello supone un riesgo de parálisis poética si no consigue entablar otra relación (más activa y entrañable) con su circunstancia vital. Es ciertamente significativo que no recurra a la experiencia conyugal. Desde el comienzo, por motivos que podemos sólo conjeturar, Maruca queda fuera de su poesía. Ella no encuentra lugar en el mundo lírico de su marido, ni siquiera en esa dimensión doméstica que en cambio los textos vinculados a Josie Bliss (véase "El joven monarca") o a Matilde Urrutia no desdeñan.

En Rangoon, la ciudad misma y Josie Bliss habían nutrido su poesía. En Ceylán logró conectar a su escritura la intensidad de la naturaleza en su relación con la vida humana (el sol deslumbrante, los monzones, el viento y la lluvia, el azul y los peces y los pescadores del océano, la espesura de la selva, los elefantes y chacales, la trágica soledad del peñón de Sigiriya) y la lección de Huxley y D. H. Lawrence. Este vínculo, esta empatía con la circunstancia que le tocó en Oriente, era para Pablo una cuestión de vida o muerte. No conocía otro modo de procurarse los materiales para su escribir. Fue entonces una motivación estrictamente personal, ajena a todo exotismo, lo que confirió a sus escritos orientales ese sabor singular, esa energía *residenciaria* que con exactitud les reconoce Ibáñez Langlois:

«Muchos poetas europeos visitaron esas tierras e incorporaron su sabor a la poesía —así Claudel y Saint-John Perse—, pero el resultado fue encantadoramente europeo, es decir, 'artístico'. Sólo este hijo de los bosques australes de la América telúrica pudo incorporarse él mismo, casi sin la distancia de la objetivación, a ese horrible desintegrarse de las sustancias terrestres. [...] No, un europeo no es capaz de arrancar a la materia tales acentos, y por eso digo que la etiqueta de surrealismo suena a malamente literaria frente a esa lucidez, a ese sentimiento angustioso de la desintegración cósmica...» (en *El Mercurio*, Santiago, 18.10.1981). Fórmula inmejorable la de afirmar que sólo un poeta como Neruda *«pudo incorporarse él mismo, casi sin la distancia de la objetivación*, a ese horrible desintegrarse de las sustancias terrestres» —aunque no estoy de acuerdo con el énfasis unilateral sobre el motivo de la *desintegración cósmica* (herencia de Finlayson y de Alonso que discutiré más adelante).

Ahora bien, en Batavia la capacidad empática de Pablo funciona débilmente, a ritmo muy reducido por comparación a Rangoon y Colombo. De ahí esta plegaria o letanía (más que oda) tórrida con sus vehementes reclamos a los veranos perennes, a la luz y al calor, al agobio de un clima insoportable, pero sobre todo a los alimentos. Porque hay un acento particular en los llamados a hacerse invadir por vía oral y digestiva: «entrad en mis materias intestinales, mordiendo / mi blando ser interior con alimentos devoradores, / pimienta, ají...».

En Rangoon habían dominado los *rumores* («ese ruido de la mujer cocinando», «por oírte orinar») y sobre todo los *olores* (del opio omnipresente, del café en Saigón, del sexo en Josie Bliss, «oveja salvaje / que huele a sombra...», «quisiera oler su acero de cocina» y aquel «olor de casa sola»). Wellawatta había sido el tiempo de los *colores* (luz solar, día verde, océano azul, peces abigarrados, los deslumbrantes trajes de las mujeres). Ahora en Batavia reina la sensualidad de los *sabores*. Testimonios de entonces la carta a Laurita, la crónica de Roxane y esta "Oda tórrida". Un testimonio tardío: la *rice-table* del Hotel der Nederlanden recordada —no sin gula retrospectiva— en *Confieso que he vivido* (*OC*, V, 513-514: pasaje citado *supra*, en esta misma sección).

Hay en nuestro fragmento de "Oda tórrida" al menos dos aspectos dignos de subrayar. Uno es la aparición misma de una cierta retórica de la vehemencia, en particular a través de verbos en imperativo plural (venid, cargad, cegadme, heridme, entrad, corred), que devendrá característica de las letanías petitorias o invocatorias de Neruda en el futuro, a comenzar por la del poema "Enfermedades en mi casa" en 1934 (*Ayudadme*, hojas que mi corazón ha adorado en silencio, /.../ *venid* a mí con un día sin dolor..."). A propósito de "El deshabitado" señalé, en la alusión a un cierto *mar de invierno*, el oblicuo preludio al rito nerudiano de la invocación de Cantalao (y del océano del Sur) en situaciones de peligro o dolor. Esta "Oda tórrida" introduce una de las formas retóricas que asumirá el rito, basada en el uso del *apóstrofe* como vía de conexión entre el Yo enunciador y los objetos invocados.

El otro aspecto concierne a la exaltación de los *alimentos devoradores* dentro de una "Oda" destinada a invocar heterogéneos signos del territorio oriental. Pablo anticipa, más que el espíritu de los "Tres cantos materiales" de 1934-1935, el de las *Odas elementales* de 1954-1957 al celebrar (con modalidad seria) materias tradicionalmente consideradas apoéticas y, aún más, elevarlas al rango de lo sacro, al nivel de instancias invocadas con fervor de tipo religioso, con vehemencia de neófito que demanda la recuperación de su energía poética en agotamiento —aquello que otrora solicitaba de la Noche: «mi alma sobrecogida te pregunta / desesperadamente a ti por el metal que necesita» ("Serenata", 1925)—. El uso del apóstrofe es otro factor que acomuna las *Odas elementales* a esta "Oda tórrida", título en el que quizás resuena el de la oda (en silvas) a *La agricultura de la zona tórrida* de Andrés Bello (Londres, 1826), escrita, naturalmente, con espíritu *ilustrado* muy ajeno al de la oda de Pablo.

Tan visible presencia de los sabores (y de lo gastronómico) en las cartas desde Batavia y en la "Oda tórrida" inauguró, entonces, un filón importante dentro de un cierto 'materialismo' poético que alcanzará un desarrollo creciente, característitico y cada vez más concreto, en la obra futura de Neruda. Pero en 1931, a nivel biográfico, fue también el signo que denunció una insatisfacción vital en aumento. Como si haciendo explícitas las fuertes sensaciones y los placeres del comer, Pablo tendiera a compensar —simbólicamente en su escritura, materialmente en su cuerpo— la caída o la desilusión de la sensualidad en campo afectivo y sexual.

"CANTARES": LA ROSA Y EL SANTO

> Querido Eandi, ni egoísmo ni olvido, sino nada,
> el tiempo que pasa, nada que contarle.
> [carta del 05.09.1931 a Eandi, en *OC*, V, 959]

> Nada de nuevo, sino calor, mosquitos, pobreza e incertidumbre.
> [carta del 25.11.1931 a Morla Lynch, en *EPV*, 73]

> *Sobrevivo en medio del mar,*
> *solo y tan locamente herido,*
> *tan solamente persistiendo,*
> *heridamente abandonado.*
> ["Cantares", *RST*, última estrofa]

Los últimos poemas de *Residencia* que Pablo escribe en tierras de Oriente son dos textos breves y delgados, "Cantares" y "Trabajo frío", de forma semejante y de escritura contemporánea a "Lamento lento". No se trata de madrigales, sin embargo. Son dos poemas cuyo lenguaje de sombría tristeza, próxima al pavor, denuncia un proceso que vive secreto, escondido en los subterráneos del alma, mientras en superficie Pablo se declara feliz (ver carta a Eandi del 05.09.1931). No puede admitir que su matrimonio con Maruca asume, cada nuevo día que pasa, la semblanza terrorífica de una grave y desestabilizadora equivocación; por el contrario, y obedeciendo a sus íntimas leyes del orgullo, se esfuerza por reafirmar su brusca decisión de diciembre, en lo exterior al menos.

Que el problema sea particularmente serio para Pablo puede sorprender si recordamos sus ideas libertarias de juventud. Y no porque en Chile el efecto divorcio sólo es posible a través de una complicada farsa legal. Se trata de otra cosa. A partir de Batavia 1931 Pablo descubre que su concepción del matrimonio es todo salvo anárquica. Desde entonces, en efecto, revela en este terreno una tendencia más bien conservadora de las apariencias legales: le será muy difícil romper la inercia de sus compromisos conyugales, aun cuando habrán perdido mucho tiempo atrás su real vigencia. Así, le será necesario el cataclismo histórico de la guerra civil española para separarse de Maruca en 1936; y el cataclismo doméstico de la infidencia de un criado (que revelará a quien no debía el ligamen Pablo-Matilde) para separarse de Delia del Carril en 1956, o, más bien, para que ella lo dejase porque él tratará de retenerla. Y no hablemos del antecedente preconyugal de su penosa fuga de Rangoon en 1928: no supo imaginar otra vía para separarse de Ma Nyo Teh, «mi esposa birmana, hija del rey».

«Mi vida era bastante simple» en Batavia, recordará Neruda en sus memorias (*OC*, V, 515). Quiere decir: monótona, aburrida. A Eandi cuenta haber descubierto a un pintor surrealista, probablemente holandés, de quien no dice el nombre. «Salimos con él a comer en los *restaurants* chinos, bebemos cerveza» (*ibíd.*, 960). Todo deviene rutina, hasta «lo más extraño o lo más entrañable», donde no es difícil imaginar a qué alude la frase *lo más entrañable*. Pablo percibe la ausencia de historia en la espantosa monotonía de ese mundo colonizado, como quedó dicho, pero le pesa sobre todo la ausencia de un fundamento amoroso en lo personal.

Maruca es «altísima, lenta, hierática, sin vida propia»: así la verá Margarita Aguirre. Hostil y hermética hacia los amigos de Pablo, así la recordará Diego Muñoz. Pablo no deja otro testimonio sobre su vida con ella en Batavia que aquel triste «*Leo. Ella cose.*» de la carta a Eandi. La «adhesión sentimental» de Maruca hacia Pablo es muy fuerte (Aguirre), pero evidentemente «no sólo es el idioma lo que no comprende». Al parecer es pasiva y posesiva, y al contrario de la sociable Delia le es difícil compartir a su marido con los viejos amigos. Diego Muñoz la supone arrogante y despectiva hacia ellos, pero más probablemente se tratará sólo del temor y de la inseguridad de una mujer tímida, acentuados por el contacto con un ambiente (la nerudiana bohemia santiaguina) demasiado extraño para ella. Los pocos datos accesibles —y la secuencia de las fotografías que la incluyen entre 1930 y 1934— hablan de una mujer silenciosa, introvertida, insegura de sí, necesitada de afirmación externa, soñadora, con tendencia al aislamiento, con escaso sentido del humor y poca *joie de vivre*.

Dentro del contexto personal marcado por esta *no-vivencia* de Maruca escribe Pablo, durante la segunda mitad de 1931, los poemas "Cantares" y "Trabajo frío" que restarán inéditos hasta la edición Nascimento (1933) de *Residencia 1*. Exhausto el regodeo nostálgico que se permitió en "Duelo decorativo" ("Lamento lento"), y sin estímulos ni energía para desarrollar el proyecto poético implícito en "Oda tórrida", no le queda sino el gran viejo tema ya modulado como marco armónico del desgarramiento y de la soledad en "Débil del alba" y en otros textos de 1926-1927: el transcurrir homogéneo, y por ello letal, del Tiempo. Es el tema común a ambos poemas, "Cantares" y "Trabajo frío", modulado ahora centralmente y en clave de amarga esencialidad. Disposición métrica como la de los madrigales: estrofas breves en que predominan los versos eneasílabos, a los que se mezclan irregularmente algunos decasílabos. Esta forma exigua, inusual para textos de la línea 'profética' de *Residencia*, denuncia el crítico déficit de energía creadora que aflige al poeta y que lo constriñe a reducir el esfuerzo estilístico para mantener el nivel de calidad expresiva.

El título "Cantares" sorprende por lo genérico y por lo aparentemente inadecuado al carácter sombrío del poema. Puesto que Neruda fue siempre un sapientísimo titulador de sus textos, tras este "Cantares" —sospechosamente simple y poco pertinente— cabe presumir una intención. Mi hipótesis al respecto: *cantares* sería en este caso la versión lúdico-irónica de *canciones*, término usado por Pablo en carta a Eandi para referirse a "Duelo decorativo" en cuanto «poesía del corazón, que consuele aflicciones, como las canciones y tonadas populares, como la música de las ciudades, pero sin elementos populares» (*OC*, V, 963). Supongo entonces que "Cantares" quiere formular —como "Duelo decorativo"— el vacío erótico y la nostalgia del amor, pero mimetizando tal propósito bajo el follaje del motivo más general de la desolación del exiliado sometido al imperio del tiempo uniforme y hueco. Pruebo a decirlo con otras palabras: "Cantares" aspira a ser *canción* en el sentido arriba señalado (y por ello adopta la forma métrica reservada por Pablo a las *canciones* como "Duelo decorativo"), pero sin admitirlo, escondiendo la intención por dignidad y orgullo del autor. El poema comienza así:

> *La parracial rosa devora*
> *y sube a la cima del santo:*
> *con espesas garras sujeta*
> *el tiempo al fatigado ser:*
> *hincha y sopla en las venas duras,*
> *ata el cordel pulmonar, entonces*
> *largamente escucha y respira.*
>
> *Morir deseo, vivir quiero,*
> *herramienta, perro infinito,*
> *movimiento de océano espeso*
> *con vieja y negra superficie.*

La parracial rosa devora / y sube a la cima del santo: versos entre los más enigmáticos de *Residencia*. Lozada (169) los lee así: «el sentimiento negativo del deseo y la intuición metafísica correspondiente comienzan plasmándose en una escuetísima figura inicial del tema decadente de Salomé (la mujer fatal simbolizada aquí por la conocida rosa erótica [Darío, Julián del Casal]) y el Bautista».

Una lectura tan mediatizada me parece improbable, demasiado distante de los hábitos poéticos de Pablo que a mí sugieren en cambio otra, mucho más inmediata y directa, y en definitiva simple bajo la apariencia hermética: 'la nostalgia de *una cierta rosa* me asalta devorante, y su tortura asciende desde la *sima* de mi sexo —oficialmente en paz— trepando como insidiosa parra hasta la *cima* de mi cabeza (igualmente asentada y normalizada, como la de un santo), propiciando en ella lóbregas reflexiones sobre el transcurrir uniforme y homogéneo del tiempo'.

La imagen de la *rosa* funciona aquí, en ambivalente convergencia, como «símbolo de toda hermosa y apetecida manifestación de vida» (Alonso, 206) y como poco mimetizada alusión a Albertina *Rosa*. Doble ausencia que define la vida de Pablo en Batavia. El adjetivo *parracial* es un curioso neologismo nerudiano que creo inventado dentro de la misma línea ocultadora y amargamente lúdica del título "Cantares". A su construcción concurrirían el término *parra* (por ser planta trepadora y por sus uvas, «símbolo genérico del placer de la vida, si bien con tendencia a especializarse en el goce amoroso»: Alonso, 226) y un adjetivo del tipo *glacial* (por la conducta fría y desamorada de Albertina Rosa) o bien *torrencial* (por la invasión de la nostalgia erótica). Similar intención lúdica atribuyo a la autoalusión *santo*, irónica referencia a la condición actual de un poeta recién casado y asentado (sexo, corazón y cabeza en paz), alejado de parrandas y mujeres y demás actividades 'pecaminosas' que antaño le fueron familiares.

... con espesas garras sujeta / el tiempo al fatigado ser: la carta a Eandi denuncia la uniformidad letal de los días: «ni egoísmo ni olvido, sino nada, el tiempo que pasa, nada que contarle... Cada día es igual a otro en esta tierra» (*OC*, V, 959-960). La fórmula *fatigado ser* es una autoalusión, como ya vimos en "El deshabitado" («el ser se sentía aislado»). También me parece ver autoalusiones en el verso **herramienta, perro infinito**, donde *herramienta* supone 'yo, instrumento o utensilio de voluntad ajena', mientras *perro infinito* se podría glosar 'yo, que en la noche del corazón ("Duelo decorativo") aúllo infinitamente', en conexión con un no lejano antecedente: «Difícilmente llamo a la realidad, como el perro, y también aúllo» ("Establecimientos nocturnos"). Ambas autoalusiones reproponen bajo nuevas condiciones el motivo de la *degradación*, según confirma la estrofa sucesiva: «Para quién y a quién en la sombra / mi gradual guitarra resuena / naciendo en la sal de mi ser / como el pez en la sal del mar?», donde reaparece la *guitarra* del poema "Sabor" («En mi interior de guitarra hay un aire viejo») pero cada vez más desorientada y sin destino.

> *Ay, qué continuo país cerrado,*
> *neutral, en la zona del fuego,*
> *inmóvil, en el giro terrible,*
> *seco, en la humedad de las cosas.*

No es difícil entrever en esta estrofa una esencial y emotiva caracterización del espacio javanés (y del Oriente vivido por Pablo) a través de un compacto sistema de oposiciones: *continuo* (extenso) contra *cerrado* (estrecho, limitado, oprimente); *neutral* (sin calor, sin estímulos) contra *zona del fuego* (el infierno del trópico); *inmóvil* («Cada día es igual a otro en esta tierra») contra *el giro terrible* (el movimiento, los desplazamientos del exilio); *seco* (indiferente, impasible, uniforme, muerto) contra *humedad* (lo exuberante, lo genital, lo pululante, lo rápido, lo vivo).

> *Entonces, entre mis rodillas,*
> *bajo la raíz de mis ojos,*
> *prosigue cosiendo mi alma:*
> *su aterradora aguja trabaja.*

«Quién eres tú, ladrona, que acurrucada entre los peldaños *coses* silenciosamente y con una sola mano?», preguntaba el Narrador-Pablo dirigiéndose al parecer a la Muerte en *El habitante y su esperanza*, XV. Basándome en la fórmula «*Leo. Ella cose.*» no excluyo que el poeta vio de pronto en Maruca una imagen de la Cosedora, pero aquí proyecta esa imagen sobre sí mismo, sobre su propia alma (vale decir, sobre su intimidad creadora), pues sabe bien que su mujer no es culpable de la equivocación. Su propio espíritu profético asume así la función de la Cosedora, tan vacío se siente Pablo, sin otra tarea que la escansión del Tiempo, cosiendo el día presente al sucesivo con su aguja: de ahí lo aterrador de su trabajo. Imposible descender más en la escala de la *degradación*, puesto que esta vez Pablo ni siquiera puede contraponerle el *ímpetu profético* que en otras ocasiones lo sostuvo. La Profecía («mi alma») y la Cosedora ahora han alcanzado la identificación: ambas trabajan con la misma «aterradora aguja».

La estrofa final de "Cantares" configura una síntesis de la situación: «Sobrevivo en medio del mar, / solo y tan locamente herido, / tan solamente persistiendo, / heridamente abandonado.» ***Sobrevivo en medio del mar, / solo...*** También en Rangoon el poeta usó el mismo verbo: «la patria en que *sobrevivo*» ("Diurno doliente"), pero ya sabemos que el término *patria* era la imagen salvadora de Josie Bliss, lo cual demuestra una vez más el carácter contextual de la simbología neru-diana. Aquí la isla de Java no incluye ninguna *patria* (Maruca no es Josie Bliss) ni logra ser ella misma (la isla) la *patria* que la "Oda tórrida" solicita: es sólo metáfora de soledad y muerte. ***Sobrevivo... tan solamente persistiendo***: 'me limito a escandir el paso de los días iguales... y a engordar'. Las fórmulas ***tan locamente herido*** y ***heridamente abandonado*** remiten a un antecedente próximo: «De haber estado *herido y abandonado*» ("El deshabitado"), con común alusión al trauma originario: la negativa de Albertina Rosa a viajar hasta Colombo. Negativa que fue el factor determinante de un matrimonio que no debió celebrarse.

"TRABAJO FRÍO": EL TIEMPO VAMPIRO

> *—O douleur! ô douleur! Le Temps mange la vie,*
> *et l'obscur Ennemi qui nous ronge le cœur*
> *du sang que nous perdons croît et se fortifie!*
>
> [Baudelaire, *Les Fleurs du Mal*, "L'Ennemi"]

> *Oh dolor del dolor! Corre el tiempo, la vida,*
> *y el oscuro enemigo que nos va desangrando*
> *crece y se fortifica con la sangre perdida!*
>
> [Baudelaire, "El Enemigo", trad. Neruda, 1967]

«*Dime, del tiempo resonando / en tu esfera parcial y dulce / no oyes acaso el sordo gemido?*» Así comienza el poema "Trabajo frío". ¿A quién se dirige el *Dime* inicial? Lozada supone que el interlocutor es una figura femenina: «En una decidida confrontación con la mujer —el misterio femenino, la Esfinge— se constata en ella misma (ansia sexual y gestación) el instinto genésico, la clave humana del enigma del mundo» (170). A mí parece, en cambio, que este interlocutor interno es el desdoblamiento del propio Yo enunciador instando a sí mismo —con retórica interrogativa— a tomar conciencia de su situación a través del síntoma temporal.

> *No sientes de lenta manera,*
> *en trabajo trémulo y ávido,*
> *la insistente noche que vuelve?*

Con dos rostros o dimensiones ha reaparecido la obsesión del Tiempo ante el poeta que sobrevive en Batavia. Uno es el rostro *diurno* de la rutina y de la uniformidad de los días: corresponde a lo que el verso 2 llama «tu esfera parcial y dulce», o sea el nuevo ámbito conyugal que Pablo percibe como cálido (dulce) pero limitado (parcial). El otro es el rostro *nocturno*, que a su vez adopta las formas simultáneas, y conexas entre sí, de la 'nostalgia erótica' (Albertina Rosa) y de la 'nostalgia profética' (Cantalao) que regresan, que *vuelven*, y cuya común cifra simbólica, según sabemos, es la Noche.

Una contraposición similar la hemos leído en "Diurno doliente" (sección VI), donde, sin embargo, el conflicto entre la diurnidad encarnada por Josie Bliss y la nocturnidad de Cantalao (siempre la misma) asumía un cariz casi paritario. El Día de Josie atrajo a Pablo con tal fuerza que en un momento pareció capaz de sustituir a la Noche de Cantalao como Fundamento de la escritura. El Día de Maruca rápidamente pierde, si alguna vez la tuvo, su aptitud de estímulo para el trabajo poético de su marido. A decir verdad, y a diferencia de lo que esperaba de Ma Nyo Teh en Rangoon, Pablo no perseguía un acicate literario al contraer matrimonio con Maruca. Simplemente quería casarse: ya traía de Wellawatta esa voluntad, y en Batavia, donde su «soledad se redobló», no hizo sino coger al vuelo la primera ocasión que se le presentó. Bastó que fuera una mujer «que me gustaba mucho». Nunca usó el verbo *amar* con referencia a Maruca.

Es curioso sin embargo que sus experiencias con Albertina y con Josie no le hayan advertido cuán importante era, para su equilibrio interior, la unidad entre el factor erótico-pasional (no sólo sexual-genital) y la convivencia doméstica. Si era importante para una relación episódica, figurarse cuando se trataba de su matrimonio. Pero se sabe que nadie atesora experiencias en este terreno, por lo cual es curioso pero no sorprendente que Pablo haya aceptado, al casarse con Maruca, una existencia dividida como precio de una compañía. Lo que perseguía era ese «No más solo!» que grita a Eandi casi dos meses después de la boda. Seguramente ya sin demasiada convicción, porque faltando el amor el resultado inevitable es la soledad en dos.

Secas sales y sangres aéreas,
atropellado correr ríos,
temblando el testigo constata.

Fórmulas extremadamente concisas y crípticas emplea aquí Pablo para dar cuenta poética (a modo suyo, como era su costumbre) de lo que está viviendo. ¿Qué es lo que «el testigo constata»? **Secas sales**, en primer lugar. Recordemos que la *sal* es un símbolo habitualmente positivo en *Residencia* por su originaria relación con el mar-océano (modelo de acción) y con experiencias infantiles (comer «hasta cien ciruelas espolvoreadas con sal» sobre la rama de un árbol). *Sal* remite a fermento activo, a estímulo, a sustancia fecundante, generadora de disponibilidad al placer, al entusiasmo, a la creatividad. Por esta vía *secas sales* significa 'estímulos (proféticos) marchitos'.

Leo en la otra mitad del verso, **sangres aéreas**, un vanguardista y muy compacto modo de aludir a ciertas pasiones eróticas (rojas como la sangre) que llegan hasta el Sujeto por el aire, transportadas por el viento a través de los océanos (de estas *sangres aéreas* "Duelo decorativo" sería entonces un coágulo). De más está explicitar quién es la figura causal de tan transoceánicas *sangres*, pero no lo está anticipar el uso afín que del término hará García Lorca al definir precisamente a Neruda como un poeta «más cerca de la *sangre* que de la tinta». Ni sobra recordar un antecedente con sentido también afín: «Es el viento que agita los meses, el silbido de un tren, /.../ de noche rompe mi piel su ácido *aéreo*» ("Colección nocturna"), con similar alusión a impulsos nostálgicos dolorosos que llegan por el aire desde la otra orilla de los océanos.

... *atropellado correr ríos*... Un elemento de la nostalgia, con referencia sintética al Sur de la infancia a través de la memoria fluvial. La frase *atropellado correr* **de** *ríos* (*N*, *OCL*) parece más acorde con la norma sintáctica, pero la lección *atropellado correr ríos* (de la edición Cruz y Raya, 1935) alinea el verso a la norma métrica del eneasílabo, dominante en el poema, y además creo probable que Pablo haya querido deliberadamente exasperar la aliteración de *erres* para intensificar el efecto auditivo de un *atropellado correr ríos*.

Sobre el uso de la autorreferencia **el testigo**, recordemos que pocos meses antes Pablo ha enviado a Alberti una nueva copia, *aggiornata*, de los originales de *Residencia*, cuyo poema de conclusión —"Significa sombras"— trae al cierre la figura del *testigo* como emblema de la tarea cumplida: «Sea, pues, lo que soy, en alguna parte y en todo tiempo, / establecido y asegurado y ardiente testigo.» Sólo que, dentro del nuevo clima de inseguridad y miedo, en "Trabajo frío" la autoalusión supone una tonalidad de amarga y derrotada ironía respecto a la todavía orgullosa de 1929.

> *Aumento oscuro de paredes,*
> *crecimiento brusco de puertas,*
> *delirante población de estímulos,*
> *circulaciones implacables.*
>
> *Alrededor, de infinito modo,*
> *en propaganda interminable,*
> *de hocico armado y definido*
> *el espacio hierve y se puebla.*

He aquí un aspecto de la experiencia de Pablo que es nuevo en *Residencia*: el **miedo**, introducido por el gerundio *temblando* [*el testigo constata*]. El texto lo propone con representación de tipo espacial. Notar la centralidad del Sujeto, sometido —como en "Caballero solo"— a un asedio horizontal aterrador. Pero el cerco esta vez no proviene del pulular de vida sexual a su alrededor sino, por el contrario, de un vacío o carencia que viene llenado por amenazas de pesadilla. En estas dos estrofas el pavor asume la forma claustrofóbica de un espacio que de improviso erige en torno al Sujeto una multitud de barreras asfixiantes (paredes, puertas) y se puebla de figuras siniestras o feroces («de hocico armado»): proliferación delirante, hervidero terrorífico. Sí, Pablo tiene miedo del futuro afectivo que le prospecta su propia equivocación. Pero también de la inseguridad económica que le prospecta el ministerio.

> *No oyes la constante victoria*
> *en la carrera de los seres*
> *del tiempo, lento como el fuego,*
> *seguro y espeso y hercúleo,*
> *acumulando su volumen*
> *y añadiendo su triste hebra?*

> *Como una planta perpetua aumenta*
> *su delgado y pálido hilo*
> *mojado de gotas que caen*
> *sin sonido en la soledad.*

Sicard (112 ss.) ha señalado la confusión —yo diría más bien intercambio, trueque, o una suerte de sinestesia— que *Residencia* propicia a menudo entre *tiempo y espacio*. Y la tendencia a la objetivación de esas categorías bajo semblanzas materiales, orgánicas o antropomorfas. A esta observación de Sicard me parece importante agregar, a la luz del desarrollo hasta aquí seguido, algunas precisiones desde la perspectiva contextual de la imaginería nerudiana. Por ejemplo, las diferencias o afinidades que ofrecen las objetivaciones según las situaciones que atraviesa el Sujeto. Así, "Sabor" (Santiago 1927) atribuía al tiempo «esa *consistencia de la leche*, de las semanas muertas, / del aire encadenado sobre las ciudades». Otro poema poco anterior, "Alianza (sonata)" de 1926, había anunciado la imagen: la vitalidad de la Noche, amiga y aliada del poeta, invadía la tierra «detrás de la pelea de los días *blancos de espacio* / y fríos de muertes lentas y estímulos marchitos». Ahora bien, la misma modalidad de (blanca) materialización del tiempo-espacio reaparece en "El deshabitado", prosa escrita por Pablo, como ya vimos, apenas desembarcado en Batavia: «En los lados del cielo un pálido cierzo se acumulaba, un aire desteñido e invasor, y hacia todo lo que los ojos abarcaban, como *una espesa leche*, como una cortina endurecida existía, continuamente».

Lo notable, entonces, es que la representación del espacio-tiempo, y la necesidad del auxilio de la Noche, regresan en Batavia a la modalidad de los poemas residenciarios escritos todavía en Chile 1926-1927. No sólo la nostalgia, es el **miedo** que busca refugio o reflejo en el pasado. El *aumento oscuro de paredes* y el *crecimiento brusco de puertas* de "Trabajo frío" recuperan en clave de pesadilla aquel triste «Yo lloro en medio de *lo invadido*, entre lo confuso, / entre el sabor *creciente*, poniendo el oído / en la pura circulación, en el *aumento*» ("Débil del alba"), y aquellas cosas de cuero o de madera (como las puertas) que «envejecidas, desteñidas, uniformes, / se unen en torno a mí *como paredes*» ("Unidad"). De nuevo vemos al Sujeto *poniendo el oído*, instando a sí mismo a escuchar: «*no oyes* caso el sordo gemido? /.../ *No oyes* la constante victoria /.../ del tiempo, lento como el fuego...?».

Pero más sorprendente aún es verificar el eco de la estrofa final de "Galope muerto" en la estrofa final (recién citada) de "Trabajo frío". En 1926: «una vez los grandes zapallos escuchan, / estirando sus plantas conmovedoras». En 1931: «Como una planta perpetua aumenta / su delgado y pálido hilo.» Pero la resonancia es sólo externa, formal, pues los significados apuntan en direcciones opuestas: la extensión orgánica de los zapallos invitaba al poeta al optimismo, a la esperanza, a la acción 'profética' suscitada por la fecundidad de la naturaleza; el aumento vegetal del tiempo, que crece ahora como una planta caníbal, o como una planta vampiro, le sustrae en cambio su seguridad residual y lo despeña por los precipicios (inhabituales en Pablo) del miedo.

La diferencia entre ambas situaciones aparece ulteriormente subrayada por los versos conclusivos de ambos poemas. En el primero: «de eso, de lo que solicitándose mucho, / de lo lleno, obscuros de pesadas gotas», donde las *gotas* eran apretadas condensaciones de vida orgánica, o de «materia cósmica que se trae a la vida», según confirmó Neruda a Alonso (129 y 183). En el segundo, el poeta oye «el sordo gemido» del tiempo, siente incluso el trabajo de «la insistente noche que vuelve», pero a diferencia de los zapallos *no escucha las gotas* que el tiempo exuda, porque carecen de *sonido* para él: «... gotas que caen / sin sonido en la soledad». Estas *gotas* son condensaciones negativas, densas sólo de soledad y tristeza. Son, como aquella «sola gota oscura» de "El deshabitado", productos del *trabajo frío* del tiempo.

ADIÓS AL ORIENTE

> *Llegué más extranjero que los pumas*
> *y me alejé sin conocer a nadie*
> *porque tal vez me trastornó los sesos*
> *la luz occipital del paraíso.*
> [de "Aquella luz", *MIN* II, en *OC*, II, 1201]

Con carta del 25.11.1931 Pablo pide a Morla Lynch que escriba a Alfonso Bulnes —recién nombrado (en octubre) subsecretario de Relaciones Exteriores— «para que me saque de mi mala situación», y lo apremia: «Como al mismo tiempo yo le escribo directamente, me atrevo a rogarte que lo hagas sin demora, que esta acción dual tal vez me ayude» (*EPV*, 73). Quizás no ha recibido aún el cable con que el ministerio le comunicará la adopción de nuevas medidas administrativas con fines de economía... y con efectos dramáticos para los cónsules de elección. Pero este golpe final es inminente.

Porque en Chile la situación es cada vez más confusa y la miseria alcanza niveles de espanto. Tras la fuga del dictador Ibáñez (27.07.1931) el Congreso nombra vicepresidente a Juan Esteban Montero, quien renuncia menos de un mes después para dedicarse a su campaña como candidato a la elección presidencial de octubre, traspasando el Poder Ejecutivo al ministro Manuel Trucco Franzani (mientras Luis Izquierdo Fredes viene nombrado nuevo ministro de Relaciones Exteriores). Casi inmediatamente, a comienzos de septiembre, Trucco debe enfrentar la sublevación de los tripulantes del acorazado *Almirante Latorre* y demás navíos de guerra estacionados en Coquimbo. A ésta, otras rebeliones se suman: en la base naval de Talcahuano, en la escuela de comunicaciones de Las Salinas y en la base aérea de Quintero.

Es evidente la influencia del todavía fresco ejemplo histórico de los motines de la Armada rusa que habían precedido y acompañado la revolución de 1917. Signo de época que no deja de alarmar a los sectores políticos conservadores, y también a los moderados. Los subversivos de Coquimbo plantean en efecto, además de algunas reivindicaciones de tipo profesional, exigencias de notable proyección económico-social como la facilitación de créditos para el fomento de la mediana industria y del comercio, una rebaja de los intereses bancarios, pero en particular un plan de obras públicas para paliar la cesantía e incluso (con abierta osadía) un fuerte impuesto directo a las personas y entidades poseedoras de millonarias fortunas. Naturalmente es demasiado para el *establishment*. El gobierno actúa con rapidez para sofocar todos estos alzamientos, hasta ordenando un ataque aéreo contra los amotinados de Coquimbo, que se atemorizan (a pesar de haber derribado uno de los aviones) y zarpan hacia Valparaíso para rendirse. En Santiago se ha declarado el estado de sitio para impedir probables manifestaciones de adhesión a los rebeldes, los cuales son sometidos a juicio sumario y condenados a prisión o al exilio.

En las elecciones del 04.10.1931 triunfa Montero (con el 64% de la votación) sobre su más próximo rival, Alessandri, y sobre el candidato comunista Elías Lafertte, pero un grado de energía y eficiencia como el empleado contra los sublevados de Coquimbo no se aplicará a los gravísimos problemas de miseria y cesantía que atenazan al país. Por lo cual la exasperación social no disminuye cuando Montero se hace cargo del gobierno el 04.12.1931, y poco después los comunistas encabezan intentos populares de apoderarse de cuarteles policiales en Copiapó y Vallenar. El nuevo gobierno ordena reprimir a sangre y fuego, con ferocidad inaudita, la rebelión de los desesperados. En Vallenar los carabineros dinamitan la sede comunista local y balean por las calles a más de veinte dirigentes de ese partido, apenas los sacan de sus casas, en nombre de la "normalidad constitucional".

«Montero se hizo cargo de un país que después sería descrito por la Liga de las Naciones como la nación más devastada por la Depresión (*World Economic Survey 1923-1933*). Un nuevo asedio a los bancos había agotado de tal manera el circulante (en agosto de 1931 se había contraído en un 40%) que, por primera vez en décadas, los precios para el consumidor bajaron. Sin embargo, esta baja de los precios no fue sino una broma cruel para los hombres sin trabajo. El gobierno trató de paliar los efectos del enorme desempleo creando un Comité de Ayuda a los Cesantes, que entregaba alojamiento y comida. También redujo los arriendos y las contribuciones en un 20% y en un 80%, respectivamente. No obstante, el gobierno estaba tan necesitado de ayuda como los ciudadanos. Aunque Chile logró terminar 1931 con un saldo positivo en la balanza comercial, el país seguía sin percibir ingresos, lo que obligó a Montero a pedir prestado al Banco Central» (Collier & Sater, 199-200).

Dentro de este cuadro catastrófico el Ministerio de Relaciones Exteriores efectúa la reestructuración del servicio consular que de hecho decide el regreso de Pablo a Chile. Ya vimos que durante los primeros meses de 1931 Pablo deja de percibir la mitad del dinero que le corresponde por los dos consulados que atendía (Batavia y Singapore), con lo cual vuelve a sus 166,66 dólares de Rangoon y de Colombo, pero entonces vivía solo o, más bien, sin las responsabilidades conyugales de ahora. Por ello escribe a Alfonso Bulnes apenas se entera de su nombramiento como subsecretario del servicio exterior. Probablemente a comienzos de diciembre, en coincidencia con el primer aniversario de su matrimonio (de cuya melancólica celebración no conozco ninguna huella), llega en cambio una nueva comunicación del ministerio que en la práctica hace imposible a Pablo seguir ejerciendo en Batavia su cargo consular con un mínimo de dignidad y decoro.

Schidlowsky (163) ha indagado que en enero 1932 se suprimen 15 consulados de elección. Pero en la lista no figuran Batavia ni Singapore. Tampoco consta una renuncia del cónsul Reyes (sí, en cambio, la de Gabriela Mistral). La tenacidad de Schidlowsky logra excavar esta valiosa información: «En el archivo político del Ministerio de Relaciones de Alemania hay un informe [¿del cónsul Hertz?] enviado a Berlín el 20 de febrero de 1932, comunicando el cierre del Consulado chileno en Batavia y que la firma alemana Wm. Müller & Co. representará los intereses chilenos en esa ciudad. Además se agrega que Neruda no cree poder seguir en el servicio exterior» (*ibíd.*).

¿Qué sucedió exactamente? El mismo Pablo da su versión en una carta a Morla Lynch fechada en enero 1932 (por error: es febrero): «El Gobierno me ha suprimido por economías y cambio de sistema en la recolección de entradas consulares. Como éstas serán pagadas directamente en las aduanas, los cónsules de mi categoría quedamos suprimidos» (en Macías, 46). Suprimidos de hecho, si no entiendo mal, pues la percepción de los ingresos del cónsul, ya precaria con el anterior sistema, se torna imposible con el nuevo. «Desde enero no tengo salario», prosigue en efecto la carta. Es muy probable que en su extrema angustia (admitida en la carta a Morla Lynch) ha escrito a Alfonso Bulnes una desesperada petición de traslado a Chile. Finalmente alguien que lo escucha en el ministerio y que le demostrará amistad al regreso. El Departamento accede a enviar al cónsul Reyes dos pasajes de retorno al país.

Difícil imaginar los últimos meses de la pareja en Batavia. Pablo sabe que su entusiasmo de un año atrás por casarse ha desaparecido y que Maruca no sólo está muy lejos de inspirarle *pasión* como Josie o Albertina (esto siempre lo supo), sino que ni siquiera parece ser la compañía conyugal que esperaba. El silencio epistolar y poético de Pablo al respecto es más que elocuente. Tal vez, en su intimidad, vacila sobre la conveniencia de regresar a Chile con Maruca. Pero al mismo tiempo es incapaz de romper (más por orgullo que por responsabilidad) el compromiso asumido, y además, como ya sabemos, hay una parte de él que se acostumbra fácilmente a la rutina hogareña porque la necesita.

¿Consideraron ambos la eventualidad de que Pablo viajara solo y que ella restara con sus padres, o sola en la minúscula casa de calle Probolingo, hasta que él lograse afirmar su situación económica en Chile? Lo más probable es que a Maruca tal idea ni siquiera la rozó. Aunque soñadora por naturaleza, ella comprende ya que a su marido no le puede dar largas. Y aunque 'altísima, lenta, hierática, sin vida propia', según la verá Margarita Aguirre, ella se entrega en cuerpo y alma a la preparación del largo viaje. Vale decir, a llenar valijas y baúles. Al menos un par de baúles, pues en uno van los cachivaches de Pablo. En especial, las máscaras que viene coleccionando desde el año de Rangoon y que algunos meses más tarde asombrarán a los santiaguinos.

ITER DURUM: LA INFERNAL FASE DEL RETORNO

> *O Mort, vieux capitaine, il est temps! Levons l'ancre!*
> *Ce pays nous ennuie, ô Mort! Appareillons!*
> [Baudelaire, *Les Fleurs du Mal*, "Le Voyage", VIII]

> He viajado a través de las edades; pasé a través de
> los cuerpos y de los tiempos de los cuerpos, sin
> tener conciencia de que había dado con la recóndita
> estrechez de la más ancha puerta... He tratado de
> enderezar un destino torcido por mi propia debilidad
> y de mí ha brotado un canto —ahora trunco— que
> me devolvió al viejo camino, con el cuerpo lleno de
> cenizas, incapaz de ser otra vez el que fui...
> Navegaré, pues, hacia la carga que me espera.
> [A. Carpentier, *Los pasos perdidos*, cap. XXXIX]

Pablo y Maruca se embarcan en Batavia a comienzos de febrero 1932, rumbo a Colombo, en un barco cuyo nombre *Pieter Corneliszoon Hooft* —triste consuelo para Pablo— es el de un importante escritor holandés nacido en Amsterdam 1581 y fallecido en La Haya 1647. El ex cónsul hace de vuelta la travesía que en junio 1930 lo llevó de Wellawatta a Batavia. En el barco escribe a Morla Lynch una carta (que ya mencioné) fechada «En el mar, cerca de Ceylán, 8 enero 1932». Equivoca el mes, según lo demuestra una carta a Laura del día siguiente («Alta mar, 9 de febrero 1932») que informa: «Te escribo desde un barco holandés, antes de llegar a Ceylán.» En ambos mensajes Pablo da cuenta de su oscuro estado de ánimo, pero a Morla Lynch confiesa detalles que, como siempre, oculta a Laura (e indirectamente a su padre):

> El Gobierno me ha suprimido por economías y cambio de sistema en la recolección de entradas consulares. Como éstas serán pagadas directamente en las aduanas, los cónsules de mi categoría quedamos suprimidos. Desde enero no tengo salario. Por un resto de decencia humana me enviaron dos pasajes, y aquí me tienes, a bordo de un barco holandés en marcha a Ceylán, donde tomaré un *cargo* inglés que me llevará a mí y a mi mujer a Valparaíso, vía Africa del Sur y Estrecho de Magallanes.
>
> Puedes figurarte mi estado? Ni un centavo, casado, y sin dinero para vivir en Chile ni una semana. Angustia, angustias, y con la vista enferma (para siempre) por la luz brutal de los trópicos, y con pocas esperanzas.
>
> Quieres aconsejarme? Puedes pedir algo, insignificante, para mí en Madrid? Me contentaría con tan poco. Estoy tan fatigado.
>
> Podrías, querido Carlos, escribir directamente a Alfonso Bulnes? Me autorizas para ir a saludar a tu hermana? Yo conocí a tu otra hermana, casada con Domingo Santa Cruz, y me pareció sobrenaturalmente bella. También me acuerdo de los retratos que le hizo Sara de García Oldini.
>
> Qué piensas de todo esto? Mi libro [*Residencia*] me ayudaría un poco, si apareciera ahora, pero la mala suerte me persigue. Alberti consiguió un contrato con una editorial argentina en París (Imán), firmé el contrato hace dos meses, el libro debía haber aparecido en enero, pero no he tenido una sola noticia desde hace mucho. Si ves a Alberti, que ya debe haber regresado a España, él te dará la clave del enigma... Qué curioso que mi pobre libro recorra desde hace años el Helesponto, las costas de Iberia y de Galia, rechazado de todas partes como Odiseus.
>
> Vuelvo de Java, del Oriente, cansado, pero con cierto amor hacia estas tierras. Como cosa divertida: antes de partir el Soesoehoenan de Socrakarta (el más alto príncipe javanés reinante) me condecoró.
>
> Escríbeme, te lo ruego, una buena carta a Chile, que me espere allí. Yo llegaré a Valparaíso a mediados de abril. Un viaje largo, con el único consuelo de pasar por el Cabo de Buena Esperanza.
>
> — *facsímil en Macías, 46-47*

La carta consigue expresar la desesperación de Pablo dentro del tono de dignidad que le es habitual. Una vez más, sin embargo, no parece haber instigado a la acción a Morla Lynch, cuyo diario se limita a resumir el mensaje: «Una carta aflictiva de Pablo Neruda... ha sido suprimido su cargo de una plumada... menos mal que le han dado los pasajes... para llegar al país a luchar con la vida sin un céntimo de economía.» Su única acotación: «¡Qué inmensa felicidad sería poder ayudarlo! Dios debería dotar de bienes a quienes tienen talento para que pudieran dedicarse a producir sin agobios ni preocupaciones de orden material» (1958: 201). Comentario francamente modesto, teniendo cuenta de sus recursos diplomáticos y de lo que Pablo esperaba de él. Difícil saber si al menos escribió a Alfonso Bulnes. No declara en su diario ninguna gestión hecha entonces ante el ministerio, pero creo que sus huellas documentales no habrían escapado a Quezada (*EPV*) ni al acucioso Schidlowsky.

A Laura escribe también Pablo el itinerario previsto del viaje y, sobriamente, sus preocupaciones: «El viaje de Colombo a Valparaíso será de sesenta días, así es que creo que llegaremos a Chile más o menos el 15 de abril. A ver si consigo algo en Chile. Me mandaron la noticia por cable, así es que me pilló de sorpresa, sin un centavo. No sé qué haré en Chile si no consigo algún puesto pronto. El vapor en que llegaré se llama *Forafric* y pertenece a la compañía Andrew Weir, adonde pueden preguntar la fecha de llegada. / Bueno, hasta muy luego, ya que tan pronto tendré la felicidad de verlos y de que conozcan a Maruca (que no habla aún una palabra en castellano). Abraza a los veteranos, y no se alarmen mucho con las malas noticias...» (*OC*, V, 821-822).

Por tercera vez (antes en 1927 y 1929) Pablo desembarca en Colombo, donde deberá restar un par de días antes de que zarpe el *Forafric*. Es probable que haya revisitado con Maruca el *bungalow* de Wellawatta junto al mar, y quizás buscó a Andrew Boyd para presentarle a su mujer y para conversar un rato en algún café. En esta ocasión no deja testimonio escrito de su paso por la ciudad. Su estado de ánimo con seguridad le hace interminable la espera del embarque.

El *Forafric* tiene ya más de veinte años de mar. Había sido construido en Glasgow, 1909, para el transporte colonial. Fue botado con el nombre *Chumpon* de una playa thailandesa, y rebautizado *Forafric* al pasar a la East Asiatic Line de la compañía Andrew Weir. Cuando zarpa con Pablo y Maruca rumbo a Ciudad del Cabo y al estrecho de Magallanes le quedan todavía otros diez años de océanos desmesurados y exóticos puertos. La noche de Navidad de 1941 —pocas semanas después de Pearl Harbor— será hundido por bombarderos japoneses, ya en guerra contra norteamericanos, ingleses y demás aliados, y de nada le servirá identificarse como pacífico buque de carga.

A mediados de febrero 1932 comienza el viaje infernal. A finales de ese mes, o más probablemente en marzo, comienza la escritura de "El fantasma del buque de carga", que concluirá antes de desembarcar en Puerto Montt. Una primera versión del poema se publicará en *Atenea* 87 (mayo 1932) y otra, corregida, será enviada a Eandi en los últimos días de marzo 1933, cuando *Residencia* ya estaba en las prensas de Nascimento. Juzgo sea un críptico pero muy revelador indicio que Pablo, al momento de dar una colocación a este poema (imprevisto y tardío) dentro de unos originales ya muy organizados, decida insertarlo en la sección III del libro con "Caballero solo", "Ritual de mis piernas" y "Tango del viudo". No es difícil reconocer la razón de afinidad por la cual Pablo había agrupado estos tres poemas en una sección que podríamos titular *secuencia de la soledad sexual*, o de los conflictos o ansiedades de orden sexual. (La segunda *Residencia* propondrá una similar secuencia de poemas a través del 'tríptico erótico' de Buenos Aires: "Oda con un lamento", "Material nupcial" y "Agua sexual".) Ahora bien, ¿por qué agregar "El fantasma del buque de carga" a tan definida tríada? Al hacerlo Pablo inscribirá una secreta señal: este poema lo siente afín a los otros tres porque subterráneamente ligado a la imagen de la mujer que viajó con él durante 75 terribles días entre Batavia y Puerto Montt y que ha devenido signo y espejo de la situación de soledad afectivo-sexual que se prolongará en Santiago, Buenos Aires y Madrid.

En la carta a Morla Lynch compara las andanzas y desventuras de los originales de *Residencia* (y del Sujeto que vive en el libro) con las de Ulises: «rechazado de todas partes como Odiseus». Pero este héroe épico y vagabundo [el libro] volverá a su Ítaca del Mapocho y allí lo estará esperando su fiel Penélope: la editora Nascimento, a la que en vano el héroe intentó sustituir con sirenas tipográficas de París, de Madrid y hasta de Buenos Aires. Desde 1924 la paciente y querendona Nascimento había dado a luz *Veinte poemas de amor, Tentativa del hombre infinito, El habitante y su esperanza, Anillos*. Casi diez años después, en 1933, celebrará el retorno del héroe con una bellísima edición —sin precedentes en la bibliografía poética chilena— de los originales vagabundos.

En cambio la parábola de Pablo mismo, el ciudadano-poeta-cónsul chileno, fue una declinante odisea —en la que no faltaron una Calypso birmana, alguna Nausícaa cingalesa y un Polifemo holandés— que está por concluir con el infernal viaje de retorno a una Ítaca en confusión y miseria, y donde nadie espera al héroe derrotado. Porque Penélope —la Cosedora extranjera — viaja con él (la verdadera Penélope chilena ya rechazó el rol épico y no lo está esperando). Más aún: tampoco habrá para el héroe un padre que lo acoja con lágrimas de alegría y voz quebrada de emoción, como Anquises a Eneas: «*Venisti tandem, tuaque exspectata parenti / vicit* **iter durum** *pietas?*...» (¿Estás aquí, finalmente, y tu piedad ha vencido al duro camino, como el padre esperaba? — *Eneida*, 6, vv. 687-688).

"EL FANTASMA DEL BUQUE DE CARGA" (I): TIEMPO VIVO

Under the keel nine fathom deep,
From the land of mist and snow,
The Spirit slid: and it was he
That made the Ship to go.
. . . .
'But tell me, tell me! Speak again,
Thy soft response renewing –
What makes that Ship drive on so fast?
What is the ocean doing?'
. . . .

> ... once more
> I viewed the ocean green,
> And looked far forth, yet little saw
> Of what had else been seen –
> Like one, that on a lonesome road
> Doth walk in fear and dread,
> And having once turned round walks on,
> And turns no more his head;
> Because he knows, a frightful fiend
> Doth close behind him tread.
>
> [S. T. Coleridge, *The Rime of the Ancient Mariner*, 1798]

«Un largo viaje por mar de dos meses me devolvió a Chile en 1932»: esta línea es todo lo que las memorias de Neruda registran (*OC*, V, 517). Desde mediados de febrero hasta mediados de abril durará en efecto la travesía del *Forafric* entre Colombo y Puerto Montt. Un buque de carga con algunas cabinas para pasajeros, a precios inferiores respecto a los de un transatlántico... y naturalmente sin sus comodidades y diversiones. En un barco así, dos meses habrían sido duros de soportar para un entusiasta aventurero retornando por fin a su base, fatigado de experiencias pero tranquilo y satisfecho. Figurarse cómo los vive un joven de 27 años que siente el regreso como una derrota en todos los terrenos: sin dinero, sin trabajo, sin haber publicado su libro... y sin amor. Aunque por orgullo o por convencionalismo no exteriorice los síntomas, creo seguro que durante el viaje Pablo vive la compañía de Maruca, al menos en parte, como un peso agregado a su desolación.

No conozco datos sobre tripulantes o pasajeros que el poeta ha debido conocer en las horas de comida o de pasatiempo en algún salón, o en el infaltable café-bar, o durante las interminables horas caminando sobre el puente o acodado a las barandas, mirando las olas dejadas atrás. De la escasa documentación existente, que no va mucho más allá del poema "El fantasma del buque de carga", queda la extraña imagen de un barco verdaderamente fantasmal, sin tripulantes y con un pasajero único, Pablo. Ni siquiera Maruca parece existir. El poema habla de escalas y barandas, de cabinas y bodegas y cocinas, de muebles y sillas y roperos, de rincones y corredores, de un «desventurado comedor solitario» y de «las verdes carpetas de las mesas». Pero no alude en modo alguno a ninguno de los seres humanos con quienes Pablo comparte el viaje.

Parecería natural esta atmósfera de *buque fantasma* en un poema-con-fantasma. Pero su significado no ha sido leído en modo unívoco. Según algunos estudiosos, el *fantasma del buque de carga* es una configuración del Tiempo: «En este poema el tema poetizado es la omnipresencia del Tiempo» (Concha 1963: 15); el poema «se basa en tres movimientos que constituyen tres modulaciones de un tema único: el Tiempo» (Sicard, 118).

Dentro de la lectura psicoanalítica de Neruda que propone Rodríguez Monegal, centrada en la ausencia primaria de la madre por culpa del padre, el poema «revela esa asociación subconsciente del barco que navega por las aguas del tiempo (aguas vivas que roen la cáscara del buque, como dice el poeta más adelante) con una cisterna materna, con una bodega preñada que es también matriz. Por eso el hombre que viaja en el barco se metamorfosea en fantasma [...]. La circunstancia de que el poema celebre un viaje real en cierto buque concreto no disminuye la naturaleza alucinatoria y alegórica a la vez de este viaje. Por eso mismo, parece más plausible la identificación del poeta con el fantasma: al fin, volviendo en el lentísimo buque a la patria, Neruda podía verse proyectado subconscientemente en ese fantasma que deambula por bodegas preñadas, que se asoma con su rostro sin ojos sobre ese mar que roe incesante la cáscara del buque. La experiencia ocurre en estratos tan profundos que sólo el vocabulario exasperado del poema puede hacerles toda justicia» (1966: 215-216).

Desde mi punto de vista, y reiterando que el joven Pablo no fue poeta de *temas*, ni siquiera del tema del Tiempo, también a mí «parece más plausible la identificación del poeta con el fantasma», pero no sobre la base psicoanalítica que Rodríguez Monegal le supone (y sobre la cual volveré más adelante). Basta recorrer la poesía precedente de Pablo para advertir que el Tiempo se "tematiza" en sus versos (adquiere diversos grados y variadas modalidades de materialización u objetivación) cada vez que la circunstancia obstaculiza o paraliza al Sujeto, cuando éste se siente bloqueado en su desarrollo por alguna carencia o dificultad externa, ajena a su obstinada voluntad de realización biológica, afectiva y *profética*. Entonces el Sujeto mismo deviene Tiempo... muerto. Al revés, cuando el Sujeto se siente *viviendo*, incluso en batalla con obstáculos pero en condición de oponerles algún grado de *esperanza* profética, el Tiempo no se "tematiza" en primer plano ni asume invasoras modulaciones antropomorfas o zoomorfas: su presencia es fluida, imperceptible, forma parte natural de la circunstancia. O sea, de la Vida.

En rigor, la "tematización" del Tiempo ha adquirido una forma extrema de objetivación sólo de reciente con "Trabajo frío" (y con el complementario "Cantares"). Y no sólo por sus explícitos versos: «Dime, del tiempo resonando /.../ no oyes acaso el sordo gemido? /.../ No oyes la constante victoria /.../ del tiempo, lento como el fuego /.../ y añadiendo su triste hebra?» Allí, como vimos, el Tiempo es la configuración que asume el Miedo a través de un brusco aumento de puertas y paredes, de una delirante proliferación de pesadilla. Antes de "Trabajo frío" no hay en *Residencia* un poema en que la desolación del Sujeto aparezca tan absoluta, tan sin contrapeso alguno de esperanza o salida u horizonte. El poema mismo, con su magra estructura, es síntoma de una situación límite de decaimiento o debilidad en la que el Sujeto se identifica con su Miedo, es decir con su Vacío. Entonces percibe el Tiempo, o mejor, percibe a sí mismo como Tiempo muerto. Ese texto lo escribe Pablo en Batavia 1931 y su escritura coincide en el extratexto con una triple circunstancia: un matrimonio que no debió ser, una catástrofe económica que no pudo llegar más inoportuna, y un libro que no encuentra editor. El poeta caído en una trampa.

La situación de base no cambia en el buque de carga, marzo 1932, pero la circunstancia consiente una transfiguración poética de mayor empeño. Por ello carece de sentido conjeturar si el Fantasma del *Forafric* personifica al Tiempo o al Poeta, que son, como en "Trabajo frío", las dos caras de una misma figura.

Distancia refugiada sobre tubos de espuma,
sal en rituales olas y órdenes definidos,
y un olor y rumor de buque viejo,
de podridas maderas y hierros averiados,
y fatigadas máquinas que aúllan y lloran
empujando la proa, pateando los costados,
mascando lamentos, tragando y tragando distancias,
haciendo un ruido de agrias aguas sobre las agrias aguas,
moviendo el viejo buque sobre las viejas aguas.

No estamos ante un poema 'diferente' sino por la particular situación representada. Esta primera estrofa entrega simplemente una imagen general de la circunstancia, sólo que al mejor nivel residenciario: «hay aquí —en cifra y esencia— una maravillosa capacidad de poetizar la existencia cotidiana, una visión alucinada del mundo que lo emparienta [a Neruda] con otros visionarios de la realidad concreta (Blake, Hugo, Lautréamont, Rimbaud), una afectividad capaz de darse directa y a la vez alegóricamente en ceñidísimas imágenes» (Rodríguez Monegal, 216-217).

Los dos primeros versos establecen la travesía marítima en desarrollo, pero, en lugar de aludir a la extensión enorme que el barco debe cruzar, ellos condensan el viaje en una *distancia* «refugiada sobre tubos de espuma», vale decir, en una *distancia* reducida al movimiento inmediato, reiterado y disciplinado, de las aguas *próximas* al navío, las que el Sujeto ve con sus ojos. Nada de lejanías ni horizontes remotos. De este arranque visual el discurso pasa a otras vías sensoriales: «*olor y rumor* de buque viejo», que introducen (desde afuera hacia adentro) el núcleo de la estrofa: las «fatigadas *máquinas* que aúllan y lloran / empujando la proa...». Porque esas máquinas son el corazón del barco, la garantía y motor de su desplazamiento. Así, en correspondencia, el sustantivo *máquinas* es el núcleo sintáctico de la secuencia que proponen los versos 5-9, cuyo variado dinamismo expresionista diseña con eficacia fílmica (y sonora) una alegoría antropomórfica de las energías, esfuerzos, jadeos y violencias que mueven al viejo buque hacia su destino, sugiriendo a la vez el temple de ánimo del Sujeto enunciador, quien avanza con la nave pero sin destino.

La atención del poema hacia estas *máquinas* reitera, a otro nivel obviamente, la del adolescente Neftalí en "Maestranzas de noche" de 1920: «Cada *máquina* tiene una pupila abierta / para mirarme a mí.» No será la última vez que la imagen de unas máquinas sostenga el discurso poético de Neruda. En el poema que aquí nos interesa, importa notar que el fantasma no se ocupa de las máquinas (no gobierna el rumbo del buque), sino que éstas se ocupan de él, asegurándole un desplazamiento que al mismo tiempo es su salvación y su condena.

Bodegas interiores, túneles crepusculares
que el día intermitente de los puertos visita:
sacos, sacos que un dios sombrío ha acumulado
como animales grises, redondos y sin ojos,
con dulces orejas grises,
y vientres estimables llenos de trigo o copra,
sensitivas barrigas de mujeres encintas,

pobremente vestidas de gris, pacientemente
esperando en la sombra de un doloroso cine.

Esta segunda estrofa ha sido interpretada por Rodríguez Monegal (215) según la clave psicoanalítica ya mencionada: «El sistema de imágenes que aquí esplende con tan luminosa sombra, establece vínculos sutiles y profundos entre la bodega del barco, cargada de sacos, preñada de sacos, con los mismos sacos preñados de trigo o copra, y con esas mujeres preñadas de hijos que el poeta ve (en un golpe inesperado de asociación visionaria) como instaladas en la sombra de un cine, otra bodega.»

Mi lectura de la estrofa se atiene en cambio a los hábitos nerudianos que el mismo Rodríguez Monegal acaba de elogiar («maravillosa capacidad de poetizar la existencia cotidiana»). Tras la imagen de la circunstancia general ofrecida por la primera estrofa, prosigue el movimiento del discurso desde afuera hacia lo interior del buque, con la primaria y egocéntrica intención de siempre: elaborar poéticamente el momento que vive el Sujeto utilizando los materiales que la circunstancia misma pone al alcance de Pablo. Una visión expresionista de reales bodegas en tinieblas: bodegas de un buque de carga con su normal cargamento de sacos, bodegas sombrías a las que de vez en cuando entra la luz de los puertos. Para la transfiguración de esos materiales el poema elige una vía en función de su objetivo básico, colaborando a crear una atmósfera en sintonía con el drama del Sujeto. La asimilación de los sacos, por un lado a «animales grises, redondos y sin ojos... con vientres estimables llenos de trigo o copra», y por otro lado a «sensitivas barrigas de mujeres encintas / pobremente vestidas de gris» (como se ve, los *sacos* no vienen asimilados sólo a mujeres preñadas), a mi juicio busca rescatar un concreto y subterráneo espacio de vida germinal que, si bien oscura y humilde, se contrapone a la dimensión vacía y estéril que el Tiempo muerto gobierna en la superficie del barco.

Las aguas exteriores de repente
se oyen pasar, corriendo como un caballo opaco,
con un ruido de pies de caballo en el agua,
rápidas, sumergiéndose otra vez en las aguas.

Estos versos apoyan mi lectura de la estrofa precedente al proponer otra dimensión de vida, complementaria a la de las *bodegas interiores*: la de las *aguas exteriores* (obviamente no puede ser casual el simétrico paralelismo de estas dos fórmulas), aguas que, por si restara alguna duda sobre su significado, son asimiladas por el poeta a un *caballo* corriendo. Y ya conocemos la simbología del caballo en *Residencia*, asociada a la libertad y al dinamismo vital. Las aguas exteriores, en efecto, son rápidas y ágiles como delfines «sumergiéndose otra vez en las aguas».

Más adelante el poema volverá sobre estas aguas exteriores, desde un ángulo diferente. En esta primera sección de su desarrollo (versos 1-22) el texto ha preparado el ingreso del Fantasma a través de tres momentos: (1-9) la situación general del barco en movimiento; (10-18) la oscura y humilde vida *interior* al barco; (19-22) la dinámica y ágil vida *exterior* al barco. En **deliberado contraste**, los sucesivos treinta versos desarrollan la secuencia del Fantasma.

"EL FANTASMA DEL BUQUE DE CARGA" (II): TIEMPO MUERTO

> Sentir que usted me recuerda, me piensa,
> en este fantasma por completo ausente,
> por completo lejano, ya pariente de la nada.
> [carta del 24.04.1929 a Eandi, en *OC*, V, 941]

«*Nada más hay entonces que el tiempo en las cabinas: / el tiempo en el desventurado comedor solitario, / inmóvil y visible como una gran desgracia*». La sintaxis residenciaria es aquí intencionalmente equívoca, eludiendo una vez más —con una especie de pudor estilístico— la dicción directa y explícita: el *entonces* está por un *en cambio*, de modo que estos versos significan de hecho: 'no existe en cambio sino el tiempo (un cierto tiempo inmóvil y visible) en las cabinas... y en el comedor'. Porque el texto opone claramente este tiempo de las cabinas y del comedor —comparable a «una gran desgracia»— al tiempo móvil e invisible de las máquinas, de las bodegas interiores y de las aguas exteriores: tiempo aullador y esforzado (máquinas), oscuro y melancólico (bodegas), ágil y veloz (aguas oceánicas), pero *tiempo vivo* en los tres ámbitos.

Las cabinas y el comedor denotan en primer plano el espacio-tiempo del Sujeto. La cabina es el dormitorio, el espacio privado de la intimidad compartida con Maruca. El comedor es el espacio público compartido con los demás (implícitos o quizás inexistentes) pasajeros y con los oficiales al gobierno del buque. Así como al espacio del *tiempo vivo* el texto lo abordó en sus primeros versos por grados sensoriales y sinestesias (visión de olas y distancia, «olor y rumor de buque viejo», «ruido de agrias aguas»), también al *tiempo muerto* se acerca y objetiva a través de imágenes olfativas, primero, y después visuales y auditivas, para desembocar en la (in)consistencia del fantasma. El movimiento parte con una serie anafórica que reitera el *olor*:

> *Olor de cuero y tela densamente gastados,*
> *y cebollas, y aceite, y aún más,*
> *olor de alguien flotando en los rincones del buque,*
> *olor de alguien sin nombre*
> *que baja como una ola de aire las escalas,*
> *y cruza corredores con su cuerpo ausente,*
> *y observa con sus ojos que la muerte preserva.*

Ese *alguien* viene descrito en términos de privación («sin color, sin mirada... sin presencia ni sombra... sin cuerpo de fantasma», pero, sobre todo, **«sin nombre»**) que lo definen en particular por una condición de *inconsistencia*: «cuerpo ausente», «los sonidos lo arrugan, las cosas lo traspasan, / su transparencia hace brillar las sillas sucias», «sus pasos livianos como harina nocturna / y su voz que sólo las cosas patrocinan».

En suma, un fantasma. Pero un *fantasma sin cuerpo de fantasma*, es decir un fantasma *visible* como el tiempo de las cabinas y del comedor, y además *inmóvil* aunque baja escalas («como una ola de aire») y circula por corredores («con su cuerpo ausente... sin presencia ni sombra»). Un aspecto reiterado es la *transparencia* que se suma a (o forma parte de) la *inconsistencia*: «Se desliza y resbala, desciende, *transparente*, / aire en el aire frío que corre sobre el buque.» Esta condición fantasmal habría que atribuirla al Sujeto mismo, pues creo que sólo acerca de su propia identidad podía entonces interesar a Pablo interrogarse así: «Quién es ese fantasma sin cuerpo de fantasma...?» Todo el poema es la configuración de una *pérdida de identidad,* vale decir la pérdida del horizonte profético y la caída en la inconsistencia de un tiempo muerto. El efecto deletéreo de la situación que Pablo atraviesa viene formulado con máxima expresividad en esta estrofa:

> *Los muebles viajan llenos de su ser silencioso*
> *como pequeños barcos dentro del viejo barco,*
> *cargados de su ser desvanecido y vago:*
> *los roperos, las verdes carpetas de las mesas,*
> *el color de las cortinas y del suelo,*
> *todo ha sufrido el lento vacío de sus manos,*
> *y su respiración ha gastado las cosas.*

Aun los peores momentos de desánimo y soledad en Rangoon o en Wellawatta fueron para Pablo *tiempo vivo,* cuyo signo era su interés hacia los objetos, las materias, los seres y cosas que poblaban esos mundos. La atención viva del poeta (incluso en situaciones deprimentes) lograba integrar esos elementos exóticos a su circunstancia, vale decir a su escritura. Recuérdense por ejemplo sus crónicas para *La Nación* con los deslumbrantes trajes de las mujeres y con el descubrimiento del mercado en Colombo, con las calles del barrio chino y los fumaderos de opio en Singapore, con los extraños peces del Acuario de Madrás, con la espesura selvática y las ruinas en Ceylán, con el olor de café y la suavidad femenina en Saigón, con el frío mortal, los *rickshamen* ladrones y el hormigueo de las calles en Shanghai. O la población de objetos y muebles y ropas y árboles o plantas que bulle en textos como "La noche del soldado", "Juntos nosotros", "El joven monarca", "Tango del viudo", "Monzón de mayo", "Establecimientos nocturnos" o "Ritual de mis piernas". Cuánta vida percibe y reelabora la escritura de Pablo en ese mundo, en su desolada circunstancia, incluso, o especialmente, en una ocasión funeral como la que recoge "Entierro en el Este". Y hablando de textos escritos en el océano, sobre un barco en travesía, recuérdense la crónica "El sueño de la tripulación" y el poema "Colección nocturna" (ver *supra*, sección VI).

Pero en éste de 1932 el Fantasma configura, al contrario, la ausencia total de conexión viva con el mundo y, más aún, la repentina propensión del Sujeto a conferir o transmitir su propio *tiempo muerto* a las cosas. Es el Sujeto quien degrada los elementos de su circunstancia material, y no a la inversa. De ahí las fórmulas «Los muebles viajan llenos de su ser silencioso... de su ser desvanecido y vago», «todo ha sufrido el lento vacío de sus manos, / y su respiración ha gastado las cosas». El poema, en otras palabras, es un *arte poética* al revés.

Imponer al mundo, a las cosas, una verbalización poética *en negativo*: nada más grave podía sucederle a Pablo. Hasta ahora su escritura tendió, por el contrario, a rescatar la positividad, el movimiento, la vida subyacente a (o ínsita en) su circunstancia, hasta en los peores momentos. Esa orientación era la base del espíritu *profético* de la poesía de Pablo, su antídoto contra el veneno de la *degradación* que el mundo parecía imponerle. De ahí su afirmación de la realidad, del Día, a pesar de las apariencias. El *tiempo vivo* del Sujeto confería ya al uso de las cosas, al desgaste de objetos y muebles, ese valor vital que más tarde Neruda les reconocerá con amor al amoblar y al decorar sus casas Isla Negra, Michoacán, La Chascona, La Sebastiana, La Manquel. El *tiempo muerto* del Fantasma, en cambio, atribuye al transcurso de los días y a la usura de los objetos sólo signos de angustia y miedo, de impotencia y de estéril inmovilidad.

Para medir la gravedad de la crisis que el Fantasma configura, recordemos otro momento de parálisis (transitoria y aceptada casi con humildad), aquel vivido por Pablo en Wellawatta a raíz de su abundante lectura de los *nuevos ingleses*. Una de las preciosas cartas a Eandi reveló entonces el origen de la crisis, de signo opuesto a la que ahora el Fantasma alegoriza: «Demasiado tarde, para mí, tengo en los huesos esta clase de destino superficial de la condición poética, y naturalmente, como mal camino conduce a la esterilidad y a la gran fatiga. *Actualmente no siento nada que pueda escribir, todas las cosas me parecen no faltas de sentido sino muy abundantes de él, sí, siento que todas las cosas han hallado su expresión por sí solas, y que yo no formo parte de ellas ni tengo poder para penetrarlas.* / En cambio qué bueno es leer, oír música, y bañarse en el mar» (carta del 27.02.1930, en *OC*, V, 952, énfasis mío).

Esta declaración es una de las más importantes y significativas en toda la trayectoria de Neruda, porque ella contiene, a contraluz, la clave de cómo entendía él su misión poética. El Fantasma configura la negación o la muerte de esa misión *al tornar faltas de sentido todas las cosas*. Por primera vez Pablo, al escribir este navegado poema de 1932, se siente proyectando sobre el mundo una visión *antiprofética* de su circunstancia, privando a las cosas de su valor vital, vale decir, ejercitando sobre ellas una 'influencia' negativa. Es lo que confirman, por contraste, los versos 51-52 que abren la sucesiva secuencia (nuevo contrapunto de *tiempo vivo*): «Solamente las aguas rechazan su influencia, / su color y su olor de olvidado fantasma.»

Las aguas del océano no sólo vencen al Tiempo objetivo y son símbolo de eternidad, como ya sabemos desde la prosa "Imperial del Sur" de 1925. Lo que aquí subraya el texto es que sólo esas aguas rechazan al tiempo muerto que la *actual* inconsistencia vital del Fantasma (o sea del Sujeto) impone al resto de la realidad circundante: «Sin gastarse las aguas, sin costumbre ni tiempo, / verdes de cantidad, eficaces y frías, /.../ roen las aguas vivas la cáscara del buque, / traficando sus largas banderas de espuma / y sus dientes de sal volando en gotas.» A ellas no puede privarlas de sentido, son inmunes. Con ellas no funciona el prisma negativo que la situación determina.

> *Mira el mar el fantasma con su rostro sin ojos:*
> *el círculo del día, la tos del buque, un pájaro*
> *en la ecuación redonda y sola del espacio,*
> *y desciende de nuevo a la vida del buque*
> *cayendo sobre el tiempo muerto y la madera,*
> *resbalando en las negras cocinas y cabinas,*
> *lento de aire y atmósfera, y desolado espacio.*

Tras el breve contrapunto de las aguas como *tiempo vivo*, el poema concluye con este explícito retorno al *tiempo muerto* del buque. La estrofa, sin embargo, comienza con tres significativos versos de transición que denuncian la tragedia: allí están las aguas *vivas* del océano, el Fantasma *sin ojos* las *mira* pero no las *ve*, como tampoco ve «el círculo del día» o aquel pájaro, ni oye la viva y activa «tos del buque» (emanación de las *máquinas*). El Fantasma representa entonces la separación, la alienación, el extrañamiento del Sujeto respecto a la vida de las aguas... y «a la vida del buque», a la *vida de las cosas* que ya no percibe ni 'influencia' porque él mismo las ha tornado *faltas de sentido*.

EL FIN DEL VIAJE

> *Instead of the cross, the Albatross*
> *About my neck was hung.*
> [S. T. Coleridge, *The Rime of the Ancient Mariner*, 1798]

> ... mis navegaciones hasta los rincones helados,
> en donde merecí llevar colgante del cuello
> el albatros muerto del antiguo marinero...
> ["Viaje por las costas del mundo", 1942, en *OC*, IV, 501]

Justo en la mitad del viaje, un mes después de haber zarpado de Colombo, el *Forafric* atraca en los muelles de Ciudad del Cabo (Cape Town). Acaba de avistar Pablo ese cabo de Buena Esperanza que menciona en su última carta a Morla Lynch como «único consuelo» en el horizonte de tan larga y desolada travesía. Desde ese extremo sur de África envía al diplomático una postal fechada el 14.03.1932: «Querido Carlos, un saludo cordial, de viaje a Chile a través de estos mares extraños. Te escribí desde Java. Tú sabes que estoy suprimido. Qué haré en Chile? Escríbeme [a] Poste Restante – Correo Central – Santiago. Te abraza *Pablo*» (facsímil en Macías, 40).

Antes de Ciudad del Cabo el barco ha hecho escala en un puerto de Mozambique, pero no quedan huellas de las horas vividas en tierra por nuestros viajeros. Y después otros treinta días de navegación fantasmal que Pablo sepultará (casi totalmente) en un silencio peor que el olvido. Difícil imaginar siquiera la convivencia de los cónyuges. «Leo. Ella cose.» No tienen mucho de qué hablar, según sugieren, sea la falta de intereses literarios que Pablo recordará como característica de Maruca, sea el escaso ímpetu vital del poeta mismo que "El fantasma del buque de carga" documenta. ¿Alguna tempestad habrá amenizado el tedio de ese interminable deslizamiento a través del Atlántico?

Pocos meses más tarde recordará en una carta a Eandi desde Santiago: «Hice mi viaje en un terrible barco de carga que tardó 75 días en traerme. Volví a ver mi prisión de Ceylán, luego Mozambique, y el océano. Al pasar frente a Buenos Aires, casi tocando las luces de Mar del Plata, qué dolor no poder detener el demoníaco rumbo del barco para abrazarlos a ustedes. Seguimos al Estrecho pero antes le mandé mi Carta-Océano captada por otro barco inglés y metida en un correo de Buenos Aires» (carta del 26.09.1932, en *OC*, V, 963).

Aparte el poema del Fantasma y estas líneas a Eandi, sobre el viaje Batavia-Colombo-Puerto Montt el silencio de Neruda será, como acabo de indicar, casi total. *Casi*, porque diez años más tarde le dedicará otras pocas líneas fugaces dentro de la conferencia "Viaje por las costas del mundo", cuya primera versión la leyó el poeta en La Habana, marzo 1942. Con algunos retoques al final, el mismo texto será leído por Neruda en Bogotá, octubre 1943, durante su viaje de regreso a Chile, y una aumentada tercera versión en Santiago, diciembre del mismo año. El segundo párrafo de la conferencia es un rápido vuelo sobre el exilio de Pablo en Oriente, desde el comienzo hasta el final, escrito en su mejor prosa:

> Por largo tiempo me acompañaron solitarios nombres de regiones desconocidas y lejanas, en donde tuve una casa, unos libros, tal vez una mujer. Esos nombres nunca interesaron a nadie, su ortografía misma era desconocida y difícil, y para mí eran puntos secretos de mi pensamiento, de los que a nadie pude hablar, de los que a nadie pude callar, con una palabra o silencio que los hubiera abarcado. Qué hubiera significado para nadie un mes, mil días, muchas semanas mías, muchas estaciones, en el golfo de Martabán, vagando por las orillas del río Irrawaddy, en cuya boca está Rangoon, mirando la crecida, sucia y turbulenta, del río Salween, o una tarde, un día, una noche en el remoto Sandokan, o un día de lluvia en tren, en una tercera clase, a través de Thailandia, en la selva, **o una mañana de frío en el estrecho de Magallanes, tiritando, enfermo y sin trabajo, mirando al borde del agua el hocico de un impreciso buey marino con grandes bigotes de escarcha?**
>
> — *"Viaje por las costas del mundo", 1942, en OC, IV, 498-499*

Una imagen más terrible y escalofriante de la desolación de un ser humano, me parece difícil de proponer. La calidad del efecto depende, una vez más, de la puesta en juego de un elemento circunstancial: el *impreciso* buey marino cuyos «grandes bigotes de escarcha» sugieren, mejor que cualquier lamento retrospectivo, el frío que habita el corazón de Pablo a pocas horas del puerto final. Porque ha decidido desembarcar en Puerto Montt (no en Valparaíso como previsto) y allí tomar el tren hacia el norte, ese tren que le es tan familiar y que en otras horas interminables lo llevará con Maruca hasta la vieja casa de tablas en Temuco.

Los párrafos sucesivos de la mencionada conferencia siguen hablando de mares y ríos, pasando del golfo de California a «la fábula fluvial del Genil», escrita en octavas reales por el andaluz Pedro de Espinosa. Pero al cabo de dos páginas hay un fragmento misterioso, de muy incierto descifre para mí, cuyo vínculo con aquel paso por el Estrecho —recién aludido por el texto— me parece una terrible probabilidad que no logro excluir o desechar. Inmediatamente después de haber citado tres octavas de Pedro de Espinosa, Neruda introduce estas líneas:

«La división del mar es, pues, siempre diferente. Mis largas caminatas, junto a sus acantilados, *mis navegaciones hasta los rincones helados, en donde merecí llevar colgante del cuello el albatros muerto del antiguo marinero*, me hicieron buscar más abajo de las olas, impregnarme de su zoología fantasmal, temblar en el mismo sitio del naufragio. Y ya después de muchos años, volví mi vida hacia el mar solitario de mi infancia, hacia un trozo del mar de la Frontera que es la región de Chile de donde vengo, y hacia ese desierto mar que siempre golpea mi sueño y abre para mí las puertas de la noche del tiempo, escribí alguna vez "El Sur del Océano"...» (*OC*, IV, 501, énfasis mío).

¿Qué quiere decir Neruda en 1942 con esa autorreferencia de matriz literaria? ¿A qué momento de su pasado alude? ¿A cuáles «navegaciones hasta los rincones helados» (anteriores a la escritura del poema "El Sur del Océano" de 1933) puede referirse sino al paso por el Estrecho en 1932? Le he dado mil vueltas al enigma, buscando una alternativa a la terrible solución que el lector ya habrá intuido. He pensado, por ejemplo, en aquel cisne de cuello negro que murió en sus brazos de niño junto al lago Budi, episodio recordado en "Infancia y poesía" de 1954 (en *OC*, IV, 926-927). Pero la obvia conexión con el poema largo de Coleridge, *The Rime of the Ancient Mariner* (1798), excluye esa posibilidad por su referencia a un *castigo*. Cosa curiosa: exactamente 40 años después del desembarco en Puerto Montt y 30 después de la conferencia en La Habana, Neruda mismo confirmó su lectura de «*the Albatross / about my neck was hung*» en clave punitiva. De su "Discurso en el PEN Club de Nueva York – abril 1972", refiriéndose a una reciente tarea como embajador del gobierno del Presidente Allende en París:

> Por eso en aquella reunión en que se renegociaba la deuda exterior de Chile yo recordé vivamente la *Balada del viejo marinero*.
> Samuel Taylor Coleridge extrajo su desolado poema de un episodio acontecido en el extremo Sur de mi patria y publicado por Shelvocke en sus memorias de viaje.
> En los fríos mares de Chile tenemos todas las razas, géneros y especies de albatros: errantes y gigantes, grises y procelarios que saben volar como ningún otro pájaro.
> Tal vez por eso el país tiene la forma de un largo albatros con las alas extendidas.
> Y allí en aquella reunión para mí inolvidable de aquella deuda externa que queremos negociar justicieramente, muchos de los que me parecieron implacables parecían dirigir sus armas para que Chile naufrague, para que el albatros no siga volando.
> No sé si será indiscreción de un poeta que sólo tiene un año de embajador decirles a ustedes que tal vez el delegado de las finanzas norteamericanas me pareció ser el que tenía entre sus papeles de negocios la flecha lista para dirigir contra el corazón del albatros. Sin embargo este financista tiene un nombre sabroso y amable de fin de banquete: se llama mister Hennessy.
> Si el señor Hennessy se diera el placer de releer a los viejos poetas aprendería que en la *Balada del viejo marinero* el navegante que perpetró aquel crimen fue condenado a llevar por la eternidad colgando de su cuello el pesado cadáver del albatros asesinado.

— *OC, V, 360-361*

... mis navegaciones hasta los rincones helados, en donde merecí llevar colgante del cuello el albatros muerto del antiguo marinero: ¿es posible que Neruda aludiera a su travesía del Estrecho en 1932 cargando el peso del albatros gigante con que había contraído matrimonio? No veo alternativa a esta interpretación. Notar que el poeta asume la responsabilidad del *crimen* (la boda apresurada y sin amor) y declara haber merecido el castigo. Durante seis años desempeñará formalmente el rol de marido y soportará sin lamentarse la carga del albatros al cuello, e incluso engendrarán una hija. Pero a fines de 1936, cuando desde Marsella escribe a Delia del Carril informándola de haber dejado a su mujer en Montecarlo con Malva Marina, no puede evitar esta frase de infinito alivio: «... y a pesar de las dificultades qué bien estar sin Maruca: me sentía vivir de nuevo» (*OC*, V, 977).

El 18 abril 1932 el *Forafric* atraca en Puerto Montt y Pablo pisa otra vez tierra chilena, al cabo de casi cinco años. Es el fin del viaje y del exilio. Un escuetísimo telegrama: «Reyes / Correo 2 / Temuco / Llegamos mañana ésa. Saludos. / *Ricardo*.» Probablemente la hora y los trámites del desembarco, más los problemas que plantea el transporte del equipaje, determinan que la pareja de viajeros suba al tren el día siguiente por la mañana. Desde Puerto Montt a Temuco el tren es diurno (y nocturno desde Temuco a Santiago). Pablo, todavía enfermo, tiene frío y está temblando, como días atrás mientras miraba al impreciso buey marino con grandes bigotes de escarcha. No sólo el frío austral hace temblar ahora a Pablo. Sube al tren con resignación inevitable al sombrío destino que lo espera allá lejos, en estaciones ferroviarias que conoce bien. Lo primero será enfrentar al padre. Después verá cómo recomenzar en Santiago. Ninguna de las dos cosas se presenta fácil.

APÉNDICE

Always historicize!

— *Fredric Jameson*

Advertencia

Este apéndice contiene algunos fragmentos de mi ensayo "Neruda moderno / Neruda posmoderno" publicado en *ASN* número 1 (Alicante, 1999) y en *AFS* número cero (Sassari, 2000), reelaborados y adaptados al propósito del presente volumen. Quiere proponer un marco histórico-cultural para esta fase de la trayectoria de Neruda. Se trata de apuntes para un trabajo teórico de mayor envergadura y ambición, por lo cual ruego al lector tener benévola cuenta de su carácter provisorio.

Modernidad y Posmodernidad

1. A lo largo de este volumen el lector topará con el término *modernidad* (adjetivado: *segunda* o *tercera* modernidad) y también, eventualmente, con *posmodernidad*. Desde los primeros años '90 vengo utilizando estos términos, a falta de otros mejores, para definir el sistema de periodización histórico-cultural que está en la base de mis trabajos literarios actuales, en particular los que se refieren a la vida-obra de Pablo Neruda. El uso que aquí hago de tales términos obedece a un código personal, que explicaré enseguida, y por ello debe ser considerado ajeno al debate internacional (ahora en fase declinante) sobre *modernidad/posmodernidad*, dentro del cual hay netos desacuerdos a la hora de definir alcances y significados.

Así, Fredric Jameson (1984) asigna al *modernism* un siglo de existencia, pensando tal vez en Baudelaire como figura desencadenante. Un par de años antes Marshall Berman fija el inicio de la modernidad en 1770, cuando el joven Goethe comenzaba a trabajar sobre la figura/tema de Fausto. Más recientemente Jeremy Rifkin (2000) ha definido la modernidad como una época histórica que se extendió desde el Iluminismo (siglo XVIII) hasta el fin de la Segunda Guerra Mundial (1945).

En cambio, debo confesar que mi propuesta de periodización me fue sugerida por George Lucas, el cineasta de *American Graffiti* (1973) y de *Star Wars* (1977, 1999...), que hace algunos años paragonó el impacto del computador y de las comunicaciones multimediales al impacto que la apertura de nuevas rutas comerciales tuvo sobre la sociedad europea del siglo XV. Cito un fragmento suyo recogido en *Internazionale* núm. 88, Roma, 21.07.1995, p. 43:

> Entre Oriente y Occidente se abrían nuevos mercados y todo, desde el vestuario a la alimentación, cambiaba drásticamente. Hoy es como vivir una nueva versión del 1450 y nos preguntamos cómo irán las cosas de aquí a 50 años. Por ahora se sabe que el control del espacio geográfico ya no es más posible, ni siquiera necesario, en parte porque existe otra realidad: la realidad digital. Lo cual significa que vivimos el fin del gran sueño de Alejandro Magno de conquistar el mundo, sueño que por siglos ha sido el modelo para muchos y la causa de enormes sufrimientos. Nos encontramos en cambio, por primera vez en la historia, frente a un mundo planetariamente interconectado, interdependiente, y tenemos necesidad de una nueva estructura para enfrentarlo.

Seguramente sin proponérselo, estas palabras de Lucas marcan las fronteras de la *modernidad*, sea respecto a la inmediata premodernidad (la Edad Media tardía), sea respecto a la actual posmodernidad.

Moviéndome en esta línea de Lucas, mi discurso crítico entiende por Modernidad la *dominante histórico-cultural* (la fórmula es de Jameson) que imprime un perfil característico y común a los 500 años transcurridos entre dos bloques de fechas fuertemente simbólicas: en un extremo el bloque 1450-1492-1521, la *gestación*; en el otro extremo el bloque 1950-1973-1989, la *agonía* (y muerte).

El año 1450, sugerido por Lucas en conexión con el inicio de la gran expansión geográfica de Occidente, está muy cerca del 1454 en que Gutenberg inauguró la Era de la Imprenta. El despegue de la Modernidad adquiere su máxima visibilidad con la proeza de Colón en 1492, pero el salto definitivo ocurre en 1521, cuando Hernán Cortés reconquista Tenochtitlán. Porque sólo entonces los metales preciosos y demás riquezas que comienzan a viajar hacia Europa (antes de 1521 el rendimiento económico del 'descubrimiento' de América ha sido muy modesto) ponen de veras en marcha la historia de la expansión planetaria del *capitalismo*, vale decir, el curso profundo de la historia de la Modernidad.

En la superficie de estos cinco siglos de batalla económica y política profunda (la batalla de la burguesía) se desarrolla el proceso histórico-cultural (una específica dimensión de la batalla) que confiere a la Modernidad su fisonomía característica. La marca decisiva de tal proceso fue una especie de matrimonio laico, que duró también 500 años, entre *el progreso científico y tecnológico* por una parte, y por otra *el proyecto histórico-político de la emancipación humana* (ver Sánchez Vázquez). Hasta años aún recientes, digamos hasta 1989, estas dos líneas del desarrollo social en Occidente habían sido pensadas mayoritariamente —e incluso vividas y afirmadas por millones de seres humanos— como inseparables. Desde su primera fase, en efecto, la batalla de la Modernidad hacia la conquista de la hegemonía histórico-cultural persigue centralmente —como declarada, si bien no exenta de contradicciones, estrategia de lucha— desarrollar el conocimiento y control de la naturaleza en unitaria conexión con el mejoramiento progresivo de las condiciones políticas, económicas y también espirituales del hombre. Esta *sintonía* entre (a) los esfuerzos por ensanchar el espacio del saber aplicado y (b) los esfuerzos por ensanchar el espacio de la libertad y de la dignidad individuales, atraviesa toda la historia de la Modernidad. Por ello, en una sus dimensiones axiales, esa historia se identifica también con la de las sucesivas representaciones de la Utopía, de la Ciudad Futura (representaciones que han desaparecido del panorama histórico-cultural de hoy).

Tras el fin de la Segunda Guerra Mundial (1945), el 1950 del segundo bloque de fechas es el año de la grabación de *Rock Around the Clock* por Bill Haley and his Comets, la misma que desde los créditos iniciales dominará la columna sonora del film *Blackboard Jungle* (1955) de Richard Brooks, marcando así el comienzo del reinado del *rock'n'roll*. Es también el año de la consolidación de los regímenes socialistas en Europa oriental y en China, mientras en el frente opuesto el Plan Marshall promueve la recuperación espectacular y un nuevo desarrollo acelerado de la Europa occidental, incluyendo en particular los países derrotados en la segunda gran guerra: Alemania e Italia. La batalla entre Modernidad y Posmodernidad se libra durante los cuarenta años siguientes. Hacia el final de los años '60 la canonización de la vanguardia (Joyce, Picasso, el jazz...), la afirmación de la revolución cubana y la gesta de Che Guevara, el mayo francés del '68, Jane Fonda contra la guerra en Vietnam, el Chile de Salvador Allende: todo parecía indicar la inminente victoria de la Modernidad. Muy por el contrario, tales eventos fueron su canto del cisne, el comienzo de su agonía terminal.

1973 es el año del golpe de Estado en Chile, importante no sólo porque el general Pinochet liquida brutalmente la tentativa de socialismo democrático (estilo occidental) de Unidad Popular, y con ello la constitucionalidad del país (el bombardeo de La Moneda es el gesto supremo), sino porque introduce precozmente, con la fuerza de las armas, el posmoderno neoliberalismo y la globalización capitalista en América Latina; es también el año de la crisis del petróleo que marca el fin del 'período de oro' del capitalismo *moderno* en Europa, iniciado en 1947 (ver Hobsbawm). La implosión del mundo socialista, entre el derrumbe del Muro de Berlín (1989) y la disolución de la Unión Soviética (1991), marcará el fin de la Modernidad y el triunfo de la Posmodernidad, o sea la instauración plena del mundo en que hoy vivimos.

En efecto, desde 1989 vivimos alegremente (?) la disolución de aquel matrimonio de 500 años (el proceso de divorcio había comenzado en 1945 tras la conclusión de la Segunda Guerra Mundial). Baste pensar en el desinterés efectivo del *establishment* mundial por la situación sanitaria de muchos millones de seres humanos en todo el planeta (para no hablar del desastre ambiental). Signo macroscópico del cambio (a nivel histórico-cultural) es el fin de los grandes *metarrelatos* (Lyotard) legitimadores de los discursos *modernos* —y de sus tentativas de praxis— enderezados a la emancipación y a la plena realización histórica del Sujeto razonante. Vale decir: la desaparición de todo horizonte utópico general para la comunidad humana, el derrumbe de la confianza en el progreso universal e indefinido y su sustitución por el escepticismo y por el miedo generalizados; en suma, el fin de las ideologías en cuanto motores de la acción histórica y en cuanto parámetros de valores éticos y culturales. A partir de 1989 el capitalismo triunfante se quita la última de sus máscaras ideológicas para exhibir, finalmente sin adornos ni complejos ni coberturas ya inútiles, la única ideología/axiología que le ha interesado siempre y de veras: la optimización de la ganancia. O sea, su verdadero rostro.

La Modernidad muere en Berlín 1989 con el derrumbe del Muro y la sucesiva disolución de la URSS: aquélla fue una muerte espectacular y estrepitosa. Pero simultáneamente la Modernidad muere de muerte silenciosa e invisible en Washington, en Tokio, en Madrid, en Londres, en Amsterdam, en París, en Roma. Y también en Caracas, en Buenos Aires, en Montevideo. En Santiago de Chile ya había muerto precozmente, según dije, pues en 1989 la dictadura militar llevaba casi 15 años imponiendo al país, incluso antes que algunos países desarrollados, la fase actual de un capitalismo victorioso a escala planetaria (notar de paso cómo mientras escribo, Pinochet, ya cumplida su tarea efectiva, y pionera en su línea, languidece penosa y espectacularmente abandonado y hasta despreciado por los verdaderos triunfadores a quienes sirvió). El Rey circula ahora desnudo sin que lo turbe mucho, ni poco, el espantoso aumento de la inseguridad laboral en la mayoría de la población mundial (correspondiente al aumento de la riqueza de las minorías privilegiadas) o la denuncia de millones de niños hambrientos en el planeta. «¡Todo el poder a los mercados financieros del mundo!», vocifera el posmoderno Lenín de la globalización final.

2. La apoteosis posmoderna y universal del capitalismo no interesa en modo directo, naturalmente, a este primer volumen de mi biografía de Neruda. Le interesan en cambio los 30 años iniciales del último de los cinco siglos que por un lado coincidieron con la Era de Gutenberg (el reinado de la comunicación tipográfica) y por otro con el tiempo empleado por el proceso de expansión del capitalismo, desde el embrionario núcleo europeo del siglo XV hasta la actual ocupación del entero planeta.

Como importante premisa a mi argumentación nerudiana, propongo distribuir los 500 años de la Modernidad en tres fases o etapas que enunciaré con modalidad inevitablemente simplificadora y esquemática.

2.1. La Modernidad I, cuyo precursor máximo es Dante Alighieri, se abre con Gutenberg, Bartolomé Díaz, Colón. Su galería de personajes representativos incluye, entre muchos otros, a Maquiavelo, Giordano Bruno, Carlos V, Vasco da Gama, Rabelais, Miguel Ángel, Leonardo, Montaigne, Shakespeare, Cervantes, Velázquez, Rubens, El Greco, Copérnico, Képler, Galileo, Servet, Newton, Erasmo, Bacon, Descartes, Adam Smith, Locke, Hume, Kant, Lutero, Calvino, Ignacio de Loyola, Tomás Moro, Hernán Cortés, Bernal Díaz del Castillo, Las Casas, Oviedo, Motolinía, Sahagún, Ercilla, Sor Juana Inés de la Cruz. Estos nombres son elocuentes por sí mismos y también porque muestran cómo, desde el comienzo, la Modernidad aparece marcada por la convergencia entre la afirmación tendencialmente laica del progreso científico-tecnológico y la creciente postulación de la libertad del individuo como base política para el desarrollo de la sociedad futura. Convergencia batalladora porque, naturalmente, en su fondo bullía la expansión de las actividades comerciales y, por ende, la subterránea presión hacia un nuevo orden económico y político.

2.2.1. La Modernidad II, anunciada y en ciernes desde comienzos del siglo XVIII, viene inaugurada por la Revolución Francesa y alcanza sus logros mejores durante ese siglo XIX que asiste a la afirmación de la burguesía como clase dominante en Europa. Y con ello, a éxitos espectaculares de la ciencia y de la tecnología aplicada, a sorprendentes descubrimientos en los campos de la medicina, de la química, de la física. El despegue de esta Modernidad II (o *modernidad clásica*, según Jameson) se produce de hecho sólo después que las guerras napoleónicas difunden por Europa las nuevas ideas de la revolución burguesa.

El asalto a La Bastilla fue el cierre factual y a la vez simbólico de la Modernidad I, que había sido precisamente la fase heroica del asalto a la fortaleza del jerarquizado mundo medieval (premoderno). La Modernidad II, fase de asentamiento y de expansión colonialista, comienza a poner en evidencia las contradicciones que estallarán a fines del siglo XX. En primer lugar la turbación de verificar cómo el progreso no siempre eliminaba viejas injusticias, antes bien incluía nuevas formas de infelicidad y sufrimiento. El siglo XIX presencia las grandes proezas pero también las grandes infamias de la Modernidad II (entre ellas la explotación del trabajo infantil y de las colonias). En las primeras décadas de ese siglo los románticos registran las variantes del desconcierto, de las dificultades del artista para adaptarse a las mutadas condiciones histórico-culturales. La emergente narrativa burguesa (Fielding, Dickens, Balzac, Stendhal) traza un contrapunto no menos severo a la situación que está surgiendo de una industrialización ávida, frenética, sin reglas.

Pero tales críticas no debilitan la credibilidad global de un proceso histórico de transformaciones económicas y (en subordinación directa o indirecta) también sociales y culturales que, a velocidad nunca vista, está haciendo del mundo un espacio cada vez más cómodo, más acogedor, más seguro, más vivible. Al menos para algunos estratos de la comunidad humana.

Los actores significativos de la Modernidad II (y de sus contradicciones) fueron en primera fila Voltaire, Diderot, D'Alembert, Robespierre, Dantón, Napoleón, l'*Encyclopédie* y la Masonería. En Europa también se llamaron Goethe, Lessing, Hegel, mientras en las Américas asumieron los nombres de Jefferson, Washington, Lincoln, Miranda, Bolívar, Sucre, San Martín, O'Higgins, Toussaint L'Ouverture. A veces la Modernidad II fue Lamartine o Sir Walter Scott o Lord Byron, y otras veces Bach y Mozart, Haydn y Beethoven, Víctor Hugo y Dumas, Leopardi y Manzoni, Vigny y Musset, Gogol y Pushkin, y más adelante Baudelaire y Flaubert, Delacroix y Chopin, o los americanos Bilbao, Sarmiento, José Hernández, Silva, Rubén Darío, Pezoa Véliz, Mark Twain, Henry James, Azuela, Rivera, Gallegos, Gabriela Mistral. En un nivel de proyecciones histórico-sociales: Saint-Simon, Owen, Fourier, Proudhon, y por cierto Marx y Engels. La Modernidad II fue particularmente visible con Pasteur y su vacuna, Semmelweiss y sus jofainas, Franklin y su pararrayos, Morse y su toc-toc-tocotoc, Edison y su bombilla, Daguerre y su fotografía, Bell y su teléfono, Volta y su rana, Darwin y su chimpancé. La máxima protagonista de esta fase fue sin embargo la gigantesca, la humeante, la estruendosa locomotora. No hay imagen más emblemática del ímpetu de la Modernidad II —civilización versus barbarie— que la implacable irrupción del tren en las praderas del Far West norteamericano.

2.2.2. Nadie discute, durante el siglo XIX, la colonización de África o del Extremo Oriente, ni la grotesca tentativa de hacer de México un subimperio francés con el trágico Maximiliano en el trono. ¿Quién osaría cuestionar el triunfo de la civilización sobre la barbarie? No, por cierto, nuestro Sarmiento. De ahí un rasgo básico y caracterizador de la Modernidad II en cuanto forma mental y axiológica del siglo XIX, a saber: la certeza acerca de la superioridad absoluta del modelo cultural de Occidente. El desarrollo basado sobre el progreso científico y tecnológico del mundo occidental era el único desarrollo *verdadero*: por ello, imponerlo al resto del planeta era una misión *necesaria*. La Modernidad deviene sinónimo de la deseable Unidad cultural (y sobre todo *económica*, claro) que el mundo debía alcanzar para merecer la Utopía, vale decir la Felicidad.

París, 1889. Primer centenario de la Revolución. Con entusiasmo multitudinario y delirante se inaugura la Exposición Universal. La Torre Eiffel, construida especialmente para la ocasión, es el símbolo del optimismo generalizado con que Europa espera la llegada del siglo XX. Al cierre del XIX la Torre es en efecto el emblema de una época (*la Belle Époque*) que ve a sí misma como la inmediata antecámara de la Utopía realizada: esto es, como un mundo donde el progreso científico y tecnológico está a punto de materializar el decisivo salto en la calidad individual y social de la vida humana, el que cancelará todos —o casi todos— los residuos de injusticias y sufrimientos. Al cabo de tanto camino recorrido, la Ciudad Futura está por aparecer tras la colina.

Pero el siglo XX desmentirá rápidamente tales expectativas. La guerra ruso-japonesa (1905) y el desastre del *Titanic* (1912) serán sólo lúgubres premoniciones de la más colosal catástrofe que los hombres habían atravesado hasta entonces: la Gran Guerra 1914-1918, cuyos 6 ó 7 millones de pérdidas humanas, sin embargo, bien pronto parecerán de escaso relieve frente a los 20 millones que la Segunda Gran Guerra costará sólo a los soviéticos. Habituados como estamos al horror bélico masivo de los últimos decenios, no es fácil imaginar hoy el impacto traumático provocado por la Primera Gran Guerra sobre una conciencia pública internacional que aún no se reponía del espanto por las 150.000 víctimas de la guerra franco-prusiana de 1870-1871, la más sangrienta del siglo XIX.

¿Por qué el *shock* de la Gran Guerra? Sobre todo porque destruyó la confianza colectiva en la relación progreso-utopía. El desarrollo científico y tecnológico —el Progreso— no era pues la vía maestra hacia la Ciudad Futura, hacia la sociedad armoniosa y justa, fraterna y solidaria que los hombres soñaban. Antes bien se revelaba instrumento de dolor, de mutilación, de muerte. Las certezas y optimismos finiseculares están ya muy deteriorados cuando, hacia fines de 1917, un enérgico hombrecillo que se hace llamar Lenin lanza a sus bolcheviques al asalto del Palacio de Invierno en San Petersburgo al grito de "¡Todo el poder a los soviets!" A partir de ahí se supo que el mundo había entrado en una nueva fase. (En una nueva época, pensaron muchos. Pero no fue así.)

2.3.1. La Modernidad III —y última— despega entonces con una Revolución, como la Modernidad II, pero también con una Catástrofe. Despega bajo el signo de la Incerteza, en contraste con las certezas del siglo XIX. Tres personajes decisivos: Einstein, Freud y Lenin, el trío que a comienzos del siglo XX cambia *la visión* del mundo, aunque no logrará cambiar al mundo mismo. Entre 1895 y 1915 Einstein destrona las virtudes de objetividad, universalidad, simplicidad y economía que por siglos habían sido la gloria de la física newtoniana. Desde 1900, con su *Interpretación de los Sueños*, Freud introduce turbación y dudas sobre las motivaciones profundas de nuestro comportamiento. En el Subconsciente operan a escondidas los instintos, lo Irracional, en particular las energías sexuales reprimidas: esa Bestia oscura y peluda que el siglo XIX fingió ignorar porque rebelde al control de la Razón dominante.

Si Freud nos obligó a la refundación del Sujeto Individual (desplazando la atención desde la zona alta a la *zona baja* del cuerpo humano), Lenin impuso en cambio una nueva imagen posible del Sujeto Social, constriñéndonos a enfocar la *zona baja* (y no sólo aquella alta o media) de la sociedad, es decir, a reexaminar la axiología y el destino de la Colectividad humana. La revolución de 1917 y la instauración de la Unión Soviética contribuyeron en muy importante medida (para bien y para mal, con sus logros y sus errores) a definir el perfil de la Modernidad del siglo XX. De ahí que la derrota y la implosión final de esta particular tentativa de dar forma política concreta a la concepción teórica de Marx, determinó el derrumbe del último gran obstáculo a la instauración plena de la Posmodernidad neoliberal y globalizada, o sea, a la apoteosis planetaria del capitalismo. (Que el fracaso de 'socialismo real' del siglo XX equivalga —como muchos auguran y aseguran— a la tan pregonada muerte y sepultura del marxismo, es algo que aún está por verse. Para mí, este reiterado aviso de defunción se asemeja mucho a la tantas veces anunciada muerte de la novela.)

Imposible proponer un elenco siquiera aproximado de los héroes y antihéroes de la Modernidad III. Sin embargo, y sólo para dar una idea, con los del trío Einstein-Freud-Lenin destaco arbitrariamente los nombres de Planck, Heisenberg, Fermi, Oppenheimer, Adler, Jung, Karen Horney, Keynes, Ernst Bloch, Benjamin, Auerbach, Gramsci, Le Corbusier, Picasso, Dalí, De Chirico, Man Ray, Bartók, Gershwin, Cole Porter, Duke Ellington, Louis Armstrong, Jelly Roll Morton, Django Reinhardt, Eisenstein, Chaplin, Buster Keaton, Buñuel. (En un sector aparte pero decisivo: Stalin, Hitler, Mussolini, Franco, Roosevelt, Churchill.) En literatura: Apollinaire, Breton, Rilke, Auden, Eliot, Kafka, Proust, Joyce, Döblin, Woolf (Virginia... y Leonard), Hemingway, Dos Passos, Orwell, Jünger, Céline, García Lorca, Alberti, Ortega y Gasset, Baroja. Y en América Latina: Orozco, Rivera y Siqueiros, los tres grandes del muralismo mexicano; los ensayistas Alfonso Reyes y Mariátegui; los narradores Asturias, Borges, Carpentier, Onetti, Yáñez, Teresa de la Parra; y por cierto los poetas Vallejo, Guillén, Huidobro y Neruda. Estos nombres quieren sugerir el conjunto de una vanguardia que —con formas y propósitos diversos, y a veces opuestos— quiso o soñó anticipar al resto de la sociedad en la conquista de un nuevo territorio, de una nueva conciencia y de un nuevo orden social.

¿Por qué *Modernidad III* cuando todo —desde las figuras vanguardistas de Picasso o Dalí a los edificios de apartamentos de Le Corbusier, pasando por el *Ulysses* de Joyce y el escarabajo de Kafka, por la música atonal y el jazz, por los aviones y el Ford T, por la existencia misma de la Unión Soviética—, todo parecía indicar *ruptura radical* con el pasado? Justamente porque tal ruptura NO fue radical. Bajo las manifestaciones visibles y verificables de la cesura, una continuidad de fondo siguió operando.

La Modernidad III fue tendencialmente democrática y de izquierdas. Esto quiere significar que la *dominante histórico-cultural* de la primera mitad del siglo XX —particularmente entre 1920 y 1950 pero con importantes prolongaciones al menos hasta 1973— fue vivida y actuada por la conciencia mayoritaria de

Occidente como una extrema, y a ratos incluso épica, tentativa hacia *la corrección de los errores e injusticias de la modernidad precedente*, hacia la fecundación finalmente democrática del matrimonio Progreso-Libertad. No por casualidad muchos artistas de la vanguardia se incorporaron (o se conectaron) por períodos más o menos largos al movimiento revolucionario internacional de izquierdas (anárquico o comunista). Y hasta fines de los '80 era raro encontrar a intelectuales o políticos que declararan abiertamente ser *de derechas*.

De modo que devino *normal* la búsqueda del bienestar *colectivo* como prioridad política y moral (otra cosa fueron las aplicaciones concretas de tal concepción según los diversos países o regímenes): los beneficios de la nueva ciencia y de las nuevas tecnologías no seguirían siendo el privilegio de unos pocos adinerados, sino patrimonio de las grandes mayorías, de la entera humanidad. Determinando una nueva axiología colectiva, la Modernidad III logró hacer funcionar el tácito acuerdo que, entre otros resultados, galvanizó la batalla mundial contra los fascismos e impuso universalmente las condiciones políticas del *Welfare*. Logros relativos y sólo parcialmente verdaderos que, sin embargo, hasta hace pocos años nadie osaba cuestionar públicamente.

En el nivel estilístico del arte y de la literatura de vanguardias se advierte la tendencia a la mezcla de alta y baja cultura, a combinar lo *aristocrático* de la forma-lenguaje con lo *democrático* del contenido (*sujet*, historia narrada, ambientación, personajes, asunto). Ello es visible en la pintura de Picasso como en el *Ulysses* de Joyce, y con modulación distinta en la música donde el jazz, de origen modesto y plebeyo, tenderá a ocupar el espacio de la música culta haciéndose cada vez más refinado y complejo. Esta transacción, característica de la primera fase de la Modernidad III (ejemplo nerudiano: *Residencia*), apunta a satisfacer simultáneamente las exigencias del rigor (o del aristocratismo) artístico y las de la nueva conciencia social.

2.3.2. En el ámbito de los estudios literarios hispanoamericanos, un importante estímulo para mis trabajos fue la periodización propuesta por Cedomil Goic (1968 y 1972), si bien ésta había asignado carácter de radical *coupure* a la ruptura advertible durante el decenio 1920-1930 entre dos generaciones de narradores: por un lado, la mundonovista y tardo-naturalista que incluye entre otros a los chilenos Augusto D'Halmar y Mariano Latorre, a los argentinos Benito Lynch y Ricardo Güiraldes, al boliviano Alcides Arguedas, al colombiano José Eustasio Rivera, al venezolano Rómulo Gallegos; por otro lado, la gloriosa y renovadora generación del chileno Manuel Rojas, de los argentinos Roberto Arlt, Eduardo Mallea, Leopoldo Marechal y naturalmente Borges, de la venezolana Teresa de la Parra, del cubano Alejo Carpentier, del guatemalteco Miguel Ángel Asturias, del mexicano Agustín Yáñez. Para Goic no se trataba de un simple tránsito o cambio de guardia generacional, sino de una inédita fractura estructural en el sistema literario vigente: el pasaje desde la novela *moderna* a la novela *contemporánea*. Era la aparición de una nueva novela.

Coincidiendo en lo cronológico, dentro de mi código, tal ruptura, aunque fuerte menos radical, se leería como el pasaje desde la novela de la Modernidad II a la novela de la Modernidad III en Hispanoamérica. A mí me parece claro que, en términos generales y en algunos detalles del sistema de preferencias, esa generación de ruptura en ámbito narrativo es la misma que en ámbito poético incluye entre otros a César Vallejo, a Nicolás Guillén, a Oliverio Girondo, a Ricardo Molinari, a Luis Palés Matos, a Vicente Huidobro, a Rosamel del Valle, a Pablo Neruda. Pero también me parece evidente la conexión (y por primera vez la conexión es paritaria) entre dicha ruptura generacional y la que por los mismos años '20 están imponiendo en Europa narradores como Proust, Kafka, Joyce, Lawrence, Huxley, Musil, Döblin, Woolf, y poetas del calibre de Apollinaire, Eliot, Pound, Breton, Aragon, Éluard, Valéry, Saint-John Perse, Benn, Montale, Ungaretti, Quasimodo, Aleixandre, Jorge Guillén, Alberti, Juan Ramón, Federico.

Las llamadas literaturas de vanguardia, se vio después, eran sólo la fase inicial y más visible de una revolución generalizada y —por primera vez— común a las dos riberas del Atlántico. Con la generación de Neruda y Vallejo, de Huidobro y Girondo, de Borges y Carpentier, la literatura hispanoamericana hizo su ingreso en la *contemporaneidad* de las literaturas de Occidente.

2.3.3. Con *Veinte poemas de amor y una canción desesperada* Neruda realiza, en 1924, su personal tránsito desde la Modernidad II —*Crepusculario, El hondero entusiasta*— a la Modernidad III, cuya primera fase culminará con *Residencia en la tierra*. (Tránsitos similares: en Vallejo, desde *Los heraldos negros*, 1918, a *Trilce*, 1922; en García Lorca, desde *Romancero gitano* a *Poeta en Nueva York*.)

La autorrepresentación del Sujeto residenciario propone, en efecto, una variante del *héroe degradado* que enuncia y/o protagoniza textos más o menos coetáneos de Kafka, Joyce, Eliot, Pound, Vallejo y otros que ya mencioné. Ese héroe degradado de *Residencia* encarna a modo suyo al personaje característico y definidor de la Modernidad III precisamente por su oscura, desencantada, imposible resistencia a la degradación que los nuevos tiempos de la Gran Posguerra tienden a imponerle. Y por su tenaz afirmación —contra toda evidencia y esperanza— de la vocación de solidaridad entre los hombres: vocación latente que, sofocada o negada en el mundo real, el poeta-profeta se siente llamado a testimoniar a pesar de las apariencias de rechazo y de la frustrante ausencia de respuesta: «la lluvia cae sobre mí, y se me parece, / se me parece con su desvarío, solitaria en el mundo muerto, / rechazada al caer, y sin forma obstinada» ("Débil del alba"); «Acecho, pues, lo inanimado y lo doliente, / y el testimonio extraño que sostengo / con eficiencia cruel y escrito en cenizas, / es la forma de olvido que prefiero, / el nombre que doy a la tierra, el valor de mis sueños» ("Sonata y destrucciones").

A lo largo de las dos *Residencias,* Neruda va a configurar poéticamente el modelo freudiano de profundidad que contrapone la *excavación* a la *represión* (de las pulsiones infantiles) y *lo latente* a *lo manifiesto*, en obvia conexión con el modelo existencial de *autenticidad/inautenticidad* y con el modelo dialéctico de *esencia/apariencia* (ver Jameson 1984). Todos ellos son modelos característicos y definidores de la cultura de la Modernidad III.

Alonso (1951) ilumina magistralmente el factor *degradación* del Sujeto residenciario, que por sus frustrados anhelos de inserción positiva y creadora en el mundo insiste en autorrepresentarse como «un camarero humillado», como «un sirviente mortal vestido de hambre» o como «un ataúd envejecido». Pero el crítico español advierte mucho menos la importancia del factor *profecía*, eso que el Sujeto mismo llama *mi sentido profético*, contraponiéndolo a la degradación: «para mí que entro cantando / como con una espada entre indefensos» ("Galope muerto"), y con particular evidencia en un momento muy negativo: «pero, la verdad, de pronto, el viento que azota mi pecho, / las noches de substancia infinita caídas en mi dormitorio, / el ruido de un día que arde con sacrificio, / me piden *lo profético que hay en mí*» ("Arte poética").

Al final de la primera *Residencia* —y al cierre del presente volumen— la figura profética está muriendo. Que el conflicto se está resolviendo a favor de la *degradación* y contra la *profecía* lo declara el Sujeto mismo al autorrepresentarse como *el fantasma del buque de carga*. Tan extrema desacralización del Yo profético inmovilizará por un año la actividad creadora de Neruda. Hasta que en 1933, según veremos, el océano del Sur lo rescatará provisoriamente de la parálisis.

BIBLIOGRAFÍA

a) Obras de Pablo Neruda

OC   *Obras completas*. 5 volúmenes. Edición y notas de Hernán Loyola. Barcelona, Círculo de Lectores & Galaxia Gutenberg, 1999-2002.
       Vol. I   De *Crepusculario* a *Las uvas y el viento*. 1923-1954.
       Vol. II   De *Odas elementales* a *Memorial de Isla Negra*. 1954-1964.
       Vol. III   De *Arte de pájaros* a *El mar y las campanas*. 1966-1973.
       Vol. IV   *Nerudiana dispersa* I. 1915-1964.
       Vol. V   *Nerudiana dispersa* II. 1922-1973.
           El volumen IV incluye *Los Cuadernos de Neftalí Reyes 1918-1920*, *Álbum Terusa 1923*, las crónicas 1927-1930 desde Oriente para *La Nación*, y textos dispersos 1915-1931.
           El volumen V incluye *Confieso que he vivido* y cartas a Laura Reyes, a Terusa, a Albertina, a Alone, a Sabat Ercasty, a Eandi y a diversos amigos (Pedro Prado, Y. Pino Saavedra, González Vera, Cruchaga Santa María).

Ediciones

ANS   *Anillos*. Prosas de Pablo Neruda y Tomás Lago. Santiago, Nascimento, 1926. Segunda edición completa: Santiago, LOM, 1997.
APJ   *Arte de pájaros*. Santiago, edición SAAC (Sociedad de Amigos del Arte Contemporáneo), 1966.
AUN   *Aún*. Santiago, Nascimento, 1969.
BCL   *La barcarola*. Buenos Aires, Losada, 1967.
CAR   *Una casa en la arena*. Barcelona, Lumen, 1966.
CCM   *Cantos ceremoniales*. Buenos Aires, Losada, 1961.
CDG   *Canción de gesta*. La Habana, Imp. Nacional de Cuba, 1960. Primera edición definitiva: Barcelona, Seix Barral, 1977 (agrega: prólogo de Neruda a la edición uruguaya de 1968 y poema XLIII, "Juicio Final").
CEH   *Comiendo en Hungría*. Textos de Pablo Neruda y Miguel Ángel Asturias. Budapest, Corvina, 1969.
CGN   *Canto general*. México, Talleres de La Nación, 1950, edición de autor. Hay edición coetánea y clandestina del Partido Comunista de Chile, Santiago, 1950.
CHV   *Confieso que he vivido. Memorias*. Barcelona, Seix Barral, 1974, y Buenos Aires, Losada, 1974.
COA   *El corazón amarillo*. Buenos Aires, Losada, 1974.
CRP   *Crepusculario*. Santiago, Claridad, 1923. Edición de autor.
CSA   *Cien sonetos de amor*. Santiago, Editorial Universitaria, 1959.

DFS	*Defectos escogidos*. Buenos Aires, Losada, 1974.
DML	*2000*. Buenos Aires, Losada, 1974.
ELG	*Elegía*. Buenos Aires, Losada, 1974.
ESP	*La espada encendida*. Buenos Aires, Losada, 1970.
ETV	*Estravagario*. Buenos Aires, Losada, 1958.
FDM	*Fin de mundo*. Santiago, SAC (Sociedad de Arte Contemporáneo), 1969.
GIF	*Geografía infructuosa*. Buenos Aires, Losada, 1972.
HOE	*El hondero entusiasta 1923-1924*. Santiago, Letras, 1933.
HYE	*El habitante y su esperanza*. Santiago, Nascimento, 1926.
JDI	*Jardín de invierno*. Buenos Aires, Losada, 1974.
JQM	*Fulgor y muerte de Joaquín Murieta*. Santiago, Zig-Zag, 1967.
LDP	*Libro de las preguntas*. Buenos Aires, Losada, 1974.
MDD	*Las manos del día*. Buenos Aires, Losada, 1968.
MIN	*Memorial de Isla Negra*. 5 volúmenes. Buenos Aires, Losada, 1964. Hay edición previa del volumen I: *Sumario. Libro donde nace la lluvia*. Alpignano (Italia), Alberto Tallone impresor, 1963.
MRT	*Maremoto*. Santiago, SAC (Sociedad de Arte Contemporáneo), 1970.
MYC	*El mar y las campanas*. Buenos Aires, Losada, 1973.
NIX	*Incitación al nixonicidio y alabanza de la revolución chilena*. Santiago, Quimantú, 1973.
NOE	*Nuevas odas elementales*. Buenos Aires, Losada, 1956.
NYR	*Navegaciones y regresos*. Buenos Aires, Losada, 1959.
OCL	*Obras completas*. 3 volúmenes. Buenos Aires, Losada, 4ª ed., 1973.
OEL	*Odas elementales*. Buenos Aires, Losada, 1954.
PCH	*Las piedras de Chile*. Buenos Aires, Losada, 1961.
PDC	*Las piedras del cielo*. Buenos Aires, Losada, 1970.
PPS	*Plenos poderes*. Buenos Aires, Losada, 1962.
ROS	*La rosa separada*. Paris, Éditions du Dragon, 1972.
RST	*Residencia en la tierra* [1925-1932]. Santiago, Nascimento, 1933. Primera edición completa en dos volúmenes: *Residencia en la tierra 1925-1935*. Madrid, Cruz y Raya, 1935. Ver también: *Residencia en la tierra*, edición crítica, introducción y notas de Hernán Loyola. Madrid, Cátedra, 1987, col. Letras Hispánicas 254.
TER	*Tercera residencia*. Buenos Aires, Losada, 1947.
THI	*Tentativa del hombre infinito*. Santiago, Nascimento, 1926.
TLO	*Tercer libro de las odas*. Buenos Aires, Losada, 1957.
UVT	*Las uvas y el viento*. Santiago, Nascimento, 1954.
VCP	*Los versos del Capitán*. Napoli, L'Arte Tipografica, 1952.
VJS	*Viajes*. Santiago, Nascimento, 1955, edición completa (5 *viajes*, todos recogidos en *OC*, IV).
VPA	*Veinte poemas de amor y una canción desesperada*. Santiago, Nascimento, 1924. Segunda edición, revisada, corregida y definitiva: Santiago, Nascimento, 1932. Ver también ediciones de Gabriele Morelli (Salamanca, Ediciones Colegio de España, 1995) y de José Carlos Rovira (Madrid, Espasa-Calpe, 1997).

Otras abreviaturas

AGR Margarita Aguirre (ed.). *Pablo Neruda-Héctor Eandi. Correspondencia durante "Residencia en la tierra"*. Buenos Aires, Sudamericana, 1980. Las cartas de Neruda a Eandi, revisadas, en *OC*, V, 936-975.
AT *Álbum Terusa 1923*, editado por Hernán Loyola en *AUCh 1971*, 45-55, y en *OC*, IV, 269-278.
CLR *Cartas a Laura*, editadas por Hugo Montes. Madrid, Cultura Hispánica, 1978. Trae facsímiles separados.
CMR *Cartas de amor* [a Albertina Rosa Azócar], editadas por Sergio Fernández Larraín. Madrid, Rodas, 1974. Incluye facsímiles en el texto.
CNR *Los cuadernos de Neftalí Reyes 1918-1920,* editados y anotados por Hernán Loyola en *OC*, IV, 51-211 y 1216-1232.
CYP *Cartas y poemas a Albertina Rosa*, editados por Juan Ignacio Poveda. Madrid, edición BBVA [Banco Bilbao Vizcaya Argentaria], 2000. Trae facsímiles separados. Reedición de *NJV*.
EPV *Epistolario viajero*. Edición, introducción y notas de Abraham Quezada. Prólogo de Hernán Loyola. Santiago, RIL, 2004.
FDV *El fin del viaje*. Textos dispersos, recogidos por Matilde Urrutia. Barcelona, Seix Barral, 1982.
FPN Fundación Pablo Neruda, con sede en La Chascona, Santiago de Chile.
NJV *Neruda joven / Cartas y poemas* [a Albertina Rosa Azócar], editados por Juan Ignacio Poveda. Madrid, edición del Banco Exterior de España, 1983. Trae facsímiles separados.
PAR *Para Albertina Rosa,* cartas y poemas editados por Francisco Cruchaga Azócar. Santiago, edición privada, 1992. Incluye facsímiles en el texto.
PLG *Prólogos*, editados por Juan Camilo Lorca. Santiago, Sudamericana, 2000.
PNN *Para nacer he nacido*. Barcelona, Seix Barral, 1978.
RIV *El río invisible. Poesía y prosa de juventud*. Barcelona, Seix Barral, 1980.
VDP *Las vidas del poeta*. Crónicas autobiográficas (01 a 10), en *O Cruzeiro Internacional*, Río de Janeiro, enero-junio 1962. Refundidas en *CHV*.

b) Referencias

Para una bibliografía general de referencias nerudianas, ver *infra*: **Woodbridge & Zubatsky.**

AFS 2000. Número cero de *Annali della Facoltà di Lingue e Letterature Straniere*. Università di Sassari, Sardegna.
Aguirre, Margarita. *Genio y figura de Pablo Neruda*. Santiago, Folio, 2003. Edición original: Buenos Aires, EUDEBA, 1964. Edición revisada: *Las vidas del poeta*. Santiago, Zig-Zag, 1967. [Ver también *AGR* en Otras abreviaturas.]
Alazraki, Jaime. "El surrealismo de *Tentativa del hombre infinito* de Pablo Neruda", en *Hispanic Review*, vol. XL, 1 (1972), 31-39.

Alberti, Rafael. *La arboleda perdida. Libros I y II de Memorias.* Buenos Aires, Compañía General Fabril Editora, 1959.
Alone (Hernán Díaz Arrieta). *Los cuatro grandes de la literatura chilena* [Augusto D'Halmar-Pedro Prado-Gabriela Mistral-Pablo Neruda]. Santiago, Zig-Zag, 1962.
Alonso, Amado. *Poesía y estilo de Pablo Neruda.* Buenos Aires, Sudamericana, 1951, 2ª ed., aumentada y definitiva. Primera ed.: Buenos Aires, Losada, 1940.
Anderson Imbert, Enrique. *Historia de la literatura hispanoamericana.* Tomo II. México, FCE, 5ª ed., 1966. Col. Breviarios 156.
Arce, Homero. *Los libros y los viajes. Recuerdos de Pablo Neruda.* Santiago, Nascimento, 1980. Reproduce cartas y documentos de Neruda.
Arrué, Laura. *Ventana del recuerdo.* Prólogo de Diego Muñoz. Santiago, Nascimento, 1982. Reproduce cartas y documentos de Neruda.
ASN 1999. Número 1 de la revista *América Sin Nombre,* dirigida por José Carlos Rovira, Universidad de Alicante.
AUCh 1971. Hernán Loyola, ed., *Estudios sobre Pablo Neruda,* volumen de homenaje al Premio Nobel de Literatura 1971: *Anales de la Universidad de Chile,* núm. 157-160, Santiago, 1971 [publicado en 1973].
Auerbach, Erich. *Mímesis. La representación de la realidad en la literatura occidental.* México, Fondo de Cultura Económica, 1950.
Azócar, Rubén (editor). *La poesía chilena moderna.* Antología. Santiago, Ediciones Pacífico del Sur, 1931.
Azócar, Rubén. Testimonio, en Loyola, editor (1964), 213-218.
Baciu, Stefan. *Antología de la poesía surrealista latinoamericana.* México, Mortiz, 1974.
Barros, Cristián. *Tango del viudo.* Novela. Santiago, Seix Barral-Editorial Planeta Chilena, 2003.
Bennett, John M. "Estructuras antitéticas en 'Galope muerto' de Pablo Neruda", en *Revista Hispánica Moderna,* XXXVIII, 3 (1974-1975), 103-114.
Bergamín, José. "Noticia", en César Vallejo, *Trilce,* edición de Julio Ortega (Madrid, Cátedra, 1991, LH 321), 377-382. [Se trata del prólogo de Bergamín a la 2ª edición de *Trilce*: Madrid, C.I.A.P., 1930.]
Berman, Marshall. *Todo lo sólido se desvanece en el aire. La experiencia de la modernidad.* Madrid, Siglo XXI de España, 1988. Edición original: 1982.
Campos, Marco Antonio. "Pablo Neruda y Alfonso Reyes / Una amistad desconocida", en *Confabulario* [suplemento literario de *El Universal*], 12, México (10.07.2004), 1-7.
Canseco-Jerez, Alejandro. *La vanguardia chilena Santiago-París.* Paris, ACJB Éditions, 2001.
Cardona Peña, Alfredo. *Pablo Neruda y otros ensayos.* México, De Andrea, 1955.
Cardone, Inés María. *Los amores de Neruda.* Santiago, Plaza Janés - Random House Mondadori, 2003.
Carpentier, Alejo. "Présence de Neruda", *Europe,* 537-538, Paris (Janvier-Février 1974), 129-135. [Número especial de homenaje: *Neruda Présent.*]
Collier & Sater. Simon Collier & William E. Sater, *Historia de Chile 1808-1994.* Madrid, Cambridge University Press, 1998. Edición original: 1996.

Concha, Jaime. "Interpretación de *Residencia en la tierra* de Pablo Neruda", *Mapocho*, 2, Santiago (julio 1963), 5-39. Recogido en Concha 1974, 31-84.
Concha, Jaime. *Neruda (1904-1936)*. Santiago, Editorial Universitaria, 1972.
Concha, Jaime. *Tres ensayos sobre Pablo Neruda*. Columbia, The University of South Carolina - Hispanic Studies, 1974.
Concha, Jaime. "Observaciones sobre algunas imágenes de *Residencia en la tierra*", en Lévy-Loveluck, eds., 107-122.
Concha, Jaime. "Cruzar en *Residencia en la tierra*", en *Revista de Crítica Literaria Latinoamericana*, 21-22, Lima (1985), 109-119.
Concha, Jaime. "Neruda, poeta del siglo XX", en *La dittatura di Pinochet e la transizione alla democrazia in Cile: tra storia e letteratura. Atti del Convegno di Messina, 11-12 novembre 2003, a cura di Domenico Antonio Cusato* (Messina, Andrea Lippolis Editore, 2004), 43-56.
Cortínez, Carlos. "Interpretación de *El habitante y su esperanza* de Pablo Neruda", en *Revista Iberoamericana*, 82-83, Pittsburgh (1973), 149-173.
Cortínez, Carlos. "Análisis de «Madrigal escrito en invierno»", en *Taller de Letras*, 3, Santiago (1973), 13-16, y en Lévy-Loveluck, eds., 1975, 97-105.
Cortínez, Carlos. *Comentario crítico de los diez primeros poemas de "Residencia en la tierra"*. Iowa City, University of Iowa, 1975.
De Costa, René. *The Poetry of Pablo Neruda*. Cambridge (Mass.) & London, Harvard University Press, 1979.
De Costa, René. "Postdata: Neruda sobre Huidobro", en su *En pos de Huidobro. Siete ensayos de aproximación* (Santiago, Universitaria, 1980), 95-107.
Délano, Luis Enrique. *El año 20*. Santiago, Pineda Libros, 1973.
Donoso, José. *El escribidor intruso. Artículos, crónicas y entrevistas*. Selección, introducción y edición a cargo de Cecilia García-Huidobro McAuliffe. Santiago, Ediciones Universidad Diego Portales, 2004.
Emar, Jean. *Notas de arte 1923-1927*. Ver *infra*: Lizama, Patricio, ed., 2003.
Escámez, Julio. Testimonio, en Loyola, editor (1964), 225-229.
Feinstein, Adam. *Pablo Neruda. A Passion for Life*. London, Bloomsbury, 2004.
Fonseka, Manel. "Lionel Wendt and Sri Lankan Modernism", in *Modern Artists-III: The Gaze of Modernity: Photographs by Lionel Wendt*. Fukuoka Asian Art Museum, August-October 2003. (Exhibition catalogue)
Funck-Brentano, Franz. *El Renacimiento*. Traducción de Víctor Silva Yoacham. Santiago, Editora Zig-Zag, 1939.
Galimberti, Umberto. *Orme del sacro*. Milano, Feltrinelli, 2000.
Gallagher, David. "Pablo Neruda", en su *Modern Latin American Literature* (London, Oxford University Press, 1973), 39-66.
Girard, René. *Mentira romántica y verdad novelesca*. Caracas, Universidad Central de Venezuela, 1963. Edición original: *Mensonge romantique et vérité romanesque*. Paris, Éditions Bernard Grasset, 1961.
Goic, Cedomil. *La novela chilena. Los mitos degradados*. Santiago, Universitaria, 1968.
Goic, Cedomil. *Historia de la novela hispanoamericana*. Santiago, Universitaria, 1972.

González Colville, Jaime. *Neruda y el Maule.* Diez fascículos (con texto y fotos) publicados como suplementos semanales del diario *El Centro*, Talca, otoño-invierno 2004. El texto (sin las fotos) en *Boletín de la Academia de la Historia*, LXX, 113, Santiago (2004), 7-36.

González Colville, Jaime. "Joaquín Cifuentes Sepúlveda: poemas de vida y muerte", en *Cuadernos* de la FPN, 56 (2005), 100-109.

González-Ortega, Nelson A. "La lírica en el tango o el tango en la lírica. La dimensión paródica de «Tango del viudo»", en *Revista de Crítica Literaria Latinoamericana*, 21-22, Lima (1985), 47-58.

González Vera, José Santos. Testimonio, en Loyola, editor (1964), 229-231.

González Vera, José Santos. *Cuando era muchacho.* Santiago, Nascimento, 1973. Edición original: 1951.

Guerra Cunningham, Lucía. "*El habitante y su esperanza* de Pablo Neruda: primer exponente vanguardista en la novela chilena", en su *Texto e ideología en la narrativa chilena*, Minneapolis, The Prisma Institute, 1987.

Guillén, Jorge. "El primer amor de Neruda", en *NJV*, 105-109.

Gutiérrez Revuelta, Pedro. "Encuentro de Neruda con la «Metrópoli»: tres días en Madrid (julio de 1927)", en *Araucaria de Chile*, 29, Madrid (1984), 83-91.

Hendriks, Victorinus. "Pablo Neruda. Contribución documental a su biografía", en *Anales de Literatura Latinoamericana*, 14, Madrid (1985), 59-60.

Hernández Novás, Raúl. "Vida de un poeta", introducción a su edición de César Vallejo, *Poesía completa* (La Habana, Editorial Arte y Literatura & Casa de las Américas, 1988), xxvii-cxxiv.

Hobsbawm, Eric. *Il Secolo Breve 1914-1991.* Milano, Rizzoli, 1995. Edición original: *Age of Extremes. The Short Century 1914-1991.* London, Pantheon Books, 1994.

Horney, Karen. *Nuestros conflictos interiores.* Traducción de J. Martínez Alinari. Buenos Aires, Editorial Psique, 1971. Edición original: *Our Inner Conflicts.* London, Kegan Paul, 1948.

Houellebecq, Michel. *Ampliación del campo de batalla.* Traducción de Encarna Castejón. Barcelona, Anagrama, serie Compactos, 2002. Edición original: *Extension du domaine de la lutte.* Paris, Maurice Nadeau, 1994.

Ibáñez Langlois, José Miguel. *Rilke, Pound, Neruda / Tres claves de la poesía contemporánea.* Madrid, RIALP, 1978.

Ibáñez Langlois, José Miguel. "[Sobre] *Residencia en la tierra* [de Pablo Neruda]", en *El Mercurio*, Santiago, 18.10.1981.

Jameson, Fredric. *Postmodernism or, The Cultural Logic of Late Capitalism.* Durham, Duke University Press, 1991. [Abre este volumen de 438 páginas el célebre ensayo de igual título publicado originalmente por *New Left Review* (1984) y en traducción castellana por la revista *Casa de las Américas*, 155-156, La Habana (marzo-junio 1986).]

Jofré, Manuel. *Pablo Neruda / Residencia en la tierra.* Santiago-Ottawa, Girol Books, 1987.

Jofré, Manuel. 2004a. *Pablo Neruda: De los mitos y el ser americano.* Santo Domingo (República Dominicana), Serilibros, 2004.

Jofré, Manuel. 2004b. "El primer texto de Neftalí Reyes y el último poema de Pablo Neruda", en *Revista Chilena de Literatura*, 65, Santiago (noviembre 2004), 53-76.

Lafourcade, Enrique. *Neruda en el país de las maravillas*. Bogotá, Norma, 1994.

Lago, Tomás. "Pablo Neruda / Tras el rastro de un perfil", en *Antártica*, 10-11, Santiago (junio-julio 1945). El mismo artículo, bajo el título "Neruda en la época de *Crepusculario*", en *Pro Arte*, 22, Santiago, 09.12.1948.

Lago, Tomás. *Ojos y oídos / cerca de Neruda*. Edición de Hernán Soto. Santiago, LOM Ediciones, 1999.

León, María Teresa. *Memoria de la melancolía*. Madrid, Bruguera - Libro Amigo, 1982. Edición original: 1970.

Lévy-Loveluck. Isaac Lévy & Juan Loveluck, eds., *Simposio Pablo Neruda / Columbia, SC, 1974. Actas*. Columbia & New York, University of South Carolina & Las Américas, 1975.

Lizama, Patricio. "Álvaro Yáñez / Jean Emar en Santiago de 1924", en *Anales de Literatura Chilena*, 3, Santiago (2002), 223-226.

Lizama, Patricio, ed. *Jean Emar / Notas de Arte. (Jean Emar en "La Nación" 1923-1927)*. Valiosa compilación de facsímiles, con estudio preliminar de Patricio Lizama. Santiago, coedición DIBAM & RIL Editores, 2003.

Loveluck, Juan. "El navío de Eros: *Veinte poemas de amor...*, número nueve", en Lévy-Loveluck, eds., 217-231.

Loveman & Lira. Brian Loveman & Elizabeth Lira, *Las suaves cenizas del olvido. Vía chilena de reconciliación política 1814-1932*. Santiago, LOM & DIBAM, 2000.

Loyola, Hernán. "Los modos de autorreferencia en la obra de Pablo Neruda", en *Aurora*, núm. 3-4, Santiago (julio-diciembre 1964), 64-125.

Loyola, Hernán. *Ser y morir en Pablo Neruda*. Santiago, Editora Santiago, 1967.

Loyola, Hernán. "La obra de Pablo Neruda / Guía bibliográfica" [bibliografía activa], en Pablo Neruda, *Obras completas*, volumen II (Buenos Aires, Losada, 1968), 1313-1501. Reproducción en *OCL*, 1973, volumen III, 911-1106.

Loyola, Hernán. 1975a. "Lectura de *Veinte poemas de amor...*", en Lévy-Loveluck, eds., 339-353.

Loyola, Hernán. 1975b. "*Tentativa del hombre infinito*: 50 años después", en *Acta Literaria*, XVII, 1-2, Budapest (1975), 111-123. Reelaboración de este artículo: "Lectura de *Tentativa del hombre infinito* de Pablo Neruda", en *Revista Iberoamericana*, 123-124, Pittsburgh (1983), 369-387.

Loyola, Hernán. 1978a. "Neruda: el espacio fundador", en *Araucaria de Chile*, 3, Madrid (1978), 61-82.

Loyola, Hernán. 1978b. "*El habitante y su esperanza*: relato de vanguardia", en Mátyás Horányi, ed., *Actas del Simposio Internacional de Estudios Hispánicos*, Budapest 1976 (Budapest, Akadémiai Kiadó, 1978). Reproducido en *Cuadernos para Investigación de la Literatura Hispánica*, 2-3, Madrid (1980), 213-222.

Loyola, Hernán. "Resonancias europeas en el joven Neruda: Giovanni Papini", en *Studi di Letteratura Hispano-Americana*, 18, Milano (1986), 65-82.

Loyola, Hernán. "Introducción", notas y apéndices a Pablo Neruda, *Residencia en la tierra*, edición crítica, Madrid, Cátedra, 1987. Col. Letras Hispánicas, 254.

Loyola, Hernán. "Neruda 1923: el año de la encrucijada", en *Revista Chilena de Literatura*, 40, Santiago (noviembre 1992), 5-16.

Loyola, Hernán. "Neruda 1924-1926: las manos de la noche", en *Atenea*, 470, Concepción (1994), 169-187.

Loyola, Hernán. Voz "NERUDA, Pablo", en *Diccionario Enciclopédico de las Letras de América Latina* (DELAL) (Caracas, Biblioteca Ayacucho & Monte Ávila, 1995), 3360-3373.

Loyola, Hernán. "Primera aproximación al uso del eneasílabo en Pablo Neruda", en *Revista Chilena de Literatura*, 49, Santiago (noviembre 1996), 103-112.

Loyola, Hernán. "Neruda moderno / Neruda posmoderno", en *América Sin Nombre*, número 1, Alicante (1999), 21-32. Versión revisada, en *Annali della Facoltà di Lingue e Letterature Straniere / Università di Sassari*, número cero, Sassari (2000), 75-98.

Loyola, Hernán. "[Siete] Guías de Lectura" a Pablo Neruda, *Antología poética*, 2 volúmenes, nueva edición revisada (Madrid, Alianza Editorial, 2000), 23-35, 49-65, 93-106, 147-167, 211-231, 327-346, 451-468. Primera edición: 1981.

Loyola, Hernán. "Carta abierta a Roberto Fernández Retamar en los cien años de Neruda", en *Anuario - Fundación Pablo Neruda*, Santiago (2004), 147-151. Versión revisada y actualizada, en *Confabulario* [suplemento literario de *El Universal*], 65, México, 16.07.2005.

Loyola, editor, 1964. Hernán Loyola, ed., "Testimonios", en *Aurora*, 3-4, Santiago (1964), 203-249.

Lozada, Alfredo. *El monismo agónico de Pablo Neruda. Estructura, significado y filiación de "Residencia en la tierra"*. México, B. Costa-Amic, editor, 1971.

Lyotard, J. F. *La condition postmoderne*. Paris, Les Éditions de Minuit, 1979.

Macías Brevis, Sergio. *El Madrid de Pablo Neruda*. Madrid, Tabla Rasa Libros y Ediciones, 2004.

Meléndez, Concha. "Pablo Neruda en su extremo imperio", en *Revista Hispánica Moderna*, III, 1, Columbia University, New York City (octubre 1936), 1-34.

Morla Lynch, Carlos. *En España con Federico García Lorca (Páginas de un diario íntimo, 1928-1936)*. Madrid, Aguilar, 1958.

Muñoz, Diego. Testimonio, en Loyola, editor (1964), 233-236.

Muñoz, Diego. *Memorias. Recuerdos de la bohemia nerudiana*. Santiago, Mosquito Editores & El Juglar Press, 1999.

Murga, Romeo. *Obra reunida*. Recopilación, prólogo y notas de Santiago Aránguiz. Santiago, RIL Editores, 2003. Incluye testimonios y notas sobre el autor.

Neruda 1962. Pablo Neruda, "Mariano Latorre, Pedro Prado y mi propia sombra", en Pablo Neruda & Nicanor Parra, *Discursos*, Santiago, Nascimento, 1962. Recogido en *OC*, IV, 1082-1101.

Neruda 1964. Pablo Neruda, "Algunas reflexiones improvisadas sobre mis trabajos", en *Mapocho*, II, 3, Santiago (1964), 180-182. Recogido en *OC*, IV, 1201-1207.

Novalis. *Himnos a la noche.* Traducción de Jorge Arturo Ojeda. México, Ediciones Coyoacán, 1996. Original: *Hymnen an die Nacht,* 1800.

Nómez, Naín. *Antología crítica de la poesía chilena.* Tomo II. Santiago, LOM Ediciones, 2000.

Olivares, Edmundo. *Pablo Neruda: Los caminos de Oriente / Tras las huellas del poeta itinerante (1927-1933).* Santiago, LOM Ediciones, 2000.

Ondaatje, Michael. *Running In The Family.* New York, Vintage International, 1993. Originally published by W. W. Norton & Company, Inc., New York 1982.

Orellana, Carlos, editor. *Los rostros de Neruda.* Santiago, Planeta, 1998.

Orwell, George, *BD. Burmese Days.* London, Penguin Books, 2001. Original edition: 1934. *Giorni in Birmania,* trad. it. di Giovanna Caràcciolo, Milano, Longanesi, 1975.

Oyarzún Garcés, Orlando. Testimonio, en Loyola, editor (1964), 237-240.

Papini, Giovanni. *Un uomo finito.* Milano, Mondadori, 1964. Prima edizione: 1912.

PCCh 1952 [Partido Comunista de Chile]. *Ricardo Fonseca - combatiente ejemplar.* Santiago, edición del PCCh, 1952.

Picó, Josep, ed. *Modernidad y posmodernidad.* Madrid, Alianza, 1988. Incluye textos de Jürgen Habermas, Andreas Huyssen, Hal Foster, Alex Callinicos, Gérard Raulet y otros.

Pino Saavedra, Yolando. "Notas marginales a las Memorias de Pablo Neruda", en *Humboldt,* 62, Berlín (1977), 74-75.

Poirot, Luis. *Neruda / Retratar la ausencia.* Santiago, Hachette & Editorial Los Andes, 1991. Fotos y textos.

Puccini, Dario, editor. "Cuatro cartas de Neruda a Sabat Ercasty", en *Escritura,* 16, Caracas (julio-diciembre 1983), 207-216. Cartas recogidas en *OC,* V, 932-935.

Reyes, Bernardo. *Retrato de familia. Neruda 1904-1920.* San Juan, Editorial de la Universidad de Puerto Rico, 1996.

Reyes, Bernardo. *Álbum de Temuco.* Santiago, Pehuén, 2003. Fotos.

Rifkin, Jeremy. *L'era del accesso / La rivoluzione della New Economy.* Milano, Arnoldo Mondadori Editore, 2000. Titolo originale: *The Age of Access.*

Robertson, Enrique. "Pablo Neruda: el enigma inaugural", en *América Sin Nombre,* 1, Alicante (1999), 50-64. Reproducido en *Cuadernos de la FPN,* 44, Santiago (2001), 19-41. Artículo de interés fundamental.

Rodríguez Monegal, Emir. *El viajero inmóvil.* Buenos Aires, Losada, 1966. Segunda edición ampliada: Caracas, Monte Ávila, 1977.

Rojas Giménez 1994. *Alberto Rojas Giménez se paseaba por el alba.* Recopilación y prólogo de Oreste Plath. Coinvestigadores: Juan Camilo Lorca y Pedro Pablo Zegers. Santiago, DIBAM & Centro de Investigaciones Diego Barros Arana, 1994.

Rojas Paz, Pablo. "Neruda", en su *Cada cual y su mundo. Ensayos biográficos* (Buenos Aires, Poseidón, 1944), 101-120.

Rosenthal, M. L. "Voyage into Neruda", in *Review 74,* 11 (Spring 1974), 30-32.

Rovira, José Carlos. "El primer Neruda", en *Anuario - Fundación Pablo Neruda,* Santiago (2004), 100-107.

Rubilar Solís, Luis. *Psicobiografía de Pablo Neruda (identidad psicosocial y creación poética)*. Santiago, Universidad de Santiago de Chile, 2003.
Safranski, Rudiger. *Schopenhauer e gli anni selvaggi della filosofia*. Traduzione di L. Crescenzi. Milano, Longanesi, 2004.
Sánchez Vázquez, Adolfo. "Posmodernidad, Posmodernismo, Socialismo", en *Casa de las Américas*, 175, La Habana (julio-agosto 1989), 137-145. El mismo excelente ensayo, bajo el título "Radiografía del Posmodernismo", en *Nuevo Texto Crítico*, 6, Stanford (1990), 5-15.
Sanhueza, Jorge. "Pablo Neruda, los poetas y la poesía", en *Aurora*, núm. 3-4, Santiago (julio-diciembre 1964), 28-63.
Santí, Enrico Mario. *Pablo Neruda / The Poetics of Prophecy*. Ithaca, Cornell University Press, 1982.
Sarlo, Beatriz. *Una modernidad periférica: Buenos Aires 1920*. Buenos Aires, Ediciones Nueva Visión, 1988.
Schidlowsky, David. *Las Furias y las Penas. Pablo Neruda y su Tiempo*. 2 volúmenes, 1.337 páginas. Berlin, Wissenschaftlicher Verlag, 2003. Importante biografía documental.
Schopenhauer 1914. Arthur Schopenhauer, *Le monde comme volonté et comme répresentation*. Trad. de A. Burdeau. Paris, Librairie Félix Alcan, 1914. [La edición que probablemente leyó Neruda.]
Schopenhauer 1996. Arthur Schopenhauer, *Breviario*, a cura di Carla Buttazzi. Milano, Rusconi, 1996.
Sicard, Alain. *El pensamiento poético de Pablo Neruda*. Madrid, Gredos, 1981. Biblioteca Románica Hispánica, serie Estudios y Ensayos, 313.
Spitzer, Leo. "La enumeración caótica en la poesía moderna" [1945], en su *Lingüística e historia literaria* (Madrid, Gredos, 1974), 247-291.
Teitelboim, Volodia. *Neruda*. Edición revisada y actualizada. Santiago, Sudamericana, 1996.
Teitelboim *LDB*. Volodia Teitelboim, *Los dos Borges*. Santiago, Sudamericana, 2000.
Terry, Arthur. "Pablo Neruda: 'El fantasma del buque de carga'", en N. G. Round & D. G. Walters, eds., *Readings in Spanish and Portuguese Poetry for Geoffrey Connell* (Glasgow, University of Glasgow Press, 1985), 214-258.
Thayer, Sylvia. Testimonio, en Loyola, editor (1964), 240-242.
Tilley, M. P. *A Dictionary of the Proverbs in England in the Sixteenth and Seventeenth Centuries*. Ann Arbor, Michigan, 1950.
Varas, José Miguel. *Nerudario*. Santiago, Planeta, 1999.
Varas, José Miguel. *Los sueños del pintor. Sobre la base de conversaciones con Julio Escámez*. Santiago, Alfaguara, 2005.
Vargas Llosa 2004. Mario Vargas Llosa, "Una novela para el siglo XXI", en Miguel de Cervantes, *Don Quijote de la Mancha*, edición del IV Centenario (Madrid, Real Academia Española & Alfaguara, 2004), xiii-xxviii.
Verniory, Gustave. *Diez años en Araucanía 1889-1899*. Notas preliminares de Madeleine Massion-Verniory y de Jorge Teillier. Santiago, Pehuén, 2001. Primera edición: 1975.

Vial, Sara. *Neruda en Valparaíso.* Valparaíso, Ediciones Universitarias, 1983. Hay nueva edición revisada: *Neruda vuelve a Valparaíso.* Valparaíso, Ediciones Universitarias, 2004.

Vilar, Pierre. *Storia della Spagna.* Milano, Garzanti, 1977.

Villoro, Juan. "Disney andaluz", en *Revista de Libros* [suplemento literario de *El Mercurio*], Santiago, 12.08.2005.

Woodbridge & Zubatsky. Hensley C. Woodbridge & David S. Zubatsky, *Pablo Neruda / An Annotated Bibliography of Biographical and Critical Studies.* New York & London, Garland Publishing, Inc., 1989.

Woolf, Leonard. *The Village in the Jungle.* London, Eland Books, 2005. Original edition: London, Arnold, 1913.

Woolf, Leonard. *Growing. An Autobiography of the Years 1904-1911.* London, The Hogarth Press, 1964. Original edition: 1961.

Zerán, Faride. *La guerrilla literaria. Huidobro - De Rokha - Neruda.* Santiago, Ediciones BAT, 1992.

 Planeta

España
Av. Diagonal, 662-664
08034 Barcelona (España)
Tel. (34) 93 492 80 36
Fax (34) 93 496 70 58
Mail: info@planetaint.com
www.planeta.es

Argentina
Av. Independencia, 1668
C1100 ABQ Buenos Aires
(Argentina)
Tel. (5411) 4382 40 43/45
Fax (5411) 4383 37 93
Mail: info@eplaneta.com.ar
www.editorialplaneta.com.ar

Brasil
Rua Ministro Rocha Azevedo, 346 -
8° andar
Bairro Cerqueira César
01410-000 São Paulo, SP (Brasil)
Tel. (5511) 3088 25 88
Fax (5511) 3898 20 39
Mail: info@editoraplaneta.com.br

Chile
Av. 11 de Septiembre, 2353,
piso 16
Torre San Ramón, Providencia
Santiago (Chile)
Tel. (562) 652 29 00
Fax (562) 652 29 12
Mail: info@planeta.cl
www.editorialplaneta.cl

Colombia
Calle 73, 7-60, pisos 7 al 11
Santafé de Bogotá, D.C.
(Colombia)
Tel. (571) 607 99 97
Fax (571) 607 99 76
Mail: info@planeta.com.co
www.editorialplaneta.com.co

Ecuador
Whymper, 27-166 y Av. Orellana
Quito (Ecuador)
Tel. (5932) 290 89 99
Fax (5932) 250 72 34
Mail: planeta@access.net.ec
www.editorialplaneta.com.ec

Estados Unidos y Centroamérica
2057 NW 87th Avenue
33172 Miami, Florida (USA)
Tel. (1305) 470 0016
Fax (1305) 470 62 67
Mail: infosales@planetapublishing.com
www.planeta.es

México
Av. Insurgentes Sur, 1898, piso 11
Torre Siglum, Colonia Florida, CP-01030
Delegación Álvaro Obregón
México, D.F. (México)
Tel. (52) 55 53 22 36 10
Fax (52) 55 53 22 36 36
Mail: info@planeta.com.mx
www.editorialplaneta.com.mx
www.planeta.com.mx

Perú
Grupo Editor
Jirón Talara, 223
Jesús María, Lima (Perú)
Tel. (511) 424 56 57
Fax (511) 424 51 49
www.editorialplaneta.com.co

Portugal
Publicações Dom Quixote
Rua Ivone Silva, 6, 2.°
1050-124 Lisboa (Portugal)
Tel. (351) 21 120 90 00
Fax (351) 21 120 90 39
Mail: editorial@dquixote.pt
www.dquixote.pt

Uruguay
Cuareim, 1647
11100 Montevideo (Uruguay)
Tel. (5982) 901 40 26
Fax (5982) 902 25 50
Mail: info@planeta.com.uy
www.editorialplaneta.com.uy

Venezuela
Calle Madrid, entre New York y Trinidad
Quinta Toscanella
Las Mercedes, Caracas (Venezuela)
Tel. (58212) 991 33 38
Fax (58212) 991 37 92
Mail: info@planeta.com.ve
www.editorialplaneta.com.ve

 Planeta es un sello editorial del Grupo Planeta   www.planeta.es